PIĘKNO I GORYCZ EUROPY

DZIEJE GREKÓW I RZYMIAN

ZYGMUNT KUBIAK

PIĘKNO I GORYCZ EUROPY

DZIEJE GREKÓW I RZYMIAN

Świat Książki

Projekt okładki, obwoluty i ilustracje
Cecylia Staniszewska

Redaktor prowadzący
Ewa Niepokólczycka

Redakcja
Anna Sidorek

Indeks
Paweł Staszczak

Redakcja techniczna
Lidia Lamparska

Korekta
Maciej Korbasiński
Anna Sidorek

Świat Książki
Warszawa 2003

Skład i łamanie
FELBERG

Druk i oprawa
GGP Media, Pößneck

ISBN 83-7311-732-6
Nr 3874

Rodzinie
i Czytelnikom

ZSTĄPIENIE
W PRADAWNOŚĆ

OTCHŁAŃ PRZESZŁOŚCI?

Mamy zstąpić głęboko w przeszłość, żeby zrozumieć to, co się teraz dzieje, to, w czym żyjemy. Ale co to jest przeszłość? Co to jest czas? W naszej książce nieraz dotkniemy takich pytań.

I jeszcze: co znaczy „głęboko"? Jeśli mówimy o cywilizacji w Europie, o kulturze kreteńskiej, a potem greckiej, zstąpienie jest nie więcej niż w cztery i pół tysiąca lat. Jeśli myślimy o cywilizacji Bliskiego Wschodu, to o wiele głębiej, niemal w dziesięć tysięcy lat. Ale nawet to cóż jest w porównaniu z minionymi porami ziemi? Historia – w znaczeniu: historia cywilizacji – zaczęła się wczoraj.

Ta nasza historia. Nasza ludzka komedia. Gorzka? Najpierw przypatrzmy się faktom.

Z otchłani wyłania się homo sapiens

Badając przeszłość, antropologowie, jak sądzą, dostrzegają wyłonienie się, może czterdzieści tysięcy lat temu, istoty ludzkiej określanej mianem *homo sapiens*. Mówią, że stało się to wcale nie w aurze łagodnej i sprzyjającej narodzinom, lecz w srogim klimacie ostatniej (jak dotąd) epoki lodowcowej, która rozpoczęła się przed osiemdziesięcioma tysiącami lat, a zakończyła bardzo niedawno, zaledwie dziesięć tysięcy lat temu. Nie brak dziś gorzkich wróżbitów, którzy przewidują, że jeszcze wróci lodowe zimno i ogarnie ziemię.

Już wcześniej, jak to wyśledzili badacze szczątków i narzędzi, inny rodzaj ludzki, zwany (od znaleziska z roku 1856 w Neanderthal) neandertalskim, pojawił się na skraju Sahary i powoli rozchodził się stamtąd po północnej Afryce i południowej Eurazji, nie osiągając chyba większej mnogości niż liczonej w tysiące. Neandertalczycy mieli narzędzia całkiem

kamienne (przynajmniej takie znamy, bo drewno, jeśli się nim posługiwali, musiało się w glebie rozpaść). Najpierw trzymali w rękach topory po prostu wygładzone przez wodę, potem „łupane". Co jeszcze ważniejsze, umieli jeśli nie wzniecać, to przynajmniej podtrzymywać ogień. I posiadali zaczątki mowy.

Tak prehistorycy sądzą. Nie przysięgniemy, że we wszystkim rację mają. Ale takie pojęcie rozwoju z ubogich początków jest dziś niemal powszechnie przyjmowane. Przeciwstawia się je tradycji o wiele starszej, ukazującej dzieje ludzkości zupełnie inaczej: nie jako rozwój, lecz jako upadek. Nieraz pojmowano go jako dekadencję stopniową, zstępowanie po stopniach w dół, na przykład (pamiętamy to z Hezjoda) od ery złotej przez srebrną i spiżową do żelaznej. Kto woli wobec dzisiejszej teorii albo wobec tamtej tradycji, albo wobec nich obu, być sceptyczny, niech będzie.

Moce naszego przodka

Lecz oto, powiadają prehistorycy, ową istotę, którą nazywamy *homo sapiens* i uważamy za naszego przodka, przedstawioną światu pono najpierw na Bliskim Wschodzie, niebawem widzimy i słyszymy w półmroku tysiącleci jako coś, czego wcześniej nie było: istotę nie tylko z narzędziami i z władzą nad ogniem, ale i w odzieniu, i z rozwiniętą mową w ustach. Człowiek ten rozprzestrzenił się szeroko, od wybrzeży Atlantyku do dzisiejszej Persji, potem do Azji Wschodniej i na półkulę zachodnią. Przypuszcza się, że jeszcze przed końcem ostatniej (powtórzmy: jak dotąd) epoki lodowcowej, czyli dawniej niż dziesięć tysięcy lat temu, *homines sapientes* tu, gdzie żyli najgęściej, w swojej ojczyźnie między Morzem Śródziemnym a Morzem Kaspijskim, przekroczyli liczbę miliona osób. Zaczęły się też, jak się zdaje, rysować cielesne różnice, z których kiedyś powstanie podział na rasy.

Już w drugiej połowie owej lodowcowej epoki, od pory odległej od nas o trzydzieści tysięcy lat, rodziły się wewnątrz jaskiń takie malowidła, jakie nas dziś olśniewają w pieczarach francuskich i hiszpańskich. Malowano dzikie zwierzęta, bezmiernie pięknie, nieraz przeszyte dzidami i strzałami, może więc był w tym cel rytualny i magiczny, szukanie nadnaturalnej pomocy w łowach. Ale był też podziw, zachwyt, uwielbienie kształtów i barw świata. Domyślamy się, że *homines sapientes* mieli teraz nie tylko farby, wywarzone z roślin. Z pewnością ulepszyli język, nadający się już do przekazywania wiedzy przyszłym pokoleniom. Archeologia pokazuje nam, że posiedli także nowe, bezcenne narzędzia: ostrze krzemienne, wnikliwsze i lżejsze od „łupanych" toporów, oraz kamienny rylec, którym można było obrabiać kości.

Z kości wykluła się igła, dzięki której odzienie, szyte, i szałasy, gdzie gałęzie uszczelniała płachta, stały się lepsze. Szyto też rybackie sieci, a one zachęcały do wyprawiania się na wodę na tratwach i w łodziach. Kamienia nie zaniedbano. Urabiano z niego naczynia, wśród nich pierwsze lampy, oliwne. Właśnie dzięki nim, spokojnie wspierającym rozjarzające się i niepewne światło pochodni, można się było pogrążać w głębokich, nieraz krętych jaskiniach i tu – chyba i w zachwycie, i w obrzędzie, który dzieje się poza czasem, niegdyś, teraz, zawsze – malować te cuda na skalnych ścianach, początki cudnej ballady dziejów ludzkiej sztuki.

Cuda na skalnych ścianach

Kiedy skończyła się, dziesięć tysięcy lat temu, epoka lodowcowa w przyrodzie, a w świecie ludzkim dobiegło kresu to, co prehistorycy nazywają starszą epoką kamienną, nowa era kamienna nie wszędzie, gdzie żyli ludzie, zaczęła się tak samo. Na niektórych obszarach badacze mówią do pewnego okresu o „średnim kamieniu", mezolicie. Wszędzie jednak narzędzia kamienne ulepszają się przez zmniejszenie, stają się bardziej poręczne, mogą być nawet sztyletami sprawnymi w walce. Wśród ludzi utrwalają się dwie główne funkcje: mężczyźni polują na dzikie zwierzęta, kobiety zbierają rosnące dziko rośliny. Ale wszystko to można nazwać tylko dalszym ciągiem „starszego kamienia".

Dopiero przekroczenie takiej egzystencji było początkiem kamienia naprawdę „nowego", neolitu.

PRZEMIANA NEOLITYCZNA

Od „starszego" do „młodszego kamienia"

Neolit, wielka przemiana, inne zadomowienie się ludzi w przyrodzie. Nieraz mówi się o nim jako o rewolucji rolniczej. Polegała głównie na uprawie roślin i oswojeniu zwierząt. Rośliny to był na Bliskim Wschodzie jęczmień oraz znamienny dla tego regionu rodzaj pszenicy. Zwierzęta oswojono cztery: świnię, kozę, owcę i antenatkę krowy. Psy przygarnęli ludzie już wcześniej, jeszcze w erze „starszego kamienia", paleolitu; tych przyjaciół chowano nie do spożywania ich; psy były czyścicielami i pomocą w polowaniu.

W nowej egzystencji powstały nowe ogniska wspólnoty społecznej: osiedla rolnicze. Jeśli mamy wierzyć rachubom wysnuwającym się z świeżych odkryć archeologicznych, rewolucja ta najwcześniej dokonała się właśnie na Bliskim Wschodzie, jakieś dziewięć tysięcy lat temu, około siedmiu tysięcy lat przed Chrystusem, i powoli rozprzestrzeniała się na obliczu ziemi; do Chin doszła jakieś cztery tysiące lat przed naszą erą.

Uprawa roślin pewnie zaczęła się tak, że przypadkowo upadłe ziarna wschodziły, co zauważono. Ale dlaczego zaczęła się dopiero dziewięć tysięcy lat temu? Zbierać ziarna zaczęto co najmniej trzydzieści tysięcy lat temu, czemu więc tego nie zauważono wcześniej albo może dostrzeżono i nie naśladowano? Co było nowym elementem, który popchnął ludzi ku innej egzystencji? Oziębienie i wysuszenie klimatu, skłaniające do wzmożonej troski o żywność? Czy raczej wzrost liczby ludności? Można sobie wyobrazić, że mnożenie się ludzi ograniczyło swobodę życia wędrownego, nomadyzmu. Ku osiadłości kierowała też naszych przodków kształtująca się od dawna, od paleolitu, wiek za wiekiem, organizacja plemienna. Tak sobie wędrować ku bujnym roślinom i płodnym zwierzętom? Raczej trzeba było mieć je tu, u siebie.

Powstanie osiedli to obok uprawy roślin i oswojenia zwierząt trzecia wielka sprawa przemiany neolitycznej. Wyniknęły z niego wielkie rzeczy, rozgrywające się w następnych wiekach i tysiącleciach. Najwcześniej w niespokojnym, niewolnym od bagien, pustyń i gór pokrytych u szczytów śniegiem, krajobrazie Mezopotamii. W dosyć trudno przystępnej krainie, która jednak w południowej swej części roztacza płaską równinę obficie żywioną mułem dwóch rzek, Tygrysu i Eufratu. Stąd właśnie nazwa jej, „Międzyrzecze".

Pierwsze miasto

U południowego kresu tej południowej równiny, w tym, co nazywamy Sumerem, już w piątym tysiącleciu przed Chrystusem zastępuje nam drogę pierwsze miasto. Zależność rolnictwa i samego bytu mieszkańców osiedli od wody rzecznej i mułu powodowała potrzebę jej przechowywania. Służył temu system kanałów. Dzięki niemu zbiory były nieporównanie obfitsze. Nad kanałami zaś musiała czuwać nowa organizacja społeczeństwa, wyłoniona z niego warstwa rządząca, która pilnowała porządku pracy i zgarniała kwiat zbiorów. Siedzibą takiej władzy, ośrodkami takiej organizacji mogły być tylko warowne miasta.

Najwcześniejsze, którego kamienie i cegły szczęknęły pod łopatą archeologów, jest w Sumerze miasto Eridu, zbudowane około 4500 lat przed Chrystusem. Inne, powstałe około 3500 lat przed Chrystusem, to miasto Uruk. Oba były skupione wokół rozległych budowli świątynnych, gdzie czczono bogów, górujących nad ludzkimi władcami tych miast. W Uruk głównymi mocarzami byli: Anu, bóg nieba, i Inanna, bogini miłości i wojny. W miastach żyli administratorzy, rzemieślnicy, kupcy. Obok rewolucji rolniczej dzieje się rewolucja miejska.

Były to płodne tysiąclecia, ulepszające wiele kunsztów zaczętych już wcześniej. Obok naczyń kamiennych roją się inne, lepione z gliny. Ceramika zwłaszcza naszym oczom ożywia przeszłość. Glinę bowiem swobodniej formuje się niż kamień. Swoimi zmiennymi ozdobami ceramika oprowadza nas po wiekach i tysiącleciach. Jest świadectwem dziejów, niekiedy prawie poprzedniczką pisma. Zaczęła się na Bliskim Wschodzie chyba około 6000 lat przed Chrystusem, może razem z inauguracją tkanin wełnianych. Na przełomie piątego i czwartego tysiąclecia przed Chrystusem wdarł się w ziemię mezopotamską nowy instrument rolnictwa, pług. W późnej części czwartego tysiąclecia (gdy w Egipcie przydano łodziom skrzydła, żagle) dokonano, prawdopodobnie w Sumerze, wielkiego wynalazku koła u wozu. Można przypuszczać, że jest to dar garncarstwa. Obracające się koło ułatwiało wytaczanie naczyń glinianych. Być może dopiero stąd przeniesiono je do transportu. Rycina na tabliczce, wyryta około 3000 lat przed Chrystusem w Sumerze, pokazuje pudło krytego wozu na czterech kołach.

Powstanie pisma

Wymogi administracji, zgotowane przez rewolucję miejską, kazały też szukać tego, czego wcześniej nie było, a co dla nas jest tak oczywiste, pisma. Zaczęło się ono w Sumerze około 3300 lat przed Chrystusem. Początkowo były to logogramy; obrazkowy symbol, jak obrazek owego wozu, wyrażał całe słowo. Obrazki ryto na glinianych tabliczkach rylcem zaostrzonym na końcu w kształt klina. Stąd nazywamy to pismo „klinowym". Z najwcześniejszego jego okresu znamy około dwóch tysięcy logogramów.

Pismo w upływających wiekach ulepszano. Słowa jednosylabowe, jak *sag*, „głowa", stały się symbolami już nie tylko przedmiotów i całych wyrazów, lecz także owej sylaby; kilkusylabowe słowa składano z takich znaków. Ku połowie trzeciego tysiąclecia przed Chrystusem zmniejszono liczbę znaków do kilkuset, a zasób wyrażanych nimi słów był coraz obfitszy. Teksty nie były już tylko inwentarzami i prostymi komunikatami. Pojawiają się zapisy teologiczne, kronikarskie, prawnicze, poetyckie.

Ciągle jesteśmy w owym zadziwiającym u świtu historii Sumerze. Zbliżamy się teraz ku wydarzeniom w dziedzinie szczególnie ważnej, która rozstrzygnie o końcu neolitu i otworzy wrota do następnej ery w dziejach ludzkości. Mówi się tu o wytopie metali.

W MEZOPOTAMII

Wielki kunszt wytopu metali

Techniki wytopu próbowano, jak się zdaje, od dawna. Imion owych wielkich odkrywców i sztukmistrzów nie ma w kronice ludzkości. Miedź i jej wytapianie, to z pewnością wiemy, znano w Mezopotamii od jakichś 3500 lat przed Chrystusem. Na przełomie czwartego i trzeciego tysiąclecia dawnej ery Sumeryjczycy odkryli, że dzięki domieszaniu cyny miedź w palenisku przemienia się w twardszy metal, spiż, brąz. Stwierdzili, że nowe ostrza brązowe są sprawniejsze, a w bitwach o wiele bardziej mordercze niż ostrza, używane zresztą nadal, miedziane i kamienne. Nowe ostrza rozchodzą się po okolicach, plemiona naśladują kunszt sumeryjskiego wytopu.

Dopiero po dwóch następnych tysiącleciach ludzie ujmą w ręce metal jeszcze twardszy, żelazo. Tysiąclecia trzecie i drugie, od 3000 do 1000 przed Chrystusem, to w dziejach bliskowschodniej i śródziemnomorskiej ludzkości epoka brązu po epokach kamienia.

Nieraz myślami wędrujemy wśród budujących się miast i łomoczących rudym metalem wojen epoki brązu w Mezopotamii. W latach 2371–2330 dawnej ery staje przed nami pierwszy notowany w historii władca imperium, Sargon. Wywodził się z mówiących językiem semickim plemion północnej Mezopotamii. Wśród różnych wersji jego dziejów jest i taka, że był w pałacu w Kisz podczaszym królewskim, który się zbuntował. Jako władca rządził ze swojej stolicy, Akkadu nad Tygrysem, państwem sięgającym Azji Mniejszej na północy, a równiny, dziś irańskiej, na wschodzie. Semicki dialekt stolicy Sargona uzyskał z czasem przewagę na tym obszarze. Odczytujemy go z większości dokumentów utrwalonych pismem „klinowym". Język sumeryjski pozostał mową sakralną (jak to kiedyś będzie losem łaciny w średniowiecznej Europie) w świątyniach i tekstach religijnych.

Imperium Sargona trwało jeszcze siedemdziesiąt lat po śmierci założyciela. Kiedy upadła władza jego wnuka, nastało kilkadziesiąt lat zamętu, z których wyłoniło się w końcu nowe silne państwo, imperium trzeciej dynastii z Ur (2212–2004 przed Chr.). Dał temu państwu początek król Un-Nummu, po którym nastąpił jego syn, Szulgi. Przetrwały po imperium trzeciej dynastii ruiny zigguratów, masywnych platform, na które wchodzi się po stopniach. Były to ówczesne świątynie. Przetrwał też wspaniały epos o Gilgameszu. Znamy jego wyryty na tabliczkach tekst, nie w najwcześniejszej jednak wersji, lecz w takiej, jaką utrwalono w kilkaset lat później, oczywiście w mezopotamskim języku semickim.

Potęga Ur

Bohater ten, ulubieniec Sumeryjczyków, tak oczarował Bliski Wschód, że epos o nim przełożono także na język hetycki i język hurycki. Obserwujemy w tych wersach, jak w Biblii, wielki potop. Kiedy zaś czytamy pierwsze wersy:

> Ten, który zobaczył wszystko aż do krańca ziemi,
> Który wszelkich spraw doświadczył, rozważył wszelkie sprawy
> (...) Odbył wielką podróż, bez miary się utrudził...

trudno nie przypomnieć sobie późniejszego poematu starożytnego, *Odysei.* W eposie mezopotamskim Gilgamesz, potężny król miasta Uruk, spotyka na stepie dzikiego siłacza i łowcę, Enkidu, niespętanego cywilizacją, niezamkniętego w żadnych murach. Dzięki niemu i Gilgamesz uwalnia się od swoich obowiązków. Razem pokonują potwora Huwawę. Ale potem ukochany przez króla Enkidu umiera. Gilgamesz postanawia szukać sekretu nieśmiertelności. Dowiaduje się, że za Wodami Śmierci żyje król sprzed wielkiego potopu, Utanapisztim (tak w wersji babilońskiej, po asyryjsku Utnapisztim). Nieśmiertelny, ale dar ten udzielony jest przez bogów tylko jemu. Po rozmowie z Utanapisztimem Gilgamesz wraca do Uruk. Po okresie bezsilnej ucieczki będzie teraz znowu karnie wypełniał zadania królewskie. Tu

Wędrówka Gilgamesza i brzemię władzy

spotykamy się już z tym, co będzie stałym odczuciem w cywilizacji grecko-rzymskiej: że sprawowanie władzy to nie jest wyżywanie się, lecz bardzo ciężki obowiązek.

Ur złupią w roku 2004 przed Chrystusem Elamici, wyrojeni z południowego wschodu Mezopotamii, znad dzisiejszej Zatoki Perskiej. W całym Sumerze nie jest już spokojnie. Miasto Isin w ciężkich zmaganiach stara się utrzymać w swojej mocy główną ostoję sakralnych tradycji Sumeru, miasto Nippur. Leżące bardziej na północ handlowe miasto Mari splądrował Hammurabi, król Babilonu, potem zaś ruszył na południe z takim rozmachem, jaki cechował trzecią dynastię z Ur. Umarł w roku 1750 przed Chrystusem. Imperium jego niebawem runie, ale co po Hammurabim zostało, to przynajmniej fakt, że głównym miastem Mezopotamii był odtąd przez wieki Babilon, ośrodek nie tylko władzy, lecz także matematyki i astronomii.

Od Babilonu do Asyrii

Już w początkach drugiego tysiąclecia dawnej ery zawisła nad Babilonem nowa potęga, zza Czerwonych Gór, Asyria skupiona wokół miasta Aszur nad Tygrysem. Ale jej godzina jeszcze nie wybiła. W drugiej połowie XIX wieku przed Chrystusem zaczęli Hetyci, zagadkowy lud, mówiący językiem indoeuropejskim z nalotem obcym, na nieznanych dotychczas wierzchowcach, koniach, może przybyły ze stepów środkowej Azji, wydzierać starszym państwom rozległe obszary Bliskiego Wschodu. Od połowy XVII wieku dawnej ery królowie hetyccy siedzieli w swojej stolicy, Hattusas (dziś Boghazkoy), na północy środkowej Azji Mniejszej. Potęga ich runęła około roku 1200 przed Chrystusem. Zanim jednak upadli, spotkali Hetyci w Azji Mniejszej lud Ahhijawa, w których rozpoznajemy Achajów, Greków epoki archaicznej.

Teraz mogło się rozwinąć imperium asyryjskie, które od XII do VII wieku dawnej ery będzie władało wielką częścią Bliskiego Wschodu. Królowie z Aszuru, ceniący zresztą sztukę, rzadko wypuszczali miecz z ręki. Ich imperium rozpadło się pod dwoistym naporem nieujarzmionych do końca Babilończyków i sprzymierzonych z nimi Medów, twórców (w dzisiejszym Iranie północno-zachodnim) silnego państwa w VII wieku.

Tak się wszystko toczyło. Jakby kołowrót. Po co to badasz tak pilnie? Chcesz własne udręczone dzieje zastąpić dziejami ludzkości?

U POCZĄTKÓW EGIPTU

Trzeba jednak jeszcze wrócić do innego regionu tego antycznego świata. Powinniśmy nawiedzić krainę, która będzie odgrywać ogromną rolę w całej historii, jaką przedstawia niniejsza książka. To Egipt. Niezmienny, taki, który nigdy się nie zmieni. Tak o nim mniemał niejeden Egipcjanin w epokach jego potęgi.

Dar Nilu

Życie gromad ludzkich rozkwitało w owej krainie dzięki płynącemu przez nią, od gór Etiopii do Morza Śródziemnego, Nilowi. Wielka rzeka przeistaczała się regularnie, wzbierała od naszego maja dzięki lejącym się na etiopskie wyżyny deszczom. Od lipca do października była dość wzmożona, by rozlewać się na pola egipskiej doliny. Był to *akhet*, pora powodzi. Po czterech miesiącach, z początkiem naszego listopada, wody zaczynały opadać. To jest pora „wyłonienia się gruntów”, *peret*. Można by-

ło orać je i obsiewać. Cztery końcowe miesiące egipskiego roku, od naszego marca do czerwca, zwano *szemu*. Dzwoniły sierpy na polach, krzątano się przy żniwach, obfitych dzięki pracowitości ludzi, lecz także dzięki mułowi życiodajnemu, jakim Nil, wcześniej rozlany, użyźniał dolinę; pod opadającymi jego wodami pulsowało bujne życie.

Cywilizacja egipska nie wyprzedza mezopotamskiej, ale też jest wczesna. Rozpoczęła się na dosyć długo przed pierwszym zjednoczeniem Egiptu, dokonanym około roku 3100 przed Chrystusem. Cała kraina dzieliła się w sposób naturalny na dwie części. Pierwszą częścią był obszar ogarnięty Deltą, szeroko rozlaną, czyli kilkoma odnogami Nilu, wpływającymi do Morza Śródziemnego. To nazywano ziemią papirusu. Druga wielka część to dolina wzdłuż życiodajnej rzeki, według nazwy egipskiej ziemia trzcin. Dalej na południe, za pierwszą kataraktą, w Dolnej i Górnej Nubii, nieraz bardzo wąska, mająca wszerz zaledwie kilka kilometrów. Na wielkiej przestrzeni od Delty do obecnego Assuanu ciągnie się ona wzdłuż Nilu na tysiąc kilometrów. Długo jeszcze w epoce historycznej trwało w Egipcie wspomnienie dwóch królestw: jednego w Delcie, drugiego w szerszej części doliny. Wspomnienie może trafne.

Był Egipt w sporej mierze oddzielony od reszty świata, najmniej po wschodniej stronie Delty; od tej strony wedrą się do niego około roku 1650 przed Chrystusem Hyksosi. Uczeni do niedawna mniemali, że mały był kontakt Delty z Morzem Śródziemnym; świeżo jednak odkryto ślad osady kupców kreteńskich w Awaris (Pi-Ramses) we wschodniej części Delty. Ziemi trzcin strzegły pustynie od zachodu i wschodu, a od południa urwiste katarakty, walące się w dół po olbrzymich stopniach skalnych Nilowe wody. Któż by się odważył tu żeglować?

Ból zjednoczenia Egiptu

Czy istniały w Egipcie niegdyś dwa wielkie królestwa, czy więcej państw, nie było zjednoczenia przed rokiem 3100 dawnej ery. Jeśli słuszny jest domysł niektórych egiptologów, że mityczny konflikt między zwieńczonym tarczą słoneczną Horusem i burzliwo-pustynnym Setem jest odbiciem pradawnej opozycji państw, to zjednoczenie musiało się dokonać bardzo gwałtownie, w nieubłaganej walce. W późniejszym, będącym własnością całego Egiptu micie o stworzeniu świata bóg słońca, Ra, rozrzucił swoje nasienie, z którego zrodziła się para bogów: Szu, bóg suchości, i Tefnut, bogini wilgoci, z nich zaś dwojga nowe pokolenie bogów: bogini nieba Nut i bóg ziemi Geb. Ci z kolei wydali czworo dzieci: Izydę, Ozyrysa, Seta i Neftys. Izyda i Ozyrys byli w micie pierwszymi władcami Egiptu. Set jednak napadł na brata i pokroił go w kawałki. Złożyła je czule Izyda, dodając nowy penis (poprzedni bowiem został pożarty przez ryby). Ze związku z Ozyrysem poczęła syna, Horusa. Ukrywała go wśród trzcin na bagnie, dopóki nie wzmocnił się tak, że obalił Seta. Ozyrys stał się bogiem Podziemia, gdzie był symbolem odrodzenia, podźwignięcia się z śmierci. Set był ciągłym zagrożeniem ładu, Horus zaś, jawiący się w rzeźbionych wizerunkach jako osłaniający i uskrzydlający władcę sokół, protektorem ziemskich królów Egiptu. Trzeba tu dodać, że w egipskim malarstwie bardzo znamienny i przejmujący jest czuły gest, jakim bogowie dotykają ramion ludzi, którymi się opiekują.

Już w czwartym tysiącleciu przed Chrystusem w dolinie wzdłuż Nilu chowano zmarłych, przynajmniej królów i ich służbę, na sposób egipski: ciała zwrócone ku zachodowi, w podróży ku Tamtemu Światu, z zasobami żywności i wyposażeniem łowieckim. Uprawiano też wtedy w Egipcie, zresztą od dosyć dawna, zboża, jakimi ten kraj będzie słynął. Rewolucja miejska była nad Nilem dość rychła. W drugiej połowie czwartego tysiąclecia rolnicze osiedla powiększały się. W miejscowości, która będzie się zwała Naqada, nad Nilem na północ od Luksoru, już 3600 lat przed Chrystusem istniało obwarowane miasto. Za kilka wieków będzie się dokonywało zjednoczenie.

Paleta Narmera

Przechowało się niezwykłe świadectwo, tak zwana paleta Narmera. Płaskorzeźba przedstawia króla mającego na głowie wysoką stożkową czapę, symbol władzy. W ręce trzyma on maczugę, groźną dla głowy jeńca wijącego się u jego stóp. Wypisano hieroglifami imię Narmer. Jest to prawdopodobnie król tożsamy z owym Menesem, którego wymienia tradycja jako pierwszego władcę zjednoczonego Egiptu.

Hieroglify

Godzi się wspomnieć w przelocie, że egipskie hieroglify są bliskie mezopotamskim „klinom" przez to, że łączą znaki dźwiękowe z innymi, reprezentującymi znaczenie słowa. Kształty jednak egipskich piktogramów są tak odmienne od rycin „klinowych", że można wątpić we wspólną genezę obu tych pism. Zdaje się, że hieroglify wywodzą się od obrazków, jakie obserwujemy na skorupach wcześniejszej od nich ceramiki egipskiej. Odczytanie przez Jean François Champolliona starożytnego pisma egipskiego (w latach 1822–1828) było pierwszym wstrząsającym włamaniem się nowej ludzkości do tajemnic czasu pradawnego.

Od unii historia Egiptu dzieli się na kolejne dynastie faraonów (nazwa monarchy wywodzi się od egipskiego określenia „wielki dom", gdzie on mieszka).

STARE PAŃSTWO NAD NILEM

Nasi historycy do dziś przyjmują, po części nazbyt ufnie, hellenistyczny, sporządzony przez egipskiego kapłana, Manetona, około roku 280 przed Chrystusem, spis trzydziestu i jednej dynastii, od Narmera-Menesa aż do obalenia perskiej władzy nad Egiptem przez Aleksandra Wielkiego w roku 332 przed Chrystusem.

Epoka wczesnych dynasti

Wczesny okres dynastyczny, od pierwszej do trzeciej dynastii (3100–2600 przed Chr.), naznaczyły wielkie procesy dziejowe: oprócz samego zjednoczenia kraju ustanowienie stolicy w Memfis (nad Nilem, między Dolnym a Górnym Egiptem) oraz ustalenie się modelu władzy królewskiej. W połowie trzeciego tysiąclecia faraon był już uważany za bezpośredniego dziedzica boga Ra, który pod postacią jej ziemskiego małżonka zapładniał królową. Nosiciel białej korony Górnego Egiptu i czerwonej korony Dolnego obejmował władzę w obrzędzie koronacji, który określało to samo słowo, jakim nazywano świt dnia: *kha*.

Około roku 2650 przed Chrystusem nastąpiła przemiana w architekturze egipskiej. Prostokątna, zwana dziś mastabą budowla nad podziemną izbą królewskiego grobu została zastąpiona schodową piramidą o sześciu warstwach. Od południa były przed piramidą dwa dziedzińce, podobnie jak się je widziało w królewskim pałacu w Memfis, gdzie większy dziedziniec był sceną pojawiania się faraona w majestacie, a drugi służył ceremonii *sed*, w której król przyjmował odnawiane hołdy różnych prowincji Górnego i Dolnego Egiptu. Pierwszą schodową piramidę zbudowano dla faraona Dżesera za jego życia, jak nakazywał zwyczaj, pod pieczą jego doradcy, Imhotepa; wydźwignięto ją na sześćdziesiąt metrów w górę.

Budowanie piramid

Dynastia Dżesera, trzecia, zakończyła wczesny okres dynastyczny. Od początku czwartej dynastii (około 2610 roku przed Chr.) zaczyna się Stare Państwo mające się skończyć około roku 2130 dawnej ery. Właśnie w Starym Państwie powstały wielkie piramidy, już nie schodowe. Budowanie było trudniejsze, nie można było stojąc na poprzednim stopniu budować następnego. Chufu (Cheops po grecku) zbudował pierwszą z trzech wielkich piramid w Gizie; następną, nieco mniejszą, syn jego Chafra (Chefren); trzecią, o połowę mniejszą, Menkaura (Mykerinos), który panował krótko. Obrabowano komnatę grzebalną każdej z nich już w starożytności. Dziś uczeni obliczają, że w antycznych możliwościach technicznych największą z piramid musiało budować dwadzieścia pięć tysięcy ludzi przez dwadzieścia lat.

Przy piramidzie Chefrena najlepiej się zachowała, u jej wschodniego boku (tego, na który padały o świcie pierwsze promienie słońca, szczególnie czczonego przez ową dynastię), świątynia pogrzebowa, gdzie odprawiały się nad zwłokami obrzędy przed pogrzebem. Wiódł do tej świątyni kryty korytarz, długi na sześćset metrów, od innej świątyni, pierwszego schronienia królewskich zwłok. Wokół zaś piramidy Cheopsa widzimy do dziś resztki wielu grobów w dawniejszym stylu, w kształcie mastaby, w rzędach ku wschodowi i zachodowi. Okazalszy rząd, wschodni, to chyba groby rodziny królewskiej; zachodni to urzędnicy. Król żeglował ku Tamtemu Światu w czterdziestoczterometrowej łodzi; w tysiącu dwustu kawałkach złożono ją potem w jamie przy piramidzie. Nieskończenie był faraon wyższy od poddanych.

Piramidy takie budowali przez lata nie niewolnicy, lecz zwykli wieśniacy, bezrobotni wtedy, gdy Nil zalewał ich pola. Niewolnictwo zaś, żywiące się głównie dostawą jeńców wojennych, w ogóle nie odgrywało w Egipcie tak wielkiej roli, jak później w świecie grecko-rzymskim.

Jak pies do stóp króla

Giza jest dziełem czwartej dynastii, pierwszej Starego Państwa: cała cywilizacja przywiera tu, jak pies, do stóp króla. W piątej dynastii obserwujemy niejakie osłabienie tej zasady. Piramidy są mniejsze, za to powstają świątynie boga Ra według wzoru świątyni Ra na progu Delty, w miejscu zwanym później Heliopolis.

W czasach piątej dynastii wzmocnili się prowincjonalni magnaci. Wiele stanowisk w administracji stało się już godnościami dziedzicznymi. Musiało to spowodować osłabienie władzy króla. Wielmoże budowali na prowincji swoje groby coraz wspanialsze. Drogę do wieczności miały im teraz mościć nie zasługi wobec króla, lecz związek z Ozyrysem, bogiem Podziemia. Widzi się tu zapowiedź wiary późniejszych wieków. Za szóstej dynastii, zaczynającej się około roku 2180 przed Chrystusem, jeszcze bardziej omdlewała władza centralna. Przyczyną było może to, że zmniejszały się opady w północnej Afryce i wylewy Nilu stawały się skąpe. Słyszymy o okresach głodu. Rozprzęga się władza Egiptu nad Nubią.

Po szóstej dynastii nastąpi tak zwany pierwszy okres pośredni, mniej więcej od 2130 do 2040 przed Chrystusem. Magnaci

Spory magnatów

uniezależniają się i toczą własne spory. Najmocniej sroży się współzawodnictwo między władcami miasta, które będzie w przyszłości zwane Herakleopolis, w Egipcie Środkowym, uważającymi się za dziedziców monarchów z Memfis, a rządcami Luksoru (Teb), prowincjonalnej stolicy w Górnym Egipcie, którzy na południu zawładnęli Nubią.

Jedność przywróciła Egiptowi około roku 2050 przed Chrystusem dynastia liczona jako jedenasta. Dokonał tego Mentuhotep II, władca wywodzący się z Teb. W swoich uroczystych oświadczeniach stwierdzał zjednoczenie „Dwóch Krain" pod „Białą Koroną" (Egiptu Południowego). Sam spoczął na wspaniałym cmentarzu nad Nilem pod Tebami, chyba raczej bez piramidy. Dziedzictwo jego zagarnął niejaki Amenemhat, który może początkowo był wezyrem. Stało się to około roku 1985 przed Chrystusem. Założył nową dynastię, dwunastą, której starał się zapewnić trwałość i ład sukcesji przez wprowadzenie obyczaju czynienia swego syna współregentem. Tak się zaczęło Średnie Państwo.

Potomkowie Amenemhata okazali się władcami bardzo wybitnymi. Dla Egiptu był to nowy okres potęgi. Budowano twierdze nad Nilem w Dolej Nubii, między pierwszą a drugą kataraktą.

ZMIENNE LOSY I CHWAŁA EGIPTU

Średnie Państwo to lata stałości, spokoju. Dwieście lat, mniej więcej od roku 1985 do 1795. Nad Nubią faraonowie panowali mocniej niż w jakimkolwiek innym okresie. Otworzyli nowe obszary rolniczej uprawy w Fajum, strefie oaz na zachód od Nilu, w Środkowym Egipcie. Handlowali z Byblos na wybrzeżu Libanu, a w pewnej mierze i z Kretą.

Ideały Średniego Państwa

Przemawiające do nas teksty hieroglificzne z owej epoki głoszą spokojną mądrość, opartą na umiarkowaniu, wybierającą, jeśli to możliwe, łagodność. Jest to piśmiennictwo poświęcone Mądrości, którego nastrój przypomina nam Biblię. Jakieś echa tego piśmiennictwa słyszymy w księgach dydaktycznych Starego Testamentu, zwłaszcza w *Księdze przypowieści*. Ideałem społecznym był urzędnik, który potrafił zarówno dowodzić oddziałem wojskowym, jak i zatroszczyć się o sprowadzenie głazów budowlanych z kamieniołomu na pustyni, jak wreszcie przewodniczyć sesji sądu. Przede wszystkim zaś musiał być sprawnym skrybą i miłośnikiem wszelkiej wiedzy. W religii była to epoka kultu Ozyrysa.

To się jednak też zachwiało. Gdy dwunasta dynastia odeszła około roku 1795, nastąpiło po niej kilku kolejnych królów o krótkich panowaniach. Stopniowo wymykała im się z rąk Delta na północy i Nubia na południu. Do Delty zaczęły się wdzierać od wschodu, jak mówiliśmy, z okolic Palestyny, wędrowne plemiona. Egipcjanie nazywali ich Hyksosami, „wodzami obcych krain", wymownie odsłaniając ich barbarzyństwo i okrucieństwo. Najeźdźcy zagarnęli Memfis, ale własną stolicę ustanowili w Delcie bliżej morza, a daleko na południu sprzymierzyli się z Nubijczykami. Dzięki temu państwo faraonów zdołali sprowadzić do części tylko Górnego Egiptu, strefy wokół Teb (Luksoru).

Nie byli całkiem dzicy. Za tropem Hetytów przywiedli konia z uprzężą, nowe zbroje, nowe warsztaty tkackie. Ich królowie pisali swoje imiona hieroglifami, na tytuły monarsze usiłowali rzucić trochę promieni z chwały boga Ra. A zarazem Hyksosi, jako ludzie „z zewnątrz", czcili boga Seta.

Lecz wreszcie w Tebach ukształtowały się nowe, silne dynastie. Najpierw siedemnasta, która jeszcze utrzymywała stosunki dyplomatyczne z Hyksosami, lecz około roku 1550 natarła i na północ, i na południe. Potężny król Ahmose I z dynastii osiemnastej wkroczył do Delty, podbił Memfis i hyksoską stolicę Awaris (Pi-Ramses). Potem pomaszerował na południe i przywrócił egipskie wpływy w Nubii. Rządy Hyksosów były rozbite. Zaczęło się Nowe Państwo egipskie, liczone przez historyków od 1550, mające trwać ponad pięćset lat (1550–1000), do progu ostatniego tysiąclecia przed Chrystusem.

Szok hyksoskiego najazdu

Szok hyksoskiego podboju zostawił ślad w umysłowości egipskiej, podobnie jak (*toute proportion gardée*) szok 11 września 2001 w umysłowości amerykańskiej. Egipt przestał być krajem skupionym tylko na sobie, na swoich własnych sprawach. Faraonowie Nowego Państwa, znowu potężnego, będą królami wojowniczymi. Nie tylko starali się o umocnienie władzy nad Nubią, aż poza czwartą kataraktę Nilu. Zwrócili pilną uwagę na Azję, skąd się wyroili Hyksosi. Będą budować swoje imperium aż po wody Eufratu. Dotarł do nich faraon Tutmose I (1504–1492 przed Chr.), pogromca państwa Mitanni w Syrii i ujarzmiciel miast palestyńskich.

Wielka Hatszepsut

Osiemnasta dynastia była wielka, a wyjątkowa także przez to, że zabłysła wśród niej bardzo wybitna kobieta, władczyni, Hatszepsut, w pierwszej połowie XV wieku dawnej ery. Znika ona z zapisów około roku 1458, może zepchnięta przez stronników faraona Tutmose III (będzie rządził do roku 1425), też wybitnego władcy, który umocnił egipskie rządy w Mitanni i w Palestynie, a także w Nubii. Z pasją badał on dawne teksty, historię duchową swego kraju, ale nie wypuszczał i miecza z ręki. Jego następca, Tutmose IV, dał przykład rozumnej dyplomacji, gdy pojednał się z państwem Mitanni, które szukało pomocy przeciw napierającym na nie od północy Hetytom. Następny faraon, Amenhotep III, poślubił córkę króla Mitanni.

Późniejsi królowie osiemnastej dynastii błyszczeli i sławą wojenną, i świetnym organizowaniem coraz sprawniejszej administracji, i wielkimi budowlami, zwłaszcza świątyniami, które pojmowano jako domy bogów. Potęga również polityczna tych domów rosła. W połowie XIV wieku przed Chrystusem, za rządów Amenhotepa III, pojawił się i prędko zaczął się wzmagać inny kult, uwielbienie, jako bóstwa, słońca w jego materialnej formie, zwanego Aten. Następca tego faraona, Amenhotep IV (1352–1336), przybierając miano „Pobożnego Sługi Atena”,

Akhenaten

Akhenaten, przeciwstawił boskie słońce wielobóstwu egipskiemu. Ale większość mieszkańców Egiptu nie poszła za faraonem reformatorem. Umierając, zostawił on kraj w zamęcie. Niebawem jeden z wodzów armii objął rządy jako Ramzes I. Musiał bronić Egiptu przed nowymi wrogami, Hetytami. Podjął też działalność budowniczą dawniejszych faraonów. Z Hetytami zmierzył się jeden z jego następców, Ramzes II, pod miastem

Kadesz w Syrii. Wbrew rozsnuwanej potem propagandzie nie wygrał tej bitwy. Przezornie zawarł traktat z Hetytami około roku 1263 przed Chrystusem.

Za rządów dwudziestej dynastii, ostatniej Nowego Państwa, w XII i XI wieku dawnej ery, Egipt ubożeje. Po śmierci zaś Ramzesa XI (w roku 1069 przed Chr.) rozpoczyna się okres niemal rozpadu wielkiego państwa na zwalczające się nawzajem państewka, rządzone przez prowincjonalnych magnatów. W połowie VIII wieku przed Chrystusem zapanują tu Kuszyci, cudzoziemska dynastia wywodząca się z Nubii, starająca się jednak żarliwie o zakorzenienie w starej tradycji egipskiej. A potem Asyryjczycy, potem Persowie...

Kraj nad Nilem ubożeje

Wrócimy do tego, w tej chwili jednak zostawiam dalsze egipskie dzieje, aby spojrzeć na wielki kraj nad Nilem oczyma Greka z VIII (najprawdopodobniej) wieku przed Chrystusem, Homera. Docierały do niego wieści z przeszłości, to, co przodkowie przez wieki opowiadali o podróżach do Egiptu w dawnych, dawnych czasach, kreteńskich i mykeńskich. Czy on sam widział kiedykolwiek ów kraj, czy tylko z opowiadań usnuł go i opisał, trzeba stwierdzić, że klęski Egiptu w późnym okresie nie zaćmiły urody pól nad Nilem. W *Odysei* Homerowy tułacz, roztaczając przed świniopasem Eumajosem złudną opowieść o rzekomym swoim przybyciu z drużyną do Egiptu, opowiada, jak towarzysze próbowali łupić Egipt i jak dzielnie Egipcjanie odparli ich (XIV 259–270):

Egipt w oczach greckich i naszych

Nakazuję wiernym moim towarzyszom,
By zostali przy nawach i naw pilnowali,
A dla zbadania okolicy wyprawiłem zwiadowców.
Lecz towarzysze woleli chwycić się przemocy
I natychmiast przepiękne pola egipskie
Zaczęli łupić, porywać kobiety i dzieci u piersi.
Zabijali mężczyzn. Lecz krzyk wnet dobiegł do miasta.
Tamci, usłyszawszy lament, z samym świtem
Już tu byli. Zapełniło się pole pieszymi,
Końmi, trysnął blask spiżu. Zeus gromowładny
Rzucił między moich podłą ucieczkę. Sprostać walce
Nikt nie potrafił, zewsząd ziała groza.

Zresztą nie tylko Homerowymi, ale i własnymi chce się spojrzeć oczyma. Czar Egiptu jest do dziś przemożny. Odczuł to chyba każdy, kto tam był. Kto poznał rozmaitość elementów tego wspaniałego kraju. Zwłaszcza tak bliskie na wielu obszarach współistnienie cudownie bujnej zieleni i rudej, burej, szarej, żółtej pustyni, groźnej i olśniewająco pięknej. Wiatr od morza i od szerokiej rzeki, ptaki nad wodami.

I trwałość tej cywilizacji. Chyba nigdzie indziej na ziemi nie odczuwa się tego tak przemożnie, trwałości budowli, które wzniesiono po to, by trwały. I to się udało. Cóż mogli zrobić i zwykli rabusie, i słynni zdobywcy piramidom i pylonom egipskich świątyń? W podziemnych korytarzach można samemu się udusić, nie sposób ich zniszczyć. Wodzowie i cesarze rzymscy nigdzie nie czuli się tak słabi, a zarazem tak pobłogosławieni, jak wobec tych monumentów. Angielski filozof w naszym czasie powiedział: „Sąd Ostateczny jest teraz, tylko głębiej". Tak, głębiej, tu, w Egipcie.

DOŚWIADCZENIA GRECKIE

OD KNOSSOS I MYKEN DO FENICKIEGO ALFABETU

Przodkowie Homera od bardzo dawna odwiedzali na chyżych okrętach Egipt albo przyjmowali u siebie kupców stamtąd, albo przynajmniej pod wieczór słuchali słów o owej krainie, gdzie są zadziwiające budowle. Morze nie dzieliło ich od ziemi rolników, kupców, lekarzy (jeszcze sam Homer w *Odysei* sławi egipską medycynę), matematyków i faraonów, lecz raczej ich z nią łączyło. Grecy, chociaż niegdyś przyszli z dalekich od morza stepów, tu, na południu, byli na morzu u siebie, w domu. Dotknąłem już owej sprawy w tych naszych książkach. Kultura przedgrecka, czyli kreteńska, i grecka narodziły się nie tylko nad morzem, ale w niejakiej mierze wprost na morzu. Głównie na Morzu Egejskim, które obmywa wschodnie wybrzeża półwyspu greckiego i zachodnie wybrzeże Azji Mniejszej, a na południu opryskuje brzeg Krety.

Evans na schodach w Knossos

Angielskiego archeologa, Arthura Evansa, zaprowadziła do pałacu, który odkopał w latach 1900–1905, w Knossos, w pobliżu kreteńskiego miasta portowego, zwanego Kandia albo Iraklion, grecka tradycja wspominająca panowanie pradawnego króla, Minosa. Evans kopał, żarliwie, ale bez kryteriów naukowych, w Knossos i w innych miejscach. W jego tropy wkroczyli potem inni badacze, ryjąc ziemię w różnych stronach wyspy, jak i na innych wyspach egejskich, gdzie budowano schludne domki miejskie i wille wiejskie.

Knossyjski pałac, do którego wchodzi się po wielkich schodach, od progu zaiste przypomina labirynt (tyle tu komnat, przedsionków), ale taki oswojony, z którego można się wydostać.

W sali tronowej stoi alabastrowy tron Minosa. Imię, jakie grecka tradycja nadaje temu monarsze, może jest (przekształconym w greckiej wymowie) kreteńskim mianem całej rządzącej niegdyś Kretą i innymi wyspami, osiadłej w Knossos dynastii.

Czy trafnie rozumiem tę najdawniejszą w Europie cywilizację? Jak inni Europejczycy XX wieku, złaknieni łagodności, przez lata wpatrując się w minojskie freski, rzeźby i sarkofagi, rozmyślałem o czułym obcowaniu tamtych ludzi z przyrodą. Ale archeologia jest niebezpieczna. W jednym z odkopanych domów w Knossos znaleziono masę dziecięcych kości. Ofiara w przeraźliwym obrzędzie? Niewiele wcześniej, w roku 1981, w świątyni w górskiej miejscowości Anemospelii odkryto ciało spętanego młodzieńca na ołtarzu, z brązowym sztyletem leżącym obok niego, nieużytym, bo świątynia runęła w trzęsieniu ziemi. Tak nam przetrwała.

Wiemy, że w początkach drugiego tysiąclecia przed Chrystusem wyrosły na Krecie pierwsze jej pałace, w Knossos, w Malii, w Fajstos, a istniejące tu przynajmniej od roku 1900 pismo hieroglificzne przemienia się, może w XVIII wieku, w system alfabetu sylabicznego, w tzw. pismo linearne A, milczące wobec nas nadal, okrywające nieznaną nam mowę z kręgu języków tzw. ludów azjanickich, do których należeli też Trojanie i spotykani później przez nas w Italii, przybyli z Azji Mniejszej, Etruskowie.

Pochylaliśmy się już nad tym jako nad wstępem do greckiej mitologii. W niniejszej też książce wymieniliśmy dźwięczące w hetyckich tekstach „klinowych" miano groźnych Ahhijawa, czyli Achajów. To już byli pradawni Grecy. Jak Evans cywilizację minojską, tak wcześniej, jeszcze w XIX wieku, niemiecki archeolog Heinrich Schliemann otworzył przed nami zamki Achajów. Najpierw szukał domostwa Odyseusza na Itace, potem wdarł się do najważniejszej twierdzy, Myken na Peloponezie, od których całą tę cywilizację, następną w naszej Europie po minojskiej, nazywamy mykeńską. Między Itaką a Mykenami i innymi zamkami na greckim półwyspie Schliemann rozkopał w latach 1870–1890 wzgórze Hisarlik w Azji Mniejszej, czyli Troję (z kilku wyłonionych tu grodów wybiera się dziś przeważnie Troję VIIa, spaloną może w połowie XIII wieku dawnej ery, a może

Ahhijawa, pradawni Grecy

ku schyłkowi owego stulecia; tradycja grecka umieszczała zagładę grodu Priama w roku, który dla nas jest 1184 dawnej ery).

Późniejsze od kreteńskich greckie zapisy w tzw. piśmie linearnym B zdołali w roku 1952 odcyfrować uczeni angielscy, Michael Ventris i John Chadwick. Dziś widzimy chronologię przemian nad Morzem Egejskim dosyć wyraźnie. Wieki XVII–XVI przed Chrystusem były porą rozkwitu kultury kreteńskiej, minojskiej, egejskiej. Najświetniejszy zaś rozwój kultury mykeńskiej to są wieki XIV–XIII dawnej ery. Na przełomie XIII i XII wieku rozjarzył się w zamkach achajskich wielki pożar. Najazd Dorów, nowej fali Greków? Oni jednak przyszli później, może wymierzyli ostatni cios. Może około roku 1120 przed Chrystusem rzucili w proch Mykeny i Tiryns. Wieki XII–X to są nad Morzem Egejskim trudne, bolesne, „ciemne wieki". Już wiemy, jak ciężkie to były czasy także w Egipcie.

Od „ciemnych wieków" do alfabetu

Zresztą te wieki są ciemne głównie dlatego, że mało o nich wiemy. Dopiero w VIII wieku przed Chrystusem nastała w pełni nowa epoka greckiej kultury. Kluczowym elementem odrodzenia było przyjęcie alfabetu o wiele doskonalszego od „linearnego B". Grecy w ogóle byli chętni do uczenia się różnych kunsztów od ludów, z jakimi się stykali. Zwrócono na przykład uwagę na to, że ich tarcze i hełmy od VIII wieku dawnej ery mogłyby nam kazać domyślać się wpływu asyryjskiego.

Ale nie tylko wojowali. Grecy byli też podróżnikami wymieniającymi cenne przedmioty i w tej działalności nieraz mieli do czynienia z innymi handlowcami, zwłaszcza z licznymi plemionami, które nazywali Fenicjanami. Żyły one w pradawnych miastach, jak Byblos. W drugim tysiącleciu przed Chrystusem bardzo bujnie się rozwinęły takie ośrodki handlowe, jak Ugarit, Tyr, Sydon. Fenicjanie mieli znakomity alfabet literowy, który jednak, obyczajem wynikającym ze struktury języków semickich, nie miał znaków na samogłoski. A w językach indoeuropejskich samogłoski odgrywają wielką rolę. Grecy więc dla nich utworzyli nowe znaki. Posiedli alfabet, którego już nigdy się nie wyzbędą. Stał się on ogromnie ważny w handlu, w życiu politycznym, choćby w głosowaniu, a także w twórczości pisarskiej. Kiedy go przyjęli? Jakaś data między rokiem 850 a 750 przed Chrystusem wydaje się najbardziej prawdopodobna.

GRECY NA DROGACH ROZLEGŁEGO ŚWIATA

Trzeba jednak pamiętać, że „ciemne wieki" w krajach greckich, może nie w każdym miejscu i okresie groźne, ale na pewno uboższe od złotej epoki mykeńskiej, miały też własną *felix culpa*. Polegała na tym, że trudno było sprowadzać miedź i cynę do wytwarzania brązu. A żelazo było w Grecji dostępne. Dopiero więc teraz wzięto się w Grecji do obróbki żelaza, które na Bliskim Wschodzie już wcześniej królowało.

Można było żeglować

A poza tym można było emigrować, żeglować daleko. Drogi bynajmniej nie były tak zamknięte, jak my tego doświadczaliśmy w XX wieku. Szlaków emigracji można próbować się domyślać, gdy badamy późniejszą mapę greckich dialektów. Greczyzna w górach Arkadii i na Cyprze wydaje się resztką języka mykeńskiego. Dialekt Dorów, pono głównych pogromców peloponeskich zamków mykeńskich, panuje właśnie na Peloponezie, a także na Krecie i na Rodos. Ateńczycy, którzy twierdzili, że nie tknął ich kraju chaos XII wieku dawnej ery, mówią językiem jońskim. Z pól Beocji i Tesalii dialekt eolski doszedł aż do północnych wybrzeży Azji Mniejszej. Grecy już przed „ciemnymi wiekami" i podczas „ciemnych wieków", i później, żyli w szerszym świecie. Wielu z nich osiedlało się daleko od greckiego półwyspu. Nie tylko na wyspach i wybrzeżach Morza Egejskiego, lecz także nad Morzem Czarnym, w Libii, w Egipcie. I w krajach zachodnich, zwłaszcza na Sycylii i w południowej Italii, gdzie nas do dziś zachwycają świątynie greckie w Posejdonii (Paestum).

Koloniści wobec tubylców

Stosunki z wcześniej mieszkającą w owych koloniach ludnością układały się rozmaicie, lecz często bez walki. Tubylcy nieraz zyskiwali na obecności nowej warstwy rządzącej, która potrafiła dawać innym ludziom zatrudnienie i chleb. Tak rozkwitła na przykład Kyrene w północnej Afryce. Nowe osiedla, kolonie, nie mogły jednak być bezbronne. Jeśli się bogaciły, ściągały na siebie zawiść i pożądanie zarówno okolicznych plemion, jak i innych greckich kolonii. To narzucało obowiązki militarne. Koloniści musieli być nie tylko rolnikami i handlowcami, lecz także żołnierzami. Powstają wówczas zastępy hoplitów. Określenie to pochodzi od słowa *hoplon*, jak nazywano ciężką tarczę, mającą od wewnętrznej strony obręcz, w którą żołnierz wkładał rękę, aby osłona mocno do niego przywierała. Ponieważ do uzbrojenia hoplity należał też hełm, pancerz i nagolenice, na taką służbę mogli sobie pozwolić tylko zamożniejsi koloniści.

Hoplici

Walcząc, szli szeregami, szereg za szeregiem. W każdym szeregu żołnierze albo łączyli swoje tarcze, a włócznię trzymali nad głową, albo tarczami osłaniali się od lewej strony, a pod prawym ramieniem mieli włócznię. Wśród przeraźliwych okrzyków walili się na wrogów jak lawina. Zwalniano ich z obowiązku ścigania i dobijania przeciwników rozproszonych; zbroja hoplity była za ciężka. Za to w natarciu mieli kategoryczną powinność: nie wolno było upaść ani się zaplątać, bo to niszczyłoby cały szereg.

To było wojowanie odmienne od tej indywidualnej dzielności, jaką sławiła *Iliada*, poświęcania się dla chwały swojej albo rodziny. Nową dzielność uwydatnia w wojennych utworach lakedemoński poeta z VII wieku dawnej ery, Tyrtajos, jak w tym fragmencie elegii:

> Piękne to jest dla dzielnego męża, w pierwszym szeregu
> Polec w bitwie, gdy walczy za ojczysty swój kraj.
> Własne zaś miasto opuścić i urodzajne łany,
> Aby żebrać, czyż może być gorszy dla niego ból?

Grecka polis

Teraz się walczy nie tylko dla sławy i jednej rodziny, ale za miasto, *polis*, społeczność, w której wielu obywateli jest z sobą wzajemnie związanych jakby rodzinnym pokrewieństwem. Zazwyczaj *polis* wybiera sobie opiekuńcze bóstwo: Atena opiekowała się Atenami i Spartą, Hera miastem Samos, Apollo Eretrią i Koryntem.

Ale *polis* potrzebowała też ziemskiego rządu. Przewaga arystokracji, oparta na przywództwie wojennym i posiadaniu ziemi, zaczęła się rozprzęgać w VII wieku, gdy Grecja jakby się rozszczepiła wśród wypraw za morze i przemożnej roli handlu. Z dotychczasowymi arystokratami zmierzyli się nowi bogacze. Byli ludzie, którzy chcieli wyzyskać niechęć pospólstwa do starych rodów. Chodziło im o zdobycie władzy dla siebie. Nazywano ich tyranami, *tyrannoi*. Słowo to, wywodzące się ze Wschodu, może z Lidii, zrazu nie miało żadnego antydemokratycznego zabarwienia. Najpierw tyrania udała się w Koryncie, potem w jego sąsiedztwie, Sykionie i Megarze. Następnie na Samos i na Naksos, i w jońskich miastach na wybrzeżu Azji Mniejszej. Nie zawsze wiemy, na czym opierała się władza owych *tyrannoi*. Powoływali się na pochodzenie arystokratyczne albo na bogactwo. Niektórzy czerpali moc z organizacji militarnej. To ci *tyrannoi*, którzy wyszli z łona wspólnoty hoplitów.

Koryntem na przykład rządził arystokratyczny klan Bakchiadów. Mówi się, że Kypselos miał matkę z Bakchiadów, lecz ojca spoza tego rodu. Słyszymy, że był świetnym wodzem w bitwach. Pono doszło do tego, że w roku 657 dawnej ery uchwycił władzę w Koryncie i wypędził Bakchiadów, a ich ziemię rozdzielił między swoich sojuszników. Posłał bogate dary bóstwom w Delfach i w Olimpii, u siebie zbudował wiele świątyń w stylu doryckim. Po trzydziestu latach rządów Kypselosa objął władzę syn jego, Periander. Obaj nie tylko wzmagali bogactwo Koryntu, lecz zakładali wiele własnych kolonii w północnej części Morza Egejskiego i nad Morzem Adriatyckim; bardzo zabiegali o handlowanie z Egiptem, a także o związki z innymi greckimi koloniami.

Tyrania a demokracja antyczna

Było jednak coś takiego w tyranii, że Grecy nie uznawali jej za swoją. Periander nie chodził po Koryncie inaczej niż z eskortą. Po obaleniu tyranii, do czego obywatele przeważnie się rwali, *polis* albo pogrążała się w chaosie walk wszystkich przeciw wszystkim, albo przyjmowała formę czy to oligarchii (rządów samych najbogatszych), czy to demokracji. Co się tyczy tej drugiej formy, nie należy mieć złudzeń. Lud mający rządzić to byli tylko wolni mężczyźni. Wykluczano kobiety i niewolników. Gdy wzmagała się demokracja, twardniało też niewolnictwo.

SPARTA, PAŃSTWO WOJENNE

Powstało w Grecji, w południowej części Peloponezu, państwo najlepiej dostosowane do armii hoplitów. Sparta rozciągała się wzdłuż niskich wzgórz położonych nad rzeką Eurotasem. Miała dobrą obronę naturalną i przed okresem rzymskim nigdy nie była otoczona murami. Cała ta *polis*, miasto-państwo, to było wiele rozrzuconych osad. Nie było tu żadnych monumentalnych budowli. Gdy u świtu swojej historii osady połączyły się, musiały się z sobą dogadać dwa najmożniejsze rody. Dlatego Sparta miała dwóch dziedzicznych królów. W VI wieku przed Chrystusem byli oni już tylko przywódcami religijnymi i kierowali spartańskimi zastępami wojennymi. Byli też członkami grona, głównie arystokratycznego, trzydziestu radców, zwanego *ge-*

Skąd Sparta?

rusia (od słowa *geron*, „starzec"). Obywatele przez aklamację wybierali ich spośród ludzi, którzy doszli do wieku sześćdziesięciu lat. Zgromadzenie obywatelskie pełniło rolę doradczą. Oceniało propozycje, jakie przedstawiali królowie i *gerontes*.

Ludy podbite: perioikoi *i* helotes

W dość wczesnym okresie dziejów Spartanie wyciągnęli ręce po osady okoliczne. Niektórzy z sąsiadów stali się „mieszkającymi dokoła", *perioikoi*. Byli uzależnieni od Sparty, lecz mieszkali w osadach własnych i zajmowali się swoimi rzemiosłami. Zasilali spartańską armię zastępami własnymi. W VIII jednak wieku dawnej ery lud rządzący Spartą zainteresował się żyznymi polami Mesenii, leżącymi na zachód, za groźnymi skałami Tajgetu. U schyłku owego wieku, po dwudziestu latach zmagań, Spartanie podbili Mesenię i potraktowali ją jak kolonię z podboju. Ziemię rozdzielili równo między spartańskich obywateli, a pokonaną ludność obrócili w pańszczyźnianych chłopów, którzy mieli pracować dla Spartan, swoich panów. Określali tych niewolników mianem *Heilotes*; tak to wygląda w pisowni antycznej; *ei* może jednak oznaczać długie „e". W ubocznych źródłach antycznych spotykamy wiadomość, niepewną, że nazwa ta wywodzi się od miana ujarzmionego miasta w Lakonii, Helos; wynikałoby z tego, że *Heilotes* albo *Helotes* to jest nazwa ludu i należałoby zaczynać wyraz dużą literą. Jest też inna teoria, dzisiejsza, że nazwa wywodzi się od czasownika *haliskomai*, „łapię", i znaczy po prostu: „złapani". Ale przecież ci nieszczęśnicy byli nie złapani, lecz zastani – we własnym kraju. Chyba trzeba rzecz zostawić zawieszoną i pisać na razie według starej już w Europie konwencji: „heloci".

Ustrój Sparty

Wiele elementów dziejów, a także ustroju spartańskiego, wynikło z nieustannej czujności w pilnowaniu swoich posiadłości i niewolników. Zgromadzenie obywatelskie mogło co roku spośród obywateli wybierać pięciu bardzo ważnych urzędników, których nazywano *ephoroi*, „strażnicy". Strzegli porządku w państwie. Co miesiąc królowie ślubowali im, że będą szanować prawa państwowe, a oni za to odnawiali obietnicę lojalności wobec królów. Ustrój ten był ścisłą tkaniną. Królowie, starsi eforowie i zgromadzenie obywatelskie nawzajem siebie pilnowali.

Hoplici w Sparcie

Ustrój tak daleki od wolności doskonale przystawał do potrzeb wynikających z konieczności utrzymywania armii hoplickiej. W innych miastach-państwach tylko bogatsi obywatele mogli sobie pozwolić na zbroję, w Sparcie zaś troszczyła się o to sama *polis*. Ponieważ na Spartan pracowali *perioikoi* i *Heilotes*, wszyscy spartańscy mężczyźni mogli się zajmować tylko wojną. Chociaż walki szeregów hoplitów były odmienne od indywidualnych wyczynów wojowników arystokratycznych, tamto dziedzictwo starano się, na ile to było możliwe, zachować. Hoplici spartańscy jadali po piętnastu; taka dokładnie była miara dawnego *symposion*, uczty arystokratycznej. Zwłaszcza po zakończeniu drugiej wojny meseńskiej w VII wieku dawnej ery i spętaniu ludzi walczących o swoją wolność Spartanie w nastroju odprężenia przypominali sobie uroki arystokratyczne, handlowali ze Wschodem, kupowali wytworne kratery, uczestniczyli w igrzyskach w Olimpii.

Spartanie w Olimpii

Ale już po roku 570 przed Chrystusem notuje się w Olimpii niewielu zwycięzców spartańskich. Zmniejszał też się handel z innymi państwami. Posługiwano się, jako walutą, sztabkami żelaza, gdy inne greckie *poleis* miały już srebrne monety. Podkreślano, że wszyscy obywatele są równi, podobni, *homoioi*. Jak hoplici w szeregu. Lecz i w wojnie nie zawsze mieli sukcesy. Wprawdzie w latach czterdziestych VI wieku dawnej ery rozgromili silne Argos i rozciągnęli swoją władzę na wschodnią część Peloponezu. Wcześniej jednak była słynna Bitwa Pęt, dlatego tak nazwana, że w roku 560 przed Chrystusem wyprawili się przeciw miastu Tegei w południowej części Arkadii, mając z sobą łańcuchy do pętania Tegejczyków. I zostali pobici.

INNE PAŃSTWO, ATEŃSKIE

Przeciwieństwo Sparty, Ateny. Na Akropolu archeologowie znajdują ślady ludzkiego gospodarowania dosyć dawne, już z przełomu szóstego i piątego tysiąclecia przed Chrystusem. Potem była tu mykeńska warownia. Ateny i cała Attyka niepokój XII wieku przed Chrystusem, gdy rozpadała się cywilizacja mykeńska, przetrwały jakby nietknięte. Gdy w późniejszych okresach Ateńczycy chlubili się swoją autochtonicznością, mogli mieć rację. Zamieszkanie Akropolu, jak poświadcza archeologia, było nieprzerwane. Należąc do jońskiego odłamu Greków, Ateńczycy utrzymywali szczególnie bliskie stosunki z koloniami jońskimi na wybrzeżach Azji Mniejszej.

Obszar rozległy i piękny

Jak na grecką *polis*, Ateny panowały nad niezwykle rozległym obszarem. Attyka obejmuje dwa i pół tysiąca kilometrów kwadratowych. Cudownie pięknych. Wystarczy to dziś zobaczyć ze zniżającego się samolotu. Są tu trzy równiny, rozdzielone łańcuchami wzgórz. Wszystko to odcięte jest od reszty świata morzem i górami Kitajronu i Parnasu. Największym miastem zachodniej równiny attyckiej było, a raczej była, Eleuzis, Eleuzina, miejsce najgłębszej religii misteryjnej Greków. Długo trwało współzawodnictwo wojenne między Atenami i Eleuzis. Może dopiero w początkach VII wieku przed Chrystusem Ateny nad

Attyką zapanowały. I jeszcze długo dawały się ubiegać w handlu takim *poleis* jak Korynt, Sparta, potężne Argos i Egina.

Bogactwa Attyki

Trzeba jednak pamiętać, że Attyka, choć niezbyt bogata, miała sporo dobytku naturalnego, jak obfitość drewna na budowę statków i na opał, wyborne pastwiska, bardzo żyzne grunty na równinach. Najdorodniej darzyły się oliwki; w początkach VI wieku Ateny eksportowały oliwę. Ważne bogactwa naturalne, jakie się przysłużyły także ateńskiej sztuce, to wspaniały marmur, zwłaszcza z kamieniołomów Pantelikonu, nieprzebrane złoża srebra w Laurion oraz bardzo pożyteczna dla ceramiki glina.

Zgromadzenie ludowe i rada

W dość odciętym od świata społeczeństwie kłębiły się konflikty. Zgromadzenie ludowe (*ekklesia*), w którym uczestniczyli pełnoprawni obywatele, kiedy ukończyli dwadzieścia lat, będzie dopiero stopniowo uzyskiwać znaczenie. Wcześniej ateńską *polis* rządziło około sześćdziesięciu rodów arystokratycznych. Wybierały one spośród siebie trzech urzędników, archontów (*archontes*), „rządzących", którzy po roku władzy wchodzili do rady (*bule*), zwanej Areopagiem od skalistego wzgórza, jakie spotykamy, gdy zmierzamy ku Akropolowi (jakże małe się ono wydaje w porównaniu ze swoją sławą). Tu się rada, będąca organem arystokratów, zbierała, podczas gdy zgromadzenie obradowało przeważnie na wzgórzu Pnyks, gdzie się mogło skupić sześć tysięcy ludzi.

Arystokraci i biedota

Około roku 632 pewien arystokrata, Kylon, zwycięzca olimpijski, próbował zagarnąć całą władzę w państwie przy wsparciu sąsiedniej *polis*, Megary, której tyrannos, Teagenes, był jego teściem. Przegrał, a jego zwolennicy, którym obiecano bezkarność, zostali wymordowani przez wrogi im ród arystokratyczny, Alkmeonidów. Tych wygnano za tę bezbożność, a ciała ich przodków wykopano i wyrzucono poza granice Attyki. Żywych jednak Alkmeonidów po niewielu latach znów widzimy w Atenach. Ale jeszcze głębiej do wnętrza całego społeczeństwa sięgnął spór między arystokratami a biedotą rolniczą, która za długi mogła być nawet brana w niewolę i sprzedawana za granicę.

Prawdopodobnie próbą uspokojenia tych konfliktów było powierzenie (na życzenie rady i na mocy uchwały zgromadzenia?) w roku 621 dawnej ery niejakiemu Drakonowi zadania uporządkowania ateńskich praw. Ten pono przechylił się na stronę arystokracji, a w legendzie przetrwał jako okrutnik, który nawet niewielkie kradzieże chciał karać śmiercią. Rychło jednak, po paru dziesięcioleciach, rozumniejsi arystokraci pojęli, że Attyce grozi wojna domowa. Wybrali człowieka zasłużonego dla państwa, pono zubożałego arystokratę, a zarazem kupca, także mędrca i poetę, Solona. Uprawomocniło go chyba, jak wcześniej Drakona, zgromadzenie ludowe. Nad jego postacią i działalnością już się pochylaliśmy w innej książce niniejszego cyklu, tej o literaturze.

Solon

W roku 594 przed Chrystusem mianowano go głównym archontem, tzw. *archon eponymos*, czyli tym, od którego nazywano rok, a zadanie powierzono mu jeszcze większe; zreformowanie państwa i jego praw. Mistrzostwo Solona polegało na tym, że uzyskawszy taką władzę, nie obrażał ani uboższych, ani bogatszych, lecz starał się, jak to stale stwierdzał, służyć sprawiedliwości, *dike*. Wszelkie posiadanie cudzej własności z tytułu niespłaconych długów zostało zniesione i Solon pono nawet za granicą szukał Ateńczyków, których sprzedano. W kraju podzielił ludzi na cztery kategorie zamożności. Pierwsza to bogacze. Druga to ci, którzy byli w stanie hodować konie wojenne. Trzecia to ludzie mogący zaopatrzyć się w zbroję hoplity. Czwarta to *thetes*, „wyrobnicy", prawie niemający własnej ziemi.

Cztery kategorie Solona

Postanowił, że będzie się co roku odtąd wybierać dziewięciu archontów spośród czterdziestu kandydatów przysłanych przez bogaczy. Wybierać chyba przez losowanie, co byłoby zamierzonym ograniczeniem struktury arystokratycznej; pierwsza klasa bowiem już wtedy składała się z arystokracji urodzenia i z plutokracji. Jak się zdaje, w jakiejś mierze przez losowanie wybierano też członków ustanowionej przez Solona Rady (*bule*) Czterystu, mającej wypełniać część roli traconej przez dawniejszą radę na Areopagu. Co się tyczy sprawowania urzędów, dopuszczeni byli poza bogaczami hodowcy koni i hoplici; dla „tetów" wybije godzina dopiero za sto lat, kiedy się zasłużą w wojnach perskich jako wioślarze.

Solon, może w roku 590, odszedł z urzędu i podróżował. Po jakimś czasie spory różnych grup w Atenach tak się rozszalały, że nie można było nawet wyznaczyć jakichkolwiek archontów. *Anarchia*, to słowo może oznaczać brak rządu, a szczególnie brak archontów. Przez anarchię ateńską przebił się tyrannos Pizystratos. Od roku 560 to rządził miastem, to chronił się na wygnaniu. Od roku 546 władał już bez przeszkód. W 527, umierając ze zwykłej choroby, przekazał rządy synom, Hippiaszowi i Hipparchosowi. Nie był marnym władcą. Owiany sławą pogromcy Megary i chwałą wodza, który zapewnił Ateńczykom panowanie nad ważną dla nich Salaminą, bronił interesów ludzi uboższych, a czynił to roztropnie, niedemagogicznie. Zasługuje też na naszą pamięć jako wielki konstruktor, którego troskę podjęli synowie, świątyń na Akropolu. Zastąpiły je potem cuda, jakie dziś widzimy. Pizystratos też przeniósł do Aten, pod stopy Akropolu, uroczystość dionizyjską i teatr z pobliskiego miasteczka Eleuteraj.

Pizystratos

Ale tyrania, choćby oświecona, budziła sprzeciw. Synom Pizystratosa już nie pozwolono rządzić spokojnie. Symbolicznymi buntownikami, niezbyt wyrazistymi, żyjącymi dla nas w posągach, byli dwaj ateńscy młodzieńcy, Harmodios i Aristogejton. W roku 514 zabili Hipparchosa. Czy za to, że interesował się raczej sztuką, zwłaszcza wazami czerwonofigurowymi, niż współwładaniem ze swoim starszym bratem, Hippiaszem, tyrannosem Aten w latach 527–510?

Hippiasz był łagodnym tyrannosem. Otwierał drzwi przed rodami arystokratycznymi, także przed Alkmeonidami. Ale ci, po śmierci Hipparchosa, zapragnęli większej władzy. Wsparci przez nich Spartanie wkroczyli do Attyki, lecz zostali pobici przez Hippiasza i jego sprzymierzeńców z Tesalii. Drugie jednak natarcie zmusiło tyrannosa do poddania się. Z rodziną uciekł na przylądek Sigejon (w północno-zachodniej części Azji Mniejszej), a stąd na dwór króla perskiego, Dariusza. W dziwnym sąsiedztwie grecko-perskim obserwujemy takie ewolucje; zobaczymy to w dziejach Temistoklesa; ale co zrobił Hippiasz, to dla potomnych cięższy cios: pod Maratonem był z Persami.

Łaska historii jest z Kleistenesem. Zresztą tradycja, której nie możemy łatwo odrzucić, mówi o jego też zawiłych dziejach. Należał do rodu Alkmeonidów. Pod tyranią Hippiasza, w roku 525/4, był w Atenach głównym archontem, *archon eponymos*. Niebawem jednak, może po roku 514, Alkmeonidów znowu wygnano z Aten. Kleistenes szukał pomocy u Spartan; stosunki ateń-

Kleistenes

sko-spartańskie bywały niemal tak dziwne, jak grecko-perskie. Gdy król Sparty Kleomenes wygnał z Aten Hippiasza, stanęły przeciw sobie dwa stronnictwa arystokratyczne w Atenach: Isagoras przeciw Kleistenesowi. Kiedy zaś Isagoras, którego poparła Sparta, osiągnął przewagę i wybrano go na głównego archonta (*eponymos*) roku 508/7, Kleistenes sprzymierzył się z kręgami uboższych i rozpoczął wielkie reformy demokratyczne.

Podzielił ludność na dziesięć lokalnych „plemion" (*phylai*), a każde plemię na dziesięć gmin (*demoi*), w taki sposób, że w skład każdej grupy weszły wszystkie warstwy społeczne. Podważyło to ustrój rodowy, który w pełni zachował tylko znaczenie sakralne. Następnie nadał prawa obywatelskie „obcym osiedleńcom" (*metoikoi*), cudzoziemcom zamieszkałym na stałe w Attyce. Odtąd rada, której jednym z obowiązków było zwoływanie zgromadzenia ludowego, składała się z pięciuset członków, po pięćdziesięciu z każdej fyli. Uznany za ojca ateńskiej demokracji, dostąpił pogrzebu państwowego na cmentarzu Keramejkos w Atenach. Prawie na pewno on wprowadził instytucję ostracyzmu, znaną w późniejszych czasach. Na wiosennej sesji zgromadzenia zapytywano, czy nie ma wśród obywateli nikogo podejrzanego o chęć zagarnięcia władzy dla siebie. Gdy padła odpowiedź twierdząca, zwoływano ponownie zgromadzenie. Wtedy każdy z obywateli pisał na glinianej skorupce (*ostrakon*) nazwisko człowieka niebezpiecznego dla państwa. Kto miał sześć tysięcy głosów przeciw sobie, szedł na dziesięcioletnie wygnanie.

Sąd skorupkowy

PERSKI ZDOBYWCA

Przed chwilą coś się nam powiedziało o dziwności stosunków grecko-perskich. Skąd się Persja wzięła tak blisko Greków?

W VII wieku przed Chrystusem zawaliło się na olbrzymich obszarach Bliskiego Wschodu i Egiptu imperium asyryjskie.

Spod jego gruzów wyłoniły się różne ludy. Na południe od Morza Kaspijskiego, na południowy wschód od Armenii był to lud Medów, mówiących językiem indoeuropejskim. Po wczesnych dziejach, które są dla nas niejasne, bo historycy greccy różnie je przedstawiają, Medowie w VI wieku dawnej ery mieli wielkie państwo, do którego włączyli kraje sąsiednie: Armenię, Kapadocję, Partię, Baktrię. Stolicą była Ekbatana, a ostatni monarcha wielkiej Medii to Astyages (lata panowania: 585–550).

Chyba podlegali Medom także Persowie, blisko z nimi spokrewnieni językowo i etnicznie, oglądający się też na ich wzory w dziedzinie religii. Mieli własną dynastię królewską, panującą w kraju Persis (nad Zatoką Perską). W roku 550 zbuntował się przeciwko medyjskim suwerenom król z owej perskiej dynastii, którego będą Grecy nazywali Kyros (Kyros II, lata panowania 560–530), a my przeważnie Cyrus. Miał się on okazać jednym z największych zdobywców w historii. Jego imperium przetrwa krócej niż wiele innych, ale jednak dłużej niż przez dwieście lat, rządząc całym Bliskim Wschodem i Egiptem.

Wielki zdobywca Kyros

Zbuntowany Kyros na czele swych zastępów pobił armię Medów. I nie odepchnął bratniego plemienia i jego państwa. Na nowo zjednoczył wszystkie te ludy pod władzą perską. Rządził teraz pułkami medyjskimi i pastwiskami u stóp gór Zagrosu, karmiącymi wyborne konie. W roku 546 zwrócił oczy na zachód. Rozciągało się tam, silne od schyłku VII wieku, państwo lidyjskie, obszar władzy plemienia mało zbadanego, mówiącego językiem azjanickim, może szczególnie pokrewnym etruskiemu, mającego główną siedzibę w środkowej części zachodnich wybrzeży Azji Mniejszej. Idąc tropem swoich wojsk, Lidyjczycy wykorzystali bogactwa naturalne Azji Mniejszej, zwłaszcza złoto, oraz biegnące przez nią szlaki handlowe. Stali się bajecznie bogaci, stali się przypowieścią. Rozmowę lidyjskiego króla Krezusa z Solonem już czytaliśmy w *Literaturze Greków i Rzymian*. Jeśli mamy wierzyć Herodotowi, pieniądze wymyślili właśnie Lidyjczycy, oni w latach 625–600 przed Chrystusem pierwsi w świecie bili monetę, zrazu mającą zresztą wartość użytego metalu, a nie cenę symboliczną. To powodzenie jednak skończyło się. Bogacza Krezusa podnieciła przepowiednia delficka, że

Lidyjczycy, wynalazcy pieniędzy?

jeśli zaatakuje on Persję Kyrosową, zniszczy wielkie państwo. Zaatakował więc i naprawdę zniszczył wielkie państwo. Ale swoje. Armia jego została pokonana. Niektóre źródła podają, że sam też wówczas poległ. Teraz przed Kyrosem otwarła się droga ku zachodniemu wybrzeżu Azji Mniejszej, nad Morzem Egejskim, usianemu greckimi koloniami, świetnymi miastami. Zajęte sobą i handlem, nie opierały się mu.

Rozciągnął nad nimi swoją władzę – były to lata czterdzieste VI wieku – a potem zajął się krajami środkowej Azji, skąd znowu zwrócił się ku Mezopotamii. Państwo babilońskie, ciągle istniejąca resztka dziedzictwa Hammurabiego, załamało się po jednej wielkiej bitwie w roku 539. Kyros zawładnął też Fenicjanami, którzy będą dobrze służyć jego flocie. Żydzi cieszyli się strząśnięciem jarzma babilońskiego; Izajasz mówi o Kyrosie jako o wyzwolicielu przysłanym spoza świata. Władca perski żądał, by nazywano go królem królów i uznawano wielkość czczonego przez Persów bóstwa o mianie Ahura-Mazda, ale innym ludom wiary i obyczajów nie narzucał. Stał teraz u progu Egiptu, który znał z wieści i który go urzekał. Po śmierci Kyrosa syn jego i następca Kambyses (lata panowania 529–522) zdołał rozszerzyć imperium. Zagarnął Cypr. W roku 525 przed Chrystusem armia perska wkroczyła do Egiptu, pobiła wojska Psamteka (po grecku: Psammetychos) III i zdobyła jego stolicę, Memfis; zabito go albo tu, albo w medyjskich Suzach.

Ogrom imperium Kambysesa

Można powiedzieć, że imperium perskie obejmowało całą zachodnią Azję. Wprawdzie Arabów Persowie nie ujarzmili, lecz dopuścili ich do przymierza, skoro ci rozwarli przez swój kraj drogę Kambysesowi do Egiptu. Pomimo jednak takiej potęgi dni zwycięzcy nie biegły spokojnie. Już u schyłku życia Kambysesa pojawił się przemożny pretendent, jeden z wodzów perskiej armii, Dariusz. Powołał się na pochodzenie od wcześniejszego króla z Persis, Achemenesa. Dariusz Achemenida, syn Histaspesa, zjednał sobie możne środowiska w różnych krajach imperium. Już bardzo rychło po zgonie Kambysesa przywrócił w państwie spokój, którego zabrakło. Jako nowy król pragnął też związać się jak najściślej z najświetniejszymi rodami Persji. Poślubił dwie córki Kyrosa, Atossę i Artistonę. Kazał wystawić kamienny posąg jeźdźca na koniu, który wyposażył w napis głoszący, że Dariusz dzięki swojemu koniowi i dzielności giermka posiadł królestwo Persów.

Nowy twórca imperium, Dariusz

Nie poprzestał na zdobyczach poprzedników. Umacniał władanie perskie na wschodzie, tu, gdzie dziś jest Afganistan, Pakistan i bardziej wschodnia część Iranu. Wyprawił się też przez Hellespont do Tracji, próbował podbić Scytów. Rozległe swoje państwo podzielił na dwadzieścia satrapii, czyli prowincji. Z wszystkich satrapii ściągał obfite daniny pieniężne. Na przykład z satrapii, do której należeli Jonowie, Magnezyjczycy w Azji, Eolowie, Karowie, Likyjczycy, Milyowie i Pamfilowie, płynęło doń co roku czterysta talentów srebra.

Przechował się wyryty na kamiennej tablicy oryginał albo może odpis listu Dariusza do satrapy owej prowincji, Gadatasa. Czytamy: „Król królów, Dariusz, syn Histaspesa, oznajmia słudze swojemu, Gadatasowi: donoszą mi, że nie we wszystkim jesteś mi posłuszny. Chwalę cię za to, że według mojego polecenia sadzisz w Azji nadmorskiej drzewa owocne zza Eufratu;

skarbisz sobie tym łaskę królewską. Ale sprzeciwiasz się moim dążeniom w dziedzinie czci oddawanej bogom". Z dalszego ciągu oświadczenia dowiadujemy się, że Gadatas był nie dosyć gorliwy w bronieniu kultu Apollina; nakładał podatki na uprawiaczy jego świętych sadów. Przekonujemy się tu, że Dariusz bynajmniej nie chciał zwalczać kultu innych, niegreckich bogów, pragnął tylko, aby uznano, że jedno bóstwo, Ahura-Mazda, jest wzniesione ponad bogów różnych ludów.

PIERWSZE WALKI

Pomimo jednak całej tolerancji perskiej nadeszła pora, kiedy poddani władzy Dariusza Grecy na wybrzeżu Azji Mniejszej postanowili wywalczyć sobie niezależność. Początek spisku był niemal przypadkowy. Tyrannos Miletu, Histiajos, na czas swojego pobytu na perskim dworze powierzył władzę szwagrowi, Aristagorasowi. Ten obiecał Persom, że ugnie pod ich panowanie wyspę Naksos, jedną z Kyklad. Gdy to się nie udało (w roku 501 przed Chr.), zląkł się karzącej ręki Dariusza i postanowił podburzyć Jonów przeciw Persom. I oto weszła mu sposobność w rękę, bo podobna myśl spiskowa zaświtała, z jakiegoś innego powodu, jego mocodawcy, Histiajosowi, w Dariuszowych Suzach. Dariusza trzeba było oszukać bardzo przebiegle, bo dróg pilnowano. Histiajos więc ostrzygł najwierniejszego ze swoich niewolników, wykłuł mu znaki na głowie i czekał, aż mu odrosną włosy. Potem odesłał go do Miletu, nakazawszy, żeby po przybyciu powiedział Aristagorasowi, iż ma go ostrzyc i obejrzeć jego głowę. Wykłute znaki powiedziały, co należało.

Spiskowy napis pod włosami

Przywódca spisku, Aristagoras, podał wspólnikom wskazówkę, jaką miał od Histiajosa. Na tajnej naradzie tylko Milezyjczyk Hekatajos, znany nam jako logograf, czyli kronikarz, jeden z inicjatorów racjonalnego dociekania, co naprawdę się zdarzyło, usiłował ostudzić gorące głowy, roztaczając obraz niezmiernych sił Dariusza. Uszy były głuche, więc przestał głosić orędzie pokoju. Niech przynajmniej walczą rozsądnie, flotą opanowując morze. Bo nawet miasto tak zamożne jak Milet nie oprze się perskiemu natarciu. Aristagoras próbował utworzyć jakby front demokratyczny. Ogłaszając zrzeczenie się władzy tyrannosa, proklamował równość praw obywatelskich w Milecie. Do tego samego zachęcał resztę Jonii. Mitylenejczycy swojego Koesa wyprowadzili za miasto i ukamienowali. Kymejczycy swojego tyrannosa puścili wolno, tak zrobili też mieszkańcy większości innych jońskich miast.

Aristagoras kazał każdemu uwolnionemu od tyrannosa miastu wybrać sobie dowódcę, sam zaś popłynął z orędziem antyperskim do Sparty. Ale nie znalazł tu sprzymierzeńców, przepędził go ze Sparty król Kleomenes. Niezbyt pocieszyli Aristagorasa ci, którzy szeptali, że Kleomenes, jak wszystkim wiadomo, jest niespełna rozumu, co się zdarza u dobrej arystokracji. Bo i na innych obszarach książęta dawnego ustroju, niedemokratycznego, szukali przymierza raczej u Persów. Tak postąpił, jak już wspomnieliśmy o tym, syn Pizystratosa, Hippiasz. Trzeba dodać: w Lidii, przed satrapą Sardes, przyrodnim bratem Dariusza, Artafrenesem, zachwalał siebie jako człowieka, który mógłby być w przyszłości władcą Aten uległym wobec Persji. Usłuchali go Persowie, oznajmili Ateńczykom, że mają na powrót przyjąć Hippiasza. Ci jednak byli zbyt zazdrośni o swoją wolność. Uchwalili wojnę przeciw Persom. Tak się złożyło, że właśnie tuż po owej uchwale zawitał do Aten Aristagoras, odegnany przez Kleomenesa. W Atenach, najsilniejszym mieście greckim, Aristagoras stanął przed zgromadzeniem ludowym i wzywał Ateńczyków do obrony Miletu, kolonii ateńskiej, przed nawałą pono nie tak groźną: Persowie nie używają ani tarcz, ani dzid. Ateńczycy postanowili wysłać dwadzieścia okrętów na pomoc Jonom. Nie ocaliły one Miletu.

Bunt greckich miast przeciw Persom

Flota jońska, a z nią Eolowie z Lesbos przybyli na wysepkę Lade leżącą w pobliżu Miletu. Słyszymy, że trójrzędowców greckich było trzysta pięćdziesiąt trzy, Persowie zaś mieli sześćset okrętów. Na Lade odbywały się wiece sprzymierzonych Jonów. Jeden z wodzów, Dionizjos z Fokidy, mówił: „Jonowie, sprawa nasza stanęła na ostrzu brzytwy. Mamy być albo wolnymi, albo niewolnikami, czy jeszcze gorzej, zbiegami. Zaufajcie mnie!". Oddali się więc Jonowie pod rozkazy Dionizjosa. Skłębiła się bitwa morska. Persowie rozbili zjednoczoną flotę grecką i zaczęli oblegać Milet od lądu i od morza. Podkopywali warownie, bili w mury machinami, aż wzięli miasto w szóstym roku od buntu Aristagorasa. Wyprzedali mieszkańców w niewolę. Sami zajęli równinę po zburzonym mieście, a wyżynę milezyjską oddali w posiadanie plemieniu Karów.

Zagłada Miletu

Ateny przemawiały wówczas głosem swojego teatru. Wystawiono u stóp Akropolu dramat Frynichosa o zagładzie Miletu. Wszyscy w ławach zaleli się łzami, poetę skazano na grzywnę tysiąca drachm i zabroniono kiedykolwiek w przyszłości to inscenizować. Serdecznie boleli nad Miletem, swoją kolonią.

Persowie zaś po zwycięstwie, jakiego dostąpili w roku 494 u wybrzeża wyspy Lade i na zgliszczach Miletu, niebawem podjęli nową wyprawę morską. Wódz jej, Mardonios, opływał przylądek Atos. Na flotę runął wielki wicher z północy. Nawami jak łupinami tłukł w skały Atos. Mroczne fale roztrzaskały wiele okrętów. Zginęło wielu żołnierzy. Niektórych dobił głód albo rozszarpały kły dzikich zwierząt. Sam Mardonios z piechotą rozłożył się obozem w Macedonii. Nocą napadli na niego traccy Brygowie, wycinali jego ludzi, samego zranili. Jak niepyszni wrócili Persowie do Azji.

Porażka Persów u przylądka Atos

MARATON

Dariusz nie wyrzekł się walki, lecz strącił Mardoniosa z wyżyny wodzowskiej i na czele nowej wyprawy postawił dwóch nowych wodzów, Meda Datisa oraz Artafrenesa, swojego bratanka, syna owego starszego Artafrenesa, którego już spotkaliś-

my jako satrapę Sardes. Armia miała rozprawić się z Eretrią na Eubei, wielkim miastem uczestniczącym w powstaniu jońskim, oraz Atenami. Eretryjczyków i Ateńczyków chcieli najeźdźcy uprowadzić w niewolę i spętanych postawić przed obliczem perskiego króla.

Było tych najeźdźców, pieszych albo konnych, może dwadzieścia kilka tysięcy. Wieziono ich przez fale w dużych statkach, których asystą były zwinne okręty wojenne. Rad udzielał wodzom Hippiasz, który liczył na to, że znajdzie w Atenach pomoc u niektórych arystokratów. Po drodze nie próżnowano. Armia złupiła i spaliła Naksos, pohulała sobie na niektórych innych Kykladach, obrabowała i zburzyła miasto Karystos na Eubei. Najpotężniejszą na tej wyspie Eretrię wydała Persom dopiero zdrada po sześciu dniach oblężenia. Dopłynęli do zatoki pod Maratonem, równiną na wschodnim wybrzeżu Attyki, naprzeciw Eubei.

Spartanie nie pomogą

Ateńczycy, skazani nadziejami najeźdźców na klęskę, posłali gońca do Sparty z prośbą o pomoc. Lecz Spartan pętały względy obrzędowe. Wyruszą dopiero za sześć dni, w porze nowiu; wiemy, co będzie: zobaczą, że walka już się rozegrała. W Atenach po odmowie spartańskiej obradowano śpiesznie, lecz spokojnie. Zgromadzenie ludowe postanowiło przyjąć bitwę na otwartym polu raczej niż za murami czekać szturmu.

Takie zdanie przeparł zwłaszcza jeden z dziesięciu wybranych strategosów, Miltiades (lata życia około 550–489 dawnej ery). Należał do możnego ateńskiego rodu Filaidów. Około roku 524 posłany przez rządzącego Atenami Hippiasza na Chersonez Tracki, aby tam umocnił ateńską władzę, rządził tubylcami jak król. Wydarł Persom wyspę Lemnos, nabytek dla Aten. Przedtem miał epizod wasalnego towarzyszenia Dariuszowi w wyprawie przeciw Scytom około roku 513. Poślubił tracką księżniczkę Hegesipyle i miał z nią syna, Kimona. U kresu rewolty miast jońskich, w której uczestniczył, uciekł ze strefy perskiej i wrócił do Aten w roku 493.

Teraz pole maratońskie było jakby z góry wyznaczone na miejsce nowych zmagań. Ateńczykom, już ustawionym tu do boju, w świętym obwodzie Heraklesa, zaświtała radość: z Beocji nadeszło z pomocą pospolite ruszenie Platejczyków, tysiąc żołnierzy. Plateje, prawdziwa wierność. W obozie greckim znowu rozważano: ponieważ Persowie mają przewagę, czy należy czekać, czy od razu uderzyć? Spośród strategosów Miltiades głosował stale za uderzeniem. Naczelny wódz, *polemarchos* Kallimachos, wreszcie poparł go.

Bitwa w dniu Miltiadesa

Dowództwo w boju co dzień przechodziło na innego z dziesięciu strategosów. Wszyscy je oddawali Miltiadesowi, ten jednak czekał na swój dzień. Dopiero wtedy uderzył. Według zwyczaju *polemarchos* Kallimachos dowodził prawym skrzydłem. Na lewo szła fyle za fyle (grupy terytorialne) w porządku spisu. Platejczycy tworzyli skrzydło lewe; podczas uroczystości, jakie na cześć bitwy maratońskiej będą Ateńczycy obchodzić co pięć lat, herold ateński będzie się modlił o pomyślność zarówno Ateńczyków, jak i Platejczyków. Całość linii greckiej długością dorównywała linii perskiej, lecz u Greków mocne i liczebne były oba skrzydła, środek zaś miał niewiele szeregów grubości i był najsłabszy. Ofiary składane przez Greków bogom zapowiadały jednak pomyślność.

Był świt wrześniowego dnia roku 490 przed Chrystusem. Jak burza Grecy runęli na Persów, przebiegłszy przestrzeń liczącą prawie osiem staj. Persowie ponoć patrzyli ze wzgardą na to wojsko dwukrotnie mniej liczne, niż była ich armia, niemające też ani konnicy, ani łuczników. Lecz greccy hoplici mocno naparli najeźdźców. Zmagano się w ciżbie, nie było to krótkie starcie. W centrum szyku Persowie przemogli, złamali front Greków i ścigali ich w głąb Attyki. Oba skrzydła zaś, ateńskie i platejskie, były górą. Nie ścigali jednak najeźdźców, lecz zamknęli oba skrzydła w półkole, okrążając zwycięskie centrum perskie. Kłębił się bój coraz cięższy, wreszcie Grecy złamali perskie centrum. Wtedy zaczęli ścigać Persów aż do morza, tu domagali się ognia i czepiali się okrętów. W boju tym padł Kynegejros, brat poety Ajschylosa, runął w wodę już bez ręki, gdy uchwycił się dzioba okrętu i odrąbano mu ją. Poległ też bohaterski *polemarchos* Kallimachos. Ateńczycy zdobyli siedem naw perskich. Z resztą najeźdźcy zdołali odbić od brzegu, zabierając jeńców z Eretrii, i opływali przylądek Sunion, by napaść na Ateny.

Zwycięstwo Ateńczyków

Grecy jednak byli prędsi. Nadciągających Persów powitał groźny obóz przed Atenami. Nawy więc perskie odwróciły dzioby i odpłynęły jak najśpieszniej z powrotem do Azji, zabierając łupy i jeńców pojmanych w Eretrii i na Kykladach.

Takie było to wielkie, heroiczne zwycięstwo maratońskie. Wszystko w historii jest nie tak proste i zazwyczaj mniej szczęśliwe, niż się mniema. Ale i tak była to ważna bitwa, skuteczna obrona Aten. Kiedy jednak Herodot podaje, że w całej bitwie poległo sześć tysięcy czterystu najeźdźców, Ateńczyków zaś tylko stu dziewięćdziesięciu dwóch, wyznaję, że w te liczby nie wierzę.

Cierpki los Miltiadesa

Jeszcze wybiegając na chwilę w przyszłość, notuję, iż zgon zwycięzcy spod Maratonu będzie przykładem gorzkich wyroków historii. Po nieudanej wyprawie przeciw Paros rozdźwięczał się wokół niego rój pomówień, w których prym wiódł Ksantippos, ojciec tak słynnego później Peryklesa. Antagonista w końcu pozwał Miltiadesa na sąd gardłowy przed lud za oszukanie Ateńczyków. Z gangreną w udzie został przyniesiony przed sąd. Przyjaciele wygłaszali mowy o Maratonie i zdobyciu dla Ateńczyków wyspy Lemnos. Lud nie skazał Miltiadesa na śmierć, lecz za działanie na szkodę państwa obarczył go grzywną pięćdziesięciu talentów. Umarł Miltiades z nabytej pod Paros rany, karę spłacił syn Kimon.

KSERKSES U WRÓT GRECJI

Wracamy do dni po Maratonie. Król Dariusz nie musiał czuć się w pełni pokonany. Ukarał surowo przynajmniej jedno z dwóch potężnych miast, które wsparły rewoltę Jonów, pogruchotał Eretrię. Pojmanych w niej ludzi deportowano do Arderikki, na północ od Suz. Był tam już szyb naftowy. Osiedlonych jeńców odwiedził po pięćdziesięciu latach Herodot i stwierdził, że mówili nadal po grecku i praktykowali greckie obyczaje.

Wierność Eretryjczyków

Dariusz nade wszystko zrozumiał, że musi lepiej przygotować następną antygrecką ekspedycję. Zamierzał to uczynić. Powściągnął go jednak bunt Egiptu. W roku 486 przed Chrystusem stary król królów umarł. Jego następca, Kserkses, zanim mógł pomyśleć o Grecji i Europie, musiał najpierw ukrócić Egipt.

Dopiero w roku 483 Kserkses zaczął sposobić nieporównanie większą, niż była poprzednia, wyprawę. Gromadził siły lądowe i morskie. Dokonywał wielkich dzieł pod Atosem. Okręty stanęły w pobliżu na kotwicy, a łopaty miejscowej ludności przekopywały kanał w poprzek przesmyku lądu leżącego na morzu od Atosu na północ. Ponieważ w roku 492 flota perska rozbiła się pod Atosem, Kserkses chciał teraz mieć żeglugę bezpieczną. Robotnicy stali piętrami, ci z dna podawali ziemię stojącym na drabinach, którzy wyrzucali ją na zewnątrz. Opodal była łąka, urządzono na niej rynek i targowisko. Herodot mniema, że Kserkses kazał kopać kanał, żeby się popisać potęgą. Bo bez wielkiego trudu można by było przewlec nawy przez wąski pas lądu. Wykopano jednak kanał tak szeroki, że dwa trójrzędowce mogły swobodnie obok siebie wiosłować.

Większa wyprawa perska

Co się wówczas działo w Grecji? W Atenach, jak już wspomnieliśmy, wielki Miltiades umarł w niesławie. Ludzie najbardziej teraz słuchali Temistoklesa, polityka demokratycznego o niepewnym pochodzeniu. Zgromadzenie ludowe uchwaliło zbudowanie floty składającej się z dwustu trójrzędowców, na co miały pójść pieniądze wypracowane przez najnieszczęśliwszych mieszkańców ziemi ateńskiej, niewolników w kopalni srebra w Laurion. Niektóre miasta i krainy greckie odmówiły udziału w wojnie: Argos, Achaja, Etolia, Kreta. Gelon, tyrannos Syrakuz, oburzył się, że nie chciano uznać go za przywódcę koalicji; zresztą znane mu porozumienie Persji i Kartaginy ostudziło zapał Sycylijczyka; groza kartagińska była zbyt bliska. Najwięcej dobrej myśli było chyba w Atenach. Chociaż w poprzedniej wojnie Ateńczycy nie zdołali wymierzyć Persji rozstrzygającego ciosu, jednak po Maratonie opromieniła ich zasłużona sława wojenna.

Temistokles buduje flotę

Gdy zaczynała się nowa wojna, Kserkses musiał najpierw przeprawić pieszą i konną armię przez cieśninę Hellespontu, z Abydos do Sestos. Nie od razu to się udało. Zbudowano, posługując się okrętami, dwa mosty, zbyt śpiesznie. Zwaliła się burza i poszarpała je. Oburzony król królów kazał ukorzyć Hellespont trzystoma ciosami żelaznych łańcuchów i zatopić w tej wodzie parę kajdan. Biczownikom kazał miotać takie groźby: „O gorzka wodo, taką karę pan na ciebie nakłada za to, że nieskrzywdzona

Przeprawa Persów przez Hellespont

przezeń szkodę mu wyrządziłaś. Czy chcesz, czy nie chcesz, wielki król Kserkses przekroczy cię. Słusznie żaden człowiek nie składa ci ofiar, ty mętna, słona wodo!". Czy dozorcom budowy kazał głowy ściąć? To może już uroszczenie Herodota.

Władca kazał zbudować dwa nowe mosty, według wskazań służącego Persom inżyniera greckiego, Harpalosa, na okrętach ustawionych jeden obok drugiego i powiązanych sznurami. Most od strony Morza Czarnego liczył trzysta sześćdziesiąt okrętów, most od strony Hellespontu trzysta czternaście. Tamte okręty stały bokiem, te z prądem, aby utrzymać wiązadła w napięciu.

Jeszcze w Abydos Kserkses postanowił odbyć przegląd całego wojska. Kazał zbudować na wzgórzu tron z białego kamienia. W nim usiadł. Patrzał na piechotę i na manewry floty. Cieszył się swoją potęgą, a potem nagle zapłakał, co stryjowi Artabanosowi tak, według Herodota, wyjaśnił: „Żal mię ogarnął na myśl, jak krótkie jest życie ludzkie, jeżeli z takiego mnóstwa nikt za sto lat nie pozostanie". Liczby przeprawianych przez Hellespont żołnierzy perskich mogą być fantastyczne, w podziwie wymyślone. Nie bardzo więc warto wypisywać je z Herodota.

A wtedy wśród Greków? Na Istmie, Przesmyku Korynckim, który wąskim pasmem łączy środkową Grecję z Półwyspem Peloponeskim, przedstawiciele państw, które postanowiły bronić się przed nawałą perską, powierzyli naczelną władzę wodzom lakedemońskim.

Początki czerwca wielkiego roku

Był rok 480 przed Chrystusem, początki czerwca. Po mostach, czyli po związanych okrętach, przechodziły przez Hellespont mnogie zastępy z całego imperium perskiego. Było też trzysta okrętów obsadzonych przez Jonów i innych greckich wyspiarzy. Przez Trację i jej kolonie greckie, sprowadzone już do stanu satrapii, a także przez przyjazną mu Macedonię Kserkses doszedł do okolic Olimpu i do Tesalii. Tak Tesalowie, jak i Beoci (oprócz mieszkańców Platejów i Tespiów) przyłączyli się do niego.

Armia kroczyła lądem ku Termopilom, wąwozowi niezbyt wąskiemu, lecz rzuconemu między morze i górski łańcuch, Kallidrome, przez który, jak oceniano, rzesza nie może się przebić. Wysłani przez Kserksesa zwiadowcy widzieli Lakedemończyków stojących przed świeżo zbudowanym murem, pełniących straż przednią. Król rzucił przeciw nim zastępy medyjskie. Gdy przez cały dzień nie mogli złamać szyku obrońców, posłał doborowe hufce perskie. Tych też odtrącili obrońcy od wrót wąwozu. Fokejczycy zaś obsadzili boczną ścieżkę wiodącą z gór do wąwozu.

U wrót Termopil

Tradycja grecka przechowała imię zdrajcy, Efialtesa z wyspy Melos, który wówczas przyszedł do Kserksesa i wskazał ową boczną ścieżkę górską. Gdy Fokejczycy usłyszeli szelest gniecionych liści, porwali za broń. A napastnicy byli tuż. Dowódca perski, Hydarnes, zasypał Fokejczyków chmurą strzał. Cofnęli się ku szczytowi góry. A Hydarnes z Persami zstępował ku Termopilom.

OD TERMOPIL DO SALAMINY

Gdy Grecy w wąwozie zrozumieli, co ich czeka, po naradzie część wojska powędrowała ku Przesmykowi Korynckiemu; mówi się, że ich, ratując od zarażenia się śmiercią, sam wódz odesłał. Z nim, Leonidasem z rodu Heraklidów, jednym z dwóch królów Sparty, zostało trzystu jego Spartan i niektórzy Beoci z Tespiów. Stanęli na przedpolu wąwozu. Wiedzieli, że śmierć okrąża ich za plecami. Walczyli jak lwy. Strzaskawszy włócznie, bili wrogów mieczami. Padł w boju Leonidas. Najgęstsza walka skłębiła się nad jego zwłokami. Polegli wszyscy. Na pomniku Grecy położą napis:

Leonidas ze swoją garstką ludzi

> Przechodniu, powiedz Sparcie, że leżymy tu,
> Posłuszni jej rozkazom.

Flota grecka skupiła się u przylądka Artemizjon na północnym skraju Eubei. Tu po raz pierwszy starła się z eskadrami króla królów, które płynęły od Terme, macedońskiego miasta, gdzie w przyszłości powstanie Tesalonika. Ciężko doświadczone huraganem nawy Kserksesa przez dwa dni w niepewnym

szczęściu mocowały się z flotą obrońców. Na wieść o opuszczeniu Termopil przez większość załogi flota grecka popłynęła na południe i stanęła u wyspy Salaminy, skąd mogła osłaniać brzeg fortyfikacji Przesmyku Korynckiego.

Persowie łupią Ateny

Przez Fokidę, którą pustoszyli, i Beocję, która ich przyjmowała jako sprzymierzeńców, Persowie wdarli się do Attyki. Posłuszni nakazowi wyroczni, Ateńczycy wcześniej opuścili miasto, aby się schronić na nawach, które ich wywiozły na Salaminę i do Trojzenii. Słaba załoga zostawiona na Akropolu mężnie broniła się i cała poległa. Ateny teraz były łupem grabieży i pożaru. Kserkses spełniał życzenie Dariusza, który pragnął pomszczenia pożogi świątyń Sardes, dokonanej przez Jonów.

Przed natarciem na umocnienia Przesmyku Korynckiego Kserkses musiałby zniszczyć flotę grecką zebraną pod Salaminą. Rozegrała się bitwa, która na wszystkie wieki będzie związana z imieniem Temistoklesa. Wypada więc, żebyśmy teraz odeszli na chwilę od ciągu wojennych wydarzeń i powiedzieli kilka słów o całym życiu tego sławnego wodza (lata życia: około 528–462 dawnej ery).

Dzieje Temistoklesa

Urodził się w niepokaźnym miejscu ateńskiego społeczeństwa. Dzięki własnym talentom, zwłaszcza zdolności mówcy, w roku

493 przed Chrystusem stał się w Atenach archontem, a w roku 490 strategosem. Już wspomnieliśmy o jego zasługach jako adwokata budowy silnej floty za pieniądze z Laurion. Po drugiej wojnie perskiej ten zwycięzca spod Salaminy zdołał wbrew oporowi Sparty umocnić fortyfikacje Aten, a zwłaszcza ich portu, Pireusu. Lecz około roku 472 został pokonany przez nową gwiazdę polityki ateńskiej, arystokratę, syna Miltiadesa i trackiej księżniczki, Kimona. Sąd skorupkowy skazał Temistoklesa na wygnanie. Ludzie wywodzący się z niższych warstw społecznych często potykają się w późniejszych latach o padające im pod nogi kłody. To nie tylko to, że inni zazdroszczą im wielkiej kariery. Bardziej bruździ ich własne poczucie niepewności. Temistokles schronił się w Argos, które podburzał przeciw Sparcie. W Atenach na żądanie Sparty skonfiskowano jego majątek. Znalazł przytułek w Epirze u króla Molossów, Admeta, a potem w Azji Mniejszej – co jest, przyznajmy, bardzo dziwne – oddał się pod opiekę nowego króla Persji, Artakserksesa. Umarł w Magnezji nad Meandrem. Szczątki jego, jak słyszę, sprowadzono w starożytności do Aten i pochowano za murami tego Pireusu, który uczynił twierdzą.

Wielka bitwa pod Salaminą

Wracamy do wielkiej bitwy. Różnie mówią, zaczęła się ona może od tego: jedna z naw ateńskich wpadła na jedną z perskich z takim rozmachem, że obie nie mogły się rozplątać. Lecz rozegranie bitwy u Salaminy rozstrzygnął Temistokles, który zdawał sobie sprawę z tego, że wąska przestrzeń nie pozwoli Persom na rozwinięcie wszystkich sił. Naprzeciw Ateńczyków byli Fenicjanie, naprzeciw Lakedemończyków propersey Jonowie.

Był schyłek września 480 roku przed Chrystusem, bitwa zaczęła się rankiem. Perska, z Fenicjanami na czele, flota wpłynęła w szeroką ledwie na kilometr cieśninę między Salaminą i wybrzeżem Attyki. Królowi królów ustawiono, tak przynajmniej opowiadali potem Grecy, tron na zboczu góry Ajgaleos, aby monarcha napawał się swoim zwycięstwem. Nie przewidział tego, że okręty Temistoklesa są zwinniejsze, a hoplici, gdy wdzierają się na nawy najeźdźców, będą mieli przewagę uzbrojenia. Najwięcej perskich okrętów u Salaminy obezwładnili Ateńczycy i żołnierze z wyspy Eginy. Po kłębowisku zażartej walki okręty króla królów obróciły kadłuby i odpłynęły ku zachodniej przystani ateńskiej, Faleronowi. Grecy, jak potem opowiadano, dobijali rozbitków perskich jak zbłąkaną ciżbę ryb. W tragedii Ajschylosa *Persowie*, wystawionej na scenie teatru ateńskiego u stóp Akropolu w roku 472, będzie o tym opowiadał perski goniec zdyszanymi wersami greckimi (w. 395–432):

Trąba zawrzasła, wszystkich rozpaliła.
Zaraz, na jedno słowo, równym ruchem
Spienionych wioseł słoną toń orali.
Ledwiem pomyślał, już byli przed nami.
Prawe, porządnie prowadzone skrzydło
Szło przodem, za nim zaś cała się armia
Garnęła i krzyk wielki w nasze uszy
Uderzył: „Naprzód, synowie Hellady,
Wyzwólcie swoją ziemię, dzieci, żony,
Przybytki bogów naszych ojców, groby
Przodków! Ta walka toczy się o wszystko".
Wtedy odpowiedziało z naszej strony
Równe tamtemu wołanie po persku.
Nie było żadnej zwłoki, okręt w okręt
Uderzył swoim zakutym w spiż dziobem.
Helleński okręt zaczął to natarcie
I całą nawie fenickiej oderwał
Rufę. Wnet każdy dowódca okrętu
Gnał nawę prosto na nieprzyjacielską.
Najpierw się nasza perska flota krzepko
Trzymała. Lecz gdy z mnóstwa naw, w cieśninę
Wtłoczonych, żadna nie pomogła drugiej,
Gdy jedna drugiej miażdżyła spiżowy
Dziób, zaczął łamać się szyk naszych wioseł.
Sposobność dobrze rozpoznały nawy
Helleńskie i pierścieniem otoczyły
Nasze okręty, z wszystkich stron je gromiąc,
Aż przewracały się kadłuby. Morza
Już nikt nie widział, tak je zaścieliły
Szczątki naw, trupy żeglarzy. Śródmorskie
Rafy się nimi mrowiły, a wszystkie

Okręty całej armii barbarzyńskiej
Już pruły wodę w bezładnej ucieczce.
Jakby tuńczyki, ławicę ryb w porze
Połowu, naszych tak bili i siekli
Wrogowie połamanymi wiosłami
I kawałkami naw. Buchnął potworny
Wrzask, aż noc ciemna wszystko to okryła.
Ogromnej naszej nie mógłbym niedoli
Opisać, choćbym dziesięć dni to mówił,
Ale, o pani, uwierz, że w dniu żadnym
Nigdy nie sczezło takie mnóstwo ludzi.

Goniec w tragedii tak roztaczał perską klęskę przed królową, a ta dopytywała się jeszcze dalej. On więc rzecze, że tuż przy wyspie Salaminie jest mały ostrów chłostany przez fale. Lubi tam się przechadzać miłośnik tańca, kozionogi bóg Pan. Na tym ostrowie Kserkses zataił wyborny swój zastęp, by żołnierze w pień powycinali Greków chroniących się po utracie floty. Źle obliczył przyszłość. Grecy po zwycięstwie dopadli i tej wysepki, zobaczyli Persów. Prażących bełtami i wydartymi z ziemi głazami wcale się nie ulękli. Wszystkich wybili. Zapłakał Kserkses, patrząc na to z wysokiego tronu. Prawdę mówiąc, z Persami nie było aż tak źle, chociaż wielka, przełomowa rola bitwy pod Salaminą nie może być poddana wątpieniu.

Na małym ostrowie

PLATEJE

Tylko część wojsk Kserksesa została zniszczona. Ponieważ zbliżała się trudna pora roku, król odesłał flotę ku Hellespontowi, a sam z armią odbywał mozolny marsz po lądzie. Grecy potem niejasno opowiadali o tym, jak dotarł on na zimę do Sardes; w jakiej mierze wodą, w jakiej lądem. W Tesalii zostawił jednak wielką armię (można mniemać: około stu tysięcy żołnierzy) oraz swój namiot królewski pod pieczą jednego z wodzów, którego z pewnością pamiętamy, Mardoniosa. To właśnie jego niegdyś odrzucił Dariusz, a Kserkses przywrócił znowu do łask. Król królów zamierzał sam przybyć jeszcze do Grecji, co jednak nigdy się nie stało.

Samotność i męstwo Ateńczyków na Salaminie

Najciężej było Ateńczykom, uchodźcom na Salaminie. Spartanie i inni mieszkańcy Peloponezu mogli się czuć bezpieczni za fortyfikacjami Przesmyku Korynckiego, chociaż powinni byli pamiętać o tym, że atak mógł przyjść od strony morza. Ateńczycy więc byli dla Spartan cennymi sprzymierzeńcami. I Persowie właśnie próbowali ich przekupić. Niech przejdą na ich stronę, jak to już uczyniły sąsiedzkie przecież dla nich Teby, a odzyskają na zawsze Attykę i zrujnowane miasto. Z taką ofertą od Mardoniosa przybył do nich Macedończyk Aleksandros, służący Persom.

„Sami wiemy – odpowiedzieli Ateńczycy (jak nam powtarza Herodot) – że Medowie są silniejsi od nas. Ale my kochamy wolność i będziemy się bronić, jak potrafimy. Zanieś Mardoniosowi odpowiedź Ateńczyków: dopóki słońce będzie tak wędrować po niebie, jak wędruje, nigdy nie porozumiemy się z Kserksesem, lecz wyruszymy przeciw niemu, ufając pomocy bogów i herosów, których przybytki on spalił".

Niedola Aten

W roku 479, z początkiem lipca i żniw, Mardonios znowu sobie pohulał w bezbronnej Attyce; nie chciał dopuścić, by Ateńczycy zebrali plony. Ale ci już wyprawili poselstwo do Sparty, mające wytłumaczyć, że Atenom za ich wierność należy się pomoc. Spartanie bali się ciosu od zdradzieckiego pono Argos, jak też powstania helotów. Ale w końcu wysłali pięć tysięcy hoplitów spartańskich, pięć tysięcy *perioikoi* i trzydzieści pięć tysięcy helotów. Pod wodzą Pauzaniasza, kuzyna Leonidasa, syna spartańskiego króla, Kleombrotosa, pomaszerowali przez Przesmyk Koryncki, aby się połączyć z ośmioma tysiącami hoplitów ateńskich; dowództwo naczelne pozostało spartańskie.

Gdy dowiedział się o tym wojsku Mardonios, porzucił zburzone Ateny i spalone wsie attyckie. Ze swoją wielką armią przeniósł się do Beocji. Gdziekolwiek był, szukał odpowiednich pól dla rozwinięcia groźnej parady swojej jazdy. Greccy hoplici odwrotnie, szukali wzgórz. Podeszli pod łańcuch górski Kitajronu.

W pobliżu miasta Platejów, nad rzeką Asopos, stanęli naprzeciw armii perskiej. Przeciwnicy obserwowali jedni drugich przez trzy tygodnie. Persowie szarpali Greków podjazdami. Pewnego dnia pomylili się w ocenie greckiego ruchu wojsk. Mardonios mniemał, że ta niemała już przed nim armia, zastępy hoplitów z dwudziestu kilku greckich *poleis*, wycofuje się ze swoich pozycji. A Grecy tylko szukali wody i żywności. Perski wódz przeszedł z piechotą rzekę Asopos i natarł na Greków. Zwierając po persku tarcze murem, obrzucali Greków gradem strzał.

U miasta Platejów

Spartanom ofiary wypadały niepomyślnie. Pauzaniasz podniósł oczy ku świątyni Hery w Platejach i błagał wielką boginię o pomoc. Jeszcze się modlił, gdy zastęp z arkadyjskiej Tegei pierwszy ruszył na wrogów, a ofiary po modlitwie zaczęły się wieść Spartanom już nieprzerwanie. W boju pod zaporą tarczową walczono strzałami, a potem skłębiło się zmaganie wręcz w pobliżu świątyni Demeter. Grecy najbardziej wpatrywali się w tę część pola, gdzie Mardonios na białym koniu miał wokół siebie tysiąc doborowych Persów. Kiedy on padł, padła z nim najmocniejsza ostoja perskiego szyku. Główny szyk poszedł w rozsypkę.

Porażka Persów

Konnica, jak mogła, osłaniała Persów przed greckim naporem. Ocaleli ci, których Artabazos poprowadził w stronę Fokidy, ku Hellespontowi. Tu bliżej Tebanie, walczący po stronie Persów, siekli Koryntyjczyków, którzy zbyt prędko wybiegli przed grecką armię ku zwycięstwu. Co zostało z perskiej armii, zdołało się umocnić w warownym obozie. Długie były pod obozem zmagania Ateńczyków, a zwłaszcza Lakedemończyków. Zrobiono wyłom w obwarowaniu, zwycięzcy wdarli się do obozu, zawładnęli znajdującym się tu arsenałem. Potem ruszą przeciw properskim Tebom; po dwudziestu dniach oblężenia miasto wyda zwycięzcom stronników Persów.

Tymczasem perska flota czekała bezczynnie u wschodnich wybrzeży Morza Egejskiego. Bała się płynąć ku lądowi greckiemu. Co byłoby, gdyby wyspy greckie znowu wystąpiły przeciw Persom i odcięły ich od Azji? Iluż Fenicjan poległo pod Salaminą! Teraz wiele okrętów u Persów to byli sprzymierzeni z nimi Grecy, którym trudno było ufać. A jawnie grecka flota płynęła przez morze, by się z Persami rozprawić. Tu Ateńczycy też mieli coś do powiedzenia, podczas gdy pod Platejami główne działanie było tylko spartańskie. Lakedemon rozstrzygnął o tamtym zwycięstwie. I jeszcze tego samego dnia, kiedy Pauzaniasz rano zniszczył Persów na polach Beocji, flota grecka, zresztą z wojskiem też w dużej mierze spartańskim, dopadła Persów, którzy wciągnęli swoje okręty na joński przylądek Mykale naprzeciw wyspy Samos. Unikając bitwy, najeźdźcy razem z obecnym tu już wcześniej perskim wojskiem założyli obóz. Po bitwie rozegranej rano na dalekim polu Beocji tego samego dnia pod wieczór Grecy wzięli obóz perski na Mykale szturmem; należące do perskiej armii zastępy greckie stanęły po greckiej stronie.

Szturm grecki na Mykale

Odtąd Grecy panami na Morzu Egejskim. Rychło flota ich popłynęła ku Samos, Chios, Lesbos i innym wyspom, wciągając je w wielkie przymierze. Jonowie niemal zewsząd wyganiali ludzi króla królów. Flota, głównie ateńska, przybyła nad Hellespont. Obsadzono cieśninę; zaczęto obleganie Sestos, które będzie zdobyte zimą 479 roku. Okazało się, że wielki most Kserksesowy roztrzaskała już burza. Sznury, wiążące niegdyś okręty w most, można było zabrać do Aten jako wojenne trofeum. Przywiózł je wiosną 478 roku strategos ateński Ksantippos, pogromca biednego Miltiadesa, ojciec Peryklesa. Złożono je w świątyniach jako wota.

UŚMIECH KOR I ZWIĄZEK MORSKI

W zniszczonych Atenach

Grecji nie podbito, lecz Ateny były ruiną. Przypominamy to sobie, gdy dziś zwiedzamy Muzeum Akropolu. Wchodzi się tu do sali kor, cudownych. *Kore* to po grecku „dziewczyna". Nie można zapomnieć zwłaszcza uśmiechu jednej z nich, w głębi, w lewym rogu sali. Są to posągi czcicielek, dedykowane jako wota Atenie, wyrzeźbione w VI wieku przed Chrystusem. Persowie buszowali na świętym wzgórzu w roku 480 i 479 dawnej ery. Nie

pobyli tu długo, lecz Grecy naruszone, zbezczeszczone posągi kor pogrzebali z czcią w ziemi. Niemal w naszych czasach, gdy archeologicznie rozkopywano Akropol w latach osiemdziesiątych XIX wieku, *korai* wynurzyły się z ziemi.

Grecy antyczni nie wydobyli tego uśmiechu z ziemi, lecz kształtowali po wojnach perskich nową, wielką sztukę. Dzieje tej przełomowej walki stały się dla Greków czymś takim jak najważniejsze tradycje mitologiczne. Będzie się opiewać w poezji i malować, jak w Malowanym Krużganku, *Stoa Poikile*, na ateńskiej Agorze, epizody heroicznych bitw. Na polu maratońskim wzniesiono wielki kopiec nad stu dziewięćdziesięciu dwoma poległymi bohaterami. Słynny fryz z Partenonu może przedstawia w marmurze przyjmowanie tych herosów przez bogów.

Obrońcy wolności

Trzeba pamiętać, że z ówczesnych greckich *poleis*, których było około siedmiuset, zaledwie trzydzieści kilka, jak się zdaje, podniosło broń przeciw Persom. Także w późniejszych latach i wiekach, w wieku V i IV przed Chrystusem, Persowie (Medowie, jak ich częściej w Grecji nazywano) mieszali się do życia greckiej strefy, choćby przez swoje pieniądze, jakimi wspierali stronnictwa arystokratyczne. Ale zagościł od wojen perskich ideał wolności, może raczej niezależności, który przetrwa w Grecji. Była to niezależność *poleis*, czy to demokratycznych, jak Aten, czy poddanych strukturze twardej dyscypliny, jak Sparty.

Na razie zgoda Aten i Sparty

Dwa te główne miasta-państwa, które największą odegrały rolę w odparciu Persów, zetrą się z sobą w ponurej wojnie peloponeskiej, jaka zacznie się w roku 431 dawnej ery i będzie trwała długo. Przedtem zaś, między wojnami perskimi a peloponeską, upłynie mniej więcej pięćdziesięciolecie, po grecku *pentekontaetia*. Użył tego wyrażenia scholiasta (czyli antyczny komentator) rozważań, jakie owej epoce poświęcił w sporej części pierwszej księgi swojego dzieła Tukidydes, historyk, którego niebawem będziemy spotykali. Chodzi tu o epokę bardzo ważną dla całej ludzkości ze względu na to, czego podczas niej dokonały Ateny w sztuce, literaturze i myśli. Ale nie można powiedzieć, że nie były to dziesięciolecia ciekawe w dziedzinie także politycznej. W późniejszym czasie okazało się niestety, że oba państwa, Ateny i Sparta, przygotowywały się do konfrontacji. Ale było w ich napięciu także coś innego poza nieprzyjaznymi zamiarami.

W roku 478 Pauzaniasz dowodził scaloną po konfliktach koalicją greckich *poleis*, ale naraził się Jonom pono okrucieństwem i sama Sparta go odwołała. W następnym roku Jonowie i inni wyspiarze, miasta na wybrzeżu Azji Mniejszej, w strefie Hellespontu i wszędzie na Morzu Egejskim, zmawiały się, by nowe przymierze antyperskie oddać pod przewodnictwo Aten. Zjazd

Powstanie Związku Morskiego

założycielski odbył się na wyspie Delos, w sercu Kyklad. Małe miasta, które miały słabą flotę, dawały na wspólny cel pieniądze. Skarbiec federalny trzymano w delijskiej świątyni Apollina. Rychło wygnano Persów z Morza Egejskiego, a także z Tracji. U ujścia rzeki Strymonu i na wyspie Skyros powstały wojskowe kolonie ateńskie.

Związkiem Morskim kierował sprawny wódz, syn Miltiadesa, tego z Maratonu, Kimon. W roku 469 rozgromił Persów nad nurtem rzeki Eurymedontu w Pamfylii na południowym wybrzeżu Azji Mniejszej. Był bezwzględny. Gdy w roku 470 wyspa Naksos próbowała wyłamać się ze Związku, w surowy sposób zmusił ją do posłuszeństwa. W roku 465 podobnie ukarze wyspę Tasos, słynną kopalniami złota.

Przez te lata państwu spartańskiemu gorzej się wiodło niż Atenom. Nękała je stara wrogość Argos. W roku 464 trzęsienie ziemi sprawiło wiele spustoszeń w spartańskiej, dosyć wiejskiej stolicy. Przeciw państwu powstali heloci i ciągle pragnący się wyzwolić Meseńczycy. Tych zmuszono do ucieczki na znajdującą się w środkowej Mesenii górę Itome, z zamkiem na szczycie i świątynią, gdzie odbierał hołdy Zeus Ithomatas. Obwarowali się i odpierali ataki Spartan. Ponieważ armia ateńska była znana ze sztuki oblężniczej, Lakedemończycy poprosili tych sprzymierzeńców o pomoc. Zgromadzenie ludowe w Atenach sprzeciwiało się, lecz Kimon przeparł własne postanowienie i poprowadził cztery tysiące hoplitów pod górę Itome. Kimon nie był demokratą, chciał zbliżyć swoje Ateny do lakedemońskich konserwatystów.

Niepowodzenia Kimona

Kiedy na pewien czas odszedł pod górę Itome, jego nieobecność wykorzystali demokraci pod przywództwem Efialtesa (polityka niemającego oczywiście nic wspólnego z imiennikiem spod Termopil). Postarali się o jeszcze jedno pomniejszenie roli Areopagu, któremu zostawili tylko czuwanie nad własnością sakralną oraz ferowanie wyroków za świętokradztwo i za szczególnie wyuzdane morderstwa; resztę jego uprawnień przekazano zgromadzeniu ludowemu i zaprojektowanej przez Solona i Kleistenesa Radzie Pięciuset. W Mesenii zaś Kimon nie zdołał rozstrzygnąć losów wojny, więc Lakedemończycy u schyłku roku 462 odprawili go bez podziękowania. Ateny uznały to za obrazę, a ponieważ Kimon nie potrafił przeciwstawić się działaniom Efialtesa, sąd skorupkowy w roku 461 orzekł: Kimon na wygnanie. Efialtes zaś swoją zażartością wzbudził przeciw sobie taką nienawiść w Atenach, że jeszcze w roku 461 został zamordowany.

Arystokrata Perykles

Przywództwo demokratów objął arystokrata Perykles. Jątrzyła się w Atenach coraz ostrzejsza niechęć do Sparty, jak i do Persji. Budowano Długie Mury od miasta do Pireusu. Ateny sprzymierzyły się z Argos i z Megarą. Do Naupaktos (w Lokrydzie, w środkowej Grecji) sprowadziły Meseńczyków, którzy zdołali się wymknąć z oblężenia na górze Itome.

NIEWOLNICY

Nasza opowieść niedawno dotknęła buntów Meseńczyków i helotów przeciwko władającym nimi Spartanom. Mesenia, dopóki jej w roku 371 dawnej ery nie wyzwoli tebański wódz Epaminondas, była jednym z wielu w antycznym świecie przykładów (zresztą nie tylko antycznym) ludu podbitego przez obce państwo i trzymanego w gospodarczej, społecznej i politycznej zależności. Heloci byli sługami Spartan żyjącymi wśród nich. Tukidydes podaje (IV 80,5; V 34,1), że siedmiuset helotów, których powołano jako hoplitów pod wodzą Brazidasa w wojnie peloponeskiej, nagrodzono w Sparcie tym, że stali się wolni i mogli osiedlać się, gdzie chcieli. To nam daje do zrozumienia, że w zasadzie byli „przypisani do ziemi", chociaż powinniśmy traktować ich jako niewolników raczej państwowych niż prywatnych. Można się domyślać, że gospodarka lakedemońska w większej mierze, niż to się działo w innych *poleis* greckich, żywiła się pracą wymuszoną.

Heloci w Sparcie

Ale błędne byłoby mniemanie, jakoby niewolnictwo w jakiś szczególny sposób cechowało tylko Spartę. W innych *poleis*, gdzie zresztą przeważnie byli też niewolnicy państwowi, większość niewolnych stanowili słudzy będący własnością indywidualnych obywateli i rodzin. Opierając się na badaniu różnego rodzaju dokumentów, możemy dziś się domyślać, że w wielu miastach-państwach greckich liczba niewolników sięgała trzydziestu procent całej ludności.

Niewolnicy z wojny

Tym, co dostarczało niewolników, była (poza rozwiniętym później handlem ludźmi) wojna. Już u Homera Trojanki przewidują swój los niewolniczy, jeśli Troja upadnie. Jeśli podejmowano wyprawy w celu zdobycia niewolników, dla archaicznych i klasycznych Greków głównymi obszarami łowów były kraje mniej cywilizowane, na przykład Tracja i wewnętrzne tereny Azji Mniejszej. Z rolą niewolnika jako wojennej zdobyczy związane jest jego wczesne określenie, znane już z Herodota, rzeczownik (rodzaju nijakiego) *andrapodon*, „rzecz ludzkostopa", w odróżnieniu od zwierząt gnanych w tym samym łupie. Potem nazywano go „sługą", *therapon*, i (co jest najmilszą definicją) „domownikiem", *oiketes*, a więc tym, który służy, a jego trzeba karmić, odziewać, ochraniać. Od przełomu VI i V wieku przed Chrystusem rozszerza się w cywilizacji greckiej słowo o niejasnej dla nas etymologii, *dulos*, niemal nieznane Homerowi, który przywołuje tylko żeńską jego formę, i to zaledwie dwa razy, *dule*. Na pewno oznacza ono „niewolnika" i „niewolnicę", jako przeciwstawionych wolnym, niemających praw obywatelskich. Jest to ktoś ze skraju społeczeństwa, a nawet w ogóle ze skraju świata ludzkiego. Czulsza interpretacja takiego traktowania mogłaby się powołać na to, że zdobywca mógł jeńca zabić, a skoro nie zabił, to jakby po raz drugi obsypał go darem życia w tym świecie, więc wierność należała się po prostu.

Dola niewolnicza

Ale przez co niewolnik musiał przejść, to wie literatura antyczna w swojej nadświadomości i wyraża ustami księżniczek w eposie i tragedii, gdy z lękiem myślą o możliwości doli niewolniczej. Niewolnika nie tylko wyrywano z jego cywilizacji, ale też (co o wiele gorsze) rozdzierano jego związki rodzinne. Jeśli go kupowano na sługę domowego, wchodził do nowej rodziny, gdzie był osobą podrzędną.

Można jednak powiedzieć, że samo niewolnictwo miało szacowną genezę cywilizacyjną: kiedy się niegdyś wyrzeczono obyczaju (czy wyłączności obyczaju) zabijania jeńców wojennych. Zamiast zabijać, brano pod swoją władzę. Grecy chowali to wszystko w pamięci, jak też racjonalnie porównywali losy i obowiązki. Na przykład myśląc o roli kobiet w ówczesnym społeczeństwie, Eurypides wyrasta ponad wszelkie rewindykacje feministyczne, gdy jego Medea mówi, że łatwiej jest stać w pierwszym szeregu bitwy niż urodzić jedno dziecko.

Przeważnie cięższe niż w rodzinach było życie niewolników pracujących w większych grupach na polach, w różnych warsztatach, a zwłaszcza w kopalniach metalu.

POLITYKA PERYKLESA

Rządzenie więc państwem wówczas, jak zresztą zawsze, to był szary, na ogół przykry trud. Perykles, który w roku 461 przed Chrystusem objął przywództwo ateńskich demokratów, tak piękny w posągu, będzie się zmagał z trudnymi sprawami. Miał wówczas trzydzieści kilka lat. Wywodził się z możnego rodu Alkmeonidów. Z *Żywota Peryklesa*, jaki napisał po wiekach czarujący Plutarch, pilny, choć niedostatecznie krytyczny badacz, czerpiemy wiele rysów tej postaci. Lecz ważniejsze elementy podają nam inni autorzy, zwłaszcza wielki historyk Tukidydes.

Dzieje Peryklesa

Ojciec Peryklesa, Ksantippos, zwycięzca spod Mykale (w roku 479 dawnej ery), poślubił Agariste, kuzynkę tego Kleistenesa, który pokonał Pizystratydów i rozwinął w Atenach ustrój, ceniony przez wielu potomnych, zwany demokracją. Śniło się Agariste, że rodzi lwa; po kilku dniach powiła Peryklesa. Był urodziwy, lecz miał za długą głowę. Dlatego rzeźbiarze będą przedstawiali go w hełmie. Komediopisarze nazwą go *schinokephalos*, „cebulogłowy". Otrzymał wykształcenie muzyczne i retoryczne. Nie stronił od filozofii; słuchał nauk Zenona, jednego z mistrzów tzw. szkoły eleatów. Większy jednak od retorów i jakichkolwiek innych filozofów wywarł na niego wpływ Anaksagoras z Klazomenaj, którego pono nazywali współcześni po prostu *Nus*, „Umysł", czy to dlatego, że podziwiali jego siłę w badaniu przyrody, czy raczej dlatego, że za moc rządzącą wszechświatem uznał nie przypadek (*tyche*) ani nie konieczność (*ananke*), lecz czysty i prosty umysł, który rozróżnianiem każdego z elementów świata i wyznaczaniem każdemu właściwego miejsca wydobywa je wszystkie z chaosu ku ładowi.

Przyjaciel Anaksagoras

Perykles niezmiernie podziwiał swojego przyjaciela Anaksagorasa. W ogóle nie bez oddziaływania wysokiej filozofii urobił się w polityku ateńskim sposób myślenia wysoki i wolny od prostaczego wszędobylstwa. Nigdy nie zniżał się do wybuchania śmiechem. Ale inaczej niż Kimon, który wybrał dążenie arystokratyczne i skupił partię „dobrych i prawych", *kaloi kagathoi*, jak określano eufemistycznie bogaczy, Perykles pono pragnął zjednać sobie „rzeszę". Ale bynajmniej nie był trybunem ludowym. Zjawiał się przed „rzeszą" tylko wtedy, gdy uważał to za konieczne. Tukidydes w swoim dziele (II 65) definiuje rządy Peryklesa tak: „z nazwy demokracja, w rzeczy były to rządy pierwszego obywatela" (ściśle: „pierwszego człowieka", *tu protu andros*).

Był przeciwnikiem Kimona, a z politykiem demokratycznym Efialtesem współpracował w ograniczaniu roli Areopagu. Słyszymy, że kiedy w roku 461 dawnej ery obaj ci ludzie odeszli (Kimon skazany sądem skorupkowym na wygnanie, a Efialtes zamordowany), Perykles stał się czołową postacią w polityce ateńskiej. Następnym przeciwnikiem jego był polityk Tukidydes (nie należy mylić go z imiennikiem, wielkim historykiem), syn Melezjasza, który jednak w roku 443 zostanie wygnany ostracyzmem. Odtąd Perykles będzie bezspornym rządcą swojej *polis*. Oficjalnym, zewnętrznym, po części przypadkowo określonym kształtem owej władzy było to, że piastował on godność wodza wojennego, strategosa, na którego wybierano go rok za rokiem.

Dążenia Peryklesa

Wodzem chciał być zaiste. Pragnął uczynić z Aten ośrodek Hellady, przemienić Grecję w imperium ateńskie. To w bardzo małej mierze się udało. Potrafił rzucać na kolana kraje, które próbowały się wyłamać ze Związku Morskiego, jak Eubeja. O wiele twardszym orzechem do zgryzienia była Sparta. Ale i z nią zdołał w 446 roku zawrzeć „trzydziestoletni pokój", w którym Lakedemon uznawał rolę Aten poza ich granicami. W roku 440 po dziewięciomiesięcznym oblężeniu ujarzmił zbuntowaną przeciw Związkowi wyspę Samos.

Usiłował umocnić wpływy ateńskie nad Hellespontem. Wiódł swoją silną flotę wzdłuż wybrzeży Morza Czarnego. Zakładał liczne kolonie szczególnego rodzaju, w których osadnicy nie tworzyli nowej *polis*, lecz pozostawali obywatelami ateńskimi. Nazywało się to *kleruchiai* (od słowa *kleros*, „cząstka", „działka ziemi"), „kleruchie". Działki wyznaczało kolonistom państwo ateńskie. Założył też Perykles wielką, wszechgrecką kolonię Turioj (na miejscu zburzonej w roku 510 przez Krotonę „rozkosznej" Sybaris) w południowej Italii nad Zatoką Tarencką. Rozbudował u siebie Pireus. W roku 454 skarbiec Związku Morskiego przeniósł z Delos do Aten. Ale kongres wszechgrecki nie udał się. Perykles zwołał go może w roku 448/447, wzywając do odbudowania zniszczonych przez Persów świątyń, do otworzenia wolnych dróg morskich dla wszystkich Greków, do pokoju wreszcie między Grekami. Lecz z powodu opozycji Sparty to wszystko się rozsypało.

W swojej *polis* zainaugurował opłacanie urzędników państwowych, co ludziom niezamożnym pozwoliło na poświęcenie się takiej pracy. Jeszcze bardziej daje nam do myślenia to, że właśnie on (najprawdopodobniej) dał początek wspaniałemu obyczajowi ateńskiemu, tzw. *theorikon*, „funduszowi w celu oglądania"; każdemu obywatelowi państwo dawało dwa obole, jeśli przyglądał się przedstawieniom teatralnym; dla ubogich była to zapłata za poświęcony czas.

Plutarch na pewno opiera się na źródłach z epoki Peryklesa, gdy w *Żywocie* cytuje złośliwe uwagi komediopisarzy, zażarte i bezsilne. Niektórych ludzi drażniła jego moc i stałość jego władzy. A może i to, że (jak powiada Plutarch) ustrzegł ręce czyste od nieuczciwego zysku. Do rzetelności trzeba dodać świetną inteligencję tego polityka i niezrównany talent oratorski. Ważną rolę w jego twórczym działaniu odegrała Aspazja, Greczynka z Miletu, stała towarzyszka Peryklesa od około 445 roku dawnej ery. Była kobietą nie tamtej, ale jakby o wiele późniejszej epoki, koleżanką światłych pań, jakie dziś, no przecież, wcale nie tak rzadko spotykamy. Uczyła retoryki, dysku-

Aspazja

towała z Sokratesem. Nieraz ją, jak Peryklesa, atakowała komedia, też z zazdrości. Ale dzięki jej przyjaźni z Sokratesem wspominają piękną Aspazję także jego uczniowie, Antistenes, Ajschines, Platon.

SZTUKA, WZNIESIENIE SIĘ

Sam Perykles miał wielu przyjaciół, a wśród nich wspomnianego już tu przed chwilą Anaksagorasa, Sofoklesa i Fidiasza. W blasku tego ostatniego imienia zbliżamy się powoli, z czcią, po szarych i białych kamieniach greckich, ku Akropolowi.

Za Fidiaszem na Akropol

Już w *Odysei* (VII 81) mówi się o „mocnym domu Erechteusa" na tym świętym wzgórzu. Wiele tu budował Pizystrat i jego synowie, przechowały się wapienne złomy, ale znamy miejsce tylko jednej świątyni z tamtych czasów, doryckiej, w północnej części Akropolu. W roku 480 dawnej ery na gruncie wyższej, południowej części wzgórza zaczęła się wznosić nowa świątynia, już marmurowa. U jej zachodniego boku wykuwano ozdobny przedsionek. Wszystkie budowle na Akropolu, jak też bardzo wiele znajdujących się tu posągów wotywnych rozbili w brutalności wojny Persowie. Póki trwały albo groziły perskie wojny, Grecy używali złomów po budowlach do fortyfikowania szczytu wzgórza. W jakimś momencie lat pięćdziesiątych V wieku przed Chrystusem w pokornym triumfie postawiono na owym szczycie, dziękując za ostateczne zwycięstwo nad Persami, kolosalny brązowy posąg Ateny Promachos, „Przodowniczki boju", w hełmie na głowie, z tarczą, z włócznią. Było to dzieło Fidiasza.

Miasto już nie było zagrożone, nie trzeba było uciekać przed wrogiem na Akropol. Perykles w roku 447 przystąpił z olbrzymim zapałem, z którego do dziś korzystamy, do uświetnienia czcigodnego wzgórza. Pieczę nad wszystkimi robotami powie-

rzył swojemu przyjacielowi, Fidiaszowi. Jakże się dziś staje w muzeum w Olimpii przed kubkiem za szkłem witryny, kubkiem do mieszanki glinki, z napisem: *Pheidiou eimi* – „Jestem Fidiasza". Urodził się ten właściciel skromnego przedmiotu około roku 490 dawnej ery. Część postumentu jego młodzieńczego dzieła, Ateny Promachos, jeszcze się przechowała na Akropolu. Posąg był wysoki na dwanaście metrów. Jak podaje w swoim znakomitym *Przewodniku po Helladzie* Pauzaniasz (w II wieku po Chr.), czubek włóczni Ateny i grzebień na hełmie żeglarze płynący do Aten dostrzegali już spod przylądka Sunion. Dawało im to otuchę.

Kubek do mieszania glinki

Najsłynniejszymi dziełami Fidiasza były dwa posągi zdobione złotem i kością słoniową. Pierwszy z nich to kolosalna Atena stworzona dla Partenonu, postawiona na swoim miejscu w roku 438 dawnej ery, nam znana niestety tylko z rzymskich kopii. Drugi posąg to siedzący Zeus, wyrzeźbiony dla świątyni Zeusowej w Olimpii. Dziś domyślamy się powstania tego dzieła około roku 430. Znamy tylko cień samej głowy posągu ryty na różnych greckich i rzymskich monetach. Ludzie antyczni mniemali, że Fidiasz tego nie uroił, że on ten wyższy byt wypatrzył. My wypatrzyć możemy Fidiaszową wizję najbardziej na metopach i fryzach z Partenonu, w rzeźbieniach poddanych architekturze, wykutych może nie przez niego samego, lecz pod jego czujnym spojrzeniem. Ale i wobec tego największego we wszystkich czasach rzeźbiarza dopada nas, obserwowana nieraz przez nas w tej książce, gorycz historii. Plutarch częstuje nas szeptami, które chciałoby się odtrącić po prostu i nie powtarzać ich. Że ukradł trochę złota, stwarzając chryselefantynowy (*chrysos*, „złoto"; *elephas*, „słoń") posąg Ateny dla Partenonu, co, powiada Plutarch, wcale się nie potwierdziło. A potem słyszymy coś niejasnego o irrewerencji wizerunków wyrytych na tarczy Ateny Promachos. Że jakiś łysek miałby być obraźliwym wizerunkiem Peryklesa? Że Fidiasza zaprowadzono do więzienia, że tam się rozchorował i umarł? Miałby to być rok 432. Naprawdę nie musimy w to wierzyć.

Pomocnicy Fidiasza

Spojrzyjmy ku podwładnym Fidiasza na Akropolu, a przede wszystkim ku dziełom, jakie tu powstawały w ciągu kilkunastu lat budowy, zaiste jedynych takich lat w historii. Z budowli najpierw powstał Partenon, świątynia Ateny Dziewicy, *Athene Parthenos*, w latach 447–432. Jego architektami byli Iktinos i Kallikrates. Następnie Mnesikles, równie mistrzowski architekt, w latach 437–432 skonstruował nowy, olbrzymi przedsionek całego Akropolu, *Propylaia*, „Przedbramie", cudowny portal, który do dziś nas zaczarowuje, chociaż nigdy nie został ukończony. Na bastionie wzniesionym nad schodami do Propylejów starą kaplicę Ateny Nike, „Zwycięskiej", zastąpiono nową świątynką marmurową, tak samo dedykowaną. Na miejscu dawnej, zburzonej świątyni doryckiej z czasów Pizystrata i Pizystratydów powstanie w ostatniej ćwierci V wieku przed Chrystusem prześliczne Erechtejon w stylu jońskim, do naszych czasów nad podziw zachowane; tylko czuwające u jego ściany kamienne kariatydy, żłobione tysiącleciami wichrów i deszczów, choćby rzadkich nad Morzem Śródziemnym, trzeba było za naszych lat przenieść do Muzeum Akropolu, tego samego, gdzie też czuwają uśmiechnięte kory, a w erechtejońskiej warcie zastąpić kopiami. Erechtejon w Peryklesowych Atenach dedykowano kilku kultom, wśród nich czci Ateny, Posejdona i herosa, pradawnego króla Erechteusa.

Wielkość i kruchość piękna

Trudno nie uznać, że najpiękniejsze na Akropolu to Partenon, zupełny cud. Trwał od starożytności niemal nietknięty w nadmaterialności swojej harmonii aż do strasznego dnia 26 września 1687 roku, kiedy wenecka kula armatnia uruchomiła skład prochu, jaki w nim trzymali Turcy. Ale nawet po przeraźliwej eksplozji ostał się kształt, duch kształtu. Taka sztuka to wzniesienie się. Nic więcej nie da się o tym powiedzieć.

Plutarch w *Żywocie Peryklesa* powiada, że do kształtowania nowego Akropolu i nowych Aten używano przeróżnych materii, często z daleka sprowadzanych: kamienia, miedzi, kości słoniowej, złota, hebanu, drewna cyprysowego. Pracowali rzemieślnicy rozmaitych kunsztów. Najbardziej zdumiewała prędkość pracy. Mogłoby się zdawać, że to jest trud dla kilku pokoleń, a oto na oczach jednego pokolenia powstawały dzieła jakby starożytnie dojrzałe, a po wiekach stale młode.

POCZĄTEK WOJNY PELOPONESKIEJ

A wszędzie, w Atenach też, kłębiła się walka. Lakedemończycy nie chcieli dopuścić do górowania Aten nad wszystkimi *poleis* greckimi. W roku 448 dawnej ery wkroczyli do Delf, których świątynia apollińska była powierzona pieczy amfiktyonii (od słowa *amphiktyones*, „mieszkańcy okoliczni"), czyli związkowi *poleis* czuwających nad bardzo cennym i ważnym miejscem kultu religijnego. Delficka amfiktyonia objęła Grecję północną i środkową aż do Przesmyku Korynckiego. Należeli do niej: Tesalowie, Beoci, mieszkańcy krainy Doris (u stóp Parnasu), Jonowie, Perraibowie, Dolopowie, Magnetowie, Lokrowie, Ajnianowie, Achajowie z Ftyi, Malijczycy i mieszkańcy Fokidy, górzystej krainy (w Grecji środkowej) z górami Parnasu i z samymi Delfami. Każdy z tych odłamów miał dwa głosy na *synedrion,* „posiedzeniu", zwoływanym dwa razy na rok.

Amfiktyonia delficka

Ateny miały w amfiktyonii delfickiej przewagę dzięki temu, że w bitwie pod Ojnofytą (w roku 457) odebrały Sparcie władzę nad Beocją. Głównymi zaś ich sojusznikami byli Fokejczycy. Dręczeni przez Lakedemończyków, Fokejczycy rozjeżdżali się po wielu krajach, zakładali kolonie. Żeglowali też daleko na zachód, aż na Kyrnos, czyli na Korsykę. A tam, na zachodzie, greccy koloniści na rozmaitych wyspach, jak też w południowej Italii i na Sycylii, musieli znosić napór Etrusków, a zwłaszcza Kartagińczyków, tych punickich najeźdźców, których w rzymskiej części naszej opowieści będziemy jakże często spotykali.

Wojna delficka

Tu, w Grecji, podczas tzw. świętej wojny delfickiej Ateńczycy nie pozwolili wojsku spartańskiemu rozgościć się w Delfach. Ale w następnym roku, 447, wojsko ateńskie w Beocji zostało rozbite przez zastępy lakedemońskie pod Koroneją. Wspierane przez Spartę główne miasto Beocji, Teby, utworzyło na nowo Związek Beocki i stanęło na jego czele.

Pokój złudnie trzydziestoletni

We wzmagającej się wrogości Aten i Sparty przerwą był, wspomniany już przez nas, pokój złudnie trzydziestoletni, zawarty w roku 446 przed Chrystusem. Klęska bowiem pod Koroneją ośmieliła wszystkie siły wrogie Atenom. Na przykład gdy Megara przeszła na stronę Sparty, zaraz silna armia peloponeska, aby Megarę wesprzeć, właśnie w roku 446 zaczęła pustoszyć równinę Eleuzis i groziła przystąpieniem do oblężenia Aten. Pokój zwany trzydziestoletnim, usnuty dyplomacją Peryklesa, miał odsunąć tak posępne niebezpieczeństwa.

Wspomniane już przez nas upokorzenie wyspy Samos trzeba jeszcze przywołać i trochę dokładniej przedstawić, gdyż ukazuje ono realizowanie przez Ateny swoich politycznych interesów. Należąca do Związku Morskiego wyspa Samos zachowała system oligarchiczny i pilnowała własnej polityki. Rozpoczęła spór z Miletem o władzę nad obszarem Priene, miasta greckiego na wybrzeżu Azji Mniejszej w pobliżu ujścia Meandru. Milet,

Zajęcie Samos

odparty od Samos w roku 440, poprosił o pomoc Ateny. Wówczas Perykles zajął wyspę i obalił na niej oligarchię. Nie pozwolił Samijczykom przejść ani na stronę Persów, ani na stronę Związku Peloponeskiego, mającego ośrodek w Sparcie, istniejącego od VI wieku. Pobici musieli wydać flotę, zburzyć mury obronne, zapłacić Atenom odszkodowania wojenne i umocnić u siebie ustrój demokratyczny.

Teraz już wszystkim Grekom mogło się wydawać, że Ateny wszędzie panują. Perykles rozszerzał granice owego jakby wszechgreckiego świata. Włączył do Związku Morskiego większość miast wybrzeża Tracji. U ujścia rzeki Strymonu, przed obszarem bogatych lasów i kopalń, założył swoją kolonię Amfipolis. Interesował się zarówno wschodem, Propontydą (dziś morze Marmara, między Hellespontem i Bosforem Trackim) i wybrzeżami Scytii, jak i Sycylią i południową Italią. Szczególnego zaś znaczenia nabrała przyjaźń wyspy Korkyry z Atenami.

Siła Korkyry

Korkyra, górzysta, przepiękna wyspa na Morzu Jońskim, niedaleko od wybrzeży Epiru, to jest dzisiejsza Korfu. Ktokolwiek postawił na niej nogę, nigdy nie zapomni jej winnic i gajów oliwnych, a także nowożytnej willi Achilleion. W starożytności słynęła również kopalniami marmuru. W połowie VII wieku przed Chrystusem podbił ją Korynt, jedno z najpotężniejszych miast greckich, położone na północno-wschodnim Peloponezie, przy wejściu na przesmyk, między zatokami Koryncką i Sarońską, możne swoim handlem, flotą, wojskiem, bogactwem, wyrafinowaniem obyczajów, sztuką. Korkyra długo, bezskutecznie usiłowała strząsnąć z siebie jarzmo korynckie.

Zmieniły się jej możliwości w tej dziedzinie, kiedy uważnie przypatrzyły się Korkyrze Ateny. Po kolejnym starciu floty korkyrejskiej z silniejszą o ileż flotą koryncką nie mógł Korynt wykorzystać swojego, jak zawsze, zwycięstwa. Była to jesień roku 433 dawnej ery. Ateńska flota rychło się tu pojawiła jako obrończyni Korkyry. Nie było Ateńczykom daleko. Mieli w Zatoce Korynckiej mocną bazę w nadmorskiej Naupaktos (dziś Lepanto), poddanej im *polis*, w której trzydzieści lat temu osiedlili wielu Meseńczyków zbiegłych z góry Itome po nieudanym ich powstaniu przeciw Sparcie.

Ateny przeciw Potidai i Megarze

W następnym roku z kolei przeciw Atenom zbuntowała się Potidaja, miasto w Macedonii na półwyspie Pallene, kolonia Koryntu otrzymująca urzędników z metropolii, po wojnach perskich członek ateńskiego Związku Morskiego. Perykles nie darował, rozpoczął szturm na Potidaję, który miał okazać się długi. Korynt potajemnie udzielał buntownikom pomocy. Potidaja broniła się od roku 432 przez kilka lat; dopiero w roku 429 skapituluje. Do tego aktu wrogości ateńskiej dołączyła się sprawa Megary, tak bliskiej Sparcie potęgi handlowej i fortecy na Przesmyku Korynckim, po wojnach perskich sprzymierzonej z Atenami i obsadzonej ateńskim garnizonem wojskowym, a teraz, jak mówiliśmy, już prospartańskiej.

Kolonie Megary nad Propontydą, zwłaszcza Byzantion, mogły przeszkodzić ateńskiemu transportowi zboża z Pontu, kraju w Azji Mniejszej, nad Morzem Czarnym. To jeszcze jeden przykład zauważanej tu przecież przez nas nieraz, a dostrzeganej też przenikliwie przez wielkiego historyka Tukidydesa, głębokiej zależności dziejów politycznych od interesów i spraw gospodarczych. Ateny, aby zrujnować Megarę, próbowały zamknąć przed nią porty swojego Związku Morskiego. Popierana przez Korynt Megara poprosiła Spartę o pomoc. Jesienią roku 432 Związek Peloponeski głosowaniem wezwał swoje *poleis* do wojny.

Najazd peloponeski i plan Peryklesa

W maju roku 431 państwa tego Związku ogłosiły wojnę. Wojska peloponeskie wkroczyły do Attyki. Przez miesiąc niszczyły kraj, którego ludność uciekła i schroniła się za Długimi Murami, i odeszły. To odbyło się zgodnie z planem Peryklesa.

On bowiem skłonił obywateli do schronienia się w mieście, dokąd zabrali z sobą cały cenny dobytek oraz zapasy żywności, które można było uzupełniać zza morza; Długie Mury osłaniały port tak samo, jak zabezpieczały miasto. Siłą bowiem hoplitów, zwłaszcza lakedemońskich i beockich, Sparta przemożnie górowała nad Atenami i ich sprzymierzeńcami. Lepiej było unikać rozprawy orężnej na lądzie, jak nie bez racji mniemał Perykles. Natomiast słabość antycznych machin oblężniczych przedłużała szturmy do miasta warownego, czyniła je bezskutecznymi. Co się zaś tyczy floty, Związek Morski Aten miał olbrzymią przewagę, to raczej on mógł dręczyć stronę peloponeską, zwłaszcza odcinać ją od przywożenia zamorskiej żywności.

Cierpienia Platejów

Ciosem w serce był dla Ateńczyków jeszcze w tym samym 431 roku atak, na razie nieudany, Tebańczyków na ukochane przez Ateny Plateje u stóp Kitajronu, na najlepszych przyjaciół Aten, jedynych wiernych pod Maratonem. Ateńczycy ewakuowali z zagrożonego miasta cywilów. Garnizon będzie się długo bronił bohatersko, od 429 do 427 roku, przed coraz to nowymi szturmami wojsk peloponeskich, które wreszcie zagłodzą go i całkowicie (poza tymi żołnierzami, którzy dokonali śmiałego wypadu) wymordują. Ateny nadadzą Platejczykom równość obywatelską ze swoimi obywatelami.

GROZA EPIDEMII

Dlaczego wojna peloponeska?

Tak się zaczęła ta okropna dla Greków, tylko niszcząca, wojna, którą nazywamy wojną peloponeską. Sam Tukidydes zadaje sobie pytanie w pierwszej księdze dzieła (I 23), dlaczego tak się rozpadł przed czasem „pokój trzydziestoletni” i jedni Grecy rzucili się na drugich. „Za najważniejszą przyczynę, chociaż przemilczaną, uważam wzrost potęgi ateńskiej i lęk, jaki to wzbudziło w Lakedemończykach".

Wielki historyk prawdopodobnie urodził się między rokiem 460 i 450 przed Chrystusem; odejdzie ze świata około roku 400. Jak nam on sam podaje, w roku 424 był jednym ze strategosów w armii ateńskiej, a więc musiał mieć wówczas co najmniej trzydzieści lat. Na początku wojny, w roku 431, miał chyba lat dwadzieścia kilka. Był dumny z potęgi ateńskiej i pełen zapału do walki. Ilekroć tak ceniony przezeń przywódca, Perykles, wygłaszał do zgromadzonych tłumnie Ateńczyków programowe przemówienie, Tukidydes, jeśli tylko mógł, pilnie się przysłuchiwał, a może nawet notował niektóre myśli. Podane więc w jego dziele historycznym wypowiedzi i mowy Peryklesa nie zasługują na lekceważenie, trzeba jednak zdawać sobie sprawę z tego, że zgodnie z obyczajem antycznym historyk mógł łączyć elementy kilku mów w jedną, jakby syntetyczną. Prawdopodobnie dotyczy to najsłynniejszej z oracji w Tukidydesowej *Wojnie peloponeskiej*, przemówienia przywódcy na pogrzebie pierwszych poległych w owej wojnie; podaliśmy ten tekst w *Literaturze Greków i Rzymian* jako „pochwałę demokracji ateńskiej".

Tukidydes kronikarzem wojny

Podobnie jak informatorem o poglądach Peryklesa, wielki historyk jest też dla nas przewodnikiem po miejscach wojny i cierpień. Ateny były niedostępne dla Peloponezyjczyków, ale w zatłoczonym mieście ludzie zbyt blisko ocierali się o siebie. Rząd zatroszczył się o ich wyżywienie, ale nie zapewnił im godziwego kwaterunku. W drugim roku wojny wybuchnęła w Atenach zaraza, od której wymrze jedna czwarta ludności. Dramatycznie o tym opowiada Tukidydes (II 47–54):

„Pogrzeb pierwszych poległych w tej wojnie odbył się zimą, z którą dobiegł kresu pierwszy wojenny rok. Gdy tylko nastało lato, Peloponezyjczycy i ich sprzymierzeńcy z dwiema trzecimi swoich sił, tak jak za pierwszym razem, wkroczyli do Attyki pod dowództwem króla lakedemońskiego Archidamosa, syna Zeuksidamosa, rozbili obóz i zaczęli pustoszyć kraj. W kilka dni po ich wdarciu się do Attyki ujawniła się po raz pierwszy w Atenach zaraza, która pono srożyła się przedtem na Lemnos i w wielu innych miejscach. Nigdzie jednak nie mówiono o tak wielkiej mocy epidemii i o tylu zgonach jak w Attyce. Lekarze byli bezsilni, gdyż z początku leczyli bez wiedzy o tej chorobie. Sami najliczniej umierali, bo stykali się ciągle z chorymi. W ogóle żadna ludzka sztuka nie przydawała się na nic. Żadnego skutku nie osiągały modlitwy w świętych miejscach, zasięganie rad w wyroczni i inne tego rodzaju starania. W końcu poddali się nieszczęściu z rezygnacją.

Zaraza Epidemia, jak mówią, zaczęła się w Etiopii, na południe od Egiptu, potem przedostała się do Egiptu i do Libii i do znacznej części państwa perskiego. Do Aten wtargnęła nagle i najpierw dopadła mieszkańców Pireusu. Stąd poszła pogłoska, że Peloponezyjczycy zatruli studnie, bo wówczas jeszcze nie było w Pireusie źródeł. Następnie zaraza dotarła do górnego miasta, przynosząc o wiele większą śmiertelność. Niechże o tej chorobie rozprawia każdy, czy to lekarz, czy człowiek nieznający medycyny, według tego, jak zaraza mu się przedstawia. Niech określa jej prawdopodobne pochodzenie i podaje przyczyny tak strasznych zmian w ludzkim ciele. Co do mnie, ograniczę się do opisu przebiegu choroby i wymienię oznaki, po których można będzie ją rozpoznać, jeśliby znów się gdzieś pojawiła. Mogę to opisać, bo sam na nią chorowałem i widziałem innych, którzy na nią zapadali.

Tego lata, jak wszyscy zgodnie przyznawali, nie było żadnych innych chorób, a jeśli nawet ktoś miał jakąś słabość, to przechodziła ona w tę jedną chorobę. Ludzie czujący się doskonale nagle na nią zapadali, można by sądzić, bez żadnej przyczyny. Pierwsze objawy to silne rozpalenie głowy, oczy zaczerwienione i piekące. Gardło i język były przekrwione, oddech nierówny i o przykrym zapachu. Potem pojawiał się katar i chrypka, a niebawem choroba atakowała płuca i trzeba było znosić ostry kaszel. Kiedy zaatakowała żołądek, pojawiały się nudności i wszelkie rodzaje wymiotów żółcią, jakie lekarze wymieniają, a to wszystko łączyło się z wielkimi bólami. Wielu dręczyła pusta czkawka z dotkliwymi skurczami, które u jednych przechodziły prędko, u innych trwały długo. Ciało chorego przy dotknięciu nie wydawało się tak bardzo rozpalone, ale nie było też blade, lecz zaczerwienione, sine i pokryte pęcherzykami i wrzodami. Wewnątrz zaś chorzy czuli taki żar, że nie pozwalali nakryć się nawet najcieńszą narzutką, woleli leżeć nago, a tak najchętniej rzuciliby się do zimnej wody. Niejeden człowiek, którego pozostawiono bez opieki i który przeżywał mękę pragnienia, naprawdę rzucał się do cysterny. Zresztą to nie robiło różnicy, czy ktoś pił więcej, czy mniej.

Groza epidemii

Niepokój i bezsenność były stałą udręką chorych. Ciało w czasie najostrzejszego panowania choroby nie więdło, lecz cechowała je wśród bólów zdumiewająca odporność, tak że przeważnie umierali w siódmym albo dziewiątym dniu strawieni wewnętrzną gorączką, choć mieli jeszcze trochę sił. Jeśli zaś ten dzień przetrwali, to umierali później z osłabienia, kiedy choroba zaatakowała podbrzusze, powodując silne ropienie i nieustanną biegunkę. Choroba bowiem, zacząwszy się od głowy, przechodziła potem przez całe ciało w dół. Choćby się komuś udało przetrzymać najgorsze, pozostawały jednak ślady: choroba bowiem rzucała się na genitalia i na palce rąk i nóg; sprawiała utratę tych części ciała, a nieraz także oczu. Bywało tak, że ludzie zaraz po wyzdrowieniu tracili pamięć, nie wiedzieli, kim są, i nie poznawali swoich krewnych.

W ogóle zaraza ta swoją grozą zaćmiewała wszystko, co dałoby się opisać. Wybuchła z potworną siłą, a od innych chorób różniła się najbardziej tym, że ptaki i te czworonogi, które się żywią mięsem ludzkim, wśród takiej obfitości niepogrzebanych trupów nie zbliżały się jednak do nich, a jeśli się zbliżyły, padały po pierwszych kęsach. Świadczy o tym także zupełny zanik tego rodzaju ptaków. Nie wypatrzyłbyś ich ani przy zwłokach, ani gdziekolwiek indziej. Najlepiej zaś można było zauważyć śmiercionośne skutki na psach, gdyż te żyją przy ludziach".

Tukidydes dalej powiada, że jedni umierali z braku opieki, inni mimo najstaranniejszej opieki. Nie było też żadnego bezpiecznego lekarstwa: to, co pomagało jednym, szkodziło drugim. Obojętne też, czy ktoś był z natury słaby, czy silny. Wszystkich tak samo śmierć kosiła.

„Najgorsze w tym nieszczęściu – czytamy – było jeszcze coś innego, mianowicie przygnębienie u każdego, kto poczuł się chory. Zupełnie tracił nadzieję i już niczemu się nie przeciwstawiał, poddawał się chorobie. Straszne było i to, że przy pielęgnowaniu chorych jeden zarażał się od drugiego i umierali jak owce. To było najobfitsze żniwo śmierci. Jeśli przez ostrożność unikano chorych, ginęli oni w samotności. Wiele domów całkiem wymarło z braku opieki. Jeśli zaś ktoś zbliżył się do chorego, sam ginął. Ginęli przede wszystkim ci godniejsi. Wstydzili się oszczędzać własne życie i odwiedzali przyjaciół nawet wtedy, gdy przytłoczeni niedolą domownicy już nie słuchali jęków umierających. Trzeba powiedzieć, że stosunkowo najwięcej współczucia okazywali konającym i chorym ci, którzy zdołali przejść szczęśliwie chorobę, bo znali te cierpienia, a byli już bezpieczni. Dwa razy bowiem choroba nie dopadała nikogo, a przynajmniej nawrót jej nie był śmiertelny. Wszyscy uważali ich za szczęśliwych, a i oni sami gratulowali sobie tego, że, jak mniemali bezpodstawnie, w przyszłości żadna inna choroba już ich nie zmoże.

Zatłoczone miasto

Oprócz samego nieszczęścia dawała się też we znaki Ateńczykom migracja ludzi ze wsi do miasta. Było to przykre tak samo dla przybyszów, jak i dla stałych mieszkańców miasta. Nie było wolnych domów, ludzie tłoczyli się w niewietrzonych barakach, a było to lato. Umierali w zupełnym bezładzie. Trupy piętrzyły się w stosach, chorzy tarzali się po ulicach i cisnęli, półżywi z pragnienia, przy wszystkich źródłach. Także świątynie, w których obozowali i umierali, pełne były trupów. Kiedy ta okropność tak się rozwielmożniła, a nikt nie wiedział, co będzie dalej, zaczęto lekceważyć prawa boskie i ludzkie. Obrzędy pogrzebowe i ustawy dotyczące grzebania zwłok poszły w niepamięć, każdy grzebał trupa, jak mógł. Wielu ludzi z powodu nadmiaru zgonów w rodzinie nie miało środków do palenia zmarłych i zachowywali się bezwstydnie. Kiedy ktoś inny wypiętrzył stos, ubiegali go i położywszy na nim swojego zmarłego, podpalali. Inni, kiedy cudzy stos się palił, dorzucali na wierzch zwłoki, właśnie wyprowadzane, swego bliskiego i odchodzili.

Z niedoli bezprawie

Zaraza była pierwszym bodźcem do szerzenia w mieście także innego bezprawia. Dawniej oddawano się użyciu potajemnie, teraz już się tego nie lękano, jawnie korzystano ze sposobności, widząc, jak nagle konają bogacze, a ich majątki przejmują biedni. Każdy chciał od razu i przyjemnie użyć życia, uważając zarówno życie, jak i bogactwo za rzeczy krótkotrwałe. Nikt nie miał ochoty poświęcać się tworzeniu chlubnego dzieła, uważał bowiem, że nie wiadomo, czy nie umrze wcześniej, nim je wypełni. Uważano za piękne i pożyteczne to, co było przyjemne i przyjemności służyło. Ani lęk przed bogami, ani żadne prawa ludzkie nie krępowały nikogo. Ludzie zaczęli uważać, że na jedno zdaje się wychodzić, czy się czci bogów, czy się odmawia takiej czci, skoro wszyscy na równi ginęli. Z naruszenia zaś praw ludzkich nikt sobie nic nie robił, bo przecież nie wiedział, czy doczeka wymiaru sprawiedliwości. Nieporównanie cięższa kara w postaci zarazy wisiała nad nim już teraz, dlatego każdy chciał użyć życia, zanim go choroba dosięgnie.

Taka to niedola spadła na Ateńczyków. W mieście ludzie konali, poza miastem nieprzyjaciel pustoszył pola. W tym nieszczęściu, jak można łatwo sobie wyobrazić, przypomniano sobie przepowiednię, zdaniem starych ludzi bardzo dawną:

> Przyjdzie wojna dorycka, a z nią nastanie zaraza.

Spór powstał; niektórzy ludzie utrzymywali, że wróżba mówiła nie o *loimos* («zarazie»), lecz o *limos* («głodzie»). Można zrozumieć, że w ówczesnej sytuacji zwyciężył pogląd, iż mowa tu o zarazie".

Dopuszczenie przez Peryklesa peloponeskiej napaści na Attykę rozgoryczyło społeczeństwo, a gorycz tę wzmogła niebawem zaraza. Ataki opinii publicznej na tak wziętego niegdyś polityka doprowadziły do procesu i skazania Peryklesa na grzywnę za nieprawidłowe wydatkowanie pieniędzy państwowych. Potem znowu odzyskał autorytet i prawdopodobnie wiosną 429 wybrano go na strategosa, jak to zawsze działo się dawniej. Ale to już było na krótko. Bo jeszcze w tym samym roku dosięgnęła Peryklesa zaraza, nie ostra, lecz wlokąca się i powoli wyniszczająca ciało. Jak podaje Plutarch w *Żywocie*, przyjaciele i dostojnicy rozmawiali o nim, gdy tuż przy nich już leżał na łóżku w konaniu. Mówili o jego zasługach, zwycięstwach, wielkości, myśląc, że on nie słyszy. A Perykles, nagle im przerywając, wyraził zdzi-

Gorycz Peryklesa

wienie, że chwałą rzeczy zależne od przypadku, a największą jego zasługę pomijają: „Że żaden Ateńczyk – powiedział – nie przywdział przeze mnie żałoby".

NASTĘPNE LATA POSĘPNEJ WOJNY

Demagogia Kleona

W demokracji trudno jest odróżnić polityków od demagogów. Już u schyłku życia Peryklesa głośno wykrzykiwał w Atenach swoje poglądy Kleon, syn bogatego garbarza. Atakował rządcę państwa w roku 431 i 430. Zdobył sobie dostatecznie wielu zwolenników, by po śmierci Peryklesa stać się następnym przywódcą ludu.

Na wyspie Lesbos głównym miastem była piękna Mitylene; tu w dawnej porze greckiej liryki żyli Alkajos i Safo; Alkajos nawet się tu urodził. Eolska Mitylene w porze zmagań z Persami przylgnęła do zbuntowanych miast jońskich. Potem jednak nie była posłusznym ogniwem ateńskiego Związku Morskiego. Rok 428 to pierwsza jej secesja. Ekspedycja floty ateńskiej złamała mury Mitylene i zmusiła ją do kapitulacji. Najstraszniejsze stało się w Atenach. Zgromadzenie ludowe, posłuszne retoryce Kleona, uchwaliło wymordowanie wszystkich Mityleńczyków i sprzedanie kobiet i dzieci w niewolę. Na szczęście już nazajutrz nastrój się zmienił. Zgromadzenie odwołało uchwałę, nie wysłano do floty ateńskiej rozkazu dokonania egzekucji.

Ale rola Kleona jeszcze się nie skończyła. Ateny postanowiły zagrozić Sparcie na samym Peloponezie, a nawet spróbować podburzyć Mesenię. Znowu więc wysłano zbrojną flotę, tym razem pod zachodnie wybrzeże Peloponezu. Był rok 425. Ateńczycy pokonali Spartan pod Pylos. Ale u wylotu zatoki Pylos jest wyspa Sfakteria. Stacjonujący na niej hoplici spartańscy zamknęli zwycięzcom drogę powrotu. Ateńczycy wyprawili rodakom na pomoc nowe okręty. W walce na wyspie wojsko ateńskie wybiło albo wzięło do niewoli czterystu dwudziestu hoplitów. Sparta poprosiła Ateny o zawarcie pokoju. Lecz Kleon w imieniu państwa ateńskiego sprzeciwił się temu. Wówczas inny ateński mąż stanu, zazwyczaj zwolennik pokoju, Nikiasz, domagał się powierzenia dowództwa wojskiem Kleonowi, którego w końcu zmuszono do przyjęcia tej roli. Wojna miała toczyć się dalej.

Triumf Kleona?

Mogło się Kleonowi zdawać, że triumfuje. Ale zaczęły mu się buntować miasta w Tracji, którą uważał za swoją dziedzinę. Sparta posłała tam bardzo wybitnego wodza, Brazidasa. Szczególnie ostre boje kłębiły się wokół trackiej Amfipolis. Nasz dobry znajomy, historyk Tukidydes, wówczas dowódca ateńskiego oddziału, szedł w roku 424 na odsiecz temu miastu, lecz przybył za późno. W innej zaś stronie armia ateńska, gdy wkroczyła do Beocji, została przez Spartan rozbita pod Delion, miastem na beockim wybrzeżu. Ludzie w Atenach już coraz mniej ufali Kleonowi. Nikiasz, który był jego współzawodnikiem, zdołał doprowadzić do rozejmu ze Spartą w roku 423.

Nie wygasła sprawa Amfipolis. Jesienią 422 roku Kleon powiódł wojsko do Tracji, odniósł parę drobnych zwycięstw, lecz pod Amfipolis musiał się zmierzyć z samym Brazidasem, który go rozgromił. Obaj w wielkiej bitwie polegli. Zniknęli z tego świata dwaj główni przeciwnicy pokoju. Nikiasz niebawem za-

warł ze Spartą pokój, oparty głównie na woli przywrócenia stanu przedwojennego. Był to sukces Aten. Ich przeciwników osłabiało i to, że byli podzieleni: Korynt i Beocja nie chciały podpisać układu pokojowego.

Pozorny pokój

Główne siły, Ateny i Sparta, wprawdzie go podpisały, ale nie zapewniło to pokoju. Zawarty przez nie układ spowodował zupełny chaos w dyplomacji. Ponieważ walki między mniejszymi państwami ciągle się toczyły, nieufne wobec siebie nawzajem główne siły postanowiły same pozawierać serię układów z państwami podrzędnymi. Stało się to przyczyną rozpalenia wojny na nowo, także między najważniejszymi aktorami.

W polityce ateńskiej pojawił się nowy niespokojny duch. Znamy tego człowieka z narracji Tukidydesa, z noszącego w tytule imię jego, dziwnego dialogu Platona, jak też z *Uczty* tegoż autora, ze wzmianek w *Żabach* Arystofanesa, w dwóch mowach Lizjasza i jednej Isokratesa, a także z dwóch biografii pióra Plutarcha i Neposa. Był to Alkibiades, arystokrata ateński, urodzony niedługo przed rokiem 450 dawnej ery. Świadkowie przeważnie każą nam wierzyć zarówno w jego urodę i talenty, jak i pychę i brak skrupułów. Wychował się w cieniu Peryklesa, należał do grona młodzieży chodzącej za Sokratesem. Dzielnie stawał w wojsku ateńskim pod Potidają i Delion. To, wraz ze świetnym pochodzeniem, utorowało mu drogę do godności strategosa, na którego go wybrano w roku 420. Zaraz się rzucił w niespokojne działanie, występując w szeregach stronnictwa demokratycznego. To on popchnął Ateny do zawarcia przymierza z Argos, państwem, które w minionej części wojny peloponeskiej nie brało udziału, oraz z Elidą i Mantineją. Sparta zaś w tym samym 420 roku zawarła przymierze z Tebami.

Pojawia się Alkibiades

Sojusznicy antyspartańscy, Ateńczycy, Argejczycy, Elejczycy, zaatakowali na Peloponezie Epidauros w Argolidzie i maszerowali na Tegeję w Arkadii. Ruszyli jednak przeciw nim Spartanie. Spotkali się w Arkadii. Stoczona tu wielka bitwa pod miastem Mantineją w roku 418 była ruiną nie tylko armii ateńskiej, lecz i powagi Aten, a wielkim wzlotem mocy Sparty. Argos porzuciło stronę Aten.

Sen Alkibiadesa o sile

Alkibiades jednak wyśnił wznowienie ateńskiej siły. Ma się to dokonać przez wyprawę na zachód. Był rok 415 przed Chrystusem. Wspólnik i współzawodnik Alkibiadesa w rządzeniu Atenami, znany już nam konserwatywny mąż stanu Nikiasz, starał się studzić jego gorącą głowę. Tłumaczył ludowi, jak nam podaje Plutarch, że zdobycie choćby Syrakuz na Sycylii jest bardzo trudne. Alkibiades zaś marzył o zawładnięciu Kartaginą i Libią. Dzięki osiągniętej tak potędze będzie można osaczyć zarówno Italię, jak Peloponez. Sycylia to był dla niego tylko początek, on chciał większej wojny. W palestrach i salach młodzież ateńska pożerała go wzrokiem. Chłopcy kijkami rysowali na piasku kontur Sycylii, jak też położenie Libii i Kartaginy.

WYPRAWA SYCYLIJSKA

Przeraźliwy napad na Melos

Po ciężkiej klęsce pod Mantineją Ateńczycy szukali odwetu. Z ich wyboru los padł na jedną z Kyklad, wyspę Melos, zamieszkaną przez Dorów, po wojnach perskich nienależącą do ateńskiego Związku Morskiego. Już wcześniej, w roku 426, przeciwstawiła się ona skutecznie próbie narzucenia jej hegemonii Aten. Ale nie była napastliwa, nic złego Atenom nie zrobiła. I oto w roku 416 została przez Ateńczyków napadnięta i podbita ku przeraźliwej grozie. Dorycką ludność wymordowano lub sprzedano w niewolę. Napastnicy zasiedlili całą wyspę swoimi osadnikami wybranymi z żołnierzy.

W samych Atenach zaś coraz więcej się wówczas mówiło o wyprawie na zachód. Alkibiades, sprzeciwiając się ostrożnemu sceptycyzmowi Nikiasza, wyrażał poglądy tych Ateńczyków, którzy mniemali, że należy, zwłaszcza na złość ambicjom niezależnych i możnych Syrakuz, wesprzeć ateńskich sojuszników, gdziekolwiek są na Sycylii. Na czele mającej tam ostatecznie pożeglować ekspedycji postawiono Nikiasza oraz Alkibiadesa i innego strategosa, Lamachosa. Starano się dobić do Sycylii z jak największą siłą. Wysłano wezwania do sprzymierzeńców i przeprowadzono pobór w Atenach. Miasto, powiada Tukidydes, zagoiło już rany zadane przez zarazę, życie było coraz normalniejsze, pomnożyły się dochody. Ateńczycy żyli przygotowaniami do podniecającej ich wyprawy.

Świętokradztwo w Atenach

I nagle wybuchła sprawa zupełnie niespodziewana, zdumiewająca. Miastem wstrząsnęło ohydne świętokradztwo. Stało w Atenach, jak w innych miastach greckich, wiele herm, czyli czworograniastych słupów kamiennych z popiersiem Hermesa, przed świątyniami i w prywatnych przedsionkach. I oto w jedną noc poutrącano w Atenach wszystkie oblicza herm. Urzędnicy wyznaczyli wysokie nagrody za wskazanie sprawców tego czynu. Zgromadzenie ludowe traktowało sprawę bardzo poważnie. Taka nikczemna profanacja źle rokowała wyprawie, a przy tym wydawała się elementem sprzysiężenia dążącego do obalenia demokracji.

Wspomniani już przez nas, jako składnik ateńskiego społeczeństwa, *metoikoi*, „cudzoziemcy", i służba gorliwie zeznawali, że pijana młodzież nieraz rozbijała posągi. Donosili też o tym, że w niektórych domach prywatnych odbywają się parodie misteriów. O udział w takich postępkach obwiniano również Alkibiadesa. Najzawziętsi jego wrogowie, którzy uważali, że ten intruz przeszkadza im w rządzeniu państwem, nadali sprawie olbrzymi rozgłos i utrzymywali, że dowodem udziału Alkibiadesa w przestępstwie jest jego stale niedemokratyczny sposób życia. Obwiniony domagał się śledztwa, ale oskarżyciele bali się, że Alkibiades będzie miał za sobą wojsko i rzeszę. Po namyśle więc postanowiono, że ma on żeglować na Sycylię przed rozprawą sądową, a sąd odbędzie się po jego powrocie. Wyruszyła tedy w 415 roku, w połowie lata, flota ateńska, najpierw na Korkyrę, gdzie zgromadzono zaopatrzenie dla armii, a stąd przez Zatokę Jońską na Przylądek Japygijski i dalej na zachód.

Alkibiades na Sycylię

Zanim wojska ateńskie wylądowały na Sycylii, rozjątrzyły się kłótnie między dwoma głównymi dowódcami ekspedycji: Alkibiadesem i Nikiaszem. Na Sycylii akcja wojenna była prowadzona dosyć niedołężnie. Co gorsza, Alkibiadesa jednak wezwano do Aten, by przed sądem odpowiedział za niszczenie posągów

Hermesa. Bojąc się wyroku skazującego, oskarżony zdezerterował. Przeszedł na stronę Sparty (już nieraz spotykaliśmy w naszej książce takie zjawiska wewnątrz klasy polityków). Pozyskał jej przychylność. Podburzył tu stronnictwo zwolenników wojny i postarał się o to, by do Syrakuz jako wodza Spartanie wysłali Gylipposa, bardzo krzepkiego generała, niezmiernie górującego nad powolnym Nikiaszem, który został sam jeden jako ateński dowódca na Sycylii, gdy Alkibiades uciekł, a Lamachos w jednym ze szturmów do Syrakuz poległ.

Zdrada Alkibiadesa

Ateńczycy w roku 413 wysłali swoim na odsiecz nowe wojsko pod dowództwem Demostenesa, imiennika późniejszego słynnego mówcy, lecz i on uległ Spartanom. Zaraz następnego dnia Syrakuzańczycy, dopędziwszy Nikiasza, oświadczyli mu, że wojsko Demostenesa poddało się, i wezwali go, żeby uczynił to samo. Nikiasz próbował zawrzeć z nimi taki układ: on im pokryje koszty wojenne, a oni wypuszczą jego wojsko. Ale tamci już na to nie poszli. Otoczyli Ateńczyków i razili ich pociskami. Ci próbowali wymknąć się nocą, ale tylko trzystu ludziom to się udało.

Nikiasz z nastaniem dnia prowadził wojsko dalej, ciągle pod gradem pocisków syrakuzańskich. Chorzy ze zmęczenia, Ateńczycy doszli nad rzekę Assinaros. Rzucali się w jej nurty, tratowali się w nich, a Syrakuzańczycy z drugiego stromego brzegu ostrzeliwali ich. Rzeka była pełna trupów. Nikiasz poddał się Gylipposowi: niech uczyni z nim, co zechce, byle tylko nie masakrował wojska. Od tej chwili Gylippos kazał brać do niewoli. Pościg schwytał nawet ów oddział trzystu, który wymknął się w nocy.

Zemsta Syrakuzańczyków

Finał wyprawy sycylijskiej Tukidydes dokładnie opisuje, dając nam poznać treść ówczesnych wojen. Syrakuzańczycy, gorsi od Gylipposa, uśmiercili Demostenesa, znienawidzonego też przez Lakedemończyków, a również Nikiasza, do którego Sparta odnosiła się z sympatią jako do polityka pojednawczego. Ale Syrakuzańczycy (jak doszło do uszu Tukidydesa) przedtem mieli z nim jakieś tajne kontakty, więc teraz bali się, żeby tego w śledztwie nie wyjawił. A to był bardzo prawy człowiek, zapewnia nas Tukidydes.

„Jeńców zaś – pisze historyk (VII 87) – umieszczonych w kamieniołomach Syrakuzańczycy potraktowali bardzo surowo, przynajmniej w pierwszym okresie. Było tych Ateńczyków wielu. Stłoczeni w ciasnocie, wystawieni byli i na żar słońca, i na ostre zimno jesiennych nocy. Chorowali od tych przemian. Wszystkie potrzeby musieli załatwiać na miejscu, a wokół nich gromadziły się stosy trupów. Umierali z ran, z chorób spowodowanych zmianami temperatury i z innych przyczyn. Zaduch był nie do zniesienia, nękał ich głód, dręczyło pragnienie, Syrakuzańczycy bowiem przez osiem miesięcy dawali im tylko po jednej kotyli (trochę więcej niż ćwierć litra) wody i po dwie kotyle zboża na osobę dziennie. Łatwo też zrozumieć, że byli narażeni na wszelkie inne przykrości związane z pobytem w takim miejscu. Mniej więcej siedemdziesiąt dni jeńcy przeżyli w tych warunkach wszyscy razem. Potem Syrakuzańczycy sprzedali w niewolę wszystkich oprócz Ateńczyków i tych Sycylijczyków i Italików, którzy brali udział w wyprawie. Nie wiadomo dokładnie, ilu było ludzi wziętych do niewoli, na pewno jednak nie mniej niż siedem tysięcy. Było to najważniejsze wydarzenie w owej wojnie, a jak mniemam, najważniejsze w całej w ogóle historii greckiej: najwspanialsze dla zwycięzców i najbardziej nieszczęsne dla pokonanych. Zwyciężeni na lądzie i morzu, zepchnięci na dno męki, całkowicie wyginęli. Z piechoty i okrętów nic nie zostało. Z wielkiej liczby ludzi garstka do domu wróciła. Oto co się stało z wyprawą sycylijską".

OGLĄDANIE SIĘ NA PERSJĘ

Nowina u fryzjera

Trudno się dziwić, że tak zupełna klęska wyprawy sycylijskiej spowodowała popłoch i w Atenach, i wśród sprzymierzeńców Aten. Plutarch w *Żywocie Nikiasza* opowiada, że jakiś cudzoziemiec, wysiadłszy ze statku w Pireusie, dał się strzyc u fryzjera i rozmawiał o klęsce jako o rzeczy znanej już w Atenach. Na te słowa fryzjer, zanim jeszcze ktokolwiek się o tym dowiedział, pobiegł co sił do miasta i gdy tylko zobaczył urzędników, zaraz na rynku podał im nowinę. Można sobie wyobrazić to przerażenie i panikę. Urzędnicy zwołali zgromadzenie, wprowadzili przed nie tego człowieka. Ponieważ nie umiał jasno odpowiedzieć, od kogo rzecz usłyszał, zaczęto podejrzewać, że jest to agent rozsiewający niepokojące wieści. Zaczęli łamać go na kole i robili to dosyć długo, aż przybyli dokładni zwiastunowie klęski. Tak nieskorzy byli Ateńczycy do uwierzenia, że Nikiasza spotkało to, co często im przepowiadał.

Sporo *poleis* greckich wycofało się z ateńskiego przymierza, inne oglądały się, żeby to uczynić. A Sparta temu wszystkiemu przyglądała się i działała. Już wiosną 413 roku zajęła w Attyce Dekeleję (będzie ją miała do roku 404), niewielki dem u stóp Parnasu, dający widok na całą dolinę aż do Pireusu. Było to duże osiągnięcie: garnizon spartański na ateńskim terenie. Ateny utraciły niemal całą flotę. Już odbudowywały ją, ale nie miały wyszkolonych załóg. Na peloponeską flotę zaczęła łożyć pieniądze Persja, która wolała na Morzu Egejskim obecność spartańską niż ateńską. Miasta jońskie na wyspach jedno po drugim buntowały się przeciw Atenom, które wreszcie ocknęły się: ich drogi dowozu żywności z Bosforu i z Egiptu były zagrożone.

Konszachty Sparty z Persją

Sparta nie zawahała się za pomoc perską zapłacić oddaniem greckich miast w Azji Mniejszej pod władzę króla królów. Głównym teatrem wojny spartańsko-ateńskiej stała się północno-wschodnia część Morza Egejskiego. Sparta starała się wyrywać wyspiarskie *poleis* spod władzy ateńskiej, Ateny zaś swoimi ekspedycjami zatrzymywały je siłą. Ale w samym mieście pod Akropolem nie było spokojnie. Istniały w Atenach od 443 roku, gdy Perykles zatriumfował nad przywódcą konserwatystów, Tukidydesem, synem Melezjasza, wygnanym decyzją sądu skorupkowego, kluby oligarchów, wrogów ustroju demokratycznego. Nazywały one siebie *hetaireiai* („towarzystwa", „wspólnoty", od słowa *hetairos*, „towarzysz"). Teraz oburzone obciążeniami podatkowymi, groźbą zrujnowania starych rodów, przebudziły się do boju o swoje prawa.

Podniecał je przesłaniami przebywający poza ojczyzną Alkibiades, już pokłócony ze Spartą, raczej oglądający się na Persów.

Obiecywał oligarchom ateńskim nie tylko pokój od Persji, lecz także złoto perskie, a to wszystko w zamian za jedno: za obalenie w Atenach demokracji, na której urodziwy arystokrata bardzo się zawiódł osobiście. Oligarchowie połknęli haczyk. W roku 411 dawnej ery przebiegle i brutalnie przymuszone przez nich zgromadzenie ludowe powierzyło władzę w państwie gronu Pięciu Tysięcy obywateli, powołanemu przez Radę Czterystu, złożoną z oligarchów. Rada ta rychło zmroziła wiele kręgów zgromadzenia ludowego, kiedy zaś, aby uciszyć krytykę, usiłowała prosić o pomoc Spartę, oburzenie obywateli było przyczyną odebrania jej władzy. Z tego skorzystało grono Pięciu Tysięcy, uniezależniając się. Inną klęską tego samego 411 roku było utracenie przez Ateny władzy nad Eubeją. Wielka ta wyspa, od dawna związana z silną *polis* pod Akropolem, już się zbuntowała przeciw Atenom w roku 446, lecz Perykles na powrót ją zdobył i osadził na niej ateńskie kolonie żołnierskie. Teraz zerwała ona więź z metropolią.

Intrygi Alkibiadesa

Trzeba tu dodać parę słów o osobliwych ewolucjach Alkibiadesa. Odkąd w roku 414, bojąc się wyroku w Atenach, uciekł spod Syrakuz, przebywał przez kilka lat w mieszających się wówczas z sobą strefach: spartańskiej i perskiej. Dużo o tym opowiada w *Żywocie Alkibiadesa* Plutarch, który podaje też zdarzenia tak dziwne, że trudno uznać, iż je uroił. W Sparcie Alkibiades bardzo się podobał, bo potrafił chodzić z rozczochranymi włosami, skakać do zimnej wody i chciwie pożerać gruboziarnisty chleb. Zresztą tak samo łatwo praktykował wszelkie rodzaje wyrafinowania. W Jonii się nurzał w rozkoszach, w Tracji pił do dna, w Tesalii był ciągle na koniu, wśród Persów błyszczał ceremonialnym przepychem.

Tak się zdarzyło, że jeden z dwóch królów Sparty, zaprzyjaźniony z Alkibiadesem Agis, wyjechał na czele wojska ku któremuś ze zmagań. Wtedy Alkibiades uwiódł jego żonę, Timaję. Miała z nim dziecko, czego się nie wypierała. Nazwano synka oficjalnie Leotychides, lecz przyjaciołom i służbie Timaja szeptała, że prawdziwe imię dziecka to Alkibiades. Starszy Alkibiades oschle podawał, że jego celem było wprowadzenie swoich potomków na tron lakedemoński. Powtórzono to Agisowi, obliczył pory, kiedy go nie było w domu, i wyparł się tego syna. W przyszłości Spartanie odmówią mu udziału w królewskiej sukcesji.

Możemy się zdziwić, że dwór spartański był tak słaby wobec tego naprawdę możnego awanturnika: Alkibiades spokojnie wyjechał z Lakedemonu, posłano tylko tajne rozkazy do jońskich wysp, żeby go zabito. Awanturnik był przezorny, udał się na dwór Tisafernesa, perskiego satrapy Sardes w Azji Mniejszej. Usiłował nakłonić go do poparcia planowanego przewrotu oligarchicznego w Atenach, lecz Tisafernes odmówił, wolał się trzymać Spartan. Do Alkibiadesa zaś szły wezwania z innej strony: część odbudowanej floty ateńskiej, stacjonująca u brzegu wyspy Samos, nie chciała wrócić do Aten, odmawiała uznania władzy oligarchów. Natomiast Alkibiadesa wezwała, by jej przewodził.

KLĘSKA ATEN

Wszystkim stronnictwom ateńskim wiodło się na morzu nieźle. Alkibiades odwojowywał dla przymierza ateńskiego wyspę za wyspą, a towarzyszyła mu, choć politycznie oddzielona, flota rządzona przez oligarchiczne grono Pięciu Tysięcy. I wreszcie Ateńczykom udało się połączyć wszystkie swoje siły. Był rok 410 przed Chrystusem. Alkibiades ze zjednoczoną flotą ateńską zdołał rozgromić flotę spartańską pod Kyzikos, miastem na wybrzeżu Propontydy. Po pewnym czasie ten zwycięski wódz będzie miał otwartą drogę powrotną do Aten, co chyba zawsze było jego marzeniem.

Alkibiades chce wrócić do Aten

A w Sparcie już wystąpił do działania wielki jego później antagonista Lizander (znamy tylko datę jego zgonu, 395 przed Chr.), przywódca wojskowy i mąż stanu. Postawiony na czele floty peloponeskiej w roku 408/407, zdołał jej przywrócić sprawność i moc. A także nawiązał dobre stosunki z perskim królem królów, Kyrosem Młodszym. Utrwalił się sojusz spartań-

Lizander

sko-perski, dzięki któremu Sparta uzyskała dużą przewagę finansową nad Atenami. Działanie Lizandra było prawie zawsze skuteczne, a cel tego działania przede wszystkim egocentryczny, jak twierdzą pisarze, którzy przeważnie go nie lubią. Mówią też o jego okrucieństwie, ale kto nie był okrutny w tych wojnach?

Alkibiades w Atenach przeciw Sparcie, Persji i Lizandrowi

Alkibiades wrócił do ojczyzny w roku 407 przed Chrystusem. Opromienionemu sławą wodzowi przebaczono występki. Ale nie stać go było w Atenach na to, na co mógł sobie pozwolić Lizander w sprzymierzonym z Persją Lakedemonie, podnosząc żołd wioślarzom i marynarzom. Z floty Alkibiadesa ludzie masowo uciekali do Lizandra. Skutki dały się widzieć, gdy flota peloponeska i ateńska w tym samym jeszcze 407 roku zmierzyły się z sobą pod Notion, miastem na wybrzeżu Azji Mniejszej (w późniejszych czasach portem Kolofonu). Alkibiades w tej porze działał w innym miejscu, flotą kierował jego podwładny. Lizander rozgromił tę flotę.

W Atenach niechęć do Alkibiadesa

W Atenach wówczas odżyła cała dawniejsza niechęć do Alkibiadesa. Musiał wyrzec się stanowiska strategosa. Powędrował na Chersonez Tracki (półwysep po zachodniej stronie Hellespontu), skąd słał rodakom rady militarne, ale go nie słuchano. Postanowił przenieść się na drugą stronę Hellespontu, do Frygii, gdzie perski satrapa Farnabazos rezydował w swojej niewielkiej stolicy, Daskylionie. Pewnie mniemał grecki wędrowiec, że to dla niego azyl. Przybędzie tam, ale niedługo posiedzi. Już w roku 404 zostanie zamordowany (jak mniemają potomni, na polecenie osadzonej wówczas w Atenach „Trzydziestki", o której niebawem opowiemy). Farnabazos pono powierzył to zadanie bratu i wujowi. Siepacze nie śmieli wejść nocą do domu, gdzie Alkibiades przebywał z hetairą Timandrą, więc dom podpalili. Osaczony, zaczął rzucać na ogień całą pościel i odzienie, jakie było, żeby ogień zdusić. Chociaż się już na nim wszystko paliło, z mieczem rzucił się na oprawców. Żaden nie mógł mu sprostać, uciekali. Tylko z daleka miotali w niego strzały i pociski. Padł, a gdy sobie poszli, Timandra otuliła go w szaty niewieście, potem zaś czuwała nad godziwością jego pogrzebu.

Plutarch jeszcze ma plotki. Powiada, że owa Timandra była matką słynnej Laidy, ozłoconej w tylu epigramatach, uważanej za Koryntyjkę, chociaż naprawdę była łupem wojennym z Hykkary, miasteczka na Sycylii. I dodaje nasz informator, że jest i taka wersja dramatycznych wydarzeń: to nie Lizander ani nie inni Lakedemończycy zgotowali śmierć Alkibiadesowi, lecz młodzieńcy z dobrej rodziny, których siostrę on uwiódł, właśnie Timandrę. Ci mieliby podpalić go i zabić.

Sukces Aten, zniszczony głupotą

Trzeba jednak wrócić do Sparty i Aten. Lizander miał w Sparcie nie tylko zwolenników, lecz i wrogów. W roku 406 odmówiono mu dowództwa peloponeskiej floty. I właśnie w tym roku flota ateńska pod wodzą wybitnego strategosa, Konona, odniosła duże zwycięstwo nad flotą peloponeską u wysepek Arginuz na Morzu Egejskim, na wprost miasta Mityleny (na wyspie Lesbos). Ateny odzyskały swoją przewagę na morzu. Ale głupota polityczna jeszcze raz zniszczyła to, co osiągnęła armia. Nową propozycję pokoju, przedstawioną przez Spartę, odrzucono, a zwycięskich strategosów osądzono w Atenach i uśmiercono za to, że nie zdołali uratować załóg okrętów idących na dno z powodu przesycenia wodą. Odważnie protestował przeciw tej zbrodni sądowej nie byle kto, bo sam Sokrates (niedługo przedtem upłynął rok od chwili, gdy spotkał go po raz pierwszy w życiu Platon).

Zmarnowanie przez Ateny zwycięstwa u wysepek Arginuz podbiło znaczenie Lizandra. Spartanie znowu powierzyli mu, w roku 405, dowództwo floty. Zbliża się klęska Aten pod Ajgospotamoj („Kozimi rzekami"), miejscowością i rzeczułką na Chersonezie Trackim; opowiada nam o niej Ksenofon w swoich *Hellenikach*. Alkibiades z własnej warowni obserwował, jak trudno jest flocie ateńskiej żeglować do Sestos po żywność, a Spartanie mają wszystko w porcie przy mieście. Poszedł więc doradzić rodakom, żeby przenieśli się do Sestos. Ale go przegnali.

Lizander gromi flotę ateńską Konona

Gdy Ateńczycy w piątym już z kolei dniu podpływali ku Lizandrowi i lekkomyślnie rozpraszali się po Chersonezie, wódz lakedemoński kazał wreszcie uderzyć od morza i od lądu. Spostrzegłszy te przygotowania, Konon kazał natychmiast obsadzić okręty. Ale nie było ludzi w pobliżu. Półpuste okręty ateńskie Lizander zaganiał jak swoje, a pieszych wyłuskiwał z lądu. Konon zrozumiał: Ateny przegrały wojnę. Z siedmioma okrętami uszedł na Cypr. Urzędowy statek „Paralos" („Nadbrzeżny") popłynął z powrotem do Aten z wieścią o klęsce.

Przybił do Aten w nocy. Z ust do ust biegła wieść o nieszczęściu. Nikt nie zasnął już, rozmyślano, że czeka Ateńczyków to samo, co oni zrobili mieszkańcom wyspy Melos, różnym kolonistom lakedemońskim i wielu innym Grekom. Nazajutrz zwołano zgromadzenie ludowe, uchwalono: zasypać wjazdy do portu, wszystkie oprócz jednego; poprawić mury, rozstawić straże.

ATENY NA ZAGŁADĘ?

Lizander odbiera Atenom wyspę za wyspą

Tymczasem Lizander na czele dwustu okrętów przybył z Hellespontu na wyspę Lesbos. We wszystkich jej miastach, wśród nich w pięknej Mitylenie, obalał władzę demokracji i wprowadział ustrój oligarchiczny. Do grodów w Tracji z takim samym zadaniem posłał wodza Eteonikosa z dziesięcioma trierami (wielkimi okrętami wojennymi o trzech rzędach wioseł). Także na innych obszarach greckich rozpadło się panowanie Ateńczyków. Pozostała im wierna tylko wyspa Samos, gdzie urządzono rzeź możnych rodów; wdzięczni za wierność Ateńczycy wszystkim Samijczykom, tak jak niegdyś Platejczykom, nadali prawo ateńskiego obywatelstwa. Następnie Lizander posłał do króla Agisa w Dekelei i do Lakedemonu wieść, że nadpływa z dwustu okrętami do Aten. Wtedy pospolite ruszenie Lakedemończyków i innych Peloponezyjczyków pod wodzą drugiego króla Sparty, Pauzaniasza, pomaszerowało też na Ateny i rozłożyło się obozem przy podmiejskim gaju herosa Akademosa (tu będzie szkoła Platona), około jednego kilometra od obronnych murów ateńskich. Lizander zaś po drodze przywracał niezależność mieszkańcom wysp podbitych w swoim czasie przez Ateńczyków, takich jak Egina i Melos. Następnie pohulał sobie na nieposłusznej mu Samos, po czym w sile stu pięćdziesięciu okrętów stanął na kotwicy przed Pireusem i odciął wszelkim statkom dojazd do portu. Był to listopad 405 roku dawnej ery.

Można sobie wyobrazić rozpacz w Atenach. Lakedemończycy czuli, że górują. Do zniewolenia Aten wystarczała blokada morska i załoga spartańska w Dekelei, Pauzaniasz więc wrócił z wojskiem do domu. Ateńczycy, gdy już im brakło żywności, wyprawili poselstwo do króla Agisa w Dekelei, że chcą się sprzymierzyć ze Spartą, zachowując jednak mury warowne i Pireus. W Dekelei powiedziano im, żeby to powtórzyli w Sparcie. Tu zaś brutalnie ich odprawiono.

Misja Teramenesa

Teramenes, przeciwnik demokracji, konserwatysta ateński, który chadzał krętymi drogami (niegdyś należał do Rady Czterystu, z której przezornie się wycofał), oświadczył na zgromadzeniu ludowym, że jeśli wyślą go do Lizandra, wybada, czy Lakedemończycy chcą Ateny zaprzedać w niewolę, czy nalegają na zburzenie murów tylko dla pewności. Przybywszy z gronem posłów do Lizandra, bawił u niego od początku stycznia 404 roku do dni przed połową kwietnia. Liczył na to, że Ateńczycy zupełnie wygłodnieją i na wszystko się zgodzą. Gdy wrócił w czwartym miesiącu, opowiedział, że Lizander kazał mu udać się do Lakedemonu, gdyż sprawy wojny i pokoju rozstrzygają eforowie. Poszedł więc tam.

W Sparcie eforowie zwołali kongres obywateli i sprzymierzeńców, na którym przemawiali przeciw Ateńczykom najostrzej Koryntyjczycy i Tebanie; zresztą wiele też innych *poleis* żądało, by nie wchodzić w żaden układ z Atenami, lecz zniszczyć je do szczętu. Lakedemończycy jednak przypomnieli rolę Aten w obronie wszystkich *poleis* przed Persami. I zaproponowali pokój na takich warunkach: Ateńczycy mają zburzyć Długie Mury i Pireus, wydać wszystkie okręty oprócz dwunastu, z powrotem przyjąć wygnanych oligarchów, a potem działać na lądzie i morzu w zgodzie ze Spartanami.

Z takimi warunkami wracali do Aten posłowie i Teramenes. Tłum wyległ do nich, wpatrywano się w ich twarze, czy nie niosą wieści o niepowodzeniu. Dokoła już ludzie w mieście umierali z głodu. Nazajutrz Teramenes przedstawił rodakom spartańskie warunki pokoju. Większość uchwaliła przyjęcie ich. Wśród głośnej radości, przy dźwiękach muzyki fletnistek, mur podkopano i obalono.

Co zostanie z Aten?

Plutarch w *Żywocie Lizandra* podaje zapierającą dech w piersi wieść, że na kongresie naprawdę pojawił się wniosek, by sprzedać Ateńczyków w niewolę, i że Tebańczyk Eriantos domagał się, by miasto zburzyć, a grunt oddać na pastwisko. Potem jednak odbywał się bankiet wodzów, na którym jakiś Fokejczyk odśpiewał pierwszy chór z Eurypidesowej *Elektry*, który tak się zaczyna:

> Córko Agamemnona, Elektro,
> Przyszłyśmy na Twój wiejski dwór...

Ten śpiew tak wzruszył wszystkich, że wydało się okrucieństwem obrócić w gruzy miasto tak sławne, rodzące takich poetów.

Ale już w kwietniu 404 roku zaprowadzono nowe porządki w Atenach. W stronnictwie oligarchów były dwa odłamy. Ekstremistom przewodził Kritiasz, umiarkowanym Teramenes. Obie grupy razem prosiły Lizandra o pomoc przeciw demokratom. Wtedy on zażądał, by zgromadzenie ludowe wybrało trzydziestu „spisywaczy”, *syngrapheis*, którzy by opracowali nową, „według zasad ojczystych”, konstytucję. Grono to, które potomność zapamięta jako „Trzydziestu Tyranów”, od razu chwyciło rządy w *polis*. Ustanowili nową radę oraz zespół „Dziesięciu” do administrowania Pireusu. Co gorsza, zabrali się już od czerwca 404 roku do unicestwiania opozycji. Dokonywano egzekucji wielu obywateli i „cudzoziemców”, *metoikoi*, a dobra ich konfiskowano; pono tak zabito tysiąc pięciuset ludzi. Na Akropolu osadzono spartański garnizon. A o nowej konstytucji słuch zaginął.

„Trzydziestka” w Atenach

Teramenes już w początkach owej grozy usiłował powstrzymać prawne rzezie, lecz Kritiasz wobec rady oskarżył go o próby opóźniania przemian ustroju państwa. Teramenes bronił się tak dobrze, że Kritiasz zląkł się jego możliwej przewagi i przypomniał, że „Trzydziestka” jest uprawniona do skazywania na śmierć. „Jego my skazujemy” – powiedział. Teramenes skoczył do ołtarza, oddając się pod opiekę bogów. Lecz zaraz wezwano komisję więziennictwa. „Oddajemy w wasze ręce Teramenesa” – rzekł Kritiasz. A Teramenes, pijąc nakazaną mu truciznę, strząsnął parę kropel ze słowami: „To dla pięknego Kritiasza”.

PIERWSZE PRZEBŁYSKI NOWEJ EPOKI

„Trzydziestka” jednak nie była dostatecznie silna, by przeszkodzić zajęciu Pireusu przez nowe grono walczące o władzę nad Atenami. Przewodził temu nowemu gronu Trasybulos (znamy datę jego zgonu: 388), ateński strategos i mąż stanu. Już w roku 411 był on obrońcą takiej demokracji ateńskiej, jakiej przeciwko Radzie Czterystu chciała bronić ateńska flota stacjonująca u wybrzeża Samos. To on odwołał Alkibiadesa z wygnania i miał duży udział w sukcesach wojennych floty w następ-

Trasybulos przeciw „Trzydziestce”

nym, 410 roku, przede wszystkim w bitwie pod Kyzikos. Gdy po krótkim epizodzie demokracji rząd „Trzydziestu” wygnał Trasybulosa, uciekł on do Teb, gdzie skupił wokół siebie siedemdziesięciu innych wygnańców. Razem z nimi późną jesienią 404 roku zajął Fyle, dem attycki i fortecę na Parnasie, nad jedną z dróg między Beocją i Atenami. Tu się na razie usadowił. Ściągali do niego przeciwnicy „Trzydziestki”. Gdy wzrośli do tysiąca, Trasybulos w początkach 403 roku ruszył na Pireus i przygotowywał się do marszu na samą stolicę. Kritiasz padł w jednej z bitw.

Trasybulos nie zdołałby stawić oporu Lizandrowi, który chciał flotą zablokować Pireus, gdyby nie zmieniło się nastawienie Sparty. Lizandra pozbawiono dowództwa floty. Nadany przez niego system, w którym Atenami rządziła „Trzydziestka”, a mniejszymi *poleis* „Dziesiątki” oligarchów wspierane przez garnizon spartański, zawisnął w powietrzu. Lakedemon bowiem szukał teraz pojednania z Atenami, nie tylko z ich skrajną oligarchią. W ateńskiej *polis* „Trzydziestkę” zastąpili oligarchowie umiarkowani, którzy określili siebie jako grono trzech tysięcy obywateli i wyznaczyli własną „Dziesiątkę” jako rząd. Spartański król Pauzaniasz wystąpił jako mediator między partiami ateńskimi. Przywrócono zasady dawnego systemu demokratycznego, które, jak pamiętamy, też łagodne nie były. Ogłoszono amnestię, która nie objęła „Trzydziestki”. Resztki jej schroniły się w Eleuzis, gdzie tych ludzi w najbliższych dwóch, trzech latach wybito.

Sparta szuka pojednania

Można mniemać, że dzieje greckie, będąc nadal twarde, przynajmniej na pewien czas przestają być chaosem, jakim się nam, chyba nie bez racji, wydaje wojna peloponeska. Właściwie o co toczona? Po co? Nieraz widzimy, jak jej uczestnicy spoglądają w inną stronę śródziemnomorskiego obszaru, na zachód, ku Sycylii, Italii i ku Kartaginie. Kierunek ten pochłonie naszą uwagę w dalszych częściach książki. Ale jest też kierunek, który nieraz tu nas zatrzymywał, taki, jaki powinniśmy nawiedzać i żegnać się z nim już teraz, bo on będzie zanikał. Oczywiście mam na myśli Persję. Od paru wieków państwo króla królów interesowało się bardzo żywo greckimi *poleis*, może częściowo dlatego, że

Spojrzenie ku Persji

kłótliwe współzawodnictwo wewnętrzne rojowiska, jakim była Grecja, mogło dawać Persom poczucie potęgi, kiedy tym próbowali manipulować. Samo państwo bowiem, nie tak bardzo stare, już chyliło się do upadku. Ciągle na nowo wybuchały w nim bunty.

Jeszcze przed wstąpieniem na tron Artakserksesa II Mnemona (lata panowania: 404–359) Egipt wymknął się (w roku 405 przed Chr.) spod perskiej władzy: niebawem miejscowi książęta, jak Euagoras na Cyprze, i satrapowie, jak Mauzolos w Karii, będą zakładać osobne państwa. Po śmierci Mnemona wybuchnie w imperium rozległy bunt różnych ludów.

Mieszając się do dziejów greckich, Persja jest przeważnie sojuszniczką Sparty. Grekom w tych przymierzach też nie brakowało pomysłów politycznych. Opletli chyba nimi Kyrosa II, młodszego syna Dariusza II i Parisatidy, ulubieńca matki. Ledwie pełnoletni, otrzymał w roku 408 przed Chrystusem całą władzę nad Azją Mniejszą. W Sardes spotkał Lizandra i ogromnie go wsparł wśród przypadków wojny peloponeskiej. W roku 405 wezwano Kyrosa do łoża umierającego ojca. Jego starszy brat, Arsaces, objął władzę jako Artakserkses II. Tylko autorytet Parisatidy ocalił Kyrosa, gdy możny w państwie perskim satrapa Tisafernes oskarżył go o zdradę.

Przygody Kyrosa II i Ksenofonta

Wróciwszy do Azji Mniejszej, Kyros Młodszy począł werbować najemników, wśród których znalazł się słynny potem pisarz grecki, Ksenofon z Aten. Opisze tę „Wyprawę", *Anabasis*, i powrót z niej w słynnej potem książce pod takim właśnie tytułem. Dzięki temu nieco znamy też Kyrosa Młodszego, mającego zalety władcy, lecz również lekkomyślność. Utrzymywał, że wyprawia się przeciw Pizydii, jednej z krain w Azji Mniejszej. Wiosną 401 roku wyruszył z dużym wojskiem. Dopiero wtedy, gdy armia przekraczała Eufrat, przy mieście handlowym Tapsakos, ujawnił się prawdziwy cel ekspedycji. Pod Kunaksą, miejscowością w pobliżu Eufratu, na północ od Babilonu, Artakserkses już czekał na orężne rozstrzygnięcie. W bitwie Kyros zginął, rzuciwszy się na oddział osobistej ochrony jego brata. Dziesięć tysięcy najemników greckich ciężką wędrówką dotarło stamtąd nad Morze Czarne. Jest to jakby daleki, daleki zarys czegoś, co niebawem będziemy oglądać: wędrówek Aleksandra Wielkiego.

WSZYSCY PRZECIW WSZYSTKIM

Pomimo układów pokojowych wszystko się nadal kłębi w tym szerokim świecie greckim. W „wojnie korynckiej" (395–387 przed Chr.) Korynt, przebogate miasto handlowe, nie-

U murów Teb

gdyś tak wytrwałe w zwalczaniu Aten, oto się łączy z Tebami, Atenami i Argos, aby zrzucić supremację Lakedemonu. Teby przeciwstawił Sparcie niewielki konflikt graniczny, z którego rozżarzyła się wrogość. Pierwszą ważną bitwą tego okresu był w roku 395 dawnej ery bój pod beockim miastem Haliartos. Wiódł wojsko pod jego mury król spartański Pauzaniasz, lecz ubiegł go Lizander, znany nam wódz lakedemoński, wówczas w niełasce, idący w tym samym kierunku na czele swoich zastępów. Mieszkańcy Haliartos zrazu chcieli posłuchać rady Lizandra i wyrzec się przymierza z Tebami w zamian za samorząd, ale Tebanie obecni w twierdzy temu przeszkodzili. Lizander więc uderzył na mury. Na odgłos ataku Tebanie pędem przybiegli na pomoc. Lizander ciągle ufał, że zwycięży. To pewne, powiada Ksenofon w *Hellenikach*, że walka wszczęła się pod murem, bo trofeum stoi u bram Haliartos. Lizander padł, reszta uciekła w góry. Tebanie ścigali ich zawzięcie. Pauzaniasz wreszcie ukazał się z wojskiem z Lakedemonu. Lecz nazajutrz przybyli Ateńczycy i objęli część frontu. Pauzaniasz nie odważył się wydać bitwy i otrzymał zwłoki poległych u bram miasta pod warunkiem, że opuści z wojskiem Beocję. W ojczyźnie czekał go sąd gardłowy za to, że nie zdążył do Haliartos i że zwłoki otrzymał jak pobity. Uciekł więc do Tegei i tam umarł śmiercią naturalną. Tak odchodzą jeden po drugim uczestnicy, znani nam, powikłanych wydarzeń historycznych.

U murów Koryntu

Od roku 393 przed Chrystusem główne działania wojenne koncentrowały się wokół Koryntu obleganego przez Spartan. Jego położenie u samego progu (od strony Peloponezu) Przesmyku Korynckiego sprawiało, że wrogość Koryntu była wielkim zagrożeniem dla Sparty, zwłaszcza dla dowożenia do niej żywności. Stąd zażartość „wojny korynckiej". Wielką w niej odegrała rolę w roku 389/388 flota ateńska pod dowództwem Trasybulosa. Przywróciła wpływy Aten na Morzu Egejskim, pozyskała wielu sprzymierzeńców. Ale dotkliwie brakowało jej pieniędzy. W Aspendos, kolonii greckiej w Pamfylii w Azji Mniejszej, żołnierze łupili tubylców. Ci w zemście zamordowali Trasybulosa w jego namiocie (w roku 388). Oprócz sukcesów wszyscy Grecy mieli na morzu także porażki. Ostatecznie prawo decyzji w greckich sporach oddali w ręce perskiego króla królów, o którego przychylność zabiegały obydwa obozy.

Delegacje greckich *poleis* zaproszono do Sardes. U Persów przeważyła zręczność dyplomatyczna Antalkidasa (właściwie:

Antialkidasa), spartańskiego strategosa i politycznego agenta, który przekonał Artakserksesa II, że Persja ma większą wspólnotę interesów ze Spartą niż z Atenami. Był rok 386 dawnej ery. Pokój Antalkidasa, zwany też „pokojem królewskim", stanowił, że wszystkie miasta greckie w Azji Mniejszej oraz Cypr przechodzą pod panowanie perskie, a w rękach Ateńczyków pozostają tylko Lemnos, Imbros i Skyros. W tekście traktatu, jaki nam w *Hellenikach* (V 1,31) podaje Ksenofon, czyta się groźne dla Greków oświadczenie monarchy: „Która strona tego pokoju nie przyjmie, z tą ja, wraz z państwami zgadzającymi się z moją wolą, będę walczył armiami lądowymi, okrętami na morzu i środkami pieniężnymi". Sam Antalkidas jeszcze przez następne lata będzie pilnował interesów spartańskich na dworze Artakserksesa II aż do roku 367, gdy, jak słyszymy, doznał niepowodzenia, popadł w niełaskę i pono zamorzył się głodem.

Pokój Antalkidasa z woli króla perskiego

Pokój Antalkidasa, zmuszając Greków do uznania autonomii poszczególnych *poleis*, podważał takie struktury, jak na przykład Związek Beocki miast, będący fundamentem siły Teb. Nie pozwalał też na odrodzenie ateńskiego Związku Morskiego. Dawał zaś wolną rękę Lakedemonowi do działań imperialnych. Odpowiadając w roku 382 na wezwanie dwóch miast, które Olint (*Olynthos*, kolonia grecka na półwyspie Chalkidike) próbował zmusić do przystąpienia do Związku Chalkidyjskiego, Sparta wysłała do północnej Grecji armię, która po drodze zdobyła i obsadziła swoim garnizonem cytadelę Teb, Kadmeję. Samym Olintem, jednym z najważniejszych miast północnej Grecji, Sparta zawładnie (tylko na czas swojej potęgi) w roku 379, po dwuletnim oblężeniu. A jeszcze w tym samym roku odbierze jej Teby Pelopidas.

Pelopidas odbiera Sparcie Teby

Był to demokrata tebański z możnej rodziny (urodzony około 410 roku dawnej ery), który po zajęciu Kadmei przez Spartan i zamachu oligarchicznym w Tebach w roku 382 schronił się z grupą bliskich mu demokratów w Atenach. Nie sposób wątpić, że to Ateny uzbroiły Pelopidasa i jego zastęp, ponoć kilkunastu ludzi. Dobrze uzbroiły. Zamachowcy przedostali się do Teb. Z pomocą nieporównanie liczniejszych miejscowych demokratów zmusili do kapitulacji garnizon w Kadmei i zawładnęli jeszcze w 379 roku miastem ojczystym. Od razu Pelopidas stał się bardzo sławny.

W roku 378 piastował stanowisko „rządcy Beotów", *Boiotarches*, jeden z najwyższych w Tebach i w Beocji urzędów. Jeszcze większa opromieniła go sława jako przewodnika ulubionego przez niego „świętego zastępu", *hieros lochos*, oddziału trzystu wojowników podzielonych na oddane sobie dwójki. Tak będzie walczył u boku Epaminondasa pod Leuktrami (w roku 371).

Sparta napada na Pireus

Same Ateny bynajmniej się nie paliły do wznowienia wojny ze Spartą. To Sparta je ubiegła, napadła na Pireus. Wtedy Ateny musiały zerwać sojusz z Lakedemonem i mocno zewrzeć przymierze z Tebami. Po zerwaniu układów ze Spartą Ateny wpatrzyły się w swoje stare morze, Egejskie. Morskie *poleis*, znużone już władzą Sparty, wyciągały ręce do Aten, do tworzonego przez nie od roku 377 Drugiego Związku Morskiego. Starano się o ułożenie lepszej współpracy miast, bez trybutów, z większą życzliwością wzajemną, ze ściślejszą kontrolą finansów. Co się jednak tyczyło przymierza Aten i Teb, dosyć rychło się okazało, że nie może ono być trwałe. Oto wkroczył w gęstwinę spraw greckich nowy wódz i mąż stanu, Epaminondas (znamy tylko datę jego zgonu: rok 362 dawnej ery), Tebańczyk. Z nim, jak z każdym politykiem dużego wymiaru, zmienia się rozległa przestrzeń okoliczna, nie tylko jego ojczyste miasto.

OD LEUKTRÓW DO MANTINEI

Nowy wódz, Tebańczyk Epaminondas

Epaminondas był uczniem pitagorejczyka Lizisa. Tylko tyle niewątpliwie wiemy o jego młodych latach. Na pewno uczestniczył w odnawianiu siły Teb w latach 379–371, ale osobista jego rola jest dla nas widoczna dopiero od roku 371. Wtedy po raz pierwszy piastował stanowisko „rządcy Beotów". Już w roku 376 dawnej ery Tebanie odnowili Związek Beocki. Niebawem, w roku 373, zmusili do udziału w nim Plateje, *polis* będącą ulubioną sojuszniczką Aten, i żądali od Aten zwrotu spornego, pogranicznego, niewielkiego miasta portowego nad Euriposem, Oropos. Zażegła się kłótnia między Tebami i Atenami. Jak uciszyć te waśnie? Zaczęto w roku 371 w Sparcie pertraktacje dotyczące stosunków między Atenami i Spartą, z udziałem innych *poleis*. Porozumienie, jakiego szukano, miałoby się oprzeć na fundamencie istniejącego stanu rzeczy i respektowaniu autonomii każdej *polis*.

Reprezentując Teby podczas tych pertraktacji, Epaminondas sprzeciwił się składaniu osobnych deklaracji i przysiąg przez poszczególne miasta-państwa beockie. Sam chciał zaprzysiąc traktat w imieniu całego Związku Beockiego. Temu zaś sprzeciwiał się król spartański Agesilaos. Poparty przez Ateny i innych uczestników zjazdu, wykluczył Teby z owego traktatu. Te zdarzenia i spory przyśpieszyły wojnę, wiszącą już w powietrzu, między Tebami, Atenami, Spartą i innymi, związanymi z tymi najsilniejszymi państwami, *poleis*. Niebawem rozegra się wielka bitwa.

Bitwa pod Leuktrami – Tebanie przeciw Sparcie

Trwa jeszcze rok 371 przed Chrystusem, jesteśmy pod Leuktrami, miastem w Beocji na południe od Tespiów, położonym na drodze do Platejów. Król Sparty Kleombrotos I, syn króla Pauzaniasza, rozbił tu obóz. Tebanie zaś stoją obozem w niewielkim oddaleniu, na przeciwległym wzgórzu; są z nimi jedynie inni Beoci. Obie strony zbroją się do bitwy. Najpierw sojusznicy Spartan zaczęli zaganiać różnych zbiegów z armii beockiej z powrotem ku beockiemu obozowi. Wojsko więc beockie wzmogło się liczebnie dzięki nieprzyjaciołom. Następnie Lakedemończycy na równinie, jaka leżała między oboma obozami, ustawili konnicę przed falangą hoplitów. Tebanie uczynili to samo, a mieli oni świetną jazdę, wyrobioną w bitwach. Spartańska konnica była o wiele gorsza; przeważnie siedzieli na koniach tylko najsłabsi i najbardziej opieszali.

Kleombrotos dał znak do natarcia, ale jeszcze nim jego wojsko dostrzegło komendę, nastąpiło spotkanie jazdy, które się prędko skończyło porażką Lakedemończyków. Uciekający wpadli na swoich hoplitów, a za nimi runęły oddziały tebańskie. Wydaje się jednak, że gwardia Kleombrotosa początkowo była górą w walce, bo nie udałoby się unieść żywego Kleombrotosa, gdyby walczące przed nim szeregi nie panowały nad sytuacją. Padł jednak polemarch Dejnon i pod naporem uciekających szeregów cofała się świta polemarcha. Lewe skrzydło lakedemońskie, widząc popłoch na skrzydle prawym, też ustąpiło pola. Wielu padło, reszta cofnęła się za rów, który otaczał obóz. Polemarchowie wiedzieli, że poległo około tysiąca Lakedemończyków. Nikt ze sprzymierzeńców nie rwał się do walki. Wysłano więc herolda z prośbą o zawieszenie broni i wydanie zwłok poległych. Tebanie wydali.

Tak to z wieści usłyszał Ksenofon. Możemy dodać, że wśród wodzów kierujących armią beocką byli dwaj mężowie nam już znani, Epaminondas i Pelopidas. Epaminondas tu po raz pierwszy zastosował swoją nową metodę wojenną, technikę uderzenia z boku, lewym skrzydłem, które wzmocniono na głębokość pięćdziesięciu ludzi („ukośna falanga", *lokse phalanks*); posłuży temu „święty zastęp" (*hieros lochos*) Pelopidasa. Zmiażdżenie tą metodą armii spartańskiej, uważanej dotąd za niezwyciężoną, takie zmiażdżenie, że na zawsze utraciła swoją przewagę militarną, opromieniło Epaminondasa wielką sławą. Będą jego strategię naśladować Macedończycy, Filip II i Aleksander Wielki.

Mistrzostwo wojenne Epaminondasa

Na wieść o klęsce Sparty pod Leuktrami cały Peloponez powstał przeciw Lakedemończykom. Następnego, 370 roku Epaminondas, a u jego boku Pelopidas wkroczyli na Peloponez i aż w samą dolinę Eurotasu. Epaminondas chciał utworzyć dwa duże państwa związkowe: Arkadię i Mesenię, które zepchnęłyby Spartan do samej Lakonii. Pelopidas zaś w roku 369 zwrócił się przeciwko północnym wrogom Teb i wszedł do Tesalii, gdzie skupił wokół siebie przeciwników tyrannosa miasta Feraj, Aleksandra.

Ten uwięził go podczas drugiej jego wyprawy, w roku 368, lecz wyzwolił Pelopidasa Epaminondas. Następnie Pelopidas udał się z misją dyplomatyczną do perskiego króla królów i przekonał go w roku 367 do zaprzestania popierania Sparty. W roku 364 pokonał Aleksandra z Feraj w bitwie pod Kynoskefalami, dwoma wzgórzami w pobliżu miasta Skotussa w Tesalii (*Kynoskephalai*, „Psie łby"). Sam jednak Pelopidas w tej bitwie poległ.

Epaminondasowi udało się nadać niepodległość Mesenii i Arkadii. W roku 364 usiłował przeciwstawić się przewadze Aten na morzu i, podburzając morskie *poleis*, doprowadził swoją flotę aż do Byzantion nad Bosforem. Lecz ściągnęły go znowu na Peloponez walki wokół Arkadii. Wiodąc tu swoje wojsko, usiłował zawładnąć znienacka samą stolicą spartańską, ale to mu się nie udało. Powiódł zastępy pod Mantineję, miasto we wschodniej Arkadii, w bagnistej okolicy nad rzeczką Ofis. W roku 362 stanęły tu przeciw sobie niespodziewane armie. Sparta zawarła sojusz z Mesenią i Arkadią, poza tym wsparły Spartę Ateny, zaniepokojone potęgą Teb. Rozegrała się bitwa pod Mantineją. Epaminondas pobił koalicję, ale sam po zmaganiach umarł z ran.

Pod Mantineją zwycięstwo i zgon Epaminondasa

Ksenofon w *Hellenikach* zdumiewa się, że stosunki po bitwie ułożyły się inaczej, niż ludzie oczekiwali. Spodziewano się, że zwycięzca będzie rządził Grecją. Ale Opatrzność tak zrządziła, że obie strony postawiły trofea zwycięstwa, jedna strona w tym nie przeszkadzała drugiej, wszyscy wydawali zwłoki poległych jak zwycięzcy i zarazem zwyciężeni. Obie strony twierdziły, że wygrały, ale okazało się, że żadna z nich nie zwiększyła sobie ani obszaru, ani liczby miast, ani władzy. Nie posiadały nic więcej, niż miały przed bitwą. Niczyja przewaga nie rzucała się w oczy. Jeszcze większe zamieszanie zapanowało w Grecji po bitwie, niż było przedtem. W takim chaosie ułożyły się klauzule pokoju między Tebami, Spartą i Atenami. Przeciwnicy zawarli taki właśnie pokój według wcześniejszych rad Epaminondasa.

NOWA SIŁA, MACEDONIA

Jaka była Macedonia?

Przyszłości jednak przed sobą cała ta kompozycja układów politycznych nie miała. Już się rysował na niebie cień nowego zagrożenia. Przeciwniczką niepodległości greckiej groźniejszą niż Persja była Macedonia. Już nieraz widzieliśmy tę krainę jakby w prześwicie. Położona na północ od Tesalii, na wschodzie oddzielona rzeką Strymonem od Tracji, na zachodzie graniczy z Ilirią. Bogata w żyzną glebę, szumiąca lasami, w górach obdarzała kopaczy złotem i srebrem. Jak przypuszczają historycy, plemiona przyszłych Macedończyków, pochodzenia prawdopodobnie doryckiego, dolinę, gdzie będą żyły, zajęły w połowie VII wieku przed Chrystusem. Przybyły tu pod wodzą Perdikkasa I, otwierającego listę macedońskich królów. Będą się zmagały z plemionami Górnej Macedonii, powstałymi, jak się zdaje, ze zmieszania elementów greckich, iliryjskich i trackich. Macedończycy, jak ich potem widzimy i słyszymy, mówią narzeczem greckim, zbliżonym do tesalskiego. W stosunkach społecznych i politycznych zachowały się u nich aż do IV wieku przed Chrystusem cechy z czasów homeryckich. Naczelną władzę sprawował król, czerpiąc siłę z podległej mu struktury arystokracji wojskowej. Pod nią byli pasterze, rolnicy, rybacy, drwale, górnicy, wytapiacze smoły.

Jednolite państwo

Mieszkali po wsiach, nad które wyrastały nieliczne miasta: Ajgaj, Pella, Beroja, Dion. Jednolitością państwa odróżniała się Macedonia od Greków rozdzielonych między niezliczone *poleis*. Czuła się jednak bliska Greków. Ale należy przyznać, że w tragicznych porach V i IV wieku przed Chrystusem królowie z Ajgaj wobec cierpień sąsiadów nie zajmowali stanowiska, którym mogliby się pochlubić. W godzinie najazdu Kserksesa król ma-

cedoński Aleksander I wprawdzie życzył sobie greckiego zwycięstwa, ale urzędowo był sprzymierzony z Persami. Podobnie zamaskowana była polityka Perdikkasa II (zmarł w roku 413 dawnej ery) w latach wojny peloponeskiej, zręcznie miotającego się między Atenami i Spartą.

Następny monarcha macedoński, Archelaos (413–399 przed Chr.), zresztą, według pogłosek, człowiek brutalny i bezwzględny, według Tukidydesa zostawił Macedonię murowaną, wytyczył proste drogi, ulepszył armię, wyposażył swoich żołnierzy w sprawną broń i inny sprzęt wojenny w większej mierze, niż to uczyniło wszystkich ośmiu poprzednich królów. Przeniósł stolicę z Ajgaj do bliskiej morzu Pelli i rozwijał macedoński handel. A przy tym starał się związać swoje królestwo z kulturą helleńską. W mieście Dion urządzał helleńskie igrzyska. Pałac w Pelli dał do wymalowania słynnemu artyście greckiemu, Zeuksisowi, którego freski zachwycały potem gości królewskich. Zapraszał na swój dwór greckich poetów tragicznych, zwłaszcza Eurypidesa, lecz także następcę wielkich tragików, Agatona, oraz słynnego śpiewaka, odtwórcę dytyrambów, Timoteosa.

Filip II, twórca potęgi Macedonii

Mocarstwem uczynił Macedonię jeden z późniejszych królów, Filip II (359–336 przed Chr.), z tej samej dynastii, syn Amyntasa III. Mówi się, że część dzieciństwa przebył w Tebach pod pieczą Pelopidasa i Epaminondasa jako zakładnik przymierza tebańsko-macedońskiego, wychowywany z rewerencją, bardzo troskliwie. Wtedy miałby poznać strategię bitewną Epaminondasa. Wrócił do ojczyzny pono w roku 364. W roku 359 dawnej ery, gdy poległ w bitwie z Iliryjczykami starszy jego brat Perdikkas III, on objął rządy w kraju jako regent występujący w imieniu bratanka, Amyntasa. Pierwszy się dobrał do opornych państewek Górnej Macedonii, podbił je i przyłączył do swojego królestwa. Do tego celu posłużył się macedońską falangą, wzorowaną na tebańskiej formacji Epaminondasa i rozwiniętą. Składała się z szesnastu szeregów piechoty wyposażonej w bardzo długie włócznie. Jej małą ruchomość następca Filipa, Aleksander Wielki, którego niebawem spotkamy, będzie osłaniał po bokach oddziałami jazdy i lekkiej piechoty.

W latach 359–358 przed Chrystusem, w pierwszych dwóch latach swojego panowania, Filip wyprawiał się przeciwko barbarzyńskim (dla Greków znaczyło to jedynie: mówiącym *bar-bar*, nie po grecku) ludom Bałkanów, które zagrażały północnym skrajom jego państwa. Ledwie zaś z owej strony zapewnił sobie bezpieczeństwo, zwrócił całą uwagę na to, co nawiedzało jego myśli i za dnia, i w nocy: ku przestrzeni helleńskiej. A pod tym było i głębsze dno. Niektórzy badacze przypuszczają dziś, że Macedończyk od samego początku zamierzał rozprawić się z Persją i że wszystkie jego wojny w strefie greckiej były także przygotowywaniem się do głównego ataku, do natarcia na państwo króla królów.

Rozpoczynając wielkie zmagania, Filip nie myślał już o wyrzeczeniu się władzy. Bratanka odsunął na bok i przyjął tytuł królewski. Zawarł przymierze z królem Epiru, Neoptolemem I, i poślubił jego córkę, Olimpias; w roku 356 dawnej ery urodzi im się syn, Aleksander. Właśnie Aleksander Wielki. Filip zdobywał miasto za miastem. Już w roku 357 opanował Amfipolis u północno-wschodniego skraju Chalkidike oraz słynący obfitymi kopalniami złota łańcuch górski Pangajon.

GĘSTWINA WOJEN

Macedończyk wyciąga rękę po wiele miast

Wybrzeża Morza Egejskiego i Morza Czarnego od wieków, a tu i ówdzie od tysiącleci, zasiedlili Grecy. Macedończyk pragnął zawładnąć wszystkimi tymi helleńskimi miastami. Wiele ich było sprzymierzonych z Atenami, trochę też niezależnych, wśród których główną rolę odgrywał (już od dziesięcioleci wolny od władzy Spartan) Olint. Zawierając z nim sojusz w roku 357, Filip, jak można mniemać, tylko odkładał zagarnięcie miasta pod swoją władzę, a nie wyrzekał się kwitnącej *polis*. Dlaczego zaś Olint wyciągnął wówczas rękę do Macedończyka? Prawdopodobnie dlatego, że Ateny uważał za równie zaborcze, a przy tym słabsze. Szczególnie w tamtym okresie były one oplecione tak zwaną wojną z sojusznikami (*symmachikos polemos*), po prostu buntem (w latach 357–355) kilku wysp, które już nie chciały należeć do ateńskiego Związku Morskiego i postanowiły strząsnąć z siebie dominację Ateńczyków i ściąganie przez nich danin: Rodos, Kos i Chios. Wspierane były w tym przez Byzantion, greckie miasto nad Bosforem, i przez Mauzolosa, uniezależnionego od króla królów satrapę perskiego Karii (w Azji Mniejszej). Ateny, nie mając dosyć pieniędzy na wojnę, przegrywając bitwę na morzu i bojąc się interwencji perskiej, zawarły z sojusznikami w roku 355 ustępliwy pokój. Ateńskie zgromadzenie ludowe uchwaliło niezależność owych *poleis*.

Nowa „święta wojna”

Zaczęły się też nagle rozgrywać znamiennie greckie sprawy, które pozwoliły Macedończykowi wejść w strefę helleńską głębiej. Okazją była tak zwana święta wojna. Takim terminem określano wojnę prowadzoną przez amfiktyonię (spotkaliśmy już taką instytucję), grono „okolicznych mieszkańców”, czyli stowarzyszenie państw solidarnie broniących jakiegoś świętego przybytku. Tu chodziło o ochronę świątyni Apollina w Delfach przed świętokradcami. Pierwszą w tym regionie „świętą wojnę” toczyli kapłani delficcy w początkach VI wieku dawnej ery przeciw miastu Krisa w Fokidzie u stóp Parnasu, nad rzeką Plejstosem, na głównej drodze do Delf. Krisejczycy bowiem chcieli rządzić świątynią i ściągali opłaty od pielgrzymów. Miasto zburzono, dolinę poświęcono Apollinowi i postanowiono, że nigdy więcej nie będzie się jej uprawiać. Druga „święta wojna” o Delfy (pisaliśmy o niej) rozegrała się w roku 448 z powodu zajęcia tego miejsca przez Fokejczyków. Trzecia zaś dużej miary „święta wojna” wokół Delf to właśnie ta w połowie IV wieku przed Chrystusem, w którą wkroczył król macedoński.

Okoliczności były takie: wiosną 356 roku Teby, mające wówczas w amfiktyonii delfickiej przemożne wpływy, spowodowały ogłoszenie przez nią groźby wojny, gdyby przywódcy fokejscy nie zapłacili grzywny, jaką im wyznaczono za uprawianie doliny krisejskiej. Separatyści fokejscy pod wodzą Filomelosa zajęli w odwecie Delfy i odpierali ataki beockie i lokryjskie (z Lokrydy, kraju w środkowej Grecji). Urzędowa „święta wojna" zaczęła się w roku 355, gdy amfiktyonia ogłosiła swój konflikt z Tebami. Filomelos, mając biernych sprzymierzeńców w Sparcie, Atenach, Achai (północnej części Peloponezu, nad Zatoką Koryncką) i w innych krajach, werbował najemników za pieniądze z delfickiego skarbca. Chciał sprostać koalicji Tesalii, Lokrydy i Beocji. Tesalów pobił, wycofali się z wojny. Swoją Fokidę obronił, ale sam poległ w bitwie pod fokejskim miastem Neon w roku 354. Zadanie po nim objął Onomarchos, wybitny wódz, ale mający przeciw sobie nie kogokolwiek innego, lecz samego Filipa II.

Macedończyk wchodził w grecki świat jakby w pustkę

Król macedoński wchodził jakby w pustkę. Różne części Grecji były szachownicą niepewnych, szybko zmieniających się związków i konfliktów między miastami-państwami. Ale gdy w roku 353 Związek Tesalski poprosił Macedończyka o pomoc przeciw Likofronowi, tyrannosowi miasta Feraj (w Tesalii), i sprzymierzonym z nim Fokejczykom, Filip od razu przyszedł. Prędka interwencja Ateńczyków, którzy obsadzili wąwóz, sprawiła, że nie zdołał zająć Termopil. Lecz zawładnął miastem Pagasaj na tesalskim wybrzeżu i zaczął budować flotę. Wiadomo było, o co mu chodzi: chciał swoim handlem zastąpić ateński. Wracając na północ, uderzył na Trację, gdzie kolejno trzech królów zmusił do uznania macedońskiego zwierzchnictwa. Władza jego nad wybrzeżami Morza Egejskiego rozciągała się teraz od sąsiedztwa Termopil do Propontydy (obszaru morskiego między Hellespontem i Bosforem Trackim) z wyłączeniem Chalkidike i Chersonezu Trackiego, półwyspu między Morzem Trackim a Hellespontem.

I z częściowym wyłączeniem Tesalii. Groźnym przeciwnikiem Filipa był wspomniany przed chwilą Onomarchos. Najechał po śmierci swojego poprzednika, Filomelosa, Beocję, zajął Dorydę (małą krainę górską między Tesalią, Etolią, Lokrydą i Fokidą), Lokrydę i część Tesalii, gdzie w roku 353 dwukrotnie pokonał oddziały Macedończyka. Ale już w roku 352 tegoż Onomarchosa, chociaż wspieranego przez Ateny, pobił na głowę i zabił w walce Filip w Tesalii. Nieskuteczne okażą się wysiłki następców Onomarchosa. Wszystko będzie się nadal kłębić, aż Filip okaże się najsilniejszy, nie do pokonania.

Persja spętana buntem satrapów

Kłębiło się niemal między samymi Grekami, bo wielka sąsiadka, Persja, była częściowo spętana. Bunt satrapów widzieliśmy już za panowania króla Artakserksesa II Mnemona. Po Mnemonie objął w roku 358 po Chrystusie władzę następny król królów z dynastii Achemenidów, Artakserkses III Ochos. Wymordował braci. Zmiażdżył opozycję satrapów. W roku 351 próbował odzyskać władzę nad Egiptem: uda mu się to w roku 343; w roku 338 umrze otruty przez jednego z ministrów, Bagoasa.

SAMOTNY PRZECIW SILE

Demostenes, wielki mówca

Gdy w Persji Artakserkses III Ochos miażdży nieposłusznych satrapów, w Atenach występuje do działania człowiek, który przed oczyma potomnych pozostanie na zawsze żagwią ostatniej walki Grecji klasycznej. Największy mówca ateński, Demostenes (383–322 przed Chr.), syn zamożnego właściciela warsztatu broni w Atenach, utracił ojca, mając siedem lat. Opiekunowie okradli go. Chociaż już jako osiemnastolatek wystąpił po adwokacku w swojej sprawie, tylko część dobytku odzyskał. Adwokatem jednak pozostał, w późniejszych latach w sprawie ojczyzny. Przygotowywał się gorliwie do mistrzostwa w tym zawodzie. Krótki oddech, słaby głos, niewyraźna artykulacja (wymawianie „l" zamiast „r"), to trzeba było skorygować cierpliwym ćwiczeniem. Groteskowo opowiadano potem, że zbudował sobie podziemne studium, do którego schodził na dwa albo trzy miesiące, żeby dla niczyich innych, tylko swoich własnych uszu deklamować. I że przedtem strzygł sobie jedną stronę głowy, by wstyd mu nie pozwalał wcześniej wyjść.

Mniej groteskowe wydaje się to, że seplenienie starał się naprawić trzymaniem podczas deklamacji kamyków w ustach. I że

uciekał się do jeszcze innych ćwiczeń. Wygłaszał przemówienie w biegu albo podczas wspinania się na stromą górę. Albo długą mowę wyrzucał z siebie jednym tchem. W domu miał wielkie lustro, stawał przed nim i deklamował, przyglądając się sobie. Plutarch, gdy w *Żywocie Demostenesa* podaje takie przykłady szkolenia, powołuje się na to, co zanotował Demetrios z Faleronu (350–283 dawnej ery, ateński polityk i pisarz). Demetrios, czytamy, dowiedział się o tym od samego Demostenesa w późniejszych latach jego życia. Trudno przypuścić, żeby którykolwiek z owych ludzi chciał nas oszukać. Warto tu się na chwilę zatrzymać.

Czy można wierzyć Plutarchowi?

Już wspominaliśmy Plutarcha w naszej książce i braliśmy różne rzeczy z ułożonych przez niego, urzekających *Żywotów*. Powiedziałem, że wspaniały autor jest niedostatecznie krytyczny, i nie odwołuję tej opinii. Ale należy teraz powiedzieć o nim coś dobrego. Jest w *Żywotach* bogactwo wiadomości, których nigdzie indziej nie znajdziemy. Wiadomości w wielkiej mierze prawdziwych albo przynajmniej wczesnych, przedstawiających to, co o owych mężach w ich czasach opowiadano. Jest (zgodnie z intencją autora) ogrom materiału historycznego oraz anegdotycznego, a to drugie wcale nie musi znaczyć: nieprawdziwego. Dlatego, przedstawiając takie postacie, jak Demostenes albo Aleksander Wielki, niemało szczegółów czerpię (oczywiście, zachowując czujność krytyczną) z Plutarcha.

Demostenes przeciw Filipowi II

W początkach roku 351 przed Chrystusem Demostenes, polityk trzydziestotrzyletni, wygłosił wobec zgromadzenia ludowego w Atenach pierwszą, jak to określają potomni, filipikę, czyli mowę przeciw Filipowi II. Przemówienie to wzywało Ateńczyków do gorętszej walki o odzyskanie miasta Amfipolis (u północno-wschodniego skraju Chalkidike), zajętego przez Macedończyka w roku 357. Ateńczycy jednak woleli pilnować obronionych przed Filipem Termopil i zdobytego Chersonezu Trackiego w roku 352. Niebawem zaś wybuchnęły inne naglące sprawy. Głównie wokół Olintu.

Już wspominaliśmy przelotnie to miasto, najważniejsze miasto helleńskie w górzystej krainie Chalkidike, będącej częścią Macedonii. Cała Chalkidike jest półwyspem, a wchodzi w Morze Egejskie trzema „palcami", mniejszymi półwyspami. Olint, zbudowany u podstawy całego dużego półwyspu, był w początkach IV wieku przed Chrystusem stolicą Związku Chalkidyjskiego, bijącego własną monetę. W roku 382 rzuciła się na Olint Sparta i po długim oblężeniu podbiła miasto w roku 379, jednocześnie rozbijając Związek Chalkidyjski. Gdy Sparta podupadła, Olint odbudował Związek i bronił przed roszczeniami ateńskimi Amfipolis, leżącej niedaleko od niego. Kiedy zaś, jak przed chwilą mówiliśmy, Amfipolis w roku 357 zagarnął Filip II, Olint sprzymierzył się z nim przeciw Atenom i wypędził ateńską kolonię z leżącej u podstawy zachodniego „palca" Potidai. Ale potem się opamiętał. Przeraziła miasto rosnąca potęga Filipa. Olint wszedł w konszachty z Atenami i gościł pretendentów do macedońskiego tronu.

„Mowy olintyjskie"

W połowie roku 349 dawnej ery Filip II natarł na Olint. Oblężone miasto słało do Aten apele o pomoc. Demostenes w trzech „mowach olintyjskich", wygłoszonych wobec zgromadzenia ludowego jeszcze w tym samym roku i w krótkich odstępach czasu, najgoręcej wzywał rodaków do udzielenia wszelkiego wsparcia Olintowi. W trzeciej z mów szorstko zaczepia wybitnego ówczesnego finansistę i polityka ateńskiego, Eubulosa, który miał inny pomysł na przeciwstawianie się Filipowi: nie potrząsanie orężem, lecz pilnowanie finansów i ładu społecznego w Atenach, a wśród innych spraw także utrzymanie wspomnianego już przez nas w tej książce chlubnego *theorikon*, funduszu państwowego na opłacanie uboższym obywatelom czasu poświęcanego oglądaniu przedstawień teatralnych. Demostenes żądał, by i te pieniądze szły na wojnę. Chciałby wzbogaconych mieszczan, jakich widział wokół siebie, zapalić do minionej gwałtowności wojowników z zastępu Miltiadesa (*Mowy olintyjskie*, III 30–31):

„Co jest przyczyną przemian i czemuż wtedy było dobrze, a teraz jest źle? Dawniej sam lud odważał się uczestniczyć w wyprawach, a przed obliczem polityków czuł się gospodarzem we własnym domu i panem wszelkich łask, jakich można udzielać. Bezmiernie szczęśliwy był każdy, kto dostępował u ludu zaszczytu, urzędu, łaski. Teraz jest zupełnie inaczej, to politycy są rozdawcami łask, w ich rękach jest cała polityka i gospodarka, a wy macie podcięte żyły, wyzuto was z pieniędzy i sprzymierzeńców, zepchnięto was na miejsce najniższych sług. Cieszycie się, że wam płacą za pójście do teatru lub urządzają procesję. Sedno w tym, że jeszcze wdzięczni musicie być im za to, co i tak jest wasze. Zamknęli was w murach miasta, hodują was tak, jak to dla nich jest korzystne".

OD UPADKU OLINTU DO PROGU CHERONEI

Ateny nie obroniły Olintu

Żadna jednak z „olintyjskich mów" nie potrząsnęła ateńskim zgromadzeniem ludowym tak mocno, jak Demostenes się spodziewał. Nie udzielono Olintowi skutecznej pomocy. W roku 348 głód, a może i zdrada, zmusiły miasto do kapitulacji. Zdobywcy zburzyli je. Dziś cierpliwe badania archeologiczne odsłaniają tylko jego zarys. Po tej katastrofie Ateny chciały nawiązać rokowania pokojowe z Filipem II, ale Macedończyk wolał zajmować się dokończeniem podboju Tracji. Pierwszej delegacji pokojowej Aten przewodniczył polityk Filokrates. Do udziału w delegacji zaprosił także Demostenesa. Pomimo powściągliwości Macedończyka Filokrates w tej i kilku następnych podróżach zdołał uzyskać u Filipa jakieś warunki pokoju. Gorzkie dla Aten. Filokrates, którego ustępliwości gwałtownie sprzeciwiał się Demostenes, nie zdołał nawet doprowadzić do objęcia traktatem Fokejczyków, sprzymierzeńców Aten. Filip zajął Fokidę, ściągnął z niej olbrzymią kontrybucję, nakazał zburzenie murów miast i narzucił okupację wojskową. Odebrał jej też przedstawicielstwo w radzie amfiktyonii delfickiej, w której Fokejczyków zastąpił sam Filip.

Ale stronnictwo Demostenesa w Atenach jeszcze nie było pokonane. Wielki mówca wygłosił przed zgromadzeniem ludowym (w roku 344) drugą filipikę. Otwartymi słowami atakuje Filipa jako zaborcę, który ma pogrzebać wolność Grecji. Chociaż my dziś możemy zapytać, dla kogo była ta wolność. Czyżby dla wszystkich Greków? Ale ze względności ideałów antycznych, jak wszystkich w ogóle ideałów w historii, Demostenes, być może, nie zdawał sobie sprawy. Przemawiał na pewno szczerze, w jego zdaniach dźwięczy metal. Potomni będą dobrze wiedzieli, że został pokonany nie na kolanach. Wyrazili swój podziw w wielu epigramatach, jak ten:

> Gdybyś, Demostenesie, miał taką siłę, jak rozum,
> Ares macedoński, walcząc z Grekami, nie przemógłby ich.

Gniew Demostenesa

„Ileż razy – mówił Demostenes (*Mowy przeciw Filipowi*, II, 1–5) – ileż razy, Ateńczycy, opowiada się o postępkach Filipa przeciwnych traktatowi. I zawsze widzę jedno i to samo. Broni się naszej sprawy z całego serca, oskarża się Filipa sprawiedliwie. Ale z tego wszystkiego nie wynika nic. Nie stają przed nami żadne obowiązki. Kto wie, czy w ogóle warto tego słuchać. Cała nasza polityka doszła dziś do tego, że im jaśniej można wykazać Filipowi naruszenie traktatu i knowanie przeciw całej Grecji, tym trudniej nam zastanowić się nad tym, co powinniśmy czynić. Oto przyczyny, dlaczego tak się dzieje. Trzeba zdać sobie sprawę, że zaborców poskramia się nie słowem, ale czynem. Tymczasem, Ateńczycy, po pierwsze my z obawy przed waszą niechęcią nie dajemy z mównicy takich rad ani nie stawiamy wniosków dotyczących działania, lecz rozwodzimy się tylko nad zachowaniem Filipa. Jakie ono straszne, jakie oburzające. Następnie wy potraficie o wiele lepiej od Filipa wygłaszać słuszne mowy i rozumieć je z ust drugiego, ale w ogóle się wam nie śpieszy, żeby Filipowi przeszkodzić w jego obecnych spiskach. Dlatego wynik wszystkiego jest konieczny i, mniemam, taki, jakiego należało oczekiwać. Obu stronom lepiej się wiedzie w tym, w czym się każda z zapałem ćwiczy: on się ćwiczy w działaniu, my w gadaniu. Jeżeli i teraz wystarcza wam mieć rację w słowach, wszystko jest proste i zgoła nie warto się trudzić. Jeżeli zaś mamy szukać środków naprawy i starać się o to, by nasza sytuacja nie zmieniała się w dalszym ciągu skrycie na gorszą i aby nagle nie wyrósł przed nami ogrom niezwalczonej potęgi, trzeba zmienić nasz sposób obradowania. Zarówno mówcy, jak słuchacze, powinni wyżej od wygody i przyjemności cenić dobro i ocalenie".

Walki i reformy ateńskie

Niesprawiedliwe byłoby mniemanie, że Ateńczycy byli zupełnie bezczynni. Chersonez Tracki, swoimi polami tak ważny dla ubogiej w zboże Attyki, starali się jak najdłużej utrzymać w swojej strefie. W roku 342 wyprawili tam wojsko (ale nie poradzą sobie z naporem książąt trackich, a w roku 338 będą musieli ustąpić stąd przed Filipem). W tym samym 342 roku i następnym zawarli albo wznowili sojusze: z Argos, Mesenią i Arkadią, potem z Megarą, Achają i Eubeją, bardzo dla nich ważną, wielką wyspą między nimi a Morzem Egejskim. Stronnictwo Demostenesa przygotowywało się do wymazania gorzkiego pokoju Filokratesa. Wielki mówca i jego przyjaciele atakowali stronników Filokratesa, wśród których był mówca Ajschines. Gorliwie starali się, jak mogli, reformować państwo, zwłaszcza jego finanse, armię i flotę. Usiłowali bronić ostatnich posiadłości ateńskich w Tracji.

Macedończyk przeciw Atenom

Macedończyk rozpoznał w Ateńczykach swoich głównych wrogów. Postanowił zagrozić ateńskiemu szlakowi zbożowemu z Pontu (kraju w północno-wschodniej części Azji Mniejszej, nad brzegiem Morza Czarnego). W roku 440 rozbił konwój ateńskich statków i zaczął oblegać ważne stacje tego szlaku, greckie miasta: Perintos (na wybrzeżu Propontydy) i Byzantion (nad Bosforem). Ale Ateńczycy mocno odparli jego wojska, więc Macedończyk odstąpił od działań oblężniczych. Porażka ta zwróciła jego zainteresowanie na pewien czas w innym kierunku. Jesteśmy w roku 339. Macedończyk miał przymierze z Tebami, zawarte w roku 346, i był członkiem rady amfiktyonii delfickiej. Ale w tutejszym działaniu niespodziewanie zawiódł się na Tebanach, a doświadczył życzliwości Fokejczyków. Postawy państw rozdrobnionej Grecji to były wówczas ruchome piaski. Filip chciał uleczyć swoje przymierze z Tebami, lecz Demostenes z mandatem od ateńskiego zgromadzenia ludowego nagle przybył do Teb, gdzie zdołał obywateli przekonać do odrzucenia sojuszu z Filipem i zawarcia przymierza z Atenami. Ale Macedończyk nie da za wygraną. Jesteśmy już na progu Cheronei.

CHERONEJA I POTEM

Demostenes szuka sprzymierzeńców

Demostenes po zawarciu układów z Tebami objeżdżał jeszcze w tej samej podróży inne kraje Peloponezu, starając się zjednać jak najwięcej sojuszników. Dla nas, tak jak dla głównych aktorów tamtych wydarzeń, było i jest jasne, o co chodziło w ówczesnej walce Aten z Filipem II. Dotykaliśmy już, choćby przed chwilą, tej sprawy w naszej opowieści. Ateny potrzebowały zboża. Niegdyś Perykles troszczył się o zabezpieczenie drogi zbożowej z wybrzeży Morza Czarnego przez zakładanie osad greckich na północnym wschodzie. Drugiego szlaku aprowizacyjnego upatrywał on na zachodzie. Ale poza założeniem kolonii Turioj w południowej Italii, na miejscu zburzonej „rozkosznej" Sybaris, niczego tam ważnego nie dokonał. Morza Czarnego i miast między tym morzem a Attyką prawie nic nie zastąpiło. Podjąć więc walkę z Macedończykiem, który chciał przeciąć ów szlak, Ateńczycy po prostu musieli.

Klęska Ateńczyków pod Cheroneją

Zmaganie to przegrali w wielkiej bitwie pod Cheroneją, która się rozegrała (w terminologii naszego kalendarza) 4 sierpnia 338 roku przed Chrystusem. Cheroneja to miasto w dolinie rzeki Kefizos na północnym skraju Beocji. Macedoński król Filip II był wówczas, po dwudziestu latach panowania, w połowie lat czterdziestych swojego życia (urodził się około roku 382 dawnej ery). Gdy zagrożone utratą dostaw zbożowych Ateny ostatecznie wypowiedziały wojnę, Filip na czele znakomitej armii wjechał w Grecję. Ateńczycy oprócz swoich hoplitów mieli niemal tylko hoplitów tebańskich. Zastąpiwszy Filipowi drogę pod Cheroneją, zostali rozgromieni. Sami tylko Ateńczycy utracili wtedy tysiąc zabitych i dwa tysiące pojmanych w niewolę.

Filip II zaprasza poleis *na zjazd w Koryncie*

Jako władca całej Grecji Filip zaprosił przedstawicieli wszystkich *poleis* do Koryntu. Tylko Sparta nie przyjęła zaproszenia. Na zjeździe miast powołano Związek Koryncki. W jego radzie, mającej regularnie obradować w Koryncie, każdemu miastu przyznano reprezentację proporcjonalną do jego sił; tak to urzędowo zapowiedziano. Decyzje rady miały być przestrzegane pod groźbą grzywny. Macedonia zawarła ze Związkiem Korynckim sojusz, zapewniający jej dowództwo wojskowe w przypadku wojny. Reprezentacje, czyli rządy poszczególnych *poleis*, były zatłoczone ludźmi o nastawieniu promacedońskim.

Co nie znaczy, że musieli to być sami oportuniści. Na przykład wielki mówca i myśliciel ateński, na pewno nie mniejszy od Demostenesa, Isokrates (436–338 przed Chr.), w mowie napisanej z okazji igrzysk olimpijskich w roku 380 dowodził, że jedyny sposób scalenia rozdrobnionego świata greckiego to podjęcie narodowej krucjaty pod jednym wodzem przeciwko Persji. Jeszcze było dane Isokratesowi zobaczyć zwycięstwa Filipa II. Gratulował mu Cheronei.

Zamiast poleis *duża monarchia*

Grecka *polis* była formą życia społecznego już minioną. Przyszła po niej duża monarchia. Jej treść określał władca i związana z nim górna warstwa społeczna, której płacił łupami wojennymi i sławą wojowników. Nowy władca śródziemnomorski teraz, w drugiej połowie IV wieku przed Chrystusem, przygotowywał się do największej swojej wyprawy, na Persję. Tam toczyły się właśnie spory o drogę do perskiego tronu. Egipt i Babilon były w stanie buntu. Filip uznał, że to odpowiedni moment do wielkiego ataku, a powoływał się (nie wiemy, czy cynicznie) na wydarzenia sprzed stu pięćdziesięciu lat: chciałby pomścić to, co Grecja wycierpiała w porze najazdu Kserksesa w roku 480. Wypowiedział wojnę królowi królów. Kiedy Filip postawi na nogi zastępy Związku Korynckiego? Na razie wyprawił swoich. W 336 roku już toczyło boje na wybrzeżu Azji Mniejszej dziesięć tysięcy macedońskich żołnierzy, którzy zdążyli przeprawić się przez Hellespont. A nie wiedział Filip o tym, że życie jego na ziemi już się kończy.

Filip II wobec syna, Aleksandra

Na razie zajmował się swoimi sprawami rodzinnymi. Syn, Aleksander, którego mityczna genealogia ze strony Filipa sięgała

Heraklesa, a ze strony matki – Achillesa, krzepił Filipa i zarazem niepokoił. W roku 337 król chciał poślubić nową żonę, Kleopatrę, córkę macedońskiego arystokraty. Oznaczało to rozwód z Olimpias, bo obyczaj macedoński, jak grecki, wykluczał wielość żon. Plutarch opowiada, że na uczcie weselnej nowego małżeństwa króla wuj Kleopatry Attalos przy kielichach poprosił Macedończyków o modlitwę do bogów, aby z Filipa i oblubienicy narodził się prawy dziedzic królestwa. Aleksander wtedy krzyknął: „A co ze mną, nędzniku? Czy masz mnie za bękarta?". I rzucił w niego kielichem. Na to sam Filip poderwał się z mieczem w ręku, lecz na szczęście dla ojca i syna gniew i wino zachwiały nim i runął. „Patrzcie, jak ten, co się sposobił do przeprawy z Europy do Azji, przewraca się w przeprawie z jednego tapczana na drugi!" – krzyknął Aleksander. Dalej dowiadujemy się od biografa, że młodzieniec zawiózł swoją porzuconą matkę do jej ojczystego Epiru, a sam przebywał przez pewien czas w Ilirii. Dosyć rychło jednak Filip, posłuchawszy dobrej rady Koryntyjczyka Demaratosa, sprowadził Aleksandra z powrotem do domu. A tu Kleopatra już spodziewała się dziecka.

Tragiczny zgon Filipa II

W październiku 336 roku dawnej ery król Filip II był gościem na ślubie najstarszej z córek, jakie mu urodziła Olimpias. Dziewczyna wychodziła za swego wuja, króla Epiru, co było jeszcze jednym elementem rozsnuwanej przez Macedończyka sieci związków rodzinnych między państwami. Filip, chyba pogodny, szedł w wielkim pochodzie, nie miał przy sobie straży. Nagle z tłumu wyskoczył młody arystokrata Pauzaniasz i wbił mu sztylet w serce. Dlaczego? Plutarch mówi niejasno, że Pauzaniasz był znieważony z poduszczenia Attalosa i Kleopatry. Plotki mieszały też do tego Olimpias, jakoby podnieciła młodego człowieka do strasznego czynu, a nawet dopatrywano się niekiedy udziału w tym Aleksandra. Co jest pewne, to szybkość, z jaką po śmierci ojca podjął działanie. Śpiesznie dokonano egzekucji tych, którzy kwestionowali jego prawo dziedzictwa. Z Epiru wróciła Olimpias i postarała się o prędkie zamordowanie Kleopatry i urodzonej przez nią córeczki. Aleksandra wojsko i arystokracja powitały z entuzjazmem. Ufali, że da im takie przywileje, jakie mieli pod rządami Filipa.

EPOPEJA
HELLENISTYCZNA

CHŁOPIĘCY KRÓL I GROZA W TEBACH

Ponieważ *Żywot Aleksandra* jest w całym zbiorze Plutarcha perłą, potraktowałem go jako epos i w *Literaturze Greków i Rzymian* przedstawiłem jego główną treść, czyli zarys czynów i dziejów nowego króla. Tu dorzucę inne rysy i anegdoty z tego samego źródła oraz uzupełnię ten ważny okres europejskich dziejów materią z innych świadectw, które zresztą z Plutarchem się nie kłócą.

Wygląd Aleksandra

Zacznę od wyglądu Aleksandra. Według Plutarcha, najlepiej postać Filipowego syna przedstawiają posągi kute przez współczesnego mu Lizipposa; zachowała się dłuta tego rzeźbiarza autentyczna głowa Aleksandra w Stambule. Ludzie naśladowali potem lekkie pochylenie jego szyi w lewą stronę (gdy się patrzy nań *en face*). Wilgotny blask oczu trudno było naśladować. Krytykuje jednak nasz biograf, opierając się najwidoczniej na opinii jakiegoś świadka tamtego czasu, śniadość cery, jaką nadał Aleksandrowi słynny malarz z jego dworu, Apelles. Zdobywca miał skórę białą, a białość ta, podaje Plutarch, przechodziła w odcień czerwieni na piersi przede wszystkim, a także na twarzy.

Od dzieciństwa nie łaknął przyjemności ani bogactwa, lecz dzielności i sławy. To chyba szczera prawda. Od wyznaczonego mu przez ojca na nauczyciela Arystotelesa, z którym rozmawiał w gaju Muz w pobliżu macedońskiego miasta Miezy, otrzymywał nie tylko taką wiedzę, jaką mistrz umieszczał w swoich książkach, lecz również nauki ezoteryczne, akroamatyczne, czyli przeznaczone tylko do słuchania (*akroama*). Kiedyś się dowiedział, że mistrz coś z tego dał do książek. Plutarch cytuje list, jaki uczeń wtedy napisał, może autentyczny: „Aleksander pozdrawia Arysto-

telesa. Nie postąpiłeś słusznie, gdyś opublikował swoje nauki akroamatyczne. Bo czymże będę górował nad innymi ludźmi, jeśli nauki, w jakich mnie wychowano, będą własnością wszystkich ludzi? Wolę przodować raczej tym, co najlepsze, niż siłą. Żegnaj".

List do Arystotelesa, Iliada *pod poduszką, namiot pod dębem*

Pod poduszką miał zawsze skrzynkę z *Iliadą* (w recenzji Arystotelesa) i sztylet. Gdy w roku 340 przed Chrystusem Filip wyprawił się przeciw Byzantion nad Bosforem, szesnastoletni Aleksander był regentem królestwa i strażnikiem królewskiej pieczęci. Zdążył wtedy poskromić Maidów, lud z zachodniej części Tracji. Wygnawszy ich z głównego miasta, osiedlił tam ludność różnorodną i nazwał miasto Aleksandropolis. Tak przynajmniej podaje Plutarch. Walczył też, jako osiemnastolatek, pod Cheroneją, dowodząc jazdą. Pono on rozłamał „święty zastęp" Teban. Jeszcze w II wieku po Chrystusie pokazywano na brzegu Kefizosu stary dąb, zwany dębem Aleksandra. Tu miał niegdyś stać jego namiot, a w pobliżu usypano mogiłę wszystkich poległych Macedończyków.

Dwudziestoletni król

W wieku dwudziestu lat został królem. Od razu ku ciężkim troskom. Miasta lądu greckiego podjęły próbę odzyskania niezależności. Szybkim marszem armii Aleksander zdołał je przerazić. Jeszcze w tym samym roku 336 podczas obrad Związku Korynckiego odnowiły sojusz zawarty z Filipem. Także plemiona iliryjskie i trackie u północnego skraju Macedonii poderwały się do buntu. Młody król prędko je rozgromił. Mówi się, że w bojach z barbarzyńcami zapędził się aż nad Dunaj, gdzie pokonał Syrmosa, króla Triballów. Kiedy doszła wieść (a był już rok 335), że Teby znowu się zbuntowały, niezmiernie go wzburzył ten jakby cios w plecy, zdrada. Od razu powiódł wojsko do Grecji i przez Termopile ku Tebom. Usłyszał jeszcze, że Tebom sprzyjają Ateńczycy. Oświadczył, że jeśli zdaniem Demostenesa był on dzieckiem u Triballów i Iliryjczyków, a pacholęciem, gdy doszedł do Tesalii, pragnie przed murami Aten okazać się mężem.

Maszerował tak prędko, że Tebanie nic o tym nie wiedzieli, dopóki nie dzieliły go od miasta zaledwie trzy godziny drogi. Chciał Tebom wyświadczyć łaskę, żądając tylko wydania dwóch dostojników, Fojniksa i Protytesa, i obiecując bezpieczeństwo wszystkim, którzy przejdą na jego stronę. Ale Tebanie w odpowiedzi domagali się, by wydał im dwóch swoich wodzów, Filotasa i Antypatra. I ogłosili, że wszyscy, którzy chcą wyzwolenia Grecji, powinni stanąć w jednym szeregu z nimi. Aleksander więc rzucił Macedończyków do boju. Ze strony Teban nieugiętość była szaloną odwagą, gdyż przeciwnik wielokrotnie ich przerastał siłą.

Zdobycie Teb

Oblężenia starożytne, jak już mówiliśmy, często trwały bardzo długo, ale tu stało się inaczej, bo w Kadmei, zamku tebańskim, osadzona była załoga macedońska, która teraz od tyłu natarła na obrońców miasta. Otoczeni, zostali pobici. Diodor Sycylijski (urodzony około 80 roku przed Chr.) w częściowo zachowanym dziele historycznym pod tytułem *Bibliotheke* dosyć dokładnie opowiada, jak po zwycięstwie król pochował swoich poległych, których było pięciuset, i zwołał zgromadzenie delegatów (*synedroi*) sprzymierzeńców ze Związku Korynckiego, by postawić im kwestię: co zrobić z Tebami? Ludzie z miast, które z różnych powodów były Tebom wrogie, teraz głośno wołali, że Tebanie stanęli po stronie barbarzyńców przeciw Grekom i należy się im najsurowsza kara. Plutarch zaś w postawie Aleksandra dopatruje się chęci zastraszenia Greków: żeby już nikt więcej nie śmiał się buntować. Co też zostało uwieńczone takim skutkiem na całe jego panowanie. Pewnie też, dodaje Plutarch, chodziło królowi o to, żeby zadowolić antytebańskich *synedroi*, a byli to głównie Fokejczycy i Platejczycy.

Zwaliła się więc na Teban ostateczna klęska. W całej walce poległo ich sześć tysięcy. Miasto zburzono do gruntu, ale dom poety Pindara, którego król cenił, oszczędzono, jak nam podaje Flawiusz Arrianus (pisarz grecki w II wieku po Chr.). Z całej podbitej ludności wydzielono kapłanów, ludzi, którzy byli związani z Macedończykami węzłem gościny, potomków Pindara oraz tych, którzy przed wojną głosowali przeciw antymacedońskiemu powstaniu. Resztę sprzedano jako niewolników, a było ich co najmniej trzydzieści tysięcy. Uzyskało się za nich sumę czterystu czterdziestu talentów srebra.

Sprzedanie Teban w niewolę

Zatrzymam się przez chwilę nad jednym przykładem grozy, podanym przez Plutarcha, bo epizod ów ma w sobie cierpki smak rzeczywistości i jakąś osobliwość, która chyba świadczy o autentyczności. A pozwala nam taki incydent wejrzeć, jak przez okienko, w to, co się działo w podbitych i, jak to się eufemistycznie mówi, pacyfikowanych miastach w starożytności, zresztą nie tylko w starożytności, lecz i w średniowieczu, i w czasach nowożytnych, może z częściowym wyjątkiem pierwszej wojny światowej, w jakimś przynajmniej minimalnym stopniu findesieclowej. (Uczestnik obu wojen światowych XX wieku mówił mi kiedyś, że pierwsza w porównaniu z drugą „to był Wersal"). A jak jest dziś? Nie będę komentował.

Nieulękła Timokleja

Oto do domu Timoklei, zacnej i szanowanej w Tebach kobiety, wdarli się podczas pacyfikacji Tracy, których dowódca, kiedy jego ludzie plądrowali mieszkanie, po pierwsze ją zgwałcił, a następnie zapytał, czy ma gdzieś złoto albo srebro. Przyznała, że ma, i zaprowadziwszy jego jednego do ogrodu, wskazała na studnię i powiedziała, że gdy miasto zostało wzięte, ona własnymi rękoma tam wrzuciła najcenniejsze swoje skarby. Trak pochylił się nad studnią i skupił się, by wypatrzyć, co tam jest, a ona podeszła z tyłu, popchnęła Traka do studni i narzuciła na niego tyle kamieni, że skonał. Ze związanymi rękami, ale niewzruszenie dumną przyprowadzili Tracy do Aleksandra. Gdy zapytał, kim ona, odrzekła, że jest siostrą tego Teagenesa, który powołał zastęp do obrony wolności Greków i, dowodząc nim, padł pod Cheroneją.

Zdumiony taką odpowiedzią, król puścił ją wolno z dziećmi. To był jednak w duszy Grek. Nic więcej nie powiem. Trzeba tylko dodać, że okrucieństwo w Tebach dręczyło go potem przez lata. Było całkowicie zgodne z normą wojenną, ale Grecy dziwnie umieli wydobywać swoją duszę z siebie i jakby wkładać ją w innych, choćby obcych, ludzi. Tak wyjmuje z siebie duszę Homer, gdy wie, że niewolnice achajskie, płaczki na pogrzebie Patroklosa, przecież nie nad Patroklosem, ale, biedne, nad sobą płaczą.

Skrucha Aleksandra wobec Teban

Ateny chłopięcy król potraktował łaskawie. I mówi się, że w późniejszych latach jakikolwiek Tebańczyk, który przetrwał, jeśli przychodził do niego, zawsze, o co prosił, otrzymał.

POCZĄTEK MARSZU NA PERSJĘ

Przed wyprawą na Persję król w Delfach

Na zjeździe (*panegyris*) Związku Korynckiego uchwalono podjęcie wyprawy, z Aleksandrem jako naczelnym wodzem, na Persję. Pragnąc się w tej kwestii poradzić Apollina, król udał się do Delf. Nie wiadomo, czy mamy wierzyć w opowieść o osobliwych okolicznościach (że były to dni nieprzychylne wróżeniu, że pytia nie chciała przyjść do świątyni, że on ją sam próbował tam zaciągnąć – to może być warstwa legendy u Plutarcha). Bardziej uchwytne wydaje się to, co ona wówczas, też według Plutarcha, powiedziała: *Aniketos ei, o pai.* Zależnie od tego, jak interpretujemy słowo *pai*, może to znaczyć: „Niezwyciężony jesteś, synu", albo prościej: „Niezwyciężony jesteś, chłopcze". Chłopięcy królu. Nie czekał już żadnej innej przepowiedni.

Armia Aleksandra

Oto zastępy są gotowe do marszu. Jest wczesna wiosna 334 roku przed Chrystusem. Jak liczna była armia Aleksandra? Plutarch podaje, że ci, którzy ją obliczają najbardziej skąpo, mówią o trzydziestu tysiącach pieszych i czterech tysiącach konnych; ci, którzy ją określają najobficiej – o czterdziestu trzech tysiącach pieszych i pięciu tysiącach konnych. Aristobulos (z Kasandrei, historyk, który towarzyszył Aleksandrowi w wyprawach) powiada, że na wyżywienie tych ludzi miał król nie więcej niż siedemdziesiąt talentów; Duris (z Samos, historyk z przełomu IV i III wieku przed Chr.) mówi o zapasach wiktu tylko na trzydzieści dni; Onezikritos (z Astypalai albo Eginy, uczestnik wyprawy Aleksandra, pisarz) dodaje, że król przy tym miał dwieście talentów długu. Lecz chociaż wyruszał z tak chudymi funduszami, nie chciał postawić nogi na okręcie, póki nie dopytał się o stan towarzyszy, *hetairoi*, i nie obiecał jednemu z nich majątku, drugiemu wsi, trzeciemu dochodu z miasteczka albo portu. Perdikkas (wybitny wódz w armii Aleksandra, po jego śmierci regent państwa) zapytał: „A dla siebie, królu, co zostawiasz?". „Moje nadzieje" – odparł. Wszyscy więc *hetairoi* mu rzekli, że oni też chcą uczestniczyć tylko w nadziejach.

Przywoływany już przez nas Diodor pisze, że Aleksander dokonał dokładnego przeglądu swojej armii, i podaje liczby wynikłe z tego obliczenia, inne. W piechocie pono doliczono się dwunastu tysięcy Macedończyków, siedmiu tysięcy sprzymierzeńców, pięciu tysięcy najemników. Nimi wszystkimi dowodził Parmenion. Towarzyszyło im siedem tysięcy Odrysów (ludzi z najsilniejszego plemienia trackiego), Triballów i Iliryjczyków oraz tysiąc łuczników i tak zwanych Agrianów, Traków żyjących

u łańcucha gór Haemus, dziś Bałkanu, między Tracją i Mezją. Ogółem piechota liczyła trzydzieści tysięcy ludzi. W konnicy było tysiąc ośmiuset Macedończyków pod wodzą Filotasa, syna Parmeniona, tysiąc ośmiuset Tesalów pod dowództwem Kallasa, syna Harpalosa, sześciuset innych Greków prowadzonych przez Erygiosa, dziewięciuset harcowników trackich i Pajonów (Traków z pogranicza Tracji i Macedonii) pod wodzą Kasandra. Ogółem w konnicy były cztery tysiące i pięciuset ludzi.

Co myśleć o tych cyfrach

Co mamy o tych cyfrach myśleć? Trzeba wspomnieć, jak układ armii skomponowanej przez Filipa II i jeszcze ciągle nienaruszonej rekonstruują dzisiejsi historycy. Przypominają, że jej sednem była elitarna kawaleria macedońska, może naprawdę w liczbie tysiąca ośmiuset ludzi. W sensie szerokim wszyscy uczestnicy tej formacji to byli *hetairoi*, towarzysze; łączyło ich z królem szorstkie braterstwo wojenne. Wspierała kawalerię taka sama liczba znakomicie wyszkolonej konnicy tesalskiej. Razem z najemnikami mogło być jazdy jakieś pięć tysięcy. Także w piechocie sedno stanowili Macedończycy, około trzech tysięcy świetnych żołnierzy. Byli uzbrojeni w długie włócznie. Wspierali ich inni włócznicy oraz łucznicy, sprzymierzeńcy i najemnicy z różnych krain. Było też chyba z siedem tysięcy greckich hoplitów, ale Aleksander nie w pełni im ufał; czy w bitwie nie staną nagle u boku greckich najemników króla królów?

Razem ta armia to mogło być trzydzieści siedem tysięcy ludzi. Przeprawiając ich przez Hellespont, młody król urzeczywistniał niespełniony zamiar swojego ojca.

Wizyta w Ilionie

Po drugiej stronie Hellespontu Aleksander podążył do Ilionu, niewielkiej wówczas osady na miejscu Troi. Złożył ofiarę Atenie i wylał libacje dla herosów, Achillesa i Ajasa. Nie zapomniał też o uczczeniu Trojan, od których częściowo wywodziła się mitycznie jego matka, Olimpias, księżniczka epirska z plemienia Molossów z rodu Neoptolema, syna Achillesa, i trojańskiej Andromachy. Grób Achillesa Aleksander namaścił oliwą i uwieńczył girlandami, i wokół niego ścigał się z towarzyszami nago, jak to było w zwyczaju. Gdy przechadzał się i oglądał osadę, ktoś zapytał go, czy chciałby zobaczyć lirę Parysa. Odparł, że ta go nie interesuje, on szuka liry, przy której Achilles opiewał mężne czyny bohaterów.

Persja już wydobyła się z chaosu

Podejmował teraz wielkie zadanie i olbrzymie ryzyko. Na pewno zdawał sobie sprawę z tego, że Persja, na którą szedł, była silną zaporą, bo zdążyła już wydobyć się z chaosu, jaki w niej zapanował po otruciu Artakserksesa III (w roku 338). Ostatni król perski, Dariusz III Kodoman, którego panowanie obejmie lata 336–330 przed Chrystusem, prawdziwie panował już nad swoim imperium. Stłumił bunty w Egipcie i Babilonie. Dał też sobie radę z oddziałami wojska macedońskiego, jakie Filip II zdołał umieścić na obszarze perskim. Dowódcy armii Dariusza na zachodzie imperium, tacy jak kierujący najemnikami Memnon z Rodos, zepchnęli tych Macedończyków z powrotem nad Hellespont. Było ich jakieś dziesięć tysięcy. Wzmocnili teraz armię prowadzoną przez Aleksandra.

Pierwsza bitwa była bardzo bliska. Lokalni dowódcy perscy postanowili od razu powściągnąć młodego króla. Sprowadzili połączone swoje wojska nad rzekę Granikos w Myzji, krainie w północno-zachodniej części Azji Mniejszej. Aleksander w pochodzie nie mógł tej rzeki wyminąć. A Persowie przysięgli sobie, że on jej nie przekroczy. Jesteśmy nadal w roku 334 przed Chrystusem.

NAD GRANIKIEM

Ten bród na Graniku to były wrota do Azji. Oficerowie macedońscy bali się głębokości rzeki oraz szorstkości drugiego, skalistego brzegu, na który musieliby się wdzierać, walcząc. Stali tam w pogotowiu Persowie. Ale gdy Parmenion radził odłożyć szturm ze względu na późną porę dnia, Aleksander powiedział, że Hellespont zarumieniłby się ze wstydu, gdyby on, przeszedłszy przez jego cieśninę, teraz bał się Graniku.

I rzucił się młody król w fale z trzynastoma oddziałami konnicy. Przetrzymali napór prądu i grad pocisków. Dorwali się do przeciwnego brzegu, przemoknięci do skóry, ślizgający się w błocie. Od razu król musiał wymierzać ciosy na prawo i lewo, zanim jego zastępy mogły rozwinąć jakikolwiek szyk. Bo wrogowie z potwornym wrzaskiem walili się na nich. Napierając koniem na konia, dźgali Macedończyków włóczniami, a gdy włócznie pękły, siekli mieczem.

Król z tarczą i kitą na hełmie

Wielu chciało dobić się do Aleksandra, odznaczającego się tarczą i kitą na hełmie, która z obu stron miała pióro niezwykłej wielkości i białości. Lecz chociaż ostrze włóczni przebiło spojenie jego pancerza, sam nie był zraniony. Runęli na niego dwaj perscy oficerowie, Roisakes i Spitridates. Od tego drugiego jakoś się otrząsnął, a Roisakesa, zakutego w pancerz, ugodził włócznią, bez skutku. Dobył miecza. Kiedy tak się zmagał, Spitridates najechał z boku i podniósł nad głowę króla barbarzyński topór. Strącił kitę z jednym z piór. Hełm ledwie sprostał toporowi, którego skraj dotknął włosów Aleksandra. Lecz gdy Spitridates podnosił rękę do drugiego ciosu, towarzysz króla, Klejtos, ten, którego nazywano „Czarnym", ubiegł napastnika i przeszył go włócznią na wylot. A w tej samej chwili padł Roisakes pod ciosem Aleksandrowego miecza. Strasznie jest powiedzieć, że Klejtos niebawem zginie z ręki Aleksandra.

Starcie się dwóch armii

Gdy konni *hetairoi* królewscy na skalistym brzegu tak niebezpiecznie i zażarcie walczyli, macedońska falanga pieszych brnęła przez rzekę, doszła do brzegu. Starły się z sobą armie. Nie sprostali Persowie. Gromieni, zaczęli uciekać w popłochu, wszyscy oprócz najemników greckich. Ci skupili się na jakimś wzgórzu i słali do Aleksandra apele o ofiarowanie im pardonu. Plutarch powiada, że młody król słuchał raczej gniewu niż rozumu, gdy zamiast odpowiedzieć, rzucił się przeciw nim, lecz może było w tym też zimne wyrachowanie: chciał dać na przyszłość nauczkę innym Grekom. W tym natarciu stracił konia (nie słynnego Bukefalosa, lecz innego), trzaśniętego przez żebra mieczem. Ilukolwiek Macedończyków nad Granikiem poległo lub było zranionych, to najwięcej padło w tym właśnie zmaganiu z Grekami, którzy umieli walczyć i byli zrozpaczeni.

Plutarch w swojej wizji bitwy, wizji z pewnością opartej na tym, co wyczytał u współczesnych bojowi świadków, skupia uwagę, jak to było też zwyczajem Homera, przede wszystkim na głównym bohaterze. Reszta to tło. Ale i tak cała szarża, jakkolwiek się rozegrała, i później zmaganie pieszych są godne epopei. Z pewnością też trafnie przedstawiona jest kolejność działań: najpierw walą się w bój *hetairoi*, oni poprzedzają atak reszty jazdy i ciężki marsz piechoty.

Ilu z tych armii padło?

Według Diodora padło z armii perskiej więcej niż dziesięć tysięcy pieszych i co najmniej dwa tysiące konnych; ponad dwadzieścia tysięcy ludzi wzięli Macedończycy w niewolę. Plutarch mówi o zabitych dwudziestu tysiącach pieszych barbarzyńców i dwóch tysiącach pięciuset jeźdźców. Co się tyczy strat armii macedońskiej, Plutarch powołuje się na informację Aristobulosa, że w ogóle padło tylko trzydziestu czterech (trudno w to uwierzyć), z czego dziewięciu to piesi; Arrian powiada, że w pierwszym natarciu poległo około dwudziestu pięciu Aleksandrowych *hetairoi*. Król kazał ich wykuć w brązie, co wykonał Lizippos. Aby zaś Grecy uczestniczyli w jego zwycięstwie, posłał do Aten, które sobie do tego wybrał, trzysta zdobytych tarcz. Do reszty łupów dodał taką inskrypcję: „Aleksander, syn Filipa, i Grecy, oprócz Lakedemończyków – od barbarzyńców mieszkających w Azji". Ale puchary biesiadne, purpurowe szaty i cokolwiek tego rodzaju zdobył na Persach, wszystko to, prócz paru przedmiotów, posłał matce. Rozmiaru masakry wojska perskiego (może dziewięciu dziesiątych całej piechoty) dziś nie odrzuca się tak zupełnie, jak się wątpi w liczbę poległych według Aristobulosa i Plutarcha Macedończyków.

ZDARZENIA WOKÓŁ ISSOS

Nadmorskie miasta poddają się Aleksandrowi

Świat stał się dla Aleksandra inny. Jońskie miasta na egejskich wybrzeżach Azji Mniejszej otwierały się przed nim jedno po drugim. Król zajmował je, a następnie wytyczył sobie szlak na południe. Najpierw zawładnął ośrodkiem administracyjnym, miastem Sardes, które niegdyś było stolicą królestwa lidyjskiego. Następnie poszedł ku wielkim miastom zachodniego wybrzeża: Efezowi, Priene, a także Miletowi, gdzie niespodziewanie spotkał się z oporem perskiej załogi wojskowej. Rychło pokonał ją i zmiażdżył. Chciał utrzymać w swoich rękach zwłaszcza miasta nadmorskie, aby Persowie nie mieli portów, z których mogliby się wyprawiać na strefę egejską. Najtrudniej mu było dać sobie radę z Halikarnasem na zachodnio-południowym wybrzeżu, starą stolicą Karii, gdzie perska załoga pod Memnonem z Rodos, świeżo mianowanym przez Dariusza III wojskowym strażnikiem prowincji zachodnich, nie zamierzała łatwo się poddać.

To obleganie miasta było długie, jak to zwykle się działo w świecie antycznym. Żołnierze Aleksandra drapali się na mury i walili się w dół, niemal lawina poległych. Persowie mieli w Halikarnasie dwie twierdze otwarte ku morzu. Przez ich porty otrzymywali wikt i wszelkie rzeczy potrzebne do życia, Aleksander zaś nie mógł temu przeszkodzić, bo nie miał silnej floty. Wreszcie odstąpił od oblegania Halikarnasu i poszedł na wschód. Halikarnas zaś, ciągle mu groźny, trzymał się jeszcze przez osiemnaście miesięcy. Flota perska dosyć swobodnie żeglowała po Morzu Egejskim, zdawała się zagrażać samej Grecji. Dopiero nagła śmierć Memnona w roku 333 i ściągnięcie przez Dariusza swoich wojsk z tej okolicy na wschód podetną ową groźbę.

Porażka pod Halikarnasem

Młody król mimo porażki pod Halikarnasem szedł dosyć śmiało przez zachodnią Azję Mniejszą. Maszerował przez Pamfylię ku bogatemu miastu tej dzielnicy, Aspendos, w pełni greckiemu, owładniętemu przez Persów. Strząsnął z niego obcą władzę i zostawił tu część swojego wojska, aby strzegło tego kąta Azji. Teraz pomaszerował na północ, przez wzgórza i skały Pizydii, do Frygii i zajął jej miasto Kelajnaj. Już w marcu 333 roku był na szerokiej równinie w interiorze Azji Mniejszej.

Tu w mieście Gordion wydarzył się incydent, nie wiemy tak na pewno, czy historyczny, ale jeden z tych, po których się rozpoznaje dzieje Aleksandra. Było to stare miasto na pograniczu Frygii. Opowiadano, że król Frygii, Gordios, ojciec słynnego Midasa, któremu, jak pamiętamy, wszystko przemieniało się w złoto, był wieśniakiem. W czasie nękających Frygię zamieszek wyrocznia orzekła, że kres bratobójczym walkom położy król, który przyjedzie na zwykłym wozie. On tak przyjechał i obwołano go

królem. Jako wotum wdzięczności Gordios, który nadał imię miastu, zawiesił wóz w świątyni Zeusa w Gordionie. Był to wóz i jarzmo przywiązane do dyszla za pomocą niezmiernie splątanego węzła, „węzła gordyjskiego". Wyrocznia zapowiedziała, że ten, kto rozplącze węzeł, zdobędzie władzę nad Azją. Aleksander, którego tu przyprowadzono, zrazu przyglądał się i nie wiedział, co począć, lecz wreszcie zniecierpliwiony dobył miecza i jednym ciosem rozciął węzeł. Jakaż gruchnęła o tym wieść!

„Węzeł gordyjski"

Dobiegał rok wojowania Aleksandrowego w Azji. Młody król był jeszcze ciągle na skraju imperium Dariusza. A zaczęło mu brakować żywności dla armii. Kończyła się wiosna, a nowe plony miały dojrzeć dopiero w sierpniu. Zanim Dariusz zbierze siły do ataku, trzeba było pomaszerować na południe. Płodna Cylicja nadmorska obiecywała lepsze plony. Ale trzeba było do niej wędrować przez skały Kapadocji. Persowie tak byli zajęci niszczeniem plonów, by dla najeźdźców jak najmniej zostało, że Aleksander wąską drogą między górami zdołał dotrzeć bezpiecznie nad morze, do Cylicji. Bez oporu poddał się Tars. Żołnierze zajęli się łupieniem miasta. Aleksander zaś wykąpał się w rzece. Zaziębił się ciężko i sporo dni walczył ze śmiercią.

Tymczasem Dariusz robił nowe zaciągi do swojej armii, głównie perskie, ale z naszych niezupełnych świadectw wynika, że byli tu też greccy najemnicy. Aż trzydzieści tysięcy? Cała jego armia na pewno o wiele przerastała Aleksandrową. Chyba spodziewał się zwycięstwa, skoro słyszymy, że wojsku maszerującemu z Babilonu ku Cylicji towarzyszył królewski skarbiec oraz rodziny króla i dostojników, księżniczki i konkubiny.

Pod Issos dwie armie naprzeciw siebie

W roku 333, w porze naszego września, mogły przyjrzeć się sobie obie armie u wschodniego krańca równiny cylicyjskiej, nad zatoką, którą wieńczyło miasto Issos. Dariusz był tu wcześniej. Po manewrach i różnych próbach umieścił swoją armię za wpływającą do zatoki niewielką rzeką Pinaros, niezbyt trafnie, bo mała przestrzeń między górami i morzem nie pozwalała Persom w pełni rozwinąć szyku wielkiej armii. Jak zawsze, Aleksander zaczął bitwę własną szarżą na czele konnych *hetairoi*, których umieścił po prawej stronie szyku. Rozbili piechotę. Cofała się w bezładzie, dzięki czemu Aleksander mógł ze swoim zastępem konnym rzucić się na lewo, ku środkowi perskiej armii, gdzie musiał znajdować się Dariusz.

Nie wszędzie jednak Macedończycy mieli przewagę. Na ich lewej flance szarża perskiej konnicy odrzuciła tesalską kawalerię w tył. Macedońską piechotę przechodzącą przez rzekę Persowie rozbili na oddziały. Ale tymczasem szarża *hetairoi* z Aleksandrem na czele rozgromiła i rozproszyła osobisty zastęp Dariusza. Opowiadano, że doszło wtedy do osobistego starcia dwóch wodzów i Aleksander został przez Dariusza dźgnięty w udo, lecz Plutarch powołuje się na list samego Aleksandra do Antypatra, gdzie się nie mówiło, kto zadał ranę młodemu królowi. Pisał on tylko, że został zraniony w udo sztyletem, ale to łatwo się potem zagoiło. Dariusz po szarży macedońskiej musiał uchodzić z pola. Teraz rzucili się do odwrotu wszyscy jego żołnierze. Pono perska konnica tratowała swoją piechotę. Zwycięstwo Macedończyków było bezwzględne, ale znowu nie możemy ufać podanym nam cyfrom: jakoby padło sto tysięcy Persów, a Macedończyków pięciuset.

Zwycięstwo i szlachetność Aleksandra

Tabor Dariusza z jego matką, żoną i dwiema niezamężnymi córkami, jak też z bezmiarem dobytku, zagarnął Aleksander. Plutarch najmocniej podkreśla (powołując się na swoje źródła), że rodzinie Dariusza nic złego się w niewoli nie działo i traktowane były te kobiety z najwyższym szacunkiem.

Po takiej klęsce Dariusz był wreszcie gotów do negocjacji. Przez posłów oświadczył Aleksandrowi, że może go uznać za przyjaciela, a nawet sojusznika. Ale nie oferował żadnej części swojego terytorium. Aleksander nie zgodził się na takie układy. Przede wszystkim oczekiwał, że król królów przybędzie do niego na rozmowę, co dla perskiego władcy było niemożliwe. Dariusz więc zaczął przygotowywać nową kampanię. Aleksander zaś postanowił nie iść jeszcze raz ku środkowi lądu, lecz maszerować dalej na południe wybrzeżem syryjskim ku Egiptowi. Czy chciał odciąć Dariusza od całego wybrzeża śródziemnomorskiego, aby nie mógł on od morza atakować Grecji i aby jego flota bez portów uległa rozproszeniu?

TYR I PERTRAKTACJE

Na najbardziej wschodnim wybrzeżu Morza Śródziemnego, wybrzeżu syryjskim, miasta fenickie witały Aleksandra z radością. Spór wybuchnął dopiero w Tyrze, do którego dotarli, według terminologii naszego kalendarza, w lutym 332 roku. Było to stare miasto na przybrzeżnej wyspie. Miało świątynię wystawioną ku czci patrona miasta, boga Melkarta. A w Aleksandrowej – jak to nazwać: głowie? duszy? – zaczęły dokonywać się przemiany. Po dwóch wspaniałych zwycięstwach, w których walczył konno na czele zastępu, sam siekł mieczem i pomimo liczebnej przewagi przeciwników nie tylko nie poległ, lecz nieprawdopodobnie zwyciężył, myślał pewnie nocą, a może i dniem, że jest istotą więcej niż ludzką. Egipt, ku któremu maszerował teraz i który na pewno nie będzie bronił Persów, miał w zasobach swojej pamięci niedawną jeszcze godność faraonów: nie tylko król Górnego i Dolnego Egiptu, lecz także Syn boga Ra.

Istota więcej niż ludzka?

Już w Tyrze Aleksander, chyba szczerze, nie z wyrachowania politycznego, zrównał Melkarta ze swoim mitycznym przodkiem Heraklesem. Domagał się, by kapłani wpuścili go do świątyni, a on złoży ofiarę Melkartowi-Heraklesowi jako prawy potomek. Pono nie wpuścili go, rozgniewał się, przyzwał wojsko, zaczął regularnie oblegać miasto. Tak się najczęściej interpretuje ten konflikt, ale nie możemy być całkiem pewni, czy gniew Aleksandra na Tyr był przejawem zemsty, czy raczej przebraniem zimnej polityki. Portowe to miasto stanowiło jedną z najważniejszych ostoi wschodniej strefy śródziemnomorskiej. Można się było domyślić, że po zniszczeniu Tyru nie da się odbudować perskiej władzy nad tą strefą.

Dobijanie się do Tyru

Miasto było dobrze obwarowane i otwarte ku posiłkom od morza. Przez siedem miesięcy Aleksander rozpaczliwie dobijał się do Tyru. Kazał skonstruować pływające machiny oblężnicze. Mówi się, że kiedy wdarł się za mury, pogrom był straszny: do poległych wcześniej ośmiu tysięcy obrońców zdobywcy dodali dwa tysiące wymordowanych w zdobytym już mieście. Kto przeżył, uciekał, jak mógł. Ale także tu nie musimy w pełni wierzyć cyfrom podanym przez tradycję. Piętrzenie stosów zabitych było jednym ze sposobów uwydatniania wspaniałości zwycięzców. Że zaś pogrom Tyru był raczej realizacją *power politics* niż zemstą, domyślam się z miejsca tego faktu w pamięci Aleksandra potem: z zagładą Teb nie mógł dać sobie rady; o zagładzie Tyru niczego takiego nie słyszę.

Zawładnięcie Egiptem

Ponieważ Tyr padł nie wcześniej niż jesienią 332, Aleksander mógł wkroczyć do Egiptu dopiero pod koniec tego roku. Jako Grek z ducha, na pewno śnił o Egipcie. To była przed Grecją jedyna cywilizacja, która mogła zachwycić takich ludzi jak my. Młody król łatwo zawładnął Egiptem, poprzedzony rozgłosem zwycięstwa nad Tyrem i witany jako wyzwoliciel od niecierpianych rządów perskich. Kiedy jednak pytamy o różne zdarzenia w Egipcie, dopadają nas wątpliwości chronologiczne. Czy założenie Aleksandrii było wcześniejsze, czy późniejsze od odwiedzenia przez Aleksandra wyroczni Ammona? Dzisiejsi historycy różnią się tu w swoich domysłach. Przyjmijmy w tej opowieści, że wcześniej młody król podążył do Ammona, może w początku roku 331 przed Chrystusem.

Zanim jednak o tym opowiemy, trzeba jeszcze wspomnieć dwie sprawy. Chodzi o losy żony Dariusza i Dariuszową próbę pertraktowania z Aleksandrem. Tu też nas od razu dręczą wątpliwości chronologiczne. Plutarch powiada, że perska królowa, trzymana u Macedończyków w niewoli pełnej czci, zmarła przy porodzie. Jeśli wierzyć w ową cześć, musimy uznać, że w klęsce perskiej pod Issos, w naszym wrześniu 333 roku dostała się ona w ręce Macedończyków brzemienna. Poród więc musiał być najpóźniej w lecie roku 332, podczas oblegania przez Aleksandra Tyru. Plutarch zaś zdaje się umieszczać to smutne wydarzenie – smutne, ale zarazem takie, że ukazuje łagodniejszą stronę ówczesnych obyczajów (Aleksander bowiem królową wspaniale, prawdziwie po królewsku pochował) – już po wyprawie egipskiej i po powrocie Aleksandra z Egiptu do Fenicji. Wtedy, według Plutarcha, Dariusz po raz drugi wyprawił do niego posłów.

Według Arriana jednak ta nowa próba pertraktacji była w czasie oblegania Tyru. Kiedykolwiek to się działo, słyszymy, że król królów, chyba przerażony wzmagającą się mocą Aleksandra, proponował warunki pokoju i przymierza już inne (niż przedtem, zaraz po Issos): dziesięć tysięcy talentów okupu za kobiety z królewskiej rodziny, odstąpienie Aleksandrowi wszystkich terenów po jego stronie Eufratu i oddanie mu jednej z królewskich córek za żonę. Aleksander jednak i takie układy odrzucił. Pojął, że ma dźwigać cięższe brzemię? Wróćmy jednak jeszcze do niedługiego pobytu Aleksandra w Egipcie, do dwóch wielkich wydarzeń tego pobytu.

WYROCZNIA AMMONA

Ku wyroczni Ammona w oazie Siwa

Jak czytamy u Arriana, Aleksandra ogarnęła tęsknota (*pothos*; Arrian, mówiąc o dążeniach króla, często używa tego słowa), żeby odwiedzić wyrocznię Ammona, znajdującą się w oazie Siwa na pustyni libijskiej, na zachód od Teb egipskich. Słyszał, że niegdyś szli tam po wróżbę Perseusz i Herakles. Mitycznie przypisywał sobie pochodzenie od nich obu, było więc naturalne, że kroczy ich śladami. Wędrował z wojskiem brzegiem morza przez ziemię bezludną, chociaż nie bezwodną, co najmniej tysiąc sześćset stadiów, czyli około dwustu osiemdziesięciu kilometrów. Tak podaje Arrian, powołując się na Aristobulosa. Pod miastem Paraitonion (albo Ammonia) skręcił w głąb lądu ku Siwa. Tu szlak był pustynny, piaszczysty i bezwodny, ale (rzecze Arrian, nie wiemy, z czyjej wieści) Aleksandra pobłogosławiły obfite deszcze, co on przypisał bóstwu.

O tej części podróży dowiadujemy się rzeczy jeszcze dziwniejszych. Zazwyczaj tak jest, że na pustyni wymiecionej wiatrem z południa i zasypanej ruchomym piaskiem nie widzi się postawionych przez ludzi znaków kierunku. A gór i drzew, jakby gwiazd dla żeglarza, w ogóle tam nie ma. Aleksandrowe więc wojsko nie mogło znaleźć drogi, aż oto dwa przemawiające węże zaczęły się wić przed pochodem. Aleksander kazał przewodnikom wojska iść za nimi i ufać bóstwu. Węże zaprowadziły ludzi do wyroczni i wiodły ich w drodze powrotnej. Arrian powołuje się w tej sprawie na relację jednego z wodzów Aleksandrowej armii, Ptolemajosa, syna Lagosa. Aristobulos zaś, jak informuje nas Arrian, powiada, że dwa kruki leciały przed wojskiem i wskazywały Aleksandrowi drogę. Rzetelny Arrian wyznaje, że jakaś pomoc z wysoka dla Aleksandra wydaje się mu niewątpliwa, ale jej rodzaj został przed nami zakryty sprzecznymi świadectwami historyków.

Jeszcze i to czytamy u Arriana, że oaza wyroczni, Siwa, położona wśród okolicy całkiem pustynnej (nic, tylko suchy piasek, ani kropli wody), była niewielka (o największej szerokości czterdziestu stadiów, czyli około siedmiu kilometrów), lecz pełna drzew ogrodowych, oliwek i palm; tylko na ten kawałek ziemi padała rosa. Dowiadujemy się od tego samego autora, że król (III, 4) „podziwiał miejsce i przedstawił bóstwu pytanie, a otrzymawszy (tak to określił) odpowiedź, jakiej jego serce pragnęło, wrócił do Egiptu: jak rzecze Aristobulos, tą samą drogą; jak rzecze Ptolemajos, prostą drogą do Memfis”.

Co się działo w Siwa?

Prawdę mówiąc, nie wiemy, co się działo w Siwa, a nade wszystko, jakie zadał pytanie i jaką otrzymał odpowiedź; badacze bez końca snują tu domysły i debatują. Jest to jeden z najdziwniejszych, najmniej wyjaśnionych epizodów w tajemniczych przecież do głębi dziejach Aleksandra. Ammon był niegdyś bogiem Teb egipskich. W czasach imperium egipskiego stał się wielkim jego patronem. Kult Ammona zapuścił korzenie w Nubii, Syrii i Libii. Grecy poznali go raczej nie w epoce Perseusza i Heraklesa, lecz po kolonizacji afrykańskiej Kyreny w VII wieku przed Chrystusem, kiedy dotarli do oazy Siwa. Wyrocznia tamtejszej świątyni z czasem dorównała u Greków sławą wyroczniom w Delfach i w Dodonie. W IV wieku dawnej ery państwo ateńskie wysyłało tam dary ofiarne w okręcie o nazwie „Ammonis". Na greckich monetach przedstawiano Ammona z głową Zeusa, do której były dodane skręcone baranie rogi Ammonowe. Można uznać, że Grecy utożsamili Ammona z Zeusem.

Chociaż trudno jest rozważać ciągle na nowo, co się naprawdę stało w Siwa, można jednak wspomnieć i taką hipotezę, że

Aleksander w tajemnych rozmowach z kapłanami doszedł do mniemania, iż Zeus uznał go za swojego syna. Taki domysł może w nas zagościć, gdy czytamy wersję Plutarcha (27, 5), według której Aleksander w liście do matki pisał, że otrzymał w Siwa „wróżby okryte milczeniem", *manteias aporretus*, o których powie jej, ale tylko jej, po powrocie. I jeszcze pisze Plutarch, że kapłan Ammona, pragnąc życzliwie powitać gościa, chciał rzec do niego *paidion*, „dziecię" (w znaczeniu: „mój synu"), ale jako cudzoziemiec przekręcił słowo greckie: zamiast *paidion* powiedział *paidios*, co może znaczyć: *pai Dios*, „synu Zeusa". To przejęzyczenie, które niebawem zasłynęło, mogło zabrzmieć jak nieświadomie wypowiedziana wróżba, gdy przypominano sobie krążące już od dawna po Macedonii pogłoski, że poczęcie Aleksandra nie było ludzkie: jego przyszłą matkę, Olimpias, mówiono, zapłodnił wąż albo może piorun. Byłby więc istotą pochodzenia boskiego, ale w sensie antycznym, niewykluczającym śmiertelności; Herakles też musiał umrzeć, chociaż był synem Zeusa.

ZAŁOŻENIE ALEKSANDRII

Czego Aleksander szukał?

To jednak była twarda skorupa, ta deifikacja, której szukał. Dlaczego jej szukał? Wiedział, że w jego życiu i działaniu jest coś, co odróżnia go od innych ludzi. Był naprawdę inny. W wieku dwudziestu, dwudziestu kilku lat rozbić wielkie imperium – znajdźcie drugiego takiego w ludzkiej historii. Plutarch (22, 3) cytuje słowa, jakimi król określał swój stosunek do spraw natury. Może to być najwierniej powtórzone, bo jest to chyba uderzające, w każdym razie osobliwe. Powiadał więc Aleksander, że „sen i obcowanie cielesne, bardziej niż cokolwiek innego, uświadamiają mu, że jest śmiertelny, albowiem i znużenie, i upojenie wynikają z jednej i tej samej słabości naturalnej". Mógł mrozić ludzi. I może właśnie dlatego, że był taki, jaki był, uważał, że musi poddać się deifikacji, wejść w tę skorupę. Nie dlatego, że chciał. Nie. Uważał, że musi. Pyszałkowatości u niego nie dostrzegam nigdy. A ciągle widzę jego mękę.

Inne chwile

Ale były takie chwile, choćby krótkie, kiedy szedł nad morzem i patrzał na wolną przestrzeń. Na mewy unoszące się w słońcu. Być może, w jednej z takich chwil wymarzył sobie Aleksandrię.

Na pewno dla imperium, jakie zaplanował, potrzebny był w delcie Nilu port mogący gościć dużą flotę i otwierający Egiptowi stałą żeglugę, która łączyłaby go z Grecją i innymi krajami. Nie wiemy, czy w zamiarze króla miasto związane z portem miało też być stolicą nowego Egiptu. Lecz gdy myślę o późniejszych dziejach tego miasta, lubię wyobrażać sobie, że oprócz celu państwowego wniknęło też w Aleksandrię królewskie marzenie.

Wąski klin ziemi

W jednej z najpierwszych wędrówek po Egipcie zaciekawił Aleksandra w zachodniej części delty wąski klin ziemi, oddzielający jezioro Mareotis od Morza Śródziemnego, z którego wyrastała w pobliżu wysepka Faros. Klin ten to grzbiet wapienny, który po jednej stronie, północnej, będzie się otwierał ku morzu coraz znakomitszymi portami, z drugiej zaś strony, połu-

dniowej, roztacza dosyć bujną uprawę na przyniesionej przez wodę glebie. W środku tego pasa, naprzeciw Faros, znajdowało się egipskie miasteczko Rhakotis, założone co najmniej trzynaście wieków przed Chrystusem; będzie to jedna z głównych dzielnic Aleksandrii. Około zaś dwudziestu kilometrów dalej na północny wschód, u ostrego kresu owego grzbietu, czy raczej u jego zakrętu na południe, w miejscu, gdzie jeszcze wówczas Nil jedną ze swoich odnóg wpływał do morza, było inne stare osiedle, zwane Kanobos albo Kanopos. Królowi oglądającemu te miejscowości towarzyszył przyboczny architekt Dejnokrates.

„Król odwiedził Kanobos – pisze Arrian (III, 1, 5–2; 2) – objechał łodzią jezioro Mareotis i przybił do miejsca, gdzie jest dziś Aleksandria, po nim mająca nazwę. Miejsce wydało mu się najodpowiedniejsze dla mającego powstać miasta i pomyślał sobie, że miasto będzie się dobrze rozwijać. Ogarnęła go więc tęsknota (*pothos*) do tego zadania i sam wyznaczył główne części budowy, miejsce agory, ile powinno być świątyń i jakich bogów, położenie przybytków bogów greckich i egipskiej Izydy oraz obwód opasujących miasto murów. Nad tym planem złożył ofiarę i okazało się, że wróżby są przychylne. Opowiada się też taką rzecz, której nie odmawiam wiary: że Aleksander, chcąc wskazać budowniczym linię miejskich murów, nie miał czym naznaczyć ziemi. Jeden z budowniczych doradził posłużenie się do tego strawą, jaką żołnierze nieśli w swoich naczyniach: niech upuszczają ją na ziemię tam, gdzie król wskaże. Takim to sposobem obwód miejskich murów określono według życzenia króla. Wróżbici, zwłaszcza Aristandros z Telmessos, który już wiele razy wróżył Aleksandrowi trafnie, zastanowili się nad tym i oświadczyli, że miastu będzie towarzyszyć pomyślność pod każdym względem, zwłaszcza w tym, co dotyczy płodów rolnych".

Plutarch (26, 3–10) każe nam zwrócić uwagę na ulubionego przez króla poetę, którego wszędzie woził z sobą: „Jeśli to, co mówią Aleksandryjczycy, powołując się na Heraklidesa (aleksandryjskiego historyka ze schyłku III wieku przed Chrystusem), jest prawdą, trzeba uznać, że Homer nie był ani płochym, ani bezużytecznym towarzyszem jego wyprawy. Mówią mianowicie, że po zawładnięciu Egiptem postanowił założyć i zostawić tu po sobie duże i ludne miasto greckie, które nosiłoby jego imię. Już miał według rad swoich architektów mierzyć i wyznaczyć obszar budowy. I oto nocą ujrzał w śnie cudowną wizję. Zdało się, stanął przy nim mąż o bardzo siwych włosach, wyglądający dostojnie, i recytował te wiersze (*Odyseja*, IV, 354–355):

Nauki Homera

Jest tam wyspa na wełniącym się morzu
Tuż przed Egiptem. Faros ją nazywają.

Natychmiast Aleksander wstał i udał się na Faros, która wówczas była jeszcze wyspą, trochę powyżej ujścia Nilu w Kanobos; teraz jest z lądem połączona usypanym molem. Zobaczył miejsce o niezwykłych zaletach naturalnych; jest to bowiem skrawek lądu podobny do szerokiego dosyć przesmyku, rozciągający się między dużą laguną i przestrzenią morza, która kończy się wielkim portem. Widzi teraz, powiedział, że Homer nie tylko pod innymi względami zasługuje na podziw, ale jest też bardzo mądrym architektem. Kazał więc król dostosować plan miasta jak najściślej do układu tego miejsca. Nie było pod ręką kredy, więc wzięli potrawę jęczmienną i nią wyznaczyli na ciemnej ziemi zaokrąglony obszar, a do wewnętrznego łuku tego okręgu biegły proste linie, zaczynając się, można by rzec, u obwódek i jednolicie zmniejszając szerokość obszaru; powstał z tego zarys chlamidy (żołnierskiego płaszcza). Ledwie zachwycił króla ten plan, nagle ptaki znad rzeki i znad laguny, przemnogie, przeróżnych rodzajów i wielkości, opadły na to miejsce jak kłęby chmur i wydziobały cały jęczmień do końca. Sam nawet Aleksander strapił się tym omenem. Wróżbici jednak zachęcali go do dobrej myśli; wnioskowali z omenu, że miasto tu przez niego zakładane będzie miało obfitość środków do życia i będzie piastunką ludzi ze wszelkich narodów. Zwierzchnikom więc budowy kazał się brać do roboty".

Od razu podążył do innych spraw i zadań. Czy zobaczył choćby kilka położonych kamieni? Na pewno żadnego nie ujrzał wzniesionego budynku. Nie zdoła odwiedzić swojego miasta, aż przywiozą tu jego ciało.

BITWA POD GAUGAMELĄ

Teraz jednak znowu mamy się zająć zmaganiami wojennymi Aleksandra. Kiedy młody król w 332 albo 331 roku przed Chrystusem odrzucił drugie poselstwo Dariusza, król królów kazał przygotować jeszcze jedną armię – do ostatecznej już rozprawy. Piechotę miał nie najlepszą. Najwięcej troski poświęcił konnicy, którą ściągał ze środka i ze wschodu swojego imperium. Podczas gdy kawaleria Aleksandra liczyła, według Arriana, który w tym wypadku szacuje ją trafnie, około siedmiu tysięcy ludzi, konnica Dariusza prawdopodobnie była pięciokrotnie liczniejsza. Liczbę piechoty Aleksandra Arrian ocenia na czterdzieści tysięcy. Pieszych żołnierzy Dariusza było o wiele więcej, lecz nie wiemy ilu.

Ile miał wojska?

Aleksander, gdy po intermezzo egipskim, którego długość dzisiejsi historycy różnie oceniają, opuszczał ziemię Nilu, wiedział, że rychło czeka go spotkanie z Persami. Teraz już szukał tego starcia. Doniesiono mu, że Dariusz poprowadził swoją armię na północ, do Asyrii. Równiną najbardziej sprzyjającą rozwinięciu szyków jazdy wydały się królowi królów pola u stóp gór Zagrosu przy asyryjskiej miejscowości Gaugameli w pobliżu miasta Arbeli. Idąc w trop za Dariuszem, Aleksander przybył tu z wojskiem we wrześniu 331 roku. Zobaczył perską armię złożoną z różnych narodów Dariuszowego imperium. Tak licznej i tak zbrojnej konnicy jeszcze nigdy nie miał przed sobą. Niebawem jej doświadczył. Bitwa rozegrała się – według terminologii naszego kalendarza – 1 października.

Spotkanie z armią perską u stóp Zagrosu

W środku armii Dariuszowej, gdzie znajdował się władca, skupili się jego krewni oraz gwardia przyboczna, mająca złote jabłka u lanc. Naprzeciw prawego skrzydła Aleksandra trwali w pogotowiu jeźdźcy scytyjscy i baktryjscy, przy których było sto wozów zaopatrzonych w sierpy, potworny oręż. Bliżej Dariusza stały słonie i pięćdziesiąt wozów. Najemnicy greccy, uważani za zdolnych do sprostania falandze macedońskiej, czuwali po obu stronach zastępu Dariusza.

Aleksander swoją piechotę ustawił pośrodku frontu, konnych Tesalów z lewego boku, z prawego zaś kawalerię macedońską z doborowym zastępem *hetairoi*, których zawsze prowadził do walki sam z mieczem w dłoni. Gdy zaczęła się bitwa, posuwał się ze swoimi jeszcze bardziej w prawo, aby zajechać przeciwnikowi od flanki. Ci jednak mieli się na baczności i mocno natarli na Macedończyków. Wielu żołnierzy Aleksandra poległo, ale jego front nie cofał się. Persowie więc wypuścili wozy z sierpami, by Macedończyków rozsiekły. Ale Agrianowie i oszczepnicy Balakrosa, ustawieni przed szykiem elitarnej kawalerii Aleksandra, chwytali lejce groźnych wozów, ściągali woźniców na ziemię, dźgali konie.

Wreszcie Dariusz postanowił rzucić cały swój front do ataku. Konnicy kazał okrążyć całe prawe skrzydło macedońskie od prawej strony. Wtedy Aleksander jednemu ze swych generałów, Aretesowi, dał rozkaz uderzenia jazdą w tę perską jazdę. Persowie wzmogli napór, ściągali posiłki. Byli w tym tak gorliwi, że front perski w samym środku rozerwał się, utworzyła się luka.

Aleksander rzuca się w lukę perskiego szyku

Aleksander, który w całym zamęcie wypełniał swoją taktykę bitewną, miał teraz to, na co czekał, oderwanie lewego skrzydła perskiego od centrum. Jak burza, w powstałą lukę runął na czele swoich *hetairoi*, wspieranych z obu stron przez falangi piechoty. Konni bili i gnali Persów, których potem zmiatały szeregi pieszych, najeżone sarysami (bardzo długimi włóczniami). Armia perska została rozbita na dwa wojska. Prawe skrzydło perskie jeszcze dobrze walczyło, gdy Dariusz ze swoimi zastępami rzucił się do ucieczki.

Aleksander na czele *hetairoi* puścił się za nim w pogoń, której zaniechał, gdy dostał wieść, że lewe skrzydło macedońskie załamuje się pod naporem prawego skrzydła perskiego. Wrócił ratować swoich. Tu skłębiła się pono najgęstsza z całej owej bitwy walka. W jednym tym starciu poległo, według Arriana, około sześćdziesięciu *hetairoi*. Lecz w końcu Aleksander rozbił Persów, także ich prawe skrzydło. Uciekała cała perska armia. Wrócił więc młody król do pościgu za Dariuszem, ścigał go, dopóki było widno. Przekroczywszy rzekę Likos, rozbił tu obóz, by ludzie odpoczęli. Parmenion zaś zawładnął obozem barbarzyńców z taborami, słoniami i wielbłądami.

Z Gaugameli do Arbeli

Młody król dał wojsku odpocząć do północy, po czym poderwał ich i ruszył ku Arbeli, ciągle za Dariuszem. Stanęli tu nazajutrz po przebyciu sześciuset stadiów, ale Dariusza już nie było. Uciekał bez wytchnienia. Wzięto tylko skarby i wóz Dariusza, jego tarczę i łuk.

WŁADCA AZJI

Za takiego władcę Aleksander mógł siebie teraz uznać. Pozwalając niedobitkom perskiej armii, już niegroźnym, uciec, szedł ze swoim wojskiem od wielkiego miasta do miasta. Maszerował południowo-zachodnią stroną imperium. W Babilonie, jak przedtem w Egipcie, powitano go jako wyzwoliciela od perskiego jarzma. Było to miasto obfitej zamożności i wyrafinowania. Młody król pozwolił żołnierzom odpocząć i zacząć obławiać się bogactwem. Sam tego nie lubił, przechowało się wiele anegdot, jak mroził go oficer wybijający sobie buty srebrnymi gwoździami albo inni, którzy po kąpieli namaszczali się raczej balsamem niż oliwą. Plutarch (40, 1) powiada, że król ganił ich za to „łagodnie i mądrze"; jak widać, nie chciał ich zniechęcać, pragnął, by proste ich umysły coś miały za trudy, jakich żądał. Przede wszystkim jednak przypominał im, że bardziej błogo śpią ci, którzy mozolnie zwyciężają, niżeli ci, których pokonał mozół: „Rozkoszować się to rzecz niewolnicza, mozolić się to rzecz królewska". Zaciekawił się zaś naftą, która była podobna do zna-

Iluminowana płonącą naftą droga

nego już Macedończykom asfaltu, czyli smoły ziemnej, ale o wiele łatwiej chwytała ogień. Babilończycy nawet zabawili Aleksandra iluminacją polanej naftą drogi, którą nagle podpalili.

Dalej na wschód Suza także przyjęła go jako swojego pana. Urzędujący w niej satrapa wyszedł przed bramę miasta z pierwszymi darami: wyścigowymi wielbłądami i słoniami. W mieście czekało na zdobywcę większe bogactwo: złoto i srebro o wadze około czterdziestu tysięcy talentów; część tych kruszców Persowie zagarnęli w Grecji półtora wieku temu. Były też setki ton purpurowego sukna. Stąd armia Aleksandra poszła na południowy wschód, przez strefę wielkich gór ku Persepolis. Jest to grecka nazwa oficjalnej stolicy imperium perskiego, niedorównującej znaczeniem politycznym Babilonowi, Suzie i Ekbatanie. Ale mieścił się tu główny skarbiec króla królów i często właśnie w Persepolis chowano perskich władców. Bogactwo gromadziło się od dawna.

Miasto zajął Aleksander jeszcze przed końcem roku 331 przed Chrystusem. U Diodora Sycylijskiego, który zagładzie Persepolis poświęca sporo miejsca w swej *Bibliotece* (XVII,

Ruina Persepolis

70–72), czytamy dosyć przeraźliwą informację, że zdobywca przedstawił swojemu wojsku to miasto jako „najbardziej wrogie z miast Azji". Całe oprócz pałaców mogą, powiedział, łupić, jak chcą. Dziwi to dzisiejszych historyków, bo wydaje się sprzeczne ze stojącą za progiem Aleksandrową polityką przygotowującą pojednanie Greków i Persów. Można jednak przypuścić, że już wtedy zaczynało armię ogarniać znużenie. Stale więc wódz podwyższał materialne nagrody dla żołnierzy za wierność i mozoły. My możemy tyle powiedzieć, że w bliskich nam czasach archeologowie nie dokopali się w tym miejscu żadnego pokaźnego przedmiotu złotego czy choćby srebrnego. „Jak przedtem Persepolis zaćmiewało wszystkie inne miasta pomyślnością – pisze Diodor – tak teraz wszystkie przerosło niedolą".

Całe bogactwo rozgrabiono. Drobnicę, bardzo cenną, zagarnęli żołnierze, a najdroższe przedmioty, samą esencję dobytku nadającą się do wielkiej sprzedaży, dźwigały kroczące w długich karawanach wielbłądy, muły i inne juczne zwierzęta, ściągnięte do tego zadania przez młodego króla. Kroczyły do Suzy, gdzie Aleksander postanowił umieścić swój skarbiec, jaki miał mu pomóc w zwycięskim toczeniu jeszcze wielu wojen.

Uczta i pożar w Suzie

Przez kilka miesięcy oszczędzano największy, Kserksesowy pałac. Ale w maju 330 roku wybiła godzina i dla niego. O jego pożarze pisałem w *Literaturze Greków i Rzymian*, pokazując różne elementy legendy o Aleksandrze, która w piśmiennictwie antycznym odgrywa tak wielką rolę. Według owej złocącej się i mroczniejącej legendy roztoczyła się pewnego wieczoru w wielkim pałacu, który młody król chyba chciał zachować, wspaniała uczta, gdzie zasiedli dostojnicy z samym królem, a także piękna Tais. Czy to prawda, że ona zachęciła podpitych, obłąkanych, do rzucania płonących żagwi w pałac? Może tak było, a może ta bezmyślna dewastacja dokonała się inaczej. Co wiemy, to tyle, że nasi archeologowie znaleźli czarne, spalone, zwęglone, rozpadające się resztki krokwi pałacowego dachu.

Zapisałem też w *Literaturze* szczegóły jednej z wersji legendy o śmierci Dariusza, który niemal przez całe imperium uciekał przed Aleksandrem, ale nie jak nędznik, nie bez oporu. W Ekbatanie, dawnej stolicy Medów, usiłował zebrać nową armię z prowincji wschodnich, lecz Macedończycy stanęli pod miastem prędzej. Dariusz więc uciekł nad Morze Kaspijskie, do Partii, i maszerował dalej na wschód, według Diodora z trzydziestoma tysiącami Persów i z greckimi najemnikami. Chyba ciągle liczył na ściągnięcie nowych sił z najdalej na wschód położonych regionów, głównie z Baktrii. Zmierzał ku stolicy tej prowincji, miasta Baktry. Działo się to wszystko jeszcze w tym samym roku 330 przed Chrystusem. Aleksander maszerował w trop za monarchą.

Tragiczny zgon króla Dariusza

Król królów nie przewidział, że satrapa Baktrii, jego krewny, jeden z dowódców perskiej jazdy pod Gaugamelą, Bessos, pogardza nim jako pokonanym. Domyślamy się bitwy, jaka musiała się teraz rozegrać, rozgromienia wojska Dariusza przez Bessosa i pojmania króla królów w niewolę. Kiedy nadciągnęła kawaleria Aleksandra, sztylet wbił się w spętanego króla, może z ręki samego Bessosa. Zostawiono monarchę umierającego. Nasi historycy podają, że Aleksander przybył bardzo rychło, ale już po zgonie Persa. Diodor jednak w przelocie wspomina też jakieś teksty, w których wyczytał, że młody król zastał Dariusza jeszcze żywego i wyraził żal nad jego klęską, a wówczas perski monarcha prosił go o wywarcie zemsty na zdrajcy.

Co możemy bez wątpliwości przyjąć jako historyczne, to uczczenie królewskich zwłok przez Aleksandra i pochowanie ich w Persepolis, a potem rozszarpanie pojmanego (może po długim pościgu i walce) Bessosa, królobójcy. Zdobywca uważał się teraz za prawowitego dziedzica Achemenidów. Z własną zaś armią miał kłopoty. Wiedział, że Macedończycy uważają śmierć Dariusza za kres wojny i niecierpliwie czekają na powrót do domu.

Porządek armii

Zwołał ich więc król na wiec i zdołał tych najbliższych sobie żołnierzy przekonać, że powinni mu towarzyszyć nadal, bo wojna jeszcze się nie skończyła. Osobno zwołał zastępy sprzymierzeńców, jakich miał z miast-państw greckich; tych odesłał do domu, hojnie wynagradzając pieniędzmi z zajętych miast perskich. Czy to znaczyło, że teraz czuje się nie przywódcą wszechgreckim, lecz raczej niezależnym od nikogo władcą budującym własne imperium? Już podczas postoju w Partii wczesną jesienią 330 roku przed Chrystusem, jeśli mamy w tej sprawie wierzyć Plutarchowi (45, 1–4), przywdział strój medyjsko-perski:

„Przybywszy do Partii, w porze wypoczynku przywdział po raz pierwszy strój barbarzyński, czy to chcąc się zbliżyć do krajowych obyczajów, bo uważał, że wzajemne wyjście sobie naprzeciw i upodobnienie wielce się przyczyniają do miękczenia serc ludzkich, czy też była to jakaś próba zaprowadzenia wśród Macedończyków upadania na twarz (przed królem, *proskynesis*) przez stopniowe przyzwyczajanie ich do zmian w trybie jego życia. Ale słynnego medyjskiego ubioru nie przyjął całego, barbarzyńskiego i obcego. Nie włożył szarawarów ani kaftana z rękawami, ani tiary. Kunsztownie wymyślił ubiór, który był czymś pośrednim między modą perską i medyjską, okazalszy od tej pierwszej, skromniejszy od drugiej.

Strój medyjsko-perski

Początkowo nosił to tylko w obcowaniu z barbarzyńcami i z towarzyszami w domu. Potem pokazywał się w takim stroju publicznie, gdy wyjeżdżał albo udzielał audiencji. Raziło to Macedończyków, lecz cenili inne jego cechy, wysokie zalety, więc uznali, że można się mu poddać w czymś, co go cieszy albo wsławia. Zwłaszcza że do innych jego przykrości doszło ostatnio to, że ustrzelono go z łuku w udo, aż wyłoniły się kawałki kości. Innym razem taki otrzymał cios kamieniem w szyję, że wzrok jego na pewien czas się zaćmił. Nie sprawiło to jednak, by przestał wystawiać się na niebezpieczeństwa. Przeprawił się nawet przez rzekę Oreksartes, o której mniemał, że to Tanais, rozgromił Scytów i gnał ich przez sto stadiów, choć przez cały ten czas cierpiał na biegunkę”.

W PROWINCJONALNYCH ATENACH

Gdy Aleksander rozważał problemy królewskiego ubioru, Ateny, które uczynił miastem prowincjonalnym, żyły swoimi sprawami. Jak się zdaje, niedługo przed przywdzianiem przez władcę stroju medyjsko-perskiego odbył się w mieście pod

Akropolem, latem 330 roku przed Chrystusem, słynny proces o wieniec. Kilka lat wcześniej, w roku 336, sprzyjający Demostenesowi polityk ateński Ktezifon postawił na zgromadzeniu ludowym wniosek o ofiarowanie wielkiemu mówcy złotego wieńca za zasługi dla kraju. Inny mówca ateński, Ajschines, ostro się temu sprzeciwił. Wielka w tej kwestii rozprawa odbyła się dopiero po kilku latach jako wspomniany tu proces o wieniec.

Proces o wieniec

Przemawiał na procesie Ajschines, sławiąc sukcesy Macedończyków i starając się pokazać, w jakie tarapaty uwikłał Ateny Demostenes swoją polityką bezwzględnie antymacedońską (*Przeciw Ktezifontowi*, 132–134).

„Jakiegoż to dziwnego i nieoczekiwanego wydarzenia zabrakło naszym czasom? – pytał retorycznie Ajschines. – Przebyte przez nas życie nie jest zwyczajnie ludzkie. Urodziliśmy się, aby być przedmiotem zadziwienia dla potomnych. Król perski, który kanałem przeciął górę Atos, spętał Hellespont, żądał ziemi i wody od Greków i miał czelność pisać w swoich listach, że jest panem wszystkich ludzi od wschodzącego do zachodzącego słońca, chyba walczy teraz o swoje bezpieczeństwo raczej niż o władanie innymi?".

Widzimy, że wieść o zupełnej klęsce Dariusza Kodomana jeszcze do prowincjonalnych Aten nie dotarła. Ajschines w następnych frazach chwali Macedończyków za wzięcie pod swoją opiekę (w roku 346) Delf, a nawet za okrutną pacyfikację krnąbrnych Teb. Zgryźliwie gani Spartan za najdłuższe opieranie się Macedończykom.

„Cokolwiek Aleksander teraz postanowi, będą musieli ścierpieć, a miara tego będzie zależała od umiarkowania zwycięzcy, którego obrazili. Nasze zaś własne miasto, niegdyś schronienie wszystkich Greków, nawiedzane przez poselstwa z całej Grecji, gdy każde z miast od nas oczekiwało swojego bezpieczeństwa, już nie walczy o przywództwo w Grecji, lecz tylko o obronę ziemi ojców. To wszystko się stało od chwili, gdy Demostenes objął tu rządy".

Ateńczycy nieujarzmieni

W rzeczywistości jednak Ateńczycy nie czuli się całkowicie ujarzmieni. Kiedy Aleksander wojował na Wschodzie, oni, pod wodzą jeszcze jednego retora, Likurgosa, zdołali nadać nową energię i organizację wojsku i państwu. Latem 330 roku Demostenes, wypowiadając w procesie o wieniec przed zgromadzeniem ludowym najsłynniejszą swoją mowę, *O wieńcu*, mógł przemawiać dumnie. Zwracał się do całego zgromadzenia ludowego, a szczególnie do ławy sędziów przysięgłych, którzy mieli rozstrzygnąć spór rozpalony między nim a Ajschinesem (*O wieńcu*, 196–197):

„Wszystkie te moje wywody do was zwracam, sędziowie, i do przysłuchującej się poza szrankami publiczności, bo co się tyczy tego łotra, wystarczyłoby krótko i dosadnie go określić. Tyś jedyny ze wszystkich odgadywał przyszłość, Ajschinesie? Trzeba więc było wtedy o tym mówić, podczas urzędowej debaty. Nie przewidywałeś? To odpowiadasz tak samo, jak wszyscy inni, za niewiedzę. Dlaczego więc ty mnie oskarżasz, a nie ja ciebie? Jestem o tyle lepszym obywatelem niż ty (ciągle jeszcze o tym jednym mówię, odkładając na razie inne sprawy), że poświęciłem się jawnej wszystkim korzyści państwa, a nie unikałem żadnego niebezpieczeństwa osobistego i nie liczyłem się z nim. Ty zaś ani nie postawiłeś wniosku lepszego niż ja (gdyby tak było, poszliby za twoim), ani nie było z ciebie żadnego pożytku. Klęska państwa pozwoliła ci wystąpić w roli nikczemnego wroga kraju".

Potem Demostenes roztoczył apologię swojego życia, ale niebawem przeszedł do refleksji dotyczących spraw publicznych, nie tylko Aten, lecz całej Grecji, refleksji smutnych (270; 323):

„Porzucam temat stosunków osobistych, aby powiedzieć parę słów o sprawach państwa. Czy znasz, Ajschinesie, jednego takiego człowieka, czy to z Greków, czy z barbarzyńców, dla którego panowanie Filipa, a następnie Aleksandra, nie byłoby klęską? (...) A ja nie chodzę po rynku uradowany cudzymi zwycięstwami, nie chwytam ich za ręce, nie gratuluję tym, którzy ślą takie wieści do głównej kwatery (Aleksandra w Azji). A nie przymuszam się, jak ci niegodni ludzie, by o zdarzeniach pomyślnych dla naszego państwa słuchać, drżąc, wzdychając, ze wzrokiem wbitym w ziemię. Oni szydzą z wysiłków podejmowanych przez państwo, jakby tym samym nie wyszydzali samych siebie. Patrzą gdzie indziej, nie na to, co swoje, chwalą cudze zwycięstwa, które trzeba uznać za tyleż klęsk Grecji. Mówią: to powinno trwać już zawsze".

Wynik był taki, że mniej niż jedna piąta sędziów głosowała za wnioskiem Ajschinesa. Oskarżyciel Demostenesa, jako pokonany w tak wyrazistej i tak ważnej sprawie, musiał opuścić Ateny; udał się na wyspę Rodos. Demostenes pozostał jako triumfator, ale to wielkie uznanie jego zasług przez społeczeństwo dotyczyło raczej przeszłości niż teraźniejszości, nad którą, pomimo ciągle łapczywego chwytania różnych nadziei, wisiał ciężki cień Macedonii.

Ciężki cień Macedonii

DROGA ALEKSANDRA CORAZ DALEJ W AZJĘ

Zdobywca szedł na podbój świata. Najpierw ku wschodnim regionom nieistniejącego już imperium perskiego, satrapiom Baktrii i Sogdiany, obszarom dzisiejszego Pakistanu i Afganistanu, na skraju Indii i Chin. Armia była już znużona i niecierpliwa. Król zaczął troszczyć się o dyscyplinę strasznymi sposobami. Świetnego dowódcę jazdy, Filotasa, oskarżył o spisek i skazał na śmierć. Ten sam los spotkał jego ojca, Parmeniona, w tym samym 330 roku. Aleksander, widziało się to, z miesiąca na miesiąc przeobrażał się w orientalnego despotę. Obniżył nawet władzę generałów kawalerii. Starał się jazdą kierować sam, a zapełniał ją, jak całą armię, w coraz większej mierze najemnikami.

Z Partii do Baktrii

Z Partii szedł na wschód, do Baktrii. Najprawdopodobniej dopiero teraz, w roku 329, pochwycił mordercę Dariusza, Bessosa. Uważał, że należy go skazać nie tylko jako królobójcę, lecz jako człowieka, który się ogłosił nowym królem Persji. W stolicy Baktrii, Baktrze, obcięto mu nos i uszy (tak czyniono w Persji uzurpatorom) i zawieziono go do Ekbatany na egzekucję.

Trudno było zawładnąć tymi obszarami, jeszcze trudniej było je utrzymać. Ciągle na nowo wybuchały bunty albo przynajmniej się tliły. Aleksander zakładał kolonie wojskowe, które dzięki znakomitemu położeniu stały się w późniejszych czasach ważnymi miastami. Zwłaszcza w roku 328 przed Chrystusem nowy król przemierzał dawne imperium perskie i gasił bunty, sprawnie i skutecznie, ale nieraz okrutnie, gdy wszystkich mężczyzn wycinano, a kobiety i dzieci brano w niewolę. W *Literaturze Greków i Rzymian*, w legendzie Aleksandrowej, wspomniałem o poślubieniu Baktryjki Roksany, córki księcia Oksyartesa, i przyswojeniu trzydziestu tysięcy chłopców, którzy mieli się stać w przyszłości Grekami. To była, obok wycinania krnąbrnych miast, druga strona Aleksandrowego podboju, zwłaszcza Baktrii, gdzie kultura grecka mocno się zakorzeni.

Ciemne epizody legendy

Różnych ciemnych epizodów legendy Aleksandrowej nie da się uznać za zmyślenia. Idąc za trzeźwymi historykami antycznymi, nie mamy wątpliwości, że są to fakty. Bodaj najciemniejsze to było zabicie przyjaciół, Klejtosa, który ocalił Aleksandrowi życie nad Granikiem, i Kallistenesa. Podałem to w *Literaturze Greków i Rzymian*, ale myślę, że tragiczny ten ciąg, tak wiele mówiący nie tylko o samym Aleksandrze, lecz i o czymś rozleglejszym, w co się pogrążył, trzeba tu, w *Historii*, dokładniej przedstawić. Było to niedługo po skazaniu Filotasa i Parmeniona. Aleksander toczył wojnę w satrapii Sogdiany, być może w miejscu dzisiejszej Samarkandy, w roku 328 przed Chrystusem. Aby pokazać Klejtosowi dorodne owoce przyniesione znad morza, Aleksander, który

miał właśnie chwilę wytchnienia, przywołał przyjaciela, nie wiedząc, że od ofiar. Szły za Klejtosem dwie owce. Uznano to za złą wróżbę, czym zaniepokoił się Aleksander, który zresztą trzy dni przedtem we śnie widział Klejtosa nieżywego. Kazał teraz inną ofiarą, dla Dioskurów, uprosić boskiej opieki.

Tragiczny spór z Klejtosem

Ucztowano swobodnie i pito, śpiewano piosenki szydzące z generałów armii, których niedawno pokonali w bitwie barbarzyńcy. Klejtos, pijany, powiedział wówczas, że nie wolno tak się wyśmiewać ze swoich. Aleksander odparł, że Klejtos broni własnych marnych zmagań, tchórzostwa. Na to on, że jego tchórzostwo ocaliło życie królowi uciekającemu nad Granikiem. Aleksander zapytał, czemu przewrotny podburza Macedończyków. Na to znowu Klejtos, że Macedończycy muszą teraz u Persów starać się o audiencję u Aleksandra. Bliscy ludzie króla podnieśli się zza stołu, przerażeni, i próbowali uciszyć awanturę, król zaś rzekł do dwóch ludzi z miast jońskich: „Czy wam się nie zdaje, że Grecy wśród Macedończyków chodzą jak półbogi pośród bestii?".

Cały ten okropny ciąg powtarza Plutarch (*Żywot Aleksandra*, 50–55), a przywoływane przez niego incydenty mają w sobie nieprzyjemność i nieoczekiwaność, w jakich wyczuwamy cierpki smak rzeczy. To chyba pochodzi ze znanych antycznemu biografowi dawnych, wiernych zapisów. Dosyć szczegółowych, bo rzecz była niebłaha. Chodzi o to, że Klejtos nieopatrznie przeniósł obyczaj drużyny wojennej, szorstkiego i braterskiego obcowania z wodzem, zupełnie gdzie indziej, na dwór już orientalny. Zresztą Klejtos to zaraz powiedział bez ogródek: niechże król nie zaprasza wolnych, lecz niech zadaje się z barbarzyńcami i niewolnikami. Wtedy Aleksander rzucił w niego jabłkiem, szukał miecza, ale go przed królem schowano. Gniewny pięścią uderzył herolda, który nie chciał otrąbić wielkiego sporu. Klejtosa wyprowadzili przyjaciele, szarpiąc się z nim, z sali. Usiłował wejść innymi drzwiami i deklamował z *Elektry* Eurypidesa:

> Biada! Jak źle się w Grecji dzieje!

Aleksander wyrwał jednemu z swojej ochrony włócznię. Gdy Klejtos znowu chciał wejść i odsuwał kotarę u drzwi, król rzucił w niego włócznią. Z głośnym jękiem runął Klejtos na ziemię.

Przyjaciele stali nad martwym, milcząc. Król włócznią wyjętą z ciała przyjaciela chciał przebić sobie szyję, ale ochrona chwyciła go za ręce i przemocą zaprowadziła do sypialni. Całą noc płakał. Dopiero nazajutrz wróżbita Aristandros przypomniał mu sen o Klejtosie nieżywym. Tak miało się stać, mówił. Niebawem przywiedziono do króla dwóch ludzi z jego dworu. Jeden z nich to Anaksarchos z Abdery, towarzyszący Aleksandrowi w wyprawach azjatyckich zwolennik teorii Demokryta, nauczyciel sceptyka Pyrrona. Perypatetycy, ludzie od głównego mistrza króla, Arystotelesa, nie lubili go. Nawet Plutarch twardnienie charakteru Aleksandra przypisuje Anaksarchosowi, na przykład takim jego słowom do leżącego w męce moralnej króla: „To ma być Aleksander, na którego teraz patrzy cały świat? Leży i płacze jak niewolnik i boi się sądów i nagan ludzi?”.

Król chce odebrać sobie życie

PROSKYNESIS

Drugim przywołanym wówczas do króla człowiekiem był Kallistenes z Olintu, krewny Arystotelesa, a przy tym jego uczeń, pisarz już przedtem trochę wsławiony jako historyk grecki, wzięty teraz na wyprawę jako jej kronikarz. Bez miary czcił królewskiego patrona jako orędownika panhellenizmu i, co znaczyło jeszcze o wiele więcej, jako syna Zeusa. Kallistenes jednak nie był tylko pochlebcą. Plutarch nam powiada, co może trafić do przekonania, że młodzież ceniła go za uczoność, a starsi za powagę i niezależność. Sam mówił, co przyjmowano bez niedowierzania, że służy Aleksandrowi, aby swoich rodaków sprowadzić z powrotem do ojczyzny i odbudować ich miasto. Ale taktykiem był zimnym. Tenże Plutarch podaje (53, 3–5), że przy biesiadzie z Aleksandrem wygłosił kiedyś na zamówienie pochwałę Macedończyków; goście w uniesieniu rzucali nań wieńce. Kiedy zaraz potem król zażądał, by napiętnował wady Macedończyków i pomógł im poprawić się, Kallistenes wygłosił równie gorącą mowę, w której twierdził, że utyli oni na niezgodzie Greków: „W niezgodzie nawet łotry dochodzą do chluby". Tym już rozgniewał Aleksandra, który potraktował mowę jako przejaw wrogości do Macedończyków.

Teraz, po tragedii Klejtosa i Aleksandra, nie usiłował ani utwardzić, ani zmiękczyć króla, lecz tylko próbował osnuć jego ranę łagodnymi słowami. Miała nastąpić jednak kłótnia króla z Kallistenesem o wiele poważniejsza niż z okazji mów o Macedończykach. Stało się to też na uczcie, mniej niż w rok po zabiciu Klejtosa, jeśli obliczenia naszych historyków są trafne, najprawdopodobniej w Baktrze, w początku roku 327. Chodzi tu o próbę wprowadzenia na dwór Aleksandra obyczaju *proskynesis*. To greckie słowo pochodzi od czasownika *kyneo*, „całuję", i przyimka *pros*, „ku", „w kierunku". Oznaczało wyrażenie szacunku przez ucałowanie swoich palców i skierowanie ich ku osobie, którą chce się uczcić. Grecy honorowali tak jedynie wizerunki bogów, Persowie zaś ludzi wyżej postawionych społecznie, zwłaszcza króla. Grecy nieraz błędnie mniemali, że *proskynesis* u Persów, a także nieidentyczny z nią obyczaj padania na kolana przed królem wynikały z jego deifikacji.

Kłótnia o proskynesis

Nasze źródła wskazują wyraźnie, że w początkach wojennego okresu azjatyckiego Aleksander próbował (bez powodzenia) wprowadzić *proskynesis* na swój dwór jako praktykę przestrzeganą przez Macedończyków, Greków i Azjatów. Cel jednak jego jest przedmiotem sporów dzisiejszych uczonych. Najpowściągliwsi mniemają, że cel był wyłącznie polityczny: najbardziej chodziło o zasypanie przepaści między dawnymi i nowymi rządcami imperium, arystokracją perską i macedońską. Inni sądzą, że Aleksander już wtedy żądał czczenia go jako osoby niemal boskiej, jak to prawdopodobnie będzie w roku 324 przed Chrystusem. Najobszerniej o tej sprawie pisze Arrian (IV, 10, 5–12, 5), lecz poświęca jej niemało uwagi także Plutarch w przywołanej już tu przez nas sekwencji w *Żywocie Aleksandra*. Ze źródeł wydobywamy dwie główne wersje tego, co się stało na owej uczcie. Według jednej propozycja Aleksandra spełnienia *proskynesis* wobec niego stała się przedmiotem sporu Anaksarchosa i Kallistenesa. Ten drugi przemawiał długo i ostro. Przypomniał nawet, że

Co się stało na uczcie?

wielki Kyros został niegdyś upokorzony przez Scytów, „ludzi biednych, lecz niezależnych". Ogromnie spodobało się to Macedończykom, lecz król bardzo się rozgniewał. To jednak, że tak się ludziom ten opór spodobał, skłoniło Aleksandra, jak nam podaje Arrian, do „posłania Macedończykom rozporządzenia, by zapomnieli o *proskynesis*".

Druga wersja wydarzenia jest barwniejsza. Aleksander posłał wokół stołu, między biesiadników, złoty kielich, który każdy miał podjąć, ofiarować nad nim *proskynesis*, a potem każdy biesiadnik, jeden po drugim, miał otrzymać pocałunek od króla. Kallistenes uchylił się od wykonania gestu *proskynesis*. Gdy zbliżył się potem do pocałunku Aleksandrowego, królowi doniósł Demetrios, syn Pytonaksa, że ten zaniechał obowiązku. Król więc nie chciał się z nim ucałować. „Odejdę uboższy o jeden pocałunek" – rzekł Kallistenes. Która wersja wygląda na prawdziwą? Mogą być prawdziwe obie jednocześnie.

Być może, jeśli to podejrzenie nie oczernia króla, niebawem przyszedł skutek groźniejszy. Takie związki między zdarzeniami dostrzega zarówno Plutarch, jak Arrian, który, jak wiadomo, opiera swoje zapisy głównie na Ptolemajosie, generale Aleksandrowym, później pierwszym królu hellenistycznego Egiptu, i na Aristobulosie, jednym z kronikarzy w Aleksandrowej świcie. Za Aristobulosem więc i Ptolemajosem Arrian (IV, 14, 1) podaje, że kiedy wiosną 327 roku policja nowego imperium wykryła tak zwane sprzysiężenie paziów, czyli uknuty przez Hermolaosa spisek młodych dworzan na życie króla, spiskowcy zeznawali, że popchnął ich do tego dwuznacznymi powiedzeniami Kallistenes. Zdaniem Plutarcha jednak żaden z nich nic podobnego o Kallistenesie nie powiedział: stwierdzali, że sami podjęli takie postanowienie; Aleksander pisze o tym w listach wysłanych zaraz po wydarzeniu, powiada nam Plutarch.

„Sprzysiężenie paziów"

W późniejszym zaś liście, napisanym do Antypatra (jednego z głównych generałów u Filipa i Aleksandra, a podczas pobytu Aleksandra na Wschodzie zarządcy Macedonii i „generała Europy"), król obwinia także Kallistenesa: „Młodzieńców ukamienowali Macedończycy, a sofistę ja sam ukarzę, jak też tych, którzy go wysłali, i tych, którzy w swoich miastach goszczą ludzi czyhających na moje życie". To odczytano jako przytyk do Arystotelesa, w którego domu Kallistenes, jako krewny, wychowywał się. O wrogości Arystotelesa do Aleksandra niemało potem, w późnych legendach, mówiono. A dwór, który nam te sprawy odsłania, co to jest? Typowy dwór tyrana? Różnie powiada się o tym, jaką śmiercią umarł niezłomny Kallistenes. W każdym razie była to egzekucja.

Dwór tyrana?

ZA HINDUKUSZEM

W następnym, 327 roku, latem, Aleksander po raz drugi (pierwszy raz było to w pościgu za Bessosem) przekroczył groźne góry Hindukusz. Teraz szedł dalej, do Indii. Po zstąpieniu z gór prowadził swoją armię przez rozległą pustynię. Indie mogły go kusić mityczną tradycją, według której urodzili się tam Herakles i Dionizos. Wśród pożogi miast na drodze do Indii ocalało to, które postarało się o identyfikację z mityczną (różnie lokalizowaną przez komentatorów) Nysą, w której niegdyś nimfy wychowały Dionizosa. Rzekę Indus przebył Aleksander na wiosnę 326 roku. Uczcił tę porę wielkimi uroczystościami i igrzyskami.

Za rzekę Indus

Gościnnie powitał nowego władcę radża Taksili u górnego biegu Indusu, Omfis (Ambhi). Liczył on na to, że Macedończycy pomogą mu rozprawić się ze współzawodnikami, królami mającymi państwa dalej na wschód. Nie zawiódł się. Aleksander zgodził się na podjęcie wojny z głównym, królem Porosem, czającym się za dopływem Indusu, zwanym przez Greków Hydaspesem (dziś Dżilam). Przybył nad Hydaspes, zanim topnienie zimowych śniegów mogłoby uczynić rzekę przeszkodą nie do przebycia.

Walka z Porosem

Pierwszą sprawą było przeprawienie się przez rzekę. Wojsko Porosa z drugiego brzegu natężało swoją wrogość. Macedoński król wybrał czas burzy, porę piorunów. Jego żołnierzy chłostał wicher i woda, ale ludzkich przeciwników wtedy nie było. Na drugim brzegu usiłowało chronić się przed burzą dwadzieścia tysięcy indyjskiej piechoty i dwa tysiące jazdy, a ponadto wiele słoni, które miałyby przerazić i tratować wrogie szeregi. Lecz w walce kawaleria macedońska wegnała indyjską między zastępy indyjskiej piechoty. Teraz ruszył do boju żelazny krok macedońskiej falangi. Gdy Poros rzucił do walki słonie, falanga rozstąpiła się przed nimi i pędzące dźgała z boków sarysami, długimi włóczniami. Ogłupiałe słonie biegły teraz w tył, na szyki indyjskiej armii, wśród niej wzniecając popłoch, tratując. Z tamtejszej piechoty ocalał ten, kto uciekł, przemknąwszy się między szeregami Macedończyków.

Porosa pojmano siedzącego na ogromnym słoniu. Sam król także był olbrzymi, dwumetrowy. Aleksander, ceniąc jego odwagę, zostawił go na miejscu jako radżę pod protektoratem macedońskim. Założył nad Hydaspesem miasta: Nikaję, w której imieniu dźwięczy greckie słowo *nike*, „zwycięstwo”, oraz Bukefalę na cześć starego przyjaciela, ulubionego konia, Bukefalosa, który podczas tej kampanii dobiegł kresu życia. Indyjskie podboje Aleksandra sięgnęły od Indusu do rzeki Hyphasis (dziś Beas), czyli ogarnęły Pendżab. Być może, zdobywca myślał o podbiciu jeszcze Gandhary, kraju panującego nad doliną Gangesu; Gandhara obejmowała obszary dzisiejszego Peszawaru i Rawalpindi (Pakistan) oraz Kandaharu (Afganistan). Lecz właśnie nad rzeką Hyphasis, we wrześniu 326 roku przed Chrystusem, armia, która miała świeżo za sobą siedemdziesiąt dni brnięcia przez ciężką ulewę, zakrzyknęła i zaszeptała: „Nie pójdziemy dalej".

Armia nie chce iść dalej

Słyszymy, że król zamknął się w swoim namiocie i nikogo nie przyjmował, gniewny, karmiący się goryczą. Wreszcie jednak pojął, że grozi mu regularny bunt armii. Po raz pierwszy więc w życiu zaczął pertraktować. Oświadczył, że złożone przez niego ofiary wykazały, iż bogowie nie chcą jego dalszego marszu. Czy złożył takie ofiary? Mało kogo w historii tak jest trudno podejrzewać o kłamstwo, jak jego, Aleksandra. Dał rozkaz odwrotu. I z pewnością serce mu pękało, gdy słuchał grzmiących wiwatów żołnierskiej rzeszy.

Droga odwrotu

Droga do domu wiodła teraz nie przez wschodnie ziemie imperium, lecz zbudowanymi śpiesznie licznymi okrętami (może ich było osiemset, może tysiąc) w dół Indusu, na południe, w stronę Oceanu Indyjskiego. Nie żeglowało się przez obojętny kraj. Wszędzie dookoła ocknęła się narodowo-religijna niezależność ludów i miast indyjskich. Żeglując, Macedończycy podbijali miasta, bez tego zginęliby po prostu. Indyjska strzała wbiła się w pierś króla, gdy stał na murze jednego z miast. Została mu z tego ciężka dolegliwość na resztę życia. Boje takie były o wiele dokuczliwsze niż zmaganie się z rzeką, której wody już opadły w porze lutego 326 roku, gdy zaczynała się żegluga odwrotu. Do ujścia Indusu dopłynęli w lipcu roku następnego, 325 przed Chrystusem. Stąd trzeba było długo iść na zachód bezdrożem srogiej pustyni, zanim doszli do Karmanii, prowincji perskiej nad Zatoką Perską. Stąd już nie było bardzo daleko do Persepolis. Osobno wróciła flota, prowadzona przez znakomitego admirała Nearchosa. Nie tracąc ani jednego okrętu, wiódł ją blisko brzegu, aż dotarł do ujścia Tygrysu. Aleksander tak był tym zachwycony, że zaczął marzyć o opłynięciu w przyszłości – kto wie? – może całej Afryki? – może Śródziemnomorza zachodniego? O podbiciu tych ziem?

Do dziś badacze zastanawiają się nad tym, w jakiej mierze mamy ufać podanym przez Diodora Sycylijskiego (XVIII, 4,

Tajne zamiary Aleksandra?

1–6) „zapisanym poleceniom" (*entolai engraptoi*), jakie Aleksander pono powierzył swojemu wysokiemu urzędnikowi, Kraterosowi; po zgonie króla miano je ukryć jako niebezpieczne.

„Oto – czytamy – rzeczy najważniejsze w owych zapiskach: zbudować w Fenicji, Syrii, Cylicji i na Cyprze tysiąc okrętów większych od trier (okrętów o trzech rzędach wioseł) na wyprawę przeciw Kartagińczykom i innym ludom mieszkającym na wybrzeżach (Morza Śródziemnego) w Libii (Afryce), Iberii i innych sąsiednich ziemiach aż po Sycylię; przygotować drogę wzdłuż wybrzeża libijskiego (afrykańskiego) aż do Słupów Heraklesa (dwóch skalistych przylądków nad Gibraltarem), wyposażając ją w odpowiednie dla tak wielkiej wyprawy porty i warsztaty okrętowe w stosownych miejscach; wybudować sześć wspaniałych świątyń, każdą kosztem tysiąca pięciuset talentów; w końcu założyć miasta i przesiedlać ludzi z Azji do Europy i na odwrót – z Europy do Azji, aby przez zawieranie małżeństw i tworzenie związków pokrewieństwa nadać dwóm największym kontynentom jedność i rodzinną miłość. Wspomniane wyżej świątynie miały powstać na Delos, w Delfach, w Dodonie, a w samej Macedonii świątynia Zeusa w Dion, Artemidy Tauropolos („Patronki Byków") w Amfipolis, Ateny w Kyrnos; tej samej bogini świątynia, nieustępująca świetnością żadnej, miała być też zbudowana w Ilionie; a grób jego ojca Filipa miał dorównać największej z egipskich piramid, budowli, jakie niektórzy ludzie liczą wśród siedmiu największych dzieł człowieka".

ZAŚLUBINY W SUZIE

Podejrzliwość Aleksandra

Zarówno podczas pobytu w Indiach, jak i po powrocie do Mezopotamii starał się sprawdzać podległych mu satrapów w świeżo podbitym imperium. „Mówi się – pisze Arrian (VII, 4, 3) – że w tym okresie Aleksander stał się bardziej skłonny do dawania wiary wszelkim oskarżeniom, jakby były całkiem godne zaufania, jak też do wymierzania surowych kar ludziom, którym udowodniono niezbyt duże uchybienia; mniemał, że oni w tym samym nastawieniu mogliby popełnić ciężkie zbrodnie". Niejednemu satrapie, jak też generałowi i innemu wyższemu urzędnikowi odebrano wówczas rządy albo nawet ścięto głowę. Zimą lat 325–324 młody król często zastępował perskich urzędników Macedończykami. Ale ci drudzy też nie byli bezpieczni. Poszept o ich przestępstwach sprawiał, że wzywano ich przed oblicze Aleksandra. Niemało ich potem ścinano. W górnej warstwie nowego imperium zaczął się szerzyć lęk.

Ale że kradli, to z pewnością prawda. Znamy te ewolucje i z innych epok historii. Wśród wielu przykładów można podać dzieje Harpalosa (nazwisko jakby znaczące; *harpazo* znaczy po grecku: „chwytam", „grabię"). Człowiek ten (około 355–323 dawnej ery), Macedończyk z rodu książęcego, był od najmłodszych lat przyjacielem Aleksandra. Kaleka, nie mógł służyć w wojsku. Towarzyszył królowi w Azji jako finansista, zarządca kasy. Nagle uciekł z Azji do Grecji, nie wiemy, z jakiej przyczyny. Potem Aleksander przywrócił go do łask i w roku 331 zrobił go zarządcą znajdującego się w Babilonie głównego skarbca imperium. Gdy Aleksander wojował w Indiach w latach 327–325 przed Chrystusem, Harpalosowi bogactwo uderzyło do głowy i splamił się jakimiś dużymi malwersacjami, a może nawet zdradą wobec króla. Gdy wracał Aleksander, przestępca uciekł z Babilonu z sześcioma tysiącami żołnierzy i pięcioma tysiącami talentów; król o tym się dowiedział, przybywszy do Suzy. Harpalos z wojskiem swoim i pieniędzmi poszukał schronienia w Atenach, gdzie chyba przekupił różnych ateńskich polityków. Mówiono, że skorumpował również Demostenesa. Lecz może była to tylko nikczemna plotka rozsiewana przez wrogów wielkiego mówcy. Co pewne, to tylko to, że Harpalosowi także w Atenach ziemia paliła się pod stopami. Mówi się, że go aresztowano, lecz znowu uciekł, i to z wojskiem. Tym razem na Kretę, gdzie go zabije jeden z jego oficerów.

Wróćmy do marszu Aleksandra z Dalekiego Wschodu do Persji. W lutym 324 roku przybył do Suzy i tu znowu zadziwił swo-

ich dworzan i towarzyszy przyjęciem stroju królów perskich. Miał na sobie purpurową tunikę w białe pasy, głowę zdobił perski diadem. Nową gwardię przyboczną utworzył z połączenia gwardii macedońskiej i zreformowanej gwardii perskiego monarchy. Już wspomnieliśmy o przyswojeniu i wojskowym treningu trzydziestu tysięcy perskich chłopców. Aleksander chciał mieć armię macedońsko-azjatycką. Czy tylko armię? Dążenia młodego króla są jeszcze ciągle przedmiotem badań i sporów naszych uczonych. Wyraźniej widzimy fakty. Jednym z nich, szczególnie rozjarzonym, są wielkie zaślubiny podczas owego pobytu w Suzie. W tej, jak i w innych ówczesnych uroczystościach towarzyszył Aleksandrowi Hefajstion (około 356–324 dawnej ery), bardzo bliski przyjaciel, jak Harpalos, od dzieciństwa. Arystokrata macedoński, od 330 roku robił karierę w Aleksandrowej armii. Uważany przez wielu za pyszałka, był, jak się zdaje, powiernikiem króla w jego marzeniach o budowaniu imperium. Król, aby nadać mu rolę głównego urzędnika, wznowił dla Hefajstiona w roku 324 perski urząd wezyra, zwanego po grecku *chiliarchos*. Kiedy teraz w Suzie król siebie i wielu swoich spowinowacał

Pragnienie zjednoczenia z Azją?

z Persami, Hefajstionowi był w tym przeznaczony ważny udział. Już teraz jednak powiedzmy, że nie będą to związki trwałe; niewiele z owych małżeństw przetrwa odejście Aleksandra z tego świata. Już teraz w Macedończykach te powinowactwa, jak też przyswojenie trzydziestu tysięcy młodych Azjatów, jak zwłaszcza zaliczenie ludzi z Baktrii, Sogdiany i innych prowincji do grona *hetairoi*, rozdrapywało coraz głębszą urazę. Ludzkość niechętnie wyzbywa się namiętności etnicznych.

Żony ze Wschodu

Lecz teraz iskrzyło się wspaniałe wesele. Sam król, który miał już żonę Baktryjkę, Roksanę, zaślubiał w Suzie Barsine, najstarszą córkę Dariusza, a według Aristobulosa także drugą Persjankę, Parysatidę, najmłodszą z córek Ochosa. Hefajstionowi dał za żonę Drypetis, inną córkę Dariuszową, siostrę swej własnej żony, pragnął bowiem, by dzieci Hefajstiona i jego były krewnymi. Podobnie pożenił innych swoich dostojników. Kraterosowi dał córkę brata Dariuszowego, Oksyartesa, Amastrine, a Perdikkasowi córkę (Arrian nie podaje nam jej imienia) Atropatesa, satrapy Medii. Ptolemajosowi, swojemu „osobistemu strażnikowi" (*somatophylaks*) córkę Artabazosa, Artakamę (Ptolemajos założy potem dynastię hellenistycznego Egiptu, ale owej żony z Suzy natychmiast po zgonie Aleksandra się pozbędzie), a swojemu skretarzowi, Eumenesowi, inną córkę Artabazosa, Aristonis. Zasłużonemu admirałowi, Nearchosowi (ukoronowanemu też złotym wieńcem wraz z kapitanem okrętu królewskiego, Onezikritosem, oraz Hefajstionem i wybranymi ludźmi z ochrony królewskiej), dał córkę Barsine i Mentora; Seleukosowi (także z bliskiego otoczenia królewskiego, potem założycielowi jednej z dynastii hellenistycznych) córkę Spitamenesa Baktryjczyka (imię jej, Apame, znamy z *Geografii* Strabona). Również innym spośród swoich *hetairoi*, około osiemdziesięciu, Aleksander, jak mówi nam Arrian, dał najszlachetniejsze Persjanki i Medyjki. I wszyscy oni, oprócz jedynego Seleukosa, rozwiodą się, jak Ptolemajos, z tymi żonami, gdy Aleksandra nie stanie.

Wesele jednak w Suzie się iskrzyło. Odprawiano zaślubiny według perskiego obyczaju. Wszystkie pary razem, za przewodem króla, który swoimi ślubami rozpoczął ceremonię. Szeregiem stały krzesła dla oblubieńców, a gdy oni zasiedli i wychylili puchary, przyszła do każdego panna młoda, by usiąść obok niego. Ujmowali je za rękę i całowali. Bardziej niż jakiekolwiek inne działania Aleksandra to wszystko wydawało się braterskie i ludowe. Każdy pan młody odprowadził oblubienicę do własnego domu, a król każdemu oblubieńcowi dał posag. Aleksander kazał też spisać wszystkich Macedończyków, którzy wcześniej pojęli azjatyckie żony. Było ich ponad dziesięć tysięcy. Wszystkich wyposażył w hojne dary ślubne.

PRZECIW BUNTOWI W MIEŚCIE OPIS

Niechęć Macedończyków

A pod tym roziskrzeniem pełznął i wszędzie się wciskał ciemny szept: Aleksander poddaje nas Persom. Szept nie był długo tajony, wybuchnął jawnym buntem jeszcze w tym samym 424 roku. Wiosną Aleksander opuścił Suzę i maszerował ku Zatoce Perskiej, a stąd żeglował w górę Tygrysu do Mezopotamii. W Opis, jednym z handlowych miast tej strefy, król zwołanym na wiec żołnierzom oznajmił, że wszystkich Macedończyków, którym dalszą służbę uniemożliwia wiek albo otrzymane rany, zwolni z wojska i pozwoli im wrócić do domu. Chciał po prostu odnowić armię świeżymi zaciągami z Macedonii. Zwolnionym zapowiedział dary, które ich uczynią przedmiotem zazdrości w ojczyźnie, co zachęci innych Macedończyków do znoszenia takich samych trudów. Pewnie spodziewał się wdzięczności od weteranów. Ale oni już wiedzieli o wprowadzeniu ludzi z Orientu nawet do elitarnej kawalerii składającej się ze szwadronów *hetairoi.* Właśnie świeżo król utworzył regiment jazdy, w którym byli głównie ludzie wschodni. Weterani macedońscy zbiorową decyzją tłumu postanowili nie milczeć dłużej. Oprócz osobistej gwardii króla zbuntowali się wszyscy. Krzyczeli do Aleksandra, tak, niech ich od razu odprawi! I niech mu towarzyszy w nowej wyprawie tylko jego ojciec – mieli na myśli Ammona z Siwa.

Tu Arrian w swojej relacji (VII, 8–11) o tych wydarzeniach tak w przelocie ocenia postępowanie Aleksandra: „Działał teraz z mniejszym namysłem; orientalne pochlebstwa zrobiły go obcesowym wobec Macedończyków". Wraz z otaczającymi go generałami zeskoczył z podwyższenia i natychmiast nakazał zbrojnym aresztowanie przywódców tego zajścia, trzynastu ludzi. Od razu odprowadzono ich na egzekucję. Nieme przerażenie padło na wzburzony niedawno tłum. Aleksander zaś wszedł znów na podwyższenie i przemówił.

Oracja króla do Macedończyków

Oracja, jaką podaje Arrian, na pewno nie jest zapisem owego przemówienia. Rzetelni jednak historycy antyczni w takich przypadkach nie snuli fantazji, lecz sięgali do wszelkich notatek, jakich mogli dopaść, oraz do przedstawień poglądów osób politycznych i z nich układali kompozycje, które mogą być niedalekie od prawdy. Dlatego warto poznać to, co Aleksander wówczas mógł powiedzieć swoim weteranom.

„Macedończycy, moja mowa nie ma na celu stłumienia waszej chęci powrotu do domu. Co mnie się tyczy, godzę się, idźcie, dokąd chcecie. Pragnę tylko, byście odchodząc uświadomili sobie, co zrobiłem dla was i co wyście dla mnie uczynili. Rozpocznę, jak się godzi, od mojego ojca Filipa. Kiedy objął panowanie nad wami, byliście ubogimi koczownikami, odzianymi po większej części w skóry, gdy paśliście małe stada bydła po górach, broniąc ich rozpaczliwie przed Iliryjczykami, Triballami i pogranicznymi Trakami. Filip dał wam płaszcze zamiast owczego runa, sprowadził was z gór w równiny, uczynił zdolnymi do walki z sąsiednimi barbarzyńcami. Odtąd bezpieczeństwo zawdzięczaliście własnemu męstwu, a nie kurczowemu trzymaniu się górskiej osłony. Zrobił z was mieszkańców miast i podniósł was dobrymi prawami i obyczajami. Z niewolników i poddanych uczynił was przewodnikami owych barbarzyńców, którzy przedtem dręczyli was i łupili wasze posiadłości. Dużą część Tracji przyłączył do Macedonii, a gdy zawładnął najkorzystniejszymi miejscami nad morzem, otworzył kraj dla handlu i sprawił, że możecie bez przeszkód wykorzystywać wasze kopalnie.

Zrobił was władcami Tesalów, przed którymi dawniej umieraliście ze strachu. Ukorzywszy Fokejczyków, otworzył przed wami szeroką i łatwą drogę do Grecji zamiast wąskiej i trudnej. Ateńczyków i Teban, czających się zawsze przeciw Macedonii, tak upokorzył (w czym ja sam pomogłem), że już ani nie płacicie daniny Ateńczykom, ani nie słuchacie tebańskich rozkazów, lecz to jedni i drudzy po części u nas szukają bezpieczeństwa. Wkroczył też na Peloponez i uporządkował tamtejsze sprawy. Został wybrany na naczelnego wodza całej Grecji przeciw Persom, czego zasługę wolał przypisać raczej wszystkim Macedończykom niż sobie samemu.

To zdziałał mój ojciec dla was, rzeczy, jak sami widzicie, wielkie, lecz małe w porównaniu z moimi dziełami. Odziedziczyłem po ojcu niewiele naczyń złotych i srebrnych i niespełna sześćdziesiąt talentów. Zostawił zaś Filip długi dochodzące do pięciuset talentów, do czego jeszcze musiałem dopożyczyć następne osiemset. Wyruszyłem z kraju, który nawet was samych nie mógł dobrze wyżywić, i od razu otworzyłem wam przejście przez Hellespont, mimo że Persowie panowali wtedy na morzu. Pokonawszy kawalerię satrapów Dariusza, poddałem waszemu władaniu całą Jonię i całą Eolidę, obie Frygie i Lidię. Oblężeniem wziąłem Milet. Oddałem wam plony wszystkich ziem, które dobrowolnie się nam poddały. Całe bogactwo Egiptu i Kyreny, jakie zdobyłem bez walki, wam się dostało. Celesyria, Palestyna, Mezopotamia wasze są, jak i Babilon, i Baktria, i Suza. Dla was bogactwo Lidii, skarby Persji, zasoby Indii, jak i morze zewnętrzne. Wyście satrapami, strategosami, taksiarchosami (pułkownikami). A mnie co zostało z wszystkich trudów, tylko ta purpura i diadem?".

Nie trudzi się dla siebie, tak zapewnia w wielkiej mowie ów Arrianowy Aleksander. Jakkolwiek widzi się jego działanie, które nieraz przeraża, owo „nie dla siebie" stanowi, być może, najszczerszą prawdę.

Wyciągnięcie ręki do żołnierzy

„Sam nic nie posiadam, nikt nie wskaże moich skarbów, chyba te, które do was należą albo dla was są przechowywane. Nie mam żadnego powodu, by je zatrzymać dla siebie, albowiem spożywam te same potrawy, co wy, i sycę się tym samym snem, a nawet myślę, że nie spożywam takich samych potraw jak ci z was, którzy polubili zbytek, i wiem, że czuwam za was, abyście wy mogli spać.

Czy to wszystko osiągnąłem waszymi trudami, bez własnego umęczenia? A któż z was poczuwa się do większych trudów poniesionych w mojej sprawie niż ja w jego? Niechże ten spośród was, który może obnażyć swoje rany, odsłoni je, a ja pokażę moje w tym samym miejscu ciała. Z przodu całe moje ciało jest poranione. Nie ma takiego rodzaju broni, czy to ręcznej, czy dalekonośnej, której śladów nie nosiłbym na sobie. Otrzymałem rany i od miecza w walce wręcz, i od strzał, i od pocisków z katapult. Ugodziły mnie wiele razy pociski i kamienne, i drewniane. Za was, dla waszej sławy i waszego bogactwa, prowadzę was od zwycięstwa do zwycięstwa przez ziemię i morze, przez wszystkie rzeki, góry i równiny. Jeśli ktoś z was popadł w długi, spłaciłem je, nie badając, z jakiej przyczyny zostały zaciągnięte, choć przecież tak wiele dostawaliście w żołdzie i tak wiele przez plądrowanie, ilekroć po oblężeniu łupiło się miasto. Wielu z was posiada też złote wieńce jako nieśmiertelną pamiątkę waszej dzielności i mojego dla was szacunku. Ktokolwiek zaś poległ, jego śmierć była chwalebna, grób świetny, w ojczyźnie większość z nich ma spiżowe posągi, a rodzice są otoczeni czcią i wolni od wszelkich świadczeń i podatków. Bo nikt z was pod moim przewodem nie poległ w ucieczce.

Królewska gorycz

Teraz miałem niezdolnych do boju spośród was odesłać jako godnych zazdrości dla pozostałych w domu. Lecz jeśli wszyscy chcecie odejść, odejdźcie wszyscy i w ojczyźnie donieście, że waszego króla Aleksandra, który pokonał Persów, Medów, Baktryjczyków i Saków, a także Uksyjczyków, Arachotów i Drangów, ujarzmił Partów, Chorezmijczyków i ludzi z Hyrkanii aż po Morze Kaspijskie, przebył Kaukaz poza Bramami Kaspijskimi, przekroczył rzeki Oksos i Tanais, a także Indus, której to rzeki nikt prócz Dionizosa nie przebył, oraz rzeki Hydaspes, Akesines i Hydraotes, a przekroczyłby i Hyphesis, gdybyście wy nie wzdragali się, który doszedł do wielkiego morza po obu stronach ujścia Indu, który przebył pustynię Gedrosji, jakiej nikt przedtem nie przeszedł z armią, po drodze zaś podbił Karmanię i kraj Oreitów, podczas gdy flota przepłynęła morze rozciągające się od kraju Indów do kraju Persów, wy tego króla opuściliście blisko Suzy i oddaliście go pod straż pokonanych barbarzyńców. Obwieścić to będzie zapewne dla was zaszczytne wobec ludzi i godziwe wobec bogów. Odejdźcie".

TOAST ALEKSANDRA

Jeśli wierzyć Arrianowi, a można mu wierzyć, potem działo się tak: Aleksander zeskoczył z podwyższenia i odszedł do królewskiego namiotu. Przez ten i następny dzień nie przyjął nawet żadnego z *hetairoi*. W trzecim zaś dniu zaprosił do siebie elitę Persów i wyznaczył spośród nich dowódców szwadronów. Porażeni zdumieniem Macedończycy czekali ciągle u podwyższenia. Za odchodzącym królem poszli byli tylko najbliżsi mu spośród *hetairoi* oraz straż przyboczna. Inni Macedończycy nie wiedzieli, co mają począć. Kiedy usłyszeli, że Persom i Medom powierza się dowództwo, że azjatyckie wojsko dzieli się na zastępy, którym są nadawane macedońskie nazwy, i że na wzór niedawno utworzonej elitarnej piechoty macedońskiej, „Srebrnych Tarcz" (*Argyraspides*), formują się perskie „Srebrne Tarcze", jak też konnica azjatyckich *hetairoi*, nie mogli tego dłużej ścierpieć, lecz pobiegli tłumem przed królewski namiot. Rzucali przed wrotami swój oręż na znak błagania i stojąc tu, wołali do króla, by wyszedł. Gotowi byli wydać ludzi odpowiedzialnych za wrzawę i zamieszki. Dniem i nocą nie chcieli się ruszyć od wrót namiotu, aż Aleksander, zapewnia nas Arrian, ulitował się nad nimi.

Gdy wyszedł i zobaczył ich rozpacz, tak się wzruszył, że zapłakał. Chciał z nimi rozmawiać, lecz oni tylko wznosili błagania. Jeden z nich, Kallines, któremu wiek i dowodzenie kawalerią *hetairoi* nadawały pierwsze miejsce, tak przemówił wreszcie: „Panie, Macedończyków gnębi to, że już uczyniłeś niektórych Persów twoimi «krewnymi» i pozwalasz im całować się z tobą, podczas gdy nikt z Macedończyków nie dostąpił takiego za-

Macedończycy przeciw zrównaniu Persów z nimi

szczytu". Od razu wpadł mu w słowa Aleksander: „Czynię was wszystkich moimi «krewnymi» i taki będzie odtąd wasz tytuł". Wtedy Kallines wystąpił z rzeszy i pocałował króla, a potem robił to każdy, kto zechciał. W duchu radości i triumfu podjęli oręż i wrócili do obozu. Dziesięć tysięcy król ostatecznie zwolni ze służby i odeśle do domu z przyzwoitą zapłatą.

Teraz zaś, po rozruchach i królewskim obrażeniu się Aleksander złożył ofiary bogom, których stale czcił, a następnie wydał dla wojska ucztę. Zasiadł do biesiady, wokół niego Macedończycy, za nimi Persowie, a dalej ludzie z różnych plemion, jakie się dobrze zasłużyły. Król i najbliżsi przy nim biesiadnicy, zaczynając od greckich wróżbitów i perskich magów, czerpali wino z jednej wazy i spełniali te same libacje. Wtedy Aleksander, powiada Arrian (VII, 11, 9), „modlił się, wśród innych błogosławieństw, o jakie prosił, także o harmonię w rządach i solidarność Macedończyków i Persów". Toast ten, a uroczyściej mówiąc, modlitwa, jest tak doniosła w dziejach naszego świata, że będzie jeszcze przedmiotem naszych roztrząsań.

Modlitwa Aleksandra o jedność

Jeszcze w tym samym 424 roku na igrzyska w Olimpii, wypadające co cztery lata w czasie letniego przesilenia dnia z nocą, Aleksander przysłał jednego ze swoich admirałów, Nikanora ze Stagiry, z listem, który zwycięski herold (igrzyska zaczynały się od współzawodnictwa heroldów) odczytywał wobec zgromadzonej rzeszy. Samych wygnańców z różnych *poleis* zebrało się wtedy więcej niż dwadzieścia tysięcy. Aleksander domagał się od wszystkich miast, by przyjęły z powrotem ludzi wygnanych, wszystkich oprócz tych, na których ciążyła klątwa. Tysiące były takich nieszczęśników, którzy przez niedolę osobistą albo na skutek walk politycznych utracili ojczyznę. Król teraz wzywał Antypatra, który w jego imieniu zarządzał całą Grecją, do zapewnienia wygnańcom powrotu nawet przez przymus wobec miast-państw. Diodor Sycylijski (XVIII, 8, 2–7) podaje, że tłum powitał ową proklamację okrzykami radości, a nawet państwa były jej przychylne, oprócz jednak Etolów, rozżartych przeciw mieszkańcom miasta Ojniadaj, oraz Ateńczyków, którzy na Samos już ziemię wygnańców rozdzielili swoim obywatelom. Pewnie i gdzie indziej dekret ogólnie humanitarny zderzał się z materią życia.

A w Mezopotamii lato, ciągle tego samego 424 roku, stawało się coraz gorętsze. Król ze swoją olbrzymią rzeszą postanowił wyruszyć w drogę na północ, ku chłodniejszemu powietrzu gór Zagros. Przybyli do dawnej rezydencji letniej królów perskich w medyjskiej Ekbatanie, gdzie satrapa powitał nowego władcę z poddaniem i przepychem. Rozpoczęły się igrzyska i ciągnące się długo w noc biesiady. Ofiarą nieumiarkowanego picia padł ukochany przez Aleksandra Hefajstion, stale mu towarzyszący. Król, nawet po wszystkim, co przeszedł, był rażony tą śmiercią jak gromem. Nie tylko pościł przez trzy doby nad ciałem przyjaciela, lecz i nakazał egzekucję jego lekarza. Miał być ustanowiony kult zmarłego jako herosa. Planowano zbudowanie dla niego wielkiego grobowca w Babilonie. Aleksander zmierzał tam w początku roku 323, ze swoją rzeszą, jak zawsze.

Nadludzka cześć dla Aleksandra?

Różne świadectwa, jakich nie możemy łatwo się pozbyć, wskazują, że zarówno dla Hefajstiona, jak dla siebie Aleksander w tym ostatnim okresie życia domagał się czci nadludzkiej. Ateny były oporne. W *Mowie nagrobnej* ku czci Ateńczyków poległych w tak zwanej wojnie lamijskiej w roku 323 przed Chrystusem, zaczętej obleganiem miasta Lamii, w którym zamknie się dziedzic zmarłego króla, Antypater, czytamy (6, 21), że Ateńczycy musieli „patrzeć na składanie ofiar ludziom, zaniedbywanie posągów, ołtarzy i świątyń bogów, a pilne troszczenie się o to wszystko dla ludzi i honorowanie sług tych ludzi jako herosów". Napisał to w roku 323 Hyperejdes, ateński mówca antymacedoński, który w roku 322 padnie zamordowany z rozkazu Antypatra. Gorzkie jego słowa na pewno odnoszą się do kultu Aleksandra i heroizacji przez niego Hefajstiona.

Skrzętny erudyta z drugiej połowy II wieku po Chrystusie, Elian, opierający swoją *Mieszaninę historyczną* (*Poikile historia*) na starych zapiskach, podaje (II, 19): „Gdy Aleksander pokonał Dariusza i przejął imperium perskie, był bardzo dumny z tego, co osiągnął. Czując się ubóstwiony przez pomyślny los, jaki go ogarnął, posłał do Greków wezwanie, by głosowali za jego boskością. Było to śmiechu warte. Nie mógł przecież uzyskać od reszty ludzkości tego, czym natura go nie obdarzyła. Miasta uchwalały różne dekrety, a Lakedemończycy taki: «Skoro Aleksander chce być bogiem, niech będzie bogiem», przekłuwając tym powiedzeniem Aleksandrowe nadęcie".

Trudno rozstrzygnąć, co się w tym okresie działo w jego duszy, na przykład wtedy, gdy poselstwa przybywające do niego wiosną 323 roku do Babilonu strojne były, jak słyszymy, w takie wieńce, w jakich się szło do bogów, albo gdy palono przed nim kadzidło. Jawne nam jest to, że na monetach bitych w Babilonie Aleksander trzyma w prawicy piorun, emblemat Zeusa, albo to, że do biesiady ubierał się w purpurową szatę i baranie rogi Zeusa Ammona.

W DZIEJACH NASZEGO ŚWIATA

Treść toastu w Opis

Chyba jednak najpilniej wracamy do toastu, czy raczej modlitwy wypowiedzianej w mieście Opis. Czy Aleksander myślał tylko o współpracy Macedończyków i Persów, czy raczej chciał się w ogóle wznieść ponad podziały etniczne? Uczeni ciągle toczą o to i będą zawsze toczyli spór. W drugim wypadku młody król otwierałby już drogę do cesarstwa rzymskiego, pierwszej w dziejach śródziemnomorskich wielkiej struktury ponadetnicznej.

Był do końca wojownikiem. W Babilonie rozmyślał o najeździe na Arabię. Półwysep Arabski był bajecznie bogaty, a miał też wiele miejsc, które można było zasiedlać. We wczesnych miesiącach 323 roku przed Chrystusem gromadziła się silna flota wojenna u ujścia Eufratu, zbierały się tu też zastępy żołnierzy z całego imperium. Ponieważ przypuszczano, że po Arabii przyjdzie kolej na kraje zachodnie, już teraz cisnęły się do Aleksandra poselstwa z tamtych stron: z Etrurii, z Kartaginy, a może nawet z Hiszpanii.

Tajemnica zgonu Aleksandra

Lecz nagle uderzył jakby grom z nieba. Tradycja wiele mówi, że zapowiadały go różne wróżby i omeny, jak też wzmagający się niepokój otoczenia królewskiego, a nawet samego Aleksandra. Ale to może być późniejsze haftowanie. Plutarch w *Żywocie Aleksandra*, w rozdziałach o jego schyłku (75–77), najpierw podaje, można by rzec, wyłącznie biesiadną wersję zgonu króla. Pokrzepiony wypowiedziami wyroczni o heroicznej godności Hefajstiona, Aleksander miałby wynurzyć się z żałoby i wrócić do składania ofiar bogom i mocnego picia na ucztach. Wspaniale ugościł swojego admirała Nearchosa, a gdy go pożegnał, wziął, jak zwykł, kąpiel przed snem. Ale Medios z Tesalii, jeden z bliskich przyjaciół, jacy królowi zostali, uprosił go, by jeszcze z nim biesiadował. Pił więc dalej przez cały następny dzień, aż nabawił się „gorączki" (*pyretos*, jeden z głównych terminów ówczesnej medycyny). Jako plotki odtrąca Plutarch wersje, że wypił jednym haustem olbrzymi puchar, tak zwaną czaszę Heraklesa, albo że odczuł niespodziany ból w plecach, jakby go przeszyła włócznia. Aristobulos stwierdził tylko, że miał on „wściekłą gorączkę" (*pyrettein manikos*), a kiedy poczuł pragnienie, napił się wina i wówczas zaczął majaczyć, i umarł trzydziestego dnia macedońskiego miesiąca Daisios.

„Dzienniki" co mówią

Następnie Plutarch przywołuje świadectwo *ephemerides*, czyli „dzienników" dworu Aleksandra, prowadzonych przez Eumenesa z Kardii, sekretarza Filipa, a potem Aleksandra, by opisać chorobę króla. Szczegóły te podaje także Arrian (VII, 25). W 18 dniu miesiąca Daisios, czyli 2 czerwca według naszego kalendarza, król spał w łaźni, bo był rozgorączkowany. Przez następne dziesięć dni szamotał się z tą udręką. To leżał w sypialni, to w łaźni, to u wrót łaźni. Składał ofiary bogom. Mało jadł. Grał w kości z Mediosem, chłonął opowieści o żegludze Nearchosa po wielkim morzu. W szóstym dniu choroby trzeba go było zanieść do ofiar, już nie mógł iść. Ale ciągle na nowo rozmawiał z oficerami o uzupełnianiu stanowisk w armii. Generałów i pułkowników chciał mieć przynajmniej na dziedzińcu pałacu. W ósmym dniu choroby leżał i nie odzywał się do nikogo, widać tylko było, jak trawi króla gorączka. Żołnierze macedońscy dobijali się do pałacu, krzycząc, że muszą zobaczyć, czy Aleksander żyje. Otaczający władcę *hetairoi* ugięli się pod groźbami żołnierzy. Wpuszczono ich, w samych chitonach przeszli, milcząc, przed jego łożem. W tym samym dniu posłano Pytona, poetę

dramatycznego, i Seleukosa do świątyni Serapisa, by zapytali, czy powinni tam przynieść Aleksandra. Bóg kazał zostawić króla, gdzie jest. W 28 dniu Daisios, czyli 13 czerwca (według naszego kalendarza) roku 323 przed Chrystusem, pod wieczór, umarł.

Podejrzenie otrucia

Wcześnie wkradło się podejrzenie otrucia. Plutarch powiada, że po pięciu latach dotarło ono do matki króla, Olimpias. Wielu zgładziła i wyrzuciła precz prochy Jolasa, podczaszego Aleksandra w porze ostatniej choroby. Podaje też biograf (stwierdzając jednak, że większość autorów przeczy truciźnie) makabryczną wersję o otruciu króla przez Antypatra za radą Arystotelesa, z czym można porównać wzmiankę Arriana (VII, 28). Odrzucone to jest jednak, tak w starożytności, jak i dziś. Faktem pozostaje tylko, że Aleksander odszedł z tego świata w Babilonie, w trzydziestym trzecim roku życia, po dwunastu latach i ośmiu miesiącach panowania.

Już podaliśmy (w rozdziale *Chłopięcy król i groza w Tebach*) trochę rysów wyglądu Aleksandra. Dodajmy, że w jego rzeź-

Jeszcze raz o wyglądzie Aleksandra

bionych wizerunkach nie ma nic uderzającego. Twarz dosyć pełna, harmonijna, ni to arystokraty, ni to wyrobnika. Włosy jak lwia grzywa. Słynne pochylenie lekkie szyi ku prawemu ramieniu.

„Aleksander był najpiękniejszy w swojej postaci cielesnej – pisze Arrian (VII, 28) – najwytrwalszy w znoszeniu trudów i najsprawniejszy, pod względem duchowym najdzielniejszy, najambitniejszy, najskłonniejszy do wystawiania się na niebezpieczeństwo, najtroskliwszy o obowiązki wobec bogów. Co się tyczy rozkoszy ciała, nie było człowieka powściągliwszego niż on. Wśród rozkoszy ducha głodny był zawsze tylko pochwały. Najbystrzej rzecz, jaką należało uczynić, rozpoznawał wtedy, gdy była jeszcze zakryta, i najtrafniej wysnuwał wnioski z tego, co widoczne. Nikt nie potrafił lepiej niż on uszykować, uzbroić i zaopatrzyć armii. Gdy trzeba było wzbudzić w żołnierzach otuchę, wzmóc pewność siebie i własną dzielnością stłumić ich lęk w niebezpieczeństwie, on był zawsze najlepszy. Ilekroć sytuacja była niejasna, działał z największą śmiałością. By zaskoczyć nieprzyjaciela działaniem, którego możliwości tamten nawet nie podejrzewał, on zawsze najbardziej gotowy. Najstalszy w dotrzymywaniu układów i umów, zarazem najlepiej umiał się zabezpieczyć przed wyprowadzeniem w pole. Najoszczędniejszy w wydatkach na własne przyjemności, był najhojniejszy w udzielaniu darów swoim bliskim".

Jakiej to jednak wymagało męki, tak zmienić świat, jak on zmienił.

INNE OSOBY DRAMATU

Wydają się nieraz gruzem wokół zwalonej budowli. Jeśliby się pojmowało zasady sukcesji według starej tradycji macedońskiej, władza, skoro Aleksander nie wyznaczył następcy, przechodziłaby w ręce armii. Wprawdzie żył nieślubny syn jego ojca, przyrodni brat Aleksandra, urodzony Filipowi przez Filinnę, „kobietę nieznaną i pospolitą", jak powiada Plutarch, tancerkę z Larissy w Tesalii, Arridajos. Ale ten był niedorozwinięty umysłowo. Trzymał go przy sobie i woził Perdikkas, jakby troszcząc się o legalną królewskość. Pierwsza zaś żona Aleksandra, baktryjska księżniczka Roksana, była brzemienna. Urodziła Aleksandrowego syna pogrobowca, którego uznano za Aleksandra IV Macedońskiego.

Między wodzami walka o sukcesję

Wiadomo było jednak, że walka o władzę realną rozegra się między wielkimi wodzami armii, jaka po królu została. Ci następcy, czyli *diadochoi*, „sukcesorzy", utrzymywali, że w przyszłości syn Roksany i potomek Filipa II razem zasiądą na tronie, a na regenta wyznaczyli jednego spośród siebie, Perdikkasa. Zanim jednak przyjrzymy się owym *diadochoi*, poświęćmy chwilę uwagi jeszcze jednej osobie dramatu.

Przypomnienie Demostenesa

Mówię o Demostenesie. Wielki obrońca przegranej sprawy, tak wpatrzony w przeszłość, jak inny mówca, Isokrates, był wpatrzony w przyszłość, w bieżącej polityce niemal niczego nie osiągnął. Dręczony niejasną sprawą związków z Harpalosem, zbiegłym skarbnikiem Aleksandra, czy raczej z jego pieniędzmi, bez oporu odszedł na wygnanie. Z zagranicy popierał działalność innego mówcy ateńskiego, Hyperejdesa, organizującego koalicję dla wojny lamijskiej w roku 323 przed Chrystusem, zaczętej od oblegania przez wojska różnych *poleis* greckich, zwłaszcza Aten, tesalskiego miasta Lamii, gdzie zamknął się Antypater, jeden z *diadochoi*. Kiedy bowiem rozeszła się wieść o odejściu Aleksandra z tego świata, Ateńczycy chwycili za broń. Demostenesa przywołano z wygnania. Znowu był w swoich Atenach.

Przywrócony Atenom i tropiony

Ale nie cieszył się nimi długo. W dniu, którym według terminologii naszego kalendarza byłby 6 sierpnia 322 roku przed Chrystusem, *diadochos* Antypater i macedoński generał Krateros pobili sprzymierzone wojska Greków, zwłaszcza Ateńczyków i Etolów, pod tesalskim miastem Krannon. Niebawem macedoński garnizon zajął cytadelę Munychię w porcie ateńskim, Pireusie. Na wiadomość, że Antypater i Krateros idą na Ateny, Demostenes i jego przyjaciele zdołali uciec z miasta. Dekretem promacedońskiego polityka ateńskiego, Demadesa, zostali skazani na śmierć. Kiedy się rozproszyli po różnych miejscach, Antypater rozesłał zbrojnych, żeby ich aresztowali.

Pościgowi przewodził niejaki Archiasz, zwany „łowcą zbiegów". Był on niegdyś, jak podaje Plutarch, aktorem tragicznym; ale autor *Żywota Demostenesa* notuje też inną wersję, według której był on niegdyś retorem. Kiedy Archiasz dowiedział się, że Demostenes schronił się w świątyni Posejdona na wyspie Kalaurei w Zatoce Sarońskiej, popłynął tam z gwardią tracką czółnami. Stanąwszy przed Demostenesem, namawiał go, żeby poszedł z nim do Antypatra, a nic złego mu się nie stanie. Lecz Demostenes tej nocy miał dziwny sen. Śniło mu się, że występuje w tragedii i współzawodniczy z Archiaszem o nagrodę. Zagrał dobrze i zdobył uznanie publiczności, ale brak dekoracji i kostiumów kosztował go utratę zwycięstwa.

Teraz więc, chociaż mu Archiasz mówił wiele miłych rzeczy, Demostenes, ciągle siedząc, spojrzał w górę na niego i powiedział: „Archiaszu, nigdy mnie nie przekonałeś swoją grą na scenie ani też teraz mnie nie przekonasz swoimi obietnicami". Wściekł się wtedy Archiasz i zabrzmiały pogróżki. „O, wreszcie mówisz językiem wyroczni macedońskiej. A przedtem po prostu grałeś rolę. Pozwól mi więc napisać parę słów do mojej rodziny".

Odejście wielkiego mówcy

Rzekłszy to, poszedł w głąb świątyni, wyjął zwój, jakby miał pisać. Przyłożył pióro do ust i gryzł, jak to zwykle czynił, gdy się namyślał przy pisaniu. Poczekał chwilę, po czym zasłonił twarz i pochylił głowę. Gwardziści, stojący przy drzwiach, śmiali się, że strach go obleciał, i przezywali go babą. Podszedł Archiasz, kazał mu powstać i znowu zapewniał, że pojedna go z Antypatrem. Ale Demostenes poczuł już jad trucizny, więc odkrył głowę i, spojrzawszy Archiaszowi prosto w oczy, rzekł: „Grajże już co prędzej Kreonta z tragedii i rzuć to ciało bez pogrzebu. Łaskawy Posejdonie, jeszcze żyw odchodzę ze świątyni. Bo Antypater i Macedończycy nie darowaliby nawet twojemu ołtarzowi". Rzekłszy to, kazał się wziąć pod ręce, bo już drżał i słaniał się. Ledwie wyszedł i minął ołtarz przed świątynią, padł i z jękiem oddał ducha.

WALKI SPADKOBIERCÓW

Teraz możemy się przyjrzeć spadkobiercom władzy nad imperium. Tym, którzy chcieli być spadkobiercami. Wspomnijmy tu od razu, że ludzie z rodziny Aleksandra dość rychło wyginą.

Perdikkas

Z potężnych wodzów armii Zdobywcy, jacy po nim zostali, pierwsze w Babilonie miejsce zajmował Perdikkas, starszy wiekiem (nie znamy daty urodzenia), macedoński arystokrata, bardzo bliski Aleksandrowi. Zrazu był taksiarchosem, czyli dowódcą pułku piechoty. Od roku 330 należał do osobistej ochrony Zdobywcy. Tradycja zapamiętała go jako człowieka dzielnego i lojalnego, lecz przez arogancję robiącego sobie wielu wrogów. Gdy Aleksander w roku 324 odesłał innego wybitnego i bliskiego mu generała, Kraterosa (zginie w bitwie w pobliżu Hellespontu już w roku 321), z Azji do Grecji, a Hefajstion w tymże roku 324 umarł, Perdikkas stał się w armii drugą osobą po królu. Po jego zgonie był przez dwa lata, 323–322 przed Chrystusem, regentem imperium. Ale inni *diadochoi*, chociaż oficjalnie powołali go do tego, z trudem znosili jego przewagę. W wojnie, jaka niebawem wybuchła, musiałby sprostać ich koalicji. Uderzył przede wszystkim na Egipt, aby dosięgnąć Ptolemajosa, lecz ten zręcznie podburzył Macedończyków za jego plecami. Zbuntowali się i zabili Perdikkasa w roku 321.

W krótkim okresie swojej władzy Perdikkas zdołał sprawić, że starszy z dwóch nominalnych współkrólów, Arridajos, poślubił w roku 322 Eurydike, córkę kuzyna Filipa II i jednej z córek owego poligamicznego króla. Okazała się kobietą całkiem męskiego ducha i w pełni rządziła słabym mężem.

Antypater, „strategos Europy"

Inny generał bardzo bliski Aleksandrowi to Antypater (Antipatros, 397–319 przed Chr.). Już za życia Filipa II był on macedońskim agentem dyplomatycznym, pertraktującym z Atenami. Potem stał u boku Aleksandra w trosce o jego sukcesję, kiedy zaś młody król poszedł wojować w krajach Wschodu, Antypater miał w jego imieniu rządzić Macedonią i być „strategosem Europy". Spełniał takie zadanie w latach 334–323. Niestety, wzbudził do siebie ostrą niechęć Greków przez popieranie oligarchów i tyrannosów w różnych *poleis*. Gdy jednak król Sparty Agis III rozjątrzał w Grecji bunt antymacedoński, wtedy Związek Koryncki (założony przez Filipa II po Cheronei, w roku 338 przed Chr.) poparł Antypatra i zadano Agisowi ostateczną klęskę w roku 331 pod Megalopolis w Arkadii.

Wojna lamijska

Po zgonie Aleksandra zbrojne zamieszki wybuchły tylko w Grecji. Ateńczycy, Etolowie i Tesalowie poderwali się do buntu. Antypater, jak już opowiedzieliśmy, ze swoimi oddziałami zamknął się przed buntownikami w tesalskim mieście Lamii. Ale przyszły mu na odsiecz inne wojska macedońskie. Pobicie powstania greckiego przez Macedończyków w roku 322 pod Krannon w Tesalii zakończyło wojnę lamijską. Teraz Antypater mógł narzucić Atenom bardziej oligarchiczną formę rządów. Tropił, jak już to opisaliśmy, Demostenesa i innych obrońców

dawnej *polis*. W roku 321 przyłączył się do koalicji zwalczającej Perdikkasa, a po śmierci Perdikkasa *diadochoi* w tym samym jeszcze roku na zjeździe w Triparadeisos w Syrii powierzyli Antypatrowi regencję imperium. Ten, podeszły już w latach, przed śmiercią w roku 319 polecił armii jako swego następcę generała macedońskiego Poliperchonta (urodzonego około 380 przed Chr.), który odznaczył się w wojnie lamijskiej, lecz teraz nie sprostał możnym *diadochoi* i był zaledwie dowódcą najemników. Nie znamy ani daty, ani okoliczności jego śmierci.

Syn Antypatra, Kasander

Kres Arridajosa, Eurydike, Olimpias, Aleksandra IV i Roksany

Syn Antypatra, Kasander (Kassandros, około 358–297 przed Chr.), który w intencji ojca miał być zapewne pomocnikiem Poliperchonta, postąpił odwrotnie, w latach 319–316 wypędził go z Macedonii i z większej części Grecji. Około tego czasu ginie też rodzina Aleksandra Wielkiego. Niedorozwiniętym umysłowo Arridajosem, ożenionym z Eurydike, usiłowali posługiwać się kolejno Perdikkas, Antypater, Poliperchon i Kasander, ale gdy Eurydike próbowała przeciwstawić się matce zmarłego Zdobywcy, Olimpias, ta nie była bierna. Według niej jedynym dziedzicem władzy powinien być synek Aleksandra urodzony przez Roksanę. W roku 317 Olimpias, przeciw której Macedończycy nie chcieli walczyć, uwięziła Arridajosa i Eurydike. Po zamordowaniu jego zmuszono Eurydike do samobójstwa. Tradycja przechowała wspomnienie Olimpias jako dyszącej żądzą mordu. Macedonię uważała za swoją najbardziej prawowitą dziedzinę, ale być może już w roku 316 nie tylko Kasander, lecz i jego macedońscy żołnierze uznali Olimpias za godną śmierci. Nawet jednak i wtedy nie tknęli jej; zabili ją krewni jej ofiar. Jej grób w Pydnie, mieście w macedońskiej Pierii, czczono. Żadne jednak jej wysiłki za życia niczego dobrego nie zgotowały jej wybrańcowi, dziecięcemu Aleksandrowi IV. Gdy jego mianem jako dziedzica po wielkim ojcu będzie próbował posługiwać się Antigonos, pragnący odnowić jedność imperium, wtedy Kasander, może około roku 310, zabije Aleksandra IV i Roksanę. Tak najbliższa rodzina Zdobywcy zeszła ze świata.

Wielka próba Antigonosa Jednookiego

Zanim to się do końca stało, rozegrała się wielka próba odbudowania imperium, podjęta przez Antigonosa Jednookiego (przypuszczalnie 382–301 przed Chr.). Ten macedoński arystokrata znany nam jest od roku 334 jako generał w armii Aleksandra. Król Zdobywca zrobił go w roku 333 satrapą Frygii. Po zgonie Zdobywcy Antigonos znalazł się na drodze do wielkości, gdy w roku 321 Antypater, ceniący go wysoko, powierzył mu dowództwo wojska Aleksandrowego w Azji. Po śmierci Perdikkasa (w roku 321) i Antypatra (w roku 319) Antigonos próbował przejąć po nich schedę. Wydawało się przez pewien czas, że zdoła zjednoczyć imperium. To była złuda. Ale tradycja nam powiada, że tam, gdzie mógł, rządził roztropnie.

Inni, niechętni jego planom *diadochoi*: Kasander w Macedonii, Ptolemajos w Egipcie, Lizimachos w Tracji, zawiązawszy przymierze, uderzyli na niego zbrojnie, lecz wojna ta (w latach 315–311 przed Chr.) wcale nie zachwiała jego militarną siłą. Odmienny cios zadał mu jeszcze jeden *diadochos*, Seleukos, odzyskując w roku 312 Babilonię i inne wschodnie satrapie. Pokój, jaki Antigonos zawarł z przeciwnikami w roku 311, miał tylko rok przetrwać. Bo niestrudzony wojownik, który zresztą niebawem, w roku 306, przyjmie tytuł królewski, nie chciał się wyrzec rojenia o imperium. Nadal będzie miał udział w kłębowisku walk.

NA TLE KŁĘBOWISKA OBLĘŻYCIEL MIAST

Syn Antigonosa, Demetrios

A miał on bardzo dzielnego syna, Demetriosa (336–283 przed Chr.), który w przyszłości otrzyma przydomek „Oblężyciel Miast” (*Poliorketes*). W roku 321 miał piętnaście lat. Zaślubił wtedy córkę Antypatra, Filę. Bardzo wcześnie zasłynął jako przywódca wojskowy. Pierwsza duża kampania, w jakiej Demetrios uczestniczył, była w latach 317–316 przeciw Eumenesowi. Ów sekretarz Filipa II i Aleksandra, prowadzący dworskie, bezcenne potem dla historyków „dzienniki” (*ephemerides*), zaraz po zgonie Zdobywcy otrzymał satrapię niepodbitej jeszcze dotąd

Kapadocji. Wierny dziedzictwu Aleksandrowemu i wspierający wyznaczanych kolejno regentów, Eumenes starał się zwalczać dążenia poszczególnych *diadochoi*. Wypchnięty z Azji Mniejszej przez Antigonosa, wycofał się ku satrapiom wschodnim. Los jego jednak rozstrzygnął się na polach Gabiene na zachód od gór Zagros w roku 316, kiedy doborowa jego armia macedońska opuściła go. Jedni i drudzy, przeciwstawieni sobie Macedończycy, razem postanowili wówczas i wykonali jego egzekucję.

Walka z Ptolemajosem

Pierwsza zaś samodzielna kampania Demetriosa, gdy powiódł armię przeciwko Ptolemajosowi, zakończyła się w roku 312 klęską pod Gazą. Ale w roku 307 zwycięską bitwą pod miastem Salaminą na wschodnim wybrzeżu Cypru wydarł Ptolemajosowi Cypr, a odnowiwszy w Grecji Związek Koryncki, odniósł razem z nim wiele zwycięstw. Plutarch w *Żywocie Demetriosa* (8–10) opowiada, co się działo w roku 307, gdy rozeszła się wieść, że młody wódz złamał obleganie Halikarnasu (w południowo-zachodniej części Azji Mniejszej) przez Ptolemajosa. Antigonos i Demetrios, rzecze Plutarch, „płonęli pragnieniem wyzwolenia Grecji, ujarzmionej przez Kasandra i Ptolemajosa". Czytamy, że Demetrios na Ateny popłynął w sile dwustu pięćdziesięciu okrętów, z funduszem pięciu tysięcy talentów.

Inny Demetrios w Atenach

Atenami zaś rządził wówczas inny Demetrios, też dosyć słynny w dziejach, Demetrios z Faleronu (z jednej z gmin attyckich, urodzony około 350 roku przed Chr.), ateński filozof perypatetycki, czyli arystotelik, autor dzieł retorycznych i historycznych, krytyk literacki, rozsnuwający też swobodne eseje fabularne. Jako mąż stanu zaczął swoją działalność w roku 325. Jak się zdaje, przez kilka kolejnych lat wybierano go na strategosa, co w Atenach mogło oznaczać władzę polityczną (tak przez lata był niegdyś strategosem Perykles). W roku 318 chciano go zabić jako stronnika Macedończyków, ale ocalał. Zaraz potem Kasander powierzył mu pełną władzę w Atenach, którą Demetrios będzie sprawował przez dziesięć lat, dając temu miastu-państwu niezakłócony pokój i porządkując w latach 317–315 (według rad innego arystotelika, Teofrasta) ateńskie prawodawstwo.

Gdy ukazała się na horyzoncie nieznana flota, ludzie w Atenach myśleli, że to okręty Ptolemajosa, a więc należy je przyjąć.

Ledwie zrozumiano pomyłkę, nagły popłoch ogarnął miasto. Ale Demetrios Antygonida na czele eskadry już wpływał do gościnnie otworzonego portu i ze swojego pokładu dawał znaki wzywające do spokoju i ciszy. Kiedy cisza zapadła, grzmiący głos herolda wołał u jego boku, że oto ojciec go przysłał dla wyzwolenia Aten: ma przepędzić garnizon macedoński okupujący twierdzę Munychię w Pireusie i przywrócić Ateńczykom dawne prawa i dawną formę rządów.

Ateny wolą Demetriosa Antygonidę

Jak to ludzie przyjęli? Tamten drugi Demetrios mógł uznać, że byli niewdzięczni. Bo rzucili na ziemię tarcze, które trzymali, i uwolnionymi od nich rękami klaskali ochoczo, krzycząc, by jak najprędzej wyszedł na ląd Antygonida, w którym witali obrońcę i dobroczyńcę. Także niedawni zwolennicy Faleryjczyka, powiada Plutarch, wyprawili teraz posłów do Antygonidy, który przyjął ich łaskawie. Faleryjczyk zaś zaczął się obawiać bardziej swoich współobywateli niż przybyszów. Ale Antygonida, który dobrze wiedział, kim on jest, i cenił jego zasługi, wysłał Faleryjczyka i jego przyjaciół (znowu według Plutarcha) bezpiecznie, pod eskortą, do Teb w Beocji, gdzie pragnęli się znaleźć. (Potem Demetrios z Faleronu popłynie do ptolemejskiego Egiptu i w początkach III wieku przed Chrystusem będzie jednym z organizatorów słynnej Biblioteki w Aleksandrii; umrze w niełasce za króla Ptolemajosa II, Filadelfosa, panującego w latach 283–247).

Sam Demetrios Antygonida zwierzał się, że bardzo chciałby obejrzeć Ateny, lecz musi jak najśpieszniej pożeglować do Megary i wypędzić stamtąd garnizon Kasandra. Więc na razie tylko opasał Munychię, z siedzącymi tam Macedończykami, palisadą i fosą. Wróciwszy zaś z Megary do Pireusu, okopał się wokół twierdzy, obległ i sforsował ją, po czym wygnał załogę i zburzył fortecę do gruntu. Ateńczykom obiecał w imieniu swego ojca dużą pomoc gospodarczą i oświadczył, że po piętnastu latach oligarchii i po jedynowładztwie Faleryjczyka znowu będą żyć w ustroju demokratycznym. Lecz Ateńczycy nie całkiem tego słuchali, pierwsi zaczęli mówić o Demetriosie i Antigonosie jako o królach, a nawet jako o „zbawczych bóstwach” (*soteres theoi*). Uchwalili, że będzie się wplatać ich wizerunki obok wizerunków bóstw w tkaninę szaty, jaką co cztery lata przynoszono w darze Atenie na święto Wielkich Panatenajów.

Tęsknota do monarchii

Co to się działo? Hasło *Basileia*, „Monarchia", w bizantyńskim leksykonie zwanym *Suda*, opartym na starych źródłach, tłumaczy, jak rozumiano to pojęcie na progu epoki hellenistycznej. Oto co czytamy: „Monarchię nadaje ludziom ani nie natura (czyli dziedziczenie wynikające z pochodzenia), ani nie sprawiedliwość (czyli legalność), lecz zdolność do dowodzenia armią i umiejętność załatwiania wielu spraw. Tak się miała rzecz z Filipem i następcami Aleksandra. Rodzonemu bowiem synowi Aleksandra, obarczonemu słabością duchową, nic nie pomogło pokrewieństwo z nim, podczas gdy ludzie niezłączeni z Aleksandrem żadnym pokrewieństwem stali się królami niemal całego zamieszkanego świata".

Atenajos z Naukratis w Egipcie (w początkach III wieku po Chr.) w pełnym starych anegdot i wypisów historycznych obszernym dziele *Deipnosophistai* (*Uczta sofistów*, VI 253) notuje wieści z czasu poźniejszego o kilkanaście lat, z roku 291 przed Chrystusem, lecz odtwarzające najprawdopodobniej także aurę tego, co się działo i wcześniej. Atenajos powołuje się na relację w *Historii* Democharesa, krewnego mówcy Demostenesa, jakoby pochlebstwa Ateńczyków drażniły Antygonidę, zwłaszcza że śpiewano też peany na cześć różnych jego towarzyszy. Ale oczywiście najbardziej wielbiono samego Demetriosa. Demochares zdumiewa się, że tak się zachowywali *Marathonomachoi*, „bojownicy maratońscy", którzy niegdyś potrafili zabić człowieka chylącego się w geście *proskynesis* przed perskim królem królów. Oto jak w Atenach adorowano teraz zwycięzcę (zależnie od interpretacji wyrazu *ithyphalloi* – albo uznamy, że w pochodzie byli ludzie, którzy nieśli wizerunek podniesionego fallusa, jak to się działo w obrzędach ku czci Dionizosa; albo że śpiewali oni hymny w metrum „ityfallicznym", czyli znamiennym dla pieśni intonowanych przez takich nosicieli):

Pieśni ku czci władcy

„Kiedy Demetrios wrócił z Leukady i Korkyry do Aten, powitali go Ateńczycy nie tylko darem kadzidła i wieńców i laniem wina w ofierze, lecz i rozśpiewanym pochodem. *Ithyphalloi* wyszli mu naprzeciw, tańcząc i śpiewając. Gdy zajęli swoje miejsca wśród tłumów, śpiewali nadal i tańczyli". Demochares jeszcze dodaje, że prosili Demetriosa (nawet nie mówi, o co), błagali i modlili się do niego. Inny zaś przywołany przez Atenajosa historyk, Duris z Samos (około 340–260 przed Chr., ciekawa zresztą postać, tyrannos owej wyspy, a przy tym pisarz, uczeń Teofrasta), podał w swojej (zaginionej, jak i Democharesowa) *Historii* tekst „ityfallicznego" hymnu śpiewanego na cześć Demetriosa Antygonidy. Zacytujmy z niego trochę wersów:

> O najpotężniejszego Posejdona synu
>   I Afrodyty, witaj!
> Inne bóstwa albo są gdzieś daleko
>   Lub uszu nie mają,
> Albo nie istnieją lub nie dbają o nas.
>   A ciebie tu nie w drewnie,
> Nie w kamieniu, lecz prawdziwego widzimy
>   I modlimy się do ciebie.
> Najpierw pokoju nam udziel, najdroższy,
>   Bo taką moc masz przecież.

Dalej prosili go o poskromienie Związku Etolskiego, którego niejakie sukcesy niepokoiły Ateńczyków.

UDUCHOWIENIE W OGRODZIE

Gdy to się działo w Pireusie, gdy tak wołano w Atenach, krzyk jednak nie docierał do niektórych zacisznych ogrodów, jak ten *Kepos*, „Ogród" przy ateńskiej Bramie Dipylońskiej, któremu poświęciliśmy niemało uwagi w *Literaturze Greków i Rzymian*, bo nauczał w nim (właśnie wtedy) Epikur (Epikuros, 341–270 przed Chr.). Podaliśmy też tam egzystencjalny *List do Menojkeusa*. Teraz, przypatrzywszy się choć trochę wrzawie i obłędowi potocznej historii, możemy lepiej pojąć cechujące mistrza z Ogrodu pra-

Życie w otwartej przestrzeni

gnienie oddzielenia się od owych dziejów. Jak to będzie znamienne także dla wielu późniejszych nauczycieli życia duchownego, czyli życia w otwartej przestrzeni, Epikur jest wobec mnóstwa rzeczy obojętny, ale za to niektóre ogromnie ceni. Rozumiem to. Teraz, kiedy piszę nocą, a za otwartym oknem są drzewa, wleciała w krąg światła lampy dość duża zielona ważka, oszołomiona, bezradna, ale tak misterna, tak piękna, tak patrząca krążkami oczu, że chyba nikt nie ośmiela się – ani nawet nie chce – zabić takiego stworzenia.

O bóstwach, szepcze mistrz z Ogrodu, tłum myśli niedorzecznie, chcąc od nich tylko darów; rozczarowani, mógłby dodać, zwrócą się, zamiast do bóstw, ku jakiemuś Demetriosowi. A przecież nie jego powinno się czcić. Trzeba na bóstwa się zapatrzyć, chłonąć w siebie to prawdziwe wyższe życie. Wtedy człowiek się przemienia. „W niczym – czytamy w *Liście do Menojkeusa* – nie jest do śmiertelnika podobny ten, kto żyje wśród dóbr nieśmiertelnych”. Czy to jest radość? Może nie tyle radość, ile właśnie uduchowienie.

Trakt aforyzmów

Poza egzystencjalnym *Listem do Menojkeusa*, mówiącym o przyrodzie *Listem do Herodota* i poświęconym meteorologii *Listem do Pytoklesa* zachowały się dwa zbiory aforyzmów Epikura, częściowo pochodzące z pewnością z innych *Listów*, zaginionych. Jeden zbiór umieścił Diogenes Laertios (w II wieku po Chr.) w X księdze, całkowicie Epikurowi poświęconej, swoich zasobnych *Żywotów i poglądów znakomitych filozofów*. Możemy drogą tych aforyzmów wędrować jak traktem, rozglądać się, czerpać pouczenia. Tłumaczę i wypisuję kilka z nich.

1. Co jest szczęśliwe i niezniszczalne, ani samo się nie dręczy, ani nie sprawia udręki innym. Ani nie gniewa się, ani nie udziela przywileju. Wszystko to spotyka się tylko w tym, co słabe.

2. Nic śmierci do nas. Co się bowiem rozprzęgło, nie czuje, a co nie czuje, nie ma związku z nami.

5. Nie można żyć szczęśliwie, jeśli się nie żyje roztropnie, godnie i sprawiedliwie, i nie można żyć roztropnie, godnie i sprawiedliwie, jeśli nie żyje się przyjemnie. Kiedy czegokol-

wiek brakuje, na przykład kiedy człowiek nie jest w stanie żyć roztropnie, to chociaż żyje godnie i sprawiedliwie, nie może żyć przyjemnie.

15. Bogactwo natury jest zarazem ograniczone i łatwe do osiągnięcia, a bogactwo próżno rojone gubi się w nieokreśloności.

27. Wśród rzeczy, w jakie się mądrość zbroi, mając na oku szczęście całego życia, na pewno najważniejsze jest zyskanie przyjaźni.

Tu od razu trzeba zwrócić uwagę na to, że Epikur może niczego tak nie ceni, jak ceni przyjaźń. Żegnając się zaś z krótkim wyborem z cyklu, który Diogenes Laertios nazywa *Kyriai doksai*, „Pańskimi (czyli: władczymi, głównymi) maksymami", pochylmy się teraz nad wyimkami z obfitszego zbioru aforyzmów Epikura i może jego uczniów, jaki ocalał w sporządzonym w XIV wieku manuskrypcie, odnalezionym w Bibliotece Watykańskiej i opublikowanym u schyłku XIX wieku.

9. Złem jest żyć w potrzebie, lecz nie ma żadnej potrzeby, żeby żyć w potrzebie.

Do nieskończoności i wieczności

10. Pamiętaj, że mając naturę śmiertelną i rozporządzając tylko czasem ograniczonym, wzniosłeś się dzięki rozumnemu rozważaniu przyrody aż do nieskończoności i wieczności i śledziłeś „to, co jest, i to, co będzie, i to, co było" (cytat z *Iliady*, I 70).

11. U większości ludzi to, co spoczywa, drętwieje, a co jest w ruchu, rozjątrza się.

12. Życie uczciwe jest najbardziej wolne od niepokoju, życie bezprawne napełnione największym niepokojem.

21. Nie trzeba zniewalać natury, trzeba ją przekonać. A przekonamy ją, gdy uczynimy zadość pragnieniom koniecznym, jak i pragnieniom naturalnym, jeśli nam one nie szkodzą, natomiast bezwzględnie odrzucimy pragnienia szkodliwe.

22. Czas nieograniczony i czas ograniczony niosą równą przyjemność, jeśli granice tego drugiego należycie mierzy się rozumowaniem.

23. Wszelka przyjaźń jest sama w sobie cnotą, lecz początek ma w pożytku.

25. Ubóstwo mierzone według celu wyznaczonego przez naturę jest wielkim bogactwem, bogactwo nieznające granic jest wielkim ubóstwem.

27. W innych zajęciach owoc z trudem dojrzewa, a w filozofii uciecha spotyka się z samym poznaniem: przyjemność nie po terminowaniu nadchodzi, lecz terminowanie i przyjemność kroczą razem.

29. Co do mnie, mówiąc ze szczerością właściwą badaczowi przyrody, wolałbym wyrzec jakby w przepowiedni to, co jest pożyteczne dla wszystkich ludzi, niż poprzeć obiegowe mniemania, by zbierać hojne pochwały od rzeszy.

31. Przeciw każdej innej rzeczy można się zabezpieczyć, lecz z powodu śmierci my wszyscy ludzie mieszkamy w mieście bez szańców.

Dobro dla tego, który czci

32. Czcić mędrca to wielkie dobro dla tego, który czci.

33. Głos ciała: nie być głodnym, nie być spragnionym, nie być zziębniętym; kto tym rozporządza i ma nadzieję rozporządzać w przyszłości, może walczyć o szczęście.

35. Nie należy psuć rzeczy obecnych pragnieniem nieobecnych, lecz raczej pomyśleć, że te obecne też liczyły się do upragnionych.

36. (Aforyzm nie Epikura, lecz może Hermarchosa, jego ucznia) – Życie Epikura, w porównaniu z życiem innych ludzi, można by z racji jego błogości i wystarczania sobie uznać za baśń.

37. (Maksyma ta, zanotujmy, świadczy o nieobecności w epikureizmie przekonania, że człowiek przez cierpienia rośnie) – Natura jest słaba wobec zła, lecz nie wobec dobra: albowiem chronią ją przyjemności, a niszczą cierpienia.

38. Marny zaiste ten, dla kogo jest wiele rozmaitych powodów do wyjścia z życia.

41. Trzeba się zarazem śmiać, żyć trybem filozofa, zarządzać domem, korzystać z wszystkiego, co posiadamy, i nigdy nie zaprzestać głoszenia formuł wywiedzionych z właściwej filozofii.

Trzeba się śmiać

Trzeba się śmiać, mówi Epikur. Tu bliski jest on starszemu filozofowi-moraliście, Diogenesowi-„psu" (około 400–325 przed Chr.), który uczył śmiechem, śmiesznymi orzeczeniami i inscenizacjami. Kiedyś patrzył na Koryntian, jak kroczyli ku uroczystym zawodom sportowym, obwieszeni złotem. Rzekł: „Ostentacja". Po nich szli Spartanie, zgrzebni. On wtedy: „Inny rodzaj ostentacji". Po zatłoczonych rynkach Koryntu i Aten chodził z zapaloną lampą. Pytano: „Czego szukasz?". Odpowiadał: „Człowieka".

JESZCZE Z OGRODU GŁOS I RODOS

Śmieszna strefa. Bo nie jest to strefa pyszałków. Czytajmy dalej aforyzmy z manuskryptu znalezionego w Bibliotece Watykańskiej.

45. Badanie przyrody kształtuje nie pyszałków ani nie wykuwaczy haseł, ani nie takich, co popisują się wykształceniem upragnionym przez wielu, lecz żywych ludzi, którzy sobie wystarczają, dumnych z dóbr, jakie do nich należą, nie z dóbr przypadkowych.

46. Precz wygnajmy nędzne nawyki, niby złych ludzi, którzy przez długi czas bardzo nam szkodzili.

52. Przyjaźń tańczy wokół okręgu świata, wołając do nas wszystkich, byśmy się zbudzili i chwalili nasze szczęście.

53. Nie należy nikomu zazdrościć, bo ludzie zacni nie zasługują na zazdrość, a ludzie źli, im lepiej im się wiedzie, tym bardziej siebie deprawują.

Filozofować naprawdę

54. Nie trzeba robić z siebie filozofa, lecz filozofować naprawdę: bo przecież potrzebujemy nie pozoru zdrowia, lecz zdrowia prawdziwego.

56. Mędrzec nie cierpi sam więcej od tortury, niż gdyby torturowano jego przyjaciela.

58. Należy wyrwać siebie samego z kazamatu spraw codziennych i publicznych.

60. Każdy człowiek opuszcza życie, jakby się właśnie urodził.

66. Podzielajmy uczucia przyjaciół, nie lamentując, lecz troszcząc się o nich.

70. Nie rób w swoim życiu niczego, co kazałoby się tobie obawiać, że sąsiad może się o tym dowiedzieć.

74. W sporze i krzyżowaniu się racji ten, kto został pokonany, wygrał w takiej mierze, w jakiej się nauczył czegoś nowego.

77. Najważniejszym owocem wystarczania samemu sobie jest wolność.

79. Tego, kto nie ma zamętu w sobie, nie może zaniepokoić ani on sam, ani nikt inny.

Testament Epikura

Chyba nie ku każdemu z tych aforyzmów nasze serce od razu wybiega. Jest w nich niekiedy nieoczekiwaność, a często też szorstkość, jak zazwyczaj w prawdziwej literaturze. Czułość w tym jest, ale gdzieś głębiej. Dzieło Diogenesa Laertiosa (X, 16–22) podaje także testament mistrza, przywodzący nam znowu na myśl sprawę epikurejskiej przyjaźni: „Tym pismem zostawiam wszystkie moje dobra Amynomachosowi, synowi Filokratesa, z gminy Bate, i Timokratesowi, synowi Demetriosa, z gminy Potamos" – dalej zaś określone są obowiązki głównych spadkobierców wobec innych przyjaciół i uczniów. O kogo mają się troszczyć ci, których mistrz zostawia w świecie. Uczniowi Idomeneusowi powierza troskę o rodzinę Metrodora, którego serce było szczególnie oddane Epikurowi: „W tym błogosławionym dniu, który jest zarazem ostatnim dniem mojego życia, piszę do ciebie takie słowa. Nieustanne cierpienia spowodowane wstrzymaniem moczu i biegunką są tak dotkliwe, że już nic nie mogłoby ich powiększyć. Ale ponad to wszystko jaśnieje we mnie radość ducha, czerpana ze wspomnienia o naszych rozmowach. Proszę, żebyś zgodnie ze swoją stałą wiernością wobec mnie i wobec filozofii opiekował się dziećmi Metrodora".

Wymienia też Epikur w testamencie niewolników, którym darowuje wolność. Nazywa ich najłagodniejszym z greckich określeń niewolników domowych: *paides*, „dzieci", czy może raczej „czeladź". – „Z mojej czeladzi puszczam wolno Mysa, Nikiasa, Likona; chcę też, aby wolna była Faidrion". W klasycznym i hellenistycznym świecie nie było zamożnego domu bez niewolników, jak w naszych czasach nie ma życia górnej warstwy społecznej bez służby. Antycznym niewolnikom (w domach, a nie w kopalniach) było, można przypuszczać, trochę lepiej. A przy tym wyzwalano niemało ich w testamentach i w innych okolicznościach, jak na przykład te, z którymi stykamy się na wyspie Rodos wśród walk, do jakich teraz wracamy.

Antigonos Jednooki walczy z Rodos

Był rok 305 przed Chrystusem. Jak czytamy u Diodora Sycylijskiego, z takiej oto przyczyny rozpaliła się wojna między Antigonosem a mieszkańcami wyspy Rodos. Tamtejsza *polis* miała potężną flotę i, zdaniem Diodora, najlepszy rząd w Grecji, więc różni królowie i inni władcy usiłowali przeciągnąć tę wyspę na swoją stronę. Wykorzystując własną sławę, Rodyjczycy starali się żyć w zgodzie z wszystkimi. Nie przejmując się ich walkami, *polis* przyjmowała dary z wszystkich stron.

Wzrósłszy w bogactwo i siłę, Rodos sama podjęła bój przeciw piratom i oczyściła okoliczne morza dla swobodnej żeglugi Greków. Najlepsze skłonności i uczucia łączyły wyspę z egipskim Ptolemajosem I Soterem, najsowitsze bowiem dochody czerpała z handlu z Egiptem, do którego najczęściej zawijały rodyjskie statki.

Gdy wcześniej, w roku 307 przed Chrystusem, Demetrios Antygonida wojował w imieniu ojca z Ptolemajosem I o Cypr (co miało się zakończyć zwycięstwem Demetriosa i Antigonosa), Rodos odmówiła im jakiejkolwiek pomocy przeciwko Egiptowi. Odtąd Antigonos kazał swoim okrętom napadać na statki rodyjskie i ograbiać je z towarów. Wówczas Rodyjczycy zgodnie ze swoją pokojową polityką najpierw uchwalili wyrazy wielkiej czci dla Antigonosa, wraz z prośbą o zrozumienie, że nie mogą walczyć przeciw Ptolemajosowi, bo wiążą ich z nim traktaty. Gdy król Antigonos w odpowiedzi na to wysłał Demetriosa z armią i machinami oblężniczymi, zaraz powiadomili wysłannika, że owszem, przyłączą się do boju antyptolemejskiego, ale gdy Demetrios zażądał wydania stu arystokratów jako zakładników oraz wpuszczenia jego floty do rodyjskich portów, wreszcie podjęli wojnę. Długo te korowody trwały, a potem oblężenie ciągnęło się przez rok. Armia napastnicza połamała sobie zęby na bogatej wyspie.

Radość na Rodos

Gdy zaś sobie poszła, zamożna *polis* mogła uczcić bohaterów walk, a co najważniejsze, wtedy właśnie tych swoich niewolników, którzy w boju odznaczyli się odwagą, wynagrodziła najcenniejszymi darami: wolnością i obywatelstwem. Wystawili też ojcowie *polis* pomniki sprzymierzeńców, króla Kasandra i króla Lizimachosa (Seleukos zajęty był wówczas wojną we wschodniej Azji). Głównego jednak obrońcę, Ptolemajosa, chcieli uczcić szczególnie. Wyprawili posłów do Afryki, by zapytali Ammona, czy powinni czcić Ptolemajosa jako bóstwo. Oni też. Kiedy wyrocznia pozwoliła, poświęcili temu celowi kwadratowy plac w mieście. Z każdego jego boku wystawili stoę (krużganek), długą na staje, czyli na sześćset stóp. Plac nazwali Ptolemaion. Odbudowali też w swoim mieście teatr oraz te budynki i części miejskich murów, które wojna zniszczyła. Stały się teraz piękniejsze, niż były przedtem.

TRZY MONARCHIE I RESZTA

W naszej opowieści gościliśmy najczęściej w macedońskiej monarchii Antigonosa Jednookiego, a w przelocie odwiedzaliśmy dwa inne wielkie królestwa, ptolemejskie i seleukidzkie. Teraz trzeba nad nimi się pochylić, a także nad jeszcze innymi częściami bezmiernego dziedzictwa Aleksandra Wielkiego. Można mniemać, że dla władców usiłujących iść w jego tropy najważniejsza była Macedonia, ojczyzna Zdobywcy. Długo więc kraj ten był obszarem sporów i wyrywania sobie władzy. Wreszcie w roku 276 przed Chrystusem mocno chwyci go w ręce Antigonos Gonatas, wnuk znanego już nam dobrze Antigonosa Jednookiego. Dynastia ta będzie rządzić Macedonią do podbicia jej (167–146 przed Chr.) przez Rzymian.

W Macedonii Antigonos Gonatas

Zaprzątną teraz naszą uwagę zwłaszcza dwie inne monarchie, powołane przez innych wielkich *diadochoi*. Taki podział dziedzictwa Aleksandrowego na osobne państwa przygotowywał się od dawna. Rozpadnięciu się imperium na regiony różnych spadkobierców, które było faktem od zgonu Antypatra w roku 319, już nie można było zaradzić. Kiedy *diadochoi* obejmowali poszczególne regiony, po części szli za wolą Aleksandra Wielkiego, lecz głównie wykorzystywali to, że się gdzieś zdołali usadowić.

W królestwie ptolemejskim

Ptolemajos (około 367–282 przed Chr.), którego zapamięta historiografia jako Ptolemajosa I Sotera („Wybawiciela"), króla Egiptu, był synem Macedończyka Lagosa i niejakiej Arsinoe, która może była raczej kochanką niż, jak później wierzono, dalszą kuzynką Filipa II. Był to *hetairos* Aleksandra, jak też jego *somatophylaks* („strażnik ciała", czyli członek osobistej ochrony) i *edeatros* (urzędnik dworski, który pierwszy próbował potraw i wyznaczał ich kolejność). Świetnie walczył w Aleksandrowej armii podczas wielkich wypraw i opisał te boje w dziele historycznym, niezachowanym, lecz bezcennym przez to, co z niego zostało u późniejszych historyków. Podczas Aleksandrowych „wielkich zaślubin" w roku 324 pojmie w małżeństwo Artakamę, córkę sprzyjającego Macedończykom dostojnika perskiego, Artabazosa; rozwiedzie się z nią po śmierci Aleksandra.

Niedługo też po zgonie Aleksandra, późnym latem 323 roku, został satrapą Egiptu. Zastąpił w tej wielkiej roli Kleomenesa z Naukratis, którego dzieje były dosyć zawiłe. Z woli Aleksandra Kleomenes od lat 332–331 zarządzał finansami Egiptu jak też budową Aleksandrii. Po kilku latach sam bez zgody Zdobywcy objął satrapię całego Egiptu. Z czasem król przebaczył mu i uznał tę jego władzę. Po śmierci Zdobywcy Kleomenes w latach 322–321 został *hyparchosem* (od słów *archo*, „rządzę", i *hypo*, „pod"), czyli „wicekrólem" Egiptu, z Ptolemajosem I jako satrapą. Ten jednak zarzucił Kleomenesowi duże malwersacje finansowe i wydał go na śmierć. Spadkobiercy zabijali się nawzajem, to już wiemy.

Ptolemajos, piastun grobu Aleksandra

Powyższe zdarzenia były częścią długiego cyklu faktów, który teraz jakby ciemnieje w blasku tego, że Ptolemajos stał się piastunem grobu Aleksandra Wielkiego. Gdy 13 czerwca (według naszego kalendarza) roku 323 przed Chrystusem król umarł w Babilonie, rozpoczęła się wędrówka jego ciała, relikwii dla ludzi tak wielu, których losy zmienił. Wędrówka bezmiernie dla nas trudna do wyśledzenia, bo w tradycji już zaczyna się ona od tego, że na wieść o tym zgonie ciemność padła na ulice Babilonu, ludzie się potykali w mroku i w zagubieniu. Takie wydarzenia są przed oczyma potomnych zazwyczaj gęsto spowite legendą. Gdy usiłujemy przedrzeć się przez mgłę rozsnutą w tradycji, mniej wagi i wiary przyznamy przypisywanym królowi ostatnim słowom, które mogą być apokryficzne: jakoby rzekł, że królestwo przekazuje „najlepszemu" albo może „najsilniejszemu", albo jakoby pragnął być pogrzebany w Siwa, egipskiej oazie Zeusa-Ammona. Bardziej godne wiary może się nam wydać to, że matka króla, Olimpias, zażądała pochowania go w macedońskiej ojczyźnie.

Zagadka królewskiego grobu

To może się nam też jawić jako rzeczywiste, że okryty złotem i wszelkimi najcenniejszymi dobrami wóz żałobny ze zwłokami Aleksandra podróżował w asyście zbrojnych Macedończyków i Persów, których on za życia tak bardzo chciał pogodzić i zjednoczyć, z Babilonu na północ, przez wielkie imperium. Lecz także nie ma niewątpliwego wyjaśnienia, dlaczego z Mezopotamii, Syrii i Lidii orszak musiał wędrować przez Egipt. Tu, słyszymy, na samą granicę wyszedł na jego spotkanie Ptolemajos na czele armii. Oczywiście postanowił zatrzymać relikwię u siebie. Ale tu znowu niepewność. Wprawdzie możemy dosyć spokojnie uznać za apokryf wersję, według której arcykapłan egipski w Memfis nie wpuścił do miasta tego orszaku jako magicznego zwiastuna wojen. Lecz pozostaje pytanie: czy Ptolemajos pochował zwłoki Zdobywcy, oczywiście według macedońskich rytów, w Memfis, skąd je następca, Ptolemajos II Filadelfos, przeniesie do Aleksandrii; czy już Ptolemajos I od razu zawiózł relikwię do miasta, które Zdobywca ufundował, a nigdy go za życia nie ujrzał. Słyszymy, że zbudowano w Aleksandrii wielkie, wspaniałe mauzoleum, różnie zresztą opisywane, zwane Soma („Ciało") albo Sema („Grób"); osobliwe, że archeologowie, jak mi powiedzieli w Aleksandrii, ciągle go szukają.

W królestwie Seleukidów

Takiego klejnotu już nigdy nie miała inna dynastia, także pełna chwały dynastia Seleukidów. Jej założyciel, Seleukos (około 358–281 przed Chr.), historykom znany jako Seleukos I Nikator („Zwycięzca"), był synem, jak się zdaje, macedońskiego arystokraty, Antiochosa. Towarzyszył w Azji Aleksandrowi, z którym chyba łączyła go przyjaźń, chociaż nie należał do najwybitniejszych generałów. Po zgonie Aleksandra dostał w roku 321 satrapię Babilonii, z której jednak musiał uciec w roku 316 do Egiptu, zepchnięty przez armię swego niedawnego sprzymierzeńca, Antigonosa Jednookiego. Po paru latach jednak odzyskał swoje posiadłości, najpierw Babilonię brawurową wyprawą, a niebawem Medię i Suzjanę. Od owego roku będzie się zaczynać era seleukidzka, według naszej terminologii: od 7 października 312 roku kalendarza macedońskiego, a od 3 kwietnia 311 roku kalendarza babilońskiego. W roku 306 Seleukos przyjął tytuł królewski.

Oprócz trzech największych *diadochoi*, założycieli trzech dynastii, mianowicie Antigonosa Jednookiego, Ptolemajosa i Seleukosa, byli też następcy mniejsi, którzy już się w prześwitach ukazywali nam. *Kasander* Kasander (około 358–297 przed Chr.), który po śmierci swojego ojca Antypatra (319) zawładnął Macedonią i większą częścią Grecji, postanowił bronić tych posiadłości przed Antigonosem Jednookim. Bezwzględny w polityce, zabójca matki, syna i wdowy po Aleksandrze, założył jednak dwa wielkie miasta, Kasandreję (na macedońskim przylądku Pallene) i Tesalonikę, oraz odbudował Teby.

Lizimachos

Lizimachos (około 360–281 przed Chr.) był, jak się zdaje, synem Greka z Tesalii, który wyemigrował do Macedonii. *Hetairos* Aleksandra i *somatophylaks,* w łowach królewskich kiedyś ocalił życie Zdobywcy, zabijając bliskiego niebezpiecznie lwa. Po śmierci króla otrzymał prowincję składającą się z Tracji i północno-zachodniej części Azji Mniejszej. Założył w Tracji nową stolicę, Lizimacheję. Razem z Seleukosem, Ptolemajosem i Kasandrem wznowi wojnę przeciw Antigonosowi Jednookiemu i rozprawi się z nim, o czym niebawem wspomnimy. Będzie rządził długo, polegnie w bitwie, broniąc się przed atakiem swojego byłego sprzymierzeńca, Seleukosa. Tytuł królewski przyjął w tym samym roku 306, w którym tak ozdobili swoje skronie Antigonos i Seleukos.

Ptolemajos uznał siebie za króla, Ptolemajosa I Sotera, nieco później, w początkach roku 304 przed Chrystusem.

WSZECHŚWIAT NAD HISTORIĄ

Druga szkoła myśli w Atenach

Tymczasem w Atenach, już tak prowincjonalnych politycznie, kształtowała się druga obok epikureizmu szkoła myśli. Nie w Ogrodzie, lecz w publicznej sali. W roku 313 przybył do miasta Pallady Zenon (335–263 przed Chr.), syn Mnaseasa z Kition

na Cyprze, najprawdopodobniej Fenicjanin z rodu. Słuchał wykładów Polemona, zwierzchnika Akademii Platońskiej, i jednego z filozofów z Megary (miasta na Przesmyku Korynckim), mistrzów dialektyki i sofizmatów, Diodorosa zwanego Kronosem. Datą w życiu Zenona było spotkanie i poznanie Kratesa z Teb, którego nie tak dawno temu mędrzec z Sinope, Diogenes-„pies" (*kyon*), nawrócił na swoją filozofię „psią" (*kynike*), cynicką. Odtąd Krates z żoną Hipparchią wiódł życie wędrowne. Głosił ideał dobrowolnego ubóstwa, oręża niezależności. Jednał wrogów, pocieszał strapionych.

Od cynizmu do nowej filozofii

Krates nawrócił Zenona na cynizm. Słyszymy, że wczesne pisma Zenona, zwłaszcza traktat o państwie, były w duchu całkowicie cynickim. Postanowił jednak Zenon pogłębić swoją myśl. Pogrążył się w studiach nad filozofią sokratyczną, najbardziej nad myślą Antistenesa, która wyjaskrawiła intelektualizm Sokratesa i przyjęła teorię, według której szczęście (*eudaimonia*) opiera się na cnocie (*arete*), a cnota na wiedzy, a więc można się jej nauczyć. Po tych stopniach Zenon szedł do własnej filozofii. Gdy opracował jej system, zaczął to głosić w jednej z publicznych sal w Atenach, nazywanej *Stoa Poikile*, Malowany Krużganek. Od przypadkowej nazwy tej siedziby pochodzi miano wielkiego nurtu europejskiej myśli: stoicyzm. Mistrz zamierzał oznajmiać swoje myśli tylko filozofom, ale wbrew temu wyliczeniu tłumy oblegały galerię i piły jego mądrość. Zenon zaprzyjaźnił się z Antigonosem Gonatasem (około 320–239 przed Chr.), którego jeszcze spotkamy w tej książce, synem Demetriosa Poliorketesa. Gonatas zaprosił mistrza na swój dwór w macedońskiej Pelli, lecz Zenon grzecznie odmówił; posłał tam swojego ucznia Persajosa w zastępstwie.

Ani po Zenonie, ani po trzecim zwierzchniku szkoły stoickiej, Chrysipposie (około 280 – ok. 206 przed Chr.), nie przetrwały żadne teksty poza oderwanymi cytatami, chociaż obaj uprawiali obfitą działalność pisarską. Tylko ten, który przewodził szkole pomiędzy nimi, Kleantes (331–232), zdołał przesłać potomnym piękny hymn *Do Zeusa*, będący jedną z ozdób *Mitologii Greków i Rzymian*. Ale nauki stoickie przetrwają, będą nimi żyli ludzie w wiekach hellenistycznych, a jeszcze bardziej w Rzymie.

Wszechświat nad chaosem i grozą

Wszechświat, w który wpatrują się stoicy, wznosi się ponad chaosem i grozą ludzkiej historii, tej ludzkiej komedii. Jest nieskazitelnym organizmem, którego wszystkie części idealnie służą całości. Jest cały nasycony boskim rozumem, logosem, który przejawia się jako *heimarmene* (fatum, konieczność) i jako *pronoia* (boska opatrzność). W szczególny sposób *logos* uwyraźnia się w ludzkim umyśle. Wśród żywiołów świata najbliższy logosowi jest ogień. Ten więc element u kresu każdego cyklu czasu spopiela wszechświat, aby się znowu z ognia narodził wszechświat nowy.

Jest też *logos* kształtującą i przewodniczą zasadą natury (*physis*). Człowiek dobrze żyje, jeśli żyje w zgodzie z naturą, a znaczy to: w zgodzie z logosem. Cnota (*arete*), czyli życie zgodne z logosem i naturą, jest jedynym dobrem, tak jak występek jest jedynym złem. Wszystko poza tym jest w świecie obojętne (*adiaphoron*), nie liczy się wobec głównego celu życia. Ale, przyznawali stoicy (nie wszyscy, przeczył temu jeden z uczniów Zenona, Ariston), wśród rzeczy (w ostatecznej ocenie) obojętnych są jednak takie, które mądry człowiek wybiera (jak zdrowie i w ogóle ochrona życia), i takie, których unika, jeśli może się przed nimi zabezpieczyć bez wkroczenia na drogę występku. Trzeba do tego rozróżnienia dodać, że ani jedne, ani drugie z owych rzeczy nie wpływają na prawdziwe szczęście mędrca. Postępując bowiem zawsze w zgodzie z logosem, w każdej chwili posiada to, co jest jedynym prawdziwym dobrem, a więc mędrzec to człowiek całkowicie niezależny od odmian doli (*tyche*). To jest główne przekonanie wśród wielu przeświadczeń, jakie stoicy nazywali *paradoksa*, czyli mniemania sprzeczne z opinią (*doksa*), a prawdziwe. Mędrzec jest nieugięcie mężny, albowiem wie, że ani ból, ani śmierć nie są prawdziwym złem; nieugięcie powściągliwy, bo wie, że przyjemność nie liczy się do dóbr; nieugięcie sprawiedliwy, bo do jego sądów nie ma przystępu ani uprzedzenie, ani protekcja.

Ludzkie bogactwo stoicyzmu

Stary stoicyzm został skrzywdzony przez historię. Mam na myśli to, że obcujemy tylko ze strzępami jego tekstów, troskliwie zbieranymi przez filologów. Zasobniejszą panoramę zdaje się roztaczać poświęcona Zenonowi i jego uczniom obszerna VII księga *Żywotów i poglądów znakomitych filozofów* Diogenesa Laertiosa. Ale jest ona może jeszcze bardziej niż inne księgi tego bezcennego i tak często zawodzącego nas dzieła utopiona w nie najciekawszych anegdotach i w wiadomościach marginesowych. Cóż można na to poradzić? Trochę jednak realnych streszczeń u Laertiosa jest, jak na przykład ekskurs (111) o namiętnościach (*pathe*):

„Główne, czyli najpowszechniejsze doznania, jak powiadają Hekaton w II księdze traktatu *O namiętnościach* i Zenon w rozprawie pod tym samym tytułem, dzielą się na cztery rodzaje: strapienie, lęk, pragnienie, rozkosz. Autorzy ci uważają, że namiętności (*pathe*) to są sądy (oceny, *kriseis*), jak to w traktacie *O namiętnościach* wyjaśnia Chrysippos".

Albo ta analiza strapienia: „Strapienie uważają stoicy za nierozumny skurcz władzy sądzenia. Są jego takie rodzaje: litość, zazdrość, zawiść, współzawodnictwo, ociężałość, udręka, niepokój, męka, pomieszanie". Rewelacji w tym nie ma. Ale jest w całym stoicyzmie silne dążenie do wolności. Może wolności przez rezygnację? Lecz chyba bardziej przez dzielność, przez niewzruszone męstwo. Co można na pewno powiedzieć, to przynajmniej to, że w takim heroicznym duchu pojmą nauki Zenona i jego uczniów liczni potomni. Zwłaszcza Rzymianie. Lecz już wśród przełomów i obrotów ery hellenistycznej, między Aleksandrem a nadejściem Rzymu, wśród zamętu historii liczni ludzie czerpali pociechę i pokrzepienie z doktryny głoszącej, że jedynym dobrem jest wytrwała cnota, czy raczej męstwo (bo tak można interpretować grecką *arete*, jak i łacińską *virtus*), u którego stóp rozpryskują się groźby jak piana.

IPSOS I POTEM

Walki spadkobierców

Ale tu, w pianie historii, nie mogły rzeczy przestać się dziać. Antigonos Jednooki, ciągle marząc o władzy nad całym Aleksandrowym obszarem, wojował w latach 310–309 przeciw Seleukosowi w Azji, przeciw Ptolemajosowi (306–305) i Kasandrowi (304–302) w Syrii i na Morzu Egejskim, skąd zagrażał też Egiptowi. Wreszcie oni razem z Lizimachosem postanowili go zmiażdżyć. Zawiązali koalicję. Wymienia ich wszystkich Diodor Sycylijski (XXI 2–4b): „Antigonos, król Azji, zmagał się z koalicją czterech królów: Ptolemajosa, syna Lagosa, króla Egiptu; Seleukosa, króla Babilonii; Lizimachosa, króla Tracji; Kasandra, syna Antypatra, króla Macedonii". Dziejopis powiada, że skuła ich z sobą nie tyle wspólna życzliwość, ile raczej wspólna trwoga.

Plutarch w *Żywocie Demetriosa*, syna Antigonosa, poświęca rozdziały 28–29 ostatecznej bitwie, w której ojciec i syn mieli się zmagać z koalicją. Biograf podaje, że Antigonos przyprowadził siedemdziesiąt tysięcy piechoty, dziesięć tysięcy konnicy i siedemdziesiąt pięć słoni, podczas gdy przeciwnicy mieli piechoty sześćdziesiąt cztery tysiące, jeźdźców o czterystu więcej, niż miał Antigonos, słoni czterysta i dwadzieścia wozów bojowych. Bitwa

Ipsos, miejsce rozstrzygającej bitwy

rozegrała się pod Ipsos, osadą we Frygii, w roku 301 przed Chrystusem. Diodor w przywoływanym tu już miejscu swojego dzieła powiada, że słonie Antigonosa i Lizimachosa walczyły tak, jakby natura rozmyślnie wyposażyła je w siłę jednaką i odwagę. Plutarch opisuje dramatyczny epizod: w ogniu bitwy Demetrios z najlepszą częścią jazdy natarł na Antiochosa, syna Seleukosa, rozbił jego zastęp, ale zbyt zażarcie ścigając przeciwników, nie mógł przedrzeć się z powrotem do swojej piechoty, którą osłaniał. Zagrodziły mu drogę nieprzyjacielskie słonie.

Kiedy Seleukos zobaczył, że falanga przeciwników jest wyzuta z osłony, nie rzucił się na falangę, lecz wodził swoje zastępy konne dokoła niej, aby ją przestraszyć i aby umożliwić piechurom przechodzenie na jego stronę, co niebawem zaczęło się dziać; w owych bojach między dziedzicami Zdobywcy ludzie nieraz przechodzili z jednej strony na drugą dosyć łatwo. Wierniejsi zaś hoplici rzucili się do ucieczki. Wrogie zastępy jazdy wiedziały, gdzie jest Antigonos, wówczas więcej niż osiemdziesięcioletni. „Oni godzą w ciebie, królu" – powiedział mu jeden z przybocznych. „A w kogo mieliby godzić? – rzekł Antigonos. – Ale Demetrios przyjdzie mi na pomoc". Do ostatniego tchu wypatrywał, czekał. Chmura włóczni i strzał niemal okryła go. Padł. Wtedy przyjaciele i służba odbiegli od niego. Tylko jeden człowiek został przy zwłokach, Toraks z Larissy. Diodor jednak podaje, że ciało Antigonosa „zabrano z pola bitwy i pogrzebano z królewskimi honorami". Uczynili to więc przeciwnicy.

Co się tyczy syna, Demetriosa I, słynnego Poliorketesa, który w końcu wyplątał się spośród wrogich słoni, Diodor twierdzi, że ten, udawszy się do matki, Stratonike, która pozostała w Cylicji (kraju położonym w południowo-wschodniej części Azji Mniejszej) z całym ich cennym pieniężnie dobytkiem, pożeglował razem z nią do miasta Salaminy na Cyprze, gdzie wtedy władał. Inaczej rzecz przedstawia Plutarch: kiedy zwycięzcy zaczęli dzielić obszar Antigonosa i Demetriosa, jakby to była olbrzymia padlina, Demetrios z pięcioma tysiącami pieszych i czterema tysiącami konnych uciekł, nie zatrzymując się nigdzie po drodze, do Efezu. Kapłani bali się, że będzie łupił przebogatą świątynię Artemidy, lecz on postanowił ochronić ją nawet przed swoim wojskiem i zaraz pożeglował ku Grecji, licząc na życzliwość i pomoc Aten. Ale to się nie spełniło.

Kres imperium Antigonosa w Azji

Bitwa pod Ipsos zniszczyła imperium Antigonosa w Azji. Jego dziedzic, Demetrios I, zachował tylko częściowe panowanie nad morzami. Ale uparcie też trzymał się władzy nad Grecją, takiej, jaka była dla niego dostępna. Lepszą jednak miał drogę do tronu macedońskiego, bo, jak pamiętamy, padli zamordowani obaj królowie będący spadkobiercami Aleksandra, Arridajos i Aleksander IV, oraz królowa matka Olimpias, a władający właśnie Macedonią Kasander, spadkobierca po swoim ojcu, Antypatrze, człowieku bardzo bliskim Filipowi II i Aleksandrowi Wielkiemu, umarł w roku 297. Demetrios był teraz uprawniony do objęcia dziedzictwa po Antypatrze, dzięki poślubieniu (niegdyś, w roku 321) córki jego, Fili. Armia więc macedońska w roku 294 uznała go za swojego króla. Taki był obyczaj owego wojennego społeczeństwa. Nie wiemy dokładnie kiedy, lecz w ciągu lat dziewięćdziesiątych III wieku Demetrios umocnił swoją pozycję w polityce przez wydanie córki, Stratonike (imienniczki babki, matki Demetriosa), za Seleukosa I Nikatora; nie wiemy też, czy pierwsza żona Seleukosa, Apame, jeszcze wówczas żyła. Po śmierci Seleukosa (281) młodą Stratonike przejmie jako żonę syn jego i Baktryjki Apame, Antiochos I.

Demetrios w przeciwieństwie do Antigonosa Jednookiego, troskliwego rządcy kraju, był raczej wojownikiem niż królem. Osiągnąwszy w latach 293–289 duży zakres władzy nad Grecją, pragnął odzyskać ojcowskie posiadłości w Azji. Miał znakomitą armię i flotę, lecz żołnierze, utrudzeni wojnami, w końcu zaczęli się buntować. Uciekali do Lizimachosa i do nowej gwiazdy wojennej wśród Greków, króla Epiru, Pyrrosa (319–272 przed Chr.), o którym jeszcze usłyszymy. Nie wyrzekli się też natarcia na Macedonię, szczególną dziedzinę opuszczonego króla.

Kres Demetriosa Poliorketesa, a potem Lizimachosa

W roku 285 albo wcześniej Lizimachos wydarł Demetriosowi Macedonię i Tesalię. Wypędzony Poliorketes powiódł do Azji niezbyt liczny zastęp najemników. Niebawem osaczono go w Cylicji i wydano w ręce Seleukosa. Ten były sojusznik dwa czy trzy lata trzymał go w przygnębiającej bezczynności, aż Poliorketes, jeśli mamy wierzyć temu, co pisze Plutarch w *Żywocie*

Demetriosa (w rozdziale 52), z przejedzenia i przepicia umarł w pięćdziesiątym piątym roku życia; według naszego kalendarza w roku 283 przed Chrystusem.

Lizimachosa jednak pokochano w Macedonii i w Grecji nie bardziej niż przedtem Demetriosa Poliorketesa. Nie lubiano jego despotycznego, jak sądzono, stylu rządzenia oraz wysokich podatków, jak też przeraźliwych dramatów rodzinnych. Zbliżał się jego kres. W roku 281 napadł na niego były sprzymierzeniec, Seleukos, i całkowicie go rozgromił w bitwie pod Korupedion (w pobliżu Magnezji *ad Sipylum*, miasta w północno-zachodniej części Lidii, u stóp gór Sipylos), w której Lizimachos, walcząc, poległ. Królestwo jego zaraz się rozpadło.

Przedstawiając te dalsze dzieje, trzeba się teraz jeszcze raz pochylić nad dwoma wielkimi królestwami, seleukidzkim i ptolemejskim.

W MONARCHII SELEUKIDÓW BLASK ANTIOCHII

Już obserwowaliśmy przymierze, a potem zmagania Seleukosa z Antigonosem Jednookim: jak musiał przed nim uciec w roku 316 przed Chrystusem z satrapii Babilonii do Egiptu i jak odzyskał przemożnym atakiem niewielkiego wojska swoje posiadłości w roku 312 albo 311, od której to daty zaczyna się „era seleukidzka". I jak w roku 306 przyjął tytuł królewski. Odtąd był to król Seleukos I Nikator, „Zwycięzca", a może nawet „Zdobywca", jeśli można w naszym tekście przypisać i jemu tę godność, jaką najczęściej nadajemy wzorowi hellenistycznych zdobywców, Aleksandrowi Wielkiemu. Zawładnął wówczas Medią i Suzjaną (na południe od Medii, na północ od Zatoki Perskiej), a może także Persją (*Persis*, co w starożytności oznaczało krainę między Zatoką Perską, Suzjaną, Medią i obszarem Partów).

Zdobycze Seleukosa I

W roku 308 całkowicie wyparł Antigonosa z Babilonii. Zapragnął wtedy władzy nad prowincjami położonymi najdalej na wschód, nad Baktrią i Sogdianą (obie krainy znajdują się w Azji Środkowej), a nawet tęsknił do dorzecza Indusu, które wcześniej oddał indyjskiemu Czandragupcie. Tęsknoty te nie mogły się spełnić. Ale jako pierwszą stolicę swojej monarchii założył około roku 305 miasto w strefie wschodniej, Seleukeję nad Tygrysem w Babilonii. W kilka lat później jednak przyzwał go na zachód apel *diadochoi*, niegodzących się na naczelną władzę Antigonosa Jednookiego. Razem z Ptolemajosem, Kasandrem i Lizimachosem w roku 301 Seleukos pokonał Antigonosa i Demetriosa Poliorketesa pod frygijskim Ipsos, jak o tym już opowiedzieliśmy.

To zwycięstwo Seleukosowi dało północną część Syrii oraz dostęp do Morza Śródziemnego przez Syrię i Cylicję. Nie wyrzekł się wojowania i kolonizacji na wschodzie: w Medii, w Baktrii i Sogdianie, nad Zatoką Arabsko-Perską. Ale drugą swoją stolicę Seleukos ufundował jednak w strefie bardziej zachodniej, nad Orontesem, główną rzeką Syrii, dwadzieścia kilka kilometrów od morza. Mówi się tu o Antiochii (dziś: Antakiya w południowej Turcji), której czas założenia to rok 300 przed Chrystusem. Nie był to jeszcze kres zwycięstw Seleukosa. Gromiąc Lizimachosa w roku 281 pod Korupedion w Lidii, zapanował nad Azją Mniejszą. Marzył nadal o wznowieniu imperium Aleksandra, o połączeniu Wschodu z ojczystą Macedonią.

Marzenie Seleukosa o wznowieniu imperium Aleksandra

Lecz o Macedonii rozmyślał łapczywie także ktoś inny, człowiek, którego Seleukos, jak słyszymy, nieostrożnie przygarnął. Był to jeden z Ptolemajosów, mający przydomek Keraunos („Piorun"), syn Ptolemajosa I Sotera z drugiej żony, Eurydike. Uciekł z dworu ojca i z Egiptu, bojąc się, co z nim stać się może, kiedy się dowiedział, że ojciec przeznaczył dziedzictwo królewskie dla młodszego syna (z innej, trzeciej żony, Berenike). Seleukos pono opiekował się nim jako nieszczęśnikiem, utrzymywał go i wszędzie woził z sobą. Tak przynajmniej nam opowiada Appian z Aleksandrii (w I–II wieku po Chr., grecki erudyta, zbieracz zapisów historycznych, którego dzieło ułożone jest według krajów) w tomie o Syrii i Partii (62–63). Właśnie gdy Seleukos po poko-

Ptolemajos Keraunos, morderca

naniu Lizimachosa przeprawił się przez Hellespont i zmierzał ku stolicy władcy pobitego, Lizimachei na Chersonezie Trackim, „Piorun" skorzystał ze sposobności i zamordował opiekuna. Seleukos, jak dziś historycy oceniają, największy po Aleksandrze władca hellenistyczny i, być może, najbardziej ludzki (w sensie: humanitarny) spośród *diadochoi*, umarł w wieku siedemdziesięciu trzech lat. Stało się to między schyłkiem naszego sierpnia i schyłkiem naszego września roku 281 przed Chrystusem.

Morderca zdołał umknąć i niebawem obserwujemy, jak w roku 280 w Macedonii armia ogłasza go królem. Diodor Sycylijski (XXII 2, 1) tak pisze o „Keraunosie": „Ptolemajos, król Macedończyków, bardzo młody i niedoświadczony w sprawach wojny, a z natury szybki i gwałtowny, nie przejawiał ani odrobiny przezorności. Na przykład gdy przyjaciele doradzali mu, by czekał na opóźniające się oddziały, wcale na ich radę nie baczył. I oto Galaci (*Galatai*) zabili króla Ptolemajosa, rozbili i zniszczyli całą macedońską armię" – *Galatai*, z którymi jeszcze się spotkamy. Był to rok 279 przed Chrystusem. Macedonia dostaje się na krótki czas pod dziką przemoc Galatów, czyli Galów; hordy celtycke wdzierały się na Bałkany od dawna. Teraz im się to udało, ale nie na zawsze.

Seleukos I Nikator, dopóki żył, przygotowywał swojego najstarszego syna (z Baktryjki Apame, co jakby z góry mu to zwiastowało) do roli pojednawcy Macedończyków i ludów Wschodu według marzenia Aleksandra Wielkiego, podjętego, wśród *diadochoi*, najbardziej przez Seleukidów, i do ciężkiego brzemienia władzy królewskiej. Ów syn, Antiochos I (lata panowania 281–261 przed Chr.), później (po rozgromieniu Galów) Antiochos I Soter, już za życia ojca, od roku 293, rządził wschodnimi obszarami państwa. Objąwszy królestwo, wyrzekł się ojcowskich planów dotyczących Zachodu i w roku 278 zawarł przymierze z królem Macedonii, Antigonosem Gonatasem. Lecz także utracił północną Azję Mniejszą. Potem zaś, w wojnach lat 274–271 i 263–261, Egipt zabrał mu dużą część jej południowego i zachodniego wybrzeża. Mówi się, że był największym po Aleksandrze budowniczym miast. Starszego syna (ze Stratonike), Seleukosa, uczynił w roku 280 współrządcą wschodnich re-

Seleukos I, budowniczy miast

gionów, lecz zawiódł się na nim i może nawet skazał go na śmierć. Władzę obejmie w roku 261 drugi syn, jakiego Antiochos I miał także ze Stratonike.

To, czym owa dynastia (która dosyć długo będzie trwała) najmocniej przemawia do nas, to wspaniałe, wielkie miasto do zobaczenia i dziś jako Antakiya, słynne też w legendzie i w poezji (zwłaszcza u Kawafisa: „przysłowiowe antiocheńskie życie, pełne przyjemności w absolutnie dobrym guście"), istniejąca od czasów antycznych Antiochia. Datę jej założenia uczona chronologia wskazuje także jako czas powstania słynnej rzeźby, wykutej dla Antiochii przez Eutychidesa, malarza i rzeźbiarza z Sikionu (na Peloponezie): Tyche Antiochii, czyli bogini doli Antiochii. Tyche, dostojna, w obfitej szacie, siedzi na tronie, a spod jej stóp wychyla się i otwiera ku nam ramiona młodzieńczy bóg rzeczny, Orontes. Tyche ma koronę z daru Seleukosa i Antiochosa. Oryginał nie przetrwał, najlepsza jest być może kopia przechowana w Muzeum Watykańskim. Mniejszych figurek, wzorowanych na tym dziele, mamy wiele, jak też bogiń doli trzech innych miast.

Cztery słynne miasta

Cztery były w antycznym świecie śródziemnomorskim najsłynniejsze miasta: Antiochia, Aleksandria, Roma, Constantinopolis (zachowuję przyrodzony im wszystkim rodzaj żeński). Każde miało swoją Tyche, z właściwymi insygniami, jak Antiochia z postacią rzecznego bóstwa; Aleksandria z wieńcem murów jako koroną; Roma z hełmem i włócznią; Constantinopolis w hełmie, ale też z rogiem obfitości.

U PTOLEMAJOSÓW NAD NILEM
ZAGADKA ALEKSANDRII

Bardziej zachodniemu z dwóch wielkich obszarów poświęciliśmy niedawno uwagę w tym momencie, gdy Ptolemajos, który później stanie się Ptolemajosem I Soterem, w roku 323 przed

Chrystusem zawładnął relikwią, zwłokami Zdobywcy, i stał się ich piastunem. Ale nie podaliśmy, co czynił ten wówczas jeszcze tylko satrapa Egiptu ze swoim życiem osobistym, skoro po śmierci Aleksandra pozbył się żony narzuconej mu (w roku 324) podczas „wielkich zaślubin" w Suzie. Trzeba teraz o tym opowiedzieć, a zacząć wypada od faktu, że przybyła do niego Berenike I, przyrodnia siostra (z tego samego ojca, Lagosa), urodzona około roku 340, a mająca umrzeć między rokiem 281 i 271; była o więcej niż dwadzieścia lat młodsza od brata (czas jego życia: około 367–282). Przeszła już przez małżeństwo z niejakim Filipposem, Macedończykiem, rodząc mu Megasa, który stał się królem Kyrene, i kilka córek, wśród nich Antigone, która poślubiła słynnego Pyrrosa z Epiru; niebawem o nim usłyszymy. Do Egiptu przyjechała jako wdowa. Nie znamy dat owych faktów rodzinnych ani nie wszędzie określimy dokładnie rodzaj pokrewieństwa czy powinowactwa.

Wygląda jednak na to, że było mniej więcej tak, jak tu się powie, choćby to nas dziwiło. Berenike I przyjechała do Egiptu ze swoją ciotką (nie wiemy, w jakim rodzaju pokrewieństwa), Eurydike. Ptolemajos poślubił Eurydike. Ale przyrodnia siostra, Berenike I, już około roku 317 została jego kochanką, a potem żoną (nie wiemy, czy obok Eurydike, czy zamiast niej). Urodziła mu córkę, Arsinoe II, i syna, Ptolemajosa, który będzie królem, Ptolemajosem II Filadelfosem (*Philadelphos*, „Miłośnik Rodzeństwa" albo może: „Miłośnik Siostry"; lata życia: 308–246). Wszyscy królowie hellenistycznego Egiptu będą nosić imię Ptolemajos. Drugi z nich, gdy jeszcze był księciem, następcą tronu, poślubił córkę Lizimachosa, Arsinoe I, objąwszy zaś państwo po ojcu (w roku 283), pojął w roku 276 swoją siostrę, córkę Ptolemajosa I i Berenike I, Arsinoe II, przyłączając do swojego państwa bogate jej posiadłości egejskie. Jak ojciec, przywiązywał wielką wagę do administracji finansowej Egiptu. Zakładał greckie osiedla, budował, prowadząc dalej pracę ojca, latarnię na Faros, Muzeum i Bibliotekę w Aleksandrii, jak też kanał od Nilu do Morza Czerwonego. Jego następca, Ptolemajos III Euergetes („Dobroczyńca", lata panowania: 246–221), wstępując na tron, poślubił słynną Berenike II, córkę króla Kyrene, Megasa, i Apame, córki Antiochosa I Seleukidy. Ptolemajos III powiększył swoje państwo nie tylko o Kyrene, lecz i o posiadłości w Syrii i w Azji Mniejszej. Po nim jednak już nie było ekspansji. Ale wróćmy teraz do Ptolemajosa I Sotera.

Ptolemajos II Filadelfos

Wróćmy do Ptolemajosa I

Założyciel dynastii, jak już mówiliśmy, bezwzględnie rozprawił się w roku 321 z „wicekrólem" Egiptu, Kleomenesem. W początku roku 304 ogłosił się królem jako Ptolemajos I „Wybawca". Królową u jego boku była Berenike I, matka dynastii. Długo zmagał się z Antigonosem Jednookim i Demetriosem Poliorketesem, aż w roku 301, w przymierzu z Seleukosem, Kasandrem i Lizimachosem, rozgromi ich pod frygijskim Ipsos. Przedtem, jak też w pierwszych latach (według naszego kalendarza) III wieku przed Chrystusem, aż do połowy lat osiemdziesiątych, kiedy czynną rolę w polityce przekaże synowi, Ptolemajos I Soter zdobył Palestynę i Cypr, jak też wiele posiadłości na Morzu Egejskim i w Azji Mniejszej.

Budował też Aleksandrię. Temu zagadkowemu miastu, powołanemu, można by rzec, sztucznie, przez dziwną, niespodziewaną decyzję, mającemu budować się przez wieki i wyrazić ludzkość, przynajmniej śródziemnomorską, bardziej, niż ją wyraża jakiekolwiek inne miasto, poświęciłem cały obszerny rozdział w *Literaturze Greków i Rzymian*. Teraz trzeba jeszcze dodać trochę wyjaśnień. Na przykład dotyczących roli antycznych badań naukowych. Ale zanim nawiedzimy pracownie Muzeum, najpierw przypatrzymy się przez chwilę działalności państwowej Ptolemajosa I oraz pochylimy się przed świątynią Serapisa (Sarapisa), chociaż w *Literaturze Greków i Rzymian* już się niemało mówiło o niej.

Biurokracja ptolemejska

Pierwszy król biurokratycznie i sprawnie uporządkował swoje państwo. Dokładnie notowano działki ziemi, domy, niewolników, podatników i trzodę. Rejestry z osad słano coraz wyżej, aż do centralnego urzędu w Aleksandrii, gdzie sprawdzano i układano budżet państwa. Armia składała się z osadników wojskowych i z najemników oraz czerpano ją z poboru wśród tubylców. Ptolemajos I założył też, czy raczej rozbudował i przemienił istniejące wcześniej osiedle, w każdym razie powołał do życia miasto przeważająco greckie, Ptolemais Hermeiu (od wyrazu *hermeion*, co oznacza albo świątynię Hermesa, albo może to samo, co *hermaks*, tak zwaną hermę, stos kamieni ku czci tego bóstwa) w Górnym Egipcie, na zachodnim brzegu Nilu poniżej Abydos. Zamieszkała w nim liczna ludność grecka. Prawa miejskie były całkowicie helleńskie. Strabon traktuje to miasto jako tak ważne, jak Memfis. W cesarstwie rzymskim było ono w Egipcie drugie po Aleksandrii. Zostało po nim wiele wzmianek, lecz tylko ślady zabudowy.

POBOŻNOŚĆ EGIPSKA

Nieobce były pierwszemu królowi nowego Egiptu poszukiwania duchowe. Co w nich było osobistego, a co należałoby określić jako dążenie do nadania rzeszom w państwie treści życia i wynikającego z niej ładu, tego nie wiemy. Dwie te strony poszukiwań i reform wcale nie muszą być sprzeczne. Mówi się tu o czci dla Sarapisa, po łacinie zwykle nazywanego: Serapis. Drugą tę formę trzeba przyjąć w historiografii, bo używają jej także Grecy nowożytni, na przykład Konstandinos Kawafis. Tacyt, pisząc swoje dzieje (*Historiae*) w początkach II wieku po Chrystusie, przez chwilę dotknie uwielbienia Serapisa. Sposobnością jest pobyt cesarza Wespazjana w Aleksandrii i jego zainteresowanie obleganą przez gorliwych wyznawców tamtejszą Serapisową świątynią. Powiada więc (IV 83–84) historyk, że podczas gdy w literaturze rzymskiej dotąd głucho o pochodzeniu owego bóstwa, kapłani egipscy tak podają:

Serapeum w Aleksandrii

„Królowi Ptolemeuszowi (tą formą imienia odtwarza się używaną przez Tacyta formę rzymską: Ptolemaeus), który pierwszy z Macedończyków uczynił Egipt potężnym i właśnie założonej świeżo Aleksandrii nadawał mury, świątynie i obrzędy, ukazał się we śnie młodzieniec cudnej urody i nadludzkiego wzrostu. Ten kazał posłać najwierniejszych przyjaciół do Pontu (u południowego wybrzeża Morza Czarnego), skąd niechże przywiozą jego wizerunek. Królestwo się uszczęśliwi, a wielkie i sławne stanie się miasto, które wizerunkowi da gościnę. Rzekłszy te słowa, młodzieniec w rozjarzeniu ognia wzniósł się do nieba". Jak mówi dalej Tacyt, Ptolemajos, przejęty widzeniem, opowiedział o nim kapłanom egipskim. Nie wiedzieli, gdzie jest Pont. Poprosił więc o pomoc Ateńczyka Timoteosa, który był przy nim rzeczoznawcą obrzędów eleuzyńskich. Ten od podróżników dowiedział się, że w Poncie jest miasto Sinope, a niedaleko od niego świątynia Jowisza Disa.

Miano to oznaczało Zeusa Podziemnego, czyli Hadesa, nieodróżnianego tu od Zeusa Niebiańskiego. Obok obrazu Zeusa-Hadesa, czyli młodzieńca ze snu, dowiedział się Ptolemajos, stoi w świątyni wizerunek Prozerpiny, po grecku: Persefony. Ptolemajos nakaz zaniedbał. Zapomniał o nim, lecz zaraz wróciło to samo widzenie, zapowiadając zagładę królowi i królestwu. Wyprawił więc wreszcie posłów z darami do króla Sinopejczyków, a po drodze kazał odwiedzić wyrocznię delficką. Tu zaś Apollo, syn Zeusa, a więc i Zeusa-Hadesa, nakazał im, by wzięli ze świątyni obraz jego ojca, a zostawili obraz siostry (też dziecięcia Zeusowego), Persefony. Ledwie okręt od Ptolemajosa przybił do Sinope, tamtejszy król, Skydrotemis, ciężką miał zgryzotę. Oddać obraz czy nie oddać? I ludowi bał się narazić, i bóstwu. Przez trzy lata Ptolemajos kołatał ciągle nowymi okrętami i brzękiem złota. Bardziej jednak niż te pokusy, przemówiły królowi Sinope do rozumu różne plagi i choroby, jakie spadały na kraj. Lecz lud był uparty. Obsiadł świątynię.

Opowieść Tacyta

Odtąd dziwnie się dzieje, rzecze Tacyt. Oto sam bóg wyszedł ze świątyni i na stojący u wybrzeża okręt wstąpił. Wielką drogę morską do Aleksandrii okręt przepłynął w trzy dni. Tu zaś wzniesiono wielką świątynię w dzielnicy zwanej Rakotis, w miejscu, gdzie, jak powiada Tacyt, od pradawna była już kaplica poświęcona Serapisowi i Izydzie (bogini egipskiej, utożsamianej przez Greków z Demeter, Persefoną, Artemidą, Selene, Afrodytą, Hekate, Nemezis i Tyche). Ale, stwierdza Tacyt, jest to tylko jedna, najbardziej rozpowszechniona, z wersji tradycji o dziejach czci oddawanej owemu bóstwu. Rzymski historyk słyszał też inną wersję: jakoby sprowadzono Serapisa z Seleukei syryjskiej za rządów Ptolemajosa III Euergetesa (246–221 przed Chr.). Dorzuca jeszcze Tacyt, że często utożsamia się Serapisa, miłosiernego lekarza, z Eskulapem, greckim Asklepiosem.

Opowieść Plutarcha

Mało zaś do tego, co przeczytaliśmy, dodaje Plutarch w eseju *O Izydzie i Ozyrysie*, w tym jego ustępie (*Moralia*, 361–362), gdzie się mówi o nawiedzającym sen Ptolemajosa I kolosalnym posągu Plutona, czyli władcy Podziemia; zwano go w Grecji Hadesem albo Plutonem. Do strapionego króla przyprowadzono podróżnika Sosibiosa, który przyznał, że taki właśnie posąg widział w Sinope. Ptolemajos posłał dwóch ludzi, Sotelesa i Dionizjosa, a kiedy im po długich zabiegach udało się posąg ukraść i przywieźć do Egiptu, wówczas tacy znawcy spraw sakralnych, jak Timoteos i Maneton z Sebennytos, stwierdzili, że jest to statua Plutona, na co wskazywał przydany bóstwu Cerber (Kerberos) i wąż. Uczeni przekonali króla, że należy uznać to bóstwo za Serapisa, takie bowiem imię, pisze Plutarch, nosi Pluton w Egipcie. Dosyć niejasno grecki autor przedstawia związki Serapisa z innymi bóstwami, cenne jednak jest to, że uwydatnia szeroki zakres Serapisowej mocy, a domyśla się też jej bliskości wobec Ozyrysa i byka Apisa. Trzeba tu od razu przypomnieć, że Ozyrys to był umarły i ożywiony pod ziemią do nowego panowania faraon. Był patronem płodności, lecz nade wszystko bóstwem Podziemia. Herodot (II 144) utożsamia go z Dionizosem. Apis zaś to święty byk wielbiony w Memfis. Po jego zgonie wybierano następcę, zwłoki zaś mumifikowano.

Źródła tej tradycji

Dzisiejsi badacze przeważnie mniemają, że pobożność Serapisowa narodziła się w Memfis, w świątyni okrywającej podziemne komory, w których składano mumie Apisów. Moc wszystkich razem Apisów zaczęto czcić pod mianem Osorapis (od imion *Osiris*, Ozyrys, i *Apis*), od tego zaś miana droga do formy *Sarapis* nie wydaje się daleka. Być może, dynastia chciała przenieść tę pobożność szczególnie do Aleksandrii, ale imiona Izydy i Serapisa, które wprowadzono do przysięgi królewskiej już pod koniec III wieku przed Chrystusem, nie dźwięczą w takiej formule przysięgi, jaką we wczesnym okresie spotykamy w Aleksandrii. Cześć dla Serapisa jednak i w tym szczególnie ptolemejskim mieście z latami i wiekami będzie się wzmagać. Jak zresztą w całym Egipcie. „Jest tylko jeden Zeus Sarapis", czytamy w wielu inskrypcjach.

U MATEMATYKÓW

Muzeum i Biblioteka

Drugi obok Serapejonu ośrodek duchowy Aleksandrii, dwoisty, składający się z Muzeum i Biblioteki, powołanych do życia przez tego samego Ptolemajosa I Sotera, który szukał łaski Serapisa, nawiedziliśmy już w *Literaturze Greków i Rzymian*. Teraz jest czas na przedstawienie przynajmniej w zarysie tego, co w epoce hellenistycznej zaczęło się dziać zarówno w pracowniach naukowych aleksandryjskiego Muzeum, jak i w zaciszach innych greckich i grecko-orientalnych miast. Jako opiekunowie nauki i sztuki współzawodniczyli z Ptolemajosami najgoręcej Attalidzi, dynastia rządców Pergamonu, kwitnącego miasta w Myzji w Azji Mniejszej. Rozwijały się też badania w zachodnim mieście, gdzie gościliśmy i będziemy gościć, w Syrakuzach na Sycylii.

Euklides

Pierwszy wielki matematyk hellenistyczny to Euklides, którego szczyt życia przypada na przełom IV i III wieku przed Chrystusem. W Aleksandrii żył i nauczał, a do potomnych miał przemawiać głównie swoim wspaniałym podręcznikiem, noszącym tytuł *Elementy* (*Stoicheia*), w trzynastu księgach. Oparł się na traktatach poprzedników, zwłaszcza Hippokratesa z Chios (około 470–400 przed Chr.) i Eudoksosa z Knidos (około 390–340), lecz wiele do ich zasobów dodał nowej treści i zmienił układ podręcznika. Metoda jego polega na przedstawianiu serii pewników i systematycznym wyprowadzaniu z nich teoremów, a wypełnianie tych zadań jest u niego tak racjonalne i tak w swojej racjonalności proste, że studiując podręcznik, oddycha się przejrzystym, rzeźwiącym powietrzem. Cała późniejsza matematyka, nie tylko europejska, bo może najpilniej studiowali go Arabowie, wywodzi się z niego. Inne dzieła Euklidesa, tylko częściowo zachowane, rozwijają geometrię elementarną i wyższą. Napisał także *Elementy muzyki.* Przypisywano mu w dziedzinie muzyki *Przekrój kanonu* (*Katatome kanonos*) oraz *Wstęp do harmonii.*

Archimedes

Następnego bardzo wielkiego matematyka trzeba szukać w Syrakuzach. Jak Euklides jest autorem najświetniejszego w dziejach podręcznika wiedzy ścisłej, tak Archimedes (około 287–212 przed Chr.) być może dokonał w matematyce, fizyce i astronomii więcej niż ktokolwiek inny uczony; tak dziś mniema wielu historyków nauki. Urodził się w Syrakuzach jako syn astronoma Feidiasa. Żył w przyjaźni z królem Syrakuz, Hieronem II; może był jego krewnym. Chyba odwiedził Egipt. W każdym razie korespondował z uczonymi aleksandryjskimi. Jeden z nich to Konon z Samos, który jeździł po zachodnich stronach greckiego świata, zbierając obserwacje meteorologiczne i astronomiczne, a potem osiadł w Syrakuzach. Niestety dosyć wcześnie umarł. Zdążył odkryć (około roku 245 przed Chr.) nieznany dotąd gwiazdozbiór między Lwem, Panną i Wolarzem, który z woli Ptolemajosa III Euergetesa został na cześć jego żony, Berenike II, na-

zwany *Berenikes Plokamos*, Warkocz Bereniki. Dobrze zapamiętano teorie Konona dotyczące zaćmień Słońca, a w geometrii badanie przekrojów stożkowych. Drugi słynny korespondent Archimedesa to wielki Eratostenes z Kyrene, geograf i filozof, już spotkany przez nas w *Literaturze Greków i Rzymian*, z woli Euergetesa zwierzchnik Biblioteki Aleksandryjskiej.

Archimedes był i badaczem, i wynalazcą. To drugie zapamiętano zwłaszcza z okresu, gdy żelazna armia rzymska Marcellusa dobijała się do Syrakuz. Uparta obrona skończy się w roku 212 przed Chrystusem. Archimedes w niej uczestniczył jako wynalazca. Konstruował machiny obronne. Według tego, co opowiada Plutarch (*Żywot Marcellusa*, 16), Rzymianie pojąć nie mogli, co się dzieje; machiny bowiem były umieszczone tuż za murem i z tego niewidzialnego miejsca padały na nich pociski jak grad. Któż to z nimi walczy? Bogowie? Wiele anegdot przechowanych przez Plutarcha i innych autorów, zwłaszcza rzymskich, uwydatnia nieobecność duchową uczonego, zajętego tylko badaniami, w potocznym świecie. Kiedy go siłą ciągnięto do kąpieli i namaszczenia ciała oliwą, wykreślał ręką na popiołach i na oblanym ciele figury geometryczne. Ale zdarzyło się kiedyś, mówi Plutarch (177), że oczarowany przez „domową syrenę", czyli piękną kobietę, zapomniał nawet, że należy jeść. Był „jeńcem Muz", *musoleptos*.

Zginął po wdarciu się armii rzymskiej do Syrakuz w czasie drugiej wojny punickiej, gdy nie pomogły i machiny; Marcellus potem gorzko żałował jego śmierci. Cycero (*De finibus bonorum et malorum*, V 19) przekazuje tradycję: uczony tak był pochłonięty dociekaniem jakiegoś geometrycznego problemu i wykreślaniem figur na piasku, że w ogóle nie zauważył podboju miasta. Greccy pisarze potwierdzają (Diodor, XXVI, 18; Plutarch, *Żywot Marcellusa*, 19) to, co nie zatrze się w pamięci potomnych: nad pogrążonym w badaniu Archimedesem staje żołnierz z mieczem. Najbardziej przejmująca jest prośba uczonego, by poczekano, by mógł do końca rozwiązać intelektualne zagadnienie. I oto miecz spada na jego głowę. Najostrzej to się dzieje w anegdocie, jaką najpiękniej przechował znakomity erudyta rzymski (współczesny cesarzowi Tyberiuszowi) Waleriusz Maksymus w swoich bezcennych wypisach historycznych, *Godnych pamięci faktach i słowach* (*Factorum ac dictorum memorabilium libri*, VIII 7). Wielki uczony wykreślał figury na piasku i zbrojnemu powiedział tylko, żeby mu nie zacierał tych kół: *Noli turbare circulos meos*. I wtedy miecz. Nie była to arogancja Archimedesa, był to przejaw faktu, że uczony żył w innej przestrzeni, innej niż ta, w której żołnierz stał z mieczem. I to nie w jakiejś „własnej", czyli fikcyjnej przestrzeni. Nie, żył w przestrzeni tym bardziej obiektywnej, że tak bardzo innej, i tak bardzo innej przez to, że tak obiektywnej, tak rzeczywistej. Próbuję, tak jak można, to zdefiniować.

Prośba Archimedesa

Część jego traktatów przechowała się, najwięcej po grecku, a niektóre w przekładzie arabskim: jeszcze inne znamy ze wzmianek i nawiązań u autorów późniejszych. Jako twórca hydrostatyki doszedł do słynnego twierdzenia, że ciało zanurzone w płynie traci ciężar równy ciężarowi wypartego przez nie płynu. Pracował nad metodą mierzenia powierzchni koła i objętości kuli. Pierwszy rozpoznał niewymierną liczbę, wyrażającą stosunek długości okręgu do jego średnicy; nadał tej liczbie jako miano pierwszą literę greckiego słowa *perimetros*, „obwód": *pi*. Jako astronom skonstruował podziwiane potem przez Cycerona (*Tusculanae disputationes*, V 64–66) planetarium i globus. W kosmologii słynne jest przypisane mu u różnych autorów (na przykład: Diodor, XXVI, 18; Plutarch, *Żywot Marcellusa*, 14) twierdzenie, które najświetniejszą formę ma u Papposa Alexandrinosa (IV wiek po Chr.) w jego *Synagoge* (Zbiorze), czyli kolekcji wiedzy matematycznej (VIII, 10; wiedzę o tym źródle zawdzięczam erudycji Stanisława Kalinkowskiego). Czytamy tu aforyzm w grece doryckiej, takiej, jaką przemawiał Archimedes: *Dos moi pu sto kai kinaso tan gan* – „Daj mi gdzie stanąć, a poruszę ziemię". Był wynalazcą śruby wodnej (po grecku *kochlias*), w którą zaopatrzył wielki okręt króla Hierona.

Astronomowie

W astronomii spory odwoływały się raczej do medytacji, zresztą ostrożnej i trzeźwej, niż do doświadczenia. Arystarch z Samos (urodzony może około 275 roku przed Chr.) domyślał się, że Ziemia kręci się dokoła Słońca, lecz inni astronomowie nie wierzyli. Znakomity matematyk Apollonios z Perge (w Pamfylii w Azji Mniejszej), którego szczyt życia przypadł na drugą połowę III wieku przed Chrystusem, utrzymywał, że Ziemia tkwi nieruchomo w samym środku wszechświata. To zdawało się zgadzać ze skierowaną ku Ziemi siłą ciążenia. Co się tyczy planet, Apollonios mniemał, że ruch ich zawsze jest kolisty, ale środek każdego koła porusza się po obwodzie drugiego koła. To z kolei zdawało się tłumaczyć wiele różnych zajwisk astronomicznych.

U LEKARZY I ODKRYWCÓW

Schodząc z gwiazd, miało się tu bliżej medycynę. Najstarszy w antycznym świecie zbiór ekskursów lekarskich, jaki przetrwał, to jest tak zwane *Corpus Hippocrateum*, kolekcja rozległa, zawierająca więcej niż pięćdziesiąt greckich rozpraw. Jak zdołali się domyślić uczeni, powstały one między 430 a 330 rokiem przed Chrystusem. Wobec wielu problemów medycznych wyrażają różne poglądy. W ogóle wydaje się bezsporne, że należy je przypisać różnym rękom. Antyczna zaś tradycja obdarzyła nimi Hippokratesa z Kos, w co już wówczas rozsądni ludzie wątpili. Ale przypatrzmy się przez chwilę owej wielkiej postaci.

Hippokrates

Hippokrates z wyspy Kos, Asklepiada („Syn Asklepiosowy", jak nazywano medyków), to najsłynniejszy lekarz czasów antycznych. Wiemy o nim niewiele. Dziś już nie podaje się ufnie dat jego życia. Uczeni ograniczają się do stwierdzenia, że był współczesny Sokratesowi (469–399 przed Chr.). Mówi się o nim, że był małego wzrostu, że dużo podróżował i że umarł w tesalskiej Larissie. Nic więcej nie udało się stwierdzić. Jako arcyregułę Hippokratesową Platon (*Fajdros*, 270 c-d) podaje zasadę, której dziś się trzyma każdy przytomny lekarz: że należy oglądać i badać pacjenta całego, a nie jeden tylko chory organ. Dziś to jest oczywiste, a wówczas wielkim odkryciem było tak głębokie rozpoznanie, że ciało jest organizmem. W *Corpus Hippocrateum* nie jest to nigdzie powiedziane, ale z ogółu owych tekstów emanuje taka świadomość, jak też przekonanie, że medycyna to rzemiosło praktyczne, na praktycznych doświadczeniach, a nie na gołej spekulacji ufundowane.

Kanon Hippokratesa, który prawdopodobnie w żadnym fragmencie nie jest jego autorstwa, choć można rozsądnie ufać, że w dużej mierze wywodzi się z jego ducha, został, jak się zdaje, zebrany i uporządkowany w III wieku przed Chrystusem w Aleksandrii. W owej epoce rozwijała się tu i przemieniała medycyna. Jednym z jej przewodników był Herofilos z Chalkedonu (w Bitynii nad Bosforem), który w mieście nad Nilem pracował w pierwszej połowie III wieku przed Chrystusem. Innym słynnym lekarzem był Erasistratos z wyspy Keos (jednej z Kyklad na Morzu Egejskim), współczesny Herofilosowi. Obaj byli posłuszni zasadzie opierania wiedzy medycznej na doświadczeniu. Uprawiali sekcję ludzkiego ciała, jak się zdaje, tylko martwego; zresztą także to stanowiło przekroczenie niektórych zakazów sakralnych.

Pisarz jednak rzymski z późniejszej epoki, Aulus Cornelius Celsus, współczesny cesarzowi Tyberiuszowi, w encyklopedycz-

Zgroza badań biologicznych

nym dziele *De medicina* (I, Proem. 26) podaje z usprawiedliwieniem, ale i z awersją wiadomość, że Herofilos i Erasistratos „dostawali od królów (Egiptu) skazańców z więzienia i cięli ich żywych; kiedy ci jeszcze oddychali, oni obserwowali części ciała, które natura ukryła, i badali ich miejsce, kolor, kształt, rozmiar, ułożenie, twardość, miękkość, gładkość, powiązania". Zdaje się tę wiadomość potwierdzać rzymski pisarz chrześcijański, Tertulian (na przełomie II i III wieku po Chr.), gdy w traktacie o duszy (*De anima*, 10) pisze ze zgrozą o takiej praktyce. Są to wiadomości bardzo skąpe, a przy tym upiorne, więc uczeni nasi przez wieki nie wierzyli w to. Dziś już wielu to traktuje jako fakt. Systemy totalitarne oswoiły ich z bestialstwem? Więzień, choćby nie wiem jak winny, oto teraz związany, skuty, krojony jest na żywo, aż skona. Jeśli tak było, potwierdza to rzecz świadomym ludziom znaną: potworność historii i w ogóle życia tu. Wszystko więc dokoła zbudowano na umęczonych szkieletach, medycynę też?

Praktyczność hellenistyczna zresztą mogła mieć inne oblicze. Grecki podróżnik z Massalii (dzisiejszej Marsylii, kolonii założonej przez Greków Fokejczyków na wybrzeżu kraju, który będzie Prowansją; miasto powstało na przełomie VII i VI wieku dawnej ery), gorliwy geograf, Pyteas, na samym progu epoki hellenistycznej, około roku 320 przed Chrystusem, opłynął Hiszpanię, Galię, Brytanię, Szkocję, Szetlandy. Może dotarł do Islandii. Podróże swoje opisał w dziele *Peri Okeanu*, *O Oceanie*, z którego przechowały się fragmenty. Na wschód i na południe też podróżowano. Nad Ganges albo do Somalii. Nie mniej zaś uparcie zwiedzano regiony umysłu i uczuć, co się przejawiło w praktycznych filozofiach, jak epikureizm i stoicyzm, oraz w poezji i prozie hellenistycznej, jakich dotknęliśmy w *Literaturze Greków i Rzymian*. Są one pełne szczegółów życia, nawet ulotnych, zamyślone nad codzienną egzystencją ludzką.

Pyteas geograf

KOLEJE
REPUBLIKI RZYMSKIEJ

RÓWNOCZESNOŚĆ ZACHODNIA

Teraz trzeba wrócić do wydarzeń historycznych. Zostawiliśmy je po takim ich cyklu: po bitwie pod Ipsos (301 przed Chr.), po pokonaniu Demetriosa Poliorketesa przez Lizimachosa (285) i po tym, jak Demetrios umarł w łagodnej niewoli u Seleukosa (283), po rozgromieniu Lizimachosa i jego państwa przez Seleukosa (281), który jeszcze w tym samym roku padnie z ręki „Keraunosa"; po objęciu przez mordercę królestwa Macedonii (280) na krótko, bo sam „Keraunos" zginie rozgromiony najazdem Galatów (Galów) w roku 279. Ukazał się też, lecz jakby tylko w prześwicie, Antigonos Gonatas, który w roku 276 przed Chrystusem mocną ręką uchwycił Macedonię.

Ostały się trzy potęgi hellenistyczne

Spośród potęg hellenistycznych ostały się trzy: Egipt ptolemejski, państwo Seleukidów, Macedonia Antygonidów. Ale były też potęgi na zachodzie, greckie i inne. Nieraz tam się kłębiło, ale przechodziliśmy nad tym. Teraz trzeba to uzupełnić, aby panorama świata antycznego stała się szersza. A sposobność mamy, bo właśnie w roku 281 przed Chrystusem wybuchła wojna między Rzymem a jednym z wielkich greckich miast w południowej Italii, położonym po wewnętrznej stronie obcasa italskiego buta, Tarentem. Rzym w tym czasie był u początku swoich przymierzy z zachodnimi Grekami. Tarent miał nawet rzymską załogę, którą usunął zaniepokojony o swoją niepodległość. Wtedy Rzym wtargnął na jego terytorium, a Tarent zwrócił się o pomoc do króla greckiego Epiru, Pyrrosa, który miał swoje interesy w Italii. Wrócimy do tego. Teraz cofnijmy się w italską przeszłość.

Najpierw zajmijmy się tym, co się działo na Zachodzie, na Półwyspie Apenińskim, gdy w krajach Bliskiego Wschodu i nad brzegami wschodniej części Morza Śródziemnego płynęły znane nam już wielkie fale prehistorii i historii. Kiedy na Krecie i innych wyspach rozkwitała kultura pałaców minojskich, a plemiona greckie dopiero spoglądały ku niej z dala, w XVI wieku przed Chrystusem z Europy Środkowej ku Italii, zaludnionej przez różne plemiona, wędrowały nowe grupy ludności. Miały one kulturę epoki brązu. Przybysze skupili się głównie w dolinie Padu, ale dochodzili też do bogatej w metal krainy między Arno, Apeninami i Tybrem, czyli do Etrurii.

Zagadkowi przybysze w Lacjum

Do osiedleńców, jacy zadomowili się na części obszaru, który w przyszłości będzie się zwał Lacjum, a więc jest bardzo ważny, bo tu powstanie Rzym, przyłączyli się pono około 1200 roku przed Chrystusem następni przybysze, dosyć zagadkowi. Gdy badacze odkrywają ślady ich kultury, wydaje im się ona pokrewna mykeńskiej, a zarazem kulturom Europy Środkowej. Pono przynieśli wcześniejszym osiedleńcom wielki dar, obróbkę żelaza. Główna jednak w Italii kultura związana z żelazem dopiero się pojawi. Na razie współżyły tu albo walczyły z sobą różne plemiona, mówiące jednak językami pokrewnymi, należącymi do grona dialektów indoeuropejskich. Sabinowie na przykład, których spór i pogodzenie z Latynami są słynne w micie o pierwotnym Rzymie, mówili dialektem oskijskim, dla Latynów jednak zrozumiałym.

Inauguracja epoki żelaza w Italii

Wielkim przełomem była inauguracja epoki żelaza, najprawdopodobniej około roku 1000 przed Chrystusem. Wtedy kształtuje się w północnej części Półwyspu Apenińskiego tak zwana kultura Villanova. Nasi uczeni około połowy XIX wieku odkryli jej ślady najpierw w miejscowości Villanova (stąd nazwa, jaką tej kulturze nadali) w pobliżu Bolonii (antycznej Bononii). Badacze odkopali tu przedmioty o sto lat młodsze od przypuszczalnej inauguracji żelaza, obiekty z przełomu IX i VIII wieku przed Chrystusem. Kto tę kulturę wypracował? Wiele jej przejawów odkryto potem na obszarach etruskich. Badacze jednak mniemali, że ukształtował ją jeden z zapomnianych ludów italskich, który z czasem został podbity i zagarnięty przez

Etrusków. Ale fakt, że wszystkie wielkie miasta etruskie, Weje, Tarkwinia, Vulci, Cerveteri, były wcześniej osiedlami kultury Villanova, każe dziś wielu uczonym nie wykluczać jej etruskiej genezy.

W każdym razie dopiero w wiekach po inauguracji żelaza widzimy wewnątrz swojskiego, choć skłóconego, kręgu plemion zaludniających Italię, wyglądających i mówiących podobnie, elementy naprawdę nowe. Pierwszy z nich to właśnie żywioł etruski, tajemniczy do dziś język i dziwne twarze tego ludu. Zdołano zbadać, że język, jak trojański, należy do sfery narzeczy azjanickich. Etruskowie tedy, lud czy ludy Rasenna, jak siebie nazywali, wywodzili się z Azji Mniejszej, matki języków azjanickich. Lecz kulturę swoją, tak rozpoznawalną, wytworzyli, jak się dziś na ogół mniema, dopiero tu, w Italii, gdzie przebywali już przynajmniej kilkaset lat przed ujawnieniem się tej kreacji światu na przełomie wieków VIII i VII przed Chrystusem. Jest to jawne badaczom, że już około roku 1200 dawnej ery, być może właśnie wtedy, gdy do Italii wędrowała któraś z wielkich fal przybyszów z północy, tu, w krainie Etrusków (czyli na obszarze dzisiejszej południowej Toskanii i północnego Lazio), ulepszała się uprawa ziemi i coraz obficiej hodowano owce, kozy i świnie. Gospodarka ta mogła utrzymać coraz więcej ludzi.

Etruskowie

Życie Etrusków w wiekach ich największej siły toczyło się w wielu osobnych, dużych osiedlach, jakby państewkach, siedzibach klanu, które często spotykały się z sobą w prędkich bitwach, lecz może niekiedy przyjaźniej. Lekką konnicę każdego z nich prowadził przywódca. Być może, królowie etruscy, o których nieraz słyszymy, to byli tacy przywódcy klanów jeno. Ich odziewała królewska purpura, rozjarzał złoty blask. Najwięcej przepychu olśniewa dziś badaczy na etruskich cmentarzach, jakie były przy osiedlach i miastach. Kobiety chowano z klejnotami, mężczyzn z hełmami, mieczami, tarczami, nawet z wozami wojennymi. Lecz nie zapominano i o pucharach biesiadnych. Na malowidłach zdobiących ściany komnat grobowych ludzi możnych roztaczają się sceny uczt i łowów. Własnym, jak się zdaje, wynalazkiem Etrusków i przedmiotem zyskownego handlu była błyszcząca czarna ceramika, ciemne kielichy i urny.

Kultura Etrusków

Kolonizacja grecka; alfabet

Już niebawem dotkniemy drugiego elementu, który zjawił się w Italii jako nowy, odmienny od ludności przeważającej na Półwyspie Apenińskim. Był to od VIII wieku przed Chrystusem żywioł helleński, kolonizacja grecka na zachodzie. Około roku 700 dawnej ery Etruskowie od Greków przybywających z Eubei przyjęli alfabet i dostosowali fonetykę liter (o kształtach niemal nic niezmienionych) do swojego języka. W obrzędach religijnych jednak, gdzie spodziewalibyśmy się mocnej zależności od Greków, skoro dwie trzecie bogów olimpijskich zostały przyjęte do czci u Etrusków, widzimy odrębność. Lud, który Rzymianie będą uważać za najpobożniejszy na świecie (taka jest opinia Liwiusza), kroczył w praktyce wiary własną drogą. Ostrożny rytuał towarzyszył Etruskom w każdej sprawie życia. Wróżbici, poprzednicy rzymskich *augures*, odczytywali wolę sił wyższych z lotu ptaków i łuny błyskawic. Stawali na wyżynnej, starannie wybranej, oddzielonej od potocznego świata świętej przestrzeni, jaką Rzymianie nazywali *templum*, co będzie w łacinie oznaczać „świątynię". Gdy Etruskowie zaczęli święte domy budować, kształt ich był wzięty od Greków, lecz wstępowało się do nich po wielu stopniach, ku najświetniej ozdobionej części, samej fasadzie, przed którą stawał wróżbita i wieścił. Rzymianie ściśle przechowają owe zasady wróżenia, to, co będą nazywać *disciplina Etrusca*.

Miejsce Etrurii między greckością i rzymskością

Duchowe miejsce Etrurii między przeszłością grecką i przyszłością rzymską mieni się barwami, które nieraz budzą w badaczach niebłahe myśli. Zwrócono na przykład uwagę na to, że wymalowane w komorach grobowych biesiady przypominają greckie uczty, *symposia*, ale nie te z epoki klasycznej, lecz dawniejsze, z arystokratycznej obyczajowości archaicznej. Etruskowie siedzą tu nie obok „przyjaciółek", *hetairai*, jak w klasycznych Atenach, lecz przy żonach, jak siadali bohaterowie Homerowych eposów. Rodzinność etruskiego biesiadowania i w ogóle życia osobistego chyba niezłudnie wydaje się zapowiedzią praktyki rzymskiej.

Zaciekawia też badaczy układ społeczny Etrurii. W owych komorach kładła się z pewnością do snu można arystokracja. A co z tymi, którzy byli niżej? Przynajmniej w niektórych miejscach etruskich, na przykład w Cerveteri, około 500 roku przed Chrystusem samotnicze groby ustępują miejsca grodowi umarłych, ulicom grobów, z których każdy ma wyrzeźbioną w miękkiej skale wulkanicznej fasadę, naśladującą przód ziemskiego domu. Wokół grobów rodzinnych skupiają się wieczne miejsca skromniejsze, może służby.

GRECY NA ZACHODZIE

Szlaki kolonizacji greckiej w Italii

Drugi, nowy element w Italii, który przed chwilą wspomnieliśmy, kolonizacja grecka w kierunku zachodnim, jest od VIII wieku przed Chrystusem wielkim ruchem historycznym. Zaczęła się ona po „ciemnych wiekach" (XII–IX), jakie zapadły nad plemionami helleńskimi, gdy zawaliła się kultura mykeńska. Grecy emigrowali we wszystkie strony, lecz żegluga ku Sycylii, ku Półwyspowi Apenińskiemu i wyspom przy nim należała do kierunków najchętniej wybieranych. Szukano tu żyznej ziemi, a także metali: miedzi, cyny, ołowiu, żelaza. Wieść podawała, że wiele tego było na Sardynii, ale tu Greków z Eubei, pierwszych helleńskich kolonistów zachodnich, ubiegli Fenicjanie. Chyba dlatego Jonowie z Eubei podpłynęli ku południowej części zachodniego wybrzeża Półwyspu, tu, gdzie w przyszłości będzie Campagna Napoletana, błogosławiona kraina Greków, Rzymian i nasza. Na wyspie zwanej Pitekusa (*Pitekusaj*) albo Enaria, dziś Ischia, założyli w pierwszej połowie VIII wieku osiedle dla prowadzenia interesów z ludźmi z Półwyspu. Brali od nich metal w zamian za wyrafinowane wytwory kunsztów.

Kyme-Cumae

To zresztą była, jak się zdaje, tylko stacja handlowa, *emporion*. Pierwszą w Italii kolonię, o jakiej słyszymy, to, co Grecy nazywali *apoikia*, Eubejczycy założyli około 725 roku dawnej ery już na wybrzeżu Półwyspu Apenińskiego, naprzeciw Pitekusy. Była to Kyme, potem przez Rzymian zwana Cumae. Niedaleko od niej powstało w VII wieku miasto Poseidonia, przez Rzymian później zwane Paestum; najwspanialsza dziś obok Akropolis ateńskiej i Agrigento na Sycylii panorama świątyń greckich. Jesteśmy w neapolitańskiej Kampanii świadkami owego ruchu historycznego, który będzie trwał do początków VI wieku przed Chrystusem. Żegluga ku *apoikia* miała swój rytuał. Arystokrata albo półarystokrata, który wyprawie przewodził, musiał przedtem pójść kornie do wyroczni delfickiej i zapytać Apollina, jakie miejsce ma wybrać. Z ojczystego miasta zabierano „święty ogień", można przypuszczać, że tylko popioły, aby po przybyciu na nowe miejsce rozniecić na popiołach pierwszy płomień ofiarny i potwierdzić związek z krajem przodków.

Kolonizacja osaczona walką

Nie wątpimy, że powstawanie kolonii nieraz osaczała wrogość ludności, która tu już wcześniej żyła naokół. Ale nie musiało tak być zawsze. Italia i Sycylia nie były wówczas tak gęsto zaludnione jak stare kraje greckie ani jak Bliski Wschód. A przy tym niemal każde większe osiedle w Italii miało jakichś przeciwników i ograniczenie ich władzy przez helleńskich przybyszów mogło witać jako pomyślną okoliczność. Grecy też szukali przeciwników swoich przeciwników i wchodzili w różne przymierza, które mogły stawać się zarazem współpracą w dziedzinie handlu i gospodarki. Grecy pokazywali nowe sposoby życia, a sami też niemało się uczyli w dziedzinie kultury, zwłaszcza w obcowaniu z tak bogato rozwiniętym społeczeństwem jak etruskie.

Co się działo na Sycylii?

Mogło się jednak wydawać, że dramatyczniej będzie się działo na Sycylii, która była pono tyglem ludów z różnych stron. Poświęćmy więc teraz w przelocie trochę uwagi tej wyspie. Dosyć dokładnie opowiada o Sycylii Tukidydes w *Wojnie peloponeskiej* (VI 2). Po Kyklopach i Lajstrygonach, „o których nic powiedzieć nie mogę", pisze historyk, przybyli na wyspę Sykanowie (*Sikanoi*), którzy uciekli z Iberii (czyli z Hiszpanii) i nadal mieszkają w zachodniej części wyspy. W ich sąsiedztwie, czytamy, osiedlili się niektórzy zbiegowie z Troi zdobytej przez Achajów, nazywając siebie Elimami (*Elymoi*); ich miasta to Eryks i Segesta (albo: Egesta), oba na zachodnim cyplu Sycylii. Przy nich rozgościli się jacyś Fokejczycy, przygnani burzą spod Troi. Najsilniejsi na wyspie Sykulowie (*Sikeloi*), jak rzecz przedstawia historyk, mieszkali od dawna w Italii, gdzie część ich została, a część, wyparta z Półwyspu Apenińskiego przez Opików (*Opikoi*), przepłynęła na łodziach cieśninę i w boju pokonała Sykanów, spychając ich na południe i zachód; według Tukidydesa stało się to mniej więcej trzysta lat przed przybyciem Hellenów. Od miana zwycięzców wyspa nazywa się Sycylią.

Historyk jeszcze dodaje, że przylądki i sąsiednie wysepki zajęli Fenicjanie, aby prowadzić handel z Sykulami. Do tego trzeba dorzucić, że Fenicjanie, najwyborniejsi kupcy, często towarzyszyli greckim wyprawom i zakładaniu kolonii. Hellenowie przynajmniej w początkach chętnie korzystali z ich współpracy. Oni zaś, jak głosi tradycja, już około 814 roku przed Chrystusem założyli na wybrzeżu Afryki, naprzeciw Sardynii i Sycylii, swoją własną, największą kolonię, o której wiele się usłyszy, Kartaginę (*Karchedon, Carthago*). Z niej kolonizowali zachodnie wybrzeże Sycylii. Już w roku 580 dawnej ery załomotało zbrojne starcie między Fenicjanami i greckimi napastnikami na ich stację handlową, Rodyjczykami. Natomiast o walkach między wcześniejszymi mieszkańcami Sycylii a greckimi kolonistami nie słyszymy wiele. Wypędzano tubylców nieraz albo ujarzmiano, ale w niektórych koloniach stosunki ułożyły się spokojnie i zgodnie. Tak się stało w mieście Leontinoj; zdaje się, że nie było to zjawisko rzadkie. Co prawda, spokojnie to może znaczyć: gorzko, gdy biedota sykańska czy sykulska znajdowała zatrudnienie u Hellenów. Szczęściarze handlowali z przybyszami. A był też taki zadziwiający fakt, w późniejszym okresie, jak umowa między Selinuntem (*Selinus, Selinuntos*), greckim miastem założonym przez kolonistów z Megary w VII wieku przed Chrystusem, a tubylczą Segestą o zawieraniu małżeństw ponad granicą tych społeczności.

Założenie Kartaginy

Dawniej, w VIII wieku przed Chrystusem, głównymi kolonizatorami Zachodu byli Eubejczycy, zwłaszcza z miasta Chalkidy. Właśnie oni też pierwsi sięgnęli po Sycylię. Około roku 735 założyli na jej wschodnim wybrzeżu, naprzeciw czubka italskiego buta, kolonię Naksos (imienniczkę wyspy na Morzu Egej-

Jakie plemiona greckie uczestniczyły w kolonizacji?

skim); była to, jak się zdaje, najstarsza grecka kolonia na Sycylii. Inne twory miejskie Chalkidyjczyków, powstałe u schyłku VIII wieku wzdłuż tego samego wybrzeża Sycylii, to nieco cofnięte w głąb lądu Leontinoj, nadmorska Katana i wreszcie Zankle, dziś Messyna nad cieśniną noszącą jej imię, i wznoszące się po drugiej stronie cieśniny miasto Region, u Rzymian Regium, dziś Reggio. Najwspanialsze jednak miasto greckie na Sycylii, a w przyszłości najbogatsze w całym greckim świecie, Syrakuzy (*Syrakusai* albo *Syrakossai*), założyli około 733 roku w południowej części tego samego wschodniego wybrzeża Koryntyjczycy. Świetnie wybrali arcyżyzną jego okolicę, a co się tyczy bogactwa, to przecież Koryntyjczycy słynęli nim już w Grecji.

Inne plemiona też się przyłożyły do dzieła, już nie na Sycylii, lecz na Półwyspie Apenińskim. Przybywając z Peloponezu, Achajowie i Trojzeńczycy ufundowali około 720 roku przed Chrystusem Sybaris na podeszwie italskiego buta, a blisko tego miasta Krotonę (*Kroton*). Sybaryci nie dopuszczali nikogo do handlu z Etruskami i wzbogacili się, i pogrążyli w takim przepychu, że do dziś żyją w naszych przysłowiach. Ale w rozkoszach wybuchają nieraz spory. Niepokój wewnętrzny złamał siłę miasta w roku 510 dawnej ery. Krotona ich złupiła i zalała wodą, zmieniając nurt rzeki Kratis. W pobliżu ruiny Perykles w roku 443 założy wszechhelleńskie miasto Turioj, do którego przyłączyli się rozbitkowie z Sybaris, ale prędko ich wygnano.

Trwalszą kolonię utworzyli, przybywając z Peloponezu, sami Spartanie, jedyną swoją kolonię, po wewnętrznej stronie obcasa italskiego buta, Tarent (*Taras, Tarantos*). Osiedlono tu Spartan, których uważano za urodzonych ze związku Spartanek z helotami; tacy ludzie nie mieli prawa do dziedziczenia własności w Sparcie. Tradycja jako datę założenia Tarentu podaje rok 706 przed Chrystusem, ale znajdowana tu przez archeologów ceramika, zaczynająca się od warstw z połowy II tysiąclecia dawnej ery, świadczy o istnieniu wcześniejszego miasta tubylczego. Tarent stał się potężny, odegrał ważną rolę w historii śródziemnomorskiej. Jeszcze go odwiedzimy. Ale, być może, chętniej zaglądamy do Syrakuz, gdzie już obserwowaliśmy oczyma Tukidydesa nieudaną wyprawę Ateńczyków w latach 415–413, potem zaś szliśmy śladami Archimedesa, a chcemy też posłuchać na Ortygii szeptu źródła, snów nimfy przemienionej w zdrój, Aretuzy.

BUDOWANIE RZYMU

Lecz teraz nie ma rady, trzeba pochylić się nad czymś mozolnym i szarym, nad budowaniem Rzymu. *Mitologia Greków i Rzymian* już to częściowo przedstawiła według opowieści przechowywanej przez wieki, pięknej, co wcale nie musi znaczyć: fałszywej. Bo szarość też może być piękna. A co się tyczy obiektywności historycznej, musimy stwierdzić, że nie ma sposobu sprawdzenia tej niepokojącej opowieści, w której się połączyły dwie tradycje: o wędrówce Eneasza z płonącej Troi i o dziejach bliźniaków, Romulusa i Remusa.

Legendarna data

Legendarną datą założenia Rzymu, 753 przed Chrystusem, historycy ani nie gardzą, ani nie przywiązują do niej wielkiej wagi. Rzym powstał na obu brzegach Tybru w miejscu, gdzie wyspa, Isola Tiberina, ułatwiała przeprawę, jak też spięcie brzegów mostami. Kto wie, czy miasto nie powstało tu już w X wieku przed Chrystusem jako grupa osad na niskich wzgórzach, słynnych „siedmiu wzgórzach" Rzymu. Można było spławiać stąd towary na północ i na południe. Na przykład sól wysyłano do kraju Sabinów i dalej do Umbrii. W miejscu, gdzie w przyszłości będzie Forum Romanum, znajdował się do początków VIII wieku cmentarz, gdzie po kremacji ciał składano prochy w urnach.

Z wieku VIII dawnej ery, który może się wydać kluczowy z powodu legendarnej daty 753, mamy ślady przybycia kupców greckich. Odkopaliśmy skorupy dzbanów z Eubei i z Koryntu.

Rzym stał się grodem handlowym, ściągającym ludzi z różnych stron. A zarazem uczestniczył we wspólnej kulturze ludności latyńskiej, mającej osiedla między Tybrem i Wzgórzami Albańskimi. Grupy te miały wspólny język i uroczystości. Wszystkie przypisywały sobie pochodzenie od jednego miasta, które się zwało Alba Longa. Wzajemnie udzielały sobie praw obywatelskich i łączyły się małżeństwami. W tym samym jeszcze VIII wieku, jak odkrywają archeologowie, zaczęto ciała grzebać bez kremacji, i to w grupach rodzinnych, bez rozróżnienia pozycji społecznej poszczególnych ludzi. Może wyniknęło to z wyłonienia się fundamentalnej instytucji społeczeństwa rzymskiego, nazywanej *gens*, czyli klan; kategoria ta odgrywała też wielką rolę w społeczeństwie etruskim. A cmentarz ze schyłku VIII i VII wieku (w Castel di Decima, 18 kilometrów na południe od Rzymu) daje świadectwo, że bogatych mężczyzn chowano z włóczniami albo z mieczami. Chyba dokonywała się przemiana w latyńskim układzie społecznym, opartym w coraz większej mierze na klanach, i to wojennych, nad które wyrastali arystokratyczni przywódcy.

Przemiana w pogrzebach

Wspomnienia „królów" i dawnych walk

Tradycja podaje, że od VIII do schyłku VI wieku Rzym był pod władzą „królów", *reges*. Podejmiemy tu na chwilę wątek legendy: jak po objęciu rządów przez Romulusa, po wojnie i pogodzeniu się Rzymian z Sabinami i po przeniesieniu Romulusa do innego bytu kroczą następni rzymscy królowie w niepewnym

świetle legendy. Pierwszy po Romulusie, Numa Pompilius, wspierany radami miłującej go bogini Egerii, panował długo i spokojnie, zbudował królewski pałac i wiele świątyń, dał początek wielu instytucjom religijnym i zasadom świętego prawa. Zupełnie przeciwnie następca Numy, Tullus Hostilius, musiał dręczyć się szalejącą wojną między Rzymem i macierzystym dla grup ludności latyńskiej miastem Alba Longa (dziś Albano); wojnę rozstrzygnęły pojedynki między trzema rzymskimi braćmi, Horacjuszami, i trzema latyńskimi, Kuriacjuszami, którzy zostali pokonani i polegli; rzecz się jednak obróciła w tragedię, gdy jeden z Horacjuszów zabił swoją siostrę za opłakiwanie ukochanego, jednego z Kuriacjuszów; skazano go na śmierć, lecz lud go ułaskawił; Tullus Albę zburzył, a mieszkańców przeniósł do Rzymu i uczynił obywatelami rzymskimi. Po Tullusie Ancus Marcius, znowu po wojennym (jak Romulus i Tullus) król niewojenny, ale jawiący się nam inaczej niż Numa, mniej wyraźnie, a nieraz przykro, gdyż jedni z potomnych mniemali, że był to człowiek cnotliwy, a inni, że występny. Nie zbadamy tego. Ci pierwsi królowie nawiedzają naszą pamięć, gdy rzucają złoty czar na poezję łacińską, jak na wiersz Horacego o tym, że wszystko przemija:

> Lecz niebieskie utraty prędki księżyc wyrówna,
>   A my, schodząc, gdzie ojciec
> Eneasz, gdzie bogacz Tullus, gdzie Ankus, jesteśmy
>   Prochem tylko i cieniem.

Ale rozlega się oto inny stuk, inaczej dźwięczą kroki po twardym bruku, kiedy nadchodzą trzej następni po Ankusie królowie, którzy już mają w sobie jakiś element cielesności historycznej. Zanim na nich spojrzymy, wypada najpierw powiedzieć, jak ukazuje nam rzymskich królów archeologia i historia. Ich władza nie była dziedziczna, lecz sprawdzano, czy kandydat cieszy się aprobatą sił wyższych; badali to augurowie i haruspikowie, *haruspices*, przechowujący zasady tego, czym była *disciplina Etrusca*. Zbadanego kandydata aklamował głos ludu rzymskiego, który schodził się na *comitia curiata*, czyli zgromadzenie trzydziestu grup klanów. Odtąd *imperium* króla, władza o boskim pochodzeniu, dotyczyło polityki, wojskowości i religii. Symbolem *imperium* były *fasces*, czyli pęk rózeg związanych wokół topora, noszony na lewym ramieniu przez liktorów kroczących przed królem. To wywodziło się z Etrurii.

Etruskowie w legendzie

Bo wpatrywano się wówczas w Etrurię, będącą u szczytu mocy. Królowi, który przyszedł po Ankusie, tradycja wyznacza daty rządów: 616–579 przed Chrystusem. To Tarkwiniusz Stary, Tarquinius Priscus. Mówi się o nim, że był synem uchodźcy greckiego z Koryntu, Demaratosa, który zamieszkał w etruskich Tarkwiniach. Za radą żony, Tanakwil, przeniósł się do Rzymu, zmieniając swoje pierwsze imię Lucumo na Lucius. Ancus Marcius powierzył mu opiekę nad swoimi dziećmi, a on tak umocnił swoje stanowisko w Rzymie, że po śmierci Ancusa został jednomyślnie wybrany na króla. Po dosyć długim panowaniu został zamordowany. Chronologia zresztą nie tylko w tym jednym przypadku budzi wątpliwość uczonych, którzy mniemają, że być może „Tarkwiniuszów" było więcej i we wspomnieniu połączono ich w dwóch tylko monarchów; drugiego z nich za chwilę spotkamy. Imię to, jak i miano żony, Tanakwil, ma brzmienie etruskie. Historycy uważają dziś za niewątpliwe, że młody Rzym przebył okres rządów etruskich, co jednak nie zmieniło latyńskiego piętna jego kultury. Po łacinie, a nie po etrusku, są obrzędowe napisy z VI wieku przed Chrystusem, jakie archeologowie znaleźli na Forum Romanum pod słynnym *Lapis Niger*, „Czarnym Kamieniem", według tradycji miejscem pochowania pasterza, który się opiekował Romulusem i Remusem.

Lapis Niger

Królem, który w legendarnym szeregu przyszedł po Tarkwiniuszu Starym, też zajęły się opowieści. Był to Servius Tullius. Głoszono w późniejszych czasach również tak ekscentryczną wersję, że wychował się on w domu Tarkwiniusza Starego jako niewolnik. Historycy nie są pewni, czy był Etruskiem (z przekształconymi fonetycznie mianami), czy Latynem; skłaniają się raczej ku temu drugiemu. Tradycja podaje, że władzę po Tarkwiniuszu objął siłą, i wyznacza jego panowaniu daty: 579–535. Kto wie, czy przez rolę, jaką odegrał, nie był kimś podobnym do greckich *tyrannoi*, których wynosiła do władzy wysoka fala ludowego oburzenia na dominację arystokratów. Taką dominację, mnożenie się nie tylko budowli publicznych (wraz z godnym podziwu pierwszym wybrukowaniem Forum Romanum), lecz także rodowych pałaców, wyczuwają archeologowie badający panowanie „Tarkwiniusza" (czy był on jeden, czy raczej mamy mówić o kilku) i zadają sobie pytanie, czy Rzymem tym nie rządziła elita arystokratyczna, podtrzymująca uległych jej monarchów etruskich. Zresztą Rzym pod takimi rządami wspaniale się wyposażył nie tylko w budowle świeckie, lecz także w poświęcone pobożności latyńskiej świątynie.

Królowi temu przypisywano dokonanie ważnych reform społecznych, czego trzeźwa historia nie strąca do regionu fikcji; wrócimy do nich. Teraz mamy za progiem schyłek monarchii. Servius Tullius, jak opowiadano, przekraczając w legendzie jakąś granicę okropności, został zamordowany z rozkazu Lucjusza Tarkwiniusza, syna Tarkwiniusza Starego; namówiła go do tego i do objęcia tronu żona jego, Tullia, córka Serviusa Tulliusa. Lucjusz Tarkwiniusz, który będzie nazywany Tarquinius Superbus, Tarkwiniusz Pyszny, panował według tradycji w latach 535–510, ostatni król Rzymu. Opowiadano o nim jako o człowieku nieliczącym się z wolą tych, którymi rządził.

Wypędzenie Tarkwiniusza Pysznego

Wypędzenie Tarkwiniusza Pysznego i obalenie władzy jego rodu w Rzymie tradycja łączyła z tragedią Lukrecji. Była to żona Luciusa Tarquiniusa Collatinusa, którego związek czy brak związku z królewskim rodem Tarkwiniuszów różnie pojmowano. Gdy zhańbił ją Sekstus, syn Tarkwiniusza Pysznego, Lukrecja powiedziała to swojemu mężowi i odebrała sobie życie. Wybuchło powstanie. Pokonano i wygnano króla Tarkwiniusza. Może to prawda, że Lars Porsenna, rządca pobliskiego miasta etruskiego Clusium, stanął w obronie banity i dobijał się do Rzymu. Wśród historyków są tacy, którzy wierzą, że miasta nigdy nie zdobył, odtrącony przez bohaterów jak Horacjusz Kokles (samotnie nie dopuszczał napastników do wejścia na most, aż most za nim zerwano; wtedy w zbroi skoczył do Tybru i dopłynął do swoich), i tacy, co mniemają, że na pewien czas zajął Romę. Ale to mogło być tylko na krótko, bo potęga Etrusków już gasła. W V i IV wieku będzie się ona rozpadać w kawałki. Od północy Celtowie coraz śmielej wchodzili nie tylko w dolinę Padu, lecz zapuszczali się i dalej.

RZYM, MIASTO OTWARTE

Reformy Tulliusa

Na pewno ważniejsze było dla Rzymu to, czego dokonał Servius Tullius, kimkolwiek on był. Główne jego reformy, jakie się nam rysują, to powiększenie społeczeństwa obywatelskiego przez nadanie prawa wyborczego okolicznej ludności wiejskiej oraz dopuszczenie do armii obywatelskiej wszystkich, których było stać na uzbrojenie się. Powstała pierwsza w historii *legio* rzymska, obejmująca, jak słyszymy, cztery tysiące pieszych i sześciuset konnych. Uczestnicy legii dzielili się na centurie (czyli „setki"), po dziewięćdziesięciu sześciu ludzi, jak się zdaje, każda. Od jakiegoś momentu, być może już za panowania Serviusa Tulliusa, zaczął się obyczaj zwoływania centurii na Pole Marsowe, Campus Martius, równinę za murami miasta, między Collis Hortulorum (dziś Pincio) i Kwirynałem od wschodu, Tybrem od zachodu i Kapitolem od południa; było

Comitia centuriata

długie na dwa kilometry i szerokie na 1900 metrów. *Comitia centuriata*, jak w późniejszych czasach nazywano te wiece, były najmożniej władne ze wszystkich zgromadzeń ludowych w Rzymie. Ich mocą ogłaszano wojnę i pokój i zawierano przymierza.

Takie rozszerzenie uprawnień wyborczych i wojskowych miało dla Romy ogromne znaczenie. W przeciwieństwie do innych społeczeństw antycznych Rzym żądał tylko lojalności i przyjęcia zasad rzymskiej cywilizacji, a nie pytał ludzi o pochodzenie. Nawet potomkowie wyzwolonych niewolników mogli stawać się obywatelami. Rzym był najbardziej otwartym społeczeństwem w świecie antycznym.

Społeczeństwo republikańskie

Po upadku monarchii Roma była społeczeństwem republikańskim. Tendencja antyetruska miała w nim znaczenie drugorzędne. Dziedzictwa etruskiego zostało w Rzymie dużo i wcale go nie zwalczano. Natomiast arystokracja, która niewątpliwie była siłą organizującą republikę, prężyła się przeciw każdej jednostce, która chciałaby panować nad innymi. Postarano się o zapewnienie nowego systemu rządów. Całe *imperium*, jakie przedtem przysługiwało królowi, miało być teraz w rękach dwóch konsulów, urzędników, którzy będą rządzić przez jeden rok i nie mogą być zaraz potem wybrani powtórnie. Każdy z dwóch był uprawniony do kontrolowania postępowania drugiego. Ponieważ sednem *imperium* było dowodzenie wojskiem, prawdopodobnie w tym właśnie czasie jedną *legio* rozdzielono na dwie mniejsze, powierzając każdą z nich jednemu konsulowi; *centuria* to było teraz raczej sześćdziesięciu niż około stu ludzi. *Imperium* można było pełnić tylko poza *pomerium*, czyli poza wyznaczoną sakralnie granicą miasta: poza bruzdą wyoraną (po auspicjach, czyli wróżbach z lotu ptaków, i po złożeniu ofiar bogom) pługiem z brązu ciągnionym przez wołu i krowę. Zbrojnych wolno było wprowadzać do miasta tylko dla święcenia *triumphus*. Było to zabezpieczenie się przed możliwością przemocy, lecz także wyraz znamiennego dla Rzymian uwielbienia swojego miasta. Miasta wzniesionego przez różne ludy, o czym przypominała jego mieszkańcom na przykład słynna świątynia Jowisza, Junony i Minerwy na Kapitolu, która była dziełem „Tarkwiniusza" (jednego czy kilku), a więc wyrazem pobożności etruskiej. Lecz teraz jesteśmy wśród Latynów.

Rola dwóch konsulów

Wybieranie konsulów

Konsulów wybierały *comitia centuriata*, a decyzję musiały zatwierdzić *comitia curiata*, czyli zgromadzenia kurii; kuriami, *curiae*, nazywano najstarsze jednostki podziału ludu rzymskiego; początkowo było trzydzieści kurii; dziesięć kurii stanowiło większą jednostkę, czyli *tribus*. Kandydaci, odziani w białe togi, *togae candidae* (skąd wywodzi się słowo „kandydat", żywe także w dzisiejszym świecie), toczyli ostrą walkę. Musieli zdobywać sobie popularność udzielaniem i obiecywaniem możnym ludziom jak najhojniejszych przysług. Nie wolno im było zwracać się do elektoratu jako całości. *Comitia centuriata* były tak urządzone, że bogatsi, mogący służyć w wojsku, zwłaszcza kawalerzyści, głosowali pierwsi i grupami; mogli zapanować nad warstwą biedniejszą. Traktując ten obyczaj życzliwie, dałoby się uznać, że element „kapitalistyczny" strzegł dojrzałości i trwałości państwa.

Kwestorzy

Z rozwojem państwa powstały nowe urzędy. Kwestorzy (*quaestores*) być może zaczęli się już za monarchii, lecz zwiększyła się potem ich liczba. W początkach republiki byli dwaj, później czterej, wreszcie będzie ich w państwie rzymskim dwudziestu. Pełnili rolę urzędników skarbowych, czuwali nad pieniędzmi publicznymi, zwłaszcza nad finansami armii, a w późniejszych czasach także nad finansami poszczególnych prowincji. Cenzorzy (*censores*) mieli pieczę nad spisami obywateli i nad obyczajami. Szacowali (*censebant*), kto jest w stanie sprawować funkcję wojskową. Co się tyczy opieki nad obyczajami, mogli wymierzać dotkliwe kary, jak usunięcie obywatela z senatu albo z centurii jazdy. Wybierano ich co pięć lat na osiemnaście miesięcy, aby ułożyli nowy spis obywateli. Urząd cenzorski był wyposażony w wielką powagę, w późniejszym zaś okresie zastrzeżony dla byłych konsulów. Prawdopodobnie utworzono go około roku 443 przed Chrystusem. Znamy też datę, rok 366 dawnej ery, w którym powstał osobny urząd pretora (*praetor*). Miano to było zrazu jednym z określeń konsula. Kiedy zaś od funkcji konsula oddzielono sprawy sądownicze, zawiadywał nimi wysoki urzędnik, pretor właśnie, z początku jeden; później będzie pretorów ośmiu, wreszcie (za Cezara) szesnastu. Konsulowie i pretorzy byli jedynymi urzędnikami, którym wolno było dowodzić wojskiem.

Pretorzy

A kto przechowywał ciągłość państwa? Urzędnicy po rocznej (zazwyczaj) kadencji odchodzili. Wielkie wiece na Polu Marsowym głosowały na przedstawionych im kandydatów albo uchwalały wojnę, uświęcały pokój. Fundamentalnych zaś debat o pożytku państwa trzeba było szukać gdzie indziej, w senacie. Za monarchii senat (grono „starszych", *senex, senis*) był grupą doradców króla. Większość senatorów wybierano spośród ludzi ze starych rodzin arystokratycznych, którzy też jedyni sprawowali w Rzymie dostojne urzędy kapłańskie.

Senat

Kto wybierał senatorów?

Zdaje się, że w początkach republiki konsulowie co roku komponowali sobie senat jako zespół swoich doradców. Potem prawo do wyznaczania senatorów przypadło cenzorom. Rozjątrzył się jednak skandal, gdy Appius Claudius Caecus („Niewidomy"), cenzor w roku 312 przed Chrystusem, patrycjusz, postanowił otworzyć szeroką drogę do senatu ludziom spoza starej arystokracji, a nawet synom wyzwoleńców (wyzwolonych niewolników). Reakcja na „zaburzenie" sprawiła, że zapanował zwyczaj: senat ma się składać z byłych wysokich urzędników, którzy do niego wchodzili zaraz po zakończeniu kadencji. Odtąd byli senatorami do końca życia. Senatowi, tej skarbnicy doświadczenia, przewodniczył konsul albo pretor. W każdej ważnej sprawie państwowej senat publikował swoją opinię, *senatus consultum*, co samo w sobie nie miało mocy prawnej. Lecz gdy do jakiejkolwiek uchwały przygotowywały się zgromadzenia ludowe, zawsze chciały wysłuchać najpierw orzeczenia „starszych".

WŚRÓD WALKI STANÓW PRAWO DWUNASTU TABLIC

Patrycjusze i plebejusze

W V wieku przed Chrystusem, w tym samym czasie, kiedy się rozpadała siła etruska, w Rzymie rozgrywało się współzawodnictwo między patrycjuszami a plebejuszami. Podział obywateli rzymskich na te dwa stany czy dwie klasy jest jednym z trudnych do wyjaśnienia zagadnień historii antycznej. Być może, wyłonił się bardzo zwyczajnie z różnic majątkowych między grupami ludności, ale nie wiemy przede wszystkim tego, jak daleko sięga w przeszłość. Rzuca się on w oczy dopiero w początkach republiki, gdy widzimy z jednej strony patrycjuszy (*patricii*, od wyrazu *pater*, „ojciec", a więc zwierzchnik rodu; słowo to oznaczało także senatora), a z drugiej strony wyrastają plebejusze (*plebei*, od wyrazu *plebs*, ściśle: mnogość, wielka rzesza, co jest określeniem ludu mniej uroczystym niż słowo *populus)*.

Wyższość patrycjuszy nad plebejuszami

Choćby urząd konsula nie był zastrzeżony dla rodzin patrycjuszowskich, z przechowanych zapisów odczytujemy, że na przykład między rokiem 485 i 445 przed Chrystusem dziewięćdziesiąt procent konsulatów przypadło patrycjuszom. Po obaleniu monarchii, do czego patrycjusze na pewno wielce się przyczynili, starali się oni o umocnienie swojej wyższości nad plebejuszami. Jeśli nie przez prawo, to przynajmniej przez obyczaj plebejusze byli odtrącani od możności sprawowania wysokich urzędów i od zasiadania w senacie. Wielu z nich uprawiało ziemię, a ziemi mieli za mało. Często byli obciążeni długami. Pracy rzemieślniczej i owocom z handlu przeszkadzała niemal stała wojna. Ci jednak nieliczni plebejusze, którzy zdołali się dorobić, rozpoczęli walkę o swoje miejsce w państwie.

Dwa wieki bezkrwawej walki

Zmaganie się plebejuszy z patrycjuszami, które trwało przez dwieście lat, przez wieki V i IV, było walką osobliwą. Jakby ktoś chciał przedstawić budujący wzór boju upartego a bezkrwawego. Orężem plebejuszy była po prostu nieobecność, wychodzenie z miasta. Jak się zdaje, wyszli już w pierwszym dziesięcioleciu V wieku na Wzgórze Awentyńskie, na którym ustanowili swoje własne zgromadzenie, *concilium plebis*, i wybrali (w pierwszej połowie V wieku) własnych urzędników, trybunów ludowych (*tribuni plebis*), których początkowa liczba nie jest nam znana. Wiemy, że w roku 449 przed Chrystusem było ich już dziesięciu. Lud, który dokonał secesji, uznał ich za nietykalnych i uprawnionych do bronienia pospolitych obywateli przed nadużyciami władzy, jakich by się dopuszczali urzędnicy. Dziwna ta walka wieńczyła się z czasem skutkami. Patrycjusze nie byli głupcami, chcieli utrzymać państwo, dla którego niemało wycierpieli. Już w roku 471 dawnej ery uznali legalność istnienia *concilium plebis*; decyzje jednak owego grona, tak zwane *plebiscita*, uzyskają w państwie moc prawną dopiero w roku 287 przed Chrystusem. Powoli, ale pewnie urzędy otwierały się dla plebejuszy. Pierwszych plebejskich kwestorów mianowano w roku 409 przed Chrystusem. Po roku 342 dawnej ery jeden konsul był zawsze z plebejuszy. W roku 172 przed Chrystusem Rzym po raz pierwszy zobaczy konsulów, którzy obaj będą plebejuszami.

Otwieranie się urzędów dla plebejuszy

Prawo Dwunastu Tablic

Chyba jednak najważniejszym wydarzeniem w wiekach owego zmagania było ułożenie i ogłoszenie Prawa Dwunastu Tablic (*Leges Duodecim Tabularum*). Można przypuszczać, że współzawodnictwo stanów przyczyniło się do tego dzieła, pierwszej wielkiej kodyfikacji rzymskiego prawa, która miała odsunąć groźbę zamętu, i że domagali się tego najbardziej plebejusze, którzy według swojej oceny stawali się w niejasności prawa ofiarami bezprawia. Tradycja podaje, że w roku 451 przed Chrystusem zawieszono w Rzymie praktykowanie prawa i powierzono dziesięciu patrycjuszom (nazwano ich: *Decemviri legibus scribundis*, „Dziesięciu mężów do spisania praw") opracowanie kodeksu. Przygotowali dziesięć tablic praw. W roku 450 powołano następnych *decemviri*, aby dokończyli pracy. Chociaż nowe to grono miało już wśród siebie plebejuszy, dodało ono dwie tablice, które były plebejuszom nieprzychylne, na przykład kodyfikowały zakaz zawierania małżeństwa ponad granicą stanów; zakaz ten zniosło jednak niebawem, około roku 445, tak zwane prawo Kanulejusa (*lex Canuleia*), trybuna ludowego. Prawo Dwunastu Tablic w swojej głównej treści, będącej jakby wynikiem kompromisu między dążeniami plebejuszy i poglądami patrycjuszy, było już wówczas obowiązującą konstytucją państwa rzymskiego. Uroczyście je proklamowali konsulowie roku 449 przed Chrystusem: umieszczono na Forum Romanum zapis jego na dwunastu tablicach, nie wiemy, czy brązowych, czy drewnianych. Nie przetrwały one, przepadły w pożarze Rzymu podczas najazdu Galów w roku 390 przed Chrystusem.

Przetrwały cytaty

W ogóle nie mamy tekstu Dwunastu Tablic i próby jego odtworzenia spełzły na niczym, ale ponieważ był to początek przebogatej literatury prawniczej w Rzymie, przechowały się cytaty z dawnego kodeksu w dziełach komentatorów. Oto garść przykładów spośród tych, jakie podaje C.G. Bruns w dziele *Fontes iuris antiqui* (1919). „W XII Tablicach – czytamy – postanowiono, że każdy nakaz pochodzący od ludu jest niewzruszonym prawem". – „Dwa cenne prawa wzięto z XII Tablic: jedno z nich znosi ustawy wyjątkowe, drugie pozwala wyrokować o życiu obywatela jedynie na największym zgromadzeniu" (to znaczy: podczas *comitia centuriata*). – „Prawo stanowi, że to, co ktoś rozstrzygnął w testamencie o swoich pieniądzach i zarządzaniu jego majątkiem, ma się wypełnić. Jeśli ktoś przed śmiercią nie zostawił testamentu ani też nie ma bezpośredniego spadkobiercy, najbliższy krewny z linii męskiej ma otrzymać spadek, jeśli zaś i takiego nie ma, mogą to wziąć członkowie *gens*" (klanu, *gentiles*).

„Jeśli się ktoś przyzna, że ma dług, i potwierdzi to sąd, człowiek ten ma mieć trzydzieści dni zwłoki na zapłacenie. Jeśli jednak nie zapłaci, należy go ująć i przyprowadzić do sądu. Jeśli nie złoży wyznaczonej sumy i nikt nie poręczy za niego, wierzyciel może spętać go powrozem lub kajdanami nie mniejszej wagi niż piętnastu funtów, a jeśli zechce, to cięższymi. Jeśli (dłużnik) zechce, może się sam żywić, a jeśli nie, to ten, który go więzi, niech mu da funt chleba na dzień, a jeśli zechce, to więcej". Jest

Surowość tego prawa

to prawo surowe. „Prawo XII Tablic pozwoliło zabić bezkarnie złodzieja, jeśli się dopuścił kradzieży w nocy; za dnia zaś zabić, jeśli broni się on orężnie". – „Ten, kto podpalił dom albo stertę zboża znajdującą się obok domu, związany i ochłostany ma być stracony w ogniu, jeśli się świadomie i umyślnie dopuścił takiego czynu; jeśli zaś to zrobił przypadkiem lub z niedbalstwa, niech wynagrodzi szkodę, a jeśli nie zdoła, ma być ukarany, ale lżej". – „Według Prawa XII Tablic ten, komu się udowodni, że złożył fałszywe świadectwo, ma być strącony ze Skały Tarpejskiej", to znaczy: ze stromego zbocza południowego wierzchołka Kapitolu, z urwiska osławionego w legendzie przez znaną nam z *Mitologii Greków i Rzymian* zdrajczynię Tarpeję.

GRECKI TYRANNOS PRZECIW KARTAGINIE

Na Sycylii zmagania Greków z Kartagińczykami

Zachodnie zaś dzieje Greków w owym V wieku przed Chrystusem kłębiły się najbardziej na Sycylii, wokół Syrakuz. Wspomnieliśmy, że nad częścią wielkiej wyspy zapanowali już w VI wieku Kartagińczycy. Pragnęli podbić całą Sycylię. W tym celu sprzymierzyli się, jak można mniemać, z Persją. Ich naporowi, od zachodniej części wyspy, gdzie się usadowili, mocno się sprzeciwił Gelon (około 540–478 przed Chr.), awanturnik polityczny, który stał się mężem stanu. Oficer, a potem dowódca kawalerii w Geli (kolonii doryckiej na południowym wybrzeżu Sycylii) pod władzą tyrannosa Hippokratesa, został wychowawcą jego synów. Gdy Hippokrates w roku 490 poległ w walce o Syrakuzy, Gelon wydziedziczył jego synów i stał się tyrannosem Geli, a niebawem objął władzę w większym mieście: przedstawiając swoją misję jako dążenie do przywrócenia ojczyzny jakimś wypędzonym arystokratom syrakuzańskim, zajął Syrakuzy i tu w roku 485 przed Chrystusem ustanowił swoją główną siedzibę, bratu zaś, Hieronowi, powierzył jako „wicekrólowi" Gelę.

Gelon władcą Syrakuz

Pod rządami Gelona, który przyniósł w dobytku panowanie nad wschodnią częścią Sycylii, Syrakuzy rychło stały się wielką potęgą nie tylko Sycylii i Zachodu, lecz całego helleńskiego świata. Gelon był władcą i zdobywcą bezwzględnym. W ciągu paru lat po zawładnięciu Syrakuzami zajął się nieodległymi od nich innymi miastami na Sycylii. Kamarinę zburzył, przesiedlając mieszkańców do Syrakuz i czyniąc ich obywatelami. Z więcej niż połową ludności swojego miasta ojczystego, Geli, zrobił to samo. Megara zaś Hyblejska, też niedalekie miasto sycylijskie, opierała się mu. Kiedy więc mieszkańcy, złamani oblężeniem, wreszcie weszli z nim w układy, zamożniejszych przeniósł do Syrakuz i dał im obywatelstwo; a lud, przecież zupełnie niewinny tej wojny, stwierdza Herodot (VII 156), sprowadził też do Syrakuz, lecz po to, żeby go sprzedać za morze. To samo zrobił z Eubejczykami na Sycylii (z kolonistami przybyłymi z eubejskiej Chalkidy), dzieląc ich na różne rodzaje ludzi. „Postąpił tak – dodaje Herodot – ponieważ uważał, że przebywanie razem z ludem jest bardzo przykre. W ten sposób Gelon stał się wielkim tyrannosem".

Kiedy zaś posłowie przymierza helleńskiego przybyli do niego, by prosić o pomoc przeciw najazdowi perskiemu, wtedy, jak informuje czy tylko domyśla się Herodot (VII 158), Gelon po pierwsze im wypomniał, że nie chciano go wesprzeć w jego zmaganiach z Kartagińczykami, a po drugie zażądał dla siebie naczelnego dowództwa w rozprawie z Persami. Posłowie odrzucili to żądanie i wrócili do Grecji. Wschodni Grecy sami sprostają Kserksesowi pod Salaminą (480 przed Chr.). Gelon zaś do wielkiej rozprawy z Kartagińczykami, której groźba wisiała nad Sycylią od roku 483, czuł się dobrze przygotowany.

Kartagina, jej powstanie i rola w dziejach

Już wymieniliśmy w przelocie Kartaginę i tradycyjną datę założenia przez Fenicjan tej kolonii na wybrzeżu Afryki, naprzeciw Sardynii i Sycylii. Greckie *Karchedon*, łacińskie *Carthago* to są adaptacje nazwy fenickiej (transkrybujemy w przybliżeniu same spółgłoski, bo tylko one w językach semickich są ważne) *Orthdst*, która znaczy „Nowe Miasto". Według tego, co podaje przechowany fragment dzieła greckiego historyka z Sycylii, Timajosa (około 350–260 przed Chr.), miasto to, które miało odegrać tak wielką rolę w dziejach, założyli Fenicjanie z Tyru w roku 814 przed Chrystusem. Archeologowie jednak znaleźli dotychczas tylko ślady z drugiej połowy VIII wieku dawnej ery, nic wcześniejszego. Była to świetnie prosperująca stacja żeglarska i handlowa statków uczestniczących w wielkiej wymianie nad falami Morza Śródziemnego.

Sama stacja stała się też samodzielną potęgą handlową, w świecie antycznym jedną z największych. Fenicjanie (po grecku: *Phoinikes*, u Rzymian: *Phoenices*, a gdy mówi się o Kartagińczykach, to raczej *Poeni*, od czego przymiotnik może mieć formę: *Punicus*, punicki) byli kupcami wspaniale obrotnymi. Brali od plemion w Afryce i w Hiszpanii metal w zamian za wino, tkaniny i ceramikę. Śmiało badali atlantyckie wybrzeża północnej Afryki i Hiszpanii. Panowali nad zachodnią częścią Śródziemnomorza, zakładając w wielu miejscach swoje stacje. Obecność handlowa Kartaginy rozciągała się od dzisiejszej Tripolitanii do Maroka, ogarniała też południową Hiszpanię. O związkach tych fenickich żeglarzy z kręgiem greckim świadczą już w najwcześniejszych warstwach archeologicznych odłamki amfor attyckich. W późniejszych wiekach będzie płynęło do Kartaginy coraz więcej cennych towarów z Grecji, z Italii, z Półwyspu Iberyjskiego.

Ustrój Kartaginy

Jaki był ustrój handlowej społeczności? Rządził nią z początku „gubernator", *skn*, podlegający królowi Tyru. W VI wieku przed Chrystusem widzimy w Kartaginie oligarchię: konstytucja powierzała najwyższą władzę najpierw jednemu, a niebawem dwom, na rok wybieranym przez wzgląd na urodzenie i bogactwo, „sędziom", *sptm*, z czego łacina uczyni wyraz *suffetes*. Osobno wybrani generałowie dowodzili armią. Przeciętni obywatele niewiele mieli do gadania. Ważne sprawy rozstrzygał senat, składający się z kilkuset członków, dożywotnich. Stu czterech niższych sędziów kontrolowało poczynania generałów i innych urzędników; ani więc jedni, ani drudzy nie mogli sobie pozwolić na manipulowanie niezadowoleniem społeczeństwa, ani też nie mogli się posługiwać do własnych celów najemnikami. Armia była najemnicza, zaciągana z różnych stron Śródziemnomorza. Nie było obowiązkowej służby wojskowej w Kartaginie, której zresztą grono obywatelskie było niezbyt liczne.

Afryka za Kartaginą

Rozłogi afrykańskie za Kartaginą, na południe od niej, były cenne, żyzne i zajęte przez ludność, która nie żywiła nieugiętej wrogości wobec przybyszów. Powoli, wiek za wiekiem, będzie ona przyjmowała różne elementy punickiej kultury materialnej i społecznej. Sztuki własnej Kartagina nie stworzyła, wystarczało jej to, co czerpała z Egiptu i z Grecji. W religii, w rozliczaniu się z Innym Światem, trwała w mieście nadmorskim fenicka adoracja bóstw, które nam się wydają bardzo groźne, jakby odsłaniały to, co w przesłankach istnienia (domyślamy się) przeraża. Baal-Hammon, Tanit, Eszmun, Melkart. Te boskie postacie, być może, Afrykańczycy uznali za swojskie. Długo będą je czcili.

Przestrzeń więc afrykańska za Kartaginą, zwłaszcza te z południowych rozłogów, które ciągnęły się na zachód, była zawsze dla kartagińskiego państwa ratunkiem, gdy wypychano Kartagińczyków ze Śródziemnomorza. Ale nigdy nie chcieli zapomnieć ani o morskim handlu, ani o całej swojej gospodarce. Wytwarzali dywany, kunsztownie barwione purpurą szaty, ceramikę, klejnoty, lampy, dobrze wyprawione skóry, misterne przedmioty drewniane. Dzieło o rolnictwie, jakie napisze Kartagińczyk Mago, przełoży się na grekę i na łacinę. Mieli co sprzedać i w Afryce, i za morze. Nigdy nie przestawali się troszczyć o otwarte drogi morskie i zawsze byli świadomi nieuchronnego w tym współzawodnictwa z Etruskami i Grekami. Sprzeciwiając się ambicjom Greków z Fokidy, którzy założyli Massalię (Marsylię), Kartagińczycy najpilniej umacniali swoje kolonie w południowej i zachodniej części Sardynii i w południowych stronach Półwyspu Iberyjskiego. Znakomity generał kartagiński Malchus (szczyt działalności około 580–550 przed Chr.) wywalczył na długo panowanie kartagińskie nad zachodnią częścią Sycylii. Pragnęli zawładnąć całą wyspą.

JASNE I TWARDE SYRAKUZY

Kserkses przeciw Grecji, Kartagina przeciw Gelonowi

I oto znowu odwiedzamy Gelona i jego czasy. Najazd Kserksesa na Grecję i uderzenie Kartaginy na Gelona rozgrywają się w tym samym roku 480 przed Chrystusem. Nie wiemy, czy kryła się za tym zmowa persko-kartagińska. Gelon nie był bezbronny. Poza własną siłą miał mocnego sojusznika, teścia, ojca jego żony, Demarete, Terona (*Therona*), który w latach 488–472 był tyrannosem Akragas (po łacinie Agrigentum, dziś Girgenti), greckiego miasta na południowym wybrzeżu Sycylii, założonego w roku 580 dawnej ery przez kolonistów z Geli. Ktokolwiek postawił stopę w tej ojczyźnie Empedoklesa, mędrca głoszącego naukę o przenikających świat elementach sporu i miłości, nigdy nie zapomni „wzgórza świątyń" – *collina dei templi*, jak to nazywają Włosi – które tu przetrwało. Marmury świątyń mają miodową barwę (jak w Segeście w północno-zachodniej Sycylii i jak w Paestum w Campagna Napoletana), podczas gdy Partenon w Atenach jest biały. W Girgenti trwa, przynajmniej w jakiejś mierze, świątynia Heraklesa ze schyłku VI wieku dawnej ery, świątynia Hery z V wieku, a pomiędzy nimi najlepiej zachowana świątynia Zgody (*Homonoia*), czy raczej Pokoju (*Eirene*) i płodności (*Eukarpia*), także z V wieku przed Chrystusem. Teron bezmiernie dbał o swoje miasto.

Sprzymierzeniec Gelona, Teron

W roku 483 dawnej ery wydarł tyrannosowi Terillosowi miasto Himerę na północnym wybrzeżu Sycylii. Terillos poprosił o pomoc Kartagińczyków. Wtedy właśnie zawisła nad Teronem i Gelonem groźba wojny z potężną przeciwniczką, Kartaginą. Za parę lat, w roku 480, przybiła do wybrzeża Sycylii tuż przy Himerze wielka armia na statkach, którą dowodził kartagiński generał Hamilkar. Opowiada nam o tym dosyć dokładnie Diodor Sycylijski (XI 20 i dalej), na pewno sięgając do jakichś opisów wcześniejszych. Himeryjczycy, którzy poddali się Gelonowi, umierali teraz z lęku. Lecz Gelon zaraz wyprawił się do Syrakuz z potężną odsieczą; wiemy, że towarzyszył mu Teron na czele swojego wojska. Himeryjczykom Gelon dodał natychmiast otuchy, sprawnie okopując swój rozległy obóz pod miastem i przyrzekając, że ich obroni.

Gelon pokonuje Hamilkara podstępem

Jeśli mamy ufać Diodorowi i jego źródłom, nie obyło się bez podstępu. Oto szpiedzy Gelona przynieśli mu wieść, że z greckiego miasta Selinuntu, zbudowanego na południowo-zachodnim wybrzeżu Sycylii w VII wieku przed Chrystusem (do dziś olśniewającego zburzonymi, lecz pięknymi świątyniami) naprzeciw Kartaginy, a przede wszystkim blisko jej sycylijskich posiadłości, sprzymierzonego, nie z życzliwości, lecz z lęku, z Kartagińczykami, nazajutrz przybędzie zamówiona przez Hamilkara konnica. Generał Hamilkar akurat przygotowywał, jak nam opowiada Diodor, wielką ofiarę dla Posejdona, aby ją następnego dnia złożyć. Dowiedziawszy się o tym, Gelon natychmiast wyprawił swoich jeźdźców na objazd okolicy i nakazał im, by o świcie przyjechali do Kartagińczyków jako rzekomi przyjaciele z Selinuntu. Tak zrobili. Do obozu rozłożonego przy statkach na wybrzeżu wjechała o świcie duża kawaleria, jakby nic, tak beztrosko, że Kartagińczycy wzięli ich za posiłki z Selinuntu. A na otaczających obóz wzgórzach stały Gelonowe czaty, za nimi zaś greckie wojska tylko czekały rozkazu.

Jak zginął Hamilkar?

Jazda Gelona, ledwie znalazła się za palisadą, od razu pędem pomknęła do tego miejsca obozu, gdzie wiedziano, że jest Hamilkar. Właśnie odprawiał obrzęd ofiarny. Zabili go. Tak według Diodora; Herodot zaś (VII 167) podaje, że Hamilkar sam się rzucił w ogień w intencji zwycięstwa, co kazałoby nam do-

myślać się, że składał ofiarę nie Posejdonowi, lecz być może fenickiemu Melkartowi; ale relacje o tym epizodzie są w ogóle niepewne. W każdym razie Hamilkar w owym dniu zginął, a kawaleria Gelona zaczęła podpalać statki. Zewsząd nadbiegły zaczajone greckie oddziały. Zwarły się z sobą zastępy. Nieubłagana rzeź.

Po tak zupełnym rozgromieniu sycylijskiej wyprawy Kartagińczyków Gelon żył jeszcze dwa lata w chwale. Gdy w roku 478 przed Chrystusem umarł, Teron jako następcę do władzy w Syrakuzach popierał, spośród braci zmarłego, nie Hierona, lecz młodszego, Polizelosa. We współzawodnictwie zwyciężył Hieron i objął rządy jako Hieron I (od 478 do 467 dawnej ery); był teraz tyrannosem już nie tylko Geli, lecz przede wszystkim Syrakuz, władcą wybitnym, którego sukcesy militarne i polityczne (w grach między helleńskimi miastami na Sycylii i w południowej części Półwyspu Apenińskiego) wzmagał jeszcze blask osobistych zwycięstw w igrzyskach olimpijskich oraz świetność jego syrakuzańskiego dworu, otwartego dla pisarzy i filozofów.

Dwór Hierona I

Gościli tu Ajschylos, Simonides, Pindar. Największym osiągnięciem wojennym Hierona I było rozbicie w roku 474 pod Cumae floty etruskiej, napierającej na Campagna Napoletana. Po tym zwycięstwie zawładnął nowymi obszarami Sycylii i mógł w dużej mierze rządzić hellenizmem w Wielkiej Grecji, czyli na południu Półwyspu Apenińskiego. Ta potęga będzie trwała niewiele dłużej niż do śmierci Hierona (467 przed Chr.). Potem zagóruje w Syrakuzach demokracja i imperium osłabnie.

Warto się teraz trochę bliżej przyjrzeć owemu miastu, na które już nieraz rzucaliśmy okiem. Założone w południowej części wschodniego wybrzeża Sycylii przez kolonistów z Koryntu w drugiej połowie VIII wieku przed Chrystusem, istniało najpierw na czarującej nas do dziś źródłem nimfy Aretuzy wyspie Ortygii (połączonej mostem z resztą miasta), która ma z obu boków doskonałe przystanie naturalne. Ale Syrakuzy niemal od początku, jak pokazuje archeologia, rozwijały się także w głąb lądu. Wczesny ich ustrój był arystokratyczny. Rządzili miastem uprzywilejowani *gamoroi* (*gamoros* to dorycka forma zamiast ogólnogreckiego *gemoros*, co znaczy „właściciel działki ziemi"), dla których uprawiali grunt strąceni do sytuacji półniewolniczej tubylcy. Właśnie tyrannos Geli, którego wspomnieliśmy, Hippokrates, zanim poległ w roku 490 w walce o Syrakuzy, przepędził *gamoroi* z tego miasta, odwołując się do zwolenników demokracji. Gelon jednak, stając się bez zwłoki nowym tyrannosem Syrakuz, przywołał *gamoroi* z powrotem. W tym samym duchu niedemokratycznym, jakiemu służył Gelon, budował potęgę Syrakuz Hieron. Aż do końca życia.

Wczesny ustrój Syrakuz

Do dziś Syrakuzy są twarde i jasne. Nawet w deszczu (zresztą rzadkim na Sycylii). Równe, geometryczne linie szerokich ulic. Jasne domy, jasny kolor nieba i morza. Świątynia Ateny, która przetrwała wewnątrz katedry. Przetrwał też teatr i sporo złomów innych budowli antycznych. Kamieniołomy, z których wydobywano głazy, przemieniły się dziś w park, gdzie jest mnóstwo odwiecznych drzew, wielkich skał, tajemniczych pieczar. Nie wiemy, czemu służyła pieczara zwana „uchem Dionizjosa". Lecz ta jej nazwa każe nam powędrować ku czasom, gdy Syrakuzy – po epoce tyrannosów V wieku – po raz drugi stały się,

Wspaniałość Syrakuz

u schyłku tego samego stulecia, bodaj pierwszą potęgą w Europie i gdy przybył tu w gościnę do Dionizjosa I Platon w roku 387 przed Chrystusem. Chodźmy i tu na chwilę.

DALSZE SYRAKUZ KOLEJE

Przemiany społeczeństwa

Niebawem po zgonie Hierona wróciła do Syrakuz demokracja, oczywiście w antycznym znaczeniu greckim, którego nie należy mylić z władzą ludu w naszym rozumieniu tego wyrazu; rozumienie nasze jest zresztą w dużej mierze baśniowe. *Demos*, „lud" w antycznym sensie greckim, to byli wolni mężczyźni, bez kobiet i niewolników; już dotknęliśmy tej sprawy w rozdziale o niewolnictwie. Trzeba jeszcze dodać rzecz oczywistą, że wśród wolnych mężczyzn, także w demokracji, główne role odgrywali ci, którzy byli zamożni. Niegdyś Hippokrates, wypędzając *gamoroi*, czyli najzamożniejszych, z Syrakuz, oparł się na szerszym kręgu ludzi zamożnych, zwolenników demokracji w takim znaczeniu, o jakim tu mówimy. Na tej koncepcji zbudował swoją władzę tyrannosa. Ale Hippokrates poległ, a jego następca, Gelon, wybrał inną podstawę autorytetu tyrannosa: przywrócił *gamoroi* jako główną warstwę społeczną. Niedemokratyczne państwo przejął jego następca, Hieron.

Rządy następujących po sobie kolejno dwóch braci w Syrakuzach, Gelona (lata władzy: 490–478) i Hierona (478–467), są nieraz określane przez historyków jako epoka Deinomenidów, od imienia ich ojca, Deinomenesa. Musiał czaić się silny opór przeciwnego stronnictwa w słynnym mieście, bo gdy Hieron zamknął oczy, prędko powrócili demokraci. Znowu zbierało się regularnie „zgromadzenie" (*ekklesia*) i „rada" (*bule*). Każdego roku wybierano strategosów w zmieniającej się liczbie. Niezbyt długo utrzymał się syrakuzański sąd, wymierzający wyroki politykom, którym się nie ufa: *petalismos* (od słowa *petalon*, „liść"), tym różniący się od *ostrakismos*, czyli „sądu skorupkowego" w Atenach, że podejrzane imiona wypisywano nie na skorupkach (*ostraka*) z rozbitych dzbanów, lecz na liściach oliwnych. Demokratyczne Syrakuzy sprostały nieszczęsnej „wyprawie sycylijskiej", dokładnie już opisanej w naszej książce; wyprawa, obłędnie podjęta przez Ateny przeciwko Syrakuzom, zakończyła się przeraźliwą klęską ateńską w roku 413. Ale demokracja syrakuzańska długiej przyszłości przed sobą nie miała.

Nowy tyrannos Syrakuz Dionizjos I

Dionizjos (około 430–367 przed Chr.), który stanie się nowym tyrannosem Syrakuz, był synem Hermokritosa, nikogo niezwykłego, po prostu zamożnego Syrakuzańczyka. Zanim wszedł na wierzchołek, należał do kręgu zwolenników Hermokratesa, przezornego polityka syrakuzańskiego, w którym Tukidydes dopatruje się nawet, przesadnie, drugiego Peryklesa. Hermokrates robił, co tylko mógł, żeby nie dopuścić do konfliktu syrakuzańsko-ateńskiego. Gdy załomotał najazd, Hermokrates przyczynił się do jego odparcia. Dionizjos zaś szykował się do władzy. Poślubił córkę Hermokratesa, która w roku 405 odbierze sobie życie; wtedy Dionizjos weźmie za żony jednocześnie Aristomache z Syrakuz i Doridę z miasta Lokroj.

Drogę w górę Dionizjos rozpoczął od pory haniebnego epizodu dziejów syrakuzańskich: w roku 406 dawnej ery Kartagińczycy złupili Akragas, a Syrakuzy ani trochę nie pomogły temu helleńskiemu miastu. Wówczas Dionizjos skłonił „zgromadzenie" do wybrania nowych strategosów, wśród nich zaś jego. Potem odsunął swoich kolegów od władzy, uzyskał własną ochronę zbrojną i był stale wybierany na stanowisko określane słowami: *strategos autokrator*. Nie powstrzymał jednak sukcesów militarnych Kartagińczyków. Gdy buntowali się przeciw niemu arystokraci, zawarł z Kartaginą pokój na nie najlepszych warunkach, a w domu się umacniał, przemieniając Ortygię w swoją osobistą fortecę. Przygotowywał się do odwetu na Kartagińczykach. Zbroił się, zaciągał najemników do armii.

Jego polityka wobec Kartaginy

W roku 397 uznał, że może zacząć rozprawiać się z Kartaginą. Zaatakował Motyę, wysepkę u zachodniego wybrzeża Sycylii, od dawna przemienioną przez Fenicjan w twierdzę. Po upartym obleganiu i zniszczeniu przez Dionizjosa tej warowni –

Kartagińczycy już nie chcieli jej odbudować. W odwecie zaś generał kartagiński Himilko w roku 396 odzyskał dla swojego państwa zachodnie wybrzeże Sycylii i stanął u bram Syrakuz. Dobrze odpierał syrakuzańskie okręty i szykował się do wejścia do miasta, lecz oto na jego obóz spadła zaraza. Wtedy jego oszołomione chorobą zastępy Syrakuzańczycy, wychodząc zza murów, do szczętu rozbili. Himilko, pertraktując z Dionizjosem, ocalił część swoich żołnierzy, a wróciwszy do domu, odebrał sobie życie. Dionizjos następny kartagiński atak w roku 392 odparł prędko i mógł pertraktować jako zwycięzca. Sięgnął swoją dominacją do interioru sycylijskiego. W roku 390 wyspa została podzielona na dwie strefy, syrakuzańską i kartagińską, rozłączone biegiem rzeki Mazaros. W ateńskich dokumentach Dionizjos I jest wymieniany jako archon („rządca") Sycylii; nie wiemy, czy jest to jego oficjalny tytuł, czy tylko określenie władczej jego powagi.

Podział Sycylii na strefę syrakuzańską i kartagińską

Teraz zwrócił oczy ku Półwyspowi Apenińskiemu. Sprzymierzony ze starym helleńskim miastem Lokroj (na podeszwie italskiego buta) i z dosyć bliskimi plemionami Lukanów pobił w roku 388 dawnej ery nad rzeką Elleporos koalicję różnych miast greckich w Italii i zburzył w roku 386 Regium (dziś Reggio di Calabria) nad cieśniną oddzielającą Sycylię od Italii. Te zwycięstwa, jak też dobre stosunki z jednym z głównych helleńskich miast owej części Półwyspu, Tarentem, dały mu niemal panowanie nad dużymi obszarami południowej Italii, czyli tego, co się nazywa Wielką Grecją. Ufny w swoje siły, od roku 382 zaczął wojować znowu z Kartagińczykami. Raczej zwyciężany niż zwycięzca, był jednak w zmaganiach wytrwały. Jeszcze w roku swojego zgonu, 367 przed Chrystusem, toczył z nimi wojnę u sycylijskiego przylądka Lilibeum.

Szukanie przyjaźni z Atenami

W tym samym roku zawarł przymierze z Atenami, chociaż przedtem przez dosyć długie lata drażnił to miasto upartym zadawaniem się ze Spartą. Uroczystość pojednania i sojuszu uświetniło przyznanie Dionizjosowi podczas *agones* („zawodów"), zwanych w Atenach *Lenaia* (od wyrazu *lenos*, oznaczającego tłocznię, w której wyciska się napój z winnych gron), drugiej pory współzawodnictwa teatralnego obok Wielkich

Dionizjów, nagrody za napisaną przez niego i wystawioną w teatrze Dionizjosa tragedię *Wykupienie zwłok Hektora* (przez Priama). Mówi się, że był to gest politycznej kurtuazji. Ale utworu nie znamy, bo się nie przechował. Twardy ten polityk jednak na pewno wielbił ową poetycką tradycję. Słyszymy, że przechowywał po Ajschylosie pióro do pisania (*kalamos*), tabliczki, pulpit, na którym się je opiera, oraz harfę Eurypidesa.

Rozrzucał pieniądze? Świetnie bitą ze srebra monetą płacił najemnikom. Ale nie mamy dowodów, że łupił Syrakuzańczyków. Słyszymy wieści inne, zresztą rozmaite. Czytamy, że był popularny u swojego ludu, a także dowiadujemy się o przykrościach, więcej, o bólu, jakiego doświadczał w jego kręgu Platon w roku 387 przed Chrystusem. O tych przeżyciach filozofa, związanych z Dionizjosem I i jego dworem, z jego szwagrem i zięciem, Dionem, a potem z Dionizjosem II, opowiadamy w *Literaturze Greków i Rzymian*. Następcą Dionizjosa I został w roku 367 najstarszy jego syn, wówczas około trzydziestki, Dionizjos II; jego matką była jedna z żon poprzedniego rządcy, Doris z miasta Lokroj.

Niewesołe losy Dionizjosa II

Nowy tyrannos od razu zawarł pokój z Kartaginą. Chciał utrzymać imperium ojca, ale nie miał jego talentów militarnych i politycznych. Pisał wiersze i filozoficzne traktaty i ściągał na swój dwór intelektualistów. Związek z Platonem, dziedziczony po ojcu, nie wydał dobrych owoców. Skończył się odepchnięciem przez tyrannosa i Platona, i zaprzyjaźnionego z filozofem Diona. W kilka lat później, w roku 357, Dionizjos II na pewien czas opuścił stolicę, aby czuwać nad dwiema nowymi koloniami, założonymi w Japygii, czyli Kalabrii. Wtedy Dion zawładnął Syrakuzami; Ortygia jednak opierała się mu do roku 355. Dion ginie od sztyletu w roku 354. Dionizjos II nie wyrzekał się swoich praw, rządził niektórymi miastami rozpadłego syrakuzańskiego imperium, a w roku 347 odbił Syrakuzy, ale nie posłużyło mu to na długo. W roku 344 zepchnięto go na samą Ortygię. Oblegali go zbuntowani przeciw tyrannosowi arystokraci syrakuzańscy, których wspierała flota kartagińska. Dionizjos II w końcu uznał, że musi poddać się Timoleonowi, wybitnemu generałowi koryntyjskiemu, który jako arystokratyczny przeciwnik tyrannosów przypłynął na Sycylię „robić porządek". Ten przez pewien czas trzymał niefortunnego, byłego rządcę Syrakuz w Katane (dziś Catania; na wschodnim wybrzeżu Sycylii, u stóp Etny), a potem wywiózł go statkiem do Koryntu, gdzie Dionizjos II żył jeszcze długo i melancholijnie.

MIECZEM I PŁUGIEM

Kryzys w Lacjum V wieku

Tymczasem Roma wzrastała. Jej wzmaganie się budziło nieufność okolicznych plemion. Rzym nie uląkł się. Słynne jezioro Regillus, *lacus Regillus*, nad którym pobił Latynów około początku V wieku przed Chrystusem, to prawdopodobnie jest znana dziś depresja wulkaniczna o nazwie Pontano, na południe od miasta Gabie. Bitwę, jak potem opowiadano, rozstrzygnęli boscy bliźniacy, Kastor i Polluks (po grecku: Polideukes), synowie Jowisza (Zeusa) i Ledy, bracia pięknej Heleny, nagle jawiąc się w kłębowisku po stronie Rzymian. Ci zaś byli dosyć rozumni, aby wiedzieć, że po zwycięstwie trzeba się z Latynami dogadać. Należało stanąć w jednym szeregu z nimi, aby dać odpór surowszym plemionom, które na latyńskie doliny schodziły z Gór Apenińskich. Zwłaszcza dwa ludy, Ekwowie (*Aequi*) i Wolskowie (*Volscii*), też mówiące mową indoeuropejską, ale trudniej dla Rzymian i innych Latynów zrozumiałą, wdzierały się między latyńskie zagony, łupiąc je i niszcząc. Chociaż plemię Herników (*Hernici*), żyjące między obszarem Ekwów i strefą Wolsków, sprzyjało Rzymianom, ci nie zdołali sprostać dewastacji i chaosowi. Nawet w dziedzinie budownictwa, którego kronikę może wykreślić archeologia, jest w Rzymie znamienna przerwa około połowy V wieku przed Chrystusem.

Mężowie ci niemal nie wypuszczali miecza z ręki. Z Latynami mając wspólnotę, a nie spór, mogli teraz zwrócić się przeciw silniejszym współzawodnikom. Zaledwie piętnaście kilometrów na północ od Rzymu wznosiło się wspaniale na wzgórzu miasto Weje (*Veii*), które panowało nad górnym biegiem Tybru, a bliżej, nie więcej niż dziewięć kilometrów od Rzymu, była placówka militarna Etrusków w miejscowości sabińskiej, którą potem będzie się nazywało Fidenae. Czy szturm do tych warowni trwał dziesięć lat, jak zapamiętała legenda, czy dłużej, czy krócej, Weje dostały się w ręce Rzymian w roku 369 przed Chrystusem. Nierzadka w historii osobliwość równoczesności sprawiła, że około tego samego roku, dalej na północ, Celtowie wdarli się na równinę Padu i zajęli to, co w przyszłości będzie Mediolanem.

Walki Rzymian i Celtów z Etruskami

I Rzymianie, i Celtowie, jedni na południu, drudzy na północy, pokonywali Etrusków, dziedziców starej, wspaniałej kultury. Celtom jeszcze się przyjrzymy. Teraz jesteśmy przy Rzymianach u rozbitych obwarowań Wejów. Zburzyli miasto, a ludności zostawili działalność rolniczą. Trzeba tu dodać, że przed katastrofą Weje słynęły jako ojczyzna rzeźbiarzy. Zapamiętano artystę o imieniu Vulca, u którego Rzymianie zamówili posągi do świątyni Jowisza na Kapitolu. Ludzie z tej samej szkoły rzeźbiarskiej kształtowali terakotowe wizerunki Apollina i innych bóstw, jakie dziś widzimy w Museo di Villa Giulia w Rzymie.

W tej, jak i w innych wojnach toczonych przez Rzym widzimy przewagę rzymskiej armii, opartą na pełnym wykorzystaniu męskiej siły społeczeństwa. Zarówno piechota, jak kawaleria rzymska mnożyły się. Zaciągano do wojska ubogie warstwy i wypłacano rodzinie pieniądze za każdy dzień, w którym mężczyzna był oderwany od swojej pracy na roli. Nazywało się to *stipendium*. Trzeba tu wspomnieć, że powoływać do wojska można było tylko ludzi, którzy posiadali ziemię. Uboższych obywateli nie stać było na pełną zbroję, jaka okrywała greckiego hoplitę, zamiast więc klasycznej okrągłej tarczy greckiej rzymskie wojsko przyjęło tarczę podłużną, którą można się było zasłaniać.

Kim byli mężowie służący w tej armii? Płacono rodzinie *stipendium* za oderwanie ich od gospodarstwa. Przed chwilą powiedziałem, że niemal nie wypuszczali miecza z ręki. Źle powiedziałem. Trzeba rzec: nie wypuszczali z ręki swoich narzędzi,

Obok miecza pług

a one były dwa, miecz i pług. O zamiłowaniu starożytnych Rzymian do rolnictwa mówi wielu antycznych autorów, a być może najszerzej rozprowadza to nieoceniony Gaius Plinius Secundus (23–79 po Chr.), zwany Pliniuszem Starszym, w obszernym i wspaniałym dziele *Historia naturalis*, czyli „Historia naturalna", jak zazwyczaj mówimy. Ale można by tę encyklopedię antyczną opatrzyć także tytułem „O wszystkim". Jej charakterystykę zawarliśmy w *Literaturze Greków i Rzymian*.

Podaje więc Pliniusz Starszy w początkowych (1–4) rozdziałach XVIII księgi swojego dzieła wiele przemawiających do wyobraźni szczegółów. Największym, powiada autor, darem dla dowódców i walecznych obywateli było wówczas dać im tyle ziemi, ile kto potrafił w jednym dniu oborać. Z rolniczego zawodu pochodzą też najstarsze przydomki: Pilumnusa, który wynalazł tłuczek (*pilum*) do stępy, czyli misy do obłuskiwania i kruszenia ziarna na kaszę; Pisona – od tłuczenia (*pisere*) w stępie; wspomnieć też trzeba Fabiuszów (*faba* – bób), Lentulusów (*lens* – soczewica), Ciceronów (*cicer* – groch), nazwiska związane z tym, co ich przodkowie uprawiali. Najuroczystszą formą zaślubin była tak zwana *confarreatio*: nowożeńcy przed ołtarzem bogów domowych dzielili się plackiem z mąki orkiszowej (*far*).

Uwielbienie rolnictwa

Złe uprawianie roli to było przestępstwo, ściągające na siebie potępienie z ust cenzora. Nie było zaś większej pochwały niż powiedzenie: „To jest dobry rolnik". Pieniądze były czymś drugorzędnym wobec większego bogactwa, samej ziemi. Zresztą ich łacińska nazwa, *pecunia*, wywodzi się od słowa *pecus*, „bydło". W rachunkach cenzorskich jeszcze w czasach Pliniusza określano źródła dochodów państwowych jako *pascua*, co w sensie ścisłym znaczy: „pastwiska". Wysokość grzywny podawano w ilości owiec i wołów. Stąd też wynikły różnice i stopnie dostojeństwa w państwie. Każdy obywatel chlubił się okręgiem (*tribus*) wiejskim, z którego się wywodzili jego przodkowie.

Pliniusz Starszy zamyśla się jeszcze, trochę melancholijnie, nad tym, dlaczego w owych dawnych, dobrych czasach (chodzi głównie o wiek V, pierwszy wiek republiki rzymskiej) zawsze, jak go zapewniały wieści, zboża wystarczało, chociaż nie żywiła jeszcze Rzymu żadna prowincja. Żywność była nie do wiary tania dzięki żyzności ziemi. Skąd taka żyzność? Stąd, że rolę wówczas uprawiali własnoręcznie nawet wodzowie. Uradowaną ziemię poruszał pługiem mąż uwieńczony wawrzynem, opromieniony triumfem. Ci ludzie, twierdzi Pliniusz, traktowali zasiewy tak samo poważnie, jak wojny. Zarządzali gospodarstwem tak samo czujnie, jak obozem. Autor przywołuje słynny przykład: Lucius Cincinnatus, patrycjusz rzymski, właśnie orał swoje pole na Wzgórzu Watykańskim, kiedy posłaniec przyniósł mu powiadomienie o powołaniu go na dyktatora. Taką wyjątkową władzę powierzano najlepszemu obywatelowi w porze zagrożenia państwa. Ponieważ Cincinnatus był obnażony i miał twarz pokrytą pyłem, posłaniec rzekł: „Odziej się, abym ci mógł obwieścić wolę senatu i ludu rzymskiego". Był to rok 458, pora ciężkich zmagań z Ekwami i oblegania przez nich wodza rzymskiego, Minuciusa, w górach Algidus w Lacjum. Objąwszy władzę, Cincinnatus pokonał Ekwów, uwolnił Minuciusa, a po szesnastu dniach złożył urząd dyktatorski i wrócił do swojego gospodarstwa za Tybrem. Nie wiemy, co tu legendą, co faktem, jeśli chodzi o szczegóły. Ale nastrój społeczeństwa rzymskich rolników wyłania się z tej opowieści na pewno prawdziwy.

ZMAGANIA Z CELTAMI

Prehistoria Celtów

Nie jest dla nas jasne, jakie szkody wyrządzili Rzymowi Celtowie, gdy się do niego wdarli w roku 390 przed Chrystusem. Przed chwilą wspomnieliśmy te plemiona, które Grecy nazywali *Keltoi*, a Rzymianie Galami. W naszej książce jesteśmy teraz właśnie w epoce, gdy one z interioru europejskiego coraz szerszą i gęstszą falą wchodzą w historię śródziemnomorską. Celtowie porozumiewali się mową indoeuropejską, dosyć odmienną jednak od greki i od indoeuropejskich narzeczy Italii; niektóre jej elementy wnikną w języki romańskie, zwłaszcza we francuski. Z wieków od XI do VIII dawnej ery archeologowie odkopali w miasteczku Hallstatt w dzisiejszej Austrii groby celtyckie, które u schyłku tego okresu olśniewają bezmiarem ozdób, klejnotów, w drewnianych komorach arystokratycznych wojowników (pasję Celtów do strojenia się, jak też kłótliwość tych plemion nieraz uwydatniają i Grecy, i Rzymianie), jak też wspaniałymi rydwanami o czterech kołach. Nie brakło tu żelaza, obficie go używano. Pyszniło się złoto, srebro.

Okres hallstatski (według terminologii archeologów) kultury celtyckiej trwał od 750 do 450 roku przed Chrystusem. Celtowie szli wówczas w różne strony, nie tylko nad Morze Śródziemne, lecz także przez dzisiejszą środkową Francję na zachód, do północnej Hiszpanii, a około przełomu VI i V wieku dawnej ery niektóre ich plemiona przeprawiły się do Brytanii. Chętnie osiedlali się nad rzekami płynącymi do morza, jak Sekwana, Ren, Dunaj. Obsiedli też dolinę Rodanu, który z głębi dzisiejszej Francji płynie do greckiej kolonii Massalii, dzisiejszej Marsylii; wielka arteria handlowa.

Ustrój plemion celtyckich

Plemionami celtyckimi rządziły grupy arystokratycznych wojowników, którymi kierowali wodzowie, jakby książęta. Budowali sobie fortece na szczytach wzgórz, penetrowane dziś przez archeologów w Niemczech południowych i we Francji. Ale około połowy V wieku przed Chrystusem przewaga hallstatskich arystokratów należała już do przeszłości. Zaćmiła ich kulturę energia innych kręgów celtyckich, przedtem wlokących się w tyle strefy hallstatskiej, na północnym jej skraju, nad rzekami Mozelą i Marną. Te peryferyjne plemiona handlowały z Południem, z Etruskami, i wiele się od nich uczyły, zwłaszcza w dziedzinie obróbki metali. Tak utworzyła się nowa odmiana kultury celtyckiej, nazywana przez nas lateńską od miana miejscowości (być może, starożytnej placówki wojskowej Celtów), La Tène, nad jeziorem Neuchâtel w Szwajcarii. Czy ci nowi pokonali dawniejsze elity, czy też ekonomia hallstatska sama się załamała? Co archeologowie widzą wyraźnie, to tylko to, że od połowy V wieku dominuje nowa kultura celtycka, także bogata i jeszcze bardziej rozmiłowana w ozdobach i pomysłowa, oryginalna w nich. Na grobach zaś arystokratów znajdujemy ślady innych rydwanów, dwukołowych, najwyraźniej wzorowanych na wozach etruskich.

U początku IV wieku Celtowie poszli w głąb Italii

Dlaczego w owym 390 roku przed Chrystusem Celtowie poszli w głąb Italii i rzucili się na niezbyt jeszcze bogaty Rzym? Spośród historyków antycznych Appian w przechowanym fragmencie *Dziejów Celtów* przypuszcza, że w osiedlach nad Renem mieli za mało przestrzeni życiowej dla rozrastających się plemion i po prostu szukali szerszych krain. Diodor Sycylijski w swoim dziele (XIV 113–116) stara się nakreślić jakby syntezę owego procesu. Opowiada, że Galowie (*Keltoi*) z europejskiego interioru przeprawili się przez Alpy i wielkimi rzeszami zajęli kraj między Alpami a Apeninami, wygnawszy z niego Etrusków. Podzielili zdobyty obszar między plemiona, spośród których Sennonowie (*Sennones*) otrzymali ziemię nadmorską, najdalszą od gór, nazbyt upalną. Postanowili więc szukać innej krainy. W sile trzydziestu tysięcy mężów wpadli do Etrurii i zaczęli pustoszyć miasto Clusium (dziś: Chiusi). Zwiadowcy zaś, wyprawieni przez Rzymian tylko dla zbadania sytuacji, stanęli w klusyjskim szeregu do walki z najeźdźcami. Któryś ze zwiadowców przechwalał się, że zabił jednego z dowódców wojska galickiego. Żądali potem Galowie wydania im tego zabójcy. Senat rzymski w końcu chciał go wydać, ale sprzeciwił się jego ojciec, który był jednym z trybunów wojskowych z władzą konsularną; odwołał się do ludu (był to przykład słynnej *provocatio ad populum*) i przeprowadził unieważnienie wyroku senatu.

Niebawem Celtowie napadają na sam Rzym

Gdy wysłannicy oznajmili swoim rzymską odpowiedź, obóz galicki zadygotał z oburzenia. Przyzwali posiłki innych Galów i w liczbie siedemdziesięciu tysięcy ludzi ruszyli na sam Rzym. Wtedy trybunowie rzymscy z władzą konsularną uzbroili wszystkich zdolnych do noszenia broni i za Tybrem stoczyli bój z Galami. Jeśli wierzyć Diodorowi, Galowie zagórowali nad Rzymianami taktyką bitewną. Naprzeciw najsłabszych ustawili swoich najmocniejszych, którzy, gnając tamtych przed sobą, rozbili resztę rzymskich szyków i zasłali pole trupami Rzymian. Do Wejów albo do Rzymu uciekli ci Rzymianie, którzy ocaleli. W stolicy rozpacz. Przenieśli swoje rodziny i skarby na urwisty Kapitol. Galowie zrazu nie wiedzieli, co robić, lecz czwartego dnia rozbili bramy miasta i zniszczyli Rzym oprócz kilku domów na Palatynie i oprócz Kapitolu, na który nie umieli się wspiąć. Zapis przechowany u Polibiusza, znakomitego historyka greckiego z II wieku przed Chrystusem, w jego *Historii* (II 22, 5), podaje nam dodatkową wiadomość, że owo osobliwe oblężenie i czekanie, aż głód zmusi upartych Rzymian do poddania się, trwało przez siedem miesięcy.

„Gęsi kapitolińskie"

Wracając do Diodora, czytamy, że w jakimś momencie Celtowie, siedzący u podnóża Kapitolu, dostrzegli człowieka wspinającego się na górę boczną ścieżką, ze skały na skałę. Postanowili tą samą drogą wejść tam w nocy. Oszukali straże, ale zauważyły ich trzymane na Kapitolu gęsi poświęcone Junonie. „Gęsi kapitolińskie", tak słynne potem, zaczęły gęgać przeraźliwie. Strażnicy ocknęli się i rzucili się w tym kierunku. Celtowie nie śmieli iść dalej, zwłaszcza że niejaki Marcus Mallius odrąbał wyciągniętą ku załomowi skały rękę jednego z nich, strącił go w dół z urwiska i to samo uczynił następnemu. Wszyscy wspinacze jęli uciekać w popłochu, potykali się na śliskich skałach, walili się w dół, ginęli. Jak się zdaje, Celtowie mieli dosyć tej dziwnej wojny. Kiedy Rzymianie wyprawili do nich posłów z propozycją rokowań, napastnicy wreszcie zgodzili się, żeby za cenę tysiąca funtów złota zostawić resztkę Rzymu w spokoju. I poszli sobie precz.

Tak to przedstawia Diodor, jeszcze dodając, że w Rzymie po wojnie pozwolono każdemu odbudować zburzone domostwo, jak chciał, i to nawet z pomocą państwa. Stąd ciasne i kręte ulice późniejszego Rzymu. Historyk powtarza też pogłoskę, że Rzymianki oddały wówczas dla ogólnego dobra swoje ozdoby i za to uzyskały od ludu taki przywilej: wolno im było jeździć na wozie po mieście. Archeologowie zaś nasi jeszcze łagodzą kataklizm, mówiąc, że śladów zniszczenia jest mało i że zaledwie w kilka lat po tym epizodzie Rzymianie zdołali zbudować nowe potężne mury miasta.

RZYMSKIE MOZOŁY

Galowie gromią Etrusków

Galowie nie przestali umacniać swojej przewagi nad Etruskami. W roku 350 przed Chrystusem wydarli im to, co będzie Bolonią. Ten fakt był kresem imperium etruskiego po południowej stronie Alp. Ale Rzymowi dali spokój. Okazał się silny, a zresztą nie potrzebowali środkowej Italii. Dla Rzymian nowy okres bojów rozpoczął się w roku 343, teraz za sprawą Samnitów, szczególnie walecznego i dobrze urządzonego ludu italskiego. Główna ich dziedzina, zwana w starożytności Samnium, rozciągała się na wschód od Lacjum i Campagna Napoletana. Lud górski miał równie znakomite rolnictwo, jak twierdze na szczytach. Wojna zażegła się z wołania o pomoc, jakie biegło do Rzymu z atakowanych przez Samnitów miast Kampanii, zwłaszcza z Kapui.

Roma zaczyna budowę wielkiego państwa

Armia rzymska dosyć prędko pokonała Samnitów i Rzym od razu zawarł z nimi pokój, co zdziwiło i rozczarowało Kampańczyków. Nie wszyscy rozumieli, że Rzym już budował swoje przyszłe wielkie państwo. Na razie zawiązała się przeciw Romie koalicja niegdyś przyjaznych albo obojętnych, a teraz zawiedzionych: Latynów, Kampańczyków i znowu niechętnych Wolsków. W wojnie, zaczętej w roku 340, Rzym pokonał przeciwników. Jego powaga militarna stała się bardziej jawna. Zakończywszy zwycięsko wojnę w roku 338 przed Chrystusem, Rzym, chyba stale wpatrzony w swoją przyszłą wielkość i w swój przemożny obowiązek, nie niszczył pokonanych. Niektóre latyńskie miasta, położone blisko Rzymu, zostały włączone do rzymskiego państwa; ich obywatele stali się pełnoprawnymi obywatelami rzymskimi, z prawem głosu na rzymskich zgromadzeniach. Inne miasta latyńskie zachowały własne prawa, z możnością zawierania małżeństw i utrzymywania stosunków handlowych z Rzymem, lecz nie jedne z drugimi. Całą też pokonaną koalicję przemieniono w jakiś rodzaj „wspólnoty państw", która ciągnęła się przez nadmorskie równiny od Tybru do Zatoki Neapolitańskiej. Warunkiem należenia do wspólnoty było uznanie zwierzchnictwa Rzymu i gotowość pomożenia mu w walce zbrojnej, jeśli zajdzie taka potrzeba. Te miasta italskie, które na razie nie miały pełnych praw rzymskich (czyli miały status tak zwanych *municipia*), uzyskają pełnię obywatelskich praw w ciągu II wieku przed Chrystusem.

Walcząc z Samnitami, Rzym idzie ku Kampanii

Rozżarzyła się zresztą jeszcze jedna wojna samnicka, a może raczej dwie. Założenie nowej kolonii rzymskiej w mieście Wolsków, Fragellae (w Lacjum na brzegu rzeki Liris), w roku 328 przed Chrystusem, rozdrażniło Samnitów. To miasto było na drodze z Rzymu do Kampanii. A oni ciągle jeszcze o panowaniu nad Campagna Napoletana myśleli. Wojna wybuchła w roku 327 i jej czterdziestoletnie trwanie, pełne przykrych porażek Rzymian w górach, dzieli się tradycyjnie na drugą (327–304) i trzecią (298–290) wojnę samnicką. Przy Rzymie stała wiernie Neapolis, Neapol, pierwsze miasto greckie, które zawarło przymierze z Rzymem, co stało się już w roku 327. Z długiego, mozolnego zmagania się z Samnitami wyrosło też wielkie dzieło, którego sama nazwa budzi swoim dźwiękiem dreszcz w naszych sercach: *Via Appia.*

Via Appia

Otworzył ją dla życia, tę Drogę Appijską, jak też pierwszy akwedukt rzymski, Wodę Appijską (*Aqua Appia*), podczas osiemnastu miesięcy swojego urzędowania cenzor roku 312 przed Chrystusem, Appius Claudius Caecus („Niewidomy"). Droga ciągnęła się od Rzymu do Kapui w Kampanii, a więc można się domyślić, że głównym jej celem było ściślejsze związanie Campagna Napoletana z Rzymem, wbrew Samnitom. Nie poprzestając na tych wielkich pracach, niestrudzony i służący własnej wizji państwa patrycjusz czynił wszystko, co było w jego mocy, aby scalić społeczeństwo. Już wspomnieliśmy, jakim oburzeniem powitano jego pragnienie otworzenia wrót uczestnictwa w senacie nawet przed synami wyzwoleńców. Lecz szanowano go. W roku 307 i w roku 296 był konsulem, a w roku 295 pretorem. Można go też uznać za pierwszego rzymskiego pisarza i autora arcyrzymskich aforyzmów, jak ten żyjący do dziś: *Faber est suae quisque fortunae* – „Każdy jest kowalem swojego losu". Stary już, bezmiernie zmęczony, niewidomy, potrafił świetnym przemówieniem odrzucić propozycję greckiego wojownika-awanturnika, Pyrrosa, który chciał odciąć Rzym od południowej Italii. Mowa ta, opracowana poetycko przez Eniusza, krążyła w społeczeństwie jeszcze w czasach Cycerona.

Przeciwko Rzymowi Tarent przyzywa Pyrrosa z Epiru

Było to tak. Po drugiej wojnie samnickiej Rzym zapanował nad środkową Italią, a od naporu Galów z północy oddzielił się umowami z różnymi istniejącymi jeszcze miastami etruskimi. Rzym patrzał na południe. Miasta greckie w Italii południowej, przeważnie podupadłe, były gotowe do związania się z nim. Ale silny Tarent nie. Tarent sprzeciwił się Rzymowi. W roku 282 rozegrała się na wodach u stóp tego miasta, u podeszwy italskiego buta, bitwa morska, pierwsza, o jakiej słyszymy w rzymskiej historii. Już wstępnym atakom Tarent z trudnością się oparł. Posłał więc do Pyrrosa (319–272 przed Chr.) prośbę o pomoc. Był to grecki król Epiru, który wydaje się podobny do późniejszych *condottieri* włoskiego renesansu. Szukał sukcesu i sławy. Plutarch jednak uznał go za godnego *Żywota.*

Kiedy go Tarent przyzwał, pośpieszył tam z dwudziestoma pięcioma tysiącami ludzi i dwudziestoma słoniami. W roku 280 pobił Rzymian pod Herakleją w Lukanii; w roku 279 pokonał ich pod Ausculum w Lacjum. Ale w wielkich stratach bitewnych niszczył swoją armię: były to, jak twierdzą ludzie i będą powtarzać potomni do dziś (z łacińską formą jego imienia), „Pyrrusowe zwycięstwa". Po Ausculum przeniósł swoją armię na Sycylię, gdzie postanowił rozprawić się z Kartagińczykami, wówczas sprzymierzonymi z Rzymianami. Niemal wygnał ich z wyspy, lecz nagle przerwał wojnę i wrócił do Italii. Po bitwie z Rzymianami w roku 275 pod Benewentum (w Samnium, niedaleko od pogranicza kraju Samnitów z Kampanią), nierozstrzygniętej, wrócił do Epiru z jedną trzecią swojej armii. Teraz znowu zwrócił oczy na Macedonię. Zapędził w roku 274 Antigonosa Gonatasa do Tesaloniki i tu go oblegał. Lecz jako *condottiere* (nieżyczliwi powiedzieliby: neurotyk polityczny) nagle przerwał oblężenie i pośpieszył na Peloponez, gdzie usiłował zdobyć stolicę państwa lakedemońskiego, Spartę, ale mu się to nie udało. Padł w roku 272 w walce ulicznej w mieście Argos. Tak przeminął. Trzeba przyznać, że pierwszy uczynił Epir dużym i silnym państwem, na którego stolicę wybrał starą Ambrakię, założoną niegdyś przez Koryntyjczyków. W epirskim mieście swojego własnego plemienia, Molossów, Dodonie, zbudował teatr. W ogóle dokończył dzieła hellenizacji Epiru. W Italii zaś właśnie w roku 272 załoga Pyrrosa wyszła z Tarentu, który chętnie i spokojnie poddał się życzliwym warunkom przedstawionym przez Rzymian i stał się rzymski.

Późniejsze boje Pyrrosa i jego kres

GONATAS I DWA WIELKIE ZWIĄZKI

Nas zaś wzmianka o Antigonosie Gonatasie, jaka dopiero co zabrzmiała, przynagla do tego, byśmy na chwilę oderwali się od Italii i wrócili choćby na krótko do utrapionych, szarpiących

Przypomnienie walk spadkobierców hellenistycznych

walk hellenistycznych spadkobierców. Antigonos Gonatas (znaczenie przydomka nieznane; około 320–239 przed Chr.), który już nieraz jawił się w naszej opowieści jakby w prześwicie, był wnukiem króla Macedonii, Antigonosa Jednookiego, a synem króla Macedonii, Demetriosa Poliorketesa, i Fili, córki Antypatra (niegdyś „strategosa Europy” z woli Aleksandra Wielkiego). Od roku 287 zarządzał greckimi posiadłościami ojca. W roku 285 Pyrros zabrał mu dużą część Tesalii i Gonatas musiał zawrzeć z nim pokój. W roku 283 po śmierci ojca Gonatas przyjął tytuł królewski jako Antigonos II Gonatas. Ale gdzie jego królestwo? W roku 280 pomaszerował na Macedonię i przez kilka lat daremnie się do niej dobijał.

Sukcesy Antigonosa II Gonatasa

Zdołał jednak, po wytrwałych bitwach morskich, ułożyć dobre stosunki z głównym współzawodnikiem, władcą imperium seleukidzkiego, czyli, jak to wówczas nazywano, Syrii, Antiochem I Soterem. Ten uroczyście wyrzekł się ambicji rozszerzania swojego państwa na zachód. W traktacie z roku 278, jak już wspomnieliśmy, zawarł z Gonatasem pokój i przyjaźń. My dziś wiemy, że pokój między tymi dwoma państwami miał trwać stulecie. Ale wtedy rzecz jeszcze nie wydawała się pewna. Macedonia przechodziła z rąk do rąk. Każdy z *diadochoi* chciał ją mieć. Dopiero inwazja Galatów, czyli Galów, na Macedonię dała Gonatasowi cenną sposobność. Oni przepędzili innych, a jemu się nie oparli. Rozgromił ich dwadzieścia tysięcy w roku 277 pod Lizymachią na Chersonezie Trackim i wszedł do Macedonii. Tu jeszcze przez dziesięć lat broniła się przed nim Kasandreja na przylądku Pallene. Lecz gdy Gonatas w roku 276 poślubił siostrę Antiocha, Filę, uznano go za króla Macedonii. Będzie musiał przełknąć dużo goryczy, znieść klęski, jakie mu zada Pyrros w roku 274. Potem wypracowywał swoją politykę to w duchu pokoju, to w duchu wojennym, lawirując między ptolemejskim Egiptem a Spartą i innymi państwami greckimi. W roku 241 zawarł pokój z silną ich organizacją, Związkiem Achajskim.

Broniąc Macedonii przed Galami, zostaje jej królem

Związek ten zasługuje tu na intermezzo, które na chwilę przerwie naszą opowieść. W Grecji hellenistycznej powstały dwa duże stowarzyszenia państw, tych mniejszych, które zdołały się ostać wbrew rozszerzaniu się imperiów: ptolemejskiego, seleu-

Dwa hellenistyczne związki państw: Związek Etolski i Związek Achajski

kidzkiego i macedońskiego. Jedna organizacja to był ukształtowany w ciągu IV wieku przed Chrystusem Związek Etolski. Obejmował on miasta Etolów w środkowej Grecji oraz wiele miast i krain okolicznych, jak Lokrydę, Fokidę, część Akarnanii i Tesalii. Urzędowo opiekował się wyrocznią w Delfach i bronił tego świętego miasta, zwłaszcza przed groźnym naporem Galów, którzy w roku 279 wdarli się do Macedonii, a z niej wtargnęli do Tesalii i Fokidy. Od Delf jednak Etolowie ich odepchnęli. Drugą organizacją był właśnie Związek Achajski, założony w roku 280 przed Chrystusem przez cztery miasta achajskie w północnej części Peloponezu, a w ciągu III wieku rozszerzony na niemal cały półwysep. Ustanowiono zasadę równości członków, dlatego Związek miał stolicę zmienną.

Oboma związkami rządziły zgromadzenia, do których należeli wysłannicy miast członkowskich, na czele zaś każdego związku stał wybierany przez wysłanników strategos. Oba sprzeciwiały się dążeniu Macedonii do zjednoczenia – czyli wchłonięcia w swoje imperium – tradycyjnej strefy greckiej, dawnych helleńskich miast. W swojej polityce antymacedońskiej oba sprzymierzały się z Rzymem. Jak twardy to był sojusznik, o tym przekona się Związek Etolski, gdy w roku 189 za próbę strząśnięcia z siebie zależności zapłaci pobiciem przez armię rzymską pod wodzą konsula Marka Fulviusa Nobiliora; przetrwa tylko jako organizacja podporządkowana politycznie Rzymowi i wyzuta z własnej siły.

Związek Achajski chce żyć w pokoju z Macedonią, dopóki nie wybierze Romy

Związek Achajski zaś od roku 251 był zaciekle antymacedoński. Uląkł się dopiero wtedy, gdy przygarnianie przez niego miast arkadyjskich wielce rozgniewało Spartę. Wówczas postanowił jednak lepiej ułożyć swoje stosunki z Macedonią. Owocem tego postanowienia był wspomniany przed chwilą pokój zawarty z Antigonosem Gonatasem w roku 241 przed Chrystusem. Wielki ów monarcha macedoński miał przed sobą krótkie już życie. Bardzo zasłużony dla Macedonii i dla tradycji greckiej, filozof i opiekun filozofów, historyków i poetów, po długim panowaniu umarł wiosną 239 roku przed Chrystusem. Jeszcze po jego śmierci przez kilka dziesięcioleci Związek Achajski będzie współpracował z monarchią macedońską – aż do pory, gdy zamiast Macedonii wybierze Romę. Przymierze z Rzymem, zawarte w roku 198, zrazu da Związkowi władzę nad niemal całym Peloponezem. Ale z czasem zacznie zgrzytać coraz częstsza niechęć w zetknięciach Achai i Romy. Przetrwa jednak wielki Związek Achajski aż do ciężkiej klęski w wojnie z Rzymem w roku 146 przed Chrystusem.

Drogocenność starych obszarów greckich

Stale trzeba przypominać, że Macedonia i stare obszary greckie, na których królowie macedońscy ocierali się o wielkie związki miast, a niebawem także o Rzymian, miały dla nowych potęg szczególne znaczenie jako czcigodna strefa najcenniejszych tradycji, Aleksandrowych i wywodzących się z odwiecznego hellenizmu. Weźmy jako przykład choćby pogromcę Związku Etolskiego. Marcus Fulvius Nobilior potrafił zarówno wyprawić do Rzymu dzieła sztuki z podbitej w roku 189 Ambrakii w Epirze, jak też gorliwie starać się o pogodzenie w roku 188 Achajów i Spartan. W wyprawie do Etolii towarzyszył mu poeta łaciński Eniusz. Zamiłowanie Fulviusa do greckiej kultury rozjątrzy gniew w cenzorze Katonie, o czym osobno wspomnimy.

WSCHÓD GRECKI I PARTOWIE

Potęga i niepokój Syrii, czyli państwa Seleukidów

A co trzeba jeszcze rzec o greckim Wschodzie epoki hellenistycznej, o współżyjącym z Macedonią spokojnie państwie Seleukidów, czyli o tak zwanej wówczas Syrii? Grecy rozróżniali „Syrię między rzekami", czyli Mezopotamię, i „Wklęsłą Syrię", *Koile Syria*, która była satrapią imperium perskiego, dopóki jej nie podbił w roku 332 przed Chrystusem Aleksander Wielki. W państwie, jakie się wyłoniło z wczesnych walk *diadochoi* po śmierci Aleksandra, ostała się dynastia założona przez Seleukosa I Nikatora. Jawił się on nieraz w naszej opowieści, a potem jego syn, Antiochos I Soter; dwa te imiona przemiennie zdobią cały pochód owych wschodniogreckich monarchów. Państwo było potężne, ale często wstrząsane wewnętrznym niepokojem, niekiedy wzniecanym przez agentów przybywających z sąsiedniego imperium, hellenistycznego Egiptu Ptolemeuszów. Owocem niepokojów były trzy wewnętrzne „wojny syryjskie", toczone głównie o dominację w *Koile Syria*, czyli Celesyrii, i o wybrzeża i miasta Azji Mniejszej; daty owych wojen to lata 274–271, około 259–253, 246–241 przed Chrystusem. Król Antiochos IV (lata panowania: 175–163 przed Chr.) włoży wiele trudu w hellenizację wyższych warstw społeczeństwa i w rozwój życia obywatelskiego zarówno w koloniach greckich, jak i w głównych miastach fenickich, pozwalając jednym i drugim bić własną monetę. Ale pomimo to nieuchronnie będzie po śmierci Antiocha IV imperium seleukidzkie podupadać (aż do ostatecznego ciosu rzymskiego miecza Pompejusza w latach 64–63 przed Chr.). Ocaleją wspaniałe miasta, jak Tyr, niepodległy już od roku 126 dawnej ery, i państewka, jak droga Kawafisowi Kommagene.

Oprócz wewnętrznych sporów i działalności agentów z hellenistycznego Egiptu trzeba wśród kłopotów seleukidzkiego, tak troskliwie (na ogół) rządzonego państwa wymienić napór wielkich sił zewnętrznych od zachodu i od wschodu. Od zachodu będą na nie napierać coraz mocniej Rzymianie. Od wschodu zaś wyrosła i zmężniała nowa potęga, z którą będą się ciężko zmagali Seleukidzi, a potem jeszcze i Rzymianie. Było to imperium partyjskie. Jest ono szczególnie w naszych czasach przedmiotem coraz pilniejszych badań historyków. Grecy i Rzymianie Partami (*Parthoi, Parthi*) nazywali lud mieszkający w Partii (*Parthia*), kraju w Azji, na południe od Morza Kaspijskiego, pomiędzy Hyrkanią, Margianą, Arianą, Medią i Karmanią. Zajmowali się głównie pasterstwem, potem także handlem. Słynęli z hodowli koni i mistrzostwa jeździeckiego, a też z łucznictwa. Rządzili nimi arystokraci, niemal udzielni książęta. Kultura grecka przeniknęła do Partów niezbyt głęboko. Wyznawali, jak Persowie, mazdaizm, wiarę Zaratustry.

Wyrośnięcie od wschodu nowej potęgi, imperium partyjskiego

Kim byli Partowie?

Byli z kręgu półkoczowniczych ludów o nazwie Dahae. Sami siebie określali mianem Parni. Mówili językiem indoeuropejskim z grupy północnoirańskiej. Ich miano w grece i łacinie pochodzi od nazwy jednej z seleukidzkich satrapii, Parthava, którą oderwali od tamtego imperium i założyli w niej własne państwo. Jego lata liczono według tak zwanej ery Arsakidów. Arsakes to jest imię wielu partyjskich monarchów, którzy od połowy III wieku przed Chrystusem wznieśli się nad innych wielmożów i zjednoczyli Partię. Drugi z tych królów, Arsakes II Tiridates, zdobywając resztę obszaru, jaki uznał za partyjski, podbił w roku 238 dawnej ery króla hellenistycznej Syrii, Seleukosa II Kallinikosa („Opromienionego zwycięstwem"). Pełną niezależność osiągnie Partia za rządów króla Mitridatesa I (171–138 przed Chr.). Imperium przetrwa aż do roku 230 po Chrystusie.

Warto dodać, że Partowie staną się pośrednikami także między Chinami i strefą seleukidzko-rzymską. W starożytności Chińczycy jedyni wiedzieli, w jakim momencie należy niszczyć larwy jedwabników, aby z ich włókna, odpowiednio długiego, można było snuć nici; sekret ten przemycono na Zachód dopiero w VI wieku po Chrystusie. Na razie Chińczycy sprzedawali jedwab za wspaniałe konie partyjskie. Pierwsza handlowa karawana przybyła z Chin w roku 106 przed Chrystusem. Handel powędruje potem dalej, do Rzymu. Już w początkach I wieku przed Chrystusem zacznie się przebijać słynna Droga Jedwabiu.

PIERWSZA WOJNA PUNICKA

Długi pokój między Rzymem a Kartaginą

Trzeba więc teraz wrócić nad Tyber, a także do znoszenia się Rzymu z Kartaginą. Przez długi czas wcale nie wyglądało na to, że muszą z sobą wojować. Stosunki między nimi były przeważnie spokojne, a nieraz nawet – jak to można ocenić na tle obyczajów świata – życzliwe. Nie było starcia interesów. Rzym dbał najbardziej o rolnictwo i ograniczał swoje zainteresowania do samej Italii. Nie było więc sposobności do jego zderzenia się z Kartagińczykami, którzy osiągnęli monopol handlu w zachodniej części Morza Śródziemnego. Dwa te państwa zawarły nawet z sobą traktaty, w których trwałość, jak się zdaje, obie strony wierzyły, gwarantując zarówno monopol kartagiński na morzu, jak osłonięcie miast na wybrzeżach Italii przed kartagińskimi atakami. Potem napastliwość owego dosyć osobliwego wojownika, jakim był Pyrros, król Epiru, wymierzona i w Rzym, i w Kartaginę, spowodowała nowy między nimi układ sojuszniczy w roku 279.

Ale wielkie sprawy niekiedy wybuchają nagle albo zaczynają się od rzeczy na pozór błahych. Mamertini to była grupa kampańskich, albo oskijskich, najemników, których Agatokles (361–289 przed Chr.), tyrannos Syrakuz u schyłku IV wieku dawnej ery, osiedlił w swoim mieście. Po jego śmierci podstępnie zawładnęli Messaną (dziś: Messina), miastem nad cieśniną między Sycylią i Italią. Dumnie nazywali siebie Mamertini, albowiem *Mamers* to jest oskijska forma imienia boga wojny, Marsa. Wzięli się do plądrowania północno-zachodniej części Sycylii. Na pewien czas przygasił ich zapał Pyrros, a ówczesny tyrannos Syrakuz, Hieron, zadał im klęskę, być może w roku 265, w pobliżu rzeki Longanus. Wtedy poprosili Kartaginę o pomoc.

Mamertini przyzywają Kartagińczyków na Sycylię

Posłała swój garnizon do Messany. Zaczęło czaić się niebezpieczeństwo. Rzym bowiem już wówczas był sprzymierzeńcem greckich miast w południowej Italii, które niezmiernie się bały opanowania Sycylii i Cieśniny Messyńskiej przez Kartaginę, upatrując w tym groźbę nie tylko dla swoich interesów handlowych, lecz również dla samego bezpieczeństwa. Kiedy więc Mamertini, którzy nie chcieli poprzestać na osłonie kartagińskiej, albo w tym samym czasie, albo nieco później zakołatali także do Rzymu o pomoc, senat rzymski nie wiedział, co ma począć; nie chciał się narazić Kartaginie przez wkraczanie na jej obszar. Natomiast rzymskie zgromadzenie ludowe postanowiło śmiało uścisnąć rękę wyciągniętą przez Memertinów. Jest to jedyny znany nam przykład, gdy wojnę legalizowało zgromadzenie ludowe, a nie senat. Pokrzepieni przymierzem z Romą, Mamertini wypędzili garnizon kartagiński z Messany.

Ośmieleni przymierzem z Rzymem, wypędzają Kartagińczyków

Wtedy Kartagina i Syrakuzy, wbrew wszystkiemu, co je dzieliło, postanowiły działać razem. Wcale nie zwlekali. Gdy wojska obu tych potęg przypuściły szturm do Messany, można było uznać, że wojna już jest w toku. Wszyscy w niej walczyli o swo-

je bezpieczeństwo, o samo istnienie na ziemi. Pełnym jednak początkiem pierwszej wojny punickiej, jak ją nazwie potomność, mającej trwać dwadzieścia kilka lat, 264–241 przed Chrystusem, był nie atak antyrzymskiej koalicji, lecz przybycie na Sycylię w roku 263 rzymskich legii pod wodzą dwóch ówczesnych konsulów, z których jednym był członek wielkiej rodziny Klaudiuszów, Appius Claudius Caudex („Pień"), a drugim Manius Valerius Maximus, który po walce tu właśnie na południu o Messanę został obdarzony przydomkiem Messalla.

Kartagina i Syrakuzy szturmują Messanę; przybywają dwaj konsulowie

Był to początek wielkich, tak wyrazistych przed oczyma potomnych, zmagań Rzymu z Kartaginą. Zrazu Roma tylko w niewielkiej mierze mogła Kartaginie czymkolwiek zagrażać. Prawie nie miała floty, a Kartagina była na morzach potęgą. Znakomicie położona na przylądku u północnego wybrzeża Afryki, objęła protektorat nad innymi północnoafrykańskimi koloniami Fenicjan, które podupadły przygniecione przewagą silniejszych państw owej strefy. Kartagina podtrzymała zubożałe kolonie. Starała się coraz głębiej przenikać Półwysep Iberyjski, penetrować Sardynię, Sycylię. Słyszymy o kartagińskich podróżach (niepotwierdzonych) dookoła Afryki, a z drugiej strony do Brytanii i Irlandii.

Potęga morska Kartaginy

Lecz wielkie zmagania, wbrew rachubom i nadziejom, zaczęły się. Wojska obu konsulów, aby ulżyć Messanie, w której Mamertini ciężko bronili się przed oblegającą ich koalicją, maszerowały dokoła Etny na Sycylii. Zapanowali nad tym okręgiem, wygnali z niego Kartagińczyków i pobili syrakuzańskie wojsko Hierona. Wówczas przezorny tyrannos porzucił Kartagińczyków i związał się sojuszem z Rzymianami. Historycy dzisiejsi, odwołując się do niejasnych, a niekiedy sprzecznych doniesień starożytnych, rozmaicie oceniają i porównują zasługi dwóch rzymskich wodzów. Jest bowiem faktem, że w Rzymie hojnie uczczono Messallę. Czy słusznie zaćmił Caudexa? Różnie się dziś o tym mniema.

Hieron Syrakuzańczyk porzuca Kartagińczyków dla Rzymian

Czym był triumphus?

Messalli przyznano triumf, *triumphus*. Tu po raz pierwszy ów rzymski obrzęd wspominamy, więc wypada się mu choćby trochę przyjrzeć. Od razu dodajmy na marginesie, że Messalla oprócz odprawienia triumfu ozdobił ścianę senatu malowidłem przedstawiającym jego zwycięstwa; będzie on cenzorem w roku 252. *Triumphus* zaś to był pochód prowadzony przez zwycięskiego wodza rzymskiego do świątyni Jowisza na Kapitolu. Geneza obrzędu była etruska, z czasem nasyciła się elementami rzymskimi. Rytuał określały ścisłe reguły. W epoce klasycznej pochód szedł od Campus Martius przez Porta Triumphalis, dalej przez Circus Flaminius i Circus Maximus. Okrążał potem Palatyn i Świętą Drogą (*Via Sacra*) kroczył na Kapitol. Jakże chciałoby się to zobaczyć. Pochód obejmował głównych urzędników państwa rzymskiego i członków senatu, jak też łupy, do których liczyli się też znakomici jeńcy, i zwierzęta ofiarne. Należał do wspaniałej procesji *triumphator* i oczywiście jego armia. W późniejszym okresie dodawano coraz więcej wspaniałych elementów ozdobnych: sztandary, malowidła, grupy alegoryczne, muzyków, nosicieli żagwi. Poprzedzony przez swoich *lictores*, liktorów (jakby woźnych) z rózgami i toporem, *triumphator* stał w czterokonnym rydwanie, mając u boku niewolnika szepczącego apotropaiczne (zabezpieczające przed złymi urokami) słowa i trzymającego nad nim wieniec. Jego rodzina zazwyczaj mu towarzyszyła.

Uprawniało do obrzędu zwycięstwo odniesione nad cudzoziemskimi przeciwnikami (a więc nie w wojnie „domowej"), w którym zabito ich przynajmniej pięć tysięcy, dokonane przez urzędnika wyposażonego w *imperium* i własne *auspicia* (oficjalne wróżby wysnute z zachowania się zwierząt, zwłaszcza z lotu ptaków). Konieczna też była obecność wojska, które dokumentowało wygranie wojny. W późniejszych jednak czasach, już w I wieku przed Chrystusem, rozluźniono te kryteria i mogli odprawiać triumf nawet *privati*, wyposażeni w szczególne *imperia*, a od 45 roku dawnej ery *legati*. Obecność armii mogła być oznaczona symbolicznie.

BOJE „KRUKÓW"

Zawarłszy w roku 263 przymierze z Hieronem, Rzymianie w 262 zdobyli na Sycylii (w części północno-zachodniej) Segestę, która dziś nas zachwyca jedną z najcudniejszych świątyń greckich, a następnie, po upartym oblężeniu, wydarli garnizonowi kartagińskiemu Akragas, Agrigentum, na południowo-zachodnim wybrzeżu, pełne chwały miasto Empedoklesa. Kartagińczycy jednak nie chcieli odejść z Sycylii. Rzymianie pojęli, że nie pokonają ich, jeśli pierwej nie osiągną potęgi na morzu. Postanowili zbudować flotę. Był to wielki wysiłek Romy i wspaniałe dzieło. Bardzo prędko zbudowali sto sześćdziesiąt okrętów wyposażonych w *corvi*, tak zwane kruki. Świeżą tą flotą dowodził Gaius Duilius (konsul w roku 260, cenzor w 258). To on sprostał flocie kartagińskiej pod Mylae w roku 260. Najdokładniej opisuje to Polibiusz (z Megalopolis, około 200–118 przed Chr.), już spotkany przez nas mistrz historii, który poznał Rzym, gdy wywieziono go tam jako zakładnika.

Zabiegając o panowanie nad Sycylią, Rzym buduje flotę

Czytamy więc w dziele Polibiusza (I 23), że kiedy Gaius Duilius dowiedział się o pustoszeniu przez nieprzyjaciela regionu miasta Mylae (*Mylai*, dziś Milazzo, na północnym wybrzeżu Sycylii), powiódł tam całą flotę. Kartagińczycy zachwyceni. Pewni sukcesu, żeglują w sile stu trzydziestu okrętów. Nawet nie ustawili się do bitwy. Okręty płynęły tak sobie. Jak po gotową zdobycz.

Kiedy się zbliżyli, ujrzeli na przodzie wszystkich rzymskich okrętów wzniesione w górę pomosty. Były to „kruki". Co to za machiny nieznane? – zastanowili się zrazu. Lecz przecież lekceważyli tych ludzi lądowych, nieobytych z morzem. Śmiało na nich natarli. I oto na kartagińskie nawy spadły owe ruchome pomosty, po których przechodzili rzymscy żołnierze, aby zaraz się rzucić w bój na pokładzie. Nieprzygotowani na to Kartagińczycy ginęli albo poddawali się. Tak stracili trzydzieści okrętów z załogą, wśród nich statek wodza, który nosił takie imię, jak późniejszy słynny wódz (mający urodzić się dopiero za trzynaście lat, w roku 247); ten wcześniejszy to był Hannibal, syn Giskona, ten sam, któremu w roku 261 Rzymianie odebrali Akragas. Syn Giskona spod Mylae zdołał wymknąć się w łódce.

Groźne machiny rzymskie

Tymczasem inne nawy kartagińskie nadpłynęły, a widząc los tamtych, żeglarze zaczęli zbaczać z drogi, aby uniknąć „kruków". Liczyli na to, że zdołają uderzyć na okręty rzymskie z tyłu albo z boku. Wszędzie jednak wysuwały się przeciw nim „kruki". Kto się zbliżył, był złapany. Wreszcie Kartagińczycy uznali: trudno, zostali pobici. Stracili pięćdziesiąt okrętów. Z resztą dobytku wódz jak najśpieszniej odpłynął do Kartaginy. A w Rzymie odbył się *triumphus* Duiliusa, pierwszy w Rzymie *triumphus* po bitwie morskiej. Wzniesiono na Forum kolumnę ozdobioną brązowymi dziobami (*rostra*) zdobytych okrętów, którą nazywano *columna rostrata*, z pochwalną inskrypcją. Wedle greckiego raczej niż rzymskiego obyczaju prowadzono Duiliusa nocą przez Rzym z żagwiami i muzyką. Z łupów z Mylae zbudował świątynię Janusowi na Forum Holitorium („Forum Warzywnym") na południe od Kapitolu.

Po zwycięstwie pod Mylae triumphus *w Rzymie*

A sukcesy Rzymu nie skończyły się pod Mylae. Jeszcze większe zwycięstwo rozegra się za cztery lata, w roku 256 przed Chrystusem, u przylądka Eknomos przy południowym wybrzeżu Sycylii, gdy zatopiono albo zdobyto osiemdziesiąt kartagińskich okrętów. Dopóki Rzymianie zdążali użyć tych groźnych „kruków", górowali nad przeciwnikami. Teraz pomyśleli o najeździe na samą Afrykę. Jeszcze w 256 roku wysadzili tu wojsko i szli ku Kartaginie. Ale Kartagińczycy też poszli już wcześniej po rozum do głowy. Sprowadzili za pieniądze spartańskiego specjalistę, aby

Klęska Rzymian w Afryce

wyszkolił ich armię. Lepiej walcząc, swoją jazdą otoczyli rzymską piechotę i zmiażdżyli najeźdźców; stało się to w roku 255. Nie był to jeszcze koniec rzymskiej klęski. Flotę bowiem, jaką Roma posłała, żeby ratować niedobitków, roztrzaskała burza.

Dalsze uparte boje

W roku 254 Rzymianie odebrali Kartagińczykom miasto Panormos („Cały Port", dziś Palermo) na północnym wybrzeżu Sycylii. W roku 250 Lucius Caecilius Metellus odepchnął od tego miasta nowy kartagiński atak i osaczył miasta: Lilibeum (w zachodniej części Sycylii, na przylądku o tej samej nazwie) i Drepana (dziś Trapani, na północno-zachodnim wybrzeżu Sycylii). Lecz w roku 249 nowa klęska Rzymu: Publius Claudius Pulcher usiłuje zdobyć miasto Drepana atakiem z morza i nie udaje mu się to, a resztę floty rozbija burza morska u południowego brzegu Sycylii. Były jednak i sukcesy: Rzymianie opanowali Eryks (górę i miasto na zachodnim cyplu Sycylii), odcinając tym miasto Drepana od dróg lądowych. Do Lilibeum dobijali się uparcie, przez dziewięć lat.

Rzymianie budują flotę przeciw Hamilkarowi

Największym wodzem kartagińskim był wówczas Hamilkar Barka. Zmagał się on z Rzymianami wokół Sycylii w latach 247–241. Rzymianie zdołali wreszcie w roku 242 zbudować nową flotę. Dowództwo nad nią objął Gaius Lutatius Catulus, konsul w roku 242 przed Chrystusem. Jego decyzją było wydanie bitwy w roku 241, gdy tylko flota kartagińska pojawiła się u Wysp Egackich przy zachodnim wybrzeżu Sycylii. Zupełnie ją rozgromił w dniu (według naszego kalendarza) 10 marca 241 roku. Znowu polegamy tu na relacji przechowanej w dziele Polibiusza (I 62–63).

Kartagińczycy, pobici, zawierają z Rzymianami pokój

Czytamy, że Kartagińczycy zaraz po wieści o klęsce wysłali gońca do Hamilkara, przyznając mu pełne prawo decyzji. Ten zaś, pisze Polibiusz, postąpił dzielnie. Dopóki były jakieś widoki powodzenia, walczył, lecz gdy wszystkie nadzieje zawiodły, wysłał do Lutatiusa posłów w sprawie pokoju. A ponieważ i ten chciał układów, bo Rzym był znużony wojną, zgodził się na układ taki (zastrzegając jednak, że musi to potwierdzić zgoda ludu rzymskiego): Kartagińczycy mają zupełnie odejść z Sycylii i nie prowadzić wojny z Hieronem i Syrakuzańczykami oraz ich sprzymierzeńcami. Mają też oddać Rzymianom bez okupu wszystkich jeńców, a w gotówce zapłacić w ciągu dziesięciu lat trzy tysiące dwieście talentów.

Przewaga Rzymian na wyspach

Kartagina miała teraz ciężkie zmartwienia. Wybuchnął bunt najemników. Ledwie go pokonała, Rzymianie, przyzwani przez najemników kartagińskich przebywających na Sardynii, zajęli w roku 238 tę wyspę. Na protesty Kartaginy odpowiedzieli groźbą wojny. Musiała się poddać, oddać Sardynię i Korsykę oraz zgodzić się na dodatkowe tysiąc dwieście talentów kontrybucji. Syrakuzy przetrwały jako państwo niezależne, związane przymierzem z Rzymem. Ów zaś rok 238 na nowo rozjątrzył stosunki między Kartaginą i Rzymem. Potęga kupiecka przestała spodziewać się stałego pokoju. Przygotowując siły do przyszłych wojen, Hamilkar, mając u boku syna, zaczynającego swoje wielkie dzieje, Hannibala, w latach 237–219 podbijał miasto za miastem na Półwyspie Iberyjskim.

Szturm do Saguntum; Hamilkar z synem Hannibalem podbija Hiszpanię

Kluczowym momentem był atak na Saguntum. To miasto iberyjskiego ludu Edetanów (czy Arsetanów) leżało 16 mil na północ od Valencii. Związki handlowe z Massalią (dziś: Marsylia), jak też przymierze zawarte z Rzymem wzmogły jego rolę. Oblężenie i zdobycie Saguntum przez Hannibala w roku 219 przed Chrystusem Roma uznała za wezwanie do wojny. Być może, nie mylono się. Hannibal bowiem wiedział o rzymskim zainteresowaniu wybrzeżem iberyjskim na południe od Ebro i przypomniał sobie 238 rok. Postanowił uderzyć, zanim Rzym się do walki przygotuje. Trzeba tu jeszcze dodać, że w roku 217 starsi Scipionowie ruszą ku odebraniu Saguntum, co się spełni w roku 212. Przetrwały ślady ich obozu w pobliskiej miejscowości Almenara.

DRUGA WOJNA PUNICKA

Jest ona epopeją, którą oglądamy nie w wizji poetów, lecz oczyma historyków greckich i rzymskich. Podziwiamy zwłaszcza Liwiusza (Titus Livius, 59 przed Chr. – 17 po Chr. albo 64 przed Chr. – 12 po Chr.), w którego *Księgach od założenia miasta* (*Ab urbe condita libri*) jeden z cyklów szczęśliwie przechowanych do naszych czasów ogarnia właśnie czarującą i dramatyczną opowieść o drugiej wojnie punickiej (218–202 przed Chr.). Ale starając się o najściślejszą, jaka jest możliwa, rekonstrukcję prawdy historycznej, częściej zwracamy się ku Polibiuszowi.

Przysiągłszy „wieczną nienawiść" do Rzymu, Hannibal zmierza ku wielkiej wojnie

Nad Kartaginą tej epoki góruje wielka postać Hannibala. Był to najstarszy syn znanego nam już Hamilkara. Odebrawszy od syna przysięgę, że będzie wiecznie nienawidził Rzymu, Hamilkar wziął go w 237 roku na wyprawę do Hiszpanii, gdzie po śmierci zięcia Hamilkara, Hasdrubala, Hannibal został w 221 roku dowódcą armii kartagińskiej. Poślubił księżniczkę iberyjską, ale nie wyrzekł się gromienia tamtejszych plemion. W roku 220 poszedł ze swoimi wojskami za linię Tagu. Następnie oblegał sprzymierzone z Rzymem Saguntum, które poddało się po ośmiu miesiącach blokady w roku 219. Wyraźnie zmierzał ku wojnie z Rzymianami i postanowił prędszym natarciem wyprzedzić ich działania.

Zaniedbał Hiszpanię. W kwietniu 218 roku opuścił miasto Carthago Nova (w Hiszpanii nad Morzem Śródziemnym, dawne

iberyjskie Mastia, przebudowane w roku 228 na kartagińską bazę wojskową). Jak obliczają historycy, prowadził od trzydziestu pięciu do czterdziestu tysięcy ludzi. Z nimi doszedł do Rodanu.

Z Hiszpanii idzie przez Galię i Alpy na Italię

Była już jesień, gdy dotarł do Alp, które zasnuł wczesny w roku 218 śnieg. Do dziś to nieraz nawiedza naszą wyobraźnię, jak on wiódł przez przełęcze między wielkimi górami zastępy swoje, konie i słonie. Nie wiemy dokładnie, którędy szedł; jak się zdaje, gdzieś pomiędzy Małym św. Bernardem i Mt. Genèvre. Dotarł do Turynu z dwudziestoma sześcioma zaledwie tysiącami ludzi. Szedł na spotkanie z wodzami należącymi do wielkiej rodziny Scipionów.

Scipionowie zastępują mu drogę

Gnaeus Cornelius Scipio Calvus („Łysy") był konsulem w roku 222 przed Chrystusem; razem z Markiem Claudiusem Marcellusem zdobył wtedy Mediolan. W roku 218 posłano go z wojskiem do Hiszpanii, aby od tyłu podcinał marsz Hannibala. W tym samym kierunku podążył młodszy jego brat, Publius Cornelius Scipio, konsul w roku 218. Doszedłszy z wojskiem do ujścia Rodanu, stwierdził, że Hannibal już się zdążył przemknąć do północnej Italii. Kiedy podążył za nim, Hannibal pobił jego kawalerię w bitwie nad rzeką Ticinus, lewym dopływem Padu.

Ciężkie zmagania

W roku 217 Gnaeus zada Kartagińczykom miażdżącą klęskę w bitwie morskiej u ujścia iberyjskiej rzeki Iberus (dziś Ebro). W roku 215 obaj bracia rozgromią w Hiszpanii młodszego brata Hannibala, Hasdrubala, usiłującego przedostać się do Italii. W roku 212 odbiją Saguntum. W roku 211 obaj polegną: Publius w przegranej bitwie nad górnym biegiem rzeki Baetis (dziś Gwadalkwiwir) w południowej Hiszpanii, Gnaeus w klęsce armii na zapleczu Carthago Nova.

Sukcesy taktyki militarnej Hannibala

Ale przed tą tragiczną dla Scipionów datą wiele się jeszcze zdarzyło. W grudniu 218 roku nad Trebią, rzeczką w Galii Przedalpejskiej, wpadającą do Padu, Hannibal pobił na głowę połączone wojska Publiusa Scipiona i Titusa Semproniusa Longusa dzięki podstępnemu manewrowi atakowania z boków. W maju roku 217 przeprawił się przez Apeniny, pustoszył Etrurię i wciągnął wojsko Gaiusa Flaminiusa, konsula z roku 223, człowieka z warstwy ludowej, najsłynniejszego ludowego przywódcy z czasów przed Grakchami, w ciasne przejście między górami i Jeziorem Trazymeńskim; wynikiem była zagłada niemal całych dwóch legii rzymskich. Na zimę wycofał się do Apulii. W losach może było zapisane, że już nadchodził czas takiej klęski Rzymian, jakiej oni jeszcze nigdy dotąd nie zaznali.

Kanny (Cannae), największa klęska rzymska

Cannae, miasteczko na południowym brzegu rzeki Aufidus w Apulii. Na rozległe pole pod miasteczkiem w roku 216 przed Chrystusem Lucius Aemilius Paullus, konsul w roku 219 i w roku 216, oraz Gaius Terentius Varro, pretor w roku 218, konsul w roku 216, przyprowadzili, jak przypuszczają uczeni, może aż czterdzieści osiem tysięcy piechoty i sześć tysięcy kawalerii. Naprzeciw stanęło trzydzieści pięć tysięcy piechurów i dziesięć tysięcy konnych Hannibala. Polibiusz (III 113–117), który przecenia liczbę wojska rzymskiego, mówiąc o osiemdziesięciu sześciu tysiącach, samą bitwę opisuje dosyć szczegółowo. Konsulowie z dnia na dzień przekazywali sobie dowództwo. Warro w swoim dniu o samym świcie wywiódł wojsko z obu obozów. Jazdę rzymską postawił na prawym skrzydle tuż nad rzeką, obok niej piechotę w gęstych, głębokich szeregach, na lewym zaś skrzydle sprzymierzeńców; przed całym frontem, w niewielkiej odległości, lekkozbrojnych.

Hannibal wysunął na sam przód Balearczyków (z wysp u wybrzeży Półwyspu Iberyjskiego, słynnych procarzy) i włóczników. Resztę tak umieścił: na lewym skrzydle tuż nad rzeką jazdę iberyjską i celtycką, obok niej połowę ciężkozbrojnej piechoty libijskiej, dalej piechotę Iberów i Celtów, a obok nich resztę piechoty libijskiej, na prawym zaś skrzydle jazdę numidyjską. Pierwsze starcie nastąpiło między lekkozbrojnymi, ale nie było rozstrzygnięcia. Kiedy zaś jazda iberyjska i celtycka z lewego skrzydła Hannibala starła się z Rzymianami, bitwa stała się zażarta, barbarzyńska. Nawet zsiadali z koni, zwierał się mąż z mężem. Wojsko kartagińskie wzięło górę i pędziło Rzymian wzdłuż rzeki, nikogo nie oszczędzając.

Bezwzględność walki

Po odepchnięciu lekkozbrojnych starły się z sobą piechoty obu wojsk. Środek szyku kartagińskiego był słabszy od rzymskiego, więc ustępował, a wtedy cały front kartagiński wygiął się w kształt łuku. Tego właśnie chciał Hannibal. Rzymianie znaleźli się pomiędzy przeciwnikami, zwłaszcza Libijczykami. Lucius Aemilius, od początku uczestniczący w walce konnej na prawym skrzydle rzymskim, popędził ku centrum. Tak zrobił też Hannibal. Uczestniczący w bitwie Hasdrubal pościgiem swojej kawalerii wyciął jazdę rzymską nad rzeką, więc zaraz potem pośpieszył na pomoc Libijczykom. Zobaczywszy to, jazda sprzymierzeńców rzymskich rzuciła się do ucieczki. Zmagających się z Libijczykami Rzymian zaatakował od tyłu, czym pomieszał ich szyk i wolę walki. „Poległ wówczas – pisze Polibiusz – otrzymawszy ciężkie rany, Lucjusz Emiliusz, mąż, który zarówno w całym swoim życiu, jak i w tej ostatniej walce zasłużył się ojczyźnie tak, jak mało kto inny". Rzymianie szaleli napadani ze wszystkich stron, ale mężnie się bili. Otaczano ich, osaczano, zamykano na coraz mniejszej przestrzeni, aż niemal wszyscy tam padli. Niewielu tylko z rzymskiej armii uszło do Wenuzji (dziś Venosa, miasto na granicy Apulii i Lukanii nad rzeką Aufidus, bardzo miłe czytelnikom Horacego jako jego miejsce rodzinne). Uciekł tam też jeden z konsulów dowodzących pobitą armią, Gaius Terentius Varro, którego Polibiusz źle ocenia: „człowiek marny, który piastował swój urząd z największą szkodą rzeczypospolitej". Wielu z armii rzymskiej dostało się do kartagińskiej niewoli.

Na Rzymian wali się groza

PO KANNACH

Rozpada się wierność sprzymierzeńców Rzymu

„O ile większa – pisze Liwiusz (XXII 61) – była ta klęska od wszystkich poprzednich, najlepiej wskazuje ta okoliczność, że mocna dotąd wierność sprzymierzeńców zaczęła się chwiać, a to wyłącznie z tej przyczyny, że zwątpili w trwałość państwa. Przeszły na stronę Punijczyków następujące ludy: Atellanie, Kalatyni, Hirpinowie, część Apulów, Samnici z wyjątkiem Pentrów, wszyscy Bruttyjczycy, Lukanowie, a nadto mieszkańcy miasta

Uzentum i niemal całe wybrzeże greckie: Tarent, Metapont, Krotona i Lokroj, wreszcie wszyscy Galowie z tej strony Alp. A jednak klęski takie i odstępstwa sprzymierzeńców nigdy nie sprawiły, by u Rzymian można było choćby wspomnieć o pokoju, czy to przed przybyciem konsula, czy po jego pojawieniu się w Rzymie, które odnowiło pamięć doznanej klęski. Przeciwnie, w owej chwili wszyscy obywatele byli tak podniośle nastrojeni, że na spotkanie konsula wracającego po tak okropnej klęsce, której on w największej mierze był winien, wyszły tłumnie wszystkie stany i składały mu podziękowanie, że nie zwątpił w ocalenie rzeczypospolitej. Przecież gdyby był wodzem Kartagińczyków, z pewnością ścięto by mu głowę".

Italia północna i środkowa Rzymowi wierne

Rzymianie nie zamierzali poddać się. Trzeba dodać, że Italia północna i środkowa została im wierna. Gdy Rzymianie jako swojej granicy bronili linii rzeki Volturnus w Kampanii, Hannibal na zimę roku 216–215 obwarował się w Kapui, więc niedaleko od nich, w jednym z głównych kampańskich miast, które potem słynęło luksusem; będzie się mówiło o „wywczasach kapuańskich", *otia Capuana*. Może przesadnie przenosząc tę jego cechę w przeszłość, przypuszczano w starożytności, że zima w Kapui rozmiękczyła armię Hannibala. Przed chwilą, wyprzedzając czas, wymieniliśmy dwie zdarzone już po Kannach odmiany losu przychylne Rzymianom, z roku 215 i 212. Dokonały się one w Hiszpanii za sprawą dwóch braci Scipionów, Gnaeusa i Publiusa. Gdy w roku 211 obaj w Hiszpanii polegli, władzę nad tym iberyjskim frontem objął Claudius Nero (będzie konsulem w roku 207 przed Chr.), już zasłużony w zmaganiach z Kartagińczykami w Italii.

Hannibal w Kapui; ścigają go złe wieści

Tu w Italii, gdzie przebywał sam Hannibal, wielki wódz kartagiński usiłował opasać Rzym pierścieniem wrogów, ale to mu się nie udawało. A biły go w głowę wieści z Hiszpanii o porażkach Hasdrubala. Lądowanie Kartagińczyków w roku 215 na Sardynii okazało się pomyłką. Na północy Italii Galowie, nawet niechętni Rzymowi, nie chcieli stanąć po stronie Hannibala. Na Wschodzie greckim Kartagińczycy związali się układami z królem Macedonii, Filipem V, który jednak, gdy w walkach z Rzymem nie wspierała go kartagińska flota, przestawał się interesować takim przymierzem; niebawem do spraw Macedonii wrócimy. Próbował też Hannibal buntować miasta greckie na południu Italii i na Sycylii. Ale u progu najsilniejszego z tych miast, Syrakuz, stanął Marcellus.

Wielki tropiciel Hannibala, Marcellus

Wielki wódz rzymski, Marcus Claudius Marcellus, jeden z pierwszych rzymskich mężów stanu pochodzenia plebejskiego był augurem, edylem i pretorem. Jako konsul w roku 222 przed Chrystusem zmagał się zwycięsko z Galami Insubrami, odzyskując miasto Clastidium (w Gallia Cispadana, „Z tej strony Padu", niedaleko od Padu); zdobył wtedy i ofiarował bogom *spolia opima*, „łupy bogate", czyli zbroję galickiego wodza Viridomarusa, którego zabił w pojedynku; odprawił też triumf. Jako pretor po raz drugi, w roku 216, obronił Nolę, miasto w Kampanii na południowy wschód od Kapui, przed atakiem Hannibala. Bronił jej i potem, a od jesieni 214 do roku 211 wojował na Sycylii. Dokonał pogromu Leontinoj i rozpoczął oblężenie Syrakuz od lądu i morza w roku 213. Syrakuzy, bronione inżynierskim kunsztem Archimedesa, o czym już wspomnieliśmy, zdobył wreszcie w roku 211. W roku 208 został po raz piąty wybrany na konsula; ciągle tropił Hannibala, aż w tym właśnie roku poległ, odbywając rekonesans w pobliżu Wenuzji.

Inny tropiciel, Fabius Cunctator

Nie był to jedyny tropiciel Hannibala w owych ciężkich i długoletnich zmaganiach rzymskich. Trzeba wymienić przynajmniej Fabiusa (Quintus Fabius Verrucosus Cunctator, „Zwlekacz"), mistrza wojny podjazdowej, przez pewien czas dyktatora; w roku 209 odebrał Hannibalowi Tarent; był to człowiek z możnego rodu Fabiuszów. Z plebejuszów zaś, jak Marcellus, wywodził się Tiberius Sempronius Gracchus, konsul w roku 215 i powtórnie w roku 213; odepchnął Hannibala od Cumae i nie dopuścił do niego posiłków kartagińskich; zabity w zasadzce w roku 212; należał do rodziny, o której niebawem wiele usłyszymy. Wreszcie należy wspomnieć Fulviusa Flaccusa, konsula w roku 237, 224, 212 i 209, cenzora w roku 231; zawładnął w roku 212 obozem wodza kartagińskiego Hanno pod Benewentum, odcinając posiłki Kartagińczykom w Kapui, którą zaraz zaczął oblegać; zdobędzie ją w roku 211. Hannibal robił, co mógł, żeby go stamtąd odepchnąć, nawet próbując marszu na sam Rzym w roku 211, ale po porażkach wycofał się do Apulii. Zapędzano go coraz dalej na południe. W roku 207 Rzymianie rozbili w pył nad rzeką Metaurus w Umbrii wojsko jego brata, Hasdrubala, który zdołał przedrzeć się z Hiszpanii i bez tchu szedł Hannibalowi na pomoc. Teraz już pomocy znikąd nie będzie.

Wojsko Hasdrubala rozbite

Na scenę historii wkroczył Scipio, który będzie nazywany „Afrykańskim", Publius Cornelius Scipio Africanus Maior („Starszy", 236–183 przed Chr.), ze spotykanej już przez nas możnej rodziny, ozdabianej stałym przydomkiem Scipio („Laska", „Buława", „Berło"), będącej częścią *gens* Korneliuszów. Syn poległego nad górnym biegiem Baetis w roku 211 Publiusza, ojciec dwóch córek, Kornelii żony Scipiona Nasiki i Kornelii matki Grakchów. Urodzony w roku 236 przed Chrystusem, pono uratował życie ojca w bitwie nad nurtem Ticinu (218) i skupił w Canusium w Apulii niedobitków tragicznego boju pod Kannami (216). Pierwszy *privatus* sprawujący z woli zgromadzenia ludowego *imperium* i wysłany do Hiszpanii, opanował Carthago Nova. Prędko przemienił taktykę bojową rzymskiej armii, gęściej łącząc z sobą trzy jej tradycyjne linie w ataku; może przyjął iberyjski miecz i ulepszył *pilum*, włócznię do rzucania. W roku 208 pobił Hasdrubala w Dalszej Hiszpanii (Hispania Ulterior) i nie wyrzekł się walki, aż rozgromił (nową metodą wiązania głównej siły nieprzyjaciela na środku frontu i otaczania jej przez szybkie skrzydła) dwie inne armie kartagińskie pod Ilipą (dziś Alcala del Rio w pobliżu Sewilli) w roku 206. Odtąd Hiszpania jest niewzruszenie rzymska.

Scipio Afrykańczyk

Nowa taktyka wojenna

Jako konsul w roku 205 Scipio wbrew opozycji senatorskiej spełnił swój zamiar najazdu na Afrykę. Z armią złożoną częściowo z ochotników przeprawił się na Sycylię. Odebrał też Hannibalowi Lokroj. W roku 204 jako prokonsul (były konsul) wylądował w Afryce może z trzydziestoma pięcioma tysiącami ludzi. Przystąpił do oblegania Utiki, afrykańskiego miasta na północny zachód od Kartaginy. Wygrał kilka bitew w tym regionie Afryki. Wówczas Kartagina nakazała Hannibalowi jesienią 203 roku wrócić z armią, aby bronił stolicy. Karnie opuścił Europę po szesnastu latach pobytu w krajach nieprzyjacielskich. Kartagina

Hannibal wraca do stolicy; Kartagina wznawia wojnę

już wcześniej zaczęła rokowania z Rzymem, szukając pokoju, ale powrót wielkiego wodza napełnił ją nową otuchą. W roku 202 wznowiła wojnę.

TRIUMF SCIPIONA „AFRYKAŃCZYKA"

Scipio, Massinissa, Sofonisba

Tu wniknął w dzieje element romansowy, ze Scipionem bowiem spotkał się w Afryce Masinissa (tak u pisarzy łacińskich, Polibiusz podaje formę *Massanasses*; około 240–148 przed Chr.), syn Gali, króla wschodnionumidyjskich Massylów. Wychował się on w Kartaginie i razem z jej ludźmi walczył w Hiszpanii przeciw Rzymianom od roku 212 do 206, kiedy przeciągnął go na swoją stronę ten Scipio, który teraz panuje na naszych kartach. Ze swojego kraju musiał Masinissa uciec, wygnany grozą walk dynastycznych po zgonie Gali. Po wielu przygodach zdołał się dobić do Rzymian Scipiona w Afryce w roku 204. Z ich pomocą rozprawiał się z przeciwnikami, wśród nich zaś ze swoim współzawodnikiem, królem sąsiedniego plemienia numidyjskiego, Syfaksem, miotającym się między Kartaginą i Rzymianami. Masinissa odebrał mu w roku 203 twierdzę Cirtę (dzisiejszą Constantine w Algierii), gdzie spotkał Sofonisbę (u Liwiusza i Appiana forma *Sophoniba*; oryginalne brzmienie: *Saphanba'al*), córkę kartagińskiego wodza Hasdrubala (nie tego, który był bratem Hannibala), żonę Syfaksa, patriotkę kartagińską.

Kiedy Masinissa i towarzyszący mu Gaius Laelius, *novus homo*, wydźwignięty ze stanu plebejskiego przez przyjaciela, Scipiona „Afrykańczyka", uczestniczący w wielu jego bojach, obalili w roku 203 Syfaksa, Sofonisba otruła się, a truciznę według tragicznej opowieści zapisanej przez Liwiusza (XXX 12–15) przysłał jej Masinissa, który się w niej zakochał i nie znalazł innego sposobu oszczędzenia jej niewoli w Rzymie. Numidyjski ten król był cennym sprzymierzeńcem Scipiona, który uroczy-

Od kogo Sofonisba dostała truciznę?

ście uznał jego monarszą godność. Sprawny i bardzo silny, mający wizję polityczną, marzący o przemienieniu swoich koczowników w oraczy, oparł rachuby na Rzymie i wiernie przy tym trwał. Właśnie w roku 202 była wielka pora próby. Zbliżała się bitwa pod Zamą.

Zwycięstwo Rzymian pod Zamą

Gdzie ona się rozegrała? W północnej Afryce było może kilka miast o tej nazwie, na przykład Zama Maior i Zama Regia. Uczeni dziś wskazują przeważnie na tę drugą. Znajdowała się ona w królestwie Numidów. Jako miejsce wielkiej bitwy wymienia ją historyk, którego dziś się nie docenia, Cornelius Nepos, autor łaciński z I wieku przed Chrystusem, w *Żywotach sławnych mężów* (*De viris illustribus: Hannibal*, 6, 3). Pisze, że Kartagińczyk usiłował przebiegle wejść ze Scipionem w układy (aby zyskać czas na wzmożenie swoich sił), a gdy Rzymianin je odrzucił, Hannibal „po paru dniach starł się z nim pod Zamą". Pobity, odbył długi marsz do Adrumetum (założone przez Fenicjan miasto na północnym wybrzeżu Afryki, na południowy wschód od Kartaginy). Napadli go w tej drodze Numidzi z jego wojska, którzy też uciekali, opowiada Nepos. Hannibal nie tylko wymknął się z ich zasadzki, ale ich samych pogruchotał. W Adrumetum zebrał niedobitki armii i w ciągu paru dni zrobił nowe zaciągi.

Mniema się, że Hannibal pod Zamą obozował przed wielką bitwą, a ku samej bitwie poszedł dalej na zachód. Była to najcięższa jego klęska w tej wojnie, a dla Rzymian przełom militarny, po raz pierwszy bowiem rzymska konnica walnie przyczyniła się do zwycięstwa. Miała obok siebie numidyjską konnicę Masinissy. Obie kawalerie naraz spędziły kartagińską jazdę z pola, a rzymska piechota zdołała wytrzymać napór kartagińskiej, aż tamci Numidzi i Rzymianie na koniach, którzy gonili nieprzyjaciół tylko tak długo, jak im kazano, wrócili i runęli na kartagińskie szyki od tyłu. Niezwyciężona armia Hannibala oto już przestała istnieć. Pomimo nowych zaciągów, o których mówi Nepos, nie da się jej odrodzić. Scipio za swoją wspaniałość w Afryce został w Rzymie nazwany Africanus. Hannibal schronił się w Kartaginie i doradzał zawarcie pokoju.

Konnica rzymska i numidyjska

Spełniło się to w roku 201. Polibiusz (XV 18) podaje elementy zawartej wówczas ugody, których ścisłą wersję rekonstruują

Zupełna klęska Hannibala

dzisiejsi historycy. Kartagina wyrzekała się swojej floty („z wyjątkiem dziesięciu trójrzędowców", czytamy u Polibiusza), oddawała też słonie oraz wszelkich jeńców i zbiegów z całego okresu wojny. Wyrzekała się też Hiszpanii. Zachowywała samorządność na własnym terenie, który ogarniał mniej więcej obszar dzisiejszego Tunisu. Nie wolno jej było toczyć wojny poza granicami Afryki, a w Afryce tylko za zezwoleniem Rzymian. Miała zapłacić zwycięzcom odszkodowanie w sumie dziesięciu tysięcy talentów, rozłożonych na roczne raty, w ciągu pięćdziesięciu lat. Wojsko rzymskie zaś odchodziło, na razie, z Afryki.

W Afryce został uczestnik zwycięstwa „pod Zamą", Masinissa. Jako wierny sprzymierzeniec Rzymu był teraz niepodzielnym rządcą całej Numidii. Kartagina nie mogła mu przeszkodzić, kiedy jej kosztem powiększał obszar swojego państwa. Skargi jej będą jeno ściągały z Rzymu komisje, mające pilnować ustalonych traktatem granic, lecz komisje zechcą przyznawać rację Masinissie albo zostawiać rzecz nierozstrzygniętą.

Idąc w przyszłość i wyprzedzając tu w naszej książce porę historyczną, powiedzmy od razu, co się będzie działo. Mówi się, że przez swoich agentów w Kartaginie Masinissa popchnie tamtejszy rząd w roku 150 do napaści na niego, co będzie złamaniem traktatu z Rzymem. Wojsko zaś kartagińskie król numidyjski pobije. Trudno się dziwić, że Rzymianie, gdy przyprowadzą własną armię, chłodno potraktują sojusznika, coraz bardziej lękając się jego ambicji. Umrze on w dwa lata po tym zdarzeniu, w roku 148 przed Chrystusem; o jego królestwo będą się spierać potomkowie. Trzeba przyznać, że był największym królem Numidii, a przy tym protektorem swojej macierzystej kultury punickiej. Tak nasycił nią państwo, jak hellenizmem inni królowie owej epoki nasycali swoje obszary. Przechował ją dla przyszłego Śródziemnomorza.

Rzymianie ostrożni wobec Massinissy

Mając na razie kłopoty w Afryce, rzymski senat, którego powaga niezwykle wzrosła z powodu nieugiętego pilnowania interesów państwa w ciężkich szesnastu latach kartagińskiego przetrząsania Italii, zwrócił oczy ku Italii północnej i ku Hiszpanii. Wprawdzie srożono się też przeciw greckim miastom, które nie wsparły wspólnej walki italskiej, zwłaszcza przeciw miastom Campagna Napoletana, i nawet postanowiono wysiedlić dużą część ludności owego regionu, ale zdaje się, że na szczęście tego nie zrobiono; cóż, jesteśmy już we Włoszech, jakie znamy i kochamy. Inaczej, niestety, stało się w północnej Italii, gdzie żyli Celtowie, którzy okazali się naprawdę groźni. Oszczędzano i zostawiano na miejscu tylko te plemiona celtyckie, które poddawały się Rzymowi. Około 180 roku przed Chrystusem można było uznać, że północną częścią Italii włada Roma. Także bowiem nieceltyckich Ligurów, na zachodzie owej Północy, pokonano.

Tolerancja wobec miast greckich

Srogość wobec północnej części Italii

A co z wielkim obszarem zachodnim? Przez Greków był nazywany Iberią (od rzeki Iberos, Ebro), a w epoce rzymsko-kartagińskiej otrzymał nowe miano: Hispania (pono od mnóstwa królików, w języku Kartagińczyków: *span*, jakie tu oni zastali); i jeszcze trzecie posiądzie miano: Hesperia, „Ziemia Zachodnia" – wobec Italii. Po odzyskaniu dominacji nad tym obszarem Rzymianie podzielili go na dwie *provinciae*: Hispania Citerior, Bliższa Hiszpania, czyli wschodnie wybrzeże, i Hispania Ulterior, Dalsza Hiszpania, od południowego wybrzeża w głąb interioru. W tej głębi plemiona niebawem zaczęły się buntować przeciw wszelkiej dominacji. Rzymianie musieli sprostać niemal niegasnącym wojnom przez dwadzieścia lat. Stacjonowały tu przeważ-

A wobec Hiszpanii?

nie cztery legie rzymskie, czyli około dwudziestu dwóch tysięcy ludzi, którym towarzyszyła w bojach przynajmniej taka sama liczba sprzymierzeńców, czyli prorzymskich mieszkańców Iberii.

Twarde walki z ludami iberyjskimi

W przyszłości, w latach pięćdziesiątych II wieku przed Chrystusem, najazdy ibero-celtyckich Luzitanów z zachodniej Hiszpanii na tereny już poddane rzymskiej cywilizacji spowodują nową eksplozję buntów różnych ludów iberyjskich. Walka z twardymi plemionami będzie twarda, niekiedy, chciałoby się rzec, jak na Rzymian zbyt bezwzględna. Roma pokona te bunty w latach 139–137, lecz plemiona jeszcze się nie wyrzekną ducha oporu. W roku 133 wódz rzymski Publius Cornelius Scipio Aemilianus wysłuży sobie przydomki Africanus Numantinus, gdy na czele wielkiej armii, liczącej sześćdziesiąt tysięcy ludzi, podbije Numancję, najwytrwalej opierające się Rzymianom miasto w Hiszpanii, warowną twierdzę nad górnym biegiem rzeki Durius (dziś: Duero). Oblężenie będzie trwać osiem miesięcy aż do kapitulacji Numancyjczyków. Będzie to kres zorganizowanego oporu zbrojnego Iberii wobec Rzymian, chociaż rzymskiej dominacji w owej Dalszej Hiszpanii nawet ekspedycja Pompejusza w latach 73–72 przed Chrystusem nie rozszerzy jeszcze na północ od Tagu.

SCIPIO „AFRYKAŃCZYK" I KATO CENZOR

Przychylność „Afrykańczyka" dla starych krajów greckich

Scipio „Afrykańczyk", który tu przed chwilą tak bardzo zaprzątał naszą uwagę, miał w swojej Romie ówczesnej wielkiego przeciwnika. Aby jego wspomnieć, trzeba najpierw pochylić się jeszcze nad życiem Scipiona, które zostawiliśmy po jego zwycięstwie „pod Zamą" (202 przed Chr.). Wrócił on w chwale do Rzymu. W roku 199 wybrany był na cenzora i stał się *princeps senatus*. Pragnąc najsilniejszego związku Rzymu z dziedzictwem helleńskim, podczas drugiego swojego konsulatu w roku 194 wzywał do obrony starych krajów greckich przed zakusami hellenistycznej Syrii Seleukidów. W roku 193 wyprawiono go w misji państwowej do północnej Afryki i może także do regionów Wschodu. Kiedy jego bratu, Luciusowi Corneliusowi Scipionowi Starszemu, konsulowi w roku 190, powierzono wyprawę zbrojną przeciw Antiochowi III Wielkiemu Seleukidzie, władcy hellenistycznej Syrii, „Afrykańczyk", który wówczas jeszcze nie mógł konstytucyjnie być wybrany ponownie na konsula, był pomocnikiem i legatem brata.

Gdy Scipionowie przeprawili się do Azji Mniejszej, Antiochos III w roku 190 zrobił wobec „Afrykańczyka" taki gest, że mu bez okupu oddał jego syna, Luciusa Corneliusa Scipiona Młodszego, którego podczas wojny wziął do niewoli w roku 192. Los zdarzył, że „Afrykańczyk" rozchorował się i nie mógł uczestniczyć w zwycięstwie brata, Luciusa, który wysłużył sobie przydomek Asiaticus, „Azjatycki". Lucius pod miastem Magnezją ad Sipylum (w Azji Mniejszej, w północno-zachodniej części Lidii, u stóp północnego stoku gór Sipylos, na południowym brzegu rzeki Hermos) rozgromił armię Antiochosa III w bitwie, która rozegrała się chyba w naszym styczniu 189 roku.

Lucius „Azjatycki"

Lucius wrócił do Rzymu dla odprawienia *triumphus* w roku 188; po dwóch latach, w roku 186, odbędą się igrzyska wotywne. Zaczęły się jednak również napaści na rodzinę Scipionów. Nieżyczliwi jej senatorowie oskarżali Scipionów o manipulowanie pieniędzmi otrzymanymi od Antiocha w kontrybucji. Być może oskarżano nawet samego „Afrykańczyka", ale tego nie wiemy na pewno. Jest tylko dosyć jasne, że przypisywanie jego rodzinie przestępstw odepchnęło wielkiego „Afrykańczyka" od życia publicznego. Rozchorował się i wyjechał do miejscowości Liternum, którą lubił, w Campagna Napoletana, gdzie wkrótce, w roku 183 przed Chrystusem, umarł.

Zgon „Afrykańczyka"

Dzisiejsi uczeni, nie bez wskazujących takie domysły tropów, widzą za tymi napaściami na Scipionów wpływ wspomnianego już tu przez nas przeciwnika. To jest także wielka osoba w owych rzymskich dziejach. Marcus Porcius Cato Censor (234–149 przed Chr.) żyje w naszej tradycji na różne sposoby, wśród nich jako postać z anegdoty i przypowieści. Urodził się w chłopskiej rodzinie latyńskiej w Tusculum. Jako trybun wojskowy brał udział

Antagonista Scipionów, Kato Cenzor

w drugiej wojnie punickiej i w roku 207 walczył w zwycięskiej rozprawie z Hasdrubalem nad rzeką Metaurus. Jako kwestor w 204 roku przebywał na Sycylii, a wracając stamtąd przez Sardynię, zabrał z owej wyspy poetę Eniusza, który tam służył w rzymskiej armii, i przywiózł go do Rzymu. Edyl plebejski w roku 199, był pretorem w roku 198 na Sardynii, gdzie gromił lichwiarzy. Jako konsulowi w roku 195 powierzono mu prowincję Hiszpanię; uporządkował tu administrację i położył fundamenty władzy rzymskiej; potem, jak w roku 171, będzie wspierał skargi miast iberyjskich na zdzierstwa rzymskich urzędników. Na polu bitwy chlubnie się odznaczył w zwycięstwie Rzymian nad Antiochem III pod Termopilami w roku 191.

Strażnik rzetelności finansowej

Zażarcie krytykował zbytek bogatych, a pieniądze państwowe, jakie się dostały w jego ręce, przeznaczał na budownictwo, a także na system ścieków w Rzymie. Pilnował tradycyjnego miejsca w państwie różnych grup społecznych, nikogo nie pomijając: ani *nobiles*, czyli arystokracji, ani ekwitów (*equites*, członkowie kawalerii), czyli nowej arystokracji o genezie wojskowej, ani większości ludu rzymskiego, ani Latynów i wszelkich prowincjuszy. Słynął upartym i ostrym sprawdzaniem rzetelności, zwłaszcza pieniężnej, wysokich urzędników.

Niechęć do uroków kultury greckiej

Z tą zaś gorliwością w ściganiu nadużyć władzy łączyło się coś, co się łączyć z nią nie musiało, ale co Katona znamionowało do głębi duszy. Była to niechęć do coraz silniej napierających na Rzym uroków kultury greckiej. W jego przekonaniu one osłabiały, a może nawet niszczyły dawny Rzym, który Kato kochał. Przeto miał wiele słów nagany dla miłośnika kultury helleńskiej, wspomnianego przez nas niedawno wodza rzymskiego, Marka Fulviusa Nobiliora. Najbardziej potępiał za tę miłość Scipiona „Afrykańczyka" i to jest najprawdopodobniej kluczową przyczyną gniewu Katona na całą ową wielką rodzinę. Swoje umiłowania i awersje wyrażał także w pisarstwie. Obfita twórczość obejmowała wiele zapisanych mów (Cicero będzie znał ich więcej niż sto pięćdziesiąt), encyklopedyczne zarysy różnych dziedzin wiedzy (rolnictwa, retoryki, medycyny), osobne traktaty medyczne, prawnicze i militarne, dzieło historyczne o *Początkach* (*Origines*) Rzymu oraz listy do syna i wiersze gnomiczne, dotyczące zasad postępowania. Przechowały się z niej – oprócz dzieła *O rolnictwie* (*De agricultura*), przetrwałego w całości – tylko fragmenty. Wszystko, co ocalało, przemawia stylem prostym i mocnym, czymś nowym w literaturze śródziemnomorskiej, my powiedzielibyśmy: do głębi rzymskim.

Pisarstwo Katona

Oto zawarty w *Historia naturalis* (XXIX 7) Pliniusza Starszego wypis z listu Katona Cenzora do syna Marka: „Synu mój, Marku, powiem ci, gdy będzie stosowna pora, czego się o Grekach dowiedziałem w Atenach. Przekonam cię, że warto zaglądać do ich książek, ale nie należy ich zgłębiać. Bardzo niegodziwy to i niegodny zaufania naród. Uwierz moim słowom: jeśli nas ten lud obdarzy swoim naukami, wszystkich zepsuje". Zresztą nie tylko Grekom tak bardzo nie ufał. W późnym okresie życia, kiedy odwiedził jako przedstawiciel Rzymu w roku 153 przed Chrystusem Kartaginę, oburzyło go, jak słyszymy, dźwiganie się tej wrogiej potęgi po klęskach. Zdaje się, że nie był to lęk przed konkurencją gospodarczą, lecz raczej zdumienie wobec tego, co uważał za niesprawiedliwość historii, oraz może wstręt do czegoś, co traktował jako niemoralność owej cywilizacji w porównaniu z rodzimymi normami rzymskimi. To jest Kato, którego zapamiętano jako głoszącego konieczność zagłady afrykańskiego miasta – *Carthago delenda*. Umarł w wieku osiemdziesięciu pięciu lat. Zostali po nim dwaj synowie: z pierwszego małżeństwa Cato Licinianus, z drugiego Cato Solonianus, którego wnuk (95–46 przed Chr.) to będzie słynny „Kato z Utyki", Cato Uticensis.

ZMARTWIENIE FILHELLENÓW PRZED PROGIEM PYDNY

Dla spierających się z Katonem filhellenów stare kraje greckie były zarówno wielką pokusą, jak i ciężkim zmartwieniem. Nie chcieli pozbawiać ich niepodległości, choćby pozornej, a z drugiej strony obawiali się, że powstanie w owej strefie silnego ośrodka władzy zagroziłoby głównemu rzymskiemu zadaniu, budowaniu wielkiego państwa. Filhellen Nobilior powściągnął w roku 189 przed Chrystusem Związek Etolski. Wcześniej szamotano się z królem Macedonii, Filipem V (lata panowania: 221–179 przed Chr.). Kiedy interesował się Dardanelami, dwa sprzymierzone z Rzymem państwa, Pergamon (w Azji Mniejszej) i wyspa Rodos, prosiły Rzym, by okiełznał ambicje Macedończyka. Po dwóch kampaniach, jednej w Macedonii (w roku 199) i jednej w Tesalii (w roku 198), rzymska armia, którą dowodził Titus Quinctius Flamininus, konsul roku 198, wówczas niemający jeszcze trzydziestu lat, w roku 197 rozbiła wojska Filipa V pod Kynoskefalami (*Kynoskephalai*, „Psie Głowy") w Tesalii.

Klęska Macedonii pod Kynoskefalami; Filip V poddaje się Romie

Musiał zawrzeć pokój z Romą. Warunki były takie, że miał odtąd w swoim działaniu ograniczyć się do Macedonii, zapłacić tysiąc talentów kontrybucji, oddać niemal całą flotę i powierzyć Rzymianom zakładników, wśród nich swojego młodszego syna, Demetriosa. Obszary greckie poza samą Macedonią, podlegające dotąd Filipowi, i miasta przezeń obsadzone mieli posiąść

Rzymianie przed igrzyskami istmijskimi; były to *Isthmia*, ogólnohelleńskie igrzyska ku czci Posejdona, odbywające się co cztery lata na Przesmyku Korynckim ósmego dnia ateńskiego miesiąca Munychion. Czytamy u Polibiusza (XVIII 46), że na nadchodzące w roku 196 igrzyska tłoczyli się nad Przesmyk słynni ludzie ze wszystkich stron, czekając na wynik nowych układów między Romą i państwami starej Grecji.

Podczas igrzysk istmijskich Rzym deklaruje niezależność państewek greckich

Przeważała opinia, że żadnych ważnych strategicznie miejsc Rzymianie nie opuszczą. Kiedy się tłum zgromadził na stadionie, wystąpił herold i trąbą nakazawszy ludziom milczenie, obwieścił, co następuje: Oto senat rzymski i prokonsul (czyli były konsul) Titus Quinctius Flamininus, pokonawszy króla Filipa i Macedończyków, za wolnych i nieprzyjmujących żadnych załóg ani niepłacących danin, i rządzących się według praw ojczystych, uznają Koryntyjczyków, Fokejczyków, Lokryjczyków, Eubejczyków, Achajów z Ftyi, Magnetów, Tesalów i Perrebów. Szał radości. Klaskali, ale nie wiedzieli, czy ich nie zmyliły uszy. Przywoływali herolda, żeby jeszcze raz wyszedł na środek areny i wszystko powtórzył. Potem wcale nie patrzyli na walki atletów, tylko rozprawiali o tym, co usłyszeli. Omal nie udusili Titusa, tak zarzucali go wieńcami i wstęgami, że niewiele brakowało, by ducha wyzionął.

Aż do roku 188 przed Chrystusem Filip V współpracował z Rzymianami. Wspierał ich boje z monarchą seleukidzkiej Syrii, Antiochem III Wielkim, i z Etolią. Gdy lojalnie ułatwił Scipionom marsz przez Macedonię i Trację, odpuszczono mu kontrybucję i oddano syna, Demetriosa, w roku 190. W całej tej gęstwinie militarno-politycznej, w jaką Roma się uwikłała na helleńskim Wschodzie, szczególne znaczenie miały spotkania z dużym jeszcze, choć rozpadającym się państwem Seleukidów. Znowu uciekając się do Polibiusza (XXI 45), powtórzmy elementy pokoju, jaki Rzymianie po zwycięskiej wojnie zawarli z Antiochem w roku 188. Nie wolno było Antiochowi i jego poddanym przepuszczać przez swój obszar ani w jakikolwiek sposób wspomagać wojsk wyprawiających się na Rzymian albo na ich sprzymierzeńców. Miał ustąpić z miast i całej ziemi Azji Mniejszej z tej strony gór Tauros (wysokiego pasma w południo-

Rzymianie po zwycięskiej wojnie zawierają pokój z państwem Seleukidów

wo-wschodniej części Azji Mniejszej). Miał wydać wszystkich jeńców. Miał się wyrzec słoni i nie nabywać nowych, jak też okrętów z uzbrojeniem oprócz dziesięciu. Dochodziło do tego jeszcze żądanie kontrybucji i zakładników.

Dzisiejsi historycy starają się uwydatnić to, że Antiochos III, władca zresztą wybitny w swoim pojmowaniu misji cywilizacyjnej i zasługujący na miano „Wielkiego", źle wyszedł na oglądaniu się na Macedonię Filipa V i niedocenianiu rosnącej roli państwa rzymskiego. W Macedonii nie było wówczas trwałości i spokoju, choć Filip bardzo o te elementy siły zabiegał. Przedstawiciele sąsiednich państw oczerniali go w Rzymie, skutkiem czego dyplomacja owej zachodniej potęgi tak często go nagabywała, że Filip zaczął wątpić w swoje bezpieczeństwo. Postanowił sam się o swoją dziedzinę troszczyć. W trzech kampaniach, w roku 184, 183 i 181, rozszerzył swoje wpływy na Bałkanach. Tymczasem syn Demetrios, wychowany u Rzymian, chciał utrzymać przyjaźń z tamtymi, których, jak widać, dobrze wspominał. Gwałtowny spór z następcą tronu, starszym synem Filipa, Perseuszem, skończył się oskarżeniem Demetriosa o zdradę i jego egzekucją w roku 180. Rychło, w roku 179, znękany Filip V, nadal zajmujący się sprawami państwa, umarł w macedońskiej Amfipolis nad Strymonem.

Perseusz, silny król Macedonii

Następny król Macedonii, Perseusz (lata panowania: 179–168), to był mocny władca, idący prosto przed siebie. Za jego plecami szeptano, że urodziła go Filipowi niewolnica, co może było prawdą. Jak ocenić tragedię na macedońskim dworze i śmierć Demetriosa? Nie wiemy. Kto chce ustrzec się rozpaczy, powinien unikać studiowania historii. W wielkiej polityce Perseusz odnowił przymierze z Rzymem i próbował scalić społeczeństwo macedońskie przez ogłoszenie amnestii politycznej. Jak mógł, starał się przyciągać do Macedonii sąsiednie krainy, Trację, Ilirię. Poślubił córkę Seleukosa II. Usiłował patronować Tesalii i Etolii. Z armią pielgrzymował do Delf. To wszystko się wydało nazbyt śmiałe królowi Pergamonu, Eumenesowi II, sojusznikowi Rzymu. Eumenesowe ostrzeżenie w roku 172 skłoniło senatorów do rozpoczęcia kolejnej „wojny macedońskiej", mającej wypełnić lata 171–168. Zrazu Perseusz skutecznie się bronił. Ale pobi-

Rzym rozpoczyna kolejną „wojnę macedońską"

cie przez Rzymian iliryjskiego króla Gentiusa, sprzymierzeńca Macedonii, odsłaniając zachodnią granicę owego państwa, kazało Perseuszowi poważyć się na stawienie czoła rzymskiej armii Luciusa Aemiliusa Paullusa pod Pydną (mieście w Pierii, kraju na południowo-wschodnim wybrzeżu Macedonii). Liczył jeszcze na falangę swoich hoplitów. Nadszedł rok 168 przed Chrystusem.

OD PYDNY DO KRESU DAWNEJ GRECJI

Wielka, rozstrzygająca bitwa pod Pydną

Była to jedna z kluczowych bitew w dziejach, jakie tu przedstawiamy, coś kończąca nieodwołalnie. Poświęci jej dużo uwagi także ten epik wśród historyków łacińskich, Liwiusz, w swoim dziele, w jego księdze XLIV, która jednak przechowała się tylko fragmentarycznie, potrzaskana; ale i tak rzymski czarodziej przenosi nas na chwilę w owe strony. Oto przed nami wódz Lucius Aemilius Paullus, który będzie nazwany „Macedońskim", Macedonicus. Był on pretorem w roku 191 w Dalszej Hiszpanii, gdzie po długich trudach podbił Luzitanów (potem, w roku 171, będzie nadzorował śledcze badanie zdzierstw władzy rzymskiej w owym wielkim kraju), konsulem w roku 182 i w roku 168. Rozstrzygnął ostatnią „wojnę macedońską", właśnie pod Pydną.

Oto widzi on nadchodzących w falandze żołnierzy macedońskich, jak zdjąwszy z barków tarcze i pochyliwszy kopie, przyjmują rzymski atak. Podziwiał ustawione głęboko szeregi, które wyglądały jak najeżony kopiami wał. Przeraziło go to, ale spokojnie sprawiał swoje szyki. Jego Pelignowie (*Peligni*), piechota z plemienia żyjącego w środkowej Italii, szarpali wysuwające się naprzód macedońskie oddziały lżej uzbrojonych. Ale cóż mogli poradzić przeciw falandze? Usiłowali mieczami i tarczami albo nawet gołymi rękami roztrącać macedońskie kopie, lecz tamci przebijali tarcze ich i pancerze. Ludzi nadzianych na kopie wyrzucali nad głowę. Rozpadły się pierwsze szeregi Pelignów; dalsze wprawdzie jeszcze nie uciekały, ale cofały się ku wzgórzom. Wielki ból wstrząsnął Aemiliusem.

Lucius Aemilius Paullus obserwuje macedońską falangę

Rzymski wódz widział, że jego żołnierze lękają się najeżonego kopiami muru falangi. Lecz zauważył też, że w masie falangi tworzą się niekiedy przerwy, czy to z powodu nierówności terenu, czy z przyczyny nadmiernej długości frontu. Postanowił rozbić jeden ogromny bój na wiele mniejszych starć. Każe swoim oddziałom wciskać się klinami wszędzie tam, gdzie zobaczą luki w szyku nieprzyjacielskim. Nie poprzestał na samym rozkazie. Sam poprowadził jedną legię do walki. Wchodząc w głębię falangi, legie pogrążyły ją w zamęcie. Jeżeli bowiem falanga jest zwarta, równo najeżona kopiami, ma niezmożoną siłę. Ale gdy dorywczymi atakami zmusi się kopijników do manewrowania długą, ciężką kopią, żołnierze ci zaczynają wikłać się w zamieszaniu. Zwłaszcza natarcie na nich z boku albo z tyłu jest jak piorun. Falanga traci wtedy swoją moc, rozpada się. Wódz rzymski pojął, jak można rozbić falangę, i swoje odkrycie wykorzystał od razu, tu pod Pydną. To chyba prawda, że Rzymian często cechował geniusz militarny.

Rzymski wódz rozbija przemożną falangę

Hoplici macedońscy padali jak żęte zboże. „A podczas gdy dokonywała się rzeź pieszych oprócz tych, którzy porzucili oręż i uciekli – powiada Liwiusz (XLIV 42,1) – konnica prawie nietknięta opuściła pole boju, pierwszy zaś uszedł sam król". – Poległo w tej bitwie, według rachuby łacińskiego historyka, może dwadzieścia tysięcy żołnierzy macedońskich; około sześciu tysięcy schroniło się w Pydnie i wzięto ich do niewoli; oprócz nich pojmano jakieś pięć tysięcy błąkających się po okolicy. Podane zaś przez Liwiusza straty zwycięzców (nie więcej niż stu ludzi, i to przeważnie Pelignów; rannych trochę więcej) są tak małe, że chyba nie zasługują na cytowanie i wiarę.

W *Żywocie*, jaki Plutarch poświęcił Aemiliusowi Paullusowi, korygowanym przez dzisiejszych komentatorów i historyków w tym, co dotyczy wydarzeń, jest jednak (24, 4–6) poruszający wyobraźnię opis rzeszy w Rzymie. Ludzie przyglądali się zawodom jeździeckim, gdy nagle od wrót do stadionu gruchnęła wieść, że Aemilius pokonał Perseusza w wielkiej bitwie i zawładnął całą Macedonią. Był czwarty dzień po zwycięstwie pod

Pydną. Ludzie krzyczeli i klaskali, najpierw na stadionie, a potem chodząc po mieście. Nie wiadomo, kto przyniósł ową wieść. Rozwiała się ona. Pomyślano, że to wszystko było tylko snem. Ale w parę dni później przyszły do stolicy dokładne informacje o Pydnie i rzesza rzymska rozpoznała, że nikt jej nie odurzył złudą. Jeszcze nie znano doli Perseusza. Ze swoją jazdą uciekł on do macedońskiej stolicy, Pelli, lecz tu nie został. Rzymianie dopadną go dopiero na Samotrace, wyspie położonej na Morzu Egejskim naprzeciw brzegów Tracji.

Entuzjazm w Rzymie

Zupełne zwycięstwo Aemiliusa Paullusa nad Macedonią było tragicznie zaćmione tym, że polegli dwaj jego młodsi synowie (starsi jego synowie to Quintus Fabius i adoptowany przez Publiusa Scipiona, syna „Afrykańczyka", Publius Cornelius Scipio Aemilianus, później nazwany Africanus Numantinus). W układaniu spraw w Grecji po zwycięstwie wódz wypełniał polecenia senatu, do których należało także podbicie jeszcze w tym samym 168 roku Epiru, krainy niegdyś króla Pyrrosa, który dbał o nią i nasycał ją hellenizmem. Dla siebie samego wódz ze wszystkich greckich łupów zachowa tylko księgozbiór Perseusza, który trzeba w wyobraźni zobaczyć jako porządnie ułożone papirusowe zwoje w puszkach, pełne poezji i mądrości, drogich wodzowi. Sam Perseusz, który w dwa lata później umrze w zbudowanej na wysokiej skale twierdzy Alba Fucens w Apeninach, jako dostojny jeniec ozdobi *triumphus*, odprawiony przez Aemiliusa Paullusa w Rzymie.

Tragiczny smutek Paullusa

Zwycięski wódz, który będzie cenzorem w 164 i dożyje roku 160, miał syna, przed chwilą tu wspomnianego, Scipiona Aemilianusa (mającego świetnie się odznaczyć na polach bitew w ostatecznym zmaganiu z Kartaginą), który kochał tradycję helleńską może jeszcze goręcej niż jego ojciec. Syn stanie się w przyszłości duszą tego, co potomni nazwą „Scipionowym kołem", a co dałoby się określić jako rzymski klub miłośników tradycji helleńskiej. Będą do niego należeli pełni energii politycy i wodzowie, jak znany nam dzięki Cyceronowi Gaius Laelius, patronowie łacińskich pisarzy, Terencjusza i Lucyliusza, słuchacze greckiego stoika, Panajtiosa; zazwyczaj uważa się, że główni ludzie owego grona są rozmówcami w Cyceronowym eseju *O rzeczypospolitej* (*De republica*). Ale o tym, co będzie się nie-

Rzymski klub filhellenów

bawem działo w starych krajach greckich, zwycięski wódz spod Pydny jeszcze nie mógł dokładnie wiedzieć.

Przeciw buntom greckim „wojna achajska"

A oto bunt, jaki wybuchnął w poddanej Romie Macedonii w roku 150, sprowadził rzymską interwencję wojskową dużej miary. W latach 148–146 przemieniono królestwo Filipa II i Aleksandra Wielkiego w zwykłą prowincję rzymską. W tym samym czasie naraził się Rzymowi Związek Achajski, jeszcze istniejący. Toczył on spory ze Spartą, której Rzymianie obiecywali, że nie utraci niepodległości. Broniąc Sparty, Rzym starał się też o to, żeby inne miasta, zwłaszcza Korynt i Argos, wyrwać ze Związku. Wtedy Związek postanowił bronić swojego bytu. Zaczęła się „wojna achajska". Ekspedycją rzymską dowodził Quintus Caecilius Metellus, a po nim przejął to zadanie Lucius Mummius, później nazwany Achaicus, konsul w roku 146. Rozgromił w owym roku siły Związku. Z polecenia senatu rzymskiego zdobył i zniszczył ostoję Związku, Korynt, do którego życie wróci dopiero po stu latach; z tego samego polecenia rozwiązał achajskie stowarzyszenie państw, zamiast którego powstanie zmniejszona wersja owego Związku, aby odtąd egzystować pod zwierzchnictwem rzymskim. Można się zastanowić, z jakimi uczuciami Lucius Mummius, mający koneksje ze „Scipionowym kołem", wysyłał na statkach skarby Koryntu do Italii. Kres Grecji.

Złupienie Koryntu; kres Grecji

Ale ona przetrwała jakby pośmiertnie, jakby w innym, lepszym istnieniu. Obmyta z przypadków historycznych. Aż do bólu piękna. W Rzymie lepiej jest żyć niż w Grecji, ale Grecja, jej piękno, wyzwala nas, bo zadaje nam ranę, która nie pozwala zadomowić się w świecie.

TRZECIA WOJNA PUNICKA

W zwykłym świecie ciągle się kłębiło. Jeden rok, 146, iluż był świadkiem ruin. Nie tylko na drogach Macedonii i w Koryncie. Także w Kartaginie, która zrazu dobrze przetrwała klęskę

roku 202, bitwę „pod Zamą", dzięki temu, że Hannibal, uciekłszy do stolicy i zawarłszy trudny do przełknięcia pokój z Rzymianami, nie upadł na duchu, lecz wziął się do reformowania swojego ojczystego państwa. Zmianami w konstytucji osłabił siłę oligarchów. Przekształcił przepisy finansowe. Wymościł lepsze drogi dla handlu i rolnictwa. Wtedy jego polityczni przeciwnicy kartagińscy zaczęli szeptać Rzymowi, że Hannibal zadaje się z Antiochem III Seleukidą. Kiedy w tej sprawie przyjechała do Kartaginy rzymska komisja, Hannibal umknął z miasta. Ostatecznie dotarł do Antiocha, którego wrogość wobec Rzymu, jak mówią nam świadectwa, podniecał. Prosił Antiocha o pomoc wojskową, gotów był poderwać Kartagińczyków do boju i najechać Italię. Niewiele jednak się mu udało na arenie militarnej. W niedużej utarczce morskiej w pobliżu miasta Side u pamfylijskiego wybrzeża Azji Mniejszej w roku 190 został pobity przez flotę rodyjską. Po klęsce zaś Antiocha III w tym samym roku pod Magnezją Hannibal uciekł na Kretę, a stamtąd do Bitynii w Azji Mniejszej, trackiego kraju między Propontydą i Morzem Czarnym, gdzie zachęcał króla Prusjasa I

Rzym mniema, że Hannibal zadaje się z Antiochem III Seleukidą

Po nieudanych walkach kres Hannibala

do zbrojnego opierania się zakusom króla Pergamonu, Eumenesa II, sprzymierzeńca Rzymian; wojna jednak zakończyła się klęską Prusjasa w roku 184. Niedługo potem, w roku 183 albo 182, Hannibal, nie chcąc być wydany w ręce Rzymian, odebrał sobie życie.

Ówczesną Kartaginę ciągle na nowo prowokował Masinissa, a Kato Cenzor, powodowany, jak można sądzić, zarówno gniewem, jak i lękiem, powtarzał, jak już wspomnieliśmy, że ona *delenda est*; trzeba zniszczyć to kwitnące i groźne państwo. Jeden z przedstawicieli wielkiej rodziny Scipionów, Publius Cornelius Scipio Nasica („Długonosy", przydomek jednej z gałęzi Scipionów) Corculum („Serduszko"), konsul z roku 155, sprzeciwiał się żądaniu Katona i domagał się łagodniejszej polityki Rzymu w Afryce. Miał w tej dziedzinie niejakie osiągnięcia: w roku 152 zmusił Masinissę do wycofania się z obszaru kartagińskiego.

Kartagina, miasto rozległe, lecz militarnie słabe

Carthago była wtedy w osobliwej sytuacji. Utracenie rozległych posiadłości w Afryce, na Sycylii i na innych wyspach Morza Śródziemnego właściwie nie podcinało jej najistotniejszej pomyślności, która polegała na handlu i wielkich drogach handlowych. Sięgały one aż do Czerwonego i do Czarnego morza. Wykopaliska każą uczonym przypuszczać, że w owym II wieku przed Chrystusem miasto raczej się rozrosło. Ilu w nim mogło mieszkać ludzi? Dwieście tysięcy? Trzysta tysięcy? Ale po narzuconym przez zwycięski Rzym w 201 roku rozbrojeniu Carthago była militarnie słaba. Ludzie też odwykli od wojowania. Kiedy na prowokacje Masinissy kupieckie miasto w końcu odpowiedziało zbrojnie w roku 150, wojsko numidyjskiego króla unicestwiło armię Kartaginy. Dla Rzymian zaś starcie to było uzasadnieniem wypowiedzenia Kartaginie wojny, albowiem złamała ona zapisaną w traktacie zasadę niepodejmowania wojennych działań bez zgody Rzymu.

Nie trzeba było długo czekać na Rzymian. Co się działo, najbardziej dramatycznie opisuje Appian (grecki historyk z Aleksandrii w II wieku po Chrystusie, czerpiący wieści z wczesnych źródeł) w tej części swojej geograficznie ułożonej panoramy dziejów rzymskich, która dotyczy strefy punickiej (kres Kartaginy w rozdz. 76–135). Pokazuje nam, jak ten sam poseł, który przywiózł Kartagińczykom wieść o uchwaleniu przez senat rzymski wojny, oznajmił, że już wypłynęła przeciw nim flota. Przerażenie w mieście. Ślą do Rzymu emisariuszy z błaganiem o pokój na każdych warunkach. Senat rzymski odpowiada, że obaj konsulowie znajdują się jeszcze na Sycylii i właśnie do nich Kartagińczycy mają w ciągu miesiąca wyprawić trzydziestu zakładników, synów najświetniejszych rodzin. Dzięki temu Kartagina zachowa niezależność.

Płynąca ku nim flota rzymska przeraża Kartagińczyków

Nie wierząc w szczerość rzymskiego senatu, Kartagińczycy jednak wyrwali chłopców z objęć krewnych, zwłaszcza płaczących matek, i wepchnęli tych zakładników na statki, które miały ich odwieźć. Matki chwytały się kotwic, przecinały liny, szamotały się z żeglarzami, na próżno. Statki odpłynęły. Na Sycylii konsulowie przyjęli zakładników i odesłali ich do Rzymu, a Kartagińczycy mieli resztę usłyszeć w Utyce, starej kolonii fenickiej w Afryce na północny zachód od Kartaginy. Dwaj ci konsulowie 149 roku przed Chrystusem to Marcus Manilius i Lucius Marcius Censorinus. Niebawem popłynęli do Afryki. Zaczęła się trzecia wojna punicka, mająca trwać kilka lat (149–146). Piechota rzymska, którą dowodził Manilius, rozłożyła się w miejscu, gdzie niegdyś obozowano po zwycięstwie „pod Zamą", okręty zaś, będące pod rozkazami Censorinusa, stanęły w porcie Utyki, która opowiedziała się po stronie Rzymian.

Kartagińczycy po wydaniu zakładników mają też wyzbyć się oręża

Kiedy kartagińscy emisariusze przybyli do Utyki, usłyszeli od Censorinusa, że po wydaniu zakładników powinni teraz wydać wszystkie pociski i katapulty, będące własnością państwa, jak i poszczególnych ludzi. Emisariusze i na to się zgodzili. Razem więc z nimi podążyli do Kartaginy dwaj rzymscy oficerowie. Ci (jeśli wierzyć Appianowi) odebrali dwieście tysięcy pełnych rynsztunków wojennych, wiele pocisków i oszczepów oraz niemal dwa tysiące katapult. Z tym wszystkim i z wieloma dostojnikami kartagińskimi przybyli znowu do Utyki. Appian, wskrzeszając urzeczenie któregoś z przywoływanych przez niego dawniejszych historyków, powiada, że wspaniale to wyglądało, ten pochód wozów prowadzonych przez samych Kartagińczyków; za wozami kroczyli posłowie oraz najwybitniejsi z senatorów kartagińskich (Appian zrównuje wielką radę kartagińską z rzymskim pojęciem senatu) i najświetniejsi obywatele, wśród nich kapłani. Kiedy stanęli przed oboma konsulami, ufali, że dostąpią szacunku.

A także mają opuścić swoje miasto

Lecz Censorinus, powstawszy, pochwalił ich posłuszeństwo, a potem rzekł: „Wypełnijcie mężnie i następny rozkaz rzymskiego senatu. Oddajcie nam Kartaginę, a sami osiedlijcie się w dowolnym miejscu swego kraju, byle tylko w odległości osiemdziesięciu stadiów od morza. Albowiem wasze miasto postanowiliśmy zburzyć". Wtedy oni, krzycząc, podnieśli ręce ku niebu i przyzywali bogów na świadków, jak ich oszukano. Miotali obelgi na Rzymian, nie wiadomo po co. Czy zwariowali? Czy szukali śmierci? Czy chcieli popchnąć Rzymian do znieważenia posłów? Rzucili się na ziemię, bili w nią rękami i głowami. Niektórzy nawet rozdzierali szaty, ranili swoje ciała. I zapadła cisza. Leżeli jak zabici. A konsulowie na to ani słowa. Kartagińczycy więc wrócili do miasta.

Tu wypatrywano ich z murów, w niepokoju, a potem w coraz większym przygnębieniu. Wielu ludzi wyszło za mury, nie mogąc się doczekać posłów. Wreszcie nadeszli. I milczeli. Domyślano się najgorszego. Ludzie zaczęli krzyczeć w rozpaczy. Zawtórowali ci, którzy stali na murach. U bram uduszono by albo rozszarpano posłów, gdyby nie powiedzieli przynajmniej tyle, że trzeba najpierw zdać sprawę senatowi kartagińskiemu. Weszli do domu wielkiej rady i obwieścili żądanie rzymskich konsulów.

BÓJ I ZAGŁADA KARTAGINY

Krzyk zerwał się teraz w domu rady i ludzie zebrani na zewnątrz pojęli, co posłowie przynieśli. Jak szaleni wtargnęli do sali. Szarpali radców, którzy przedtem doradzili danie zakładników i wydanie broni. Inni rzucali kamieniami w posłów jako zwiastunów nieszczęścia. Zresztą działo się to nie tylko w domu rady, lecz całe miasto trzęsło się we wściekłości i lęku. Jeszcze w tym samym dniu rada kartagińska uchwaliła wojnę i ofiarowała wolność niewolnikom, którzy przez ten akt staną się żołnierzami Kartaginy. Dowódcą w polu mianowano Hasdrubala, tego spośród wodzów noszących popularne imię, który w 150 roku dowodził wojskiem kartagińskim w wojnie z Masinissą i został pobity. Skazano go w Kartaginie na śmierć. Czy za to, że wbrew traktatowi z Rzymem walczył z Masinissą? Uciekł wtedy przed egzekucją i oto teraz stał się wodzem przeciw Rzymianom.

Rzesza kartagińska buntuje się przeciw rządzącym

Miał już dwadzieścia tysięcy ludzi pod swoimi rozkazami. Postanowiono jednak o wiele lepiej uzbroić miasto. Wszędzie, nawet w świętych gajach, pod opieką bogów, wrzała praca, w której kobiety nie dawały się wyprzedzić mężczyznom. Dziennie, jak powiada Appian, wytwarzano sto tarcz, trzysta mieczów, tysiąc pocisków do katapult, pięćset dzid i oszczepów i tyle katapult, ile zdołali zrobić.

Ludowe powstanie

Źródła historyczne podają, że Hasdrubal najpierw, w roku 149, walczył z Rzymianami w okolicach Kartaginy. Dwa razy odepchnął ich od Nepheris, fortecy zbudowanej na nadmorskiej skale. Poważna wojna zaczęła się, gdy pod mury Kartaginy przybył z rzymską armią znany nam już Publius Cornelius Scipio Aemilianus, przez adopcję wnuk Scipiona „Afrykańczyka". Kupieckie miasto heroicznie wytrzymało trzy lata oblężenia, 148–146 przed Chrystusem. Hasdrubal, o którym Polibiusz (XXXVIII 1–2) pisze dosyć krytycznie, Appian zaś cieplej i chyba sprawiedliwiej, kierował długim oporem. Wreszcie nadszedł ostatni rok, 146. Znowu spójrzmy na tę wojnę oczyma Appiana.

Obleganie miasta przez Scipiona, wnuka „Afrykańczyka" przez adopcję

Z początkiem wiosny Scipio przypuścił szturm do zamku Kartaginy, zwanego Byrsa. Z rynku prowadziły do Byrsy trzy drogi, zabudowane po obu stronach sześciopiętrowymi domami. Rzymianie już zajęli pierwsze domy i atakowali tych, którzy stanęli na szczytach dalszych budynków. Kiedy je opanowali, przerzucali nad wąskimi uliczkami belki i deski, po których przechodzili jak po mostach. Pod bitwą na dachach toczyła się druga na dole w wąskich uliczkach. Do ginących zaś w ulicznych starciach dorzucano tych, których strącano z dachów na ziemię. Niektórzy spadali wprost na wyciągnięte w górę włócznie albo miecze. Nigdzie jednak nie podkładano ognia, bo Rzymianie oszczędzali swoich ludzi walczących na dachach. Scipio dopiero wtedy, gdy doszedł do Byrsy, kazał podpalić trzy jednocześnie ulice, aby potem przez popiół szły coraz to nowe oddziały.

Zagłada obrońców w pożodze i ruinie miasta

Gdy waliły się domy, wraz z kamieniami spadały na ulice stosy trupów, a także wielu jeszcze żywych ludzi, zwłaszcza starców, dzieci i kobiet, którzy ukryli się w zakątkach domów. Niektórych zabijały rychło lecące razem z nimi głazy. Żołnierze wrzucali do jam i trupy, i żyjących jeszcze. Wśród takiej strasznej rzezi upłynęło sześć dni i sześć nocy, a oddziały rzymskie zmieniały się, żeby żołnierze nie omdleli od bezsenności, znużenia i grozy. Tylko sam Scipio nie słabnął. Usiadł dostojnie na wyżynie i doglądał przeraźliwych trudów. Tak o tym pisze Appian, dodając, że siódmego dnia docisnęło się do niego kilku Kartagińczyków z wieńcami na głowach ze świątyni Eskulapa (greckiego Asklepiosa); wiemy, że w Kartaginie, jak i w Sydonie, z tym grecko-rzymskim opiekunem sztuki lekarskiej utożsamiano wielkiego Eszmuna, który, jak się zdaje, miał świątynię na szczycie Byrsy. Trzymając w rękach gałązki oliwne, prosili, by tym, którzy chcą wyjść z Byrsy, poręczył bezpieczeństwo.

Scipio zgodził się na ich bezpieczeństwo z wyjątkiem zbiegów rzymskich. Wyprowadzono więc pięćdziesiąt tysięcy ludzi, mężczyzn i kobiet, przez wąską bramę w murze, którą im otwarto, i oddano ich pod straż. Zbiegowie rzymscy, których było nie więcej niż dziewięciuset, schronili się razem z Hasdrubalem, jego żoną i dwoma synami przy świątyni Eszmuna. Wchodziło się do niej po sześćdziesięciu stopniach, ludzie ci więc, mimo nieznacznej liczby, odpierali natarcia. Dopiero kiedy udręczył ich głód, bezsenność, trud i lęk, opuścili dziedziniec i cofnęli się do samej świątyni, a niektórzy weszli na jej dach.

Jeśli nie odrzucimy opowieści Appiana, być może wywodzącej się z opinii niechętnych Hasdrubalowi, przyjmiemy, że po-

Opowieść o zdradzie wodza powstania, wzmagająca grozę

tajemnie uciekł on wtedy ze świątyni i przyszedł do Scipiona, trzymając w ręce gałązkę oliwną. Scipio kazał mu usiąść u swoich stóp i pokazał go zbiegom. Kiedy ci go zobaczyli, poprosili zwycięzcę o chwilę ciszy, a gdy ona zapadła, obrzucili Hasdrubala najgorszymi wyzwiskami. I podpalili świątynię, sami się w niej spalając. Tu znowu epizod z Appiana. Gdy już ogień coraz bardziej się roztaczał, żona Hasdrubala, przystrojona tak, jak mogła, wyszła z dziećmi naprzeciw Scipiona i zawołała tak głośno, że wódz rzymski mógł to usłyszeć: „Nie przeciw tobie, Rzymianinie, wzywam pomsty bogów, bo wojujesz przecież z nieprzyjaciółmi. Lecz Hasdrubala, który ojczyznę i jej świątynie, mnie i dzieci własne zdradził, niechże skażą oni i ty razem z nimi". A potem takie słowa do Hasdrubala: „Podły, wiarołomny tchórzu, mnie i dzieci ogień tu pochłonie, a ty, wódz wielkiej Kartaginy, jakiż triumf ozdobisz, jakiej kary masz czekać od męża, do którego stóp się garniesz?". Powiedziała tak czy nie powiedziała, wierząc zapisom, możemy przyjąć, że ona z bliskimi wolała tak zginąć: zabiła dzieci, wrzuciła je w ogień i sama w niego skoczyła. Hasdrubal zaś jako jeniec ozdobił potem w Rzymie *triumphus* Publiusa Corneliusa Scipiona Aemilianusa, odtąd, jak jego dziadek przez adopcję, „Afrykańczyka", Africanus (Numantinus stanie się rzymski wódz po kapitulacji Numancji w Hiszpanii wobec jego przeważającej armii w roku 133).

Scipio patrzy na zagładę Troi i myśli o własnej ojczyźnie

Teraz jednak, jak to przedstawia Appian, Scipio patrzał na miasto, które przez siedem wieków było tak zaradne, ruchliwe i potężne i ostatnio przez trzy lata tak mężnie znosiło grozę wojny i głodu. Oto ginęło na zawsze. Scipio pono łzami się zalał, a potem długo milczał. Rozmyślał o niepewnej doli ludzi i najpotężniejszych nawet państw. Rozjarzyła się w jego myślach zagłada Troi, a potem państwa asyryjskiego i medyjskiego, i tak ogromnego państwa perskiego, i tak świetnego jeszcze niedawno państwa macedońskiego. Stał przy wodzu historyk Polibiusz, którego Scipio woził jako swojego mistrza w rozumieniu dziejów. Jako współczesny, jako świadek, Polibiusz jest dla nas jeszcze cenniejszy niż Appian, ale w jego dziele poświęcone trzeciej wojnie punickiej księgi, 36–39, przechowały się tylko we fragmentach. Odtwarzając to, co się działo, możemy przyjąć jako autentyczne, że Scipio, człowiek widzący niedolę także pośród swoich zwycięstw, a przy tym gorliwy filhellen, wypowiedział wówczas wersy *Iliady* (VI 447–449):

> Przecież dobrze to wiem, przewiduję w duchu i sercu:
> Przyjdzie taki dzień, gdy święte Ilion zginie,
> A z nim i Priam, i lud wybornego włócznika Priama.

Sam Polibiusz, jak nam powtarza Appian, zapisał, że kiedy zapytał wodza, co znaczą te słowa, Scipio rzekł, że miał na myśli ojczyznę, o której los się obawiał, patrząc na niestałość rzeczy ludzkich. Czy zobaczył w łunie tej wojny, która była daleka od sprawiedliwości, przyszłą, po kilku wiekach, pożogę Rzymu?

Senat rzymski po całkowitym pokonaniu Kartaginy wysłał dziesięciu mężów ze swojego grona, aby wspólnie ze Scipionem uporządkowali sprawy Libii, jak nazywano tę stronę Afryki, korzystnie dla Rzymu. Ci postanowili, że wódz, jeśli jeszcze cokolwiek zostało z Kartaginy, ma zniszczyć to do szczętu. Zabronili też osiedlać się kiedykolwiek na tym miejscu i rzucili przekleństwo na tych, którzy by chcieli to uczynić, zwłaszcza co się tyczy Byrsy i, jak Appian to określa, Megary, wysoko położonej dzielnicy Kartaginy.

Na pustym miejscu po Kartaginie tworzy się prowincja Afryka; niebawem na miejscu po państwie Seleukidów powstanie prowincja Azja

Nie ma Kartaginy. Powstała nowa prowincja rzymska, Afryka, obok Hiszpanii i posiadłości w starych krajach greckich. W roku 133 przed Chrystusem powstanie prowincja Azja, gdy ostatni król Pergamonu, niedawno czwartego pod względem potęgi państwa hellenistycznego po Macedonii, Egipcie i monarchii Seleukidów, Attalos III, jeszcze szeroko władający wieloma miastami w Azji Mniejszej, w testamencie przekazał swoje państwo Rzymianom. Jest to jedna z zagadek historii. Król był jeszcze stosunkowo młody i nie oczekiwał przedwczesnej śmierci. Lecz to, co się stało po jego śmierci, przewrót społeczny, zachwianie hierarchii władzy, związane z walką jego brata, Aristonikosa, o koronę, nasuwa niektórym badaczom myśl, że Attalos może chciał uchronić swoje państwo od zaburzeń. Wybrał Rzym i odbyła się w roku 129 egzekucja Aristonikosa, którego, po początkowych jego sukcesach, Rzymianie pobili w roku 130 przed Chrystusem.

ŻYWE KLEJNOTY WOBEC SENATU

Senat czuwający nad uczciwością urzędników

Czasy, w których budowano zręby ogromnego państwa, były epoką niemal panowania senatu nad społeczeństwem rzymskich obywateli, którego liczebność dzisiejsi uczeni obliczają na jakieś dwieście pięćdziesiąt tysięcy ludzi; oczywiście, uczestnictwo w ludowych zgromadzeniach było dostępne, choćby fizycznie, tylko dla bardzo niewielu spośród nich. Ale niezmiernie podniecały bardzo wielu takie sprawy, które w erze podbojów stały się częste, mianowicie śledztwa, czy wódz rzymski nie zagarnął dla samego siebie łupu, jaki mu się nie należał, albo czy nie nałożył na świeżą prowincję nadmiernego trybutu. Oskarżenia czerpane z tej dziedziny rzucali jedni na drugich, wprawdzie nie kandydaci na wielkie urzędy, lecz ich stronnicy. Senat czuwał nad tym, żeby się państwo nie rozpadło. W roku 180 przed Chrystusem trybun plebejski Lucius Villius pod patronatem senatu wprowadził pierwsze z tak zwanych *leges annales*, czyli praw określających wiek potrzebny do ubiegania się o urzędy kurulne (*curulis*, przymiotnik ten miałby pierwotnie znaczyć: jadący wozem, *currus*, czyli dostojny), którymi były godności: konsulów, pretorów, cenzorów, edylów kurulnych (urządzających wielkie igrzyska); dla konsulatu wymagany wiek to czterdzieści dwa lata. Być może, ta sama ustawa wymagała, by upłynęły dwa lata między kolejnym piastowaniem kurulnego urzędu przez tę samą osobę. W roku 150 w ogóle zabroniono powtórnego sprawowania konsulatu.

Rysy na budowli powagi senatu

Ale właśnie po roku 150 przed Chrystusem pojawiają się rysy na budowli powagi senatu. W roku 148 wola jednego trybuna przeparła wybranie Scipiona Aemilianusa na konsula, chociaż był do tego urzędu za młody i nigdy jeszcze nie piastował godności pretora, poprzedzającej, według reguły, konsulat. Lecz sukcesy jego, zarówno w Hiszpanii, jak i w Afryce, przekonywały ogół obywateli, że da on sobie radę w przedłużającej się trzeciej wojnie punickiej. W roku 134, chociaż powtórny konsulat był już zabroniony prawnie, jednak pod naporem obywateli, domagających się energicznego zaradzenia trudnej sytuacji w Hiszpanii, wokół Numancji, wybrano Scipiona znów na konsula; właśnie dzięki zawładnięciu Numancją, jak wspomnieliśmy, będzie on Numantinus. Możemy się domyślać, że przewlekłe wojny zwłaszcza w Hiszpanii rozdrażniały obywateli. Przeciętna służba wojskowa trwała sześć lat. Rozjątrzyła się wrogość między konsulami, którzy chcieli mieć duże armie, i trybunami, którzy będąc przedstawicielami ogółu społeczeństwa, sprzeciwiali się zaciągom rujnującym rolnictwo. Ono miało zresztą też swoje wewnętrzne problemy.

Niezależność najwyższych urzędników od reguł ustanowionych przez senat

Pisarze dają świadectwo skargom na upadek rolnictwa

Marcus Terentius Varro (w I wieku przed Chr.) w dziele *O rolnictwie* (*Rerum rusticarum libri*), Liwiusz w swojej panoramie historycznej, a tu i ówdzie także Cycero i Pliniusz Starszy w swojej encyklopedii *Historia naturalis* przechowali dobiegające ich z tamtej epoki skargi na upadek samej istoty, rozkład samej esencji rolnictwa, jaką była przedtem uprawa zboża i jarzyn. Zastępowały ją dziedziny zyskowniejsze dla nowych właścicieli, którzy po wojnach scalających Italię starali się o wycinanie sobie największych obszarów. Powstawały rozległe majątki, *latifundia*, na których hodowano owce i bydło. Wełna i skóra, nawet nie mówiąc o mięsie, były wspaniałymi towarami. W Lacjum i w Campagna Napoletana przeważały gospodarstwa mniejsze, lecz również zamożne, gdzie z upodobaniem uprawiano oliwki i winorośle.

Zarówno na latyfundiach, jak w tych fermach roili się niewolnicy. Nabyci na wojnie, zgarnięci według potwornego prawa starożytnego (czy tylko starożytnego?) z podbitych miast (jeśli się zbyt długo broniły), albo zakupieni, byli zwożeni do Italii w takim mnóstwie, że dziś się przyjmuje ich liczbę u schyłku I wieku przed Chrystusem jako coś od dwóch do trzech milionów, czyli więcej niż jedną trzecią całej ludności. Drogie Warronowi rolnictwo zbożowe, bujne w dawnych czasach, gdy miecz ujmowały ręce stwardniałe od pługa, nawet ręce wodzów, przywoływanych z pola wprost do bitwy, zastępowano teraz, ku jego zgrozie, przywożeniem zboża okrętami z Afryki i Sardynii. Te bowiem gospodarstwa, które tamtemu rolnictwu zostały wierne, zagony drobnych rolników, nie mogły dostarczyć Italii dosyć chleba. Dusił je niedostatek, a pracę ich tłamsiły pobory do wojska. Służba, jak mówiliśmy, trwała sześć lat. Nad większymi zaś fermami nie wisiała taka groźba, bo niewolników nie powoływano do armii. Trzeba do tego dodać, że wieśniacy, wracając z wojny, nieraz widzieli wchłonięcie swoich gospodarstw i pożarcie przez latyfundia. Szli do Rzymu, gdzie powiększali liczbę bezdomnego proletariatu. Przechowały się ślady wskazujące na to, że w stolicy w roku 144 brakowało wody, a w roku 138 chleba, i pośpiesznie starano się temu zaradzić.

Co zastąpiło dawną Italię rolną?

Nie wszystkim więc działo się dobrze pod tak spokojną na pozór władzą senatu. W drugiej połowie II wieku przed Chrystusem postanowili zmagać się z tym dwaj bracia, których imiona zapamięta historia. Byli to Tiberius Sempronius Gracchus (zmarł w roku 133 przed Chr.) i młodszy od niego o dziewięć lat Gaius Sempronius Gracchus (zmarł w roku 121 przed Chr.), synowie Tiberiusa Semproniusa Gracchusa Starszego, wybitnego pretora, który swoimi przewagami wojennymi, a jeszcze bardziej ludzkim stosunkiem do tubylców iberyjskich zdołał w latach 180–179 utrwalić rządy rzymskie w Hiszpanii. Wspomina się jednak także o twardym opanowaniu przez niego Sardynii, gdy był konsulem w roku 177. Tiberius Starszy poślubił Kornelię, córkę Scipiona „Afrykańczyka" Starszego, którą sławi się jako matronę rzymską. Urodziła mężowi dwunastkę dzieci, z których dziewięcioro wcześnie zmarło. Wśród ocalonych mamy dwóch słynnych braci. Prastara anegdota, która przeleciała przez wszystkie wieki aż do naszych czytanek dla dzieci, pokazuje Kornelię goszczącą w swoim domu przyjaciółkę, która popisywała się klejnotami. Wówczas Kornelia kazała przyprowadzić Tiberiusa i Gaiusa i rzekła: „To są moje klejnoty". Tu trzeba dodać, że prawie nie było cywilizacji w dziejach, która by tak ceniła życie rodzinne, jak rzymska. Rzymianie wiedzieli, że kiedy w domu są dzieci,

Matka Grakchów

czas jest gęsty. Tiberius poślubi córkę Appiusa Claudiusa „Pięknego” (Pulcher), który jako konsul w roku 143 pokonał plemię Salassów w Galii Przedalpejskiej i wbrew woli senatu odprawił *triumphus*, osłonięty obecnością innej córki, która była westalką, a jako cenzor w roku 136 stał się *princeps senatus*.

NIEMAL SAMOTNY BUNTOWNIK

Tyberiusz i Gajus rozpoczynają społeczną walkę przeciw wyludnieniu

Plutarch w *Żywocie Tyberiusza Gracchusa* (8, 4–7) powiada, że człowiek ten, wybrany w grudniu roku 134 na trybuna ludowego, „w drodze do Numancji przejeżdżał przez Etrurię i zobaczył kraj wyludniony. Uprawiali tu ziemię i paśli stada sprowadzeni niewolnicy cudzoziemscy. Wtedy, jak powiada jego brat Gajus w jakimś piśmie (może w pamflecie politycznym w formie listu), Tyberiusz po raz pierwszy powziął myśl o akcji politycznej, która miała być dla obu braci początkiem bezliku niedoli”. Zaraz w następnym rozdziale *Żywota* (9, 4–5) Plutarch, pewnie czerpiąc to ze starych zapisów, podaje, co Tyberiusz mówił do ludu, cisnącego się wokół rostrów (mównicy na Forum Romanum, ozdobionej u dołu dziobami, *rostra*, okrętów zdobytych pod Antium w czasie wojny Rzymian z Latynami w roku 338 przed Chr.): „Dzikie zwierzęta w Italii mają swoje jamy i legowiska, a ci, którzy walczą i umierają za Italię, nic nie mają oprócz powietrza i światła”.

Tyberiusz o bezdomności ludu

„Bez przytułku i dachu nad głową błąkają się z żonami i dziećmi. Kłamią wodzowie, gdy w porze bitwy wzywają żołnierzy do obrony grobów i świątyń przed wrogami. Bo żaden z tych ludzi już nie ma ołtarza domowego ani grobu przodków. Biją się tylko i umierają w obronie bogactwa i zbytku innych. Nazywa się ich panami świata, a nie mają ani piędzi ziemi własnej”. – Tak nam Plutarch te słowa powtarza.

Głównym elementem planowanej przez Tyberiusza reformy był *ager publicus*, grunta będące własnością państwa, w wielu

wypadkach obszary należące niegdyś do pokonanych miast italskich; zazwyczaj przydzielano tę ziemię obywatelom. Tyberiusz mógł próbować zająć się ową sprawą, bo według tradycji trybun ludowy był uprawniony nie tylko do wprowadzania ustaw przez decyzję zgromadzenia ludowego, *concilium plebis*, lecz także do wetowania w imieniu ludu wszelkich aktów urzędników i każdej uchwały senatu. Co się tyczy rozdzielania *ager publicus*, w teorii nie wolno było dawać komukolwiek więcej niż pięćset *iugera*, czyli sto dwadzieścia hektarów. W praktyce jednak liczni obywatele, jak też członkowie społeczeństw sprzymierzonych, uzyskiwali więcej. Tyberiusz proponował, by nadmiar oddali w zamian za formalne potwierdzenie ich prawa do reszty. Odzyskaną ziemię chciał w drobnych działkach (po trzydzieści *iugera*, siedem hektarów) powierzyć ubogim na wieczne władanie, które miało ich uwolnić od dominacji bogatszych i zrobić znowu sposobnymi do służby wojskowej. Czuwać nad tym miało wybrane grono trzech.

Tyberiusz jako trybun ludowy domaga się przydzielenia części ager publicus *ubogim*

Senat zabolało to, że Tyberiusz odwoływał się tylko do uchwał zgromadzenia ludowego, *concilium plebis*, rozdętego teraz rzeszami biednych, cisnących się do stolicy, a w ogóle nie przedstawił tej sprawy senatorom do rozważenia. Co więcej, przeprowadził usunięcie jednego z trybunów, takiego, który się mu przeciwstawił. Reformator nie poprzestał zresztą na działkach ziemi. Ponieważ właśnie wówczas, w roku 133 przed Chrystusem, Roma odziedziczyła państwo i skarby ostatniego króla Pergamonu, Tyberiusz proponował, by z tego zasobu czerpać pieniądze dla nowych ludzi obdarzonych gruntami. Niech się dobrze zagospodarują. Jego zdaniem rzecz tę powinno rozstrzygnąć *concilium plebis*, a nie senat, którego tradycyjne kierowanie polityką zagraniczną oto on pierwszy podważał.

Spór między zgromadzeniem ludowym a senatem

W lecie 133 roku rozgorzało pewnego dnia coś o wiele groźniejszego niż dysputa. Rzecz dotyczyła legalności czy nielegalności jego starania się o drugi trybunat, o wybranie go na drugą kadencję takiej samej władzy. *Concilium plebis* z Tyberiuszem zebrało się na Wzgórzu Kapitolińskim, a senat w tym samym czasie obradował w pobliskiej świątyni bogini Fides, Wierności, słuchając przynoszonych wieści o tym, co się działo wśród ludu. *Pontifex maximus*, czyli zwierzchnik grona kapłanów, którym był wówczas Publius Cornelius Scipio Nasica Serapio, uznał, że Tyberiusz chce ustanowić to, co Grecy nazywali *tyrannis*, „tyranią", czyli zmieceniem legalnej struktury władzy przez działaczy odwołujących się bezpośrednio do ludzi spoza struktury i hierarchii. Scipio Nasica prosił konsula, którym był Publius Mucius Scaevola, poróżniony już, jak Tyberiusz, z rodziną Scipionów i będący przyjacielem i doradcą trybuna reformatora, by pośpieszył na pomoc rzeczypospolitej i zgładził tyrana.

„Konsul jednak – podaje Plutarch w *Żywocie Tyberiusza* (19, 3–6) – oświadczył łagodnie, że nie ucieknie się do przemocy i nie skarze żadnego obywatela na śmierć bez sądu, lecz oczywiście, jeśli lud, przekonany albo przymuszony przez Tyberiusza, uchwali cokolwiek niezgodnego z prawem, on nie uzna tej uchwały za wiążącą. Wtedy Nasica zerwał się i powiedział: «Skoro najwyższy urzędnik sprzeniewierza się rzeczypospolitej, kto z was chce wesprzeć prawa, niech idzie za mną!». Rzekł to i zakrywszy głowę skrajem togi, ruszył na Kapitol. Idący za nim senatorowie, owinąwszy lewe ręce togami, rozpychali tłum stojący na drodze, który zresztą ze względu na ich powagę nie stawiał im oporu. Wszyscy cofali się, depcząc jeden drugiego.

Ludzie towarzyszący senatorom mieli zabrane z domu kije i pałki, a sami senatorowie chwycili nogi i inne części ław, połamanych przez cofający się tłum. Podeszli ku Tyberiuszowi, bijąc też tych, którzy chcieli go osłonić. Zamieszanie, rozlew krwi. Tyberiusz rzucił się do ucieczki, lecz ktoś go chwycił za togę. Zostawił więc togę i uciekał w tunice. Wtem potknął się i upadł na tych, którzy przed nim padali. Próbował się podnieść, lecz wtedy go uderzył w głowę nogą od ławy Publius Satyreius, jak wszyscy przyznają, kolega jego w trybunacie. Drugi cios był od Luciusa Rufusa, który miał się na to powoływać jako na coś chlubnego. Razem od kijów i kamieni zginęło wtedy więcej niż trzystu ludzi, a nikt od miecza".

Senatorowie kijami zabijają Tyberiusza; jest to coś przeraźliwego w dziejach republiki

Ciało reformatora wraz z innymi trupami rzucono do Tybru. – „Było to – pisze dalej w *Żywocie* (20,1) Plutarch, bardzo trafnie – od czasu zniesienia władzy królewskiej pierwsze zaburzenie w państwie zakończone rozlewem krwi i śmiercią obywateli". Urągające wszelkim prawom zamordowanie Tyberiusza Semproniusza Gracchusa było czymś nowym w rzymskiej historii, morderstwem w samym łonie polityki i przez to początkiem rozkładu rządzącej Romą oligarchii.

NASTĘPNY BUNTOWNIK IDZIE DALEJ

Wbrew przemocy arystokratów komisja trzech mężów, powołana przez Tyberiusza, ostała się. Mamy świadectwa o tym, że na niektórych obszarach Italii zdołała ona utworzyć sporą liczbę małych gospodarstw. W oporze przeciw temu działaniu przodowali wielcy posiadacze z miast sprzymierzonych. Nie mogli pojąć, dlaczego mieliby wyrzekać się gruntów na rzecz biedaków z Rzymu. Tego niezadowolenia uchwycili się przeciwnicy usta-

Wbrew przemocy „trzej mężowie", powołani przez Tyberiusza, zaczęli przydzielać biednym ziemię

wy o nowym podziale ziemi; w roku 125 przed Chrystusem konsul Fulvius Flaccus proponował udzielenie sprzymierzonym miastom rzymskiego obywatelstwa; nic z tego nie wyszło, sprzymierzeńcy jednak rzecz zapamiętają.

Ale dążenie do innego, niż to było za dotychczasowych rządów, traktowania ogółu ludzi przejawiało się wówczas w różnych miejscach rzymskiej cywilizacji. Do tego, co nam podaje o tych czasach Plutarch w następnym swoim tekście, *Żywocie Gajusa Semproniusza Gracchusa*, dołączają się relacje innych historyków, wśród nich oparty na starszych dokumentach zapis przywoływanego tu już greckiego historyka Diodora Sycylijskiego (piszącego około 60–30 roku przed Chr.), w którego dziele, *Bibliotheke*, część dotycząca tych wydarzeń przechowała się jednak tylko fragmentarycznie. Czytamy w niej (ks. XXXIV–XXXV, frg. 23), co w 124 roku przed Chrystusem działo się w Galii, kiedy „konsul owego roku, Gaius Sextius Calvinus, zdobył zbuntowane miasto. Przystąpił, według wojennego obyczaju, do sprzedawania jego mieszkańców w niewolę, aby ze zwycięstwa był odpowiedni dochód. Wtedy właśnie niejakiego Kratona, który był przedtem zwolennikiem władzy rzymskiej i z tego powodu zniósł wiele zniewag, a nawet tortur z rąk swoich współobywateli, prowadzono z innymi w łańcuchach na sprzedaż. Kiedy Kraton dostrzegł konsula, właśnie sprawującego urzędową funkcję, i odkrył mu, kim jest i co musiał ścierpieć w swoim mieście, nie tylko uwolniono jego i całą jego rodzinę i przywrócono im dobytek, lecz pozwolono mu też na wybranie sobie dziewięciuset przyjaciół, którzy będą oszczędzeni. Konsul potraktował go na pewno wielkoduszniej, niż ten się kiedykolwiek spodziewał. Konsul pragnął Galom okazać, że Rzymianie idą do końca zarówno w miłosierdziu (*philanthropia*), jak i w wymierzaniu kary".

Przykład miłosierdzia rzymskiego w Galii

Gajus Gracchus trybunem ludowym

Gajusa Gracchusa wybrano pod koniec roku 124 na trybuna ludowego 123 roku. Przewyższał brata Tyberiusza wielkim talentem oratorskim, a chyba też energią, siłą. Przemawiał na Forum Romanum w bardzo włoskim stylu, w tył i w przód biegał po rostrach, szarpał na sobie togę. A przy tym był wielce przezorny. Ceniąc dzieło brata i marząc o tym, żeby prowadzić jego reformy dalej, postanowił przedtem zatroszczyć się o potrzeby najpierwsze. Rzeszom obywateli należało dostarczyć taniego ziarna. Gajus osiągnął stałość ceny zboża przez wprowadzenie systemu hurtowego zakupywania i przechowywania ziarna, które potem sprzedawano ludziom zawsze za te same pieniądze. Do tego dobrodziejstwa rządów trybuńskich Gajus dokładał nieustanną troskę o zaczęte przez brata przydzielanie działek ubogim oraz o zakładanie nowych kolonii obywatelskich w Italii.

Ten poszedł dalej, żądał obalenia władzy arystokracji

„Ludzie cisnęli się wokół niego – opowiada nam Diodor (ks. XXXIV–XXXV, frg. 24) – nie tylko wtedy, gdy już sprawował urząd, lecz i wtedy, gdy był dopiero kandydatem, i jeszcze wcześniej. Kiedy wracał z Sardynii do domu, wylegli na jego spotkanie. Skoro wysiadł z okrętu, rozległy się wiwaty na jego cześć i oklaski. Tak niezmierna była jego popularność wśród prostych ludzi". – Mówi się tu o powrocie z Sardynii w roku 124, przed progiem trybunatu. – Do czego dążył? „Gracchus – pisze Diodor (ks. XXXIV–XXXV, frg. 25) – wygłaszał mowy, publicznie domagając się tego, by obalono panowanie arystokracji, a zaprowadzono rządy ludu. Zyskał uznanie wszystkich warstw społeczeństwa i znalazł w nich ludzi będących już nie tylko wspólnikami walki, lecz jakby przewodnikami jego śmiałości. Każdy bowiem człowiek, znęcony nadzieją własnej korzyści, gotów był narazić się na jakiekolwiek niebezpieczeństwo dla owych zaleconych praw, które potraktował jako swoją rzecz osobistą".

Pono rozerwał zgodę senatu i ekwitów

W dalszym ciągu tego samego fragmentu Diodor bynajmniej nie jest dla Gajusa łaskawy: „Rozrywając dotychczasową zgodę senatu i ekwitów, rozniecił w tłumie wrogość wobec jednych i drugich. Posłużył się ogólną niezgodą jako podstawą swojej władzy, a wydając pieniądze państwowe na niskie i nieużyteczne cele, jak też na przekupstwo, sprawił, że wszyscy patrzeli na niego jako na przywódcę". – Można się domyślić, że niektórzy obserwatorzy działalności Gajusa tak o nim szeptali. Naszego zaś komentarza domaga się wzmianka o ekwitach. Nie ulega to wątpliwości, że Gajus podjął bój przeciw *nobiles*, arystokracji skupionej w senacie. Aby zaś osamotnić senat w społeczeństwie, pragnął zjednać sobie ekwitów, *equites*. Już ich niejeden raz spotkaliśmy. Była to klasa złożona pierwotnie z tych obywateli, którzy byli w stanie służyć na własnym koniu w kawalerii. Teraz

Kim byli ekwici?

to już była warstwa prawdziwie zamożna i właśnie pieniądze uprawniały ludzi do uczestnictwa w niej. Jedynie ta klasa wypełniała państwowe umowy pieniężne; senatorom nie wolno było zajmować się nimi.

Gajus postarał się o to, żeby uprawnienie do podejmowania dochodów z powstałej niedawno, po testamencie Attalosa III w roku 133 przed Chrystusem, prowincji Azji, obejmującej przebogate Pergamon i podległe mu niegdyś liczne miasta, zostało wystawione w Rzymie na przetarg wśród ekwitów. Dla samej Italii wykreślił rozległe plany budowy dróg, czym wielce się zaciekawili przedsiębiorcy z klasy ekwitów. Ludzie z tej warstwy dosyć świeżych bogaczy stawali się sprzymierzeńcami prostych i ubogich przeciw senatowi. Jednocześnie z licznymi, uchwalonymi przez zgromadzenie prawami korzystnymi dla ludu, Gajus dał też ważny przywilej ekwitom, mianowicie pozwolił im na uczestniczenie w takich sądach, jakie powołano po raz pierwszy w roku 149 przed Chrystusem, rozpatrujących skargi mieszkańców prowincji na zdzierstwa, których by się dopuszczali rzymscy rządcy owych krajów. Miarą popularności, jaką Gajus osiągnął śmiałymi ustawami, było to, że po trybunacie roku 123 został on, bez żadnej widocznej opozycji, wybrany powtórnie na trybuna ludowego na rok 122.

Żądał dopuszczenia ekwitów do ważnych funkcji sądowych

KLĘSKA GAJUSA GRACCHUSA

Posiadacze z prowincji nie chcą się dzielić z biednymi; senat boi się rozszerzenia obywatelstwa

W końcu jednak śmiały reformator, zbratany z ludem dumny samotnik, nieugięcie wierny pamięci i ideom swojego niegodnie zabitego brata, rozbił się o trudności na razie nierozwiązalne, czające się w nieprostych stosunkach między Romą a sprzymierzeńcami jej i prowincjami. Jak posiadacze z prowincji, o czym już mówiliśmy, nie chcieli tego przyjąć, by mieli się dzielić ziemią z biedotą rzymską, tak Rzymianie z kolei, bogaci czy ubodzy, nie kwapili się do wspólnoty obywatelstwa z wszystkimi ludźmi, którym Gajus chciał je ofiarować. Proponował on rzymskie obywatelstwo miastom latyńskim dokoła Rzymu, a dalszym sprzymierzonym miastom umożliwiłby korzystanie z innych praw latyńskich, zarazem udzielając obywatelstwa rzymskiego tym ludziom z owych społeczeństw, którzy przenieśliby się na obszar rzymski. Tym się senat najbardziej zaniepokoił.

Nobiles poczekali na czas, kiedy Gajus wyjedzie z Rzymu. Podróżował, przygotowując się do wypełnienia nowego swojego planu, uchwalonego przez *concilium plebis*, założenia dużej kolonii za morzem, mającej się nazywać Junonia, blisko miejsca po zrównanej z ziemią Kartaginie. Wykorzystując nieobecność reformatora, senat nakłonił innego trybuna roku 122, by zaprotestował przeciw projektom Gajusa dotyczącym cudzoziemców, nie wyjaśniając jednak ludowi, o co tu chodzi (Appian, I 23). Ów inny trybun, Marcus Livius Drusus, działał roztropnie. Protestując, zarazem przedstawił uszom *concilium plebis* konkurencyjny, a poparty przez senat projekt nie jakiejś Junonii gdzieś za morzem, lecz założenia dla rzymskich obywateli dwunastu kolonii na obszarze Italii. To ludowi, zwłaszcza uboższemu, wielce się spodobało. „Tym uradowany lud – komentuje w przywołanej tu relacji Appian – począł lekceważyć sobie prawa Gracchusa, który stracił jego sympatię".

Dwanaście kolonii z pomysłu senatu przeciw jednej zamorskiej Gajusa

Plutarch w *Żywocie* (12, 5) podaje, z jak wielką przykrością Gajus po powrocie do Rzymu zniósł to, że nie wybrano go na trybuna na rok 121 (byłaby to trzecia kadencja); wrogom, którzy się z niego naigrawali, mówił, że „śmieją się śmiechem sardonicznym, nie wiedząc, w jak głębokiej pogrążyło ich ciemności polityczne jego działanie". Jeśli tak mówił, to przesadzał. Jednym z konsulów na ów rok 121 został jego przeciwnik, Lucius Opimius. Od razu postanowiono odwołać wiele z praw Gajusa i zaczęto występować przeciw urządzaniu Junonii. Plutarch (13, 1–2) opowiada, że Gajus zrazu znosił to cierpliwie, ale kiedy go podburzyli przyjaciele, zwłaszcza Fulvius Flaccus, którego ponowną kandydaturę na trybuna roku 121 odrzucono razem z kandydaturą Gajusa, reformator postanowił skupić swoich zwolenników do boju przeciw Opimiusowi.

W dniu, w którym konsul i jego ludzie zamierzali wymazać

Starcie dwóch stronnictw na Kapitolu

owe prawa, obie strony o samym świcie zajęły Kapitol. Gdy konsul złożył ofiarę, jeden z jego sług, Quintus Antyllius, przenosząc wnętrzności zwierząt ofiarnych z jednego miejsca na drugie, tak odezwał się do Fulwiusza i jego przyjaciół: „Dajcie, źli obywatele, wolną drogę dobrym". Jeśli wierzyć pogłoskom podanym przez Plutarcha w opowieści o tym zdarzeniu (13, 3–4), sługa wyciągnął też obnażone ramię i zrobił obraźliwy gest. Co pewne, to tylko tyle, że Antyllius padł na miejscu, przebity wielkimi rylcami pisarskimi, pono w tym celu sporządzonymi. Wśród tłumu wielkie zamieszanie, a przywódcy myśleli o skutkach tego, co się stało. Dla senatu była to sposobność do przedstawienia zabicia sługi konsula jako ataku na rzymskie państwo.

Po raz pierwszy w dziejach rzymskich senat wydał dekret, który będzie się nazywał *senatus consultum ultimum*, „ostateczna uchwała senatu", stwierdzający zagrożenie państwa i wzywający konsulów do jego ochrony. Nazajutrz, jak opowiada Appian (I 25), Opimius o świcie obsadził Kapitol zbrojnymi i przez posłańców zwołał senat na posiedzenie. Senat wezwał Gracchusa i Fulwiusza z domu do kurii, siedziby senatu, dla usprawiedliwienia się. Ale całe to stronnictwo poszło gdzie indziej, z bronią na Awentyn, tradycyjne miejsce wieców ludowych. Appian rzecze, a my w to raczej wątpimy, że przebiegając miasto, wzywali oni niewolników, by się uwolnili; ale nikt na taki apel nie odpowiedział. Tu warto dodać, co opowiada Plutarch (15) o wybieraniu się w tę ostatnią drogę samego Gajusa. Gdy wychodził z domu, żona Licinia ogarnęła go ramieniem i wskazując na małego ich syna, błagała, by nie narażał się na przemoc morderców Tyberiusza; delikatnie ją odsunął i poszedł.

Nazajutrz konsul Opimiusz na Kapitolu; stronnictwo Gajusa na Awentynie

Na Awentynie zajęli świątynię Diany i obwarowali ją. Młodszego syna Fulwiusza, Kwintusa, wysłali do senatu, prosząc o porozumienie się i o zgodne współżycie. Ale senat zażądał, żeby przyszli bez broni do kurii. Kiedy ponownie wyprawili z poselstwem Kwintusa, Opimius kazał go uwięzić, a przeciw stronnictwu Gajusa wysłał zbrojnych. Plutarch (16–18) podaje, że w starciu zginęło około trzech tysięcy tych od Fulwiusza. Poświęcając uwagę bitwie, przedstawia też szczegóły, które mogą być prawdziwe. Czytamy więc, że zamęt w szeregach Fulwiusza

Bitwa na Awentynie; zgon Gajusa Graccha

sprawili głównie łucznicy kreteńscy swoimi strzałami. Gajus był w ogóle niechętny owej bitwie domowej. Gdy zastępy Fulwiusza rzuciły się do ucieczki, usiłował odebrać sobie życie, lecz przyjaciele, Pomponius i Licinius, wydarli mu z ręki oręż i pociągnęli wodza z sobą w dal od bitwy. Uciekał pieszo przez drewniany most na Tybrze, a owi przyjaciele stanęli u początku mostu i zatrzymywali pościg nieprzyjaciół, aż sami polegli. Gajus był teraz tylko z jednym sługą, którego greckie imię Plutarch cytuje: Filokrates. Dobiegł do gaju Furii, czyli Erynii, a ponieważ ciągle groziło mu ujęcie, rozkazał słudze, żeby go zabił. Ten zgładził najpierw jego, a potem siebie, i padł na jego ciało.

Pogłoski o okrucieństwie

Czy mamy wierzyć temu, co piszą i Appian, i Plutarch, że Opimius żądał głów obu przywódców? Dziecinny sadyzm byłby jeszcze jednym świadectwem, że coś nowego wniknęło w rzymską historię. Przyniesiono konsulowi odcięte głowy, a on dał za każdą, albo tylko za głowę Gajusa, złoto tej samej wagi, co głowa. Plutarcha, nie bez powodu, najbardziej boli to, że po bitwie zabito młodszego syna Fulwiusza (starszego ujęto w bitwie i stracono razem z ojcem); jedyne, co zrobił ów młodszy, to było tylko przyniesienie orędzia pojednania i pokoju. Ciała zbuntowanych wrzucono do Tybru, ich domy tłum zburzył. Senat polecił Opimiusowi oczyścić rytualnie miasto po bitwie domowej i odnowić starą, zbudowaną w pobliżu Forum Romanum w początkach IV wieku przed Chrystusem świątynię rzymskiej bogini Zgody, Concordia. Nocą ktoś na odnowionej wyrył inskrypcję: „Obłęd niezgody buduje Zgody świątynię”.

JUGURTA I MARIUSZ

Bardzo smutna walka domowa wzbogaciła społeczeństwo rzymskie o ujawnienie roli ważnej klasy ekwitów, nowych bogaczy, która w pewnej mierze wypełniała puste miejsce między *no-*

biles a ludem, czyli rzeszami obywateli. Będący zaś przedstawicielstwem głównie arystokracji senat obnażył ułomność swojej powagi i niemożność rządzenia państwem bez uciekania się do podstępów i przemocy. A sprawy tego państwa, czy się je lubiło, czy nie, stawały się coraz dotkliwsze i palące, bo ono się rozrastało. W roku 133 przed Chrystusem rozszerzyło przez zdobycie Numancji swoją władzę nad Iberią, a dzięki testamentowi ostatniego króla Pergamonu posiadło nową przebogatą prowincję, przesadnie nazywaną Azją. Od północy Alpy nie były już wyroczną granicą. Rzymski handel coraz śmielej wyprawiał się do Galii, nie bez świadomości przygotowywania jej, w jakiejś przyszłości, podboju. Miasta zakładane na wybrzeżu Morza Śródziemnego, między Alpami i Iberią, a także nad rzekami płynącymi w głąb lądu, jak nad Rodanem, już ku końcowi II wieku przed Chrystusem obdarzyły Romę nową prowincją, Galią Zaalpejską.

Rozrastanie się państwa rzymskiego

Wielkie znaczenie miała w rzymskich planach Afryka, jej północne wybrzeże, ogromny pas starych ziem śródziemnomorskich. Od wschodu ciągle jeszcze istniało tam państwo Ptolemeuszów w Egipcie. W środku wybrzeża, u przylądka wybiegającego w wodny przestwór ku Sycylii, przez wieki trwała Kartagina, od roku 264 główna przeciwniczka Romy. Przeraźliwie pokonana w roku 146 przed Chrystusem, zmieciona z powierzchni ziemi, razem z rozległą swoją okolicą stała się nową rzymską prowincją, określaną dostojnym mianem: Africa. Za jej granicą zachodnią była żyzna kraina zwana przez Rzymian Numidią, dzisiejsza Algieria. Już ją w naszej książce nawiedziliśmy z powodu dziejów Masinissy.

W Afryce za zachodnią granicą zburzonej Kartaginy – Numidia

Jak pamiętamy, król Masinissa, sojusznik Romy, którego napastliwość wobec Kartaginy narzuciła Rzymianom trzecią wojnę punicką (149–146), swoje berberyjskie królestwo, które z obszaru koczowników zrobił krajem rolniczym, nie bez miast, zostawił, odchodząc z tego świata w roku 148 przed Chrystusem. Następnym królem, zrazu z dwoma braćmi, a po ich zgonie sam, był najstarszy syn Masinissy, Micipsa, w latach 148–118. Po nim zaś Numidia zaczyna krążyć wokół osobliwego człowieka. Jugurta był wnukiem Masinissy z nieprawego łoża. Znalazł się blisko Scipionów, dziedzicznych opiekunów numidyjskiej dynastii

Potomek Masinissy, Jugurta, pod opieką Scipionów

królewskiej. Walczył pod Numancją w armii Scipiona Aemilianusa, tego, który się stanie Africanus i Numantinus. Z polecenia owego wodza Micipsa adoptował Jugurtę i wyznaczył mu uprzywilejowane miejsce w dziedziczeniu władzy. Dwaj jednak bracia i współspadkobiercy Jugurty nie chcieli po zgonie Micipsy w roku 118 uznać takiej hierarchii w obejmowaniu spadku. Wówczas on jednego z nich kazał zamordować, a drugi, Adherbal, uciekł przed nim do Rzymu, gdzie prosił o pomoc.

Opimiusz dzieli Numidię między Adherbala i Jugurtę, lecz ten zabija Adherbala

Rzymska misja, pod przewodem znanego nam z boju z Gajusem Gracchusem Opimiusa, podzieliła Numidię między Adherbala i Jugurtę, dając temu drugiemu część zachodnią, mniej rozwiniętą. W roku 112 przed Chrystusem Jugurta wbrew woli Rzymu natarł na Adherbala i oblegał go w głównej twierdzy numidyjskiej, Circie. Roma dwa razy słała poselstwa, lecz oblężyciel nie baczył na to. Zdobył twierdzę i zabił Adherbala. W łupionym mieście zginęła pewna liczba osiadłych tu ludzi z Italii, którzy przedtem pomagali bronić go. Rozżarzyło to gniew w Rzymie. Gaius Memmius, trybun ludowy roku 111, „mąż zażarty i wrogi potędze arystokracji", jak pisze o nim Gaius Sallustius Crispus (86–35 przed Chr.), polityk i historyk, w swojej podniecającej, a przy tym moralistycznej *Wojnie z Jugurtą* (*Bellum Iugurthinum*, 27, 2), wzywał senat rzymski do wymierzenia numidyjskiemu uzurpatorowi mocnego ciosu. Czy rację ma Sallustius, twierdząc (w przywołanym tu miejscu i w aluzjach rozsianych po eseju), że Jugurta przekupywał dostojników sowitymi łapówkami i dlatego nie dali mu oni mocnego odporu?

Wprawdzie najechał z rzymskim wojskiem Numidię konsul 111 roku, Lucius Calpurnius Bestia, ale zawarł z numidyjskim królem miękki dla niego układ pokojowy. Nie można wykluczyć działania rzymskich przyjaciół Jugurty, lecz może główną przyczyną powściągliwości senatu była roztropna niechęć do podejmowania długiej i trudnej do wygrania wojny kolonialnej. Jugurtę nawet, z gwarancją, że nie zostanie zatrzymany, ściągnięto do Rzymu, lecz jeden z trybunów sprzeciwił się przesłuchiwaniu go. Poważniej wziął się do akcji militarnej w roku 110 konsul ówczesny, Spurius Postumius Albinus, razem z bratem Aulusem. Jugurta jednak był w boju górą. Postumius nie odrobił strat rów-

Ani dyplomatycznie, ani militarnie Rzymianie nie powściągają Jugurty

nież wtedy, gdy w roku 109 wrócił z armią do Numidii jako prokonsul. Zastąpił go więc na czele wojska konsul roku 109, Quintus Caecilius Metellus, potem Numidicus. Ten wreszcie wygrał dwie bitwy, jedną dużą nad rzeką Muthul, ale był dosyć bezbronny wobec partyzanckich działań numidyjskich Berberów.

Powolność antynumidyjskiej wojny odzierała państwo rzymskie z powagi przed oczyma zarówno ludu, ogółu obywateli, jak i wzmagającej się na siłach klasy ekwitów. Pojawił się nowy człowiek, *homo novus*. Gaius Marius urodził się około roku 157 przed Chrystusem wśród ekwitów dosyć niedawnej daty, ale mających koneksje z arystokratycznym rodem Metellów. Walczył pod Scipionem Aemilianusem o Numancję i wybrano go na trybuna wojskowego może w roku 129. Nie bez trudności i porażek przebijał się do coraz wyższych stanowisk w państwie i gromadził zasługi, zwłaszcza w bojach w Hiszpanii. Poślubił patrycjuszkę Julię, później ciotkę Cezara. W roku 109 Quintus Caecilius Metellus, wybaczając zarzucane Mariuszowi incydenty tak zwanego *ambitus*, czyli natrętnego zabiegania o karierę (*ambitus*, „obchodzenie" ludzi w celu uzyskania ich przychylności), wziął go z sobą na wyprawę numidyjską jako starszego legata wojskowego.

Homo novus, *Gajus Mariusz*

To wtedy Mariusz postanowił starać się o konsulat. Zaskoczony Metellus rzucił na niego gromy, na co Mariusz odpowiedział rozsnuciem intryg w Numidii i w Rzymie. W wyborach na rok 107 został konsulem i wnet, postarawszy się o taką decyzję ludu, zastąpił Metellusa na czele armii w Numidii.

Obejmuje dowództwo armii w Numidii

GROŹBY DLA PAŃSTWA DALEKO I BLISKO

Mariusz dokonał wówczas bardzo doniosłej reformy wojskowej, być może nie zdając sobie jeszcze sprawy z jej przyszłych skutków. Po prostu stał przed nim problem niedoboru

liczebnego w armii. Trzeba tu zrobić małą dygresję dotyczącą praw obywatelskich w republikańskim Rzymie. Status obywatela rzymskiego nie musiał obejmować na przykład pełni praw wyborczych. Jeszcze w czasach Cycerona ludzie uczestniczący w zgromadzeniu ludowym byli podzieleni na grupy, tak zwane centurie, zależnie od swojej zamożności. Wyróżniano pięć klas posiadaczy, pod którymi znajdowali się tak zwani *proletarii*. Mówi się, że stanowili oni większość ogółu obywateli, a skupieni byli wszyscy w jednej centurii, która głosowała jedynie wtedy, gdy głosy posiadaczy zostawiły rzecz nierozstrzygniętą.

Prawa obywatelskie w republikańskim Rzymie

Posiadacze to byli obywatele *assidui* („osiadli", płacący podatki), *proletarii* zaś ci, którzy mogli wzbogacić dobytek państwa swoim potomstwem, *proles*. Pierwotnie nazywano ich też *capite censi*, „liczeni od głowy", jako osoby niepłacące podatków i nieodbywające służby wojskowej. W połowie jednak II wieku przed Chrystusem zarzucono bezpośrednie ściąganie podatków i obniżano stopniowo kryteria zamożności (wywodzące się z czasów, gdy trzeba było samemu kupić sobie pełne uzbro-

Mariusz dopuszcza do armii wszystkich proletarii

jenie, albo i konia, dzięki czemu człowiek stawał się *eques*, ekwitą), jakie otwierały drogę do służby wojskowej. Radykalnie dopełnił tę ewolucję Mariusz, dopuszczając do armii wszystkich *proletarii*, bez pytania, co posiadają. Był to nowy rodzaj wojska, ściślej związanego z wodzem.

Pokonać jednak Jugurtę w Numidii nie było łatwo. Mający teraz pięćdziesiąt lat i dużą władzę Mariusz dosyć długo zmagał się z berberyjskim wodzem armii i partyzantów. W Mauretanii, kraju graniczącym z Numidią od zachodu, panował król (w łacińskiej wersji imienia) Bocchus, teść Jugurty, którego polityczne wybory były zawiłe. Na początku wojny jugurtyńskiej proponował Rzymowi przymierze, ale Rzymianie to odrzucili. W późniejszym biegu wojny przyłączył się do Jugurty, który mu za to odstąpił zachodnią Numidię. Łącząc swoje siły z wojskiem Jugurty, dwa razy niemal pobił Mariusza. Ale coraz ciężej przytłaczała jego myśli wizja potęgi Rzymu. Kiedy więc poszukał go młody dyplomata, należący do armii Mariusza jako jej kwestor (urzędnik skarbowy), Lucius Cornelius Sulla Felix, o którym jeszcze usłyszymy niemało, Bocchus nikczemnie zgodził się na podstępne wydanie Jugurty w ręce Mariusza; za to zachował część Numidii. Wojna zakończyła się, Mariusz odprawił w Rzymie *triumphus*, w którym kroczył skuty Jugurta, po czym odbyła się egzekucja numidyjskiego króla w dniu naszego 1 stycznia 104 roku przed Chrystusem.

Nie może pokonać Jugurty, którego teść dopiero wyda go zdradą w ręce Mariusza

Nie tylko jednak z Afryki szły zagrożenia państwa. Już w roku 113 gruchnęła po Rzymie wieść, że dwa plemiona germańskie, Cimbri i Teutones, wyruszyły w wielką wędrówkę z środka Europy do obszaru dzisiejszej Francji. Po drodze niekiedy wkraczały na tereny rzymskie, a ilekroć spotykały wojsko rzymskie, gromiły je. Po wielkiej klęsce Rzymian pod Arausio, dziś Orange, na lewym brzegu Rodanu, w roku 105 przed Chrystusem, cała Italia zadrżała, ale Germanie na szczęście nie weszli do niej, zboczyli z drogi. Coraz więcej ludzi w Italii mniemało, że jedyna nadzieja jest w tym nadzwyczajnym Mariuszu. Od pierwszego konsulatu na rok 107 będzie bez przerwy sześć razy wybierany na konsula aż do roku 100. Pobił Germanów w dwóch wielkich bitwach: w roku 102 pod Aquae Sextiae

Inne zagrożenia państwa

w dzisiejszej Prowansji i w roku 101 pod Vercellae w północnej Italii.

Zasługi swoich weteranów chciał nagradzać. Dla tych, którzy nie mieli gruntów, Mariusz i zaprzyjaźniony z nim jeden z trybunów roku 103, Lucius Appuleius Saturninus, zaplanowali przydział ziemi w Afryce. Wsparty obecnością zwołanych do Rzymu weteranów, skłonił Mariusz *concilium plebis* do uchwalenia praw otwierających jego żołnierzom, także pochodzącym z miast sprzymierzonych, dostęp do przydziałów ziemi nie tylko w Afryce, lecz i w Italii. Ostro się temu sprzeciwił senat. Wzniecono zamęt, w którym Saturninusa zabił podburzony tłum, a Mariusz musiał iść na pewien czas na wygnanie.

A tu w Italii stał w progu jeszcze jeden wielki żywioł niepokoju. Mieszkańcy sprzymierzonych z Romą miast italskich nie mogli być zadowoleni ze swojej doli. Własnymi ciałami osłonili cały kraj w bitwach wygranych pod wodzą Mariusza. Oczywiście, nie można było powiedzieć, jakoby nic za to nie mieli. W Kampanii i we wrogim niegdyś Rzymowi kraju wojowniczych Samnitów na wschód od Lacjum i Kampanii wyrastały z zamożnego życia wspaniałe budowle: świątynie, amfiteatry i te przystanie życia towarzyskiego, jakimi były wielkie łaźnie. A jednak italscy sprzymierzeńcy byli w rozrastającym się państwie traktowani jako ludzie drugiej klasy. Ta różnica między ludźmi przejawiała się materialnie na przykład wtedy, gdy ziemię konfiskowaną przez Rzym w różnych regionach Italii oddawano pod uprawę tylko rzymskim obywatelom.

Czy sprzymierzeńcy italscy mają pozostać ludźmi drugiej klasy?

Bogatsi więc mieszkańcy prowincji o niczym tak nie marzyli, jak o dostępie do obywatelstwa rzymskiego. Tu zaś rozbijali sobie głowy o mur. Bystro dostrzegli, co się stało z jednym z trybunów ludowych roku 91. Marcus Livius Drusus, syn i imiennik spotkanego przez nas współzawodnika Gajusa Gracchusa, ośmielił się wejść w gęstwinę spraw dotyczących obywatelstwa dla górnej warstwy prowincjuszy, jak też innych czających się sporów społecznych: o miejsce dla ekwitów w senacie, o przydział ziemi ubogim. Jego głos nie został bez reszty potępiony przez *nobiles* skupionych w senacie. Byli tacy, którzy w jego planach widzieli troskę o państwo, ale nie brakło też takich,

Zabicie ich rzecznika rozpala wielki niepokój

którzy go podejrzewali o przebiegłe dążenie do władzy. W naszym październiku roku 91 został zamordowany. To był jeden z faktów, które rozpaliły coś więcej niż bunt i coś więcej niż powstanie. Raczej zarys nowego państwa.

BELLUM SOCIALE

W zimie 91–90 roku przed Chrystusem wielkie plemiona Italii, zmówiwszy się, postanowiły już się nie cofnąć. Tak odpowiedziały na śmierć Druzusa. „Uważając za rzecz nie do zniesienia, by tak się działo z ludźmi ujmującymi się za nimi – pisze Appian (I 38) – i nie widząc innego sposobu zdobycia obywatelstwa, postanowili podnieść wszelkimi siłami bunt przeciw Rzymianom i rozpocząć wojnę. Śląc jedni do drugich potajemnie posłów, da-

wali sobie nawzajem, dla poręczenia wierności, zakładników". Rzymianie, kiedy o tym coś usłyszeli, rozesłali po miastach swoich agentów, aby rzecz śledzili. Appian podaje taki incydent. Kiedy jeden z wysłanników zobaczył chłopczyka, którego z Askulum (w Picenum, krainie nad Adriatykiem, dziś między Ankoną i rzeką Sangro) wywożono do innego miasta jako zakładnika, doniósł o tym konsulowi, Quintusowi Serviliusowi Caepionowi, właśnie przebywającemu w tej krainie. Konsul wpadł jak burza do Askulum i miotał gromy na mieszkańców. Uznali, że ich zdradzono. Zabili Serviliusa i jego legata, Fonteiusa. Tak się ośmieliwszy, mieszkańcy Askulum zabili zaraz wszystkich też innych Rzymian, jacy tu byli, i zrabowali ich majątek.

Prowincjusze mordują Rzymian; zaczyna się „wojna ze sprzymierzeńcami"

Tak się zaczęło, co rzymscy historycy będą nazywać *bellum sociale*, czyli wojna ze sprzymierzeńcami (od znaczenia wyrazu *socius*, „sprzymierzeniec"). Natychmiast przyłączyły się do niej liczne ludy, które Appian wymienia: „Marsowie, Pelignowie, Westinowie, Marrucyni, a z dalszych Picentyni, Frentani, Hirpini, Pompejańczycy, Wenuzyńczycy, Japygowie, Lukanowie i Samnici, ludy i przedtem wrogie Rzymianom".

Diodor Sycylijski w części niestety fragmentarycznej swojego dzieła dużo mówi (w ks. XXXVII) o wojnie sprzymierzeńców. Czytamy, że stolicą nowego państwa zostało Corfinium, miasto ludu Pelignów w środkowej Italii; w innym ich mieście, Sulmonie, urodzi się Owidiusz. Corfinium leżało na wschód od Rzymu i było dobrze osłonięte górami. Tu, jak podaje Diodor, postarali się o wszystko, co jest potrzebne wielkiemu miastu. Urządzili duży rynek i kurię. Nagromadzili wszelkie przybory wojenne i zebrali dużo pieniędzy, a także obfite zapasy żywności. W roku 90 przed Chrystusem zaczęli się posługiwać nazwą, która dziś dla nas jest tak swojska: Italia. Pierwotnie odnosiła się ona tylko do Kalabrii, gdzie żył lud zwany przez Greków *Italoi*. Dopiero teraz nazwa ta dotknęła innych części Półwyspu Apenińskiego. Italią nazwano samo miasto Corfinium albo w ogóle całe nowe państwo, którego stolicą była wykluta z Corfinium Italia.

Przypatrzmy się przez chwilę temu nowemu, krótkotrwałemu państwu. Ono wiele nas uczy przez to, że ukazuje, na przekór wrogości, naśladowanie Rzymu, jego odbicie niemal lustrzane.

Gdybym się nie bał uogólnień, powiedziałbym, co myślę: że z dwóch kultur, od których nasze życie prawie bez reszty pochodzi, greckiej i rzymskiej, ta pierwsza panuje nad naszą sztuką i filozofią, ta druga nad polityką i porządkiem społecznym; nad nauką zaś obie zarówno, a nad pouczeniem duchowym transcendencja, nie do określenia, nie do ograniczenia. Tak już plemiona skupione w owym antycznym państwie pod nazwą Italia nie tylko zaczęły od razu bić pieniądz swojsko przypominający rzymskie monety, lecz, co ważniejsze, ustanowiły wspólny senat, złożony z pięciuset członków. Z ich grona miano wybierać mężów, którzy mogliby przewodzić ojczyźnie i troszczyć się o wspólne dobro, a zwłaszcza kierować wojną. Senatorowie wydali prawo, nakazujące wybierać corocznie dwóch konsulów i dwunastu pretorów. Powołano armię liczącą sto tysięcy ludzi. Byli wśród nich żołnierze wysłużeni, zahartowani w bojach w służbie Rzymowi.

Długa wojna

Roma wyprowadziła ku rozprawom większą armię, sto pięćdziesiąt tysięcy ludzi. Ale przeciwnicy byli bardzo bitni i mocno zwarci. Wojna ciągnęła się długo, od 91 do 87 roku przed Chrystusem. Najgorętsze walki toczyły się w latach 90–89. Prym wiedli w nich Marsowie (*Marsi*), jedno z plemion środkowej Italii na wschód od Rzymu. Równie groźnymi przeciwnikami byli tradycyjni antagoniści Rzymian, Samnici. Roma miała w tych zmaganiach niewiele sukcesów. Raczej broniła się mozolnie przed naporem przemienionych sprzymierzeńców z różnych stron. Zanim przeminął rok 90, wyciągnęła rękę do potężnych przeciwników, w czym przejawił się nierychliwy, ale niezawodny geniusz polityczny Rzymu. Przedstawiła przeciwnikom wielkie swoje ustępstwo. Przewidując bowiem, że Etruskowie, Umbrowie i inne narody, wszyscy ośmieleni sukcesami separatystów w wojnie z Rzymem, mogą przyłączyć się do akcji i zwalić budowane przez Rzymian imperium, senat rzymski ofiarował rzymskie obywatelstwo wszystkim sprzymierzeńcom, którzy dochowali wierności wobec Romy, a również, jak przypuszczamy, tym, którzy by teraz zgodzili się złożyć broń.

Roma wreszcie oferuje sprzymierzeńcom wielkie ustępstwo i rzymskie obywatelstwo dla wielu, aczkolwiek z zastrzeżeniami

Oczywiście, senat był w tym ostrożny. Jak to zdefiniuje świetnie w swoich *Dziejach rzymskich* (*Historiae Romanae*,

II 20) autor lapidarnych kompendiów, Velleius Paterculus (około 19 przed Chr. – po 30 po Chr.), „nadane zostało Italii prawo obywatelstwa rzymskiego, z tym zastrzeżeniem, że nowi obywatele mieli być zapisani do ośmiu z istniejących *tribus*, by wpływ ich i liczebność nie łamały znaczenia dawnych obywateli". Inaczej w szczegółach, ale bez różnic w ocenie intencji opisuje tę rzecz Appian (I 49): „nowych obywateli nie przyjęli Rzymianie do istniejących wówczas trzydziestu pięciu *tribus*, aby jako liczniejsi od dawnych obywateli nie mieli przewagi przy głosowaniach, ale utworzyli dziesięć nowych *tribus*, w których by oni pod koniec głosowali". Owe *tribus* to dzielnice w Rzymie, które zrazu były trzy, a z biegiem czasu wzrastały aż do trzydziestu pięciu. Przynależność do tej czy innej *tribus* odgrywała ważną rolę administracyjną i społeczną; według owej przynależności określano pozycję majątkową i społeczną obywatela, wymierzano mu podatki, pozwalano mu głosować i powoływano go do wojska.

Nadchodzący czas wspólnego obywatelstwa

Ostrożność jednak nie osłabiała wielkiego faktu rozszerzania rzymskiego obywatelstwa. Była to olbrzymia przemiana, która rozstrzygnęła też o losach tragicznego *bellum sociale*. Nie wszystkie plemiona od razu przyjęły wyciągniętą rękę, ale takich ludów, które chciały pojednania, było dosyć wiele, by nowe państwo zbuntowanych rozpadło się. Inne plemiona pokonywano w długich, upartych bojach. Rozległa i niepotrzebna będzie ruina Italii, zanim dojdzie do tego, że wszystkie jej miasta i ludy na południe od Padu połączy więź wspólnego obywatelstwa.

NA PROGU NOWYCH WOJEN

Najdłużej *bellum sociale* trwało na południu Italii. Stąd antagoniści Rzymu mogli najswobodniej rozglądać się po różnych szlakach świata śródziemnomorskiego. Dostrzegali nieprzyjaciół Rzymu, wśród nich króla Pontu, długo panującego (120–63

Nowy władca, Mitrydates VI Wielki, król Pontu

przed Chr.), Mitrydatesa VI Eupatora Dionizosa, którego potomność uczci jako „Wielkiego". Pontos, po łacinie Pontus, to kraj w północno-wschodniej części Azji Mniejszej, u wybrzeży Morza Czarnego. Niegdyś, głównie w III wieku przed Chrystusem, kształtowało się tu związane z tradycją perską królestwo. Ważną rolę w dziejach Śródziemnomorza nada mu dopiero Mitrydates Wielki.

Położony pomiędzy wielką rzeką Halys i pożądaną przez Argonautów Kolchidą, rozciągający się na południe ku Kapadocji i Mniejszej Armenii, Pont przecinają równolegle do wybrzeża łańcuchy gór, u stóp których leżą głębokie doliny. Dwie rzeki, Halys i Iris, przedzierają się przez góry, a na wybrzeżu powiększają się w delty. Dają dogodną komunikację krajowi, który z głębi interioru do nadmorskiego Amisos miał tylko jedną dogodną drogę po ziemi. Nie brakło Pontowi wody, pola były żyzne. Na wybrzeżu i w dolinach można się napawać błogim klimatem. Pięknie się tu darzyły oliwki, wszelkie owoce, orzechy, zboże i rośliny pastewne. Z gór, obfitujących w sól, żelazo, miedź, srebro, zstępowały dobre drzewa, które można było uskrzydlić do żeglugi.

Jego wędrówki i dążenie do mocy

Mitrydates, który teraz zaprząta naszą uwagę, syn króla Mitrydatesa V Euergetesa, uciekł z domu matki i przez kilka lat wiódł życie wędrowne, aż niespodziewanie podbił Sinope, miasto będące najważniejszą kolonią grecką nad Morzem Czarnym. Blisko stąd było do Pontu. Napadł na swój kraj, uwięził matkę, poślubił siostrę, Laodike, której niebawem będzie towarzyszyło wiele następnych żon, zabił brata i wziął się do powiększania królestwa. Najpierw zawładnął północnym wybrzeżem Morza Czarnego; stamtąd czerpał sowite dochody i brał żołnierzy do armii. Potem zajął Mniejszą Armenię, wschodni Pont i Kolchidę. Usiłując zdobyć całą Paflagonię i Kapadocję, natknął się na opór Rzymian. Niebawem zawisnął też nad nim groźny spór z Nikomedesem IV Filopatorem, królem sąsiedniej Bitynii, trackiego kraju zhellenizowanego. Mitrydates wypędził z Bitynii Nikomedesa i osadził tu jego brata, Sokratesa, na tronie. Rzymianie jednak przysłali misję specjalną, która oddała tron Nikomedesowi, a przy tym, jak się zdaje, zachęciła go do najazdu na państwo

Mitrydatesa. Najazd dokonał się w roku 88. Od niego zaczęły się przeraźliwe wojny Mitrydatesowe.

U wrót rzymskiej prowincji Azji podżega Greków przeciw Italczykom

Odpowiedź bowiem pontyjskiego króla była prędka i bezwzględna. Jeszcze w owym roku 88 przed Chrystusem stanął u wrót rzymskiej prowincji Azji i wezwał tamtejszych Greków do mordowania wszystkich Italczyków, jacy do Azji Mniejszej przeniknęli, i ich rodzin. Pono w ciągu jednej nocy zabito ich osiemdziesiąt tysięcy. Mitrydates siebie przedstawiał (co znalazło wiarę nawet u wielu Ateńczyków i w innych starych krajach greckich) jako króla niosącego ludom niepodległość i demokratyczne przemiany społeczne.

Kto ma ocalić Rzym?

Na kogo można się było teraz oglądać, aby ocalił Italię i zwłaszcza Romę? Ktokolwiek z Rzymian zadawał sobie takie pytanie, chyba biegł myślami ku dwom mężom, którzy się uwadze i wyobraźni ludzi narzucili. To znany nam już Mariusz oraz wymieniony w przelocie Sulla. Przywołany przez nas niedawno historyk Sallustius, wyborny stylista, w swojej *Wojnie z Jugurtą*, zaszczycił jednego i drugiego charakterystyką, jakby medalionem.

Mariusz

Oto opis Mariusza (63, 3–7): „Urodził się i przeżył dzieciństwo w Arpinum. Skoro tylko wiek jego nadawał się do służby wojskowej, w takiej się służbie wyrabiał, a nie w greckiej wymowie ani nie w wytworności towarzyskiej. Tak wśród godziwych zajęć umysł niewypaczony prędko dojrzał. Kiedy najpierw ubiegał się u ludu o trybunat wojskowy, z łatwością uzyskał głosy wszystkich *tribus*, chociaż większość ludzi nie znała jego twarzy. Następnie obejmował jeden nowy urząd po drugim, a w urzędowaniu tak się zachowywał, że zawsze uważano go za godnego urzędu wyższego niż ten, który właśnie piastował. Mimo to ów mąż tak znakomity, choć później rzucił się w służenie nadmiernym ambicjom, długo nie śmiał ubiegać się o konsulat. Wówczas bowiem inne urzędy sprawowały osoby z ludu, ale konsulat podawali sobie z rąk do rąk *nobiles*. Nowy człowiek, choćby nie wiem jak był sławny i jak wspaniałych dokonał czynów, nie mógł być uznany za wartego tego zaszczytu, który przez niego wydawał się zbrukany” .

Sulla

A oto Sulla (95, 3–4): „Sulla był *nobilis* z rodu patrycjuszowskiego, z rodziny, która z powodu gnuśności przodków niemal już wygasła. Zarówno w greckiej, jak w łacińskiej literaturze gruntownie był wykształcony, człowiek rozległego umysłu, żądny rozkoszy, lecz jeszcze bardziej żądny chwały. Lubił niezakłóconą przyjemność, lecz ona nigdy nie odwiodła go od powinności; tylko w małżeństwie mógłby jeszcze godniej postępować. Wymowny, przemyślny, skłonny do zawierania przyjaźni, w działaniu odznaczał się bezdenną skrytością serca. Hojny w wielu rzeczach, zwłaszcza chętnie udzielał swoich pieniędzy. Choć był najszczęśliwszym z ludzi przed zwycięstwem w wojnie domowej, nigdy nie wiodło mu się lepiej, niż na to zasługiwał swoją pilnością. Wielu się zastanawiało, czy raczej dzielniejszy był od innych ludzi, czy może bardziej dopisywało mu szczęście. Mówić bowiem o tym, co później zrobił, nie wiem, czy większy to wstyd, czy odraza".

RZYMSKIE
WOJNY DOMOWE

SULLA PRZECIW MARIUSZOWI

Wstępuje na drogę ku władzy

Właśnie w owym 88 roku, gdy rzymskie państwo było tak bardzo zagrożone, Lucius Cornelius Sulla, któremu niegdyś mag chaldejski przepowiedział wielką pomyślność i śmierć u szczytu pomyślności, doszedł wsparty przez ród Metellów do upragnionego konsulatu. Wybrany został na tę godność razem z Quintusem Pompeiusem Rufusem, też związanym z możnymi Metellami. Za syna Pompeiusa Sulla wydał swoją córkę, sam zaś poślubił Caecilię Metellę, wdowę po Marku Aemiliusie Scaurusie, energicznym *homo novus*, ważnej osobie w rzymskim senacie. Sulla był teraz jednym z najmocniejszych ludzi w państwie. Właśnie jemu jako konsulowi senat powierzył kierowanie wojną przeciw Mitrydatesowi.

Rufus popiera Mariusza

Ale gdy miał już postawić stopę na okręcie, by płynąć na wschód, ktoś też silny zaprotestował: Publius Sulpicius Rufus, młody wówczas arystokrata, piastujący urząd trybuna; zdradził on stronnictwo arystokratyczne i przeszedł do Mariusza. Planował umieszczenie nowych obywateli rzymskich (tych z różnych miast Italii) w tych samych grupach wyborczych, gdzie byli starzy Rzymianie, podczas gdy konserwatyści chcieliby z tych nowych formować nowe grupy, głosujące dopiero wtedy, gdy główne sprawy już rozstrzygnięto. Reforma Sulpiciusa spodobałaby się Italikom i rozszerzyłaby jego wpływy w Italii. Aby przeprowadzić swój plan, potrzebował pomocy i wsparcia od Mariusza, mającego teraz siedemdziesiąt lat. Sulpicius więc obiecał Mariuszowi dowództwo na wschodzie, zamiast Sulli.

To nie było zgodne z prawem, bo Mariusz nawet nie piastował konsulatu w owym roku 88. Sulla pokazywał spokojną

twarz, udając, że bez żalu odda władzę. I spokojnie badał nastroje w swojej armii. Odczuł, że żołnierze są za nim. Oficerowie zaś, oprócz jednego, kwestora Luciusa Liciniusa Lucullusa, byli wrodzy. Nie chcieli maszerować na ojczyste miasto. Uciekali do Rzymu. Sulla jednak już się nie cofnął. Poszedł na Rzym. Gdy wyprawieni stamtąd posłowie pytali go po drodze, czemu idzie z bronią na Romę, odpowiedział: „Aby ją uwolnić od tyranów". Postanowił wziąć stolicę siłą.

Sulla idzie zbrojnie na Rzym; wojna domowa

Tego w państwie rzymskim jeszcze nie było. Prawdziwa wojna domowa. Stało się. Appian podaje, że kiedy Sulla zbliżał się do Rzymu, podjechał do niego kolega w konsulacie, Quintus Pompeius Rufus, i wyraził mu uznanie oraz gotowość do wspólnego działania. Appian, główny dla nas historyk rzymskich wojen domowych, dosyć obszernie opisuje (I 55–62) te zmagania, wśród nich straszne, zbrojne wchodzenie rzymskiej armii do Rzymu: „Jak wróg wkroczył Sulla do miasta. Mieszkańcy próbowali się przed nim bronić, miotając z góry pociski. Ale zagroził, że domy podpali. Wówczas zaniechali tego rzucania. Mariusz i Sulpicius z ludźmi, jakich zdążyli uzbroić, stawili im opór na wzgórzu Eskwilińskim. Po raz pierwszy na obszarze Rzymu stoczono bitwę nieprzyjacielską, już nie jakąś awanturę uliczną, lecz bój otwarty, według zasad wojennych, wśród grzmiących trąb, z trzymanymi przez żołnierzy znakami wojennymi".

Czytamy też o dramatycznych obrotach losu. W pewnej chwili obrońcy miasta zdołali odeprzeć żołnierzy Sulli, ale wtedy on sam chwycił w ręce znak, rzucił się w ludzką gęstwinę, powstrzymał ucieczkę wojska. Mariusz wreszcie uląkł się, że może być uwięziony w zdobytym przez nieprzyjaciół mieście, i uciekł z Rzymu, a razem z nim umknęli co znaczniejsi jego stronnicy. Zaraz następnego dnia po ucieczce tamtych Sulla i Pompeius zwołali lud rzymski na zgromadzenie. Oświadczyli, że musieli uczynić to, co uczynili, aby poskromić demagogów. Przypomnieli zasadę, że każdą głosowaną przez lud uchwałę powinien najpierw zatwierdzić senat. Domagali się ograniczenia nadmiernej władzy trybunów. Uważali, że w głosowaniu ludzie zamożni i rozważni powinni mieć przewagę nad biednymi i zuchwałymi. Taki był ich wymierzony przeciw rewolucyjności Mariusza program. Sulla triumfował. Zdołał narzucić senatowi uchwalenie dekretu, który uznawał Sulpiciusa, choć jeszcze był trybunem, a wraz z nim Mariusza i ich stronników za wrogów ludu; majątki ich skonfiskowano. Pobiegli za nimi siepacze. Sulpiciusa dopadli i zabili, bo zdradził go i w ich ręce wydał niewolnik. Mariusz zdołał uciec do Minturnae, miasta na pograniczu Lacjum i Kampanii (dziś Minturno), skąd przeprawił się do Afryki. Wiedział, że jego weterani z upragnieniem tam na niego czekają. Sulla zaś trochę ociągał się w Italii, srogo rozprawiając się z opozycją, jaka jeszcze przeciw niemu się burzyła. Ale i on wyjechał niebawem, do prowincji Azji.

Mariusz ucieka; Sulla i Pompejusz zwołują lud na zgromadzenie

A w Italii historia nie przestała się toczyć. Kiedy Sulla wyjechał, jeden z wybranych na rok 87 konsulów usiłował przywrócić obaloną, Sulpiciusową koncepcję umieszczania nowych obywateli, Italików, razem ze starymi Rzymianami w tych samych wyborczych grupach. Był to Lucius Cornelius Cinna, ze starej rodziny patrycjuszowskiej, ale rewolucyjny, popierający koncepcję Sulpiciusową, który zasłużył się Rzymowi w trudnej porze *bellum sociale* i wbrew sprzeciwowi Sulli został konsulem, lecz razem z Gnaeusem Octaviusem, też arystokratą, o in-

Cinna, arystokrata, ale rewolucyjny

nych poglądach, wsadzonym na urząd przez Sullę. Koleżeństwo dwóch takich konsulów nie miało przed sobą przyszłości. Czy stronnicy Cinny, zwłaszcza liczni nowi obywatele, którzy zjechali do stolicy, naprawdę z ukrytymi sztyletami obsadzili Forum Romanum? Co wiemy, to tyle, że natarł na nich Octavius ze swoimi zwolennikami. Czy Cinna miasta okoliczne naprawdę podburzał do wojny? Co wiemy, to tyle, że musiał uchodzić z Rzymu. Poszukał Mariusza i obaj podeszli z wojskiem znowu pod Rzym, żeby go oblegać. Wpuszczeni do stolicy obaj, nie troszcząc się o formalny wybór, wzięli dla siebie konsulat na rok 86, dla Mariusza konsulat siódmy. W osiemnastym dniu jego piastowania, po siedmiu dniach choroby, Mariusz w tym 86 roku umarł; jak się zdaje, na zapalenie opłucnej.

Razem z Mariuszem chce oblegać Rzym; lecz Mariusz umiera

TWARDE REFORMY SULLI

Dla Cinny konsulat roku 86 był w jego karierze drugi. Koleje życia tego polityka są dla nas nie zawsze jasne. Podejrzewamy, że nie był pupilem piszących o nim historyków. Ale Appian podaje (I 64–75) trochę wieści o tym, jak Cinna i Mariusz wchodzili do stolicy. Senat przedtem wyzuł Cinnę z konsulatu, a nawet z rzymskiego obywatelstwa. Na nowego konsula, by rządził razem z Octaviusem, senat wybrał nieszczęsnego człowieka, Luciusa Corneliusa Merulę, który po powrocie Cinny odbierze sobie życie. Kiedy Cinna i Mariusz z niemałymi wojskami stali pod Rzymem, senatorowie ulękli się, że w oblężonym mieście zabraknie żywności i że wybuchnie powstanie ludowe. Pchnęli tedy posłów do Cinny na pertraktacje.

Ten ironicznie zapytał, czy zwracają się do niego jako do konsula, czy jako do kogoś prywatnego. Tak ostro pouczeni, złożyli Merulę z urzędu. Znowu wyprawili posłów, wzywając Cinnę i Mariusza do miasta. Wzywając wygnańców? W odpowiedzi na to następne pytanie trybunowie przeprowadzili na zgromadzeniu ludowym uchwałę, która znosiła sullańskie wyzucia z praw. Teraz z kolei Sulla będzie uznany za banitę. Oddziały Cinny i Mariusza wchodziły do miasta zastygłego w trwodze. Trafnie, jak się okaże, przewidującego, co się będzie działo. Zaraz poczęto rabować mienie ludzi przeciwnego stronnictwa. Octavius, jak twierdzi Appian, miał od Cinny i Mariusza zapowiedź bezpieczeństwa, a jednak obcięto mu głowę i zawieszono ją na mównicy na Forum Romanum. Siepacze pobiegli do domów wrogich senatorów i ekwitów.

Sulla uznany za banitę

Nie tylko wrogich. Według Appiana mordowano albo przynajmniej wypędzano także innych. Mordując, po śmierci obcinano głowy, aby robić z nich widowisko. Nie pozwalano na pogrzeby, trupami zajmowały się psy i ptaki. Zburzono dom Sulli i poszukiwano jego żony i dzieci, ale uszły szczęśliwie. Przynajmniej takie złagodzenie grozy przedstawia nam Appian, który w reszcie opisu dziedziczy być może przesadne plotki o Cinnie. Bo jest jednak faktem, że ten groźny pogromca, zanim w początkach 84 roku zostanie zabity podczas buntu w armii, obejmował cztery kolejne konsulaty i rządził Rzymem przez te lata bez jawnej dla nas opozycji.

Obłęd i okrucieństwo?

Sulla zaś, nie trapiąc się tym, że jest banitą, odbudowywał swoją władzę od wschodniej strony państwa. Miał tu trochę sukcesów spokojniejszych, zwłaszcza opiekę nad spotkanym przez nas niedawno królem Bitynii, Nikomedesem IV Filopatorem, broniącym się przed sąsiednim państwem, Pontem Mitrydatesa VI Wielkiego. Sulla w latach 85–84 zdołał uwolnić jego królestwo od okupacji pontyjskiej. Odtąd Nikomedes IV dość spokojnie rządził swoim państwem pod protektoratem rzymskim. Musiał być z tego zadowolony, bo umierając, u schyłku roku 75 albo na początku roku 74 przed Chrystusem, przekaże w testamencie (jak przedtem Attalos III swój Pergamon) królestwo bityńskie Rzymowi.

Sulla odbudowuje swoją władzę od wschodniej granicy państwa

Inne działania Sulli były o wiele mniej spokojne i przyjazne. W roku 87 rzucił się na podbuntowane przez Mitrydatesa VI Ateny i po trudnym oblężeniu zawładnął nimi w roku 86. Zwolennicy Mitrydatesa zginęli. Zdobywca spalił port Aten, Pireus.

Oblega i dewastuje Ateny; ginie w Grecji życzliwość dla Mitrydatesa

Zagrabił i wywiózł z Aten wielkie bogactwa, wśród nich jedną z dwóch głównych bibliotek oraz kolumny ze świątyni Zeusa Olimpijskiego. Odzyskiwane, jedno po drugim, miasta w Azji przygniótł obowiązkiem ciężkich danin. Po doświadczeniu rzymskiego odwetu fascynacja Mitrydatesem jako heroldem niezależności greckiej rozpadła się w świecie helleńskim. Król Pontu wyrzekł się wszystkich świeżych zdobyczy i wrócił na obszar swojego królestwa.

Sulla-banita, rozjarzony teraz sławą zwycięstw, postanowił odzyskać Italię. Stanąwszy na ziemi swojego kraju w roku 83, rozpoczął srogą wojnę przeciw tym, którzy niedawno byli stronnikami Mariusza, zwłaszcza przeciw miastom Samnitów. Rozprawiał się też z wrogimi mu politykami. Ponoć kazał sporządzić listę kilku tysięcy ekwitów i senatorów, których można było bez kary, a nawet za nagrodą, zabić. Ziemie ich konfiskowano i rozdzielano między weteranów Sulli. Gdy wkroczył w roku 82 na czele swojej armii do Rzymu, zażądał mianowania go dyktatorem. Funkcja ta, *dictator*, była już znana. W porze zagrożenia państwa konsul na życzenie senatu mógł mianować dyktatora, który był jakby starszym kolegą konsulów. Nazywano go *praetor maximus*. Z czasem funkcja ta uniezależniła się od związku z konsulami. Oznaczała sprawowanie nad społeczeństwem nieograniczonej władzy o charakterze wojskowym, takiej, od której nie było odwołania.

Przeraźliwe rządy dyktatorskie Sulli

Zazwyczaj piastowano tę wielką, prawie królewską funkcję tylko przez sześć miesięcy. Sulla zaś w roku 82 objął dyktaturę bez wyznaczonego z góry terminu jej kresu. Senat to zaakceptował. Było jasne, że dyktator szczerze dąży do wzmożenia powagi senatu. Wprawdzie Plutarch w *Żywocie Sulli* (31) przedstawia jego rządy w Rzymie jako niemal orgię mordu. Inaczej Appian (I 96–100): zastanawia się raczej nad zmianami w prawach. Zmiany miały przywrócić dawniejszy ład: „Zabronił piastowania pretury przed kwesturą, jak też konsulatu przed preturą. Póki nie minie dziesięć lat, nie pozwolił sprawować ponownie tego samego urzędu. Trybunat ludowy niemal zniósł, bardzo osłabiając jego rolę. Zastrzegł też prawnie, że trybun nie może już nigdy piastować żadnego innego urzędu. Dlatego żaden człowiek ambitny albo pochodzący ze znakomitego rodu nigdy się już nie ubiegał o trybunat". Przedtem będący, trzeba tu dodać, ulubionym w karierze stopniem ku wyżynie.

Powiększył Sulla senat, liczący tradycyjnie trzystu członków. Appian to tak przedstawia: „Do senatu, nielicznego wówczas z powodu walk wewnętrznych i wojen, przybrał trzystu ludzi spośród najznakomitszych ekwitów. Uwolnił, po wymordowanych obywatelach, przeszło dziesięć tysięcy ich niewolników, tych co młodszych i silniejszych; zrobił ich obywatelami rzymskimi i włączył do rzymskiego ludu; od swojego nazwiska rodowego nazwał ich Corneliusami. Chciał wśród ludu mieć wielu takich, co będą słuchać jego rozkazów". Tak wprowadzał w krąg społeczny wielu nowych ludzi, którzy albo nigdy przedtem nie byli rzymskimi obywatelami, albo nie mogli przekroczyć progów arystokracji, *nobiles*, napełniającej senat, o który tak się troszczył. Ustanowił też bardzo ważną zasadę, że *concilium* nie może głosować żadnych uchwał, które by wcześniej nie były aprobowane przez senat.

Sulla powiększa senat o ekwitów i wzmaga jego rolę

MIĘDZY SULLĄ I POMPEJUSZEM

Panowanie Sulli zbliżało się jednak do kresu z przyczyn, jakie trudno było przewidzieć. Reformy ustrojowe układał głównie w roku 81. Miał wówczas pięćdziesiąt kilka lat. Ciążyła nad nim przepowiednia, w którą wierzył, głosząca, że nie będzie długo żył. Chciał zdążyć w wypełnieniu tego, co konieczne. Ten srogi, a ponoć nawet krwawy, człowiek chyba miał jednak w duszy coś z rzymskiego poczucia obowiązku. Zrobiwszy, co jego zdaniem trzeba było zrobić, złożył dyktaturę. Wrócił na drogę rządu konstytucyjnego, obejmując w roku 80 urząd konsula razem z Quintusem Caeciliusem Metellusem Piusem, swoim sprzymierzeńcem, zasłużonym w zmaganiu się z Cinną. Dzisiej-

Rzymskie poczucie obowiązku w duszy Sulli; dyktator wraca na drogę rządu konstytucyjnego

si historycy wiedzą, że Sulla utrwalić swojej władzy nie chciał. Nawet nie umieszczał, wbrew niemal powszechnemu u władców obyczajowi, swojego wizerunku na monetach. Wrócił do roli zwykłego, choć bardzo słynnego, obywatela w roku 79. Ukrył swoją prywatność w Kampanii. Był chory. W roku 78 umarł tam pod Neapolem. Z jego dzieci, bliźniąt, Fausty i Faustusa Corneliusa, syn poślubi córkę Pompejusza Wielkiego i będzie służył pod Pompejuszem na Wschodzie. Z reform zaś Sulli niedużo w tym świecie zostanie. Burzył się przeciw nim, może jeszcze przed jego śmiercią, Marcus Aemilius Lepidus, imiennik swojego sprawującego świetne urzędy przodka z początków II wieku, wybrany na konsula na rok 78. Dzieła obalenia zaś konstytucji Sulli dokonają w roku 70 Pompejusz Wielki i Krassus.

Umierajac, Sulla nie zostawia państwa spokojnego

Państwa, o które dyktator na pewno szczerze się troszczył, nie zostawiał on spokojnego. Zbyt wiele walk świeżo je przeorało. Ci urzędnicy, których rolę powściągnął, bronili jej. Trybunowie ludowi nieraz ścierali się z konsulami. Atakowali zwłaszcza sullańskie, podległe senatowi sądy, które wyglądały na obciążone masowym przekupstwem. Przez kilka lat rosnąca cena zboża drażniła lud. Spotkany już przez nas w tej książce Salustiusz w *Spisku Katyliny* (*De coniuratione Catilinae*, 11–13) swoim może przesadnym w moralizmie, ale ostrym, wspaniałym rylcem stara się nakreślić stan rzymskiego społeczeństwa „po Sulli":

„Skoro Sulla, owładnąwszy orężnie rzeczpospolitą, dobrze zaczął, lecz okrutnie skończył, wtedy wszyscy zaczęli łupić i rabować. Jeden chciał domu, drugi ziemi. Zwycięzcy nie znali ani końca, ani miary, i dopuszczali się strasznych gwałtów na obywatelach. Trzeba dodać, że Sulla wojsko, którym dowodził w Azji, wbrew zwyczajowi przodków, dla pozyskania jego wierności rozpasał przesadną hojnością. Błogie, rozkoszne miejsca rozmiękczyły srogie dusze żołnierzy. Tam to po raz pierwszy wojsko ludu rzymskiego nauczyło się kochać, pić, podziwiać malowidła i rzeźbione naczynia, wydzierać je osobom prywatnym i miastom, łupić świątynie i znieważać wszystko, tak boskie, jak ludzkie".

Była to, zdaniem wielkiego pisarza, ruina tradycyjnych obyczajów: „Skoro bogactwo zależne od losu zaczęto traktować ja-

Czy Sulla zachwiał tradycyjne obyczaje?

ko wynik zasługi i opromieniła je chwała, władza, potęga, wtedy poszarzała cnota, ubóstwa się wstydzono, uczciwość wydawała się zboczeniem". Oto jak nieubłagany wzrok Salustiusza obnaża to, co wówczas się wykluwało jako rzymskie wyrafinowanie: „Na cóż przypominać, czemu nikt, oprócz tych, którzy sami widzieli, wiary nie da, że niektórzy prywatni ludzie przekopywali góry albo stawiali budowle na morzach. Ludzie ci jakby szydzili z własnego przepychu, bo co mogli spokojnie posiadać, woleli haniebnie rozrzucać. Nastała namiętność do rozpusty i wszelkich uciech tego rodzaju. Mężczyźni oddani prostytucji, kobiety odsłaniające się bezwstydnie. Przetrząsanie ziem i mórz w poszukiwaniu przysmaków. Kładziono się spać, zanim się spać zachciało. Nie czekano ani głodu, ani pragnienia, ani zimna, wszystko to uprzedzano. A dziedziczne majątki przecież się wreszcie wyczerpywały, więc młodzież, aby móc tak żyć, schodziła na drogę zbrodni. Umysł do zła zaprawiony już nie potrafił wyrzekać się przyjemności i szukał wszelkich sposobów zdobycia na nie pieniędzy".

Nie mógł się tedy w państwie uchować spokój. Konsul roku 78, Marcus Aemilius Lepidus, spierający się (w materii ustaw sullańskich, którym się sprzeciwiał) z kolegą w urzędzie konsularnym, Quintusem Lutatiusem Catulusem, stanął na czele rewolty wydziedziczonych posiadaczy ziemskich w Etrurii. Inny zaś ważny człowiek polityki rzymskiej, Quintus Sertorius, ekwita, niegdyś oficer u Mariusza, potem uczestnik stronnictwa Cinny, wsławił się, przeciwstawiając się Mariuszowemu terrorowi. Prawdopodobnie objął w roku 83 jako pretor władzę nad całą prowincją Hiszpanią; wypędzono go jednak w roku 81. Po śmierci Sulli wrócił do Hiszpanii i zyskał sobie takie oparcie u iberyjskich wieśniaków, że senat właściwie przestał panować nad tą prowincją.

Sulla władzę senatu, tak mu drogiego, żarliwie wzmógł, lecz wzmógł raczej teoretycznie. Pozbawieni rad Sulli, których by zresztą teraz już chyba nie słuchali, senatorowie postanowili znaleźć wodza, który ocali państwo. Był taki. Wspomniany tu przed chwilą Gnaeus Pompeius Magnus („Wielki", tak zwany już w 80 roku). Jego życie to burzliwe lata 106–48 przed Chry-

Senatorowie szukają wodza, który by ocalił państwo

stusem. Ojcem jego był Pompeius Strabo, który w wojnie ze sprzymierzeńcami brał udział jako legat na północy w roku 90, a w roku 89 jako konsul. Pod jego rozkazami służył syn Pompejusz, jak też Cycero i Katylina. W roku 87 miał bronić Rzymu przed Cinną; bronił i nie bronił. Miał zażartych wrogów. Gdy umarł w porze epidemii, jego zwłoki wleczono po ulicach Rzymu. Syn, ten właśnie, który nas teraz obchodzi, Gnaeus Pompeius, słynny w dziejach Pompejusz, był tylko ekwitą, lecz wielce się zasłużył Sulli w roku 83, werbując ku jego obronie trzy legie. Walczył też i zwyciężał dla tego stronnictwa na Sycylii i w Afryce.

Zadanie to ma podjąć Pompejusz Wielki

Po tych zwycięstwach, gdy miał zaledwie dwadzieścia pięć lat, zdołał od dyktatora uzyskać pozwolenie na odbycie *triumphus* w Rzymie w roku 80 (albo może 81) oraz na dołączenie do swoich mian właśnie przydomka Magnus. *Triumphus* został nieco zaćmiony tym, że sprowadzone do ciągnięcia rydwanu triumfatora słonie nie mogły się przecisnąć przez bramę miejską. Już wtedy, jak się przypuszcza, roił sobie, że jest drugim Aleksandrem Wielkim. W każdym razie słynna jego głowa marmurowa, będąca kopią zaginionego oryginału, powstałego około roku 55 przed Chrystusem, pokazuje nam właśnie tak ułożone włosy, jak rzeźbiarze hellenistyczni układali włosy Aleksandra.

Plutarch w *Żywocie Pompejusza* powiada (2, 1), że czar jego twarzy zniewalał ludzi, bo z urodą chłopięcą łączyło się dostojeństwo i królewskość jego natury. Bliższy czasowi Pompejusza historyk rzymski, Wellejusz Paterkulus (około 19 przed Chr. – po roku 30 po Chr.), tak w swoich *Historiae Romanae* ów czar określa (II 29): „Jaśniał urodą nie tą wprawdzie, która w kwiecie wieku ściąga oczy ludzi, lecz pewną dostojnością i powagą, która przystojąc jego wielkości i znakomitemu stanowisku, opromieniała go do ostatniego dnia życia. Cechowała go bezwzględna, niepospolita prawość. Mówcą był nienadzwyczajnym. Bardzo chciał władzy, lecz nie wydzieranej siłą, ale powierzanej mu w dowód czci i uznania. Wytrawny wódz w wojnie, skromny obywatel w porze pokoju, dopóki się nie obawiał, że mu ktoś dorówna. W przyjaźni wierny, w przykrych sporach

Czar urody i charakteru Pompejusza

skłonny do pojednania, łatwo przyjmował zadośćuczynienie. Z mocy swojej nigdy, albo tylko rzadko, korzystał niepowściągliwie. Prawie nie miał wad, oprócz tego, że w rzeczypospolitej panującej nad światem, w której wszyscy obywatele są według prawa równi, oburzał się, gdy widział, że ktoś mu dorównuje dostojeństwem".

WOJNY POMPEJUSZOWE

Senat powierzył mu zadanie rozprawienia się z Lepidusem. W tym celu poddano jego młodzieńczym i bezgranicznie ambitnym rozkazom armię rzymską. Z rewoltą Lepidusa w Etrurii Pompejusz dał sobie prędko radę. Buntownik usiłował ratować się sojuszem z Sertoriusem, rządzącym Hiszpanią prawie niezależnie od senatu, a także marszem na Rzym w roku 77, ale pobił go i odtrącił Catulus, drugi, wrogi mu konsul roku 78. Lepidus uciekł na Sardynię, gdzie po jeszcze jednej przegranej bitwie pono umrze ze zgryzoty.

Prędkie pobicie rewolty Lepidusa w Etrurii

Trudniej było dopaść Sertoriusa, mocno osadzonego w swojej Hiszpanii. Ten wódz usiłował nawet ukształtować na Półwyspie Iberyjskim jakby konkurencyjne państwo rzymskie, z własnym senatem. Gdy Pompejusz z armią przybył tam w roku 76 przed Chrystusem, zaczęły się długie zmagania, trzy lata walk, jakby partyzanckich, nękających, w których Sertorius z wolna tracił życzliwość swoich Iberów. W końcu zamordował go przy uczcie w roku 72 inny zbiegły wódz rzymski, Marcus Perperna Veiento, który niebawem, pobity przez Pompejusza, chciał mu się przysłużyć pokazaniem korespondencji Sertoriusa. Pompejusz odmówił nawet spojrzenia na nią i kazał ściąć Perpernę.

Trudniejsze pokonanie Sertoriusza w Hiszpanii

Ledwie wrócił do Rzymu, senat miał do niego nowy apel: aby wziął się za bary z ogromnym niebezpieczeństwem, jakim

Wielkie powstanie niewolników pod wodzą Spartakusa

było wielkie powstanie niewolników. Poderwał ich do buntu w Kapui w roku 73 przed Chrystusem tracki gladiator, Spartakus. O tym jednym z najbardziej niezwykłych ludzi całego świata antycznego wiemy dość mało. Głównym źródłem były chyba *Historiae* Salustiusza, które doszły do nas w skąpych fragmentach. Więcej o tym powstaniu pisze Appian oraz Plutarch w *Żywocie Krassusa* i *Żywocie Pompejusza*, ale i tu, jak też u późnych autorów greckich i rzymskich, którzy czytali jeszcze całego, dla nas potrzaskanego, Liwiusza, odczuwamy, że patrzymy na owo olbrzymie wydarzenie jakby przez mgłę. Przyłączali się do Spartakusa liczni zbiegowie z wiejskich domów rzymskich, niewolnicy traccy, celtyccy i germańscy.

Zwycięstwa Spartakusa

Sukces Spartakusa był na miarę największych wodzów w ludzkiej historii. Armię, jaką zgromadził, oblicza się na siedemdziesiąt albo nawet dziewięćdziesiąt tysięcy ludzi. Po dwóch zwycięskich bitwach z Rzymianami Spartakus pustoszył południową Italię. W roku 72 utracił swojego przybocznego,

Celta Crixusa, ale też pobił trzy rzymskie armie, gromiąc obu konsulów, i doszedł do Galii Przedalpejskiej. Liczył na to, że jego ludzie spokojnie teraz pójdą do swoich celtyckich i germańskich domów. Lecz oni woleli łupić Italię. Innego cywilizowanego społeczeństwa nie wyobrażali sobie przecież. Chcieli, tak jak mogli, obłowić się na tej cywilizacji. Samotny więc wśród nich Spartakus wrócił z armią na południe. Pobił jeszcze dwa rzymskie wojska. Pustoszył Lukanię. Chciał się dostać na Sycylię, ale pirackie transporty, na jakie liczył, zawiodły go. W końcu Krassus, z którym niebawem będziemy w tej książce obcowali, w roku 71 postanowił mu sprostać.

Własna armia jednak nie jest mu posłuszna

Nie dopadł go na czubku italskiego buta, lecz zdołał osaczyć i zniszczyć go w Lukanii. Nie mniej niż sześć rzymskich legii tam posłano. Zdaje się, że wojsku Krassusa ułatwił zwycięstwo rozłam u Spartakusa. Część niewolniczych zastępów, przerażona tyloma rzymskimi orłami, przeszła w ogniu bitwy na ich stronę. Niebawem Pompejusz, wracając właśnie z Hiszpanii, unicestwił nieliczne siły powstańcze, jakie ocalały. Przy drodze z Kapui, gdzie się walka zaczęła, do Rzymu wyrósł nieskończony niemal szereg krzyży, jednego za drugim. Złapanych krzyżowano. Trzeba to sobie z bólem wyobrazić, jak późniejsze szeregi wbitych na pal w wojnach we wschodniej Europie. Ludzka historia. Może jednak sprawiedliwość kazałaby pomyśleć, że w Rzymie, gdzie jak w całym świecie antycznym niewolnictwo było uważane za element prawa naturalnego, chyba nie był to sadyzm, lecz tylko postrach. Jak mniemano, konieczny. Horacy, syn wyzwoleńca (nie ukrywa tego, *libertino patre natus*), czyli niewolnika, który w ładzie rzymskiego społeczeństwa zdołał się wykupić (a Horacy już obcuje z Oktawianem Augustem właściwie „za pan brat"), tenże Horacy wspomina (*Epody*, 16, 5) Spartakusa (*Spartacus acer*) jako groźnego dla Rzymu, a w jednej z *Pieśni* (III 14, 19–20) każe słudze sprawdzić, czy jest w piwnicy dzban, który uniknął rąk błąkającego się po Italii Spartakusa:

Krassus i Pompejusz okrutnie pokonują powstanie

Spartacum si qua potuit vagantem
Fallere testa.

Z pewnością, jeśli nie wyzwoleńca synem, a nawet Augusta przyjacielem, chciałby on przynajmniej być takim niewolnikiem, jak opisany w greckim nagrobku w *Antologii Palatyńskiej* (VII 179):

> Nawet teraz, pod ziemią, jestem ci wierny, panie,
> Tak samo jak zawsze. Nie zapomnę o twojej dobroci.
>
> Trzy razy podniosłeś mnie z choroby i postawiłeś na nogi,
> Teraz mnie osłoniłeś tym godziwym grobowcem.
>
> Imię wypisałeś: Manes z Persji. Dobrze postąpiwszy wobec mnie,
> Niewolników będziesz miał skwapliwszych w potrzebie.

Bo życie człowieka na ziemi jest w ogóle bardzo ciężkie. To ludzie owej cywilizacji wiedzieli do dna. Przecież Homer, w *Iliadzie*, XIX 302, wie, że płaczki nad zwłokami Patroklosa szlochały pozornie nad Patroklem, lecz naprawdę każda nad własną niedolą. Dlatego też tak niezmiernie cenne jest wielkie państwo, zdaniem Arystotelesa (*Polityka*, IV 9, 9), wzniesione nad spory stronnictw, spory mające treść i wartość zawsze względną. Trzeba, uważali liczni ludzie owej cywilizacji, mozolnie budować takie państwo, nie szkodzić mu, osłaniać je. Państwo ani nie bogaczy, ani nie ubogich. „Wyraźnie się widzi, że państwo oparte na stanie średnim jest najlepsze, bo tylko ono jest wolne od wstrząśnień wewnętrznych. Jeśli stan średni jest liczny, najrzadziej powstają bunty i rozłamy między obywatelami. Dlatego też wielkie państwa są mniej narażone na wewnętrzne zaburzenia, bo właśnie w wielkich państwach stan średni jest zazwyczaj liczny. W małych zaś państwach społeczeństwo łatwiej rozpada się na dwa obozy, a wtedy stan średni zupełnie zanika i wszyscy ludzie są albo bardzo bogaci, albo bardzo ubodzy. Trzeba dodać, że dzięki oparciu się na stanie średnim demokracje są pewniejsze i trwalsze niż oligarchie, bo w demokracjach ludzie ze stanu średniego są liczniejsi i częściej osiągają godności, niż to się dzieje w oligarchiach. Jeśli zabraknie stanu średniego i ubodzy zaczną wieść prym dzięki swojej liczbie, następuje rozstrój, a rychło za nim nadciąga zagłada".

DALSZY CIĄG TYCH WOJEN

Mozolnie więc starano się budować wielkie państwo. To dzieło w naszej historii rzymskie po dziele greckim. Żyjemy w tym. Dręczymy się, ale przecie też pracujemy. Cóż innego moglibyśmy robić? Odejść ze świata? Są jednak obowiązki wobec innych ludzi.

Po strasznej wojnie Pompejusz wraca do Rzymu

Pompejusz po „wojnie niewolniczej" wrócił w roku 71 do Rzymu. Historycy nieraz mu wypominają, że zwycięstwa zawsze przypisywał sobie. Tak było i w tym przypadku, gdy w bardzo trudnych bojach pokonano trackiego wodza, który bardziej niż Pompejusz zasługiwał na miano „Wielkiego". Wodza bezgranicznie heroicznego, a przy tym ludzkiego, który, można się domyślać, chciał tylko wyzwolić swoich wspólników niewoli, a nie ujarzmiać innych. Taka została legenda Spartakusa w europejskich sercach. Ale wyzwalani chcieli inaczej. Właściwie, czy można się temu dziwić? Co oni znali, co oni w ogóle widzieli? Gdyby zwyciężyli do końca, co zresztą nie było możliwe, zrobiliby w Italii społeczeństwo pod wodzą nie wyzwoliciela, lecz kogoś innego spośród siebie, bo Spartakusa raczej by odsunięto, a chyba i zamordowano. Zrobiliby społeczeństwo jeszcze bardziej niewolnicze, jak myślę, straszniejsze niż to, które przedtem było. Gdzie już nikt by się nie wyzwalał spokojnie przez pracę i skrzętność. Tak myślę, bo przyjrzeliśmy się naszemu, niedawno dobiegłemu do końca, stuleciu. Wiemy różne rzeczy, które tamci ludzie tylko przeczuwali.

Po upiornej więc wojnie, takiej, jak się przeraźliwie rozegrała, Pompejusz w stolicy głosił, że to on odtrącił od Romy ostateczne niebezpieczeństwo. A wcale nie było tak. Rozstrzygający

Krassus i jego rola

cios zadał armii Spartakusa nie on, lecz wspomniany tu już Krassus. Trzeba teraz o nim powiedzieć trochę więcej. Marcus Licinius Crassus Dives („Bogaty"), z rodu arystokratycznego i bogatego, w roku 87 przed Chrystusem uciekł do Hiszpanii, a po śmierci Cinny przystał do stronnictwa Sulli i powiększył swój majątek dzięki temu, że był blisko proskrypcji, czyli dokonywanego przez Sullę konfiskowania dóbr przeciwników. Po odbyciu pretury wziął udział w owej Spartakusowej wojnie. Potem dolegało mu samochwalstwo Pompejusza, lecz mimo to razem objęli konsulat w roku 70. Jeden i drugi zachował swoją armię, aby się senat nie mógł mieszać do ich władzy. Objęto ją poza prawem, bo Pompejusz nie był dotychczas nawet kwestorem ani nie zasiadał w senacie. Sam senat, wdzięczny za życzliwość, uwolnił go oficjalnie od spełnienia tych urzędowych wymagań. Krassus zaś był z rodu potężny i jeszcze wzmógł swoją siłę uzależnianiem od siebie, jakby klientów, wielu senatorów i zamożnych, zajętych interesami handlowymi, ekwitów.

Krassus i Pompejusz konsulami

Plutarch, który w swoim zbiorze zaszczycił Krassusa, tak jak Pompejusza, *Żywotem*, powiada (2, 1): „Rzymianie twierdzą, że wiele cnót Krassusa zaćmiła jedna wada, chciwość. Może też było tak, że ta jedna przywara, będąc silniejsza niż inne, osłabiła tamte". W tym, co się tyczy współzawodnictwa dwóch ludzi, Plutarch, tradycyjny wychowawca bohaterów, żywi większą sympatię do Pompejusza, podejrzewając, że Krassus najzwyczajniej zazdrościł współzawodnikowi sławy wojennej. Chciał dorównać popularności Pompejusza nie przez czyny wojenne, lecz przez pieniądze, którymi bez umiarkowania błyszczał. Niekiedy zaś nawet popierał interesy cudze. „Ale – pisze (7,4) Plutarch – co się tyczy dostojeństwa osoby, przekonujących wypowiedzi i uroku twarzy, obaj byli jednako obdarzeni".

Obalają wiele reform Sulli; Pompejusz Wielki odchodzi w prywatność

Obaj przystąpili do odwołania wielu reform sullańskich. Przywrócili dawną władzę trybunom ludowym i znowu otworzyli przed ekwitami dostęp do zespołów sędziowskich, nawet zapewniając każdemu zespołowi większość członków spoza senatu. Ludowi się to podobało, podczas gdy senat, niezadowolony, milczał. Po okresie tak wypełnionego działalnością prawną konsulatu Pompejusz odszedł w prywatność. Może czekał na sposobność do wielkiego znów zabłyśnięcia. Na dramatyczne okoliczności nie wyczekiwało się wówczas długo. Na Wschodzie znowu coś się działo. Kiedy Nikomedes IV, o czym już mówiliśmy, w roku 75 albo na początku roku 74 przekazał w testamencie swoje bityńskie królestwo Rzymowi, król Pontu, Mitrydates VI Wielki, znowu się poruszył. Nie chciał znosić wzmagającej się przewagi Rzymian. Najechał Bitynię. Zaraz Rzym wysłał przeciw niemu wojsko pod dowództwem Lukullusa, jednego z dwóch konsulów roku 74 przed Chrystusem.

Słynny wódz Lukullus

Lucius Licinius Lucullus, którego także uznał Plutarch za godnego *Żywota*, w wojnie ze sprzymierzeńcami walczył pod Sullą, a jako kwestor militarny w roku 88 był jedynym oficerem, który poparł marsz Sulli na Rzym. Epikurejczyk, żyjący do dziś w przysłowiach o rozkosznej egzystencji, miłośnik literatury i sztuki, jako prokwestor (były kwestor) armii Sulli na Wschodzie był jego bezcennym pomocnikiem, używanym do misji dyplomatycznych, gromadzącym pieniądze i okręty. W roku zgonu Sulli, 78 przed Chrystusem, sprawował preturę. Został prawnym opiekunem jego syna, Faustusa, a następnie rządził Afryką. W roku 74 jako konsul miał się rozprawić z Mitrydatesem. Udało mu się to nadzwyczajnie.

Gromi Mitrydatesa Wielkiego, lecz nie dewastuje Wschodu

Wygnał Mitrydatesa z Bitynii, najechał jego Pont i zdobył dwa z głównych miast owej krainy. W roku 69 powiódł swoje zastępy na twardą ziemię Armenii, gdzie rządził zięć i sprzymierzeniec Mitrydatesa, król Tigranes. Słuchając mądrości zgromadzonej w starym rodzie, z jakiego się wywodził, Lukullus nie niszczył tych krajów. Starał się o długą stałość Azji i w tym celu zaczął powściągać zdzierstwa ekwitów, którzy tu czerpali dochody z ciężkich danin nałożonych na wiele miast przez Sullę. Rozpalił tym w Rzymie wściekłość przeciw sobie. Szydzono nawet z tego, że postanowił nie ścigać uchodzącego Mitrydatesa w górach Anatolii. A po cóż miałby to robić?

Znakomity król Pontu nie był wówczas jedynym utrapieniem Rzymian we wschodniej części Śródziemnomorza. Jeszcze groźniejsi byli piraci, sięgający zresztą dosyć też daleko na zachód. Rozzuchwalili się tak, że wdzierali się głęboko w ląd, a podczas jednej z takich wypraw do Italii udało im się wziąć w niewolę dwóch pretorów. Spalili też niemało z portu w Ostii. Przede wszystkim zaś grozili zagłodzeniem Rzymu, bo nie dopuszczali do niego ładunków zboża.

NASTĘPNE WOJNY I ROZRZĄDZANIE WSCHODU

Kto ma się rozprawić z piratami

Senatorzy zdawali sobie sprawę, że ktoś musi wreszcie poskromić tę groźbę. Lecz bali się dać Pompejuszowi zbyt duże pełnomocnictwo. Zajął się więc sprawą jeden z trybunów ludowych, Gabinius. W roku 67 przed Chrystusem nakłonił zgromadzenie ludowe, by w tajnym głosowaniu (praktykowanym przez zgromadzenie, ku niezadowoleniu senatu, od roku 139) uchwaliło, że do rozprawienia się z piratami trzeba wyznaczyć jednego z byłych konsulów. Sprzeciwiali się temu senatorzy oraz inni trybuni, ale uchwała przeszła, a po niej zgromadzenie już bez ogródek zagłosowało tajnie, że pogromcą napastników ma być Pompejusz na czele stu dwudziestu tysięcy piechoty, pięciu tysięcy jazdy, pięciuset okrętów. Podlegać miało jego działaniu i władzy morze i wszystkie wyspy oraz obszar do pięćdziesięciu mil w głąb lądu. Wódz swoje zadanie miał spełnić samodzielnie, a dopiero po powrocie z wojny przedstawić do ratyfikacji przez senat to, czego dokonał.

Pompejusz sprawnie tego dokonuje

Ukazał ludowi (w którym prym wiedli, ma się rozumieć, bogacze), obdarzającemu go zaufaniem, a także przeciwnikom, swoje oblicze zwycięzcy. Piratów od razu zepchnął na wschód, a po trzech miesiącach musieli oni umknąć do twierdz w Cylicji, gdzie się zamknęli i czaili. Najważniejsze było to, że przestali panować nad wielkimi spichrzami zbożowymi Italii: Sardynią, Sycylią i założoną po pokonaniu Kartaginy w roku 146 przed Chrystusem prowincją Africa. Śródziemnomorzu starano się nadać jedność organizacyjną, coraz wyraźniejszy zarys kształtowanego wielkiego państwa. Podzielono je na trzynaście stref, a nad każdą z nich miał czuwać legat, przedstawiciel rzymskiej władzy. Senat nie tylko ratyfikował taki ład, lecz potłumił swoją niechęć do zwycięzcy, gdy zgromadzenie ludowe już w roku 66 powierzyło znowu Pompejuszowi w tajnym głosowaniu wielkie zadania, tym razem na Wschodzie.

Z woli zgromadzenia ludowego Pompejusz zastępuje Lukullusa na Wschodzie

Zostawiliśmy tam epikurejczyka Lukullusa, wodza sprawnego, lecz być może takiego, który nie doprowadza rzeczy do końca, w roku 69 przed Chrystusem. Zadał on mocne ciosy Mitrydatesowi VI Wielkiemu i wygnał go w góry Anatolii. Ale wschodni władca niedługo potem wzmocnił się okolicznością, której nie spowodował, mianowicie buntem w wyczerpanej twardą władzą i trudami armii Lukullusa. Wrócił do swojego Pontu już w roku 68, nie na bardzo długo jednak. Za dwa lata szedł w te strony Pompejusz, którego Lukullus nazwie sępem, rzucającym się na padlinę z cudzego uboju. Bo właśnie Pompejuszowi zgromadzenie ludowe powierzyło ostateczną rozprawę z Mitrydatesem, jak też inne sprawy na Wschodzie. Pompejusz zastąpił Lukullusa.

Mitrydates, pobity przez Pompejusza w roku 64 pod Nikopolis (w Azji Mniejszej nad rzeką Likos), uciekł do Kolchidy, a stamtąd na Krym. Ciężary, jakie nałożył na swoich poddanych w celu osiągnięcia nowej floty i armii, popchnęły ich do masowego buntu. Na czele rewolty stanął własny jego syn, Farnakes. W rozpaczy Mitrydates, świetny wódz, który, podobnie jak później Pompejusz, naśladował Aleksandra Wielkiego w sposobie noszenia się i w wyglądzie, zawieszony między Irańczykami, stanowiącymi trzon jego ludu, i hellenizmem, który go urzekał, postanowił wreszcie z sobą skończyć. Stwierdził jednak, że nie może się otruć, bo dietą profilaktyczną znieczulił się na truciznę. Kazał więc w roku 63 komuś ze swojej ochrony, żeby go przebił mieczem. Miał sześćdziesiąt dziewięć lat.

Zgon Mitrydatesa Wielkiego

Jeszcze przed kresem Mitrydatesa Pompejusz rozrządził różne sprawy na Wschodzie. Najpierw zajął się tym, co nazywano wówczas Syrią, czyli krajem rozciągającym się od pogranicza Egiptu i od południowo-wschodniej części Azji Mniejszej do wybrzeża Morza Arabskiego. Było tu niegdyś państwo Seleukidów, których nieraz wspominaliśmy jako należących do grona spadkobierców Aleksandra.

Rozrządzanie Syrii

Po najsłynniejszych Seleukidach: założycielu monarchii, Seleukosie I Nikatorze (lata panowania: 305–281), Antiochu III Wielkim (223–187), który rozszerzył granice państwa, i Antiochu IV Epifanesie („Wspaniałym", 175–163), gorliwym patronie kultury helleńskiej, monarchia syryjska, jak już mówiliśmy, podupadała. Stopniowo traciła siły, miasta, ziemie. Wreszcie w roku 83 przed Chrystusem król Armenii, graniczącej od północy z ową Syrią, Tigranes I Wielki, krwawą wojną wchłonął seleukidzkie państwo w swoje imperium. To imperium wygasiło władzę seleukidzką w Syrii na zawsze (resztki jej przetrwały tylko do roku 66 przed Chr.), ale samo było ulotne jak sen.

Wojna z niby-imperium Tigranesa Wielkiego

Przymierze z Mitrydatesem uwikłało Tigranesa już w roku 69 w wojnę z Rzymem. Pompejusz w roku 66 zdołał rozbić jedność dwóch królów, armeńskiego i pontyjskiego. Gdy rzymski wódz, wspierany przez syna samego Tigranesa, podszedł pod mury królewskiej warowni, Artaksaty, Armeńczyk wreszcie się poddał. Wyrzekł się wszystkich obszarów poza własną Armenią, w której będzie wasalem Rzymu aż do śmierci około roku 56 przed Chrystusem. Pompejusz w roku 64 przejął dla Rzymu Tigranesowe niby-imperium, a w nim seleukidzką, rzeczywistą Syrię, i poszedł dalej na południe, do Judei. W erze wielkich imperiów Palestyna podlegała zawsze którejś z potęg ówczesnego świata. Przez pierwsze sto dwadzieścia lat po śmierci Aleksandra Wielkiego należała do strefy władzy ptolemejskiego Egiptu. Jeśli wówczas Judejczycy stąd emigrowali w różne strony Śródziemnomorza, to po to, aby uniknąć ciężaru biurokracji ptolemejskiej, która zresztą mocno też dolegała innym ludom.

W Judei dziedzictwo powstania Machabeuszy przeciw tyranii Antiocha IV; państwo judejskie

Sytuacja zmieniła się, kiedy około roku 200 przed Chrystusem Judea spod władzy ptolemejskiej przeszła pod władzę Seleukidów. Ci nie tylko trapili poddanych biurokracją, lecz usiłowali narzucać im obyczaje helleńskie, co dla wyznawców Biblii było często nie do przyjęcia. Gdy król Antiochos IV w roku 167 przed Chrystusem usiłował zakazać tradycyjnych praktyk religii biblijnej i posunął się w obłędzie aż do zamiaru poświęcenia świątyni jerozolimskiej Zeusowi, rozżarzyło się w Judei powstanie ludowe pod wodzą Judy Machabeusza. Heroiczni, niezastraszeni niczym powstańcy zmusili Seleukidów w roku 141 do uznania Judei za niezależne państwo pod królewskimi rządami brata Judy, Szymona Machabeusza. Państwo się udało. Rozszerzyło się na południe, jak też na północ, aż do Galilei. Pompejusz jednak postanowił narzucić mu zależność od Rzymu. Przybył niby dla godzenia Judejczyków.

Pompejusz w Jerozolimie

Zawładnął Jerozolimą w roku 63 przed Chrystusem po trzech miesiącach oblężenia. Nie tknął skarbca świątyni jerozolimskiej, lecz niestety prostacka ciekawość skłoniła go do wejścia do miejsca Świętego Świętych, czyli do świętokradztwa. Wynik jednak polityczny owego podboju rzymskiego będzie miał też dobre strony, na przykład dla jednego z największych synów narodu Biblii, św. Pawła z Tarsu, gdy w Cezarei powie: *Civis Romanus sum*. Dzięki obywatelstwu wieziono go do Rzymu tak, że mógł po drodze poświęcać się działalności apostolskiej. Wrócimy do tego.

Powoływanie nowych prowincji na Wschodzie

Teraz Pompejusz mógł nadawać coraz wyraźniejszy kształt wschodniej części powstającego imperium. Powoływał do życia nowe prowincje. Cylicją, czyli południowo-wschodnią częścią Azji Mniejszej, Rzymianie dotychczas władali tylko jako śródziemnomorskim wybrzeżem. Pompejusz tak ją rozciągnął w głąb lądu, że zachodni jej skraj dotknął istniejącej już wcześniej rzymskiej prowincji Asia; w roku 58 przed Chrystusem dodany będzie do Cylicji Cypr, gdy Rzymianie wydrą go Ptolemeuszom. Prowincja Syria, główny obszar po Seleukidach, szczyciła się wspaniałą ich stolicą, Antiochią; na południe sięgała do nadmorskich miast fenickich, Tyru i Sydonu, a w głębi lądu opierała się o nurt Eufratu. Leżąca dalej na wschód rozległa dziedzina rwących się do wojny Partów stanowiła ciągłe zagrożenie dla rzymskiej Syrii. Na północy zaś Azji Mniejszej, nad Morzem Czarnym, Bitynia już od roku 74 była dzięki testamentowi jej króla, Nikomedesa IV, prowincją rzymską; teraz, po klęsce i zgonie pontyjskiego Mitrydatesa VI, dodano do niej w roku 62 przed Chrystusem stykający się z nią od południa Pont; dwoistą tę prowincję Pompejusz podzielił na jedenaście regionów, każdy skupiony wokół dużego miasta. Na wschód od niej było jeszcze kilka państw, także podległych teraz Rzymowi i płacących mu daninę, wśród nich Judea i Armenia.

SPISEK KATYLINY

W Rzymie Katylina, obłowiony przy sullańskich proskrypcjach

Kiedy Pompejusz wojował na Wschodzie i rozrządzał tamtejsze krainy, w Rzymie nie było spokojnie. Pojawił się nowy pretendent do potęgi, Lucius Sergius Catilina. Według Salustiusza (*O spisku Katyliny*, 5,1) „był to człowiek z patrycjuszowskiego rodu (*nobilis*), o wielkiej sile ducha i ciała, lecz o charakterze złym i przewrotnym. Już od młodości lubował się w wojnach domowych, w rzeziach, łupiestwach, w niezgodzie obywateli. W takiej szkole ćwiczył swoje wczesne lata". W rzeczywistości sytuacja jego tak się przedstawiała, że ród był patrycjuszowski, lecz zakurzony przedawnieniem i zapomnieniem. Katylina wzbogacił się, jak wielu innych, na obławianiu się przy sullańskich proskrypcjach. Zdaje się, że nie miał skrupułów przy grabieniu dobytku politycznie potępionych.

„Po samowładnych rządach Sulli – pisze dalej Salustiusz (5, 6–7) – opanowała Katylinę przemożna żądza objęcia steru w rzeczypospolitej i zupełnie nie przebierał w środkach, byle tylko wiodły do tego celu, do zdobycia najwyższej władzy. Dręczył przy tym srogą jego duszę z każdym dniem coraz bardziej niedostatek dobytku i świadomość przestępstw, obie te rzeczy wzmożone obyczajami, jakie wspomniałem". Ponieważ piśmiennictwo rzymskie właśnie wkracza w sferę retoryki, Salustiusz następnie przedstawia Katylinę jako bezwstydnika, który jest na swoim miejscu w ówczesnym zwyrodniałym społeczeństwie rzymskim, pełnym świętokradców i krzywoprzysięzców. Katylina oparł swoje rachuby na nich, zwłaszcza na żołnierzach Sulli, którzy zdążyli roztrwonić to, co po zwycięstwie zagarnęli z cudzego dobytku, i łaknęli teraz, zdaniem Salustiusza, nowej wojny domowej, aby jeszcze raz się wzbogacić. Nadzieje bezprawnego bogacenia się budził w nich właśnie Katylina, pragnący tych ludzi skupić w armię, której orężem chwyciłby Rzym za gardło. Rewolta, jak na to liczył, mogłaby się zacząć wśród zubożałych posiadaczy ziemskich w Etrurii.

Pragnienie zdobycia władzy demagogią?

Próbował zresztą także prawowitej drogi do zdobycia władzy. Kandydował do konsulatu na rok 63 przed Chrystusem, ale współzawodnictwo przegrał. Po raz drugi stanął w szranki w roku 63 do konsulatu na rok 62. Przedstawił wyrazisty program zniesienia wszelkich długów różnych kręgów ludzi zbiedniałych. Spodziewał się, że pieniądze zdobyte przez Pompejusza na Wschodzie posłużą do kupienia ziemi dla bezrolnych. Ale przeciw jego zamiarom, tym według prawa i tym spoza prawa, stanął inny nowy człowiek polityki rzymskiej, zwycięzca wyborów konsularnych na rok 63, Marcus Tullius Cicero (106–43 przed Chr.). Urodził się on, jak Mariusz, w Arpinum, drugorzędnym mieście w Lacjum; miał tu dziedziczną willę. Jako chłopiec przybył do Rzymu, by studiować prawo. W wojsku służył krótko. Rychło wrócił do stolicy, aby uprawiać w sądach działalność adwokacką.

Wielki Cycero przeciw Katylinie

Cycero najbardziej interesował się procesami, w których sprawy prywatne splatały się z publicznymi, albo wręcz procesami dotyczącymi rzeczy państwowych. W burzliwych czasach potrzebował dobrego oręża i poszukał go w wyrafinowanej retoryce. Po pierwszych sukcesach w Rzymie popłynął na studia retoryczne do Grecji. Wróciwszy do Rzymu, prędko wzrastał w sławie. W roku 75 był pierwszym Rzymianinem, którego wybrano na kwestora bez pytania o wyznaczone zwyczajem dziesięć lat służby wojskowej. Porę tego urzędowania przeżył na Sycylii. Skoro poznał wyspę i Sycylijczycy go poznali, w roku 70 poprosili Cycerona o zajęcie się sprawą Gaiusa Verresa, który jako prokonsul zarządzał Sycylią w latach 73–71 i pono dopuszczał się wielu zdzierstw i nadużyć (wiemy jednak, że oszczędzał i osłaniał ulubioną Messanę). Cycero cyklem przemówień przeciw Verresowi, a raczej już pierwszym z nich, zniszczył jego pozycję polityczną i zmusił go do wyjazdu do Massalii w Galii.

Głośna legenda mówcy i konsula

Legenda mówcy była coraz głośniejsza. Wybrano go na pretora roku 66, a to było już wstępem do konsulatu na rok 63. Jawiącą się w tym roku 63 rozprawę z Katyliną pojął jako obowiązek państwowy. Przechowały się cztery słynne jego mowy. Ci z nas, którzy w gimnazjach jeszcze mieli łacinę, pamiętają ową niezrównaną pasję. Do dziś znają na pamięć przynajmniej początek pierwszej „katylinarki": *Quo usuque tandem abutere, Catilina, patientia nostra? Quam diu etiam furor iste tuus nos eludet? Quem ad finem sese effrenata iactabit audacia?* „Dokądże, Katylino, będziesz szydził z naszej cierpliwości? Jak długo twoje szaleństwo będzie się nami bawić? Jak długo będzie paradować twoja wyuzdana zuchwałość? Nicże cię nie obchodzi nocna załoga Palatynu, nic straże miejskie? Żartujesz sobie z lęku ludzi, z tego, że wszyscy przyzwoici skupiają się razem, że senat obraduje pod mocną osłoną? Nic ci nie mówią te twarze? Nie zdajesz sobie sprawy, że twoje plany są obnażone? Że twój spisek jest spętany wiedzą wszystkich tych ludzi?".

Cycero potrafił odziany w zbroję pod togą stanąć w senacie, gdzie był też Katylina, i rzucić mu w twarz takie wyzwanie. Katylina uciekł do Etrurii, gdzie rewolta już się zaczęła. Wtedy mówca ujawnił senatowi imiona pięciu wspólników spisku w Rzymie. Zostali straceni. Katylina chciał przewodzić powstańcom w Etrurii, lecz zmiażdżyły to usiłowanie wysłane tam

Katylinę pokonują rzymskie legie

rzymskie legie. Plutarch zaszczycił słynnego mówcę *Żywotem* w swoim zbiorze, ale może wyraziściej, bo lapidarniej, określa jego zmaganie Wellejus Paterkulus w swoich *Historiae Romanae* (II 34, 3–4; 35, 4):

„W owym czasie Marcus Cicero, który wyłącznie sobie zawdzięczał wywyższenie, człowiek w nowości swego rodu najświetniejszy, a jak w życiu znakomity, tak najwybitniejszy talentem (on to sprawił, że nie pokonali nas intelektualnie ci, których zwyciężyliśmy orężnie), jako konsul wykrył spisek Sergiusza Katyliny, Lentulusa, Cetegusa i innych mężów tak spośród ekwitów, jak i *nobiles*; dokonał tego dzięki wielkiemu męstwu, wytrwałości, czujności i troskliwości. Katylinę lęk przed władzą konsula wygnał z miasta, Lentulus zaś, były konsul i powtórnie pretor, oraz Cetegus i inni mężowie o sławnych nazwiskach zostali za zgodą senatu na rozkaz konsula straceni w więzieniu. (...) Sam Katylina, który nie mniej gorliwie wypełniał swoje zamiary, niż je przedtem zbrodniczo obmyślił, bardzo dzielnie walcząc, ducha, którego był winny karze, oddał w bitwie".

Chociaż przetrwała dręcząca wątpliwość, czy Cycero miał prawo wydać rzymskich obywateli na śmierć bez sądu, senat obsypywał go pochwałami jako „ojca ojczyzny" i „powtórnego założyciela Rzymu", a on sam lubił opisywać to swoje działanie. Przedstawił je też w liście do Pompejusza.

NA SCENĘ WKRACZA JULIUSZ CEZAR

O konszachty z Katyliną oskarżano, wśród innych mężów stanu, także nową gwiazdę w polityce rzymskiej, Cezara, lecz Cycero z pogardą odrzucił te podejrzenia, odnosząc się do niego (na przykład w „katylinarkach", IV 9) z wielkim respektem. Gaius Julius Caesar (100–44 przed Chr.) był synem Gaiusa Caesara, którego siostra poślubiła Mariusza; sam zaś młodszy Cezar w 84 ro- *Skąd Cezar?*

ku pojął w małżeństwo Kornelię, córkę słynnego Cinny. Młodszy Cezar zrazu w sposób dosyć dla nas niejasny brał udział w życiu politycznym, po czym odbywał studia na wyspie Rodos. Służył w rzymskich bojach przeciw piratom w latach 75–74. Wrócił do Rzymu, gdy wybrano go na członka kolegium kapłanów (*pontifices*).

Od schyłku lat siedemdziesiątych popierał Pompejusza w staraniu o przywrócenie władzy trybunów ludowych. Sympatia Cezara dla dziedzictwa Mariusza i jego kręgu utrzymała się także wtedy, gdy po zgonie (w roku 68) Kornelii poślubił wnuczkę Sulli, Pompeję, z którą zresztą w późniejszych perypetiach politycznych rozwiedzie się, „aby jego rodzina była ponad podejrzeniami". W ogóle w dziejach Cezara jest sporo zawiłości, rozmaicie tłumaczonych przez historyków. Sprzeciwiał się tropieniu i skazywaniu na śmierć zwolenników Katyliny; nie mamy dowodów, że było w tym coś więcej niż tylko obrona ładu demokratycznego i humanitarnego.

Zawiłości w dziejach Cezara

O tym najsłynniejszym Rzymianinie starożytnym Wellejus Paterkulus pisze (II 41): „...Gajus Cezar teraz chwyta moje pióro i każe mi, choćbym nie wiem jak się śpieszył, czas poświęcić jemu. Należąc do przewspaniałej rodziny julijskiej (*Juliorum*), wywodząc się, co stwierdzali wszyscy badacze dawnych czasów, od Anchizesa i Wenus, górował urodą nad wszystkimi obywatelami. Umysł miał niezwykle bystry. W hojności posuwał się aż do rozrzutności. Duchem przerastał ludzką naturę i wszystko, czego się po człowieku można było spodziewać. Wielkością myśli, prędkością w wojowaniu, jak też wytrwałością wobec niebezpieczeństw był bardzo podobny do Aleksandra Wielkiego, lecz tylko do Aleksandra trzeźwego i nieogarniętego gniewem. Snu i pokarmu używał dla podtrzymania życia, a nie dla przyjemności. Z Gajusem Mariuszem był ściśle związany rodzinnie, a równocześnie był zięciem Cinny. Żaden lęk nie mógł go skłonić, by się rozwiódł z jego córką, chociaż Marcus Piso, były konsul, odprawił Annię, byłą żonę Cinny, aby pozyskać sobie łaskawość Sulli".

Świetność rodu, urody i umysłu

„Miał zaledwie osiemnaście lat podczas dyktatury Sulli. Kiedy w celu zabicia Cezara wprawdzie nie Sulla go szukał, lecz jego zausznicy i pomocnicy, młodzieniec uciekł nocą z miasta w ubiorze skutecznie ukrywającym jego godność" – opowiada dalej w tym samym rozdziale Paterkulus. Zwięzłą jego relację możemy porównać z innymi zapisami, głównie z *Żywotem Juliusza Cezara* w zbiorze Plutarchowym, oraz z *Boskim Juliuszem* (*Divus Julius*), jakim biograf Gaius Suetonius Tranquillus (urodzony około roku 69 po Chr.) otworzy swoją kolekcję wizerunków dwunastu pierwszych cesarzy Rzymu. Są między tymi tekstami niekiedy różnice w przedstawianiu chronologii wydarzeń. Paterkulus w dalszym ciągu przywoływanego już rozdziału rzecze: „Potem, jako nadal młody jeszcze człowiek, pojmany był przez piratów i przez cały czas uwięzienia zachowywał się tak, że budził w nich tyleż trwogi, ile szacunku". Tę przygodę z piratami, z której wyzwolił go za okupem zarządca prowincji Azji, Swetoniusz wiąże z żeglugą Cezara na Rodos, gdzie studiował retorykę w roku 76, a Plutarch każe ją nam umieścić podczas wędrówki ku Bitynii w latach 81–80 przed Chrystusem.

Przygoda z piratami

Na pewno w roku 63 odniósł w Rzymie wielki sukces. Pokonując Catulusa i innych byłych konsulów, został wybrany na przewodniczącego kolegium kapłańskiego, na „naczelnego kapłana", *pontifex maximus*. Jego pretura w roku 62 była na krótko zawieszona z powodu popierania przez Cezara jednego z zauszników Pompejusza. Lecz rychło odzyskał to stanowisko i wyznaczono mu jako prowincję, którą miał rządzić, Dalszą Hiszpanię (Hispania Ulterior). „W Rzymie – pisze Plutarch (4, 2–3), wracając na chwilę do okresu wcześniejszego, do powrotu Cezara do stolicy (w roku 77) po zgonie Sulli – zajaśniał czar jego wymowy w obronach przed sądem. Cezar pozyskał sobie życzliwość prostych ludzi, bo okazywał im przyjaźń i był uczynny ponad swój wiek. Wzmagało się też jego znaczenie w życiu politycznym dzięki wielkiej hojności i blaskowi bogactwa, w jakim żył. Wrogowie zrazu nie przywiązywali wagi do ludowego uwielbienia, bo mniemali, że kiedy mu się pieniądze wyczerpią, to wszystko jak dym się rozwieje. Dopiero gdy popularność stała się tak wielka, że już nie widziano sposobu obalenia jej, i biło w oczy, że on dąży do przewrotu w państwie, zrozumieli późno

Pontifex maximus

Ludzie go podziwiają

tę prawdę: żadne początki nie są tak małe, by nie mogły szybko wzrosnąć dzięki kontynuacji, skoro wzgardzono nimi i pozwolono im na rozwój".

Jak czytamy u przywoływanego już w naszej książce w innych sprawach Appiana, Cezar, otrzymawszy jako pretor w roku 62 prowincję Hispania Ulterior, był przez jakiś czas zatrzymywany w Rzymie przez wierzycieli, od których dla praktykowania swojej szczodrobliwości pożyczył więcej pieniędzy, niż kiedykolwiek posiadał. Miał się wówczas wyrazić, że potrzebuje dwudziestu pięciu milionów, aby nic nie mieć. „Aby więc – powiada Plutarch (11, I) – rozliczyć się z wierzycielami, którzy go nie puszczali i podnosili wielki krzyk, zwrócił się do Krassusa, najbogatszego z Rzymian, który w zmaganiu politycznym z Pompejuszem potrzebował siły i rozmachu Cezara. Dopiero gdy Krassus przejął na siebie najprzykrzejszych i najbardziej nieubłaganych wierzycieli i poręczył za Cezara osiemset trzydzieści talentów, mógł on pojechać do swojej prowincji".

Krassus osłania Cezara przed wierzycielami

„Już w Iberii – dowiadujemy się z dalszej części tego samego rozdziału u Plutarcha (11, 3) – kiedy w wolnej chwili czytał sobie dzieje Aleksandra, zadumał się na dłuższy czas, a potem rozpłakał się. Zdziwili się przyjaciele i zapytali o przyczynę łez. «Czy nie myślicie – rzekł – że to smutne: Aleksander w moich latach był już królem tylu ludów, a ja niczego świetnego nie dokonałem?»".

Powrót Pompejusza do Italii

W Rzymie żyło się wtedy czymś innym, mianowicie powrotem Pompejusza. Stanął znowu na italskiej ziemi w roku 61. „Pokonawszy wszystkie ludy, jakie na swojej drodze spotkał – oznajmia dosyć uroczyście Paterkulus (40, 2–3) – przekroczywszy zarówno swoje, jak wszystkich obywateli nadzieje i wzniósłszy się we wszystkich walkach ponad ludzką dolę, wrócił do Italii. Dzięki takiej opinii powrót jego był bardzo życzliwie przyjęty. Bo większość ludzi spodziewała się, że on wkroczy do stolicy z armią i że według własnej chęci ograniczy publiczną wolność. Im bardziej się ludzie przedtem bali, tym goręcej witali teraz tak wielkiego wodza, który przybył inaczej, jako zwykły obywatel. Rozpuściwszy bowiem całą armię w Brundizjum, zachowując sobie tylko tytuł imperatora, wrócił do miasta z takim tylko orszakiem, jaki zawsze mu towarzyszył". – Był to sam schyłek roku 62 przed Chrystusem. Pompejusz liczył na to, że sława jego zwycięstw sama wymości mu drogę do uzyskania od senatu aprobaty ładu na Wschodzie i do wynagrodzenia jego weteranów.

PIERWSZY TRIUMWIRAT

Ale zawiódł się w swoich rachubach. Przemówienie, jakie wygłosił, nie podobało się senatorom. Plutarch w *Żywocie Pompejusza* (46, 1–2) najlapidarniej opowiada, co się działo: „Okres po powrocie przyniósł mu tylko sukcesy, które czyniły go nienawistnym, oraz klęski nie do odrobienia. Wpływy bowiem, jakie w Rzymie osiągnął rzetelnymi wysiłkami, niesłusznie oddał na usługi innych. Ujmując ze swojego znaczenia tyle, ile innym przekazał, niepostrzeżenie został przygnieciony brzemieniem własnej potęgi. Jak to się dzieje, gdy najtęższe obwarowania miasta, kiedy je zajmą wrogowie, udzielają im swojej mocy, tak właśnie siłami i wpływami Pompejusza Cezar wydźwignął się wobec miasta, a potem obalił człowieka, który mu pomógł zaskoczyć i przewyższyć innych".

Senat podżega Lukullusa przeciw Pompejuszowi

Pamiętamy, że poprzednikiem Pompejusza w wojnie z Mitrydatesem był Lukullus. Według opowieści Plutarcha ten generał epikurejczyk został przez Pompejusza potraktowany obelżywie, ale gdy wrócił do Rzymu, senat to wynagrodził: zgotował mu świetne przyjęcie. Kiedy zaś wrócił zwycięski Pompejusz, senat robił, co mógł, żeby sławę jego potłumić. Senatorzy wydobyli Lukullusa z zacisza rozkoszy, w jakich żył, ciesząc się swoim bogactwem. Za ich poduszczeniem od razu rzucił się na Pompejusza, upominając się o zarządzenia, które ten poznosił w armii, gdy na Wschodzie przejął władzę po Lukullusie. Był to pretekst. Gdyby nie ten, znalazłby się inny. Poparł Lukullusa Krassus, a także Kato, jeszcze jeden człowiek z wielkiego, już nam znanego rodu, prawnuk Katona Cenzora i jego imiennik, Marcus Por-

Popiera Lukullusa Krassus i prawnuk Katona Cenzora

cius Cato (95–46 przed Chr.), dla potomności Kato z Utyki, Cato Uticensis. W dalszych swoich dziejach, nad którymi się z czasem pochylimy, stanie się on najsłynniejszym, ogromniejącym w oczach pokoleń, obrońcą republiki. Pompejusz odbył wspaniały *triumphus* w Rzymie w roku 61 przed Chrystusem. To był na razie jedyny blask, jaki mu pozostał z chwały zwycięstw. Dla weteranów żadnych gruntów nie uzyskał. W państwie kształtował się dosyć prędko nowy rodzaj stosunków społecznych. Urzędnicy byli skłonni do rozdawania prawa do ziemi, lecz tylko swoim, tym, którzy ich poprą i będą ich ukrytą armią. W tym samym celu uciekano się nieraz do taniego sprzedawania zboża. Nieprzekupni, trzymający się na uboczu arystokraci, broniący swojej tradycyjnej godności rzymskich senatorów, nazywali siebie *optimates*, czyli po prostu „najlepszymi", a przeciwników mianowali *populares*, co było wówczas określeniem ujemnym, a znaczyło tyle, co „schlebiający ludowi", *populo*.

Optimates *i* populares

Inny obok Pompejusza mocny polityk, Juliusz Cezar, starał się uwydatniać swój związek z *populares* właśnie. Już w roku 69 przed Chrystusem wygłosił mowę na pogrzebie swojej ciotki, wdowy po uwielbianym przez nich Mariuszu, a gdy wybrano go na edyla roku 65, przywrócił trofeom Mariuszowym, usuniętym przez Sullę, miejsce na Wzgórzu Kapitolińskim. *Pontifex maximus* od roku 63 (była to godność dożywotnia), pretor w roku 62, wreszcie w roku 60 sięgnął po godność konsula na rok 59 i wygrał; *optimates* tylko tyle wywalczyli, że współkonsulem na ów rok został ich kandydat, Marcus Calpurnius Bibulus. Cezar, wspinając się na szczyt władzy, zjednał sobie Pompejusza i największego bogacza, Krassusa. Ci dwaj ludzie byli dotąd sobie nawzajem, jak już wiemy, nieprzyjaźni, lecz Cezar, ściągając ich na swoich sojuszników, zdołał też ich samych pogodzić.

Cezar godzi Pompejusza z Krassusem i ściąga ich na swoją stronę

Kasjusz Dion, grecki historyk z przełomu II i III wieku po Chrystusie, sięgając do dawnych świadectw, opisze to dosyć dokładnie (*Romaike historia*, XXXVII 55, 1): „Pojednał ich, nie przeto, jakoby tego pragnął. Nie, widział ich jako najsilniejszych. Zdawał sobie sprawę, że bez pomocy ich obu albo przynajmniej jednego z nich nie odegra w polityce dużej roli. Gdyby się zaś przyłączył do jednego, wtedy od razu znajdzie w drugim przeciwnika, od którego będzie miał więcej szkody niż korzyści od pierwszego". Pompejusz zaś, wyjaśnia dalej Dion, bał się wzrastającej mocy zarówno Krassusa, jak Cezara. A Krassus, ufając w przewagę, jaką mu dawał ród i bogactwo, chciał, by ani jeden, ni drugi nie doszedł do zbytniej mocy. Oczekiwał, że będą się swoimi równymi siłami unicestwiać nawzajem, a on, ciągnąc korzyści z przyjaźni z jednym i z drugim, dojdzie do większego poważania, niż mieli obaj. Tak się domyśla Dion, nie wiemy, czy całkiem słusznie.

Pompejusz sprzymierza się z Cezarem i obaj wiążą się ściśle z Krassusem: pierwszy triumwirat

Jakiekolwiek były ich uczucia, trzeba pamiętać, że kiedy niechętny Pompejuszowi senat nie chciał zatwierdzić wyników jego działania na Wschodzie ani uchwalić wyposażenia jego weteranów, wódz, który znalazł się w kłopotach, wyciągnął rękę do Cezara, a ten wyciągniętą rękę przyjął. Obaj postanowili teraz związać się ściśle z Krassusem. Tak powstał już w roku 60 pierwszy triumwirat, „przymierze trzech mężów". W dalszych jego dziejach owa jedność trzech, opowiada Dion (XXXVII 57, 2), spowodowała też wspólnotę ich stronników, osobliwą wspólnotę: „Zwolennicy triumwirów robili bezkarnie, co chcieli". Czytamy u Diona, że sprzeciwiał się temu tylko jeden człowiek, wspomniany tu przez nas przed chwilą Kato.

Cezar w niechętnym senacie przeprowadził, pod presją weteranów zgromadzonych na Forum, uchwałę dotyczącą ziemi dla nich: miano ją zakupić za część pieniędzy przywiezionych ze Wschodu. Zaraz potem Cezar postarał się o uchwalenie złagodzenia obowiązków rzymskich poborców podatków na Wschodzie, zaprzyjaźnionych z Krassusem. Bibulus robił, co mógł, żeby temu wszystkiemu przeszkodzić. Powoływał się na złe omeny astrologiczne, pod którymi podjęto owe uchwały. W marcu zaś 59 roku Cycero w jednej ze swoich mów sądowych, coraz bardziej słynących w Rzymie, powiedział, jak mocno go niepokoi sytuacja polityczna. Zresztą nie tylko Cycero obawiał się, że Cezar i Pompejusz dążą do jakiegoś nowego rodzaju wspólnej władzy dyktatorskiej.

Cezar pragnie rozdawać obywatelom grunta publiczne; Pompejusz poślubia córkę Cezara

Jakby potwierdzając to, Cezar już w kwietniu 59 roku rozpoczął staranie o ustawę, która by nakazała rozdać publiczne grunta w Kampanii wielu obywatelom, jakimś dwudziestu tysiącom, głównie weteranom i biedocie miejskiej. Obawy przeciwników triumwirów jeszcze się wzmogły, gdy Pompejusz w tym samym miesiącu poślubił jedyną córkę Cezara, Julię; urodziła ją Juliuszowi Kornelia około roku 83 przed Chrystusem. Późniejsze dzieje tej kobiety, której opromienione uczuciem małżeństwo ściśle związało Pompejusza z Cezarem, były dramatyczne: gdy w roku 55 zobaczyła swojego męża, jak ze zgromadzenia ludowego wraca (takie tam kłębiły się namiętności) spryskany krwią, poroniła, a w rok potem umarła podczas porodu; dziecko zmarło po kilku dniach. Na żądanie ludu zostanie pochowana na Polu Marsowym, a nad jej grobem Cezar w roku 46 wyprawi uroczystą inscenizację.

Znalazł się niebawem gorliwy przeciwnik Cycerona, hałaśliwy arystokrata, Publius Clodius. Pompejusz i Cezar postarali się, żeby wybrano go na trybuna na rok 58. Przymierze z nim było osobliwe, bo po pierwsze Cezar nie chciał tak naprawdę rujnować Cycerona, którego podziwiał (zresztą Pompejusz też tego nie chciał), a po drugie Clodius, gdy w roku 58 był trybunem, rychło strząsnął z siebie patronat dwóch triumwirów i rozpoczął własny podbój rzymskiego ludu za pomocą rozdawnictwa zboża i wznowienia swobodnej działalności zrzeszeń rzemieślniczych. Dzięki ludowemu poparciu osiągnął uchwalenie prawa, według którego ten, kto bez sądu skazał obywatela na śmierć, miał iść na wygnanie. To zaś, wbrew intencji Pompejusza i Cezara, zostało zawieszone nad głową Cycerona w odwecie za jego rozprawienie się z Katyliną. Nie czekając na proces, wielki mówca sam poszedł na *exsilium* do Macedonii, a wtedy Clodius pozwolił swoim ludziom złupić wspaniały dom Cycerona pod Palatynem.

Cycero na wygnanie

DALSZE DZIEJE PIERWSZEGO TRIUMWIRATU

Epopeja wojenna Cezara w Galii

W tym samym 58 roku przed Chrystusem Cezar, który staraniami przyjaznego trybuna sprawił, że zgromadzenie ludowe powierzyło mu na pięć lat rządy pokonsularne w Ilirii (na wschodnim wybrzeżu Morza Adriatyckiego) i w Galii Przedalpejskiej (do czego senat na prośbę Pompejusza doda Galię Zaalpejską), wyruszył do tych swoich prowincji. Rozpoczyna się wielka epopeja wojenna, nad którą unosi się krzyk walk i woń pożarów. Wódz zdaniami jakby rytymi w kamieniu opisze te boje w swoim dziele *O wojnie galickiej*, *De bello Gallico*. Plemiona celtyckie ciągle się burzyły. W mury Rzymu biły wieści, że jeden z wędrownych ludów, Helwetowie, idzie, jak niegdyś Hannibal, na obszary rzymskie. Nie wiadomo było, czy na długo się uspokoili germańscy Cymbrowie i Teutonowie. Cezarowe zmagania będą przewlekłe, i dla dziejów tej części świata przełomowe. Helwetów podbił już w roku 58 i zepchnął do regionów, które teraz są Szwajcarią, Helvetia, jak do dziś często się mówi. Miał już po swojej stronie sporo plemion celtyckich, gdy jeszcze w tym samym roku uderzył na germańskich Swebów, którzy, przeprawiając się przez Ren, przenikali do Galii. Nie minął ów rok, a już byli wyparci z powrotem za Ren.

Cezar przemyśliwał też rozszerzenie rzymskiej władzy w Galii nad plemionami, które były dostatecznie skłócone jedne z drugimi, aby dać zdobywcy niejedną sposobność do wmieszania się w te walki. Niektóre, jak Belgae (ich miano przetrwa do dziś w nazwie kraju) w północno-zachodniej części Galii, najeżyły się włóczniami przeciw nadchodzącym zdobywcom. Cezar nie zwlekał. Już w 57 roku Galia była, z wszystkim, co w niej mocne, pod rzymską władzą. To zwycięstwo uwielbi nawet senat, ustanawiając piętnaście dni publicznego dziękczynienia. Kto będzie stał za takim uwielbieniem? Nie kto inny, lecz Cycero.

Cycero znowu w Rzymie

Wracamy do wielkiego mówcy, który od września 57 roku był znowu w Rzymie. Dzięki komu? Otóż Pompejusz, gniewając się na warcholską wyniosłość nielubiącego go Clodiusa, postanowił zrobić coś własnego. Tym właśnie miało być odwołanie mówcy z banicji, czemu gorliwie przyświadczył senat. Przyzwano jak najwięcej obywateli z okolic Rzymu, aby *comitia centuriata* podjęły uchwałę: Cycero ma wrócić. Entuzjazm obywateli wyścielił mówcy drogę powrotu. Mógł teraz przekonać się, jak go kochają. Ale Clodius też postanowił działać. Starał się zgromadzić własną siłę zbrojną, werbując do niej nawet niewolników. Kiedy Cycero w listopadzie 57 roku rozpoczął odbudowę swojego zrujnowanego domu, uzbrojona rzesza napastników przegnała robotników i rzucano kamienie nawet na pobliski dom Cyceronowego brata, który w końcu podpalono. Sam Clodius, jak to opisuje Cycero w jednym z listów do przyjaciela Attikusa, podczas takich incydentów biegał z ulicy na ulicę i przywoływał każdego, kto się mu nawinął, do niszczenia i rabunku.

Pompejusz, tracąc popularność w Rzymie, jedzie na północ, by przeciwstawić się Luciusowi Domitiusowi

Jeden z trybunów roku 57, Titus Annius Milo, próbował w obronie Cycerona skupić bandę przeciwną. Cały Rzym dygotał głównie niecierpliwością głodnej biedoty, której przestano sypać zboże. Cycero, nie bacząc na irytację stronnictwa *optimates*, domagał się, by Pompejusz mógł wznowić dawną zasadę karmienia społeczeństwa zbożem na koszt państwa. Pompejuszowi jednak nie przyznano zastępów ludzi, którzy mogliby organizować takie społeczne zadanie. Z tego powodu, że nie zdołał pomniejszyć cen zboża, popularność jego wśród ludu rzymskiego zaczęła opadać. W ciężkim strapieniu Pompejusz przyjął wezwanie, by pojechał na północ, do miasta Luki (dziś Lucca) na granicy Galii Przedalpejskiej. Był to kwiecień roku 56 przed Chrystusem.

Chodziło o przeciwstawienie się niecierpiącemu triumwirów Luciusowi Domitiusowi, starającemu się o konsulat na rok 55.

Kolega Pompejusza, Cezar, uważał, że na najwyższy urząd państwowy na ów rok mają się siłą łokci, a raczej siłą ludzi, których im przysłał, wepchnąć dwaj z triumwirów. – „Kiedy Lucius Domitius – czytamy u Swetoniusza (*Boski Juliusz*, 24) – kandydując na konsula, jawnie groził, że w porze owej władzy przeprowadzi to, czego jako pretor nie zdołał dokonać, i że odbierze Cezarowi komendę nad armią, ten ściągnął do Luki, miasta swojej prowincji, Krassusa i Pompejusza. Zażądał od nich, by po raz drugi starali się o konsulat i pokonali Domitiusa. To się udało. Dzięki też staraniom ich obu uzyskał dla siebie przedłużenie władzy (w Galii) na pięć lat. Podniesiony na duchu, do legii, jakie miał od państwa, dodał inne, które opłacał z własnej szkatuły, jedną nawet spośród Galów Zaalpejskich, mającą też galicką nazwę, *Alauda*". To celtyckie słowo, budzące w nas myśl o francuskiej *alouette*, oznaczało rodzaj skowronka z grzebieniem na karku (wspomniany przez Pliniusza Starszego w *Historii naturalnej*, XI 37), symboliczny znak na hełmach owej legii. Widzimy tu, jak powoli, powoli, wykreślają się już pierwsze zarysy Francji.

Galicka legia Cezara; udzielenie obywatelstwa rzymskiego, przełom w dziejach ludzkości

„Legię tę – czytamy dalej w tymże rozdziale u Swetoniusza – wyćwiczył w dyscyplinie rzymskiej, wyposażył w rzymski ekwipunek, a później wszystkich jej żołnierzy obdarzył obywatelstwem". Tak szerokie obdarzanie obywatelstwem (cytowaliśmy już deklarację św. Pawła: *Civis Romanus sum*) to jest wielka, przełomowa, epokowa nowość rzymskiej historii w dziejach ludzkości. Tu się zaczyna już nie tylko Francja, lecz ta Europa, do której dziś dążymy. Druga zaś uwaga, jaką należy tu uczynić, dotyczy rozpadania się, w owym okresie historycznym, władzy senatu. Warto przywołać resztę cytowanego tu przez nas Swetoniuszowego rozdziału: „Odtąd Cezar nie pomijał żadnej sposobności do zaczęcia wojny, choćby nawet najbardziej niesprawiedliwej i niebezpiecznej, napadając bez powodu ludy zarówno sprzymierzone z Rzymem, jak wrogie i dzikie. Wreszcie senat uchwalił wysłanie komisji śledczej do zbadania, jaki jest naprawdę stan rzeczy w Galiach. Niektórzy z senatorów wyrazili pogląd, że należy wydać Cezara w ręce wrogów. Lecz wobec pomyślnego wyniku walk uzyskał od senatu na cześć swego zwycięstwa modły dziękczynne częściej i na więcej dni niż ktokolwiek dotąd". Warto też dodać informacje, zawarte w następnym (25) rozdziale u Swetoniusza, o kolejnych (do roku 49 przed Chr.) podbojach Cezara.

Cezar w Galii i Brytanii

„Sprawował dowództwo wojskowe przez dziewięć lat. Oto czego w sumie dokonał. Całą Galię, której granicami są Pireneje, Alpy i góry Sewenny oraz rzeki Ren i Rodan, a przestrzeń ta ma obwód niemal trzech milionów dwustu tysięcy kroków, uczynił rzymską prowincją, wyjąwszy z tego tylko państwa sprzymierzone, dobrze zasłużone dla Rzymu. Na prowincję tę nałożył czterdzieści milionów sesterców rocznego podatku. Pierwszy z Rzymian zbudował most nad Renem, natarł na zamieszkałe po drugiej stronie plemiona germańskie i zadał im ciężkie klęski. Uderzył również na Brytannów, dotychczas nieznanych. Pobił ich i wziął od nich okup oraz zakładników. Wśród tylu zwycięstw trzykrotnie tylko doświadczył przeciwności losu. Raz w Brytanii, gdy w wielkiej burzy utracił niemal całą flotę. Raz w Galii, gdy jedną z jego legii rozbito doszczętnie pod Gergowią. Raz na granicy Germanii, gdy jego legaci, Titurius i Aurunkulejus, dali się wciągnąć w zasadzkę i polegli".

ROZBICIE SIĘ TRIUMWIRATU

Pompejusz w Hiszpanii

Kolega Cezara i Krassusa w triumwiracie, jeden z konsulów roku 55 przed Chrystusem, Pompejusz, jako obszar pokonsularnych rządów dostał prowincję Hispania (ściśle biorąc, dwie prowincje; Hispania Citerior i Hispania Ulterior, „Bliższą" i „Dalszą"), na pięć lat. Posłał tam swoich legatów, a sam wolał siedzieć w Rzymie, gdzie nie tylko gromadził sobie wojsko, pozornie do rządzenia Hiszpanią, lecz także budował dla ludu monumentalny teatr kamienny na Polu Marsowym. Śmierć, przy porodzie w roku 54, jego żony Julii, córki Cezara, to był cios, który szczerze odczuł jako tragedię osobistą. Ale chyba nie przyczyniło się to nieszczęście do rozjątrzającej się między nim a Cezarem niechęci, wynikającej ze współzawodnictwa o popularność w Rzymie. Opromieniony łuną sławy dramatycznych walk w Galiach i w Brytanii, Cezar zaczął budować naprzeciw teatru Pompejusza marmurową strefę ludowego głosowania i chciał się zabrać do rozszerzenia Forum Romanum na północ.

Współzawodnictwo Pompejusza i Cezara

Krassus czuł się słabszy, więc jakby odepchnięty. On też zapragnął sławy wojennej, choćby w późnym okresie życia; zbliżał się do sześćdziesiątki. Cieszył się ogromnym doświadczeniem w gromadzeniu pieniędzy. Marcus Licinius Crassus miał oficjalny przydomek Dives, „Bogaty". Ale niewielkie posiadał doświadczenie wojenne. Postanowił jednak poprowadzić armię do Partii, o której już mówiliśmy. Rozległym tym krajem rządziła wojenna arystokracja, wcześniej półkoczownicza, później ziemiańska. Owi konni i zbrojni *Parni*, potem według Greków *Parthoi*, według Rzymian *Parthi*, osadzili się wokół jednej z satrapii (*Parthava, Parthia*) dawnego państwa Seleukidów. Według tradycji zajęli ten kraj w roku 247 przed Chrystusem; od owej daty zaczynała się era partyjska. Rozszerzając swoje władanie, w epoce, w której teraz gościmy, rozpierali się od Eufratu do Indusu; stolicą ich była Ekbatana. Król był feudalnym zwierzchnikiem możnych, wśród których liczono siedem wielkich rodów Pahlavi: ich przewodnicy to niemal królowie na swoich dużych obszarach. Już mówiliśmy, że język był północnoirański; było to partyjskie *pahlavi*. Praktykowali ludową wersję irańskiego mazdaizmu, lecz nie prześladowali żadnej innej religii. Cieszyli się helleńskim dziedzictwem swoich seleukidzkich poprzedników. Rola Partów w dziejach kultury to synkretyzm.

Krassus ku Partii

Stosunki między nimi a rozrastającym się państwem rzymskim były napięte, odkąd Pompejusz obiecał przekazanie pod ich władzę pewnego obszaru i obietnicy nie dotrzymał. Lecz nie był to stan wojny. Dopiero Krassus, głodny chwały, powiódł siedem legii w głąb strefy partyjskiej. Z początku, w roku 54 przed Chrystusem, w Mezopotamii odniósł niewielkiej miary zwycięstwo. Potem było gorzej. Kiedy w roku 53 przekroczył Eufrat i poszedł na wschód, znakomici łucznicy partyjscy otoczyli jego

Bezmierna klęska pod Karrami

wojsko pod miastem Carrhae w północnej części Mezopotamii. Rozbita armia rzymska próbowała się ratować. Plutarch w *Żywocie Krassusa* podaje wiele przeraźliwych incydentów długiej bitwy, jak choćby ten (28, 1–2):

„W nocy Partowie, wiedząc o ucieczce Rzymian, nie ścigali ich. Ale ledwie rozbłysnął dzień, napadali i mordowali wszystkich, którzy zostali w rzymskim obozie. Wybili ich cztery tysiące, a potem rozjechali się i chwytali Rzymian rozbiegłych po polach. Cztery kohorty (*cohors* to była jedna dziesiąta część legii), którym legat Vargontinus pozwolił oddzielić się od głównej armii, gdy jeszcze było ciemno, zabłąkały się. Partowie osaczyli tych uciekinierów na jakimś wzgórzu i broniących się rozsiekli wszystkich oprócz dwudziestki ludzi. Owej garstce bowiem, podziwiając odwagę żołnierzy, którzy z gołymi mieczami postanowili przebić się przez gęstwinę wrogów, Partowie dali wolną drogę do Carrhae".

Już wcześniej Krassus, gdy wrogowie nieśli głowę jego mężnego syna, Publiusza, zatkniętą na pice, podniesioną wysoko, wygłosił, według Plutarcha, do swojej armii tragiczne przemówienie, wzywające do nieustawania w walce. Lecz siły Partów były przemożne. Po rzeziach i gonitwach jeden z ich wodzów, Surena, wezwał Rzymian do ocalenia swojego życia przez poddanie się. W Krassusie jednak na dnie klęski budziło się męstwo. Błagał swoich żołnierzy tylko o to, by go nie wydali żywego Partom. Chciał zginąć, walcząc. Dotrzymujący mu wierności generałowie rzymscy posadzili go na koniu i towarzyszyli mu na drodze w łoskot boju. Plutarch, czerpiąc wieści ze swoich źródeł, wyznaje niewiedzę o tym, który z Partów zabił Krassusa. Dokładniej tylko podaje, że zrzuconemu z konia na ziemię zabójca odciął głowę i prawą rękę.

Krassus ginie walcząc

Po zabiciu wodza Partowie wezwali rzymskie zastępy do poddania się. Jedni żołnierze posłuchali tego, inni rozbiegli się po polach, niektórzy z nich zdołali się uratować. Głowę zaś i rękę Krassusa Surena, według Plutarcha, posłał sprzymierzonemu z Partami armeńskiemu królowi Hyrodesowi. Bardziej jednak jest prawdopodobne, że rzucono je pod nogi królowi Partów. Grecki biograf notuje i taką pogłoskę, że wybrano najpodobniejszego do Krassusa jeńca rzymskiego i ubranego w kobiece szaty prowadzono go w szyderczym pochodzie, aktorsko wzorowanym na rzymskim *triumphus*. Carrhae to jedna z najbardziej zawstydzających klęsk rzymskich. Co się tyczy uciekinierów, przypuszczają historycy, że z czterdziestotysięcznej armii Krassusa zdołała umknąć na rzymski obszar tylko jedna czwarta. W samym zaś Rzymie wszystko się potrzaskało. Nie tylko o to chodzi, że nie było już triumwiratu. Nawet dwaj wodzowie, jacy zostali, nie mieli już żyć w zgodzie, choćby względnej, jak dotąd.

CHAOS W RZYMIE

Chaos ogarnął życie polityczne stolicy. W roku 53 przed Chrystusem nie wybrano żadnego konsula przed lipcem, a odwlokły się także wybory na rok 52. Doszło do rękoczynów. W styczniu 52 roku starły się z sobą bandy Clodiusa i Milona. Rannego Clodiusa zabrano z Drogi Appijskiej do oberży, gdzie go zamordowano na rozkaz Milona. Ciało pozwolono zanieść na Forum Romanum, gdzie pod uroczystą powłoką przemówień burzył się tłum wściekły na Milona. Ognia nie upilnowano i zgorzał w nim budynek senatu oraz przylegająca doń sala tłumnych zebrań, *basilica*. Tłumy wołały o silną wreszcie władzę, domagały się Pompejusza jako dyktatora.

Tłumy w Rzymie domagają się dyktatury Pompejusza; senat wybiera go na jedynego konsula

Co miał począć senat? Dać groźnemu Pompejuszowi władzę bezgraniczną? Senatorowie woleli zrobić go na jakiś czas jedynym konsulem. Sprawował taki wyłączny urząd od lutego 52 roku, dopóki nie wybrano dlań kolegi w sierpniu. Było to dziwne naruszenie zasad republiki. Cóż, ona się rozpadała. Pompejusz zapowiedział przywrócenie rządów prawa. Rozpoczęto proces Milona za uśmiercenie Clodiusa. Nawet Cycero bał się go bronić; skazano Milona na wygnanie. Ale były też procesy wielu zwolenników Clodiusa. W roku 51 zdołano przeprowadzić regularne wybory, nareszcie.

Aby jednak zrozumieć, co niebawem będzie się działo w Rzymie i w rzymskiej polityce, trzeba teraz odejść ze stolicy i powędrować za krokami dwóch mężów, jacy zostali z grona triumwirów. Konsulat Pompejusza, w jego życiu trzeci, skończył się z rokiem 52 po Chrystusie, ale została wodzowi władza w Hiszpanii. O wiele bogatsze i bardziej dramatyczne były obowiązki i dzieje Juliusza Cezara. Jego zmagania w Galii okazały się cięższe, trudniejsze do dźwigania, niż się spodziewał. Plemiona celtyckie tak się wzmogły na siłach, że z obozów rzymskich trysnął jęk przerażenia. W roku 54 Eburonowie, północny lud w Galii, rozbili w pył i wymordowali niemal całą legię rzymską. Niełatwo wódz uzupełnił tę lukę w swojej armii. Bunt kipiał zwłaszcza w północnej części Galii w roku 53.

Ciężkie obowiązki Cezara w Galii

Vercingetorix

W następnym zaś roku rozpoczęła się wielka epopeja kraju broniącego swojej niepodległości. Wódz ludu Arwernów, zajmującego miejsce dzisiejszej Auvergne, Vercingetorix, zdołał zjednoczyć wiele plemion środkowej i południowo-zachodniej Galii, nawet sprzymierzonych z Rzymianami Eduów. Rok 52 przed Chrystusem był wypełniony zażartą walką, której zwłaszcza kres odsłania przed nami okrucieństwo wojen, nie tylko antycznych. Vercingetorix w końcu zamknął się w górskiej twierdzy Alezji we wschodniej Galii. Wśród przeciwników Rzymu jest to wielka, wspaniała postać, którą można porównać ze Spartakusem. Długo znosił to, że najeźdźcy otoczyli jego schronienie pierścieniami szańców i fortów. Kiedy jednak rozbili wielką armię idącą mu na odsiecz, wódz Arwernów poddał się. W pętach zawieziono go do Rzymu. Nie czciło się pokonanych wodzów, choćby najmężniejszych, jak też nie płakano nad własnymi poległymi wojskami, lecz tylko uzupełniano lukę w armii. W roku 46 Vercingetorix ozdobi odprawiany w Rzymie *triumphus* Cezara, pogromcy Galii, i zostanie uduszony.

Cezar niszczy ostatnie ośrodki galickiego oporu

A w kraju, który dziś jest Francją, Juliusz Cezar niszczył w roku 51 ostatnie ośrodki galickiego oporu. W Rzymie zaś opublikował swoje *De bello Gallico*, księgę, której prawdomówności do dziś ufamy, podziwiając też to, jak dokładnie starał się on poznać nowy obszar imperium, na północy oparty o Ren, nieprzekraczalną granicę na cztery wieki. Otoczyło zwycięzcę uwielbienie obywateli, ale *optimates* nie zdołał sobie zjednać. W roku 50 domagali się oni położenia kresu władzy Cezara w Galii, władzy, której terminy, jak się zdaje, nie były z góry określone urzędowo. Przeciwstawił się żądaniu *optimates* jeden z nich, uważany przez innych za zdrajcę, który wziął od Cezara łapówkę, będący wówczas trybunem, Gaius Scribonius Curio.

Pompejusz, mający ciągle władzę w Hiszpanii, po zakończeniu trzeciego konsulatu spodziewał się jeszcze, że zdoła utrzymać spokój między *optimates* i Cezarem. Jak? Może przez swoje panowanie nad nim? Jeśli na to liczył, to łudził się gorzko. Teraz, po zwycięstwach w Galiach, Cezar był zbyt potężny, aby się w jakiejkolwiek mierze poddać Pompejuszowi. Temu dawała pokrzepienie życzliwość, jakiej doświadczał od senatu oraz, jak mniemał, od społeczeństwa obywateli; to prawda, że gdy w połowie 50 roku ciężko zachorował, jego podniesienie się z tej słabości wzbudziło w miastach Italii wielką radość. To go w roku 49 ośmielało w słynnym sporze o legie. Geneza sporu była taka, że uchwalono wysłanie dwóch legii pod granicę partyjską w celu potłumienia zuchwałości zwycięzców spod Carrhae. Pompejusz zdołał skłonić Cezara, by przeznaczył na to jedną ze swoich legii i dodał do niej legię, jakiej mu Pompejusz użyczył w roku 54. I nagle wydało się, że Partowie już nie grożą, więc legie zatrzymano w Italii i Pompejusz zaczął je uważać za swoje.

Czy utrzyma się spokój między Cezarem, optimates *i Pompejuszem?*

Mamy do dziejów sporu znakomite źródło, następne dzieło historyczne samego Juliusza Cezara, *De bello civili, O wojnie domowej*. Łącząc jego relację z innymi źródłami, zwłaszcza z zapisem Appiana, możemy współzawodnictwo dwóch wodzów oglądać dokładnie, wydarzenie po wydarzeniu. Pod koniec roku 50 Curio na posiedzeniu senatu postawił wniosek, żeby zarówno Cezar, jak Pompejusz wyrzekli się sprawowania dowództwa nad wojskami. Wniosek został uchwalony ogromną większością głosów. Przezornie jednak nie postawiono żadnej daty jego urzeczywistnienia. No bo jak można było wodzów, każdego na czele armii, przymusić? Największy mówca, Cycero, załamywał ręce nad niepewnym losem rzeczypospolitej.

Wobec sporu o legie senat chciałby odebrać obu wodzom władzę nad wojskami

Kiedy dogasał ów rok 50 przed Chrystusem, Rzym trząsł się od pogłosek, że Juliusz Cezar zaraz pójdzie na stolicę. W grudniu konsulowie poprosili Pompejusza, by obronił miasto. Można powiedzieć, że w obronie republiki zawarł wówczas przymierze ze stronnictwem *optimates*. W dniu 1 stycznia następnego, 49 roku to był tym razem sam Cezar, który w liście do senatu wyrażał przekonanie, że zarówno Pompejusz, jak on powinni natychmiast wyrzec się dowództwa. Ale teraz senatowi już za bardzo zależało na władzy militarnej Pompejusza, by *optimates* mogli się na to zgodzić. Chociaż mieli przeciw sobie opozycję sprzyjających Cezarowi trybunów, usiłowali doprowadzić do tego, by rozprzęgła się tylko armia Cezara.

Teraz senat chciałby rozprząc tylko armię Cezara

WOJNA DOMOWA

Juliusz Cezar przebywał wówczas w swojej Galii. W Rzymie zaś, jak on sam to przedstawia w opisujących ten czas niepokoju rozdziałach (I 2–14) *De bello Gallico*, rozszalała się złość przeciw niemu. Ani krewnym Cezara nie dano czasu, żeby go zawiadomić, ani trybunom ludu nie zostawiono wolności od niebezpieczeństwa, lecz siódmego już dnia zmuszono ich do troszczenia się o własne ocalenie. Powzięto uchwałę senatu stosowaną tylko w najgroźniejszym położeniu. Chodzi tu o tak zwane *senatus consultum ultimum*, dekret wzywający urzędników do bronienia miasta i państwa przed ostatecznym niebezpieczeństwem. Ogłoszono taki dekret w dniu 7 stycznia. Trybunowie, którzy sprzyjali Cezarowi, zaraz uciekli z Rzymu ku północy Italii, aby być bliżej niego.

Przeciw Cezarowi, przebywającemu w Galii, senatus consultum ultimum

W całej Italii zarządzono pobór wojskowy, nakazano dostawianie broni, zażądano od miast pieniędzy, a nawet ze świątyń je zabierano, „naruszając – powiada Cezar – wszystkie boskie i ludzkie prawa”. Wódz wyznaje nam, że musiał przystąpić do jawnego działania. W dniu 10 stycznia roku 49 przed Chrystusem

przekroczył ze swoim wojskiem małą rzeczkę Rubikon (dziś prawdopodobnie Pisatello), wpadającą do Morza Adriatyckiego w pobliżu Ariminum (dziś Rimini w Umbrii). W okresie republikańskim stanowiła ona granicę między Italią i Galią Przedalpejską. Cezar opuścił więc obszar, na którym wolno mu było sprawować imperium, i przeszedł tam, gdzie przywłaszczenie sobie przez niego imperium oznaczało rozpoczęcie wojny. Wódz, przechodząc przez Rubikon, miał wypowiedzieć słowa: *Alea iacta est* – „Kości zostały rzucone”.

Cezar z wojskiem przekracza Rubikon

Cezar szczerze przemówił do żołnierzy, tłumacząc im, co się dzieje. Otwarte słowa zjednały mu sympatię. Z jedną legią ruszył na Ariminum, gdzie zastał trybunów ludowych, którzy do niego uciekli; równocześnie przyzwał inne swoje legie z leży zimowych, by szły za nim. Wśród spotkanych konsulów był Marcus Antonius (około 83–30 przed Chr.), słynny, znany nam i z Szekspira. Człowiek ten po lekkomyślnej młodości odznaczył się jako oficer jazdy w latach 57–54 w walkach w Palestynie i Egipcie pod naczelnym dowództwem Pompejusza, po czym przyłączył się do sztabu Cezara w Galii, gdzie poza pobytem rzymskim (w latach 53–52) pozostał do końca roku 50. Na początku roku 49 bronił w senacie Cezara.

U Cezara Marek Antoniusz

W marcu zaś owego roku Pompejusz zmówił się z oboma konsulami, sprzyjającymi mu, którymi byli: Lucius Cornelius Lentulus Crus, zażarty przeciwnik Cezara, oraz niewiele różniący się od niego uczuciami Gaius Claudius Marcellus. Najpierw Pompejusz wyruszył ze stolicy do owych dwóch legii, które „wydarł" Cezarowi; właśnie zimowały w Apulii. Powiódł je teraz za sobą. Natomiast zaczęty pobór w stolicy przerwano. Pompejusz pono czuł, że dopiero na południe od Kapui, miasta w Kampanii, jest u siebie. Poza wojskiem, które było w Italii, miał siedem legii w podlegającej mu według prawa Hiszpanii. Teraz jednak nie zmierzał ku Zachodowi. Zanim Cezar wyśledził jego poruszenia, Pompejusz i obaj konsulowie z armią republikańską zdążyli przeprawić się na Wschód.

Pompejusz i obaj konsulowie na Wschód; Cezar zajmuje południe Italii, Hiszpanię i wyspy

Nie była to rezygnacja z boju, albowiem najwierniejsze Pompejuszowi były regiony Wschodu, gdzie osadził i utwierdził niejednego władcę w latach sześćdziesiątych. W Italii zaś Cezar, rozsierdzony wymknięciem się Pompejusza, niemal pędem szedł na południe, zajmując miasto za miastem. Nie napotykał oporu. Niedola w ostatnich latach tak przeorała kraj, że zdobywca widział dokoła, jeśli nie życzliwość (że wreszcie się to wszystko skończy), to przynajmniej bierność. Latem 49 roku Cezar, aby podciąć Pompejuszową Hiszpanię, przeprawił się tam z wojskiem i na początku sierpnia zdołał pokonać obu generałów przeciwnika, Afraniusa i Petreiusa, pod miastem Ilerdą. Wracając stamtąd, wódz Juliusz prędko zapanował nad Sycylią i Sardynią, którymi dotąd rządzili ludzie wyznaczeni przez *optimates*.

W Afryce król Juba miażdży podstępem rzymskie wojsko

Gorzej jednak ułożyły się Cezarowi sprawy w Afryce, gdzie nienawidzący go (pono obrażony niegdyś przez niego) zaborczy król Numidii, Juba, był sprzymierzeńcem Pompejusza. Cezar posłał tam z czterema legiami Curiona, trybuna z roku 50, o którym, jak już mówiliśmy, szeptano, że Cezar go przekupił. Niedługo ów Curio w roku 49 w Afryce wojował. Mało doświadczonego wodza przebiegły król afrykański, udając ucieczkę, ściągnął na pustynię, gdzie numidyjskie natarcie zabiło i Curiona, i większość jego armii. Ciężka to była klęska całego Rzymu w Afryce.

Pompejusz w tym czasie już zdawał sobie sprawę, że nieuniknione jest starcie bitewne z wojskami Cezara. Swoje legie ćwiczył w Macedonii, a przez wierną mu flotę panował nad Morzem Adriatyckim. Wódz Juliusz też gotował się do ostatecznej rozprawy i postanowił dosięgnąć Pompejusza na Wschodzie. Zdołał wyminąć rozsnutą przez przeciwnika blokadę. Przez nieprzychylne morze zimowe przepłynął z niewielkim wojskiem do Epiru. Główną część armii, zresztą o wiele mniejszą od sił Pompejusza, przywiózł potem Antoniusz. Cezar usiłował osaczyć główną bazę przeciwnika nad Morzem Adriatyckim, port Dyrrachium (dziś Durazzo), położony na półwyspie Ilirii greckiej. Wojsko Juliusza okopało się pomiędzy nadmorską bazą i wnętrzem lądu, gdzie była wielka armia Pompejusza. Ten napadał na wzniesione naprędce szańce i w jednej z bitew podjazdowych zadał napastnikom ciężkie straty.

Ku rozprawie orężnej między Pompejuszem i Cezarem

Cezar nie upadł na duchu. Na nowo skupił swoje wojsko i przeniósł je do Tesalii. Wznosiło się tu, przy głównej drodze ze stolicy kraju, Larissy, do środkowej Grecji, miasto Farsalos na wzgórzu nad żyzną równiną. Z dala widziało się jego wspaniałą akropolę, przedmiot współzawodnictwa i walk różnych władców tesalskich przez wieki. Teraz, w roku 48 przed Chrystusem, żaden z przeciwników już nie unikał rozstrzygającej bitwy. Wydawało się, że Cezar jest potępiony przez samą arytmetykę. Miał około dwudziestu czterech tysięcy żołnierzy, pieszych i konnych, Pompejusz zaś prowadził około czterdziestu siedmiu tysięcy. W dniu 9 sierpnia było to cudem odwagi weteranów Cezara, że z furią natarli na dwukrotnie liczniejszą armię i rozbili ją w pył. Piętnaście tysięcy Pompejuszowców poległo, dwadzieścia cztery tysiące wzięto w niewolę.

Pod Farsalos Cezar rozbija większą od swojej armię Pompejusza

PATOS BOJU

Jak nam opowiada dosyć dokładnie Appian (*Romaike historia*, II 83–86), Pompejusz uszedł najpierw do Larissy, a stąd co sił nad morze. Wsiadł na mały statek, a napotkawszy przepływający okręt, popłynął nim do Mityleny na Lesbos. Stąd zabrał żonę Kornelię i z czterema trójwiosłowcami, które przybyły do niego z wyspy Rodos i z Tyru, popłynął na wschód. Chciał się dostać do króla Partów. Liczył na to, że ten mu pomoże w wojnie. Nie zdradzał się z tym jednak, dopiero blisko Cylicji przez zdławione gardło powiedział to przyjaciołom. Ci zdrętwieli i mówią, żeby się strzegł władcy Partów, rozwścieczonego tym, że dopiero co napadł na niego Krassus, i pysznego pokonaniem go. Radzili mu, niechże płynie do Egiptu, który jest tu blisko. To wielkie państwo, bogate, zasobne w okręty, zboże i pieniądze. Król w nim chłopięcy, lecz po ojcu przyjaciel Pompejusza. Popłynął więc Pompejusz teraz do Egiptu. A tam z Aleksandrii właśnie wypędzono Kleopatrę, która przedtem panowała razem z małym bratem.

Za radą przyjaciół Pompejusz płynie do Egiptu

Dzieje Kleopatry

Gdy przyglądamy się bliżej, to było tak. Słynna Kleopatra (69–30 przed Chr.) najpierw w swoim życiu zobaczyła pałac ojca „w Aleksandrii przy Egipcie”, jak się urzędowo nazywała stolica owego hellenistycznego państwa. Pałac króla z dynastii Ptolemeuszów, greckich następców faraonów. Nieskończony ciąg sal i pokoi, dziedzińce, ogrody, aleje, girlandy, lampiony. Gdzieś w zakątkach, do których jej nie dopuszczano, ciągnęły się długo w noc uczty króla, Ptolemeusza XII, zwanego Auletes, czyli Fletnista. Sam też uprawiał muzykę, ale najbardziej lubił grę i śpiewy muzykujących tancerek. W polityce kolaborował z sięgającymi coraz śmielej po Egipt Rzymianami.

Ptolemeusz XII Fletnista

Oburzeni Aleksandryjczycy wygnali go w roku 58 przed Chrystusem, lecz Rzymianie już w roku 55 wprowadzili Auletesa znowu do miasta i osadzili na tronie. Obiecał im za to pieniądze. Egipt był wówczas niezbyt mocny, ale na swoich szczytach bogaty. Rzymianie będą te pieniądze długo i z niemałą trudnością egzekwowali. Co się działo z małą Kleopatrą? Ojca wygnano, gdy miała jedenaście lat. Rodzinę jednak ze czcią osłaniano. Kleopatra była pracowita, bardzo pilnie się uczyła. Poznawała przede wszystkim literaturę grecką, której wówczas nigdzie w świecie nie przechowywano tak troskliwie, jak w aleksandryjskim Muzeum, czyli Świątyni Muz. Ale miała również gust i talent do innych języków. Nauczyła się też dobrze mowy egipskiej, tej, którą Champollion dla nas zrekonstruował i która częściowo trwa do dziś w ustach Koptów. Kochali za to królewnę starzy Egipcjanie, zwłaszcza że pobożnie wtajemniczała się w ich religię.

Świetnie wykształcona Kleopatra obejmuje królestwo wraz z małym bratem

W roku 51 umarł Fletnista. Osiemnastoletnia Kleopatra objęła wtedy królestwo wraz z dwunastoletnim Ptolemeuszem XIII, bratem jej i (według egipskiego prawa) dynastycznym, formalnym małżonkiem. Niebawem obraz jej życia stał się jaskrawy, gdy dobijały się do Aleksandrii i coraz częściej wdzierały do niej odgłosy walk wodzów rzymskich. W roku 49 przed Chrystusem Pompejuszowi zmagającemu się z Cezarem ministrowie aleksandryjskiej pary królewskiej dostarczali okrętów, wojska, żywności. Nic więc dziwnego, że uciekającemu spod Farsalos przyjaciele poradzili zawinąć do Egiptu. Lecz tam już wtedy nie było azylu. Wiemy na pewno, że wybuchnął spór między ministrami a Kleopatrą. Słyszymy, że królowa, odepchnięta od rządów, zaszyła się w wiejskiej posiadłości. Appian zaś opowiada, że nad granicą Syrii gromadziła wojsko, a bratu jej, czyli raczej ministrom jego, wydało się najlepsze, żeby rozłożyć się obozem koło góry Kasjum. I traf chciał, że właśnie tutaj wiatry przyniosły Pompejusza.

Pompejusz zastaje Kleopatrę z armią

Gdy zobaczył na lądzie wiele wojska, zatrzymał okręty, bo przypuszczał, że tam jest król. Nie mylił się. Wysłał ludzi, którzy by donieśli o jego przybyciu i odwołali się do przyjaźni, jaka go łączyła z ojcem króla. Opiekunami chłopięcego władcy byli: dowodzący wojskiem Achillas oraz zarządzający finansami eunuch Poteinos. Od razu zaczęli obradować, co zrobić z Pompejuszem. Obecny na naradzie retor Teodotos z Samos, nauczyciel małego Ptolemeusza, podał niegodziwą radę, by podstępnie zabić Pompejusza dla zjednania sobie Cezara. Zgodzono się na to i wysłano po Pompejusza marną łódź pod pozorem, że morze jest płytkie i nie mogą po nim żeglować wielkie okręty. Do łodzi wsiadło kilku ludzi ze służby królewskiej i Rzymianin, niejaki Semproniusz, który służył w wojsku króla egipskiego, a przedtem wojował pod Pompejuszem. Niby przynosząc teraz gościowi powitanie od króla, powiedział, że będzie mu towarzyszył do chłopięcego władcy.

Równocześnie, powiada Appian, całe wojsko Ptolemeusza ustawiło się w szeregach wzdłuż wybrzeża, jakby na cześć Pompejusza, a w środku widoczny był król w purpurowym płaszczu. Nieswojo było oszołomionemu gościowi. Co znaczy ta parada, a dla niego łódź marna? Dlaczego nie przybył po niego sam król? Pono wyszeptał sobie wiersze Sofoklesa: „Kto do tyrana przybywa, jego jest niewolnikiem, choćby jako wolny poszedł". I wsiadł do łodzi. W czasie przeprawy wszyscy milczeli, więc już bardzo się zaniepokoił. Być może, poznał w Semproniuszu Rzymianina, a może nawet jednego ze swoich dawnych żołnierzy, zwłaszcza że on teraz jedyny wobec wodza stał, a nie siedział. – „Czy ja cię znam – rzekł – towarzyszu broni?". Ten skinął głową, a gdy się Pompejusz odwrócił, pierwszy zadał mu cios, za nim inni.

Zamordowanie Pompejusza przed oczyma żony i przyjaciół

Żona Pompejusza i przyjaciele, kiedy to z daleka zobaczyli, zakrzyknęli w boleści i wznosząc ręce do bogów, prosili ich o pomstę za znieważenie układu. I czym prędzej odpłynęli z wrogiego wybrzeża. Tyle Appian, a Plutarch dodaje niejeden szczegół, na przykład (*Żywot Pompejusza*, 77, 4) powiedzenie Teodotosa: „Umarły nie kąsa". Powtarza się we wszystkich wersjach wieść, że odcięto głowę zabitego. Ciało zdaniem Appiana pogrzebał ktoś w piasku i wzniósł skromny pomnik. Plutarch (*Żywot Pompejusza*, 80) inaczej: że wyrzucono je z łodzi, lecz pochwycił je i obmył w morskiej wodzie wierny sługa Filippos, odział je w tunikę swoją własną i pobożnie spalił na stosie wzniesionym ze starej łodzi rybackiej na owym wybrzeżu. Kiedyś w przyszłości wdowie Pompejuszowej, Kornelii, przyjaciele przywiozą do Italii wszelkie szczątki i popioły męża, a ona je pogrzebie w swojej podrzymskiej willi.

SAMOTNY ZWYCIĘZCA

Appian podaje, że głowę odcięli siepacze Poteinosa, żeby mieć pochlebczy prezent dla Cezara. Po niedługim czasie zwycięzca przybył do Egiptu. Plutarch (*Żywot Pompejusza*, 80, 5–6;

Żywot Cezara, 48, 2) opisuje dosyć dokładnie, jak zwycięzca odwrócił się ze wstrętem, jako od mordercy, od człowieka, może samego Teodotosa, który przyniósł mu zabalsamowaną głowę Pompejusza. Kiedy podano mu pierścień zabitego, z wyrytym lwem trzymającym w szponach miecz, wpatrzył się w to i zapłakał.

Cezar nad pierścieniem Pompejusza

Chyba opowiedziano już Juliuszowi, jak przeciwnik ginął. Plutarch powtarza tradycję (*Żywot Pompejusza*, 79), że pomimo niepokoju on w łodzi powtarzał sobie dla wprawy mowę, jaką napisał po grecku do wygłoszenia przed Ptolemeuszem. Gdy rzucili się na niego napastnicy, nie miotał się, tylko obiema rękami zaciągnął togę na twarz. Jeden z nich, według imienia podanego przez Plutarcha Septimiusz, z tyłu ugodził go mieczem, potem Salvius, wreszcie Achillas dźgali go sztyletami, tak było według Plutarcha. A wódz nie powiedział niczego, co byłoby niegodne jego, tylko głucho jęknął. Miał pięćdziesiąt dziewięć lat, zginął nazajutrz po rocznicy urodzin. Sprawca zguby, Teodotos, zdołał uciec i opuścił Egipt, aby błąkać się bezdomny, aż go Marcus Brutus dopadnie w Azji i zabije.

Jak zginął Pompejusz

Słyszymy, że Juliusz rychło wezwał Kleopatrę do Aleksandrii. Jak opowiada Plutarch (*Żywot Cezara*, 49, 1), w co możemy wierzyć albo nie wierzyć, czółnem ją przywiózł tajemnie dworzanin Apollodoros i o zmroku wniósł do pałacu zawiniętą w wór na bieliznę. Cezarowi się pono bardzo to wszystko spodobało. Nie jesteśmy jednak pewni chronologii owych wydarzeń, które Plutarch i inne źródła przedstawiają rozmaicie. Nie wiemy, czy Cezar od początku ośmielił się mieszkać w aleksandryjskim pałacu. Możemy przyjąć, że jego pobyt w Egipcie rozciągnął się na siedem miesięcy. Zrazu panowali nad stolicą ministrowie otaczający chłopięcego Ptolemeusza XIII, a wypędzona Kleopatra gromadziła wojsko w Syrii. Nie wiemy na pewno, kiedy przybyła potajemnie do Cezara.

Kleopatra do Cezara

Nie wiemy też, kiedy ministrowie próbowali uwięzić Juliusza w pałacowej dzielnicy miasta, zresztą olbrzymiej. Mówi się, że on wtedy, usiłując spalić ich okręty, spopielił część biblioteki Muzeum Aleksandryjskiego. W każdym razie wytrzymał napór egipski, a kiedy wsparły Cezara wojska z Syrii, powstał do boju, napadł na obóz ptolemejski nad Nilem. Jedni mówią, że Pto-

Cezar więziony w dzielnicy pałacowej?

Wyposażony w posiłki Cezar czyni Kleopatrę gospodynią Egiptu

lemeusz XIII zniknął bez śladu, inni, że wody rzeki wyrzuciły jego ciało na brzeg. Nowym małżonkiem dynastycznym Kleopatry zwycięzca uczynił następnego jej brata, dwunastoletniego wówczas, Ptolemeusza XIV, ale tak naprawdę Kleopatra była teraz jedyną, pod protektoratem Juliusza, gospodynią Egiptu. Wiele opowiadano o wycieczce, jaką odbyła z Cezarem łodzią w górę Nilu.

Zostawiona przez protektora królowa mistrzowsko gospodaruje

W kwietniu 47 Juliusz już ją opuścił, zostawiając trzy legie rzymskie, aby jej broniły. Królowa, dziewczyna tak młoda jeszcze, nadal pracowała uparcie nad tym, co ją pochłaniało już wcześniej, zanim ją ministrowie odepchnęli. „Gospodarka, idiotko!" – mogłaby sobie napisać nad biurkiem, jak jeden z mężów stanu naszego XX wieku. Lud był sponiewierany ciężkim głodem z lat 50–49. Ekonomia wymagała naprawy. Historycy dziś dosyć zgodnie mniemają, że gospodarcza polityka Kleopatry, manipulująca zmianami kursu waluty i wzmagająca eksport, była mistrzowska. Chłopskie lepianki nad Nilem choć trochę zamożniały.

Cezar w kwietniu odszedł, aby wrócić do Italii przez Azję Mniejszą, gdzie ozdobił swój marsz zwycięstwem pod miastem Zelą w Poncie, rozbiciem wojska Farnakesa, syna Mitrydatesa. Być może wtedy właśnie wykuł jeden z najświetniejszych swoich aforyzmów, który do nas przeleciał na skrzydłach, a pierwotnie zjawił się na świecie albo w jakimś osobistym liście Juliusza, albo może był wielkimi literami wypisany na transparencie w pochodzie. Trzeba jednak zastrzec, że umieszczany jest niekiedy w innym momencie Cezarowych dziejów. Plutarch, cytując go (*Żywot Cezara*, 50, 2), żałuje, że pisze po grecku, gdzie te słowa brzmią miękko (*Elthon, eidon, enikesa*), a nie po łacinie, gdzie dźwięczą spiżem: *Veni, vidi, vici* – „Przybyłem, zobaczyłem, zwyciężyłem". Szedł też przez Grecję i do końca uwolnił Morze Adriatyckie od resztek floty Pompejusza.

Zwycięstwo Cezara nad Farnakesem: veni, vidi, vici

Tymczasem w Egipcie Kleopatra latem 47 roku urodziła syna, któremu nadała imiona: Ptolemeusz Cezar, stwierdzając, że Juliusz jest jego ojcem. Aleksandryjczycy będą nazywać chłopca: Cezarion (*Kaisarion*), jakby „mały Cezar". Juliusz zaś po niezbyt długim postoju w Rzymie podążył jeszcze u schyłku owego 47 roku przed Chrystusem do prowincji Afryki, w której nadal twardo się bronili Pompejuszowcy i niedobitki stanu senatorskiego. Zgromadzonym tu wojskiem rzymskim dowodził Titus Labienus, wierny oficer Juliusza w wojnach galickich, który w roku 49 przeszedł był na stronę republiki i Pompejusza, oraz ostatni z wielkiego rodu, Quintus Metellus Scipio. Był też z nimi niezrównany, wspominany już przez nas Marcus Porcius Cato, Cato Uticensis, jak nazwą go potomni.

Cezarion – syn Cezara?

Cezar nie miał tu łatwego zadania. Aby sprostać czternastu legiom republikanów, musiał przeprawić przez morze dużą armię. Zdołał jednak to zrobić. Osaczył przeciwników ze wszystkich stron i pod miastem Tapsos w środkowej części rzymskiej Afryki w kwietniu 46 roku rozbił ich wojska w pył. Scipio usiłował uciec do Hiszpanii, ale widząc, że się nie wymknie, odebrał sobie życie. Dotrzeć do Hiszpanii udało się Labienusowi i okopał się tu z jednym z synów Pompejusza, Gnaeusem, do późnego boju republikańskiego. Juliusz dopadnie ich

Bitwa pod Tapsos

Bitwa pod Mundą; klęska republikanów

u schyłku 46 roku i w zażartej bitwie pod Mundą w marcu 45 roku zniszczy całą ich siłę. Umrą obaj przywódcy, Labienus i Gnaeus.

POŻEGNANIE REPUBLIKI

Wcześniej pożegnanie republiki przez Marka Porcjusza Katona

Takie jednak pożegnanie republiki, jakie zapamiętają potomni, dokonało się nieco wcześniej. Podczas wojny Pompejuszowców przeciw Cezarowi w Afryce Marcus Porcius Cato zarządzał w imieniu republikanów Utyką. Był to obszar otaczający najstarszą według tradycji kolonię fenicką na północnym wybrzeżu Afryki, przejętą przez Rzymian, około trzydziestu mil na północny zachód od Kartaginy. Ludzie byli zadowoleni z rządów Katona i gorzko żałowali go, kiedy umarł. A sam sobie zadał śmierć, gdy był już pewny, że Cezar zwyciężył. Stało się to w roku 46 przed Chrystusem. Z tradycji zapisał to Plutarch w *Żywocie Katona Młodszego*, jednym ze swoich pisarskich arcydzieł.

Kato wiedział, że wojsko Cezara już się zbliża do Utyki. Był z Katonem syn jego, służba oraz trzystu republikanów. Lucius Caesar, krewny wielkiego Cezara, ofiarować się chciał, że uklęknie przed zwycięzcą i wyprosi życie Katona, ale ten się na to nie zgodził. Ktokolwiek był w jego domu, pozwolił im wsiąść na statek i odpłynąć, żeby się mogli uratować. Synowi tylko jedno nakazał, mianowicie, że ma się trzymać z dala od polityki, bo po upadku ustroju republikańskiego nie będzie można zajmować się polityką godnie. Po czym wykąpał się i zasiadł do kolacji z dużym towarzystwem, z najbliższymi towarzyszami i z urzędnikami Utyki. Po kolacji długo rozmawiano przy winie, tematy filozoficzne zapalały się jeden za drugim, aż pochłonął zebranych jeden z „paradoksów" stoickich, to przeświadczenie, że tylko dobry człowiek jest wolny, a źli są wszyscy niewolnikami.

Odprawienie bliskich

„Paradoks" stoicki

Kato zaczął krzyczeć przeciw nadarzonemu na biesiadzie perypatetykowi, zwolennikowi Arystotelesa, nieufającemu „paradoksom". Zrozumiano, że Kato już zmierza do swojego kresu. A on dopytywał się, czy ci, którzy odpłynęli, mają bezpieczną żeglugę. Pospacerowawszy sobie po kolacji z przyjaciółmi, jak to miał w zwyczaju, poszedł do swojego pokoju i leżąc, czytał Platońskiego *Fedona*, dialog o duszy. Zobaczył nagle, że na ścianie nie wisi jego miecz, jak wisieć powinien. To syn ukrył miecz. Ciężkim szamotaniem się zmusił służbę do przyniesienia mu tego narzędzia śmierci. Prosił o to łagodnie, niemal błagalnie. „Kiedy to mówił – powiada Plutarch (*Żywot Katona Młodszego*, 69–70) – młodziutki syn jego wyszedł, łkając, tak jak wszyscy inni oprócz Demetriosa i Apollonidesa". Oni też nic nie odpowiedzieli na jego błaganie. „Wreszcie, ociągając się, wyszli i wtedy przez jakieś małe dziecko przysłano mu miecz. Wyciągnął go z pochwy i zbadał. Gdy sprawdził, że szpic jest niestępiony, a brzeg ostry, rzekł: «Teraz nad sobą panuję». Odłożył miecz i wrócił do książki. Pono przeczytał całą dwukrotnie".

Kato odzyskuje miecz

Następnie, ciągle według opowieści Plutarcha, zapadł w tak głęboki sen, że ludzie znajdujący się poza jego pokojem słyszeli go. Około północy jednemu ze swoich wyzwoleńców kazał pójść nad morze i sprawdzić, czy wszyscy uciekinierzy już odpłynęli, a drugiemu rzekł, by opatrzył jego rękę, zranioną podczas szamotania się ze służbą; żadne świadectwo nie mówi, że ten obrońca republiki miał sympatyczne usposobienie. Wysłany nad morze Butas miał zaraz wrócić.

„Ptaki już zaczynały śpiewać, gdy znowu zapadł w sen, tym razem na krótko. Kiedy Butas wrócił i powiedział mu, że port jest bardzo spokojny, polecił mu zamknąć drzwi i rzucił się na łóżko, jakby miał tu spoczywać przez resztę nocy. Lecz ledwie wyszedł Butas, Kato wyciągnął z pochwy miecz i przebił się poniżej piersi. Zraniona jednak ręka sprawiła, że cios nie był dość silny, więc Kato nie od razu z sobą skończył. W śmiertelnym szamotaniu się strącił tablicę geometryczną, która stała obok łóżka. Służba usłyszała to i podniosła wrzask, syn z przyjaciółmi wbiegł do pokoju. Zobaczyli, że Kato jest okrwawiony, a większa część jego wnętrzności wyrywa się z ciała. Lecz on nadal ma otwarte oczy i żyje. Byli wstrząśnięci. Podszedł lekarz, próbował włożyć wnętrzności na ich miejsce i zaszyć ranę. Kiedy Kato oprzyto-

Nad ranem zgon Katona

mniał i ujrzał to, odepchnął lekarza, własnymi rękami rozerwał wnętrzności, jeszcze głębiej rozszarpał ranę i skonał".

Zgromadziło się wokół niego trzystu republikanów i inni przyjaciele. Nieprzestraszeni wieścią o zbliżaniu się Cezara, wołali, że to był ich dobroczyńca. Odziali ciało wspaniale, idąc świetnym orszakiem, zanieśli je nad morze, gdzie je pochowali. „Stoi tam – powiada Plutarch – jego posąg z mieczem w ręku" (*Żywot Katona Młodszego*, 71). I jeszcze nam opowiada biograf, jak śmierć tego czterdziestoośmioletniego przeciwnika zatargała Cezarem, który niemal biegł, aby zastać przy życiu jeszcze człowieka, którego podziwiał. Będzie go przez wieki podziwiało wielu, całe rzesze różnych ludzi, wśród nich Ojcowie Założyciele Stanów Zjednoczonych Ameryki Północnej. Może najbardziej ucisza nasze dusze swoim dostojeństwem on wtedy, gdy w *Boskiej komedii* Dantego (*Purgatorio*, 1) stoi na straży góry czyśćcowej, postarzony przez florenckiego poetę (*un veglio solo*, w. 31), z dostojnym licem, z siwymi włosami, z długą brodą, jaśniejący, „jakby przed nim było słońce" (w. 39). To jest ten Kato, którego Lukan (vide: *Literatura Greków i Rzymian*, s. 504) sławi za to, że wbrew losowi stanął po stronie zwyciężonych: *Victrix causa deis placuit, sed victa Catoni* (*Bellum civile*, I 128).

Legenda republiki i cesarstwo

Oto legenda ginącej republiki. A jednak w głębi duszy chyba wiemy, że lepiej się stało, jak się stało. Cesarstwo, ku któremu, jakby w przeczuciu, jeszcze bez wiedzy, zmierzał Cezar, przynajmniej nam na pewno wyszło na dobre, na lepsze, bo w nim i dla nas jest miejsce, w tej wzniesionej ponad historię, ponad jej przypadki, uniwersalności.

PRĘDKIE DZIAŁANIE

Być może Cezar przynajmniej to jedno dokładnie wiedział: że ma niedużo czasu. Śpieszył się. Wróciwszy z Egiptu, Azji Mniejszej i Grecji, a potem z Afryki, do Rzymu, pozostał tu dłużej, niż zazwyczaj przebywał w stolicy. Budując swoją siłę polityczną, mógł się odwołać do dostojeństw z przeszłości. Już w roku 49 objął był władzę dyktatorską, dzięki której zapewnił sobie konsulat na rok 48. Sprawował dyktaturę jeszcze przez krótkie okresy w roku 48 i w roku 47. W roku 46 przyznano mu tę funkcję na dziesięć lat, a w 44 – dożywotnio. Była to jawna i jaskrawa przemiana prawa, które pozwalało na dyktaturę tylko na krótki czas i jedynie w porze zagrożenia państwa. A władza dyktatora była przemożna. Podlegali mu wszyscy inni urzędnicy. Żadnej jego decyzji nie mogło przeszkodzić weto trybunów.

Przełomowy dla Cezara rok 46 przed Chrystusem

Przełomowy był tak późny w jego życiu rok 46 przed Chrystusem. Już poprzedniego roku, 47, został jednym z augurów, urzędników sakralnych, odpowiedzialnych za wróżby; wielką godność *pontifex maximus* piastował już od dawna. W roku 46 powołano go też znowu na konsula i stale on nim pozostanie. Był to rok, gdy doszła do Rzymu i rozbrzmiewała gromko po jego ulicach wieść o zwycięstwie Cezara pod Tapsos. Można się dziwić, że senat czołobitnie powitał pokonanie ostatnich obrońców republiki i jego własnej roli. A jednak tak właśnie powitał. To senat po Tapsos rozszerzył i wzmocnił władzę Cezara w państwie w roku 46. Ponieważ zaś nie wypadało święcić zwycięstwa nad obywatelami rzymskimi, okryto treść bitwy innymi walkami tego samego okresu i przyznano Juliuszowi aż cztery obrzędowe *triumphi*: nad Galami, Egipcjanami, Farnakesem i numidyjskim Jubą. Wszystkie odprawiono we wrześniu 46 roku, napełniając Romę wspaniałością rzymskiego męstwa. Uroczystości prowadziły ku igrzyskom gladiatorskim (poświęconym czci zmarłej w 54 roku Julii, córki Cezara, żony Pompejusza) i ku otwarciu nowej bazyliki (hali przeznaczonej do celów handlowych, sądowych i innych publicznych) i nowego forum, budowanych przez Cezara od roku 54. Jak monarcha, Juliusz rozdawał ludziom nieco zboża, oliwy i pieniędzy, aby się mogli spokojniej cieszyć takimi festynami. Zakładał też kolonie zamorskie dla najuboższych.

Chciałoby się zobaczyć tego człowieka, jednego z budowniczych naszego świata, w okresie jego tak krótkich rządów.

W jakiejś mierze ukazuje go nam Kasjusz Dio w swojej *Romaike historia* (XLIII 43, 1; 44, 1–3; 45, 1–2; 47, 1–3; 50, 1–5): „Nosił Cezar – czytamy – mocą uchwały senatu szaty triumfalne podczas wszelkich uroczystości, nadto zawsze i wszędzie zdobił czoło wieńcem wawrzynowym". Teraz nieco o jego tytułach. Na cześć zwycięstwa, chyba tego pod Tapsos, otrzymał tytuł „Wyzwoliciela", a także dało mu zgromadzenie ludowe po raz pierwszy, jakby jego osobiste imię, tytuł: *imperator* (po grecku: *autokrator*), który jeszcze później nosili władcy. „Posunięto się w pochlebstwie aż do tego, że uchwalono ów tytuł dla jego synów i wnuków, chociaż nie miał dzieci, a był już stary. Od niego tytuł ten, jak i miano Cezar przeszły na wszystkich późniejszych cesarzy, jako przywiązane do ich urzędu".

Imperator

Cezar jako monarcha

„Senat – czytamy dalej u Diona – przyjął dekrety, w których uznawał go w pełni za monarchę. Oddano mu wybór urzędników, nawet tych, których przedtem lud wybierał, i wybrano go na konsula na lat dziesięć, tak jak przedtem na dyktatora. Postanowili, że tylko on ma mieć żołnierzy i tylko on będzie zarządzał skarbcem państwowym, i będzie mógł posługiwać się wojskiem i skarbcem jedynie on oraz ci, którym on pozwoli".

Ponieważ nie przyjął prawa mianowania urzędników, nadal byli oni wybierani pozornie przez lud, jak dowiadujemy się od Diona, naprawdę jednak on ich wyznaczał; namiestnicy byli wysyłani do prowincji bez losowania. Tu informację Diona uzupełnia Swetoniusz (*Boski Juliusz*, 41): „Wystawiał swoich kandydatów za pomocą rozporządzeń, które rozsyłał po gminach w formie krótkiego pisma: «Cezar dyktator do tej a tej gminy. Polecam wam tego i tamtego, aby dzięki waszym głosom otrzymali swoją godność». Do sprawowania zaszczytnych urzędów dopuścił również synów obywateli, którzy zostali uprzednio proskrybowani".

Wyznacza urzędników

Wracamy jeszcze do Diona: „Liczba innych urzędników pozostała taka, jaka była przedtem, tylko pretorów wyznaczano teraz czternastu, a kwestorów czterdziestu. Zrobił to, ponieważ wielu ludziom obiecał wiele, a nie miał innego sposobu, żeby ich zadowolić. Wielu też wprowadził do senatu, wcale nie zważając, czy ktoś był żołnierzem, czy synem wyzwoleńca, tak że liczba członków senatu doszła do dziewięciuset". I jeszcze dalej czytamy o Cezarze u Diona:

„Przez to, że wydał różne prawa i rozszerzył granice miasta, można by uznać, że działanie jego było podobne do postępowania Sulli. Ale gdy się widziało, że nie prześladował przeciwników, którzy wojnę przeżyli, i zapewniał im bezpieczeństwo na godziwych i jednolitych warunkach, że dopuścił ich do urzędów, a wdowom po poległych zwrócił posagi, dzieciom zaś oddał część majątku ojcowskiego, było jasne, że działał w chlubnym przeciwieństwie do krwiożerczości Sulli, i pozyskał sobie wielką sławę nie tylko dzielności, lecz także zacności, choć zazwyczaj trudno jest jednemu człowiekowi odznaczyć się i w wojnie, i w pokoju. To było przedmiotem jego dumy, jak również to, że podźwignął Kartaginę i Korynt. Było też wiele innych miast w Italii i poza Italią, które albo odbudował, albo od podstaw założył. Wprawdzie różni inni ludzie dokonali nie mniej, ale co się tyczy Koryntu i Kartaginy, on te stare, wspaniałe, słynne miasta, zwalone w ruinę, nie tylko zaludnił kolonistami, uważając je za kolonie Rzymian, lecz również przywrócił je pamięci dawnych mieszkańców pod dawnymi mianami. Wrogość owych ludów nie wzniecała w nim żadnej niechęci do miejsc, które nikogo nie skrzywdziły".

Łagodność Cezara

I jeszcze sprawa kalendarza, którą najjaśniej przedstawia Swetoniusz (*Boski Juliusz*, 40): „Uporządkował też kalendarz, który z winy pontyfików skutkiem dowolności we wtrącaniu miesięcy przestępnych był tak pomieszany, że ani uroczystość żniw nie przypadała na lato, ani święto winobrania na jesień. Cezar dostosował rok do obiegu słońca, tak że liczył trzysta sześćdziesiąt pięć dni, a co cztery lata dodawano jeden dzień; natomiast zniósł miesiąc przestępny. Pragnąc zaś, by od najbliższego 1 stycznia kalendarz ściśle się godził z porami roku, wtrącił między listopadem a grudniem dwa miesiące, skutkiem czego rok, w którym wypełniono owe zarządzenia, liczył piętnaście miesięcy wraz z miesiącem przestępnym, który według zwyczaju przypadł na ten właśnie rok". Cezar nie działał samowolnie, słuchał w tej sprawie rad astronoma

Twórca kalendarza juliańskiego

z Aleksandrii (bo skądże by inąd?), Sosigenesa. Kalendarz juliański będzie w użyciu aż do następnej reformy, w XVI już wieku.

PRZED GROŹNYM PROGIEM

Kleopatra zaproszona do Rzymu

W tym samym wielkim 46 roku Juliusz zaprosił Kleopatrę do Rzymu. Przybyła, miał ją przy sobie, ale czy wiele z nią rozmawiał? Panowały nad nim sprawy państwa. Najpierw jednak trzeba powiedzieć, że w dziejach jakichkolwiek dynastii, nie tylko antycznych, niekiedy padają nam pod nogi fakty, z których brutalnością nie możemy dać sobie rady. Trudno nam iść dalej, a jednak iść musimy. Zresztą takie fakty często są tylko przedmiotem domysłów. Tak i tu. Kleopatra przypłynęła do Rzymu z maleńkim Cezarionem oraz ze swoim dynastycznym bratem-małżonkiem, Ptolemeuszem XIV, który w stolicy nad Tybrem rychło umarł. Dzisiejsi historycy przypuszczają: z jej rozkazu otruty. Cezariona zrobiła współrządcą zamiast brata.

Rozterki Cycerona

Wracając do problemów samego Cezara, można rzec, że wahania tradycyjnego społeczeństwa rzymskiego wobec coraz większej władzy nowego rządcy państwa szczególnie wyraźnie się przejawiają w rozterkach Cycerona. Po udręce niepewności znakomity mówca podczas wojny domowej wybrał był stronę Pompejusza i był z jego armią w Grecji. W bitwie pod Farsalos w roku 48 z powodu choroby nie wziął udziału, Kato, słynny potem Cato Uticensis, prosił Cycerona o objęcie komendy nad resztą, niemałą, armii i floty republikańskiej w Dyrrachium (w Ilirii greckiej). „Ale Cycero – czytamy u Plutarcha w *Żywocie Cycerona* (39, 1–4) – odmówił, w ogóle nie chciał należeć do wyprawy, w której o mało co nie został zabity.

Pompejuszowy bowiem syn i jego przyjaciele nazwali Cycerona zdrajcą i wyciągnęli przeciw niemu miecze. Byłby to jego koniec, gdyby się nie wmieszał Kato, który nie bez trudu wyprowadził mówcę z owej gęstwy, by umieścić go poza obozem".

„Cycero – pisze dalej Plutarch – udał się do Brundizjum (dziś Brindisi) w Kalabrii i tu czekał na Cezara, którego zatrzymywały różne sprawy w Azji i w Egipcie. Ale gdy przyszła wieść, że wylądował w Tarencie i stamtąd zmierza lądem do Brundizjum, Cycero pośpieszył na spotkanie. Nie czuł się całkiem wyzuty z dobrej nadziei. Ale wstyd mu było, że w obecności wielu świadków ma badać usposobienie człowieka, który jest wrogiem i zwycięzcą. Nie było jednak żadnej potrzeby, żeby zrobił albo powiedział cokolwiek niegodnego siebie. Bo Cezar, kiedy zobaczył, że on się zbliża, wyprzedzając o sporą przestrzeń innych, zszedł na ziemię i uściskał go. Przez wiele stadiów wędrował z nim i tylko z nim rozmawiał".

Cześć Cezara dla Cycerona; brak zawziętości

Tak powitał Cezar przeciwnika. Był w tym podziw dla pisarstwa Cycerona, dla jego stylu, na czym Cezar dobrze się znał, bo sam był wybornym autorem. Ale była w tym też szczególna cecha owego jeszcze nie starego (choć pisarze antyczni nazywają go starym) człowieka, już łysiejącego od czoła, co nie szkodziło urodzie znanej nam z posągów, dość kościstej, lecz pięknej twarzy. Najbardziej, być może, wzruszająca jego cecha, padająca jak promień w gęstą od splecionych w walce ramion, epokę. Tą cechą był brak zawziętości.

Lecz jakikolwiek związek Cycerona z Cezarem łatwy nie był. Cycero uporczywie się spodziewał, że twardość i bezwzględność Cezara w bojach to była zamierzona przez niego droga do odnowionej, ścisłej, już dobrze bronionej republiki. W jednej z mów wygłoszonych w senacie u schyłku roku 46 chwalił Cezara za szlachetność i dążenie do pojednania różnych stronnictw. Cycero nigdy nie przestanie cenić Juliusza jako człowieka. Ale w oczekiwaniach na odnowioną republikę gorzko się zawiódł. Coraz wyraźniej widział, że cel Cezara jest inny. Gęstniejąca zaś nad nim ciemność o wiele się wzmogła, gdy w roku 45 przed Chrystusem przygniótł go największy smutek jego życia: śmierć

Zgon Tullii

ukochanej córki, Tullii, przyjaciółki i powierniczki, którą urodziła bardzo mu też droga żona, Terentia.

Szukając przebłysku światła już nie tylko doczesnego, Cycero pogrążył się wówczas w największej swojej pracy pisarskiej, którą przez tysiąclecia będzie się karmiła Europa i nadal się karmi. Są to jego eseje filozoficzne (vide: *Literatura Greków i Rzymian*, s. 399). A w Rzymie szalała wówczas pochlebczość senatu wobec Juliusza. Uchwalono dożywotnią jego dyktaturę. Jeden z miesięcy, lipiec, przedtem zwany Quinctilis, mianowano od jego imienia Julius. Uchwalono także dla niego prawo do pozłoconego rydwanu i szaty triumfalnej podczas wystąpień publicznych.

Uwielbienie Cezara przez senat

Jak on to przyjmował? Plutarch (*Żywot Cezara*, 60, 1–3) potrafi przedstawić niejasność tej sprawy: „Najjawniejszą i najzażartszą nienawiść przeciw sobie rozniecił swoim pożądaniem godności królewskiej. Dla rzeszy była to pierwsza przyczyna nienawiści, a dla tych, którzy długo swoją nienawiść ukrywali, najgodziwszy jej pretekst. Ci zaś, którzy się starali o taką godność dla Cezara, rozsiewali wśród ludu pogłoskę, jakoby jasno to wynikało z ksiąg sybillińskich, że Partię mogą pokonać Rzymianie tylko wtedy, gdy przeciw niej wyruszą pod wodzą króla. Kiedy więc Cezar jechał z Alby do miasta, ośmielili się zrobić mu aklamację jako królowi. Lud nie wiedział, co o tym myśleć, a Cezar był zakłopotany. Powiedział, że jego imię jest nie «król», lecz Cezar. Gdy po tych słowach zapadła głucha cisza, jechał dalej z niezbyt radosnym i zadowolonym wyrazem twarzy".

„Co więcej – pisze dalej Plutarch – kiedy różne przekraczające miarę zaszczyty uchwalił dla niego senat, zdarzyło się, że siedział nad rostrami (na ozdobionej dziobami okrętów mównicy na Forum Romanum) i nadchodzili właśnie pretorzy i konsulowie, a za nimi cały senat. Cezar wcale nie powstał na ich powitanie, lecz tak, jakby miał do czynienia z osobami prywatnymi, powiedział im, że jego honory wymagają raczej ograniczenia niż powiększenia".

Już w tragicznym roku 44, gdy jego kolegą w konsulacie był Marcus Antonius i przy uroczystej okazji siedzieli obok siebie, położono koronę na Cezarowych kolanach. Wtedy Marek Antoniusz próbował włożyć ją na jego głowę, lecz Juliusz rzucił koronę w tłum. Od początku owego 44 roku myślał on zupełnie o czymś innym, mianowicie o dotkniętej tu przed chwilą (w cytacie z Plutarcha) wyprawie na kraj Partów i inne obszary Wschodu.

Cezar rzuca koronę w tłum

Zresztą chwała królewska gasła wobec innej wspaniałości, do której nęcono go coraz częściej. Czy zgodzić się, by uznano go za istotę boską, jak niegdyś Aleksandra Wielkiego? W Azji już zabrzmiała aklamacja Cezara jako „potomka Aresa i Afrodyty". W Rzymie Juliusz wyraził zgodę na zbudowanie poświęconej mu świątyni i wyznaczenie Marka Antoniusza na jego *flamen*, kapłana. Czy powstrzymywał się przed deifikacją, a zwłaszcza przed przyjęciem godności królewskiej, tylko dlatego, że entuzjazm Rzymian nie był tu dostateczny, a istniał też silny przeciw takim przemianom opór? Czy raczej on sam w głębi duszy nie chciał unicestwić zasad republikańskich i ciągle je cenił? Pozostanie to jego sekretem.

Wobec godności królewskiej i deifikacji

IDY MARCOWE

Byli jednak w społeczeństwie rzymskim mężowie, dla których „wolność", *libertas*, miała przemożne znaczenie. Oczywiście nie była to wolność dla niewolników. Ale wśród reszty społeczeństwa, wśród ludu, stopień osobistej niepodległości był niemały. Trudno wątpić, że bogaci w wielkiej mierze rządzili ubogimi, lecz w tym celu musieli stosować chytre nieraz zabiegi, nie rządzili nimi tak wprost. W republikańskim Rzymie, od tych pradawnych czasów, kiedy wodzowie brali miecz i insygnia władzy rękami stwardniałymi od pługa, panowało to, co dziś nazywamy demokracją, może w większym stopniu niż w którymkolwiek z państw greckich. Trudno się dziwić, że

Ideał wolności w demokracji rzymskiej

z republikańskiej Romy czerpać będą wzory i symbole rewolucje europejskie.

Przed wyprawą Cezara na Wschód spisek w Rzymie

Dla owych mężów Cezar był najoczywistszym wrogiem republikańskiej wolności. Przed planowaną wyprawą Juliusza na Wschód zawiązał się spisek. Przetrwały pogłoski, że należał do niego również Cycero, lecz dzisiejsi historycy niemal powszechnie zaprzeczają temu. Należeli do sprzysiężenia Pompejuszowcy, głównie ci, którzy mieli wobec Juliusza urazy osobiste. Cezar miał zapłacić także za to, że nie był zawzięty i przebaczał. Nad innych spiskowców wznosili się dwaj przywódcy, również Pompejuszowcy, którzy doznali od Juliusza łaskawości. Jeden z nich to Marcus Junius Brutus, ze starej arystokracji urzędniczej. W wojnie domowej walczył przeciw Cezarowi, który po Farsalos przebaczył mu. W roku 46 był zarządcą Galii Przedalpejskiej, w roku 44 urzędował w Rzymie jako *praetor urbanus*. Drugi szef spisku to Gaius Cassius Longinus, niegdyś uczestnik klęski Krassusa pod Carrhae, potem wykonujący różne zadania wojskowe. Był jednym z komendantów floty Pompejusza. Po wieści o Farsalos porzucił dawne znaki i od Cezara, chyba w roku 47, dostąpił przebaczenia i otrzymał stanowisko legata. W roku 44 urzędował w Rzymie jako *praetor peregrinus*.

Brutus i Kasjusz

Nadszedł dzień Idów marcowych 44 roku przed Chrystusem. Słowo *Idus* w kalendarzu rzymskim oznaczało trzynasty dzień większości miesięcy, a piętnasty dzień w marcu, maju, lipcu i październiku. Właśnie w Idy marcowe miało się to według umowy konspiratorów stać. Było to pono na cztery dni przed planowanym rozpoczęciem wyprawy Cezara do krajów Wschodu. Ubiegłej nocy żona Juliusza, Kalpurnia, nie miała dobrych snów. „Przy tym Artemidoros – opowiada Plutarch (*Żywot Cezara*, 65) – z urodzenia Knidyjczyk, nauczyciel greckiej filozofii, a z tej racji pozostający w zażyłych stosunkach z niektórymi ludźmi wokół Brutusa i świadomy większości ich poczynań, podszedł do Cezara z niewielkim zwojem, gdzie było zapisane to, co chciał ujawnić. Widząc zaś, że Cezar brał wszystkie takie zwoje i podawał służbie, podszedł do niego bardzo blisko i rzekł: «Sam przeczytaj, Cezarze, i to zaraz. Są tu ważne rze-

Pismo Artemidorosa

czy, które ciebie dotyczą». Więc Cezar wziął w ręce zwój i byłby go przeczytał, lecz ciągle mu w tym przeszkadzał napór rzeszy. Na próżno próbował ciągle na nowo to zrobić i trzymając w ręku tylko ten jeden zwój, wszedł do senatu". Zgromadzenie to obradowało w wielkiej sali przylegającej do teatru Pompejusza.

Tragiczny moment opisuje obszernie i Appian (*Romaike historia*, II 110–117), i Plutarch (*Żywot Cezara*, 66). Marka Antoniusza, który był przyjacielem Cezara i bardzo krzepkim mężczyzną, przebiegle zatrzymano pod jakimś pozorem poza senatem. Gdy Juliusz wszedł, wszyscy senatorowie powstali. Kiedy usiadł na krześle, otoczyli go spiskowcy z ukrytymi mieczami. Niektórzy z nich stali za krzesłem, a inni podeszli do niego z przodu, jakby chcieli poprzeć petycję, którą jeden z nich, niejaki Tillius Cimber, przedstawiał w obronie swojego skazanego na wygnanie brata. Kiedy Cezar odkładał sprawę, a potem w ogóle odmówił, Tillius obiema rękami pociągnął jego togę w dół, żeby Juliusz, spętany, nie mógł się bronić. To był sygnał do ataku. Może Tillius krzyknął nawet: „Czemu zwlekacie, przyjaciele?".

Wówczas inny konspirator, Casca, który stał nad głową Cezara, pierwszy usiłował wbić mu sztylet w gardło, lecz chybił i tylko uderzył go w piersi. Cezar wyrwał swoją togę z rąk Cimbra, a chwyciwszy Cascę za rękę, podniósł się z krzesła i zaczął targać napastnikiem. Wśród tego inny ze spiskowców ugodził go sztyletem w bok napięty skutkiem przechylenia. Ludzie spoza konspiracji patrzyli z przerażeniem na to, co się działo. Juliusz był osaczony ze wszystkich stron, wszędzie widział ostrza wymierzone w swoją twarz, w oczy. Miotał się jak dzikie zwierzę. Jakoś się bronił przed ciżbą, ale kiedy sam Brutus zranił go w biodro, już przestał walczyć. Pono rzekł wtedy: *Et tu, Brute!* – „I ty, Brutusie!", albo czulej po grecku: *Kai sy, teknon!* – „I ty, dziecko!" Zaciągnął togę na głowę i czy to przypadkiem, czy tak popchnięty przez morderców, padł u stóp posągu Pompejusza, obryzgując go krwią z dwudziestu trzech ran, jakie mu zadano.

Ostatnia walka Cezara

Cycero, jak mówiliśmy, najprawdopodobniej nie miał nic wspólnego ze spiskiem. Ale przykro jest nam czytać jego triumfalne wzmianki (na przykład: *epistulae ad familiares*, 6, 15) o Idach marcowych. Na pewno przykre byłoby to również dla wielu ówczesnych Rzymian. Zabójcy Juliusza krzyczeli po ulicach, że nad trupem Cezara znowu zaświta wolność republikańska. Ale lud już doszedł do gorzkiego, zresztą tylko po części słusznego mniemania, że byłaby to jedynie wolność *optimates*. Rzesze nie dały się znęcić konspiratorom. Poczuli się na rzymskich ulicach osamotnieni. Woleli się schronić wszyscy razem na Wzgórzu Kapitolińskim i stąd pertraktować z konsulem ocalałym, Markiem Antoniuszem, i z całym stronnictwem Cezara.

Lud nie dał się znęcić do radości

Dyktaturę zniesiono. Mordercom Juliusza udzielono amnestii. W zamian za to potwierdzono wszystkie akty Cezara i postanowiono, że nie będzie żadnego prześladowania za jakikolwiek udział w wojnie domowej. Przyzwano Cycerona, aby przewodniczył pojednaniu stronnictw. Ale lud nie zaczął lubić konspiratorów-morderców. Zwłaszcza że otworzono testament Juliusza. Okazało się, że Cezar swoje wspaniałe ogrody oddawał miastu, jak też, że dla każdego z jego obywateli przeznaczał nie-

Testament Cezara

jaką sumę pieniędzy. Zachwyt, uwielbienie. Jak też pragnienie rozszarpania morderców w strzępy. Brutus i Kasjusz musieli wziąć nogi za pas i uciec z Rzymu.

DRUGI TRIUMWIRAT

Wyznaczony na następcę Oktawiusz

Wydobyto z cienia nie tylko testament Cezara, lecz również bardzo ważny jego akt: Juliusz adoptował był i wyznaczył na swojego spadkobiercę Gaiusa Octaviusa (23 września roku 63 przed Chr. – 14 po Chr.). Był on synem siostrzenicy Cezara, Atii, wychowanym przez nią, gdy w roku 59 zmarł jego ojciec, Gaius Octavius z możnego rodu o mianie: Octavii, rodu pochodzenia wolskiego, który prawdopodobnie już w czasach królewskich przeniósł się do Rzymu. Atia przydała synowi jak najlepszych nauczycieli literatury i filozofii. Sam Cezar zaś wprowadzał go w życie rzymskie. Mając dwanaście lat, Octavius wygłosił pochwałę, *laudatio*, swojej babki Julii. Mianowano go pontifexem. W roku 46 towarzyszył wujecznemu dziadkowi, Cezarowi, w obrzędzie jego *triumphus* w Rzymie. Pomimo kruchego zdrowia był przy Juliuszu w Hiszpanii w roku 45.

Miłość Cezara do spadkobiercy

Niewątpliwie Cezar przez wszystkie te lata pilnie go obserwował. Wallejus Paterkulus (II 59) napisze, że „umiłował go jak swego syna", a my w to nie wątpimy. „Po zakończeniu wojen domowych – czytamy dalej u Paterkulusa – Cezar dla wykształcenia w sztukach wyzwolonych wysłał młodzieńca niezwykłych zdolności na studia do Apolonii (w Epirze), zamierzając niebawem wziąć go na wojnę z Getami, a potem z Partami". W Apolonii towarzyszyli mu przyjaciele, Marcus Vipsanius Agrippa i Salvidienus Rufus. Kiedy doniesiono mu tu o zgonie Cezara, podążył pośpiesznie do Rzymu. Już w Brundizjum dowiedział się szczegółów zabójstwa, a także testamentu.

W Rzymie zastał działającego gorączkowo Marka Antoniusza. U jego boku stał Marcus Aemilius Lepidus, wnuk i syn wysokich urzędników rzymskich, w roku 49 pretor popierający Cezara, potem, w latach 48–47, zarządca prowincji Hispania Citerior, uciszający też niepokoje na obszarze Hispania Ulterior. W roku 46 konsul i od tego roku *magister equitum* przy Cezarze. Była to nazwa urzędnika przy dyktatorze, niegdyś zajmującego się kawalerią, potem reprezentującego dyktatora, czy to na polu bitwy, czy w Rzymie. Po marcowych Idach roku 44 Lepidus wsparł orężnie Marka Antoniusza, a ten w podzięce postarał się o to, by wybrano Lepidusa na dziedziczoną po Cezarze godność *pontifex maximus*.

Oktawiusz, już Oktawian, wobec Marka Antoniusza i Lepidusa

Obaj, Marek Antoniusz i Lepidus, byli zaskoczeni, a może i ogłuszeni testamentem Cezara. Octaviusa, zwanego już Oktawianem, starali się od mieszania się do polityki powstrzymać jego krewni, lękając się o jego bezpieczeństwo. On jednak przyjechał do Rzymu i usiłował skupić wokół siebie wojsko, co mu się jednak tylko po małej części udało. Antoniusz zaś starał się umocnić swoją pozycję w państwie. On też jeszcze ciągle liczył na objęcie spadku po Cezarze. Był w owym roku konsulem. Zabezpieczył dla siebie na przyszłość rządy pokonsularne w Przedalpejskiej i Zaalpejskiej Galii. Wydał się najgroźniejszym aspirantem do roli tyrana oczom Cycerona, który teraz wystąpił do ostatniej swojej akcji, spóźniony obrońca republiki. Marzył o tym, żeby konsulów wybranych na rok 43, Aulusa Hirtiusa i Gaiusa Vibiusa Pansę, oraz Oktawiana wyposażono w szczególne uprawnienia w celu poskromienia Antoniusza.

Filippiki *Cycerona*

W senacie na przełomie roku 44 i 43 Cycero wygłosił czternaście przemówień politycznych, które na cześć wielkich mów swojego literackiego mistrza, Demostenesa, przeciw Filipowi Macedońskiemu, nazwał *Filippikami*. Zaczynając je w senacie, nieraz kończył na Forum Romanum, wobec ludu. Oto co dziś czytamy w *Filippice* IV (5, 11–12), wygłoszonej 20 grudnia roku 44; Rzymian nazywa Kwirytami, co jest staroświeckim, dostojniejszym ich mianem:

„Nie, Kwiryci, nie walczycie z takim nieprzyjacielem, z którym by jakikolwiek pokój zawrzeć można było. On już nie waszej niewoli, jak dotąd, ale, rozjuszony, krwi waszej pragnie. Nie ma dla niego wyborniejszej rozkoszy niż pławienie się w krwi, niż rzeź, niż patrzenie na mordowanie obywateli. Macie, Kwiryci, do czynienia nie ze zbrodniczym i bezbożnym człowiekiem, lecz z przeraźliwą, obrzydliwą bestią. Ponieważ wpadła w jamę, trzeba ją tam przywalić teraz. Bo jeśli się z niej wygrzebie, nie ma takich bestialstw, od których by się powstrzymało okrucieństwo tego zwierza. Ale oto dochodzimy do niego, otaczamy go, ściskamy tym wojskiem, które już mamy, a niebawem osaczymy go i tą armią, którą za kilka dni nowi konsulowie zgromadzą. Kwiryci, nie zaniedbajcie tej sprawy!".

Marek Antoniusz przed oczyma Cycerona

W tej samej *Filippice* (6, 14–15) Cycero stara się uwydatnić różnicę między tradycyjnymi wojnami a tą nową, spodziewaną wojną z Antoniuszem. Warto zwrócić uwagę, że dla starego wielbiciela senatu obecna wojna tym się wyróżnia, że jest to wojna w dużej mierze społeczna. To, jak się zdaje, próbuje on okrężnie, jakby po omacku, wyrazić odwołaniem się do heroicznego buntu Spartakusa, który dla Cycerona jest nie heroicznym i tragicznym dokumentem dziejów ludzkości, lecz tylko rozbłyskiem grozy.

„Wasi przodkowie, Kwiryci, mieli do czynienia z wrogiem, który posiadał rząd, senat, skarbiec, zgodnych obywateli, a także pewien wzgląd na pokój i zawarte traktaty. Teraźniejszy zaś nieprzyjaciel chce wasz rząd obalić, a sam żadnego nie ma. Pragnie znieść senat, czyli znaną na całym świecie radę, a sam do żadnych obrad nie zasiada. Wypróżnił wasz skarbiec, a własnego nie ma. A czy może być u nich zgoda obywatelska, gdy żadnej wspólnoty obywatelskiej nie ma? Czy można zawrzeć pokój z takim człowiekiem, w którym jest bezmiar okrucieństwa, a wierności ani trochę? Tak więc, Kwiryci, lud rzymski, zwyciężywszy wszystkie narody, ma teraz stoczyć walkę z łotrem, z rozbójnikiem, ze Spartakusem. Bo choć się zazwyczaj przechwala, że jest jak Katylina, on podobny do tamtego w zbrodniczości, lecz niższy w energii".

Nadzieje Cycerona na koalicję przeciw Antoniuszowi nie spełniły się. Wprawdzie w owej odnowionej wojnie domowej, jaka się zaczęła rozgrywać, Marek Antoniusz poniósł klęskę pod miastem Mutiną (dziś Modena) w Galii Przedalpejskiej, lecz obaj konsulowie 43 roku, Hirtius i Pansa, polegli. Pod Mutiną młody Oktawian nagle ujrzał siebie jako dowódcę armii złożonej z ośmiu legii. Nie zgodził się na oddanie ich. Poszedł z żołnierzami na Rzym. Dziewiętnastoletni wódz otrzymał konsulat od przestraszonego senatu, po czym pomaszerował zbrojnie znowu na północ, aby się spotkać z Markiem Antoniuszem i Lepidusem. Jako przybrany syn Cezara nosił imiona: Gaius Julius Caesar Octavianus.

Młody Oktawian, spadkobierca Cezara, zawiera triumwirat z Markiem Antoniuszem i Lepidusem

Oktawian, Marek Antoniusz i Lepidus razem władali czterdziestoma pięcioma legiami, gdy w listopadzie 43 roku w pobliżu Mutiny połączyli się w triumwiracie, który w rzymskiej historii nazywamy drugim.

UKŁADY I PROSKRYPCJE

Appian (IV 2–7) opowiada o zawiązaniu tego triumwiratu i o jego treści: „Cezar (Oktawian) i Antoniusz, by zaprzestać działań wrogich i zawrzeć przyjaźń, spotkali się na małej wysepce na rzece Lavinius w pobliżu miasta Mutiny. Przez dwa dni obradowali od rana do wieczora". Zwięźle przedstawia Appian, co w końcu uchwalili: Oktawian ma wyrzec się konsulatu, a w celu zakończenia walk domowych należy ustanowić dla Lepidusa, Antoniusza i Cezara nowy urząd, wyposażony we władzę równą konsularnej, który będą oni piastować przez lat pięć. Mieli na swoich obszarach sami ustanawiać niższych urzędników i określać prawa. Prowincje rozdzielono w ten sposób, że Antoniusz otrzymał całą Galię oprócz części przylegającej do Pirenejów, zwanej Starą Galią. Tą miał zarządzać Lepidus, który ponadto dostał Hiszpanię. Oktawianowi przypadła Afryka, Sardynia, Sycylia i inne wyspy w tej stre-

Nowy urząd dla trzech triumwirów; podział prowincji

fie. Uchwały te następnie zatwierdziło w Rzymie zgromadzenie ludowe, obradujące na Forum Romanum otoczonym wojskiem.

Prowincji wschodnich, po drugiej stronie Morza Jońskiego, triumwirowie nie mogli między siebie rozdzielić, ponieważ władali tymi ziemiami Brutus i Kasjusz, republikanie, zabójcy Juliusza Cezara. Wojnę przeciw Kasjuszowi i Brutusowi mieli prowadzić Antoniusz i Oktawian. Lepidus zaś, wyznaczony na konsula na rok 42, miał zostać w Rzymie i pilnować porządku w Italii. „Postanowiono – pisze dalej Appian – rozniecić nadzieje żołnierzy na łupy wojenne. Prócz innych darów ofiarowano im teraz na osady osiemnaście miast italskich, wyróżniających się zamożnością, żyznością ziemi i piękną zabudową. Miasta te miały być podzielone między nich, wraz z gruntami i domami, jak gdyby zostały zdobyte w wojnie z krajem nieprzyjacielskim". Widzimy tu bezwzględność praw wojennych. Nikt nie wiedział, co teraz jest: czy republika, czy coś innego, jeszcze nienazwanego. Jedyne, co można było powiedzieć, to tyle, że wojowano na śmierć i życie. Appian wymienia niektóre z miast, tak rozszarpanych wówczas. Są wśród nich słodkie miasta, które dziś znamy jako włoskie. Kapua, Regium, Wenuzja, Benewent, Nuceria, Ariminum, Hipponium.

Lepidus w Italii, Oktawian i Antoniusz przeciw Kasjuszowi i Brutusowi

„Tak zostały przydzielone wojsku – rzecze Appian – najpiękniejsze strony Italii". Ale działa się też inna zgroza. Appian zaraz wspomina te poczynania triumwirów: „postanowili usunąć osobistych wrogów, by im nie przeszkadzali przy przeprowadzaniu postanowień i toczeniu wojny poza Italią. Zostało to wszystko spisane i Cezar (Oktawian) jako konsul odczytał uchwały wojsku, pomijając jednak ustęp o skazanych na śmierć. Ten ustęp i listę skazanych ułożyli triumwirowie sami w swoim gronie, bez świadków". Były to tak zwane proskrypcje. Słowo *proscriptio* pierwotnie oznaczało ogłoszenie sprzedaży dóbr dłużnika w drodze licytacji, następnie termin ten zastosowano do wszystkich kar, które pociągały za sobą konfiskatę mienia i sprzedaż dóbr, a więc przede wszystkim do wygnania. Proskrypcje na wielką skalę wprowadził Sulla w roku 83 przed Chrystusem, a naśladował go, niestety, drugi triumwirat w ro-

Przydzielanie miast wojsku i proskrypcje

Dokładniejsze opisanie proskrypcji

ku 43. Każdy obywatel, którego miano znajdowało się na jednej z list proskrypcyjnych, *tabulae proscriptionis*, mógł być zabity, a za jego głowę płacono mordercy dwa talenty. Majątek proskrybowanego sprzedawano lub darowywano przyjaciołom zwycięzcy. Na dzieci i wnuki spadała infamia.

Tylko karanie wrogów Juliusza Cezara?

Gdy triumwirowie zasiadali do potwornego dzieła, głównym uzasadnieniem, jak między sobą mówili, było karanie wrogów Juliusza Cezara. Ale nie pomijali też własnych nieprzyjaciół. A przy tym potrzebowali dużo ziemi w Italii dla osiedlania i wynagradzania licznych swoich żołnierzy. Sporządzono listę proskrypcyjną trzystu senatorów i dwóch tysięcy tak zwanych ekwitów, *equites* (pierwotnie będących częścią wojska, potem, w erze ekspansji, przemienionych w drugą po nobilach, czyli arystokratach, warstwę uprzywilejowaną, zamożną, zajmującą się często handlem). Największą postacią na tej liście, jedynym mężem, który kiedyś (w roku 63, gdy zasłynął jako pogromca Katyliny) piastował konsulat, był Marcus Tulius Cicero, który teraz pochłonie naszą uwagę.

Okrucieństwo wobec Cycerona

Niedawno, kiedy Marek Antoniusz został pobity pod Mutiną, kiedy polegli obaj konsulowie 43 roku, Hirtius i Pansa, i kiedy towarzyszący im Oktawian objął dowództwo nad pozostawionymi przez nich legiami, senat zaczął się bać potęgi spadkobiercy Juliusza i próbował odebrać mu wojsko. Wówczas Oktawian wyprawił tajnych posłańców do Cycerona, proponując, by obaj objęli konsulat, a wtedy on podporządkuje się większej wiedzy i doświadczeniu starszego kolegi. Jak się zdaje, chodziło Oktawianowi jedynie o to, żeby się nie znalazł sam, bez armii. Cycero zaczął się starać dla niego o życzliwość senatu. Oktawian zaś, kiedy w sierpniu 43 roku, mając zaledwie dwadzieścia lat, uzyskał konsulat, przestał interesować się Cyceronem i zawarł związek triumwiratu z Antoniuszem i Lepidusem. Tak to opisuje Plutarch (*Żywot Cycerona*, 45–46), nie odbiegając, jak się zdaje, od najważniejszych przynajmniej faktów.

Zaraz potem Plutarch pokazuje nam Antoniusza w takim upiornym świetle, w jakim nie chcieliby go oglądać zwłaszcza czytelnicy Szekspira. Powiada, że Antoniusz zażądał, by Cycero był pierwszy na liście proskrypcyjnej. Zemsta za *Filippiki*.

Lepidus poparł Antoniusza, gdy obradowali bez świadków pod Bononią (dziś Bolonia). Przez dwa dni Oktawian sprzeciwiał się kolegom, trzeciego dnia uległ im. Tak według Plutarcha.

CYCERO ODCHODZI DO INNEGO ŚWIATA

Dziwna ucieczka wielkiego mówcy

Kiedy to się działo, Cycero przebywał z bratem, Kwintusem, w swojej posiadłości w Tuskulum, miasteczku w Lacjum na południowy wschód od Rzymu. Zdarzenia w grudniu 43 roku, kiedy dotarła do Marka i Kwintusa wieść o proskrypcjach, są w szczegółach różnie przedstawiane przez historyków. My pójdźmy za Plutarchem (*Żywot Cycerona*, 47–50), choćby dlatego, że przez długie wieki potomne to właśnie poznawali czytelnicy mówcy i biografa. Bracia postanowili pojechać do Astury (dziś Torre d'Astura), miasta, gdzie Cycero miał inną posiadłość, nadmorską, aby stamtąd pożeglować do Brutusa w Macedonii, do jego armii. Niesiono więc jednego obok drugiego w lektykach. Przepełnieni bólem, nieraz zatrzymywali lektyki i razem się żalili. Kwintus, smutniejszy, zaczął rozważać ich sytuację. Niczego nie wziął z domu, a Cycero też miał skąpe zapasy żywności na podróż. Niech więc Cycero jak najspieszniej ucieka, a on prędko wróci po różne rzeczy do domu i z nimi podąży za bratem. Podjęli takie postanowienie, uścisnęli się i głośno płacząc, rozstali się.

Skutek był taki, że w parę dni później Kwintusa zdradzili jego służący i wydali w ręce tych, którzy go szukali. Zabito go wraz z jego synem. Cycerona zaś przyniesiono do Astury, a zastawszy tu statek, od razu wsiadł na niego i przy sprzyjającym wietrze płynął wzdłuż brzegu aż do przylądka Circeum. Tu żeglarze chcieli od razu wypłynąć na pełne morze. Ale nie wiadomo, czy Cycero obawiał się morza, czy nie całkiem jeszcze się wyrzekł zaufania do Oktawiana, dość, że wysiadł ze statku i po-

szedł pieszo ze sto stadiów w kierunku Rzymu. Lecz znów ogarnięty zwątpieniem podążył z powrotem ku morzu, do Astury.

Miłość i lęk wobec Oktawiana

„Tu – opowiada Plutarch (47, 4–6) – noc mu się wlokła wśród strasznych, rozpaczliwych kalkulacji. Nawet sobie przyrzekł, że ukradkiem wejdzie do domu Cezara (Oktawiana) i zabije się na samym domowym ognisku, aby Cezara prześladował *alastor* (duch mściciel). Lecz lęk przed torturami zegnał go z tego postanowienia. I z głową pełną pomieszanych i sprzecznych zamierzeń oddał się w ręce służących, aby go zabrali morzem do Caiety (dziś Gaeta, miasto w Kampanii Neapolitańskiej), gdzie miał ziemię i przyjemne schronienie na czas letni, kiedy doroczne wiatry tchną najmilej.

Jest tu też świątynia Apollina, trochę górująca nad morzem. Stado kruków z niej nadleciało z wielkim krakaniem ku statkowi Cycerona, gdy wiosłami prowadzono go do lądowania. I przysiadłszy po obu stronach żaglowego masztu, jedne wrzeszczały, inne dziobały krańce lin. Każdy pomyślał, że to zły znak. Cycero

Cycero śpi w swojej willi

jednak wylądował i przybywszy do swojej willi, położył się spać. Wtedy wiele z tych kruków przysiadło u okna, przeraźliwie kracząc, a jeden zleciał na łóżko, gdzie Cycero leżał, mając głowę owiniętą szalem, i dziobem usiłował zdjąć, kawałek za kawałkiem, szal z jego twarzy. Gdy służący to ujrzeli, robili sobie wyrzuty, że czekają na zobaczenie, jak się morduje ich pana, podczas gdy dzikie ptaki przylatują mu na pomoc i chciałyby go ratować od niezasłużonej niedoli. A oni wcale nie próbują go bronić. Po części więc prośbą, a po części siłą, chwycili go i ponieśli w lektyce ku morzu".

Przychodzą siepacze; Cycero zabity z rozkazu Antoniusza

A tymczasem do willi przyszli siepacze, centurion Herennius i trybun Popillius, który niegdyś był ścigany za ojcobójstwo i Cycero go bronił. Mieli też pomocników. Włamali się do domu, pytają, gdzie Cycero, a na to większość służących, że nie wiedzą, lecz jeden młodzieniec, którego Cycero kształcił w sztukach wyzwolonych i który był wyzwoleńcem Cyceronowego brata, Kwintusa, imieniem Filologus, powiedział trybunowi, że lektykę niosą cienistymi ścieżkami w lesie ku morzu. Wtedy trybun z kilkoma pomocnikami rzucił się do drzwi, lecz Herennius wyprzedził go w lesie. „Cycero, kiedy ich dostrzegł – opowiada Plutarch (48, 2–4) – kazał służącym zatrzymać się i postawić lektykę na ziemi. Opierając podbródek na lewej dłoni, zwykły jego gest, wpatrzył się uparcie w zabójców, a głowa jego była brudna i nieuczesana, twarz przeorana udręką, tak że większość obecnych przy tym zakryła twarze, kiedy Herennius go zabijał. Cycero bowiem wyciągnął szyję z lektyki i został zamordowany, będąc wówczas w sześćdziesiątym czwartym roku swojego życia. Herennius z rozkazu Antoniusza odciął jego głowę i ręce, te ręce, którymi napisał *Filippiki*".

Stało się to 7 grudnia 43 roku. Według Plutarcha, kiedy szczątki Cycerona przywieziono do Rzymu, Antoniusz właśnie kończył cykl wyznaczania urzędników. Zobaczywszy szczątki, krzyknął: „Niechże się już skończą nasze proskrypcje". Rozkazał, by głowa i ręce były przybite na rostrach, dziobach okrętów. Rzymianie ze zgrozą na to patrzeli. Według Appiana (IV, 20) to była tylko jedna ręka, ta, w której trzymał rylec, gdy pisał przeciw tyranii: „Głowa i ręka Cycerona przez długi czas były zawieszone na mównicy, z której przedtem przemawiał. Zbiegało się tu teraz jeszcze więcej ludzi niż niegdyś dla słuchania go".

Przetrwał podziw Oktawiana

Plutarch (49, 3–4) jeszcze dodaje taką opowieść: „Dowiaduję się, że Cezar (Oktawian) w długi czas potem odwiedził jednego z synów swojej córki. Chłopiec, ponieważ miał w ręku jakąś książkę Cycerona, przestraszył się i próbował ją ukryć w fałdach szaty. Cezar, który dostrzegł to, wziął książkę, stojąc, przeczytał z niej duży fragment i oddał ją chłopcu, mówiąc: «Uczony to mąż, młody człowieku, uczony i kochający ojczyznę». Co więcej, kiedy ostatecznie pobił Antoniusza i kiedy sam był konsulem, wybrał syna Cycerona na swojego kolegę w tym urzędzie. Właśnie wtedy też senat obalił posągi Antoniusza, odwołał przyznane mu zaszczyty i zadekretował, że żaden z Antoniuszów nie może nosić imienia Marcus". To już nas dziwi.

PÓŹNE BOJE

Dusza Cezara jako kometa?

Wróćmy jednak do rządów drugiego triumwiratu. Trzeba wspomnieć, że w lipcu 44 roku pojawiła się na niebie kometa, którą Oktawian uznał za objawienie duszy Cezara. W dniu 1 stycznia 42 roku senat ogłosił, że Juliusz jest bóstwem. Decyzja ta nie wyłoniła się z pustki. Niemal od samej śmierci Cezara kult jego rozwijał się zwłaszcza w miejscu, gdzie spalono jego zwłoki. Kometę poczytano za potwierdzenie tego kultu. Od momentu deifikacji przybranego ojca Oktawian mógł siebie nazywać synem Boskiego Juliusza, *divi filius*.

Pragnienie odebrania Brutusowi i Kasjuszowi Wschodu

Jeżeli cokolwiek wówczas mocno łączyło triumwirów, to pragnienie odebrania Brutusowi i Kasjuszowi prowincji wschodnich. Geneza rządów owych nieustraszonych obrońców republiki na Wschodzie była taka: Brutus po ucieczce z Italii podążył do Grecji. Zgromadził tu resztki wojsk rozproszonych po bitwie pod Farsalos. Ściągnął też do swojego korpusu oficerskiego niemało młodych Rzymian, którzy studiowali w Atenach. Był wśród nich syn Cycerona i pewien syn wyzwoleńca, który stanie się jednym z największych poetów klasycznej tradycji, Quintus Horatius Flaccus, nasz Horacy. Armia była jeszcze niezbyt scalona, lecz Brutus śmiało zagroził wojną kończącemu kadencję rzymskiemu zarządcy Macedonii i bez oporu zajął tę prowincję. Niebawem opanował północną część Ilirii (na wschodnim wybrzeżu Morza Adriatyckiego), państwo Illiricum. W lutym 43 roku dostał od senatu oficjalną nominację na prokonsula Macedonii i Illiricum. Podążył do Azji Mniejszej, aby zewrzeć siły z Kasjuszem.

Kasjusz bowiem po ucieczce z Italii udał się do Syrii, gdzie władza rzymska była pogrążona w chaosie po klęsce, jaką zadali Krassusowi Partowie pod Carrhae. Na czele swojej armii wypędził z Syrii konsularnego kolegę Marka Antoniusza, Dolabellę. Senat urzędowo upoważnił go do podjęcia przeciw Dolabelli walki na czele wojsk rzymskich stacjonujących w Syrii. Latem 43 roku Kasjusz dopadł Dolabellę w syryjskiej Laodycei. Zdobył miasto, a Dolabella odebrał sobie życie. Teraz Kasjusz i Brutus wspólnie przystąpili do okupowania Azji Mniejszej. Gdy mijał rok 43 przed Chrystusem, władali już całym poddanym Rzymowi Wschodem oprócz Egiptu królowej Kleopatry.

Antoniuszowi i Oktawianowi przeciwstawia się na morzu Sekstus Pompejusz

Z początku plan triumwirów był taki, że podczas gdy Lepidus pilnuje porządku w Italii, Antoniusz ma zmagać się z Brutusem i Kasjuszem sam, a Oktawian da sobie radę z groźnym na morzu synem wielkiego Pompejusza, zabitego w roku 46, uczestnika pierwszego triumwiratu. Syn, Sextus Magnus Pompeius (75–35 przed Chr.), uciekł był z Egiptu, gdy zamordowano tam jego ojca. Walczył w Afryce i w Hiszpanii. W roku 43, kiedy szalały proskrypcje triumwirów, zawładnął orężnie Sycylią. Jego flota odcinała dowóz zboża z prowincji do Italii. W ogóle panowanie floty stronnictwa senatorskiego, Brutusa, Kasjusza i Sekstusa Pompejusza, było ściślejsze, niż się spodziewano. Pokazało się, że Antoniusz nie może przeprawić swojej armii na Wschód. Wezwał Oktawiana na pomoc. Połączone wojska ich obu wreszcie złamały blokadę i wdarły się w głąb Macedonii.

W Macedonii bitwa pod Filippi, jeszcze nierozstrzygnięta; zgon Kasjusza

Dopiero tu zagrodziły im drogę armie Brutusa i Kasjusza. Mocno obwarowały się pod Filippi, miastem we wschodniej Macedonii, a ich flota rozbijała konwoje wiozące triumwirom zaopatrzenie. Antoniusz poszedł po rozum do głowy i podobnie jak to niegdyś uczynił Juliusz Cezar pod Ilerdą w Hiszpanii, spróbował pokonać nieprzyjaciół wzniesieniem wału ziemnego między ich obozem a portem, gdzie im statki dawały zaopatrzenie. Triumwirowie jesienią 42 roku stoczyli z wojskami senatorskimi dwie bitwy pod Filippi. W pierwszej bitwie Antoniusz rozgromił oddziały Kasjusza i obległ jego obóz. Wtedy Kasjusz, chyba mniemając, że wszystko już stracone, w rozpaczy odebrał sobie życie. Jeszcze jednak nie było to zwycięstwo triumwirów. Na lewym bowiem skrzydle Brutus pokonał wojsko Oktawiana, za co mu potem długo robiono wyrzuty, a i on sam się tego wstydził.

Druga bitwa pod Filippi, zupełna klęska republikanów na lądzie; zgon Brutusa

W trzy tygodnie później, 23 października 42 roku, Antoniusz zmusił Brutusa do nowej bitwy. Była to druga bitwa pod Filippi, a w niej zupełna klęska wojsk republikańskich. Do końca nieugięty, obrońca republiki, wierny adept filozofii stoickiej, tym razem Brutus ogarnięty był rozpaczą i odebrał sobie życie. Po złożeniu broni przez pokonaną armię, jak to nakazywały prawa wojenne, wielu wyższych dowódców skazano na śmierć, a żołnierzy wcielono do wojsk triumwirów. Było to ostateczne rozbicie sił republikańskich na lądzie. Z wodzów stronnictwa senatorskiego ostał się tylko jeden na morzu, Sekstus Pompejusz, chętnie nazywający siebie synem Neptuna; długo jeszcze przystanią jego floty była Sycylia, którą władał.

Ostał się Sekstus Pompejusz na morzu

Poza koniecznością wspólnych zmagań ze wschodnim Śródziemnomorzem nie było między triumwirami przyjaźni. Lepidusa od wielkiej gry rychło odepchnięto. Oktawiana Antoniusz próbował uwikłać w beznadziejne, jak mniemał, kłopoty, oddając mu zachodnią część tworzącego się rzymskiego imperium. Tam trzeba było walczyć z Sekstusem Pompejuszem oraz, co jeszcze trudniejsze, osiedlać weteranów armii w Italii. Kto wie, czy Antoniusz i Oktawian nie wzięliby się w 40 roku za głowy, gdyby ich wojska nie były już bardzo znużone. We wrześniu więc 40 roku przed Chrystusem dwaj potężni spotkali się w Brundizjum i w pertraktacjach Oktawian spokojnie jednak przyjął władzę nad Zachodem, poczynając od Illiricum, a Antoniusz miał rządzić obszarami od Macedonii na wschód. Lepidus, pozostając w triumwiracie, niechże czuwa nad Afryką.

Oktawianowi Zachód, Antoniuszowi Wschód, Lepidusowi Afryka

Tak się podzielili. A kto miał szamotać się z Sekstusem? Polityka tego ostatniego wodza republikańskiego była dosyć zawiła. W roku 40 wszedł na krótko w porozumienie z Antoniuszem przeciw Oktawianowi. Dwaj wielcy jednak niebawem się dogadali z sobą i Sekstus Pompejusz był im niepotrzebny. Lecz nadal groźny. Uciekali do niego *nobiles*, arystokraci, a także niewolnicy, których przyjmował do armii. W roku 39 triumwirowie zawarli z nim w Puteoli (dziś Pozzuoli, miasto portowe w Kampanii) ugodę, wielce dla niego korzystną: miał być wodzem naczelnym sił morskich oraz władać Sycylią, Sardynią i Peloponezem. Ugoda była nietrwała. Usiłował pokonać go Oktawian, nie udało mu się to, zawarł z nim pokój w roku 37. Lecz już w następnym roku Marcus Vipsanius Agrippa (64 albo 63–12 przed Chr.), człowiek z rodziny nieznanej, lecz chyba zamożnej, prawy, skromny, wierny przyjaciel Oktawiana (także wtedy, gdy Oktawian przemieni się w Augusta), niezwykle utalentowany wódz, na czele nowej floty dwa razy rozgromił flotę Sekstusa: pod Mylae i pod Naulochos. Po tej drugiej bitwie, rozegranej we wrześniu 36 roku przed Chrystusem, Sekstus Pompejusz uciekł z kilkoma ocalałymi okrętami do prowincji Azji, gdzie musiał

Wytrwałe boje Sekstusa Pompejusza i jego zgon

poddać się Markowi Titiusowi, wysłannikowi Antoniuszowemu, który w roku 35 go zabił.

Z kresem Sekstusa splotły się też losy trzeciego z triumwirów, Lepidusa. Uczestniczył w kampanii 36 roku i chciał za to mieć Sycylię. Lecz jego żołnierze zaczęli uciekać do zbliżającego się Oktawiana, silniejszego. Poddał się, a Oktawian wspaniałomyślnie zatwierdził mu tytuł *pontifex maximus*. Odtąd Lepidus przez dwadzieścia kilka lat, do pory zgonu w roku 13 albo 12 przed Chrystusem, był dostojnikiem w Afryce i już nie wojował.

Lepidus już nie wojuje

SEN ALEKSANDRYJSKI

Powrót Kleopatry do Egiptu po Idach marcowych

Myśląc o tym, co się wówczas działo we wschodniej części Śródziemnomorza, zwracamy wzrok najpierw na Egipt. Królowa Kleopatra VII, która na zaproszenie Juliusza Cezara przybyła do Rzymu, zaraz po Idach marcowych 44 roku przed Chrystusem wróciła do Aleksandrii. Chciałaby wesprzeć mścicieli Juliusza, ale – chyba sama tak zapytywała siebie – kimże była wobec tych mocarzy? Jeden z nich to Oktawian, który na Kleopatrę będzie patrzał oczyma zimnymi, obojętnymi. Drugi to Marek Antoniusz, bliski wówczas czterdziestki, niegdyś dowódca Cezarowej jazdy. Właśnie Antoniusz w roku 41 zaprosił ją do Tarsu w Cylicji, a królowa namówiła go na wspólną zimę w Aleksandrii. Urodzą się z ich związku bliźnięta, dziewczynka i chłopiec. Ale cóż łączyło wtedy wodza z królową poza tym, że ona wspierała go egipskimi pieniędzmi, a on pojmał i zgładził spiskującą przeciw niej Arsinoe, jej siostrę? Już pierwsze ich spotkanie było takie: Kleopatra wypłynęła ku Antoniuszowi w cudnej łodzi, ciężkiej od złota, tchnącej wonnościami Wschodu. Lecz związek na razie nie był długi. W początkach roku 40 Antoniusz wrócił do Italii i odtąd przez cztery lata nie szukał ani królowej, ani bliźniąt.

Zima z Antoniuszem w Aleksandrii

Przypatrywał się raczej temu, co się działo w Italii. Sam miał w tym wielki udział. W roku 43 zawarł był z Oktawianem i Lepidusem umowę o triumwiracie. Kiedy w roku 40 umarł nagle Gaius Claudius Marcellus, małżonek siostry Oktawiana, Oktawii, wdowę wydano natychmiast za Antoniusza, aby tym małżeństwem umocnić nową, zawartą w Brundizjum umowę o podziale imperium. Dwie zimy, 39–38 i 38–37, małżonkowie przeżyli razem w Atenach. Ale nie dobiegł końca rok 37, a już Antoniusz pożeglował znowu na Wschód. Szlachetna Oktawia będzie potem przez długie lata opiekować się jego dziećmi z różnych związków i swoimi (z Antoniuszem miała dwie córki) aż do zgonu w roku 11 przed Chrystusem. Nie zniechęci jej to, że w roku 32 Antoniusz się z nią rozwiedzie.

Opuszczenie przez Antoniusza żony, Oktawii, siostry Oktawiana; stały związek Antoniusza z Kleopatrą

Wódz ledwie przybył w roku 37 do syryjskiej Antiochii, przyzwał Kleopatrę. Przypłynęła. Odtąd zaczyna się stały już ich związek, tak polityczny, jak i osobisty. Żyli w Aleksandrii. Antoniusz uznał bliźnięta za swoje, nazywając je: Aleksander Helios („Słońce") i Kleopatra Selene („Księżyc"). W następnym roku urodził się im jeszcze synek, Ptolemeusz Filadelfos („Kochający Rodzeństwo").

Teraz jest pora, by zapytać o Kleopatrę. Także o to, czy była piękna. Może ona dziwnie wzruszyć nas i urzec, gdy patrzymy na któryś z rzeźbionych jej wizerunków (w popiersiach albo na monetach), pochodzących z epoki i wyraźnie podobnych jeden do drugiego, budzących więc wiarę w autentyczność. Niezbyt ładna, właściwie biedna twarz, ktoś by rzekł: przeciętna, jakby szara. Dlaczego rzymscy wodzowie, ci dwaj wielcy, jedyni jej wspólnicy w życiu, bo ona nie była rozwiązła, tak się w niej kochali? Co oni w niej widzieli?

Jaka była Kleopatra?

Raczej: co znajdowali. Może ucieczkę od udręki walki i władzy. Może coś takiego w niej było. A ona sama może wcale się nimi nie zachwycała i myślała tylko o granicach państwa i gospodarce. Może tylko o to jej chodziło. Plutarch pewnie nie bez podstaw podejrzewa, że Antoniusz w Aleksandrii pogrążył się, co gorszące dla Rzymianina, w wymyślnym przepychu. Kleopatra może patrzała na niego jak na głupiego chłopca. A jemu naprawdę nie brakowało poważnych trosk. Jako rządca wschodniej

Jak patrzała na Antoniusza?

części imperium miał przede wszystkim jedno ciężkie zmartwienie: wzmaganie się potęgi państwa Partów, gdzie niegdyś Krassus został pobity i poległ. W roku 39 przed Chrystusem to Partowie pierwsi się poruszyli. Najechali Syrię i nawet wkroczyli do Jerozolimy. Nie poszli dalej, udało się ich odeprzeć.

Antoniusz pobity przez Partów

Ale gdy Antoniusz w roku 36 podjął wielki najazd na Partię, aby uwolnić imperium od stałego zagrożenia, przeraźliwie przegrał. Musiał się wycofać ze wstydem i z wielkimi kosztami: stracił dwadzieścia dwa tysiące legionistów, trzecią część swojego wojska. Nie spodziewając się pomocy od Oktawiana, Antoniusz coraz bardziej uzależniał się od Kleopatry i bogactw, jakie jeszcze zdołała ocalić. Wzniosła się nad tym związkiem łuna olśniewających obrazów. Już od pewnego czasu wódz przypisywał sobie rolę Dionizosa, czyli Ozyrysa. Jego i egipską królową przedstawiano teraz poddanym jako parę boską, połączoną dla dobra Azji. Kleopatra miała być Afrodytą, czyli Izydą. To wszystko może kołysało duszą rzymskiego żołnierza, jakim był Antoniusz.

Olśniewające obrazy aleksandryjskie

W roku 34 przed Chrystusem rozegrała się w aleksandryjskim gimnazjonie, bardzo rozległym, będącym niemal dzielnicą miasta, wobec zachwyconych tłumów wspaniała uroczystość, w pogodzie, jak słyszymy, najpiękniejszej, jaka może być. Antoniusz i Kleopatra zasiedli na złotych tronach, ona w szatach bogini Izydy. Cezariona przedstawiono wówczas ludowi jako prawdziwego spadkobiercę Juliusza Cezara, co było oczywistą obelgą dla Oktawiana, i jako tego, który obok swojej matki jest współrządcą Egiptu i Cypru. Antoniusz już wcześniej podarował był Kleopatrze obfite w drewno, którego zawsze Egiptowi brakowało, wybrzeże Cylicji. Proklamowano też na tej samej uroczystości inne tytuły. Dzieci Antoniusza i Kleopatry, bliźnięta oraz dwuletni teraz drugi syn, zostały obsypane fikcyjnymi godnościami władców wschodnich prowincji rzymskiego imperium. W Italii to się nie spodobało. Podejrzewanie Antoniusza o wyrzeczenie się surowszych, żołnierskich obyczajów, a może i *virtus* rzymskiej, pomogło Oktawianowi przekreślić daną Antoniuszowi obietnicę konsulatu na rok 31. Zbliżało się zresztą wielkie wydarzenie, bitwa pod Akcjum.

Uroczystość w gimnazjonie

KU WIELKIEJ BITWIE

Dopytuję się od dawna o tę bitwę, jedną z najsłynniejszych w dziejach świata. Nie tylko najsłynniejszych, ale tych, które rozstrzygnęły najwięcej. Żyjemy wśród jej skutków do dziś. W sporej mierze zapowiedziała ona taką, a nie inną treść tego, co nazywamy Europą.

Bitwa, która w sporej mierze określiła treść Europy

Dopytuję się najpilniej u świadków, nienaocznych, lecz jednak rzetelnych. Dwaj główni świadkowie bitwy i tego, co się zaraz po niej zdarzyło, to cytowani często w tej książce: Plutarch (*Żywot Antoniusza*, 61–77) i Kasjusz Dio (*Romaike historia*, L 15–35). Obaj ci greccy pisarze opierają się na dokumentach z przeszłości, których nie znamy. Przesłynną bitwę stoczono, czy raczej wykołysano wśród rozbryzgów fal, w roku 31 przed Chrystusem. Plutarch, który będzie kiedyś mistrzem Szekspira, swój

Żywot Antoniusza pisze w sto kilkadziesiąt lat po owej dacie. Dio *Historię rzymską* komponuje jeszcze później, w dwieście kilkadziesiąt lat po bitwie. Lecz obaj w swoich zapisach, poza szczegółami nie bardzo ważnymi, są z sobą zgodni. U obu czuje się powagę, wierność dokumentom, chociaż Dio za wzorem niektórych innych antycznych historyków inkrustuje narrację długimi, zmyślonymi mowami protagonistów. Było to zgodne z ówczesną konwencją literacką; historycy starali się pojąć i powtórzyć tok myślenia swoich bohaterów.

Antoniusz o sobie i Oktawianie?

W przemówieniu, jakie według domysłu Diona wygłosił przed bitwą Marek Antoniusz do żołnierzy, najciekawszy jest wywód, którym stara się wykazać swą wyższość nad Cezarem Oktawianem. On, Antoniusz, to człowiek w średnim wieku, dalekim zarówno od nagłości i niedoświadczenia młodości, jak od powolności i zniechęcenia lat podeszłych. Zaznał trwogi, zaznał ufnego pędu. Teraz więc niczego łatwo się nie zlęknie ani nie rzuci się przed siebie nieopatrznie. Posmakował powodzenia i porażek. Potrafi się tedy oprzeć i rozpaczy, i zarozumiałości.

Miał wówczas lat około pięćdziesięciu; nie podano nam dokładnej liczby. Jego przeciwnik miał trzydzieści dwa lata.

Obaj byli możni. W takiej mierze, w jakiej, nie bez przesady, przypisywali sobie władzę, Oktawian rządził obszarem rozciągającym się od trudno dostępnych gór Ilirów (przodków Albańczyków) aż do zachodniego Oceanu; jego była Italia, Iberia, czyli Hiszpania, i zachodnia część wybrzeża Libii, czyli północnej Afryki. Antoniusz panował nad ludami od Morza Jońskiego (dziś Adriatyku), od skraju Ilirii i od Kyreny w północnej Afryce po Eufrat i Armenię.

Akcjum u zachodnich brzegów Grecji

Ośrodkiem tego, co się teraz miało między nimi rozegrać, było miejsce u zachodnich brzegów Grecji, w Akarnanii, na południe od Epiru, u wejścia do niewielkiej Zatoki Ambrakijskiej. Jest tu przylądek zwany Akcjum. Jaśniał marmurowymi kolumnami świątyni Apollina.

Już późną jesienią roku 32 przed Chrystusem Antoniusz, któremu w akcji militarnej (co dla kobiety niezwykłe) towarzyszyła królowa Kleopatra, umieścił swoje i jej okręty i wojsko wzdłuż zachodniego wybrzeża Grecji od Korkyry (dziś Korfu) do Metone na południowo-zachodnim skraju Peloponezu. Główna część ich armii rozłożyła się na zimę w Akcjum, a w Zatoce Ambrakijskiej była główna część floty. Oktawian zaś jeszcze trzymał swoje okręty i wojsko na drugim, niedalekim brzegu Morza Jońskiego, na „obcasie" italskiego „buta", przy miastach Brundizjum i Tarencie. Miał wytrawnego dowódcę floty w Marku Agrippie, który już w początkach roku 31 zajął Metone i swoimi zwinnymi okrętami napadał na płynące do Antoniusza egipskie statki z zaopatrzeniem. Tak odcinał go od żywności. Sam Oktawian zaś z wojskiem lądowym przeprawił się nad Zatokę Ambrakijską, na jej brzeg leżący naprzeciw Akcjum. Tu się okopał. I nawet osłonił murami drogę prowadzącą z obozu nad samo morze. I szarpał przeciwnika atakami.

Oktawian i Antoniusz czyhają u przeciwnych brzegów

Kleopatra, której czujność często możemy podziwiać, z góry przewidywała konieczność ucieczki pod osłoną najlepszych okrętów do Egiptu. Jej wspólnik łaknął zwycięstwa, rozgromienia Oktawiana. Nie znał teraz spokojnego snu. Po bezsennej nocy lubił się przechadzać. On też miał osłoniętą murami drogę z obozu do portu. Oktawian, kiedy się o tym dowiedział, zaczaił tam swoich ludzi w zasadzce. Ale nie spełnili zadania, za wcześnie wyskoczyli, pochwycili więc tylko „ochroniarza", który szedł przed Antoniuszem. Wspólnik zaś Kleopatry nie zawiódł się na chyżości swoich nóg.

Górowanie Antoniusza nad dolą

Nawet w rozdrażnieniu i uzasadnionej podejrzliwości, która czyniła go twardym, a niekiedy okrutnym, potrafił jednak być także wspaniałomyślny. Przełykał gorzki chleb upokorzenia, gdy niejeden generał uciekał od niego do Oktawiana. Kiedy taką dezercję wybrał wybitny generał Domitius Ahenobarbus, który niegdyś od Brutusa i Kasjusza przeszedł do Antoniusza, Kleopatra chciała za nim posłać siepaczy. A on był chory i rozgorączkowany, umykał w łódce. Antoniusz za Domitiusem wyprawił jego bagaż, służbę i przyjaciół. Plutarch (63, 2–3) zastanawia się, czy rozniecona w generale zgryzota sumienia nie przyczyniła się do tego, że wkrótce umarł.

U schyłku sierpnia 31 roku bitwa nie mogła się zacząć. Zresztą Oktawian nie palił się do niej, liczył na to, że Antoniusz sam ucieknie.

Nie dało się walczyć, bo morzem i zacumowanymi u wybrzeża okrętami targał wielki wiatr. Tak czekało się przez cztery dni. Aż piątego dnia, przed świtem, orkan, który przedtem wzbijał wysokie fale, przypadł do ziemi. Ucichł jak zmęczony pies.

BITWA POD AKCJUM

Właśnie budził się drugi dzień miesiąca nazywanego u Rzymian, jak do dziś w wielu językach, September, nasz wrzesień. Oktawian, nie biorąc z sobą nikogo ze służby (bo ta część wybrzeża była ściśle strzeżona), narzucił na ramiona płaszcz i zaczął iść od okrętu do okrętu, mijając wartowników. Byli rozstawieni gęsto, co kilkanaście kroków. Nie tylko Cezarowi, lecz i zwykłym ludziom, nieszkodliwym, pozwalali przechodzić, jak na przykład wieśniakowi, który pędził osła. Ten wiedział trochę o tym, co się dzieje. Rozpoznał Oktawiana, bo kiedyś go przelotnie zobaczył. Zapytany przez Cezara o imię, rzekł po grecku: „Na mnie wołają Eutychos (Pomyślny), a na osła Nikon (Zwycięzca)". Czy to była wróżba?

Człowiek nad brzegiem morza

Oktawian przez chwilę przypatrywał się temu człowiekowi, jednemu z niezliczonych ludzi, jacy żyją na obszarze, o który zmagają się wodzowie. Wełniany płaszcz, narzucony na krępą postać, spięty na lewym ramieniu miedzianą broszą. Na głowie nie było czapy, tylko nastroszone ciemne włosy. Pod nimi bystre spojrzenie czarnych oczu, bynajmniej nie prostackie. Jak mądrzy bywają ludzie uważani za prostych, Oktawian to wiedział. Sokrates też był prostym człowiekiem? Chyba tak. Lecz oni, jeden z drugim, nie zawsze mogą się porozumieć. Przepaść nierozumienia się. Oktawian niekiedy zastanawiał się nad tym, lecz tylko w takich chwilach, gdy nie był bardzo zajęty pilnymi pracami.

Teraz zatrzymywał się przy kolejnych okrętach. W rozbielającej się nocy widział, że żołnierze spoczywają na zmianę:

jedni się budzą, a inni właśnie kładą się spać. Wszystko było w porządku.

Oktawian i Agrippa przeciw Antoniuszowi, Sozjuszowi i Kleopatrze

Wstał piękny dzień. Oktawian popłynął na morze, prowadząc prawe skrzydło floty. Agrippa, kierujący całą strategią, wiódł lekkie okręty z lewej strony. Wypłynęli na milę i stanęli, czekając na przeciwnika, a raczej czekając razem z nim na łaskawy wiatr, który latem tchnie u tych brzegów po południu. Powiał wiatr i niebawem ukazała się flota Antoniusza. On sam dowodził prawym jej skrzydłem, lewe powierzył generałowi Sozjuszowi, a środek Kleopatrze.

Floty natarły na siebie. Lekkie i świetnie uzbrojone okręty Oktawiana runęły całą ciżbą na wielkie, ciężkie, piętrowe, wyposażone w wiele rzędów wioślarzy galery Antoniusza i Kleopatry. Było to jak dobijanie się do murów miast. Antoniuszowe ogromy opierały się atakom zbyt niezdarnie. Wódz zląkł się, że jego flota zostanie otoczona przez nieprzyjaciela i utraci drogę odwrotu. Wcześniej to pojęła Kleopatra. Rzuciła się z kilkoma egipskimi okrętami do ucieczki. I wtedy stała się ta straszna rzecz: Antoniusz ze swojej admiralskiej galery skoczył do łodzi i popłynął za Kleopatrą. Nie chciał – mniemał, że po prostu nie może – zostawić jej samej (Plutarch, 66–67).

Kleopatra ucieka, Antoniusz rzuca się za nią

Ona rozpoznała go i kazała wywiesić znak na okręcie. Wdrapał się na pokład, ale ani nie zobaczył jej, ani Kleopatra go nie zobaczyła. Sam poszedł na przód okrętu i usiadł, zupełnie sam, w milczeniu, trzymając głowę w obu rękach.

Zdradzone przez wodza, przerażone załogi wielkich galer broniły się rozpaczliwie. Oktawian wtedy (Kasjusz Dio, L 34) sięgnął po przygotowany ogień, którego dotąd nie użył, bo nie chciał stracić napełniającego galery bogactwa. Lecz uznał wreszcie, że trzeba obrzucić nieprzyjaciół pociskami płonącymi, inaczej nie złamie się ich oporu. Przez całą noc jednak kazał ratować, kogo tylko się dało, z zapalonych kadłubów. Uważał, że musi zwyciężyć, lecz nie chciał okrucieństwa. Zresztą ci, którzy nie spłonęli, w końcu się przeważnie poddawali.

Oktawian sięga po przygotowany ogień

Według relacji Kasjusza Diona (LI 5) Kleopatra po bitwie zainscenizowała triumfalny powrót resztek floty do Aleksandrii, z dziobami okrętów uwieńczonymi symbolami zwycięstwa. Lecz Antoniusz stracił swoją połowę śródziemnomorskiego

Antoniusz traci swoją połowę śródziemnomorskiego świata; miasta otwierają się przed Oktawianem

świata. Miasta, jedno po drugim, otwierały wrota przed Oktawianem. Wspólnik Kleopatry schronił się z królową w Aleksandrii. Niezłamany klęską, zamierzał bronić się w Egipcie, ale nie znalazł poparcia w społeczeństwie tego kraju. Wyprawił posłów do Oktawiana. Lecz ten nie odpowiedział na list.

Zamiast pisać, przybył sam, stanął z początkiem sierpnia roku 30 u wrót Aleksandrii. Antoniusz zaś, jak opowiada Plutarch (75, 3–4), w nocy poprzedzającej dzień drugiej bitwy, mającej być ostateczną klęską, nagle w swoim aleksandryjskim pałacu usłyszał z ulicy muzykę przeróżnych instrumentów i chóralne śpiewy, gwar ludu nawołującego się i tańczącego. Niewidzialny orszak, jak to słyszeli ludzie, nie tylko sam Antoniusz, przeszedł przez miasto aż do bramy, pod którą byli nieprzyjaciele. Tu głosy najbardziej się wzmogły i nagle się rozwiały. „Ludzie, zastanawiając się nad tym, mówili, iż jest to znak, że Antoniusza opuszcza bóstwo, któremu był on najbliższy i które najwierniej chciał naśladować" (chodzi o Dionizosa).

Muzyka spoza świata?

W dniu ostatecznej bitwy wspólnik Kleopatry zobaczył ze szczytu wzgórza, jak część jego floty i jazdy przechodzi, znowu, na stronę Oktawiana. Teraz będzie kres Antoniusza i Kleopatry. Po co się opisuje te zdarzenia? Po to, byśmy sobie przypomnieli, co przecież wiemy: jak ciężkie jest i zawsze było ludzkie życie. I to nie tylko życie niewolników w kamieniołomach albo pradawnych łowców, przekradających się wśród chaszczy w ciągłym lęku przed silniejszymi niż oni zwierzętami. W pałacach nie zawsze żyje się lżej.

Jak się żyje w pałacach?

KRES ANTONIUSZA I KLEOPATRY

Kleopatra ukryta w grobowcu

Plutarch (*Żywot Antoniusza*, 76–86) jest tu naszym najbardziej drobiazgowym przewodnikiem. Czytamy, że Kleopatra ukryła się w grobowcu, za mocnymi ryglami spuszczanych drzwi, do Antoniusza zaś pchnęła posłańców z doniesieniem, że sobie zadała śmierć. Uwierzył. I przemówił do siebie: „Czemuż jeszcze zwlekasz, Antoniuszu? Przecież los ci odebrał jedyny pozostały jeszcze powód przywiązania do życia". Rozwiązał pancerz, zdjął go i odłożył. Miał zaś wiernego niewolnika, któremu już dawno temu nakazał, żeby go zabił, jeśli tego zażąda. Tego niewolnika, imieniem Eros, wezwał do spełnienia obietnicy, lecz ten odwrócił się i sam się przebił. Gdy padł mu do stóp, Antoniusz rzekł: „Dobrze, Erosie! Chociaż sam nie byłeś w stanie tego zrobić, uczysz, co ja mam uczynić". Sam ujął miecz i ugodził się w brzuch. Upadł na łóżko. Ale rana nie była śmiertelna. Prosił i prosił obecnych, żeby go dobili. Uciekali. On krzyczał i miotał się, aż przyszedł od Kleopatry sekretarz Diomedes, aby go przenieść do grobowca, kryjówki Kleopatry.

Antoniusza, przebitego mieczem, wciąga do swojej kryjówki

Antoniusz nie opierał się. Dowiedziawszy się, że Kleopatra żyje, nawet popędzał niosących go. Kleopatra nie otworzyła drzwi, tylko wyjrzawszy przez okienko, spuściła sieć i linę. Tak uwiązanego ciągnęła w górę, wspierana przez dwie niewiasty, które wzięła z sobą do grobowca. „Ci, co tam byli – powiada Plutarch – mówią, że nigdy nie było żałośniejszego widoku. Obryzgany krwią, mocujący się ze śmiercią, kołysząc się w powietrzu, wyciągał ręce do niej, do Kleopatry. Kiedy go już miała i położyła na łóżku, rozdarła nad nim swe szaty, biła się i drapała rękami w piersi, pomazała jego krwią swoje oblicze, nazywała go panem i mężem, i autokratorem. Antoniusz próbował ją uspokoić i poprosił o wino, czy to z pragnienia, czy spodziewając się, że tak prędzej umrze. Napiwszy się, zachęcał ją, by myślała o własnym ocaleniu, jeśli to możliwe, bez hańby. „A nad nim – mówił – niechże nie płacze w ostatniej odmianie jego losu, lecz raczej mu gratuluje pięknych rzeczy, jakich dostąpił, będąc najsławniejszym i najmężniejszym z ludzi, teraz zaś doznając klęski bynajmniej nie haniebnej, lecz jako Rzymianin pobity przez Rzymianina" (*Żywot Antoniusza*, 77). Rzekłszy to, umarł.

Ostatnie słowa Antoniusza

Kleopatrę Oktawian chciał oszczędzić. Zawładnąwszy Aleksandrią, trzymał królową w zamkniętym pałacu, lecz ona bała się, że będzie prowadzona w jego triumfalnym pochodzie w Rzymie. Wykąpała się i zasiadła do wspaniałej uczty. Jakiś człowiek przyszedł ze wsi, niósł skrzynkę. Strażom pokazał, że jest pełna fig. Nawet ich częstował dorodnymi owocami. Pozwolili mu wejść. Po uczcie Kleopatra wysłała do Oktawiana zapieczętowaną tabliczkę i, pożegnawszy wszystkich oprócz dwóch kobiet, zamknęła drzwi. Cezar Oktawian otwiera tabliczkę i czyta prośbę Kleopatry o pochówek razem z Antoniuszem. Zrozumiał od razu, co się stało. Najpierw sam tam biegnie, potem wysyła chyżych posłańców. Włamują się do grobowca, widzą na złotym łożu królową, w majestatycznych szatach, nieżywą. Z dwóch niewiast Eiras już umarła u jej stóp, a druga, Charmion, gdy ktoś rzekł z gniewem: „To ładnie, Charmion!", odpowiedziała: „Tak, najpiękniej i odpowiednio dla wnuczki tylu królów". I ona upadła tuż przy łożu.

Zgon Kleopatry

Co to się stało? Plutarch (86) snuje różne przypuszczenia. Może z rozkazu Kleopatry przyniesiono w owej skrzynce, ukrytą pod figami i liśćmi, jadowitą żmiję, której ona potem podała obnażone ramię do ukąszenia. Inni, informuje nas grecki biograf, twierdzą, że królowa trzymała w wazie żmiję i ta, podrażniona przez nią, rzuciła się i ukąsiła ją w ramię. A zresztą Kleopatra ponoć miała też przy sobie inne rodzaje trucizny. „Prawdy nikt

nie zna", mówi Plutarch (86, 2). Cezar Oktawian, choć rozgoryczony takim odejściem królowej, kazał jej ciało z czcią złożyć do grobu razem z Antoniuszem.

Dola Cezariona

Chyba szczególnie nas boli los młodego, pięknego Cezariona. Był niebezpieczny jako uchodzący za syna Juliusza Cezara. Matka przed oblężeniem Aleksandrii wyprawiła go z dużymi pieniędzmi do Etiopii, aby stamtąd uciekł dalej, do Indii. Ale pedagog Rodon namówił go do powrotu: że niby Cezar Oktawian zaprasza go na tron. Opisując jego dolę (81, 2 – 82, 1), Plutarch może w ogóle myli się w tym, co się tyczy zapraszania do królewskości, ale że Cezar Oktawian chciał go oszczędzić, to może jest prawda. Czytamy u greckiego biografa, że zniechęcono zwycięzcę słowami: *Uk agathon polykaisarie* („Niedobrze, gdy jest wielu cezarów"), parafrazującymi *Iliadę*, 2, 204: *Uk agathon polykoiranie* („Niedobrze, gdy jest wielu wodzów"). Więc go, według Plutarcha, który nie oszczędza nam tej informacji, po śmierci Kleopatry zgładził.

Oktawian podobny do Kleopatry; przyjaciele gwiezdni

Do gruntu jednak mylilibyśmy się, gdybyśmy mniemali, że Oktawian dyszał gniewem. Myślał raczej o rządzeniu państwem, o tym tak ciężkim brzemieniu. Nie był głupcem, nie myślał o zemście. Był więc podobny do Kleopatry. Ale nie mogli się spotkać. To, że mieli takie samo zadanie, rozdzielało ich. Tylko w gwiazdy mogliby patrzeć razem. Fryderyk Nietzsche nazywa to: przyjaciele gwiezdni. Sen Antoniusza zaś, zresztą też niewolny od okrucieństwa, rozwiał się jak głosy u bramy. Żyjemy dziś nie w tym, co odeszło, lecz w dziedzictwie Cezara Oktawiana. W naszej Europie (obejmuję tą nazwą także zamorskie kraje cywilizacji zaczętej niegdyś w Europie), bardziej ludzkiej jednak niż inne strefy świata. Oktawian w swoim życiu kształtował ją jakby nie on, jakby był tylko narzędziem? Zdaje mi się, że coś zaczynam rozumieć z jego przejmujących dziejów, z całego tego życia, przenikniętego pragnieniem cienistej wody i troską o sukcesję bardziej niż o cokolwiek innego. O przekazanie zadania choćby dalekim ludziom, lecz takim, którzy je naprawdę podejmą. Nie można się odżegnać od Cezara Oktawiana. Byłoby to podłe. Ale też nie można zasnąć, gdy się myśli, skąd się pochodzi.

WIELKOŚĆ CESARSTWA

MONUMENTUM ANCYRANUM

Teraz, po okresie walk domowych, wchodzimy w zupełnie inną epokę, w rzymskie cesarstwo, które jest tym, co świat antyczny przekaże potomnym wiekom, aż do naszych czasów – przynajmniej jako wspomnienie i jako wizję: wielką wspólnotę, opartą nie na podstawach etnicznych, lecz na fundamentach ekonomicznych, politycznych i kulturalnych.

August, sługa wielkiej wspólnoty, cesarstwa

Do owej wielkiej wspólnoty, której najlepsi Europejczycy nigdy nie zapomną, zmierzały niegdyś, często nieświadomie, nieprzeliczone pokolenia i wieki. Pierwszy budował ją świadomie Cezar Oktawian, otoczony mężami stanu, a nie lekceważąc też pomocy pisarzy (miał ich wyjątkowo świetnych, do dziś ich chciwie czytamy), aż do zgonu w roku 14 po Chrystusie. Od 16 stycznia roku 27 przed Chrystusem nosił on tytuł Augustus, który wybrał spośród dwóch tytułów proponowanych mu przez senat; drugi był „Romulus". W czasach republiki przymiotnik *augustus* (po grecku: *sebastos*) oznaczał godność przekraczającą strefę tego, co było tylko ludzkie, *humanum*. Będziemy Cezara Oktawiana już teraz, po bitwie pod Akcjum (w roku 31 przed Chr.) i po zawładnięciu przez niego Egiptem (w roku 30 przed Chr.), wydarzeniu, które przed oczyma dzisiejszych historyków kończy powikłaną epokę hellenistyczną i zaczyna erę cesarstwa rzymskiego, nazywali Augustem.

Wielki dokument

Wybiegając zaś także w szczegółach w przód, pochylimy się teraz nad słynnym dokumentem. Po latach, przed odejściem z tego świata, August zostawił sprawozdanie ze swojej działalności, które kazał wyryć na dwóch spiżowych tablicach, aby je umieszczono przed jego mauzoleum, czyli grobowcem rodzinnym na Polu Marsowym w Rzymie. Rozmaite miasta imperium rzymskiego sporządziły z tego odpisy. Jeden z nich, wyryty na ścianie świątyni Romy i Augusta w mieście Ancyrze (dziś Angora, wówczas stolica Galacji) w Azji Mniejszej, w języku greckim i łacińskim, zachował się do naszych czasów. Zacytujemy ze spiżowego tekstu przynajmniej fragmenty, jak już podało się w tej książce wybór aforyzmów Epikura. Niechże dwa teksty stoją naprzeciw siebie i przeglądają się nawzajem w sobie: deklaracja tego, który kryje się przed światem (*lathe biosas* – „żyj tak, żeby nie było wiadomo, żeś żył"), i rachunek tego, kto zmaga się, na ile można, ze światem.

Monumentum Ancyranum

Od miejsca znalezienia uczeni nazywają ten dokument *Monumentum Ancyranum.* Najpierw jest w nim zapowiedź, że poznamy spis „czynów boskiego Augusta (po łacinie: *rerum gestarum divi Augusti*), którymi on okrąg ziem poddał imperium ludu rzymskiego". „Mając lat dziewiętnaście – ogłasza August (wiemy, że to prawda: doszedł do tego wieku w dniu 23 września roku 44, a zbrojenia zaczął w październiku) – z własnej decyzji i za własne pieniądze zgromadziłem wojsko, za pomocą którego przywróciłem wolność rzeczypospolitej, uciśnionej tyranią jednego stronnictwa". Dalej powiada, że senat przyjął go do swego grona, a zarazem dał mu dowództwo wojskowe. Kiedy (w bitwie pod Mutiną w kwietniu 43 roku) obaj urzędujący konsulowie polegli, lud wybrał go na konsula.

Obowiązek Augusta

„Tych, którzy zamordowali mojego ojca (przybranego, Juliusza Cezara), mszcząc się za ich zbrodnię, wypędziłem na mocy prawnych wyroków sądowych na wygnanie, a gdy potem wydali wojnę rzeczypospolitej, dwa razy pokonałem ich w otwartym boju". Mówi tu o bitwie pod Filippi w Macedonii, która jesienią roku 42 rozegrała się w dwóch starciach, rozdzielonych okresem około dwudziestu dni. W pierwszym zginął Kasjusz, w drugim Brutus.

„Często i po całym świecie toczyłem wojny na lądzie i na morzu, wewnętrzne i zewnętrzne, a jako zwycięzca oszczędzałem wszystkich obywateli, którzy prosili o przebaczenie. Obce ludy, którym bez niebezpieczeństwa można było przebaczyć, wolałem zachować niż je trzebić". Wiemy, że to jest prawda. To samo mógłby o sobie powiedzieć Aleksander Macedoński. I tym się różni także Oktawian od wielu innych zdobywców, również rzymskich przed nim. Dlatego on wreszcie zbuduje wielkie pań-

Łagodność Augusta

stwo. W spiżu nam opowiada, że odebrał przysięgę żołnierską od pięciuset tysięcy obywateli rzymskich; z tych nieco więcej niż trzysta tysięcy po odbyciu służby wojskowej osiedlił w koloniach lub odesłał do ich stron rodzinnych i wszystkim w nagrodę za służbę przydzielił ziemię lub dał pieniądze.

Dalej podaje, ile razy odbył *triumphus*. Ile razy był konsulem, ile razy trybunem. Co najważniejsze: „Podczas wielkiego braku zboża nie uchyliłem się od objęcia zarządu aprowizacji, którą tak urządziłem, że w przeciągu niewielu dni uwolniłem własnym kosztem cały lud od trwogi i patrzącego mu w oczy niebezpieczeństwa". Wbrew żądaniom senatu i ludu nie chciał przyjąć nieograniczonej władzy nad prawami i obyczajami. Starał się czuwać nad tymi sprawami tylko jako trybun. Pięć razy przybrał sobie, za zgodą senatu, wspólnika takiego czuwania. (Wiemy, że chodzi tu o przyjaciela, Marka Agrippę, którego już spotkaliśmy, oraz o Tyberiusza, którego spotkamy).

Powściągliwość władania

„Byłem jednym z trzech mężów dla uporządkowania rzeczypospolitej przez lat dziesięć". Mówi tu o pierwszym triumwiracie, Oktawiana, Antoniusza i Lepidusa, który liczy od dnia 27 listopada roku 43 do końca roku 33 przed Chrystusem. Jako konsul po raz piąty (w roku 29) pomnożył na rozkaz ludu i senatu liczbę patrycjuszy. Dokonywał spisów obywateli rzymskich. W trzecim spisie, w roku 14 po Chrystusie, naliczono ich niemal pięć milionów. „Przez wydanie nowych praw ożywiłem wiele czcigodnych obyczajów naszych przodków, które w naszych czasach już zanikały, i sam w wielu rzeczach zostawiłem potomnym przykłady do naśladowania". Trzy razy za jego rządów senat uchwalił zamknięcie świątyni Janusa, co było znakiem osiągnięcia zwycięstwami pełnego pokoju dla państwa; przedtem zamykano ją dwukrotnie: za króla Numy i po pierwszej wojnie punickiej w roku 235 przed Chrystusem. Ludowi wypłacił niebłahe sumy z testamentu przybranego ojca, Juliusza Cezara, jak też rozdawał dwanaście razy zboże, kupione za własne pieniądze.

Troskliwa administracja

Zbudował kurię, czyli miejsce posiedzeń senatu, jak też wiele świątyń, wśród nich przybytek Apollina na Palatynie oraz świątynię boskiego Juliusza, Juliusza Cezara. Odnowił zabudowę Kapitolu, jak też teatr Pompejusza. Odnowił i rozszerzył stare wo-

Budowle i igrzyska

dociągi. Zbudował Forum Augusti, swojego imienia, oraz teatr, który miał nosić miano Marka Marcellusa, jego zięcia. Urządził bardzo wiele igrzysk oraz pokazów polowania na dzikie zwierzęta, a robił to w imieniu własnym albo synów i wnuków oraz swoich urzędników. Przynajmniej jedną przytoczmy ciekawostkę: „Ludowi też dałem bitwy morskiej widowisko za Tybrem, w tym miejscu, gdzie teraz jest Gaj Cezarów, wymierzywszy na ziemi tysiąc osiemset stóp długości i tysiąc osiemset stóp szerokości. W bitwie tej starło się z sobą trzydzieści okrętów z dziobami, trójrzędowców albo dwurzędowców, a jeszcze więcej mniejszych statków. Na tych flotach walczyło, oprócz wioślarzy, mniej więcej trzy tysiące ludzi".

Rozszerzenie granic rzymskiego imperium

W wojnach nie widowiskowych, lecz realnych, i w pertraktacjach rozszerzył granice rzymskiego imperium. Uspokoił ludy okoliczne w Galii, Hiszpanii, a nawet w Germanii. Pokonał (w latach 20. przed Chr.) armie Etiopii i Arabii zwanej Szczęśliwą i zawładnął w tych krajach wieloma miastami. Po wcieleniu Egiptu do państwa rzymskiego Armenię Większą pokonał, lecz zamiast robić z niej prowincję, rozciągnął nad powołanym w niej przez Rzymian królem, Tigranesem, protektorat. Odzyskał wiele znaków wojskowych po dawniejszych klęskach innych wodzów rzymskich. Założył dla swoich weteranów wiele kolonii w Italii, a także kolonie wojskowe w Afryce, na Sycylii, w Macedonii, w Hiszpanii, Achai, w prowincji Azji, w Syrii, w Galii Narbońskiej i w Pizydii. Mieczem swojego pasierba i legata, Tyberiusza Nerona, którego niebawem spotkamy, przesunął granice państwa Illiricum aż do brzegów Dunaju (w latach 12–9 przed Chr.).

Dźwiganie dostojeństwa

Najdalsi nawet królowie zabiegali o jego przyjaźń, wśród nich władcy indyjscy, scytyjscy, sarmaccy znad Donu, królowie Albanów nad Morzem Kaspijskim i Medów. Tytuł Augustus, jakim go senat obdarzył w roku 27 przed Chrystusem, wywodzi się etymologicznie od słowa *augeo*, „powiększam": ktoś, kto góruje nad innymi, a może i nad światem. Przyzwyczaił się do gałązek wawrzynu nad wrotami swojego domu. „Kiedy byłem po raz trzynasty konsulem, senat, stan *equites* i cały lud rzymski nazwał mnie Ojcem Ojczyzny i uchwalił umieszczenie odpowiedniego napisu w przedsionku mojego domu, w kurii i na Forum Augusta". – Trzynasty ten konsulat to był rok 2 przed Chrystusem. August na pożegnanie rzecze w spiżu jeszcze: „Kiedy to pisałem, byłem w siedemdziesiątym szóstym roku życia". Urodził się, jak pamiętamy, w roku 63 dawnej ery. A więc układał swoją spiżową autobiografię na rok przed odejściem z tego świata. Przemawia do nas z roku 13 po Chrystusie.

PRACE AUGUSTA

Odnawianie republiki?

August stale głosił, że swoim postępowaniem tylko odnawia republikę. Nie należy zbyt łatwo podejrzewać, że była to obłuda. Republika była w ruinie, bo okazało się, że senat nie jest w stanie rządzić niezmiernie powiększonym państwem. Od przybycia do Rzymu w roku 29 przed Chrystusem po pokonaniu Antoniusza i Kleopatry bardzo się on, jeszcze wówczas Oktawian, starał o to, by senatorowie nie podejrzewali go o dążenie do militarnej dyktatury. Więcej niż sto tysięcy żołnierzy zwolnił wtedy z armii i osadził na gruntach, jakie kupił za pieniądze zdobyte w Egipcie.

Godna podziwu amnestia

W roku 28 przed Chrystusem wydał edykt godny wielkiego podziwu, który jawnie ogłaszał amnestię za czyny popełnione przeciw niemu oraz odwołanie wszelkich niesprawiedliwych rozporządzeń, jakie narzucił społeczeństwu podczas wojen. W styczniu następnego, 27 roku deklarował, że teraz można już przywrócić senatowi władzę.

Na razie nie wyrzekł się jeszcze urzędu konsula, który wielokrotnie, rok za rokiem, wbrew tradycji republikańskiej, piastował. Wzmocniony tytułem Augusta, już nie pilnował tak wytrwale swojej pozycji w Rzymie, lecz wojował przez kilka lat w Hiszpanii i w Galii. Z początkiem roku 23 przed Chrystusem wrócił na pewien czas do stolicy. Tu ciężko zachorował. Pokonując niemoc, latem tego roku postanowił dokonać przemiany w swoim życiu. Pożegnał się z urzędem konsula. Bardzo to ujęło senatorów, zwłaszcza że niebawem ustalił się obyczaj wybierania na każdy rok po kilku konsulów. Augustowi zaś w zamian za ową rezygnację zwiększono uprawnienia prokonsularne. Wzmożono też jego władzę jako trybuna, którym nadal był stale. Mógł zwoływać posiedzenia senatu i inne zgromadzenia. Wobec ich uchwał miał prawo weta. W teorii każdy obywatel mógł się do niego samego odwołać w każdej sprawie. I okazało się, że ludzie, przynajmniej w Rzymie, polubili go. Naprawdę patrzeli na niego jak na obrońcę. Kiedy wyzbył się konsulatu, lud rzymski, bojąc się powrotu władzy arystokracji konsularnej, wzniecił w Rzymie rozruchy. Rozgrzewały tę miłość sukcesy dyplomacji Augusta, oparte na sile jego armii, jak odzyskanie od Partów w roku 20 przed Chrystusem rzymskich znaków, utraconych niegdyś w strasznej klęsce Krassusa pod Carrhae. Między rokiem 22 i rokiem 18 dawnej ery musiał podjąć różne inne funkcje urzędowe, jak na przykład

Gdy wyrzekł się konsulatu, zwiększono mu inne uprawnienia

obowiązki dawnych cenzorów, aby ludzi uspokoić. Do obowiązków tych należało czuwanie nad rozdawnictwem zboża i w ogóle żywności. To się okazało tak ważnym instrumentem realnej władzy, że następni cesarze nie zaniedbają owego zadania.

Ład i ufność wracają

Powoli więc ład i ufność wracały do rzymskiego państwa. Odbyły się wreszcie *Ludi Saeculares*, wielkie święto w Rzymie, jakie według tradycji należało urządzać co sto lat. Przenikającą je myślą było podziękowanie boskim siłom za ustrzeżenie państwa od niebezpieczeństwa. Pierwotnie oddawano wtedy cześć bogom podziemnym, później innym także bóstwom, od Augusta zaś przede wszystkim Apollinowi i Dianie. Modlono się, składano ofiary oczyszczające i błagalne; szły procesje, roztaczały się gwarne igrzyska sportowe. Pierwsze *Ludi Saeculares* odbyły się w roku 249 dawnej ery, następne w roku 146, trzecie zaś dopiero za Augusta, w roku 17 przed Chrystusem. August zrobił wszystko, co mógł, aby je otoczyć najwyborniejszym blaskiem pobożności i piękna. Jego oddanie wierze przodków było na pewno szczere. Nikt się nie zdziwił, że w roku 12 przed Chrystusem objął stanowisko najwyższego kapłana, *pontifex maximus*, ale chyba to też z prawdziwym respektem zauważo-

no, że poczekał na naturalną śmierć poprzedniego pontifexa, którym był Lepidus. Nieco wcześniej, w roku 13 dawnej ery, senat na powitanie Augusta, który miał wrócić po zakończeniu walk w Hiszpanii i Galii, rozpoczął budowę Ołtarza Pokoju, *Ara Pacis*, na którym jest w płaskorzeźbie wyobrażony on, princeps, „pierwszy obywatel" (jak się rzekło, wprowadzone na progu cesarstwa określenie zwierzchnika imperium), i jego rodzina.

Troska o armię

Jedną z głównych trosk Augusta była armia. Po zakończeniu wielkich wojen princeps nadał był starej armii na czas pokoju liczebność tylko dwudziestu ośmiu legii, co chyba należy uznać za jakieś sto pięćdziesiąt tysięcy ludzi. Senat jednak nie domagał się od niego, by sprawował władzę w państwie bez komendy nad wojskiem. Wiedział, tak jak on, że to jest niemożliwe. Urzędowo ujęto sprawę tak, że oddaje się principsowi na dziesięć lat (a miało to być na zawsze) zarząd następujących prowincji: Syrii, Cylicji, Cypru, Galii i Hiszpanii, w nich zaś stacjonowała teraz większość rzymskiej armii. Takim sposobem senat w styczniu 27 roku przed Chrystusem powierzył principsowi naczelne dowództwo sił zbrojnych rzymskiego imperium. Rzecz niezmiernej wagi. Za kilka następnych dni senat nadał Cezarowi Oktawianowi tytuł Augusta.

Kształtowanie armii zawodowej

Mógł teraz zacząć kształtować nową armię, zawodową. Pobór był z obywateli rzymskich, nie tylko blisko Rzymu, lecz także w obywatelskich koloniach zamorskich. Dodatkowo zaś dobierano Celtów z północnej części półwyspu italskiego, którzy przez tę służbę stawali się ludźmi kultury rzymskiej. W 13 roku przed Chrystusem za normalny czas służby wojskowej uznano szesnaście lat. W roku 5 dawnej ery podniesiono go do dwudziestu lat. Żołnierze otrzymywali niemały żołd podczas służby, a przy odprawie pokaźną sumę pieniędzy, która zastąpiła dawniejsze nadania gruntów. Mogli sobie kupić ziemię, gdzie sami chcieli. August płacił to z własnej szkatuły, którą niebawem wzbogacił systemem podatków, ściąganych od obywateli jako podatek obronny i jako dodatek do cen towarów.

Cesarska straż przyboczna

Najwyborniejszą częścią Augustowego wojska była gwardia pretoriańska, cesarska straż przyboczna. Mieli swoje straże już wodzowie w czasach republiki. August nadał gwardii stałą liczebność dziewięciu zastępów (*cohortes*), po sześć centurii każdy; razem było to około pięciu tysięcy czterystu ludzi. Trzy kohorty stacjonowały w Rzymie, sześć w miastach okolicznych. Pretorianie więcej zarabiali niż inni żołnierze i służyli tylko przez szesnaście lat. To była siła najbliższa Augustowi, czyli, dla naszych oczu, pierwszemu cesarzowi rzymskiemu. W tym samym czasie, gdy princeps umacniał własną gwardię, dbał on jednak także o ekspansję owego wczesnego cesarstwa. Powoływał w prowincjach zastępy pomocnicze, złożone nie z obywateli, lecz z miejscowych wojowników, na przykład świetnych łuczników. Jako wysługi udzielano im po latach służby bezcennego daru: obywatelstwa rzymskiego.

OJCIEC OJCZYZNY

Porządkowanie imperium jako wielkiej całości

Być może August na imperium pierwszy patrzał jako na wielką całość. Najpierw trzeba było scalić półwysep, przeorany wojnami i udręczony konfiskatami ziemi, gdy różni wodzowie przydzielali grunta swoim weteranom. Princeps starał się wynagrodzić krzywdy rolnikom, a przy tym cywilizował te wielkie obszary Italii i Galii Przedalpejskiej, czyli północnej Italii, formalnie przyłączonej do reszty Italii dopiero w 42 roku po Chrystusie. Naprawiał dawne drogi i mosty, wytyczał i wyściełał nowe, przydawał im też strażnice. Zakładał w dolinie Padu miasta, odbudowywał zrujnowane.

Ku przemienianiu prowincji wschodnich i afrykańskich w części cesarstwa

Patrząc dalej, pierwszy cesarz widział prowincje wschodnie, za którymi istniały jeszcze małe państwa, zależne od Rzymu. Odbył po tamtych stronach długą podróż w latach 22–19 przed Chrystusem, potwierdzając zależność owych protektoratów od jego już osobistej władzy. Będą się one, jeden za drugim, przemieniały w przyszłości w części cesarstwa. Tylko jedno wielkie państwo graniczyło od wschodu z cesarstwem, imperium partyjskie. Dwa imperia obcowały i zmagały się z sobą jak równe z równym; Rzymianie zadbali o to, by je przynajmniej częściowo rozdzielała Armenia. Od południa trzeba było czuwać nad posiadłościami i wpływami rzymskimi na wybrzeżu afrykańskim. Zboże bowiem cesarstwo miało z Italii, Afryki (zwłaszcza Egiptu) i Sycylii.

Pilnowanie reńskiej rubieży, Alp i Bałkanów

Na zachodzie Hiszpania i Galia często się burzyły. Jeszcze bardziej niespokojne było pobliże Germanii, jak też Bałkany. Podboje Juliusza Cezara zatrzymały się niegdyś na Renie. W latach 17–16 przed Chrystusem plemiona germańskie zaczęły przekraczać tę granicę, co ściągnęło tam Augusta. Podjął walkę obronną wzdłuż reńskiej rubieży. W latach 16–15 zawładnął Alpami. Wojska jego szły za Ren ku Łabie, do której dotarły około 9 roku przed Chrystusem. Ale za niespełna dwadzieścia lat, w 9 roku nowej ery, dokona się przeraźliwa rzeź (później przybywające tam legie będą znajdowały w trawie białe szkielety) rzymskiej armii prowadzonej przez męża wnuczki siostry Augusta, Warusa, którą Germanie dopadli i zniszczyli w (trudnym dla nas do lokalizacji) Teutoburskim Lesie, Saltus Teutoburgiensis. Przed śmiercią August będzie ostrzegał: zatrzymać się na granicy Renu, bronionej stale przez osiem legii. Z plemionami zaś bałkańskimi zmagano się w latach 12–9 przed Chrystusem. Powstaną tam rzymskie prowincje: Dalmacja (w roku 27 po Chr.), iliryjska kraina wzdłuż wschodniego wybrzeża Morza Adriatyckiego, i Panonia (w roku 10 przed Chr.; po buncie na nowo podbita w latach 6–9 po Chr.), iliryjsko-celtycka kraina między Dunajem i Sawą.

Czułe odbudowywanie Romy

Ale chyba jednak zawsze najmilsza była princepsowi sama Roma. Wziął ją w ręce niemal zrujnowaną. Rozpadały się nawet świątynie. Niestrudzenie troszczył się o jej podźwignięcie. Poza gmachami i domami przystąpił, jak czytamy w inskrypcji *Monumentum Ancyranum*, do odbudowywania osiemdziesięciu dwóch świątyń. Dokończył budowy Forum Juliusza Cezara, a potem urządzał swoje własne Forum Augustum. Czuwał nad tym Forum Mars Ultor, Mars Mściciel, w wielkiej świątyni. Pomścić miał śmierć boskiego Juliusza. August myślał sobie z dumą o tym, że miasto z cegły przemienił w miasto marmurowe, co pewnie było przesadą, lecz nie wobec samego Forum, gdzie zwycięstwa Augusta były wypisane w kamieniu pod wspaniałą rzeźbą marmurową czterokonnego rydwanu. Poświęcono to Forum w roku 2 przed Chrystusem.

Wygląd Augusta; miłość do niego

Przepiękne wizerunki marmurowe: samego cesarza, także z lat następnych, tych po Chrystusie, każą się dzisiejszym historykom domyślać, że August do najpóźniejszych lat życia zachował łagodne piękno swojej jakby chłopięcej twarzy. Może kochalibyśmy go, jak trudno jest wątpić, że Wergiliusz i Horacy go kochali. A przejść musiał w swoim życiu wiele, wypić dzbany goryczy. Poza klęskami publicznymi dręczył go chaos w jego najbliższej rodzinie, który zresztą też był sprawą publiczną, bo cesarz chciał odnowić życie rodzinne w Italii i do tego potrzebowałby, żeby jego rodzina świeciła dobrym przykładem. Wrócimy do tego.

Pater Patriae

Ale miał też swoje pocieszenia. Jednym z największych było to, że w roku 2 przed Chrystusem, w tym samym roku, w którym poświęcono Forum Augustum, otrzymał tytuł droższy mu nad inne. Godność Pater Patriae. Pisze o tym w jego biografii Swetoniusz (*Boski August*, 58): „Przydomek Ojca Ojczyzny wszyscy ofiarowali mu w nagłym, jednomyślnym porywie. Najpierw lud wysłał w tej sprawie poselstwo do Antium (dziś Anzio, w Lacjum), a gdy on godności nie chciał przyjąć, zastąpiła mu w Rzymie drogę licznie zgromadzona publiczność w wieńcach wawrzynowych na głowach, gdy wchodził do teatru na igrzyska. Później zwrócił się z tym do niego senat w kurii, nie przez uchwałę czy aklamację, lecz za pośrednictwem Waleriusa Messali. Ten z upoważnienia wszystkich rzekł: «Oby to przyniosło dobro i boską opiekę tobie i twojemu domowi, Cezarze Auguście! Ufamy, że tymi słowami wypraszamy wieczną szczęśliwość dla państwa, pogodną pomyślność. Senat w zgodzie z ludem pozdrawia ciebie jako Ojca Ojczyzny». Ze łzami w oczach odrzekł mu August (przytaczam dosłownie zarówno odpowiedź Augusta, jak i to, co powiedział Messala): «Spełniwszy moje śluby, dostojni senatorowie, o cóż innego mam teraz prosić nieśmiertelnych bogów, jak nie o to, abym to wasze zgodne zadowolenie mógł przechować aż do kresu mojego życia?»".

Zgodne zadowolenie senatorów, jak też poparcie ludu wyposażały Augusta w możność posługiwania się uprawnieniami republikańskiego urzędnika w zakresie już przekraczającym republikańskie normy. Nie obrażając zasad republikańskich, których bez konieczności łamać nie chciał, rządził państwem jak udzielny władca, przede wszystkim dzięki temu, że był naczelnikiem wszystkich sił zbrojnych. Czy starzy senatorowie, których liczbę określono jako około sześciuset, nie zauważali, czy udawali, że nie zauważają, gruntownej przemiany władzy w państwie? August zawsze im świadczył wszelkie honory, a przy tym dbał o godny skład tego tradycyjnego ciała. Usuwał z niego ludzi nieobyczajnych albo nieuczciwych, jak też tych, którzy nie mogli się popisać odpowiednim majątkiem osobistym. Senatorowie nadal pełnili ważne funkcje w Italii i w prowincjach, zwłaszcza jako ich zarządcy, oraz na czele legii. Z tego rozdawnictwa stanowisk senatorom wyłączony był Egipt, osobista zdobycz Augusta i wielkie źródło jego funduszy. Do zarządzania nim wyznaczał swoich funkcjonariuszy z warstwy ekwitów.

Nie obrażając zasad republikańskich, rządził udzielnie

Zresztą także w Italii i w reszcie prowincji August chętnie promował ekwitów, czyli ówczesną burżuazję, oraz arystokratów spoza Rzymu, z różnych stron kraju. Troszczył się o odnawianie i pomyślność całego rozległego półwyspu oraz prowincji po niszczących wojnach domowych. Także poezja, wówczas bardzo wielka w języku łacińskim, zwłaszcza Wergiliusza i Horacego, sławi odradzanie się uprawy ziemi i hodowli zwierząt. Było to błogosławieństwo Augustowego pokoju, *Pax Augusta*.

Promowanie ekwitów

Pax Augusta

SZUKANIE NASTĘPCY

Treść duszy Augusta

Kiedy prześwitywał mu coraz bliżej kres życia na ziemi, cesarz o jednym myślał najuporczywiej: o sukcesji. Tu, jak mniemam, możemy zajrzeć do jego duszy głębiej niż w jakiejkolwiek innej porze. Rozpoznajemy, o co on najbardziej się troszczył. Nie bał się śmierci. Bał się o to, co stanie się z państwem. Dopóki się tego nie rozpozna, nic się nie wie o Auguście, naszym pierwszym cesarzu.

Kto spadkobiercą?

Wprawdzie wszystkie elementy władzy senat przyznał samemu tylko Augustowi i tylko na czas jego życia, lecz było jasne dla niego i chyba nie tylko dla niego, że republiki w dawnym sensie nie da się przywrócić. Szukał spadkobiercy, a ponieważ jedynym jego dzieckiem była nieszczęsna Julia, był dla niej nieludzki: w niej, w jej osobistym życiu widział sposób postarania się o godnego zięcia.

Z dziejów rodzinnych Augusta

A skąd ona wzięła się na świecie? Niegdyś, w roku 40 przed Chrystusem, Cezar Oktawian poślubił Scribonię, która przedtem miała już, jak się zdaje, dwóch kolejnych mężów. Ożenił się z nią jako z siostrą Luciusa Scriboniusa Libona, teścia Sekstusa Pompejusza, który władał wówczas Sycylią i Sardynią. Oktawian przez krótki czas próbował się związać z tą rodziną. Lecz jeszcze w tym samym roku, po nowym porozumieniu z Antoniuszem w Brundizjum, rozwiódł się ze Scribonią. Zaraz poślubił Liwię Drusillę, ale owocem jego krótkiego związku ze Scribonią była córka Julia, urodzona w roku 39, jedyne dziecko Oktawiana.

Tyberiusz, pasierb Augusta

Co z tego miało wyniknąć? Liwia, z możnej rodziny, córka Marka Liviusa Drususa Claudiana, była wcześniej (jesteśmy tu, jak widać, na obszarze małżeństw głównie politycznych) żoną Tiberiusa Claudiusa Nerona, któremu urodziła dwóch synów; jeden z nich to Tyberiusz (42 przed Chr. – 37 po Chr.), o którym wiele usłyszymy. W roku 40 Nero rozwiódł się z nią, mogła więc poślubić Oktawiana. Będzie ona głęboko, wiernie i dozgonnie związana z princepsem dzięki wspólnocie ich poglądów na sprawy obyczajowe. Ale nie urodziła mu żadnych dzieci. Będzie żyła, jako dostojna matrona, aż do roku 29 po Chrystusie, pod koniec życia jednak bez kontaktu z Tyberiuszem, który uciekał z Rzymu może głównie po to, żeby być daleko od niej i od Julii.

A biedna Julia, o której tak dużo złego mówiono, może była głównie ofiarą systemu małżeństw politycznych. Już jako

Julia ofiarą systemu małżeństw politycznych?

dwuletnie dziecko, w roku 37, została zaręczona z Markiem Antoniuszem, zwanym przez Greków Antyllos, synem triumwira, a potem, według informacji triumwira, z Kotisonem, królem trackich Getów; żadne z tych zaręczyn nie zwieńczyły się małżeństwem. Troskliwie ją wychowali ojciec i macocha Liwia. Gdy dorastała, najpierw wydano ją za Marka Claudiusa Marcellusa (urodzonego w roku 42 przed Chr.) z rodziny wysokich urzędników po ojcu, syna siostry princepsa, Oktawii, w roku 25 przed Chrystusem. On właśnie wtedy zaczął robić karierę przy Auguście w Hiszpanii. Mniemano, że to będzie spadkobierca. Lecz niespodziewanie umarł, opłakany przez Wergiliusza i Propercjusza, pod koniec roku 23 przed Chrystusem. Na Julię dosyć rychło spadną następne zaślubiny, z kimś o wiele starszym. W roku 21 będzie musiała wyjść za bardzo bliskiego przyjaciela i współpracownika ojca, wspominanego już przez nas nieraz Marka Wipsaniusza Agrippę (64 albo 63 – schyłek marca roku 12 przed Chr.). August już w roku 23 podarował mu był swój sygnet. Myślano: ten obejmie kiedyś władzę.

Julia urodziła mu sześcioro dzieci, wśród nich zaś trzech synów. Spodziewano się: jeśli nie Agrippa, to któryś jego syn będzie spadkobiercą. Ale dwaj starsi, Gajus i Lucjus Cezar, w roku 4 po Chrystusie już nie żyli. Trzeci, Agrippa Postumus, „Pogrobowiec", urodzony po śmierci ojca, został w 4 roku przez Augusta adoptowany razem z pasierbem, Tyberiuszem. Był urodziwy, lecz jego, zdaniem Augusta, agresywność sprawiła, że cesarz go wydziedziczył, a niebawem senat skazał go na wygnanie. Stanął na czele spisku wojskowego, który pokonano; zaraz po śmierci Augusta Postumus zostanie zabity, nie wiemy, z czyjego rozkazu.

Tyberiusz, zmuszony do rozwodu z ukochaną Wipsanią Agrippiną, poślubia Julię

W roku 11 przed Chrystusem zmuszono Tyberiusza do rozwodu z pierwszą żoną, córką nieżyjącego już Augustowego przyjaciela, Marka Wipsaniusza Agrippy, Wipsanią Agrippiną, matką jego syna, Drususa, i do poślubienia Julii. Swetoniusz (*Tyberiusz*, 7) mówi o bólu Tyberiusza. „Gdy potem jeden raz przypadkiem zobaczył Agrippinę, tak ją ścigał wpatrzonymi i pełnymi łez oczyma, że odtąd pilnowano, aby już nigdy więcej nie pojawiła się blisko niego". Dalej powiada biograf, że Tyberiusz z Julią żył początkowo zgodnie. Lecz synek ich umarł w niemowlęctwie. Wkrótce małżeństwo roztrąciła duchowa obcość. Julia pogrążyła się w przygodach emocjonalnych, w innych związkach. W roku 2 przed Chrystusem cesarz potępił jej postępowanie i zesłał córkę na Pandaterię, wysepkę na Morzu Tyrreńskim, traktowaną jako miejsce internowania. Potem pozwolono jej żyć w Regium (dziś Reggio) w Kalabrii. Matka, Scribonia, dobrowolnie towarzyszyła jej na wygnaniu.

Tyberiusz wybrany na jedynego spadkobiercę

Nie budując już przyszłości na swoich wnukach, cesarz skupił się na tym, czego oczekiwał od jedynego już tylko Tyberiusza. W roku 13 po Chrystusie została potwierdzona jego *tribunicia potestas*, w wytwarzającej się już tradycji zapowiedź roli cesarskiej. Nikt nie wątpił, że to Tyberiusza cesarz desygnował na swojego następcę. A Tyberiusz? Naprawdę wygląda na to, że on to traktował nie jako dar, lecz jako ciężki obowiązek. Może między innymi właśnie dlatego cesarz go wybrał.

August, chorujący od kilku lat, umarł w 14 roku po Chrystusie, w Noli (w Kampanii), w 19 dniu miesiąca, który na jego cześć wiele języków europejskich do dziś nazywa Augustem. U nas sierpień. „W ostatnim dniu – opowiada Swetoniusz (*Boski August*, 99) – dopytywał się, czy już na zewnątrz zgromadził się lud, dowiadujący się o jego zdrowie. Potem kazał sobie podać lusterko, uczesać włosy i podciągnąć obwisłe nieco policzki. Przyjaciół, którym pozwolił wejść, przyjął zapytaniem, czy dobrze zagrał mim (scenkę, komedię) życia. Dorzucił po grecku zwykłe tego zakończenie:

> Jeśli dobrze grałem, chciejcie mi zaklaskać
> I puśćcie mnie stąd z radością i z pochwałą.

Następnie wszystkich odprawił, a dopytując się tylko przybywających z miasta o stan chorej córki Drususa (syna Tyberiusza), nagle skonał, całując Liwię, z tymi słowami: «Liwio, pamiętaj o naszym małżeństwie, żyj i bądź zdrowa!». Miał zgon lekki i właśnie taki, jakiego zawsze sobie życzył".

Odszedł nasz biedny pierwszy cesarz. Dokąd odszedł? Chciałbym to wiedzieć.

PO AUGUŚCIE TYBERIUSZ I DALEJ

Senat uznaje rządy dynastii cesarskiej

Panowanie Tyberiusza, mające trwać dwadzieścia trzy lata, zaczęło się od buntu legii nadreńskich, pragnących wykorzystać zmianę władzy do podniesienia sobie żołdu. Bunt prędko uśmierzono, a poza tym był spokój. Senat, który Tyberiusz swoją mocą trybuńską mógł zwoływać, kiedy chciał, podporządkował się mu. W milczeniu uznano, że Rzymem i rzymskim państwem rządzi teraz dynastia cesarska. Można ją było nazwać julijsko-klaudyjską. Juliusze, rodzina Augusta przez adopcję, połączyli się z Klaudiuszami, rodziną ojca Tyberiusza, jedną z najstarszych w Rzymie.

Rzesze chcą hojniejszego rządcy, na przykład Germanika

Tyberiusz, obejmując rządy, miał pięćdziesiąt cztery lata. Nie wyciągał łapczywie rąk po władzę, pragnąłby dzielić ją z senatem, lecz rychło się okazało, że nie chce tego ani senat, ani lud rzymski, oczekujący od władcy tego, co potem będzie się nazywało *panis et cirsenses*, „chleb i igrzyska". Zniechęcony do Tyberiusza lud rzymski zaczął coraz więcej myśleć o młodzieńcu noszącym miano Germanicus, „Walczący z Germanami". Nero Claudius Germanicus (15 przed Chr. – 19 po Chr.) należał do rodziny Klaudiuszów, był synem Nerona Klaudiusa Drususa, wnukiem Liwii i bratankiem Tyberiusza. August desygnował go był na następcę Tyberiusza. Wojował teraz nad rubieżą germańską, aby pomścić klęskę Warusa w Teutoburskim Lesie. Tyberiusz jednak nie chciał niepokoju u granic i odwołał Germanika do Rzymu w roku 16 po Chrystusie. Jakże go rzesze witały.

Tyberiusz posłał go teraz na wschód imperium, aby zapewnił spokój w znajdujących się pod rzymskim protektoratem króle-

stwach. W roku 19 po Chrystusie przyszła wieść, że umarł w Antiochii. Tyberiusz obawiał się rozruchów w Rzymie. Cesarz, o którego uprzejmości, a nawet pokorze wobec senatu i ludu wiele pisze Swetoniusz (*Tyberiusz*, 28–30), teraz, pragnąc uspokoić namiętności, wymówił się od uczestniczenia w pogrzebie sprowadzonych do Rzymu prochów ulubieńca ludu. Rozszerzyło się podejrzenie, że zabił Germanika jeden z rzymskich zarządców Wschodu, i to nie sam, lecz na rozkaz Tyberiusza. Nowym człowiekiem desygnowanym na spadkobiercę stał się syn Tyberiusza i Wipsanii Agrippiny, Julius Cezar Drusus. Wsławił się on w latach 17–20 po Chrystusie poskramianiem buntów w Panonii i Illiricum. Był żonaty z Klaudią Liwillą, siostrą Germanika. W roku 21 dana mu była *tribunicia potestas*, zapowiedź roli cesarskiej. Lecz już w roku 23 otruto go. Szeptano, że zrobiła to jego żona, podmówiona przez prefekta gwardii pretoriańskiej, Sejana, którego jeszcze spotkamy.

Germanik umiera w Antiochii

Syn Tyberiusza i Wipsanii desygnowany i otruty

Zmiażdżyło to Tyberiusza, a gorycz jego wzmagała choroba skóry, jaka zaczęła go nękać; wstrętnie szpeciła jego twarz. Zre-

Tyberiusz, chory, z pustelni na wyspie Capri rządzi rozkwitającym cesarstwem

sztą, jak wiemy, on już dużo przeżył. Zaczął unikać ludzi, nie porzucając obowiązków władcy. W roku 26 odosobnił się w cesarskim pałacu na cudnej wyspie Capreae (dziś Capri) w Zatoce Neapolitańskiej. Stąd rządził imperium, które się umacniało. Zwłaszcza Italia rozkwitała. Archeologowie wykopują dziś z ziemi resztki i zarysy domów wiejskich, a obok nich świetnych dworów, tego, co Rzymianie nazywali *villae* (pochylimy się jeszcze nad takimi rezydencjami), w Kampanii oraz w innych żyznych częściach Italii. Ślady urządzeń do wytłaczania oliwy, do fermentacji wina, do wytwarzania ceramiki zdają się pouczać nas, jakie towary były potrzebne zarówno do własnego użytku, jak i do handlowania nimi w prowincjach.

Bogacąca się i obojętna politycznie arystokracja pozwala wzrosnąć Sejanowi, synowi ekwity, dążącemu do uzurpacji; dokonano jego egzekucji

Być może, arystokracja senatorska w dużej mierze dlatego wyzbyła się władzy politycznej bez żalu, że dzięki rządom cesarskim mogła się skupić na gromadzeniu bogactwa. Ludzie ci odeszli w prywatność chyba najbardziej wtedy, gdy Tyberiusz zamknął się na Capri. Odosobniony cesarz ważnych interesów imperium nie zaniedbywał, ale doświadczenie historyczne z obszarów wielkich cywilizacji ostrzega: w takich sytuacjach wyłaniają się osoby, które próbują zapełnić puste przestrzenie. Tu właśnie ruszył do działania wspomniany przed chwilą Lucius Aelius Seianus, syn ekwity, przejmujący po ojcu (gdy ten został zarządcą Egiptu) ważne stanowisko prefekta pretorianów. Cesarz mu niezmiernie ufał, także wtedy, gdy Sejanus już przygotowywał się do kształtowania własnej armii i rozpoczęcia walki o usunięcie Tyberiusza; uroił sobie, że właśnie on go zastąpi. U schyłku 31 roku Tyberiusz wreszcie się o tym dowiedział i posłał w tej sprawie list do senatu. Senatorowie nie mieli interesu, żeby Sejana bronić. Dokonano jego egzekucji, do której też dołączono okrutną zagładę jego rodziny.

Ciemna barwa wzmagającej się podejrzliwości Tyberiusza

Ciemna barwa, w jakiej widzimy schyłek panowania Tyberiusza, może po części pochodzić od wielkiego historyka Tacyta, piszącego na przełomie I i II wieku po Chrystusie, a więc niedługo (jak na normę antycznej historiografii) po owych faktach. Dzisiejsi historycy przeważnie mniemają, że zaczerniał on historię, nie oszczędzając też samych cesarzy, wśród nich Tyberiusza. Możemy jednak uwierzyć, że w samotnym Tyberiuszu coraz bardziej wzmagała się podejrzliwość i wrogość wobec osaczającego go, jak mniemał, świata. Jeszcze po dwóch latach odbywały się egzekucje zwolenników Sejana. Nawet w cesarskiej rodzinie dwaj z synów Germanika i wdowa po nim, Agrippina, wnuczka samego Augusta, zostali zabici albo odebrali sobie życie.

Już jednak było wiadome, że sukcesja będzie dynastyczna. Tyberiusz desygnował dwóch następców: ostatniego pozostałego przy życiu syna swojego bratanka, Germanika, Gajusa Juliusza Cezara, oraz swojego własnego wnuka, syna Druzusa, Tiberiusa Gemellusa. Umarł w roku 37, w wieku siedemdziesięciu siedmiu lat. W tłumie rzymskim trysnęła radość. Prości ludzie albo nie wiedzieli, albo zdążyli zapomnieć, co on w minionych latach uczynił był dla nich. Z dwóch zaś desygnowanych spadkobierców senat w ciągu jednego dnia wybrał Gajusa. Tiberius Gemellus otrzymał honorowy tytuł „Przewodnika Młodzieży”, *Princeps Iuventutis*, a po roku już nie żył. Jeśli ktoś chciał żyć, musiał się trzymać daleko od samego centrum władzy. Konieczność utrzymania jedności państwa przekreślała w tej strefie inne względy.

Z dwóch desygnowanych przezeń spadkobierców senat wybiera syna Germanika, Gajusa

Gajusa Juliusza Cezara (12 po Chr. – 41) znano za jego czasów i my go dziś znamy pod przezwiskiem Kaligula (*Caligula*, „Trzewiczek”), nadanym mu przez żołnierzy od obuwia, które nosił, gdy jako dziecko przebywał w obozie ojca nad Renem. Senatorowie dosyć rychło pożałowali swojego wyboru. Młody cesarz zaczął zdradzać objawy szaleństwa. Rzymianie po raz pierwszy mieli takie doświadczenie. Korzystając z osobistego olbrzymiego bogactwa, Kaligula pozwalał sobie na wszystko. Swetoniusz (*Kaligula*, 19–55) obficie nam opowiada o jego wariactwach. Na przykład ułożył w poprzek Zatoki Bajów most z połączonych łodzi, długi na trzy rzymskie mile. Po co? Nikt nie wiedział.

Szaleniec

Słyszymy (nie umiejąc zresztą odróżnić faktów od kalumnii), że bluźnierczo przebierał się za różnych bogów. Że kazał zabijać ludzi „tak, by czuli, że umierają”. Że aktora, którego podniesiony głos zachwycał go, kazał długo bić, aby z bólu krzyczał. Że senatorów chętnie oskarżał o zdradę i zmuszał do samobójstwa. Część pieniędzy z jego wariactw i inscenizacji spływała do ubogich i to mu dawało jakieś poparcie ludzi. Ale gdy pieniądze już się wyczerpywały, przemyśliwał nałożenie na społeczeństwo nowych podatków. Cesarstwo było świeże, nie było konstytucyjnych możliwości usunięcia cesarza. Można go było tylko zabić. Członkowie gwardii pretoriańskiej zawiązali konspirację, którą poparł senat. Zasztyletowano Kaligulę, z nim zabito jego żonę (czwartą) i córkę, w pałacu, w dniu 24 stycznia 41 roku.

Cesarza można było tylko zabić

KLAUDIUSZ

Następcą Kaliguli został Tiberius Claudius Nero Germanicus (10 przed Chr. – 54 po Chr.), najmłodszy brat słynnego Germanika. Zawsze go przytłaczała wybitność brata. Cierpiał też na jakiś rodzaj paraliżu. August dał mu tylko stanowisko augura. Także Tyberiusz, jak powiada Tacyt (*Roczniki*, VI 46), uważał, że „słaba jego inteligencja" (*imminuta mens*) nie pozwala na powierzenie mu większych zadań w państwie. Według relacji Swetoniusza (*Boski Klaudiusz*, 10) następca, kiedy zabito Kaligulę, wystraszony zgiełkiem, wczołgał się na najbliższy balkon i ukrył się między kotarami, jakie zasłaniały drzwi. Jeden z pretorianów, którzy się rozbiegli po pałacu, zauważył jego nogi, przerażonego wyciągnął i pozdrowił jako imperatora. Zwołani pretorianie wsadzili go do lektyki i zanieśli do obozu. Tymczasem konsulowie z senatem i strażą miejską już zajęli Kapitol, głosząc, że są obrońcami przywróconej *libertas*, „wolności". Polegała ona na tym, że trybunowie ludowi zaprowadzili Klaudiusza do siedziby senatu, kurii. Był ciągle oszołomiony, lecz następnego dnia pojął, że senat nie wie, co zrobić, ale otaczający kurię tłum domaga się nowego cesarza, właśnie jego, z rodziny Klaudiuszów,

Gdzie znaleziono następcę z tej samej dynastii?

w pojęciu Rzymian już naturalnie cesarskiej. Klaudiusz więc zgodził się na to, by zgromadzeni zbrojnie na wiecu pretorianie złożyli przysięgę na jego imię, i obiecał na głowę po piętnaście tysięcy sesterców. „Pierwszy to cesarz (*primus Caesarum*; widzimy tu, jak miano *Caesar* powoli zaczyna nabierać znaczenia: cesarz) – pisze Swetoniusz – który zaskarbił sobie wierność żołnierzy pieniędzmi".

Miał rządzić przez trzynaście lat. Pomimo kalectwa nie był kukiełką. Senatorowie zaczęli spiskować przeciw niemu, gdy proponował wprowadzenie do ich grona znakomitych ludzi z Galii. Lepiej mu się wiodło z armią. Chciał wznowić rzymskie podboje. Teraz była kolej na pójście śladami Juliusza Cezara na kraj zamorski, Brytanię. Klaudiusz, który umiał dobierać sobie dobrych generałów, w roku 43 powierzył im czterdziestotysięczną armię. Przeprawili ją przez kanał i wykorzystując spory między wodzami brytyjskich plemion, dosyć rychło zawładnęli południową częścią wielkiej wyspy. Przybyły z Rzymu cesarz ze

Niechęć senatu; dobry związek z armią; zręczne zawładnięcie południem Brytanii

sprawiającym duże wrażenie zastępem słoni przyjął hołd od jedenastu brytyjskich przywódców. Pozwoliło to Klaudiuszowi na odbycie w Rzymie *triumphus*.

Senatorowie nie lubili go i za to, że zmniejszał ich rolę przez rozbudowę i ścisłą organizację biurokracji cesarskiej. Jak się zdaje, kancelaria Klaudiusza składała się z czterech wydziałów. Jeden zajmował się korespondencją cesarza, drugi osobistymi jego finansami, trzeci napływającymi petycjami i zagadnieniami prawnymi, czwarty to było archiwum. Każdym z wydziałów kierował wyzwoleniec, wyzwolony przez cesarza niewolnik, którego lojalność wobec władcy wydawała się zapewniona. A senatorowie czuli się upokorzeni i tym, że w sprawach urzędowych musieli zadawać się z wyzwoleńcami, którzy zresztą, jak na przykład Narcissus, prywatny sekretarz (*ab epistulis*, „od listów") cesarza, zdobywali olbrzymie fortuny. Osobisty majątek Klaudiusza zaś był obfity, ale nie wygląda na to, żeby sam cesarz odznaczał się łapczywością w jego powiększaniu.

Rozbudowa biurokracji cesarskiej

Był gorliwym i zazdrosnym administratorem. Odebrał senatowi czuwanie nad dostawami zboża i troskę o rzymskie drogi, powierzając te sprawy swoim urzędnikom z warstwy ekwitów. Zwłaszcza dostawy zboża z urodzajniejszych części Italii i z prowincji zamorskich, jak też ład na ulicach stolicy były przedmiotem jego upartych i skutecznych zabiegów. Rzymskie sfery urzędnicze z pewnością przyglądały się bacznie jego życiu rodzinnemu i potomstwu, bo obejmując władzę cesarską, miał on pięćdziesiąt lat, a jego syn, który w roku 43 otrzyma nowe pierwsze imię (Britannicus zamiast Germanicus) na cześć zwycięstwa w Brytanii, urodził się dopiero 12 lutego 41 roku. Jego matką była Waleria Messalina, wnuczka Oktawii, siostry Augusta.

Administratorzy z warstwy ekwitów

Szaleństwa cesarzowej Messaliny

Skłębiły się niebawem skandale obyczajowe na dworze cesarskim, którymi zainteresował się szczególnie Swetoniusz, a do dziś się interesują badacze obyczajów i dramaturdzy. Messalina rozpoczęła serię romansów, nie wiemy, czy bardziej po to, by zapewnić mocniejszą pozycję Britannicusowi i sobie, czy raczej po prostu z własnej skłonności. Chory, jąkający się cesarz, który potrafił sprawnie administrować państwem, tu okazał się nieuważnym kaleką. Chyba naprawdę wielu rzeczy nie widział. Kiedy jednak Messalina w roku 48 przekroczyła wszelkie granice przyzwoitości, inscenizując jakiś rodzaj ceremonii swoich niby-zaślubin z młodym senatorem, Gaiusem Siliusem, wówczas potężny na dworze, a wierny władcy sekretarz Narcissus sam postarał się o jej egzekucję.

Następna żona, Agrippina Młodsza, postanawia zapewnić sukcesję swojemu synowi z innego małżeństwa, słynnemu później Neronowi

Następną żoną Klaudiusza została w roku 49 Julia Agrippina, jego bratanica, córka słynnego Germanika. Takie małżeństwo miało chyba na celu umocnienie jedności wielkiego rodu. Ale owa Agrippina (15 po Chr. – 59, zwana dla odróżnienia od imienniczek „Agrippiną Młodszą", Agrippina Minor) miała już syna ze związku z Gnaeusem Domitiusem Ahenobarbem, urodzonego 15 grudnia 37 roku. Nadała mu ogarniające tradycję dynastyczną imiona: Nero Claudius Drusus Germanicus Caesar. Widząc, że zdrowie Klaudiusza jest coraz bardziej kruche, proklamowała siebie jako Augustę. Twarz jej widziało się nie tylko na uroczystościach, lecz i na monetach. W roku 50 nakłoniła Klaudiusza do usynowienia Nerona i wyznaczenia go do roli opiekuna Britannicusa jako młodszego. W roku 52 nadano trzynastoletniemu Neronowi (o rok przedwcześnie) znamię dojrzałości, „togę męską", *toga virilis*. W teorii więc mógł zostać cesarzem, podczas gdy Britannicus miałby jeszcze czekać do roku 55. Klaudiusz umarł 13 października roku 54. Swetoniusz (*Boski Klaudiusz*, 44), zastępując podejrzenia pewnością, twierdzi, że go otruto, nie wiadomo tylko, czy zatrute grzyby borowiki podał mu dworzanin, czy sama inicjatorka, Agrippina. Po śmierci jednak uznano go za boskiego, *divus*, trzeciego tak uczczonego cesarza po Juliuszu Cezarze i Auguście. Pamiętano, że dodał do imperium rzymskiego kilka nowych prowincji: Brytanię, dwie prowincje w Mauretanii i Trację.

Po komentowanym rozmaicie zgonie Klaudiusza i syna jego, Britannika, Nero cesarzem

Jako nowego cesarza przedstawiono Rzymianom szesnastoletniego Nerona. Britannicusowi brakowało jeszcze czterech miesięcy do stosownego wieku, więc nie mógł być powitany jako współrządca razem z Neronem. Zanim dożył czternastu lat, poprzedniego dnia umarł przy uczcie. Według Swetoniusza (*Ne-*

ro, 33) truciznę kazał mu podać Nero; gdy chłopiec omdlał, Nero od razu krzyknął, że to skutek dziedziczonej po Klaudiuszu choroby.

NERO

Nero będzie cesarzem rzymskim w latach 54–68. W początkach tego okresu państwu dobrze się wiodło dzięki sprawnej organizacji, utworzonej przez Klaudiusza. Ludzie, na których nowy, młodziutki cesarz najbardziej polegał, to naczelnik gwardii pretoriańskiej, Burrus, i wielki, znany nam dobrze pisarz-filozof, stoik Seneka, drugi w kulturze rzymskiej tak słynny wyznawca stoicyzmu po Katonie z Utyki. Obaj razem, Seneka i Burrus, bronili Nerona przed despotyzmem matki, Agrippiny, stoik zaś przy tym swoją intelektualną powagą zjednywał wychowankowi sympatię albo przynajmniej tolerancję senatu. Wprawdzie starzy senatorowie mogli się obruszać na hellenistyczne raczej niż rzymskie upodobania władcy. Ale jego pasja do sztuki, pisanie wierszy i komponowanie muzyki (jedno i drugie nie bez talentu), jak też powołanie w roku 60 igrzysk pod nazwą Neronia, w których sam wystąpił, nie wydawały się czymś, z czym nie można się pogodzić.

Między Burrusem i Seneką

Dorastając jednak, Nero się zmieniał. Po paru pierwszych „złotych" latach nadeszła pora jego pogłębiających się coraz bardziej, jak to widzą potomni, szaleństw. Jak i w innych psychologicznych problemach rzymskiej historii, nie jesteśmy tu tak zupełnie pewni, co jest prawdą, a co pogłoską. Ale o szaleństwach antyczni dziejopisarze mówią wiele. Główni świadkowie to Tacyt (*Roczniki*, ks. XIII–XVI), biografia Swetoniusza *Nero* oraz Kasjusz Dio (*Romaike historia*, ks. LXI–LXIII). Słyszymy, że kochanka cesarza, Poppea Sabina, postanowiła skłonić go, by zabił swoją matkę, Agrippinę, i żonę, Klaudię Oktawię. Do obu

Poppea Sabina nakłania go do zabicia matki, Agrippiny Młodszej, i żony, Klaudii Oktawii

tych, tak bliskich mu rodzinnie, kobiet Nero odczuwał awersję. Agrippinę zamordował w roku 59. Swetoniusz (34) i Tacyt (XIII 5–6) roztaczają przeraźliwą panoramę różnych prób zabicia Agrippiny. Wszystkie przetrwała, nawet żeglugę w uszkodzonym i potrąconym z jego rozkazu przez inny okręt statku.

„Kiedy Nero dowiedział się – czytamy u Swetoniusza – że matka uszła wpław, nie wiedział, co począć. A oto przybywa Lucjus Agermus, jej wyzwoleniec, i oznajmia z radością, że ona zdrowa, że się uratowała. Wtedy Nero skrycie podrzuca mu sztylet i natychmiast każe go chwycić i skuć, jakoby nasłanego mordercę, a matkę zabić, stwarzając pozór, że sama odebrała sobie życie, kiedy ją przyłapano na zbrodniczym działaniu". Tacyt (XIV 8) opisuje dokładnie, jak ją leżącą w łóżku zatłukiwano pałkami. Potem jednak, dodaje, rozkazodawcę zbrodni dręczyły upiory sumienia. Pisze o tym i Swetoniusz: „Ani jednak zaraz po zbrodni, ani kiedykolwiek potem, chociaż żołnierze, senat i lud usiłowali dodać mu otuchy wyrazami sympatii, nie potrafił znieść wyrzutów sumienia. Wyznawał, że tropi go widmo matki i Furie z biczami i płonącymi pochodniami". W roku 62 dodał do brzemienia nowe zbrodnie. Nie tylko rozwiódł się z Klaudią Oktawią, lecz wygnał ją i skazał na śmierć; mógł się teraz oże-

Małżeństwo z Poppeą; Burrus otruty?

nić z Poppeą Sabiną. W tym samym roku zginął Burrus, który ponoć sprzeciwiał się prześladowaniu Oktawii. Swetoniusz i Dio mniemają, że został otruty; Tacyt jednak uważa to za nieudowodnione.

Ponura zagadka pożaru Rzymu

Najgorętsze spory dzisiejszych historyków dotyczą pożaru, jaki spopielił dużą część Rzymu w roku 64. Już się na ogół nie podtrzymuje wątpliwości Tacyta, który, opisując tę klęskę (*Roczniki*, XV 38–39), zadaje sobie pytanie, czy zdarzyła się ona ze złowrogiego przypadku, czy po prostu Nero kazał miasto podpalić. Orkan zaczął się w części cyrku, potem przebiegał niziny i piął się na wysokości, kłębiąc się w krętych ulicach starego Rzymu. Ludzie, uciekając, potrącali jedni drugich, padali i ginęli. Byli i tacy, którzy rabowali. Szóstego dnia zburzono w dzielnicy eskwilińskiej wiele budynków, aby żywioł zatrzymać. Lecz ogień rozszalał się w mniej zagęszczonych częściach miasta, mniej już zabijając, więcej burząc, nawet świątyń.

Opieka nad pogorzelcami i trwałość przeraźliwej pogłoski

Nero, przybywszy z pobliskiego Antium, zobaczył, że jego pałac i wszystko, co było na Palatynie, pochłania ogień. Rzeszy ocalałych otworzył Pole Marsowe i własne ogrody. Cenę zboża zniżono do trzech sesterców. Wieść jednak, jaka już wcześniej gruchnęła, że pożar wzniecili podpalacze, którzy biegali z pochodniami po mieście (domyślano się, z rozkazu cesarza), wróciła wzmocniona, kiedy, jak opowiada Tacyt, „rozeszła się pogłoska, że w czasie pożogi miasta Nero wstąpił na domową scenę (*domesticam scaenam*) i opiewał zagładę Troi, przedstawieniem zamierzchłych klęsk obrazując obecną niedolę". Inni historycy dają temu występowi bardziej spektakularne miejsca: Swetoniusz Wieżę Mecenasa na Eskwilinie, Kasjusz Dio dach pałacu (więc on ocalał?). Trochę mniej obłędny, lecz równie potworny, motyw umyślnego podpalenia podsuwa Tacyt, gdy nieco dalej (*Roczniki*, XV 40) pisze, że „Nero, jak się zdaje, szukał sławy w założeniu nowej stolicy, której nadałby swoje imię". Wiemy skądinąd, że miałaby się nazywać Neropolis. Po części spełnił to, gdy w centrum Rzymu, opróżnionym pożarem, zbudował potem olbrzymi pałac cesarski, *Domus Aurea*, „Złoty Dom", ze swoim kolosalnym posągiem.

Dzieje rzymskiego cesarstwa, zwłaszcza wczesne, niemało nas uczą o wewnętrznych problemach tego ważnego w dziejach ludzkich zjawiska, jakim jest władza. Pokazują nam także znamienne rodzaje obłędu władzy, które tym bardziej uwydatniają cierpliwy, nieraz bezmierny trud rzetelnego dźwigania władzy przez innych cesarzy, którzy ją pojmowali jako ciężki obowiązek. Swojego wychowawcę, Senekę, Nero odsunął od siebie, a w roku 65 filozofa, arbitralnie oskarżonego o udział w antycesarskim spisku, zmuszono do popełnienia samobójstwa. W tym, co się tyczy stoickiego zgonu Seneki, oddaliśmy w *Literaturze Greków i Rzymian* (s. 546–547) głos Tacytowi. Teraz musimy jeszcze wrócić do skutków pożaru Rzymu, bo właśnie w opowieści Tacyta o bardzo ważnej części tych skutków (*Roczniki*, XV 44) pojawia się miano należące nie tylko do historii rzymskiej, lecz do historii świata: *Christiani*, „chrześcijanie". Aby uwolnić się od oskarżenia o podpalenie, Nero jako rzekomych winowajców podstawił ludzi, których nikt nie bronił, właśnie owych chrześcijan. „Do ich śmierci – powiada Tacyt – przydano tę igraszkę, że okryci skórami dzikich zwierząt ginęli rozszarpywani przez psy albo byli przybici do krzyży i kiedy dzień się skończył, płonęli, służąc nocą jako lampy. Nero użyczył na to widowisko swoich ogrodów i urządzał zabawy cyrkowe, w tłum wmieszany w stroju woźnicy albo stojąc w rydwanie". Nieznający chrześcijan i nieprzyjazny im Tacyt dodaje taką refleksję: „Choć to winowajcy byli, zasługujący na najsurowszą karę, litość się dla nich budziła, jakby nie dla dobra powszechnego poświęcano ich, lecz dla nasycenia okrucieństwa jednego człowieka".

Okrucieństwo wobec Seneki

Chrześcijanie

Nero oskarża ich o podpalenie; potworne prześladowania

Nad chrześcijanami w śródziemnomorskim świecie niebawem się z uwagą pochylimy. Teraz wspomnijmy jeszcze, że imperium rzymskie przynajmniej częściowo się rozprzęgło z powodu chaosu w jego ośrodku. Na wschodnim wybrzeżu Brytanii, być może już w roku 60, podniosła bunt królowa plemienia Icenów, Boudicea; pokonał powstanie straszny odwet rzymski w roku 62. W tym samym roku armia partyjska znowu pobiła Rzymian. Ciężko szamocząc się z Partami, Nero zdołał w roku 66 restytuować rolę Armenii jako państwa rozdzielającego dwa imperia i przywrócić partyjski tron wygnanemu Tiridate-

Bunt królowej Boudicei w Brytanii; zmaganie się z Partami

Bezprawne postępowanie wobec ludu Judei

sowi. I jeszcze w 66 roku bezprawne postępowanie rzymskiego zarządcy, Greka mianowanego za radą Poppei, rozżarzyło wielki bunt w Judei, w którym w ciągu kilku lat polegnie bardzo wielu ludzi.

W Rzymie knuły się spiski przeciw Neronowi, a on wydawał wyroki, często, jak się zdaje, spowodowane tylko tym, że jakimś ludziom zazdrościł na przykład sukcesów militarnych. Wśród innych zmusił do samobójstwa znakomitego wodza, Domitiusa Korbulona, który strzegł granicy germańskiej, a zarazem zdołał ocalić rzymską powagę w Armenii. Nero tęsknił za Grecją, i to było w tym dziwnym człowieku uczucie prawdziwe. Może Grecy zaczęli się wówczas przywiązywać do uniwersalnego imperium, a starzy żołnierze rzymscy z obrzydzeniem patrzyli na bezczeszczenie obrzędu *triumphus*, kiedy zainscenizował go w Rzymie po objechaniu Grecji w roku 67, gdzie występował jako zawodnik w wyścigach rydwanów, jako orator w konkursach albo muzyk grający na lirze, i zawsze dostawał pierwszą nagrodę.

Arbitralność wyroków w Rzymie; miłość do Grecji zaćmiona obrażaniem powagi rzymskiej

Nie tylko w Rzymie buntowali się przeciw temu arystokraci. Zromanizowany arystokrata celtycki w Galii, Gaius Julius Vindex, wszedł w porozumienie z rzymskim zarządcą jednej z prowincji w Hiszpanii. Był to mający ponad siedemdziesiąt lat Servius Sulpicius Galba. Oddziały wojska powitały Galbę jako imperatora, czyli cesarza. Nero „o rozruchach galickich dowiedział się w Neapolu, w samą rocznicę zabójstwa matki" (Swetoniusz, *Nero*, 40, 4). Nie przeląkł się. Reńskie legie od razu rozbiły wojsko Vindeksa. Galba miał tylko jedną legię; niebawem postarał się o drugą. Nero mógł jednak sobie przypomnieć dawną przepowiednię astrologów, że zostanie kiedyś zrzucony z tronu. „Stąd – powiada Swetoniusz (40, 2) – jego słynne słowa, wypowiedziane po grecku: *to technion hemas diatrephei* – «uboga sztuka nas żywi»". Kasjusz Dio, który czyta *diathrepsei*, „wyżywi", przypuszcza (LXIII 27), że Nero zamierzał wybić senatorów, spalić cały Rzym i pożeglować do Aleksandrii, aby tam utrzymywać się ze sztuki. W każdym razie wybierał się na wschód imperium. Senat i gwardia pretoriańska, według powstałej już zasady dobrze opłacona, uznały Galbę za nowego cesarza.

Galba, nowy cesarz

Nero, czekając w podrzymskiej willi na statek, w przystępie lęku odebrał sobie życie. Kiedy służba z jego woli kopała dół (Swetoniusz, 49, 1), płakał i aż do momentu, gdy wbił sobie sztylet w szyję, powtarzał: *Qualis artifex pereo!* – „Jakiż artysta we mnie ginie!". *Kres Nerona*

WSPÓLNOTA CHRZEŚCIJAŃSKA

Pierwotny Kościół rzymski

Niedawno ujrzeliśmy przez moment ludzi, którzy ginęli w ogrodach Nerona, rozszarpywani przez bestie albo paleni. Był to pierwotny Kościół rzymski, jeszcze nieliczny, złożony w większości z ludzi przybyłych ze Wschodu i w większości mówiących po grecku. Stara tradycja chrześcijańska głosi, że do tej gminy, istniejącej w Rzymie już w połowie I wieku po Chrystusie, należał św. Piotr. Gmina ta miała mieć szczególne znaczenie historyczne, gdyż jej miejscem była stolica cesarstwa rzymskiego. Zwierzchnik Dwunastu (zob. Mt 16, 18–19), św. Piotr, został tu umęczony, jak się domyślamy, w okrutnym prześladowaniu Neronowym.

W opisie historii wczesnego Kościoła, w napisanych po grecku, będących częścią Nowego Testamentu, *Dziejach Apostolskich* (11, 25–26), czytamy, przy okazji poruszania się innych ważnych postaci, informację o genezie nazwy, jaka zabrzmiała u Tacyta: „Udał się Barnaba do Tarsu, aby znaleźć Szawła. Kiedy znalazł, przyprowadził go do Antiochii i przez cały rok przebywali tu we wspólnocie Kościoła. Udzielili nauk tak znacznej rzeszy, że właśnie w Antiochii po raz pierwszy nazwano uczniów chrześcijanami". Grecka (*Christianoi*) i łacińska (*Christiani*) wersja nazwy wyraźniej niż nasza adaptacja wskazuje na jej pochodzenie od miana *Christos, Christus*. To nie jest dziwne, że chrześcijanie otrzymali imię w Antiochii. Położone w Azji Mniejszej, nad Orontesem, miasto, które niegdyś było stolicą

Nazwa „chrześcijanie"; najpierw w Antiochii

wielkiego państwa Seleukidów, stanowiło czwarte pod względem rozległości skupisko w cesarstwie rzymskim. Miało pół miliona mieszkańców, bardzo różnorodnych pod względem etnicznym. Było to miasto kosmopolityczne i przemawiające do nas jeszcze dziś przebogatymi zabytkami, wspaniałymi dokumentami sztuki. Nazywano je w starożytności, nie bez powodu, syryjskimi Atenami.

Nazwa „Kościół"

Słowo „Kościół", którego tu używamy, to grecka *ekklesia* (potem łacińska *ecclesia*), zaczerpnięta ze społecznego życia miast greckich, gdzie oznaczała zgromadzenie obywateli w celu deliberowania albo podejmowania uchwał. Tu, we wspólnocie chrześcijańskiej członkami zgromadzenia są wszyscy wyznawcy, niezależnie od tego, w jakim miejscu społeczeństwa się urodzili. W *Dziejach Apostolskich ekklesia* nie odnosi się do Kościoła jako całości (jak się odnosi niekiedy w wyprzedzających tu terminologię grecką Ewangeliach), lecz tylko do wspólnot lokalnych, jak antiocheńska czy rzymska. Wspólnoty te nie były luźnymi zbiorowiskami, miały solidną strukturę. Już gmina jerozolimska skupiała się wokół Dwunastu, głównych uczniów Pana; grono ich po zdradzie Judasza uzupełniono (*Dzieje Apostolskie*, 1, 15–26). Często nazywamy ich Apostołami, ale w Nowym

Testamencie greckie słowo *apostolos* (od *apostello*, „wysyłam") ma szersze, a przy tym odmienne, znaczenie. Określa tych, którzy niosą Dobrą Nowinę do innych, coraz dalszych krajów.

Arcywysłannik, Szaweł – Paweł

Arcywysłannikiem stanie się wspomniany tu przed chwilą w cytacie Szaweł, urodzony między rokiem 5 a 15 po Chrystusie, prześladowca chrześcijan, a potem najgorliwszy apostoł, odkąd (około roku 34–36) zobaczył Pana w wizji na drodze do Damaszku. W Antiochii będzie około roku 43–44. Do Rzymu przewiozą go urzędnicy imperium w jakimś okresie lat 60–67. Będąc obywatelem rzymskim, po drodze i w Rzymie nauczał. Został zabity później niż św. Piotr, ale jeszcze za panowania Nerona, około roku 67–68. Ponieważ św. Paweł, Paulos, jak nazywamy go według formy imienia, którą podpisuje swoje *Listy*, był skazany na śmierć (nie wiemy konkretnie, za co), ale jednak był obywatelem, nie rozszarpano go ani nie spalono, lecz jak mówi nam stara chrześcijańska tradycja przechowana w Rzymie, wyprowadzono go „za mury", *extra muros*, stolicy i mieczem ścięto mu głowę.

Najwcześniejsza organizacja Kościoła

Najwcześniejsza organizacja Kościoła, przynajmniej w wielu swoich elementach, da się odczytać z *Dziejów Apostolskich* i z *Listów* Pawłowych. Dokładniej ją przedstawiają nam pisma Ojców Apostolskich, autorów chrześcijańskich z przełomu I i II wieku. Są wówczas w gminach kościelnych dwa rodzaje funkcji, oba przekazywane przez „nakładanie rąk", czyli przez udzielanie święceń. Ci, których w greckiej terminologii nazywa się *diakonoi*, „sługami", czuwają nad życiem materialnym wiernych i nad działalnością dobroczynną. Drudzy, którzy są nauczycielami i przewodnikami duchowymi oraz sprawują liturgię, a w niej Najświętszą Ofiarę, zwani są *presbyteroi*, „starsi", albo *episkopoi* (w sensie ogólnym). Jak to rozpoznajemy wyraźnie w *Listach* św. Ignacego z Antiochii w początkach II wieku, w każdej większej gminie chrześcijańskiej istnieje grupa prezbiterów, a na czele całej gminy stoi jeden tylko człowiek, któremu przyznaje się miano *episkopos*, „czuwający", „strażnik", biskup. Władza każdego takiego biskupa wywodzi się od władzy jednego z Dwunastu, choćby za pośrednictwem wielu kolejnych święceń, udzielanych coraz to nowym następcom w długim ciągu dziesię-

Diakoni, prezbiterzy, biskupi

Św. Piotr i św. Paweł w Rzymie

cioleci i wieków. Wspólnota zaś rzymska odegra w historii szczególną rolę dzięki temu, że Roma jest stolicą cesarstwa rzymskiego, lecz również dlatego, że tu zakończyli życie na ziemi największy z Dwunastu, św. Piotr, i największy z Wysłanników, św. Paweł.

Chrześcijanie wobec prześladowań

Zanim jednak Roma stanie się ośrodkiem chrześcijaństwa, jego wyznawcy będą musieli przetrwać długi czas niechęci społeczeństwa, a przynajmniej niezrozumienia. Będą żyli na uboczu, jakby poza społeczeństwem. Ale nawet wobec srożenia się i wyroków gorszych cesarzy i urzędników najlepsi z autorów łacińskich apologii chrześcijaństwa zachowają spokój godny ich najgłębszych przekonań i godny ich poprzedników w Europie, greckich filozofów, takich jak Sokrates. Wybiegając w przód, do pierwszej połowy III wieku, zacytujmy fragment czarującej książki Minucjusa Feliksa *Octavius*, dramatycznego, ale i przyjaznego dialogu chrześcijanina Oktawiusza i poganina Cecyliusza Natalisa. Mówi Oktawiusz (37, 1): „Jakże to piękne jest przed Bogiem, kiedy chrześcijanin ściera się z bólem, staje wobec gróźb, kaźni i mąk, odtrąca uśmiechem łoskot śmierci i grozę kata, wzbija się do pełni swojej wolności przed obliczem królów i książąt i poddaje się tylko Bogu, do którego należy, a triumfuje nad tym, który wydał na niego wyrok. Zwyciężył przecież on, bo osiągnął, o co walczył".

PO NERONIE NOWA DYNASTIA

Po skończeniu się dynastii julijsko-klaudyjskiej walka o purpurę cesarską

Tymczasem toczyły się nadal dzieje rzymskiego państwa, które i chrześcijanom nie mogły być obojętne. Z obłąkanym Neronem skończyła się julijsko-klaudyjska dynastia. Nie zostawił następcy. Galba zaś trzymał się z dala od tego, co się kłębiło w stolicy. W ogóle się nie starał o przychylność senatu. A oto rzymskie legie stacjonujące nad Renem już w początkach roku 69 ogłosiły, że mają własnego kandydata do purpury cesarskiej, zarządcę prowincji Dolnej Germanii, Aulusa Viteliusa. Ale w Rzymie Galba miał zwolennika, dziwnego zwolennika. Marcus Salvius Otho, mianowany przez Nerona namiestnikiem Lusitanii (dzisiejszej Portugalii), oburzył się, gdy Aulusa, dosyć młodego senatora, chciano wprowadzić na tron. Zjednał sobie gwardię pretoriańską. Ta proklamowała go jako cesarza, a on jej mieczami zamordował Galbę na Forum Romanum.

Witeliusz gromi Othona

Nowa wojna domowa? Z jednej strony Witeliusz miał poparcie Hiszpanii, Galii, Brytanii. Z drugiej strony stał Otho ze swoją Italią, Afryką i Wschodem. Wojska Witeliusza wkroczyły do Italii i rozgromiły armię Othona w kwietniu 69 roku w północnej Italii nad Padem, pod Kremoną. Otho odebrał sobie życie. Senat uroczyście oznajmił, że cesarzem jest Witeliusz. Ale ten niedługo cieszył się swoim sukcesem. Na wyboistej drodze do władzy pojawił się nowy człowiek. Zapamięta go rzymska historia. Titus Flavius Vespasianus (9 po Chr. – 79) był skromnego pochodzenia. Urodził się w sabińskim Reate. Oboje rodzice należeli do warstwy ekwitów. Brat matki jednak wszedł do senatu. Dziadek ze strony ojca był centurionem w armii, ojciec poborcą podatków w Azji. Młody rychło zasłynął, najpierw jako generał w najeździe na Brytanię, potem jako konsul, wreszcie jako namiestnik Afryki. Nero powierzył mu bardzo trudne zadanie. Miał pokonać powstanie w Judei, trwające od 66 roku. Wespazjan, dowodząc wysłanym do tego kraju wojskiem, w połowie 68 roku podbił na nowo Judeę poza stolicą, Jerozolimą; podboju miasta dokona Wespazjan dopiero jako cesarz, wraz z synem Tytusem, w roku 70, decydując się też na akt przeraźliwego barbarzyństwa: nie tylko zdewastują miasto, lecz zburzą świątynię; odtąd Judea będzie prowincją cesarstwa rzymskiego, zarządzaną przez legatów, a w Jerozolimie będzie stacjonować legia rzymska.

Nowy człowiek, Wespazjan

Pod rozkazami Nerona

Wespazjan okrzyknięty cesarzem przez legie rzymskie w Egipcie

W dniu 1 lipca 69 roku dwie legie rzymskie w Egipcie okrzyknęły przebywającego na Wschodzie Wespazjana cesarzem. Wkrótce przyłączyły się do tego wyboru legie w Judei i Syrii, a także wojska nad Dunajem. Wespazjan pomaszerował do Egiptu, wiedząc, że panowanie nad dostawami egipskiego zboża zapewni mu najwięcej mocy w Rzymie. Naddunajskie zaś legie wystąpiły do czynu. Weszły do Italii i pobiły armię Witeliusza niemal w tym samym miejscu, gdzie wcześniej Witeliusz pokonał Othona. Tacyt w *Dziejach* (III 33 i n.) opisuje, miejmy nadzieję, że retorycznie przesadzając, jak strasznie zwycięzcy rozprawiali się z Kremoną. Cóż winną? Można zrozumieć, że porządni ludzie chcieli wówczas zostać cesarzami choćby po to, by przerwać grozę chaosu i okrucieństwa. Zostać cesarzem to było ugięcie grzbietu pod brzemię.

Bój zwolenników Witeliusza i stronników Wespazjana w Rzymie

Armia spod Kremony poszła na Rzym, gdzie już walczyli z sobą zwolennicy Witeliusza i Wespazjana. Gwardia pretoriańska była teraz po stronie Witeliusza, ale już znamy jej przekupność. Nową wojnę domową rozstrzygnął jeden ze zwolenników Wespazjana, namiestnik Syrii, Gaius Licinius Mucianus, przybywszy do Italii ze swoimi legiami. Senat bez wahania uznał to, co było niewątpliwe: przewagę i władzę Wespazjana. Wkroczyła więc w rzymską historię nowa dynastia cesarska, ustanowiona, jak ludzie będą pamiętać, nie w Rzymie, lecz przez legie rzymskie w Egipcie, a więc jakby dynastia bardziej imperialna. A zarazem, w porównaniu z poprzednią dynastią, julijsko-klaudyjską, bardziej ludowa (nieraz historycy sobie pomyślą: bardziej prostacka). Ród Flawiuszów bowiem, który da Rzymowi trzech kolejnych cesarzy: Wespazjana, Tytusa i Domicjana, wywodził się z prowincji italskiej, z sabińskiego Reate, i należał nie do patrycjuszów, lecz do warstwy ekwitów. Wespazjan uważał, a opinia publiczna w Rzymie i w imperium to na ogół potwierdzała, że był cesarzem nowego rodzaju, takim, który objął tron za to, czego dokonał sam, a nie za to, czego dokonali jego przodkowie. Był też pierwszym po Auguście cesarzem, który utrzymywał dobre stosunki z wszystkimi siłami patrzącymi na ręce władzy (a przy tym równowagę między tymi siłami), senatem, armią i ludem rzymskim. Zresztą nie tylko rzymski go obchodził lud; troszczył się o dobre zarządzanie prowincjami, a co równie ważne, przezornie i gorliwie udzielał nowym ludziom rzymskiego obywatelstwa.

Nowa dynastia, Flawiusze

Wespazjan bliski wszystkim grupom społecznym i prowincjom

Nie był to bynajmniej cesarz wojenny. Ale państwo rzymskie nie na wszystkich granicach było bezpieczne. Musiał więc po-

sługiwać się swoimi legiami. Na niespokojnej granicy reńskiej pojawił się Gaius Julius Civilis. Rzymskie miana okrywają tu arystokratę z germańskiego plemienia Batawów. Zimą 69–70 roku podburzył on bliskie granicy, ale również dalsze, plemiona galickie. Miał dosyć ufności w siebie, aby proklamować „imperium galickie". Aż osiem legii rzymskich rozbiło jego nadzieje. Wiemy, że skapitulował, lecz osobisty jego los nie jest nam znany. Legie, które go poskromiły, Wespazjan przeniósł teraz do Brytanii, gdzie trzeba było dać sobie radę z potężnym plemieniem Brygantów.

Obrona Galii i Brytanii

Właśnie niewojenni, raczej oddani banalnemu administrowaniu, cesarze z dynastii Flawiuszów ustalą germańskie granice imperium rzymskiego. Przez długie lata minione trudno było zapanować nad dziewiczym, lesistym obszarem między Renem i Dunajem. Wespazjan troszczył się o to i przekazał mozolne zadanie swoim następcom, Tytusowi i Domicjanowi. Dopiero po roku 80 zostaną formalnie proklamowane rzymskie prowincje Górnej i Dolnej Germanii. A chyba dopiero po roku 90 zostanie ukończone wielkie dzieło, *limes*, „droga" przez owe bory, z obsadzonymi przez strażników wieżami co pięćset albo sześćset

Ku rzymskim prowincjom Górnej i Dolnej Germanii; budowanie limes

metrów i małymi fortami. Takie „drogi", *limites*, do dziś podziwiane przez archeologów, należą do najbardziej znamiennych dokumentów cywilizacji rzymskiej.

Gdy jako tako uspokoiło się nad Renem, ruszyli do walki Dakowie, pasterski i rolniczy lud pochodzenia trackiego, mieszkający w krainie na lewym brzegu Dunaju, na obszarach dzisiejszej Rumunii i Węgier. Zjednoczył Daków król Decebalus, rzucając wyzwanie Rzymianom. Ci nie po sukcesach, lecz po porażce w Brytanii (gdy teść Tacyta, sławiony przez niego Gnaeus Julius Agricola, musiał wyrzec się nadziei na podbicie Szkocji), po roku 85 przenieśli część wojska z północnych wysp nad Dunaj, do wrót Dacji. Trzeci z Flawiuszów, Domicjan, upartą wojną w roku 88 pokona Decebala i zrobi z niego jeszcze jednego króla wasalnego wobec rzymskiego cesarstwa.

Domicjana będzie trapił Decebalus

WESPAZJAN ADMINISTRATOR I JEGO NASTĘPCY

Znana nam z rzeźby mięsista, ciężka twarz Wespazjana budzi spokojne uczucia. Gotowiśmy uznać, że jest to twarz solidnego wykonawcy założonego z góry, dokładnie opracowanego planu. „Przez cały czas panowania – pisze o nim Swetoniusz (*Boski Wespazjan*, 8, 1–2) – nic nie wydawało mu się tak ważne, jak wzmocnienie państwa, chwiejącego się, niemal upadłego, a następnie uświetnienie go. Żołnierze, jedni dumni ze zwycięstwa, drudzy bolejąc nad poniżającą klęską, pozwalali sobie na wszelkie czyny samowoli i zuchwalstwa. Ale też prowincje i wolne miasta, jak również niektóre królestwa, gwałtownie się z sobą spierały. Bardzo wielu więc dawnych żołnierzy Witeliusza usunął z wojska i ujął w karby. Tym zaś żołnierzom, którzy przyczynili się do jego własnego zwycięstwa, nie okazał nadmier-

Wzmocnienie państwa, powściągnięcie armii

nych względów, a nawet należne im prawnie nagrody późno wypłacił".

Wobec senatorów, ekwitów i prowincjuszy

W innym miejscu biografii (9, 2) Swetoniusz mówi o Wespazjanowej reformie stanów społecznych: „Świetne stany, przetrzebione egzekucjami i skażone wskutek długotrwałego niedbalstwa, uzupełnił i oczyścił, robiąc dokładny przegląd senatu i ekwitów. Usunął najmniej godnych, a dobrał najzacniejszych, także spośród Italików i mieszkańców prowincji".

Odbudowa i porządkowanie Romy; miedziane tablice

Teraz w samej Romie. „Miasto – Swetoniusz powiada (8, 5) – z powodu dawnych pożarów i rozbitych budynków wyglądało okropnie. Przeto pozwolił każdemu zajmować wolne place i zabudowywać je, jeśli nie czynili tego właściciele. Sam zabrał się do odbudowy Kapitolu. Przyłożył rękę do usuwania gruzów i sporo ich wyniósł na własnym grzbiecie. Postarał się o przywrócenie do dawnej postaci trzech tysięcy miedzianych tablic, które spłonęły razem z Kapitolem; skąd mógł, ściągnął ich kopie. Były to bezcenne i bardzo stare dokumenty państwowe, zawierające prawie od początku Rzymu uchwały senatu i zgromadzeń ludowych, dotyczące przymierzy, traktatów i nadawanych poszczególnym ludziom przywilejów".

To były obiekty wzniosłe. Ale wybitny, a w gustach przeciętny, prawdziwie społeczny administrator nie tylko takimi rzeczami się zajmował. Mówiąc o innych sprawach, trzeba stwierdzić, że nie było przedmiotów, które uznałby za zbyt trywialne. Słynna jest kwestia zorganizowanego przez niego systemu czerpania przez państwo dochodów z klozetów. Wspomina o tym Swetoniusz (23, 3). Rzecz też podaje Kasjusz Dio (LXV 14, 5): „Tytusowi, którego oburzało nałożenie podatku na publiczne urynały (był to jeden z ustanowionych nowych podatków), podsunął złote monety, pochodzące właśnie z tego źródła: «Powąchaj, synu, czy one mają jakikolwiek zapach». – Ta replika Wespazjana u potomnych przetrwała w zwięzłej formule łacińskiej: *Pecunia non olet* – „Pieniądze nie śmierdzą".

Pecunia non olet

Po wzmiance o rekonstrukcji Kapitolu Swetoniusz jeszcze powiada (9, 1): „Podjął się także dokonania nowych dzieł. Zbudował tuż przy Forum świątynię Pokoju, a na wzgórzu Caelius przybytek Boskiego Klaudiusza, niegdyś zaczęty przez Agrippinę, lecz przez Nerona niemal do gruntu zburzony. A także amfiteatr w środku Rzymu, jaki wiedział, że planował August". – Mówi się tu o słynnym, do dziś zastępującym nam drogę w Rzymie Colosseum. Aż do średniowiecza nazywano je Amfiteatrem Flawiuszów, Amphitheatrum Flavium. Na miejscu sztucznego jeziora, przeznaczonego przez Nerona dla swojego „Złotego Domu", *Domus Aurea*, w pobliżu Kolosu Nerona, zaczął je budować w roku 70 Wespazjan, a otworzy je dla igrzysk Tytus bardzo rychło, po dziesięciu latach, w czerwcu 80 roku; pono jeszcze Domicjan będzie dopełniał wielką konstrukcję. Mogła ona pomieścić pięćdziesiąt tysięcy widzów.

Rozpoczęcie konstrukcji Koloseum

Wespazjan i Tytus przeznaczyli je dla igrzysk, których najważniejszą częścią były w ówczesnym Rzymie walki gladiatorów (*gladiatores*, „walczący mieczem", *gladius*). Byli to często jeńcy wojenni, często też zwykli niewolnicy. Jedni i drudzy po heroicznym zmaganiu się na arenie mogli uzyskać wolność, jeśli obserwujący igrzyska cesarz dał znak łaski. Mniejszym amfiteatrom w miastach prowincjonalnych, które nie mogły sobie pozwolić na zakup gladiatorów, cesarze niekiedy użyczali ich za darmo. Tytus na otwarcie Koloseum wystawi ich trzy tysiące. Słyszymy też, że w ciągu stu dni po inauguracji (tyle czasu według zwyczaju trwały igrzyska) polegnie na tej rzymskiej arenie pięć tysięcy dzikich zwierząt. Oprócz walk gladiatorów kłębiły się beznadziejne walki, a raczej egzekucje ludzi rzucanych przed bestie. Tak w okresach prześladowań zginie w Koloseum wielu chrześcijan. Jest to najbardziej posępne zjawisko w starożytnej cywilizacji rzymskiej, tak niepojęte jak inne przejawy dzikości, jak na przykład burzenie świątyń innej wiary. Wymagające jednak szczególnego wytłumaczenia. Otóż tak krwawe walki zaczęły się już w czasach republikańskich na pogrzebach. Mniemano bowiem, że dusze umarłych można najskuteczniej ukoić rozlewaniem ludzkiej krwi.

Wespazjan nie doczekał inauguracji Koloseum. Umarł 23 czerwca 79 roku. W rodzinnej posiadłości pod Reate pełnił obowiązki cesarskie, jak zwykle, chociaż ciężko chorował na żołądek. Przyjmował delegacje, leżąc. Ale powiedział: „Cesarz powinien umrzeć, stojąc" (Swetoniusz, 24). Próbował powstać i w tej chwili oddał ducha na rękach podtrzymujących go ludzi.

Jak Juliusz Cezar, August i Klaudiusz przed nim, będzie uznany za boskiego, *divus*. Zostawił państwo społecznie przemienione przez to, że wciągnął do zadań administracyjnych wielu bogatych i wykształconych ekwitów. Po Klaudiuszu był to dalszy ciąg procesu przeistaczania się władzy w cesarstwie z arystokratycznej w burżuazyjną.

Kontynuacja procesu przeistaczania się władzy z arystokratycznej w burżuazyjną. Zgon Wespazjana. Cesarz nie doczekał erupcji Wezuwiusza

Nie doczekał też ciężkiej klęski, jaką była 24 sierpnia 79 roku erupcja Wezuwiusza, która zasypała Pompeje piaskiem, kamieniami i błotem, Herkulaneum i Stabiae lawą i popiołem, po długich wiekach otwierając nam, jak dziwnie, te miasta Kampanii Neapolitańskiej, odkąd je archeologowie zaczęli odkopywać w XVIII wieku.

Młodszy Titus Flavius Vespasianus (39–81) odgrywał ważną rolę wojskową i administracyjną u boku ojca. Kiedy umarł Wespazjan, było dla wszystkich jasne, że on ma być następcą, chociaż rozpowszechniona była obawa, jak powiada Swetoniusz (*Boski Tytus*, 7, 1), że będzie drugim Neronem. Obawa się rozproszyła, gdy z wielką energią pomagał ludziom przygniecionym dwiema klęskami jego panowania: erupcją Wezuwiusza w Kampanii oraz zarazą i pożarem w Rzymie w roku 80. Przepędzał od siebie pochlebców, którzy chcieli go informować, kto o cesarzu źle mówi. Zresztą wiedział, że o nim dobrze się mówi. Jak pisze Swetoniusz (8, 1): „W załatwianiu próśb ludzi trzymał się bezwzględnie zasady, by nie odprawiać nikogo od siebie bez nadziei. Kiedy zaś domowi pracownicy mówili mu, że więcej obiecuje, niż może dotrzymać, powiadał, że nikt nie powinien odchodzić smutny od cesarza. Przypomniawszy sobie kiedyś przy uczcie, że owego dnia nie wyświadczył nikomu żadnego dobrodziejstwa, wypowiedział te pamiętne, słusznie sławione słowa: *Amici, diem perdidi* – «Przyjaciele, dzień straciłem»”.

Tytus, wzór zacnego cesarza

Panował bardzo krótko. Był starszym synem Wespazjana. Młodszym jego bratem był Titus Flavius Domitianus (51–96). Kiedy Tytus w rodzinnym dla Flawiuszów kraju Sabinów nagle umarł 13 września 81 roku, rozniosła się pogłoska, że młodszy brat go otruł; dzisiejsi jednak historycy są niemal pewni, że przyczyny śmierci były naturalne. Uznano go za boskiego, *divus*. W następnym pokoleniu mówiono o nim (Swetoniusz, 1): *amor*

Trzeci z Flawiuszów, Domicjan, kontynuuje dążenia społeczne ojca, a nawet je rozwija

ac deliciae generis humani – „ukochanie i słodycz rodzaju ludzkiego". Władzę po nim objął Domicjan, który dalej prowadził ojcowską promocję ekwitów i do pory buntu Luciusa Antoniusa Saturninusa, namiestnika Górnej Germanii, uknutego przeciw cesarzowi w roku 88, rządził twardo, ale unikał rozlewu krwi.

Trzeci princeps z rodu Flawiuszów w swoim pierwszym, lepszym okresie rządów potrafił sprężyście wymierzać sprawiedliwość; często nawet na Forum sam zasiadał na trybunale. Stronnicze wyroki sędziów unieważniał. Sędziów rozjemczych często upominał, aby odrzucali roszczenia nieudowodnione. Sprzedajnych sędziów publicznie pokazywał jako zhańbionych. A przy tym zniósł publiczne rozdawnictwo środków żywności, a wznowił zwyczaj rozdawania pełnych posiłków gotowanych. Nie pozwalał zakładać winnic kosztem hodowli zboża. Żołnierzom dorzucił do żołdu po trzy sztuki złota na głowę.

Ceremoniał dostojeństwa

Uwydatniał swoje dostojeństwo. Nawet w senacie występował ubrany jak *triumphator*, w towarzystwie dwudziestu czterech liktorów. Korzystał z przypisanego przez cesarzy samym sobie prawa do tak zwanej *adlectio*, dodatkowego wyboru do senatu, i wprowadzał ekwitów i prowincjuszy do tego grona, a sam został w roku 84 albo 85 stałym cenzorem, *censor perpetuus*, strzegącym obyczajów. Senatorowie uznali, że po pokonaniu Saturninusa, a zwłaszcza w latach 93–96, Domicjan wprowadził rządy terroru. To prawda, że wznowił powinność *delatio*, „donoszenia", i przepisy dotyczące ochrony cesarskiej *maiestas*. Swetoniusz (*Domicjan*, 11–15), któremu czy mamy wierzyć, nie zawsze jesteśmy pewni, opowiada wiele o jego okrucieństwie (że na przykład pieścił łaskami kogoś, kogo miał nazajutrz ukrzyżować). Słyszymy, że w roku 83 nakazał egzekucję trzech westalek za nieobyczajność. W roku 90 główną westalkę, Kornelię, skazał na pogrzebanie żywcem. W roku 89 i 95 wypędzał z Italii filozofów.

Po pokonaniu rebelii Saturninusa rządy terroru?

Ceniono go jednak w prowincjach, bo pilnował rzetelności w ściąganiu podatków i wyznaczał dobrych namiestników, a karał nieuczciwych. Miał też mir w armii. Ale wobec jego surowości nawet żona, Domitia, nie czuła się bezpieczna. Wreszcie weszła w spisek z przyjaciółmi męża i jego najzaufańszymi wyzwoleńcami, a także z dwoma prefektami gwardii pretoriańskiej i nade wszystko z czekającymi upadku Domicjana senatorami. Ci już mieli kandydata na tron, być może, nie wiemy tego, wciągniętego w sprzysiężenie. Zasztyletowano cesarza w jego pałacu 18 września 96 roku. „Lud – pisze Swetoniusz (23, 1) – przyjął jego zabójstwo obojętnie, żołnierze z wielkim oburzeniem". Zwłaszcza byli oburzeni, wbrew swoim prefektom, pretorianie. Nie mieli jednak o kogo walczyć; Domicjan niestety nie miał dzieci.

Zasztyletowanie cesarza

NERWA I TRAJAN

Marcus Cocceius Nerva (32–98) został tego samego dnia, w którym padł Domicjan, uznany za nowego cesarza przez senat, który też obdarzył go tytułem Pater Patriae. Było to wielkie zwycięstwo senatu. Wobec Domicjana zastosowano *damnatio memoriae*, kazano odwołać jego ustawy, obalić posągi i ścigać donosicieli, których zatrudniał. Ale Nerwa nie kwapił się tak bardzo do ostrego działania. Był to starszy już wiekiem senator, pochodził też ze starego rodu senatorskiego. Urodził się w mieście Narnii w Umbrii, jako młodzieniec przybył do Rzymu i tu zyskał przychylność Nerona. Kilkakrotnie był konsulem. Wstępując na tron, wprawdzie ukarał donosicieli, ale nie tropił ich zażarcie. Raczej skupił się na odłożeniu do lamusa obyczaju procesów o obrazę majestatu i na ściągnięciu z powrotem do kraju ludzi wygnanych przez Domicjana. Musiał się mieć na baczności, bo do upartej niechęci w armii, żałującej Domicjana, przyłączała się w coraz większej mierze budząca się opozycja niezadowolonego senatu. Pomimo trudności zdołał w swoim krótkim panowaniu (96–98) wprowadzić ustawę agrarną, na mocy której podzielono między najuboższych obywateli grunta o wartości sześćdziesięciu milionów sesterców.

Wielkie zwycięstwo senatu: cesarzem Nerwa, człowiek ze starego rodu senatorskiego

Powściągliwość nowego cesarza

Ustawa agrarna

Równie ważne było to, co uczynił w 97 roku. Pretorianie bezwzględnie domagali się wtedy egzekucji zabójców Domicjana. Aby uspokoić ich i buntujące się legie, Nerwa, który był bezdzietny, a przy tym już chory, we wrześniu 97 adoptował Trajana i od razu udzielił mu władzy niemal równej swojej, uczynił go współcesarzem, z góry więc rozstrzygnął jego wybór na następcę. Po szesnastu zaledwie miesiącach spokojnego panowania Nerwa umarł 25 stycznia 98 roku. Został uznany za boskiego, *divus*. Prochy jego spoczęły w mauzoleum Augusta.

Nerwa adoptuje i mianuje od razu współrządcę Trajana

Marcus Ulpius Traianus (53–117) urodził się w mieście Italice w prowincji Hispania Baetica jako syn Marka Ulpiusa Trajana, swojego imiennika, który za zasługi wojskowe zostanie mianowany patrycjuszem. Nasz Trajan będzie towarzyszył ojcu w Syrii jako trybun wojskowy. Potem zostanie przywołany z rodzinnej Hiszpanii do Górnej Germanii w roku 88, aby pokonał bunt Saturninusa. Był już namiestnikiem tej części Germanii, gdy w roku 97 dowiedział się o powołaniu go przez Nerwę do władzy. Ów akt starszego cesarza naprawdę uspokoił pretorianów i legie. Trajan bowiem był doświadczonym, szanowanym w sferach wojskowych żołnierzem, a fakt, że Nerwa pominął swoich

Trajan, człowiek z Hiszpanii, szanowany w kołach wojskowych

ubocznych krewnych, a wybrał jego, człowieka z Hiszpanii i z rodziny dosyć „nowej", oznaczał geograficzne i społeczne rozszerzenie cesarstwa. Ono coraz bardziej przestawało być kopułą nad dawnymi rodami, stawało się po prostu Europą, naszą Europą. Nowy cesarz oddał się pod opiekę Herkulesa, patrona pracy, a także pod patronat Jowisza i innych bogów Rzymu.

Cesarstwo coraz bardziej staje się Europą

Dłużej niż przez rok po desygnowaniu go na współrządcę trzeba było czekać na Trajana w stolicy. Nie śpieszył się, pilnował rzymskiej granicy w Germanii. Dopiero zimę 98–99 spędził w Rzymie, ze czcią przyjmując z rąk przybranego ojca cesarską władzę. Niebawem, w roku 101, wyruszył na Dację. Już pisaliśmy o tym, jak Domicjan zmusił do uległości Decebala, króla tego naddunajskiego kraju. Decebalus teraz łaknął odwetu. Trajan, cesarz trzymający często miecz w dłoni, osobiście prowadzący armię do starć (taki też wzór narzuci wielu następcom), w roku 102 zadowolił się wobec Dacji zawieszeniem broni. Lecz w nowej wyprawie, w latach 105–106, rozbił w pył moc Decebala. Według przeraźliwego obyczaju złupiono jego przebogaty pałac, a głowę króla, który odebrał sobie życie, zawieziono do Rzymu, aby była ozdobą *triumphus*. Dacja stała się prowincją rzymską. Na kolumnie Trajana, jaką postawił on w Rzymie na Forum swojego imienia, wyrzeźbiona jest ta wojna, która pomaga nam też, roztoczoną dokładniej niż gdziekolwiek indziej panoramą rzymskiej armii, wyobrazić sobie wyprawy cesarza na dalszy Wschód.

Miecz Trajana pokonuje buntującego się znowu Decebala z Dacji; w Arabii podbija Nabateę

W Arabii podbił Nabateę, robiąc z niej nową prowincję rzymską. Najważniejsze jednak było imperium partyjskie, ciągle groźne dla Rzymu. Pamiętamy spory o leżącą między oboma imperiami Armenię. Rozgorzały one na nowo w roku 110. W latach 114–117 Trajan toczył w tej strefie wielką wojnę. Armenię na pewien czas podbił i uczynił prowincją cesarstwa rzymskiego. To samo zrobił z Mezopotamią, dodając Rzymowi, też na pewien czas tylko, jeszcze jedną prowincję, i szedł dalej na południe ku Zatoce Perskiej. Dotarł do ujścia Eufratu, ale tu się zatrzymał (pono płacząc, że nie dorównał Aleksandrowi Wielkiemu), bo był już chory, a z różnych stron cesarstwa biły w niego niepokojące wieści, z Brytanii, znad dolnego Dunaju, o buntach.

Boje na pograniczu partyjskim

Zresztą nie tylko wojował. Będzie pamiętany jako najsumienniejszy administrator. Świetny pisarz, Pliniusz Młodszy, autor mowy *Panegyricus*, pochwały Trajana, oraz korespondent cesarza w latach 111–113, gdy był namiestnikiem Bitynii i Pontu, w listach kreśli z miłością i czcią wizerunek władcy. Dopełni nam ten obraz historyk żyjący późno, w drugiej połowie IV wieku, lecz rzetelnie opierający się na starych dokumentach, Sekstus Aureliusz Wiktor, w dziele *De Caesaribus* (13), podając wiele informacji o Trajanie. Pisze: „Trudno znaleźć świetniejszego cesarza w pokoju czy w wojnie".

Fundator kolonii, organizator życia społecznego

Historyk interesuje się nie tylko akcjami militarnymi, lecz i tym, że cesarz na miejscach zagrożonych a odpowiednich zakładał obozy warowne. Na Dunaju wybudował most. Ufundował w Dacji wiele kolonii. W Rzymie wykończył liczne budowle zaczęte przez Domicjana. Regularne zaopatrzenie stolicy w żywność zapewnił przez zorganizowanie stowarzyszenia piekarzy. Tu trzeba dodać, co wiemy skądinąd, że stworzył w Italii *alimenta*, system alimentów. Rolnicy mogli ubiegać się o pożyczki z cesarskiego skarbca, które zwracali z pięcioma tylko procentami nadwyżki (zamiast zwykle wymaganych dwunastu procent). Dochód z procentów umieszczano w osobnym dziale skarbca publicznego i używano go do opłacania zboża udzielanego dzieciom rodzin najuboższych.

„Był sprawiedliwy – pisze Aureliusz Wiktor – łagodny, bardzo wyrozumiały, a w przyjaźni wierny". Historyk podaje też, że do prefekta gwardii pretoriańskiej, któremu według zwyczaju podawał miecz jako oznakę jego władzy, Trajan często mawiał: „Oddaję ci ten miecz dla obrony mojej, jeśli dobrze będę postępował, a jeśli nie, to skieruj go raczej przeciw mnie!". Z takimi zaletami piastował rządy niemal przez dwadzieścia lat. „Aż zaskoczyło go – powiada Aureliusz Wiktor – wielkie trzęsienie ziemi pod Antiochią i w innych stronach Syrii. Spełniając prośbę senatorów, zmierzał stamtąd do Italii, lecz w drodze zmarł skutkiem choroby, w sędziwym wieku, wyznaczywszy wpierw na następcę rodaka swojego i krewnego, Hadriana". – Umarł w Selinus w Cylicji 8 sierpnia 117 roku.

Przed zgonem powołuje na następcę Hadriana

Prochy Trajana złożono w podstawie jego Kolumny na jego Forum. Uznano go za boskiego, *divus*. Inny historyk, żyjący jak Aureliusz Wiktor w IV wieku, Eutropiusz, w swoim *Brewiarzu od założenia miasta, Breviarium ab urbe condita*, podaje (VIII 5, 3), że senat w aklamacjach życzył każdemu kolejnemu cesarzowi, aby był *felicior Augusto, melior Traiano*, „szczęśliwszy od Augusta, lepszy od Trajana".

HADRIAN I ANTONINUS PIUS

Znowu z Hiszpanii

Publius Aelius Hadrianus (76–138) urodził się, jak się przypuszcza, w tym samym mieście w Hiszpanii, z którego pochodził Trajan. Jego dziadek ze strony ojca, senator, poślubił był Ulpię, ciotkę Trajana. Ojciec, Publius Aelius Hadrianus Afer, odumarł go w roku 85. Odtąd chłopiec wychowywał się w bezdzietnym domu Trajana. Wnuczkę Trajana, Wibię Sabinę, pojmie za żonę. W roku 117, gdy Trajan umierał, Hadrian dowodził wojskami rzymskimi na Wschodzie. Kiedy ogłoszono przekazanie mu władzy cesarskiej przez Trajana na łożu śmierci i kiedy Hadrian jeszcze przebywał na Wschodzie, czterej senatorowie w Rzymie zakwestionowali jego sukcesję. Dokonano ich egzekucji. Czy Hadrian miał z nią cokolwiek wspólnego? Nie wiemy. Ale wystarczyło tego, by zepsuły się jego stosunki z senatem.

Senat wobec Hadriana

Będzie panował dwadzieścia jeden lat, 117–138. Z tego czasu co najmniej dwanaście lat spędził w prowincjach. Już po początkowych trzech latach, które przeżył w Rzymie jako cesarz, wyruszył w kilkuletnią podróż. Objeżdżał Galię, granicę germańską, Brytanię, Hiszpanię, Mauretanię, po czym zagościł w umiłowanym kraju, Grecji. Wrócił do Italii w roku 127. Ale zdaje się, że już w roku 128 odwiedził Afrykę, a potem znowu Grecję, gdzie poświęcił świątynię Zeusa Olimpijskiego. W roku 130 żeglował w górę Nilu; podczas tej żeglugi utonął jego uko-

Cesarz objeżdżający prowincje; utrata Antinousa

chany Antinous; ku jego czci Hadrian założy w Egipcie miasto Antinoopolis. Cesarz odwiedził też Karię, Cylicję, Kapadocję i Syrię. Tragedia rozegrała się w Judei. Zupełnie nie rozumiejąc społeczeństwa tego kraju, usiłował ożywić spustoszoną Jerozolimę jako rzymską kolonię. Jego decyzja budowania przybytku Jowisza Kapitolińskiego na miejscu zburzonej świątyni jerozolimskiej była obłędna. Wywołała bezmiernie tragiczne powstanie w latach 132–135. Nie nastąpiło żadne pojednanie, rozwarła się przepaść między Judeą a Rzymem.

Przeraźliwy błąd w Judei

Wracając do niemal nieustannych podróży Hadriana, trzeba stwierdzić, że ich przyczyną było nie tylko jego niespokojne usposobienie, lecz również względy państwowe, tak pojmowane, jak on je rozumiał. Sprawdzał militarne zorganizowanie i obronność różnych prowincji. Starał się też, jak mógł, wiązać je z Rzymem. Wyrzekł się podbojów Trajana na Wschodzie, Armenii i Mezopotamii, natomiast pilnie troszczył się o to, żeby zachowane granice mocno obwarować. Zbudował bardzo długą drewnianą palisadę między Renem i Dunajem. Najważniejszym jednak dziełem jego w tej dziedzinie jest Mur Hadriana przecinający północną Brytanię od morza do morza, do dziś przez nas podziwiany. Niestrudzony cesarz uświetniał też Romę. Zostawił

Wyrzeczenie się podbojów Trajana na Wschodzie; obwarowanie dawniejszych granic; wspaniałe budowle w Rzymie

tu nam Panteon i swoje mauzoleum, dziś Zamek Świętego Anioła, a pod Rzymem urzekającą willę w Tivoli, *Villa Adriana*. Gorliwie wzbogacał też miasta po różnych stronach cesarstwa. Ateny dostały całe nowe przedmieście.

Jego stosunek do chrześcijaństwa, którego rośnięcie przecież widział, był, jak Trajanowy, wyzuty ze zrozumienia. Ale nie wrogi. Czy kiedykolwiek pomyślał, że nowa nauka poniesie i jego najlepsze intencje w przyszłość? Oceniał, jak Trajan, działalność gmin według ich wkładu w ład publiczny, taki, jak on go pojmował. W ogóle nie wypowiadał poglądów, podobny i w tym do Trajana. Może ich nie miał, a może je krył w głębi duszy. Na to drugie mógłby wskazywać słynny jego wierszyk *Animula vagula blandula*, który cytujemy w *Literaturze Greków i Rzymian* (s. 585). Starał się, jak potrafił, uporządkować prawodawstwo. Niektóre jego ustawy przetrwają jeszcze na kartach kodeksu Justyniana w VI wieku. Wzmagał nadzór nad działalnością urzędów, zwłaszcza w kwestiach finansowych. Na pewno gorliwie zabiegał o polepszenie doli niewolników i dużo w tej dziedzinie dokonał. Wzmocnił kontrolę państwa nad traktowaniem niewolników przez ich właścicieli. Nie pozwolił na trzymanie pracowników rolnych w czymś, co można było określić jako więzienia.

Nierozumienie roli chrześcijaństwa

Troska o polepszenie doli niewolników

Jest o nim taka opowieść, że kiedyś szedł i śpieszył się, a tu jakaś kobieta prosi go o wysłuchanie. Odpowiedział, że nie ma czasu. Wtedy ona: „To przestań być cesarzem". Hadrian stanął i wysłuchał jej. Niemal ciągle w drodze, w końcu miał płuca tak chore, że umarł 10 lipca 138 roku w Bajach w Kampanii Neapolitańskiej nad przepięknym morzem, pono (według *Historia Augusta*) ze swoją *Animula* w ostatnim szepcie.

Odejście Hadriana

Według obyczaju, który już się mocno zakorzenił, wyznaczył on był swojego następcę. Był to w 136 roku Lucius Aelius, pretor z roku 130, a gdy ten umarł na początku roku 138, drugim desygnowanym został Antoninus. Złożono prochy Hadriana w zbudowanym przezeń mauzoleum. Senat był niechętny konsekracji albo może obojętny, lecz Antoninus to wymógł, że uznano Hadriana za boskiego, *divus*.

Titus Aurelius Fulvus Boionius Antoninus (86–161), tak się obficie nazywał nowy cesarz, mający już ponad pięćdziesiąt lat,

Desygnowany przez Hadriana następca, Antoninus

zaraz uczczony przez senat jeszcze dodatkowym mianem Pius, „Pobożny" (nie wiemy, czy za rewerencję dla przybranego ojca, czy za ogólną pobożność wobec obowiązków i bogów), oraz tytułem Pater Patriae, którego najpierw nie przyjął, ale zgodził się na niego w 139 roku. Ojczysta i macierzysta jego rodzina wywodziła się z Galii. To było jeszcze jedno rozszerzenie w pojmowaniu przez Hadriana i senat podstaw imperium. Nie byli to jednak ludzie dalecy, dziadek i ojciec Antonina byli konsulami w Rzymie, sam Antoninus urodził się w Lanuwium blisko Rzymu. Jako *vir consularis* urzędował w Etrurii i w Umbrii. Potem był prokonsulem w Azji. Słynął uczciwością, skromnością, łagodnością. Wszedł do „rady", *consilium*, Hadriana.

Cesarz z Galii; jeszcze jedno rozszerzenie podstaw imperium

Te same błogosławione cechy dały się widzieć w jego rządach cesarskich. W trosce o prowincje i w stosunkach z sąsiadami imperium dbał o całość państwa, ale też unikał walk. Wprawdzie próbował podbić Szkocję, ale to się mu nie udało. Mur Antonina, zbudowany na północ od Muru Hadriana, po dwudziestu latach zostanie przez Rzymian opuszczony. Wielkim osiągnięciem Antonina w polityce wewnętrznej była przyjaźń, jaka łączyła go z senatem. W prawodawstwie starał się rozwijać liberalne i nacechowane troską o ubogich tendencje swoich poprzedników. Umacniał kontrolę państwa nad dolą niewolników oraz rozszerzał fundusze „alimentacyjne", czerpane z dochodów, zwłaszcza podatkowych, skarbca publicznego i przeznaczone na opiekę nad niezamożnymi dziećmi. Umierając 7 marca 161 roku, spokojnie powierzył państwo ludziom, wyznaczonym już przez Hadriana, których niebawem spotkamy. Sukcesja w cesarstwie stawała się coraz spokojniejsza. Senat i wszyscy urzędnicy uznali Antonina za boskiego, *divus*. Wzniesiono ku jego czci Kolumnę na Polu Marsowym i zbudowano na Forum świątynię jego i żony jego, Faustiny, która urodziła mu dwóch synów i dwie córki i umarła na przełomie lat 140–141. Antoninus imieniem jej uczcił jeden ze swoich funduszów alimentacyjnych: dziewczęta, jakimi się opiekowano, to były *puellae faustinianae*.

Przyjaźń z senatem, spokój w państwie, troska o ubogich i niewolników

Szczyt cesarstwa rzymskiego

Za jego panowania, w którym potomni widzą błogosławiony szczyt cesarstwa rzymskiego, około 150 roku przybył do Rzymu z Myzji, krainy w Azji Mniejszej, uczony i tajemniczo chory retor grecki, Aelius Aristides, czciciel Asklepiosa, u niego szukający uleczenia. Miał wówczas mniej więcej trzydzieści lat. Do licznych swoich mów, czyli esejów, dodał teraz najsłynniejszą u potomnych mowę *Eis Romen*, wielką pochwałę cesarstwa. Cała ziemia, zdaniem Aristidesa, jednym się głosem modli, aby rzymskie panowanie utrzymało się przez wieki. Ludzie poddani władzy imperium czują się wyzwoleni od niedorzecznych walk, w których się przedtem miotali. Greckie miasta już nie wydzierają jedno drugiemu pozornych dóbr, lecz współzawodniczą z sobą w mądrości i pięknie. Rzymianie potrafią rządzić, bo łączą siłę z łagodnością. To rozpoznanie jest chyba najważniejsze z wszystkich. Nieszczęśni są, uważa Aristides, ci, którzy żyją poza granicami cesarstwa rzymskiego. Tak ów Grek z Myzji (a przyświadczą mu niebawem apologeci chrześcijańscy z czasów Marka Aureliusza, tęskniący do syntezy klasyczno-chrześcijańskiej: Atenagoras, Teofil z Antiochii, Meliton z Sardes; chcieliby kochać Antoninów, tu żyć jako chrześcijanie) sławi cesarstwo, tę naszą antyczną Europę.

Pochwała tej naszej Europy

Jedność siły i łagodności

ZAMYŚLENIE NAD CESARSTWEM RZYMSKIM

Do Najdostojniejszego Antonina

W tym miejscu książki, u szczytu cesarstwa, ośmielam się zwrócić parę słów do ciebie, Najdostojniejszy Antoninie. W cesarstwie, Najdostojniejszy, były rzeczy, których się może w ciszy ducha wstydziłeś, a jeśli nie, to może wstydziłbyś się ich dziś, w naszej epoce wcale nie lepszej, ale jednak po nowych wiekach i niemal tysiącleciach cierpkich doświadczeń ludzkości. Czy wstydziłbyś się tajnej policji cesarskiej, która w twoich czasach, jak wiem z *Historia Augusta* (*Vita Hadriani*, 11), nazywała się niewinnie *frumentarii*, „handlarze zbożowi”, a maskowani też byli ci agenci jako posłańcy pocztowi? Pod dalekim twoim następcą, który rozpocznie rządy w Roku Pańskim 284, albo może niedługo po nim, zostaną wreszcie nazwani agentami, jak u nas. *Agentes in rebus* albo *agentes rerum*. Spotkam ich też w wielkiej książce, w *Wyznaniach* św. Augustyna.

O tajnej policji w cesarstwie

Tajna policja była przez lepszych cesarzy, jak z pewnością przez ciebie, Najdostojniejszy, trzymana w ryzach, przez gorszych była wypuszczana na żer. Ale w jakiejś formie ona musiała być. Nie istniało, nie istnieje i chyba nie może istnieć państwo bez tajnej policji. Skażenie ludzkie to powoduje. Można też to nazwać niedostosowaniem ludzi do świata. My jakże dobrze to znamy. Trzymać policję w ryzach, posługiwać się nią czujnie, mądrze, chyba tylko tego można było życzyć biednemu, nieszczęsnemu człowiekowi, który zostawał cesarzem. Już pisałem w tej książce, jak bardzo to cenię, że kiedy za panowania Nerona zatrzymany na Wschodzie św. Paweł odwołał się do cesarza, setnik kohorty cesarskiej zawiózł go do stolicy w takich warunkach, że Paweł mógł po drodze uprawiać działalność apostolską.

Warto było pilnować tego państwa

W innych imperiach pędziło się ludzi batami. Warto było czujnie pilnować takiego jak twoje, Najdostojniejszy, państwa. Choćby nawet trzeba było przeczekiwać szaleństwa niektórych cesarzy.

Czego trzeba się było wstydzić

Czego na pewno trzeba się było wstydzić, to niesienia obciętej głowy wrogiego króla w obrzędzie *triumphus*. Wstydzić się dzikości, która ciągle w ludziach jest, zwłaszcza w zwycięzcach.

Ale szanuję, ogromnie szanuję waszą upartą troskę, żeby cenić ludzi za to, co zrobili i robią, a nie za to, skąd i od kogo pochodzą. Wasz też wysiłek, zauważony przez Aeliusa Aristidesa, ku temu, żeby łączyć siłę z łagodnością. Cóż po sile bez łagodności? Cóż po łagodności bez siły? Jakże to poważam: waszą wytrwałą obronę codziennego życia i wasz gorzki, trzeźwy umiar, brak entuzjazmu i ideologii. Choćbyśmy przyznali, że Domicjan przesadził (nie tylko w tym jednym, on był zbyt gwałtowny), kiedy przepędzał filozofów. Chwilami jednak myślę, że go rozumiem. My żyliśmy przez dziesięciolecia pod władzą filozofów, i to było straszne.

Bronienie życia i nieufność wobec ideologii. Od tego (głęboko wierzę) zaczyna się Europa. Jeszcze inaczej tę główną cechę

Bronienie życia i nieufność wobec ideologii

określę: dążenie do obiektywizacji. Bezgranicznie cierpliwe tworzenie warunków, w których ludzie mogliby żyć, rodzić się, rosnąć od dziecięctwa, zakładać rodziny, utrzymywać je, wychowywać dzieci. Dążenie do obiektywizacji to jest najcięższe zadanie, jakie człowiek może podjąć. Bo samemu ma się nic z tego nie mieć. Obiektywizacja to w swojej istocie jest umieranie. Z pewnością właśnie przez nawyknięcie do tego, do codziennego umierania, dobrzy cesarze (a było ich wielu) tak spokojnie żegnali się z życiem. Już August dał ten wzór: troszczył się nie o siebie, lecz o sukcesję po sobie, o to, co stanie się z państwem. Tu nawiedza mnie też myśl o twoim, Najdostojniejszy Antoninie, życiu i odejściu, ale nie ośmielę się powiedzieć ani słowa, zamilknę. Opowiem tylko trochę o tym, nad czym się trudziłeś, o życiu w cesarstwie.

Obiektywizacja

Opieka administracji rzymskiej nad miastami

Administracja rzymska gorliwie troszczyła się o miasta. We wschodniej części imperium było wiele starych miast, przejętych po dawnych państwach albo miast autonomicznych. Wszystkim im Rzymianie zostawiali dotychczasowe konstytucje. Miasta zaś, jakie w różnych stronach, zwłaszcza północnych i zachodnich, zakładali, wyposażali w przepisy dotyczące rodzaju urzędników i ich wybierania, jak też organizowania igrzysk i świąt, układu warstwy kapłańskiej i utrzymywania budynków publicznych. Wszystkie miasta musiały troszczyć się o zaopatrzenie w zboże i inną żywność, oczywiście uczestnicząc w dostawach organizowanych przez państwo, któremu za to, jak i za militarną obronę, płaciły podatki. Dobrzy cesarze pilnie uważali na potrzeby i kłopoty miast. Jeśli obszar, z którego dowożono zboże, dotknął nieurodzaj, wysłannicy cesarscy mogli obniżać podatki. Miasta, jak je nazywano w cywilizacji rzymskiej: *civitates*, pomyślnie się rozwijały. Rzemieślnicy, wszyscy wytwórcy w warsztatach wzdłuż bogatszych i biedniejszych ulic, spokojnie pracowali.

Nie trzeba nawet mówić, że miasta by wymarły, gdyby nie było dookoła nich (i w takich szczególnie zasobnych prowincjach jak Egipt, żywiący i dalekie ziemie) bujnego rolnictwa. Jego główne elementy w krajach śródziemnomorskich to były różne rodzaje zboża, oliwki i winogrona. Oraz hodowla: bydło, owce i kozy. Czerpano z nich mięso, mleko, wełnę i skórę. Dalej na północ nie było oliwek i gron.

Rolnictwo w promieniach Pax Romana

Dzisiejsi badacze jednomyślnie stwierdzają, że żadna dziedzina antycznej gospodarki nie skorzystała z „Rzymskiego Pokoju", *Pax Romana*, tak wspaniale jak rolnictwo. Niedeptane, nietratowane przez najeźdźców zasiewy mogły wyżywić o wiele więcej ludzi, niż ich utrzymywały te ziemie przedtem i potem. Największa gęstość zaludnienia była tu w pierwszych wiekach po Chrystusie. Potem łęgi znowu pustoszeją.

Poza małymi gospodarstwami znamienną formą przedsiębiorstwa rolnego za cesarstwa były tak zwane *villae*. Nazwa ta może oznaczać także pałac (albo kompozycję kilku pałaców, jak odwiedzona już przez nas, trwająca do dziś *Villa Adriana* pod Rzymem), ale głównie odnosi się do wielkiego, bogatego gospodarstwa, zatrudniającego wielu pracowników. Zazwyczaj

Wille i miasteczka

villa taka składała się z przestronnego domu, jak powiedzielibyśmy dziś: ziemiańskiego, i z otaczających wielkie podwórze budynków dla pracowników. Gdzie nie powstały takie rezydencje, małe gospodarstwa skupiały się do wspólnego życia w tym, co Rzymianie nazywali *vici*. Były to raczej miasteczka niż wsie.

Pliniusz Młodszy w swoich bezcennych *Listach* oprowadza nas nieraz po cywilizowanych ziemiach, nie tylko wiejskich, lecz również po prowincjonalnych miastach, jak po swoim rodzinnym Comum (dziś Como) w Galii Przedalpejskiej. Jakież tam na prowincji za cesarstwa były swojskie a ciekawe rozmowy (*Listy*, IV 13): „Kiedy gościłem niedawno temu w moim mieście ojczystym, przyszedł z pozdrowieniem młody syn jed-

Jak ludzie z sobą rozmawiali?

nego z obywateli. «Uczysz się?» – pytam. – «Tak» – odpowiada. – «A gdzie?» – «W Mediolanie». – «Czemu nie tutaj?». Na to ojciec (był z nim bowiem, nawet sam chłopca przyprowadził) rzecze: «Bo tu nie mamy nauczycieli». – «Jak to nie macie? Toć wasz interes, jako rodziców, wymaga, by wasze dzieci tutaj się wychowywały. Gdzież im będzie przyjemniej niż w swojszczyźnie? Gdzież się nauczą skromności lepiej niż pod oczyma rodziców? Gdzież wszystko będzie tak tanie, jak w domu? Przecież lepiej zebrać pieniądze i sprowadzić nauczycieli niż wydawać na podróże i stancję?»". – Tak oni miło sobie rozmawiali. Nieomylnie rozpoznajemy: to są rozmowy ludzi bardzo spokojnych.

MAREK AURELIUSZ I POTEM

Dalsze zaś dzieje sukcesji w cesarstwie były takie. Już Hadrian niegdyś, adoptując Antonina na swojego dziedzica, kazał mu adoptować z kolei Marka Anniusa Verusa (z dodatkiem imienia Aurelius), bratanka żony Antoninowej, Faustiny, syna Anniusa Verusa z konsularnej rodziny pochodzenia hiszpańskiego, oraz Luciusa Verusa Ceioniusa Commodusa, syna niedoszłego spadkobiercy Hadrianowego (zmarłego na początku roku 138), Luciusa Aeliusa. Byli więc dwaj następcy Antonina, bracia przez adopcję. Marek Aureliusz (121–180) był o dziesięć lat starszy od swojego adopcyjnego brata. Marek Aureliusz, jak zresztą i Lucjusz Werus, byli starannie przygotowywani do sprawowania najwyższego urzędu. W retoryce, czyli w kulturze humanistycznej, wychowawcą ich obu był słynny retor, Marek Korneliusz Fronto, którego korespondencja ze środowiskiem cesarskim i z innymi przyjaciółmi przechowała się.

Dwaj następcy Antonina

W jednym z listów do Frontona, może z roku 139, Marek Aureliusz pisze: „Dostałem od ciebie dwa listy od razu. W jednym z nich łajałeś mnie, wskazując, że niedbale napisałem jedno zdanie, w drugim jednak starałeś się ośmielić moje wysiłki pochwałą". Był pilnym uczniem kunsztu pisarskiego również w latach późniejszych, nawet po roku 146, w którym postanowił wyrzec się retoryki dla filozofii. Gorzej jednak było z wykształceniem militarnym Marka. Zostawszy w roku 161 współcesarzem z Lucjuszem Werusem, liczył na zapał wojenny młodszego brata adopcyjnego. A właśnie w tym roku uderzyli na cesarstwo rzymskie Partowie. Werus wyruszył przeciw nim nieśpiesznie. Toczył walki bez suk-

Pilny uczeń

A wykształcenie militarne?

cesów. Ledwie zdołał ich powstrzymać. Wojna się przedłużyła aż do roku 166. Wtedy zaś wracające do cesarstwa wojska przywlokły z sobą zarazę. Więc i na Werusa trudno było liczyć.

Ośmielone kłopotami rzymskimi plemiona germańskie nie czekały. Depcząc granicę rzymską, przeprawiając się przez górny i dolny nurt Dunaju, wdzierały się na obszar imperium, nawet do północnej Italii. Lecz teraz, około roku 166, Marek Aureliusz uznał, że musi chwycić sprawy w swoje ręce. Prędko dokonano poboru do dwóch nowych legii, Marek postarał się o dobrych wodzów i skupił się głównie na budowaniu silnej Dacji, obecnie prowincji „konsularnej". Powaga cesarstwa została ocalona. W roku 168 Marek i Lucjusz, który przyłączył się do jego kampanii, doszli do Akwilei, silnie obwarowanej kolonii rzymskiej nad północnym Adriatykiem. Wodzowie germańscy rozpoczęli rokowania. Przede wszystkim zgodzili się na odejście z Italii. Współcesarze rzymscy wrócili do Rzymu na początku roku 169. Dla Lucjusza Werusa to był kres: umarł na apopleksję.

Marek Aureliusz chwyta sprawy w swoje ręce

Germanie odchodzą z Italii; zgon Lucjusza Werusa

Marek Aureliusz pozostał teraz jako jedyny cesarz. Postanowił nauczyć się wreszcie sztuki wojennej. Znowu pomaszerował z armią nad Dunaj i odtąd większość czasu swojego panowania przeżywać będzie nad tą rubieżą, ciągle na nowo nad nią wracając. Od roku 170 do 174 zmagał się z plemionami germańskich Markomanów i Kwadów. W roku 175 natarł na sarmackich Jazygów. Wydawać się mogło, że nie tylko odstraszył owe plemiona od ciągle ponawianego wdzierania się na obszary cesarstwa, lecz zbliżył się do utworzenia nowych prowincji, „Markomanii" i „Sarmacji" (może opartej o Wisłę, co wpłynęłoby na naszą późniejszą historię).

Odtąd Marek przeważnie w namiocie nad Dunajem i już blisko ziemi później naszej

Lecz fałszywa wieść o jego śmierci, jaka pojawiła się w roku 175, poderwała do osobliwego działania wybitnego wodza rzymskiego, Awidiusza Kasjusza, który z powodzeniem wojował na Wschodzie. Wódz, wielce, jak się okazało, ambitny, na obszarze Syrii i Egiptu ogłosił się cesarzem. Niebawem go tam zamordowano, lecz związany z uzurpacją zamęt powstrzymał ofensywę Marka Aureliusza na północy. Cesarz jednak nie cofnął się przed Markomanami i Kwadami. Śledząc dziś te jego zmagania i troski, możemy zarazem przebywać blisko niego, najczęściej w żołnierskim jego namiocie, kiedy czytamy dwanaście cyklów jego zapisków w języku greckim, znanych potomności pod nagłówkiem *Eis heauton* (*Do siebie samego*). Złote dzieło, niemające sobie równych wśród notatek władców. Całą swoją drugą księgą w *Literaturze Greków i Rzymian* (s. 587–591) przemawia ono do nas. Dodajmy, że zapiski te, od roku 172 do 180 rzucane przez cesarza na kartki notesów dla własnego pouczenia i pamiętania, zostały po jego śmierci przez kogoś przepisane.

Zapiski Do siebie samego

Gdy w roku 177 znowu wybierał się ku północnej granicy, podniósł swojego syna, Kommodusa, do współrządów cesarskich. Od roku 178 już się mocował z napierającymi plemionami, lecz umarł prędko i spokojnie 17 marca 180 roku. Szczerze go opłakiwali zarówno senatorowie, jak i lud rzymski. Uczczono go stojącą nadal w Rzymie Kolumną, pokrytą rzeźbieniami, do dziś gorąco podziwianą. Chyba jeszcze z jego życia pochodzi przepiękna statua z brązu cesarza na koniu, od dawna chroniona w ukryciu przed aurą; ogląda się dziś kopię posągu na Piazza del Campidoglio.

Podniesienie syna, Kommodusa, do współrządów; odejście Marka Aureliusza

Spadkobierca, Lucius Aelius Aurelius Commodus (161–192), starszy syn Marka Aureliusza, został przez niego wybrany na na-

Kommodus dobrze broni granicy reńskiej, ale na dworze rzymskim ponoć wariuje; jego kres

stępcę, jak można się domyślić, po to, żeby nie rozgorzały spory o sukcesję. Ten wybór bowiem, starszego syna, wydawał się niewątpliwy. Lecz budzi wątpliwości, a nawet wzburzenie potomnych. Wprawdzie granice z Germanami, już nieprzesuwane w marzeniu o nowych prowincjach, były jednak spokojne; Germanom za służbę wojskową dawano się u granic, po stronie cesarstwa, osiedlać. Ale dwór rzymski, jak słyszymy, Kommodus napełnił manifestowaniem swojej urody i sukcesów sportowych, a także intrygami. Uroił sobie również, że jest drugim Herkulesem. Aby to uwydatnić, postanowił pojawić się publicznie 1 stycznia 193 roku jako zarazem konsul i gladiator. To tak wzburzyło jego najbliższych urzędników, że wynajęli atletę Narcissusa, aby go udusił.

NOWA DYNASTIA, WOJENNA

Pertinaks, trzymiesięczny cesarz z łaski pretorianów

Zaraz tego samego dnia, 1 stycznia 193 roku, gwardia pretoriańska, która pod przewodnictwem swego prefekta, Letusa, przypisała sobie prawo do objęcia rządów, ogłosiła nowym cesarzem Publiusa Helviusa Pertinaksa (126–193). Był to ekwita, zasłużony w działalności militarnej za czasów Marka Aureliusza i wprowadzony przez tego cesarza do senatu. Purpurę imperialną nosił tylko przez trzy miesiące. Był skromny, nie chciał wielkich tytułów dla siebie i rodziny. Usiłował przywrócić dyscyplinę i surowość obyczajów w sprawowaniu rządów. Nie spodobało się to pretorianom. Letus niebawem powiódł ich na Palatyn. W dniu 28 marca 193 roku Pertinaks padł od ciosu włóczni. Będą więc stale rządzić państwem pretorianie?

Ale nad Dunajem jest inny cesarz, Septimiusz Sewerus

Okazało się jednak, że ważniejsze wydarzenia działy się gdzie indziej. Namiestnikiem Górnej Panonii nad Dunajem był ceniony przez swoje legie wojownik, też ekwita i też mający już za sobą świetną karierę militarną, a ponadto konsulat roku 190, człowiek rodem z Leptis Magna w północnej Afryce. Lucius Septimius Severus (145 albo 146 – 211) pochodził z rodziny wprawdzie ekwickiej, lecz mającej także koneksje z kręgiem senatorskim. Sławiono jednak najbardziej jego zasługi wojskowe. Taki, ufano, nie będzie, jak Nero albo Kommodus, hańbił rzymskiej czci, zwłaszcza militarnej, bez której przecież imperium nie mogło istnieć, a nawet w ogóle nigdy nie byłoby powstało.

Poparty przez legie, przybywa do Rzymu, staje się władcą

Godność cesarską Septimiusza Sewera proklamowały jego legie w panońskim Karnuntum 13 kwietnia 193 roku. Niebawem miał też po swojej stronie legie znad Renu i z Afryki. Przybył do Rzymu zbrojnie, nie napotykając zresztą oporu, w dniu 9 czerwca. Pretorianom wyjął z rąk broń, trochę siłą, trochę podstępem. Senat kornie go witał. Na życzenie nowego cesarza uczczono pamięć Pertinaksa i uznano go za boskiego, *divus*. Ale oprócz Septimiusza Sewera był jeszcze jeden pretendent, też ekwita, opierający się na karierze militarnej, namiestnik Syrii, Pescennius Niger Justus, już w kwietniu 193 roku ogłoszony przez swoje legie cesarzem. Był mocny na Wschodzie, ale Septimiusz Sewerus pobił go w kilku bitwach. Gdy w roku 194 pochwycono Pescenniusa uciekającego, odbyła się jego egzekucja. Zwycięzca, łącząc swoje legie z Pescenniusowymi, poszedł na Partię.

Wyprawę na Partię przerywa mu bój z Klodiuszem Albinem

Dosyć rychło jednak musiał przerwać tę kampanię, bo uderzyła w niego wieść, że jeszcze nie był to koniec sporów o purpurę cesarską. Oto poderwał się do czynu Klodiusz Albinus, silny politycznie namiestnik Brytanii, którego Septimiusz Sewerus dopiero co, wyruszając przeciw Pescenniusowi, uspokoił był złudnie: dał mu tytuł Cezara z niejasną obietnicą sukcesji po sobie. Gdy Albinus dowiedział się, że na następcę Septimiusz wyznaczył swojego syna, łuski opadły mu z oczu. Zaraz przeprawił się przez kanał z Brytanii do Galii, aby tu rozprawić się z Septimiuszem, lecz w bitwie pod Lugdunum (dziś Lyon) w lutym 197 roku poniósł zupełną klęskę i został zabity.

Umocniony cesarz, srogo rozprawiając się ze stronnikami Pescenniusa i Albinusa, konfiskując im grunta, zarazem schlebiał ludowi rozdawnictwem żywności i wyprawianiem igrzysk. Do dziś podziwiamy jego łuk triumfalny, ze wspaniałymi rzeźbieniami, poświęcony w Rzymie w roku 203. Już w roku 196 Sep-

Septimiusz Sewerus ogłasza swoje złączenie się z rodem Antoninów

timiusz Sewerus ogłosił był swoje złączenie się z rodem Antoninów; odtąd będzie uważał siebie i swoich synów („swoich Antoninów", jak niebawem przeczytamy) za członków owego rodu, a nie za nową, jak my to określiliśmy, dynastię. W tym samym roku nadał starszemu synowi tytuł Cezara; w roku 198 zrobi go, dziewięcioletniego chłopca, współcesarzem, zapewniając mu tym rządy po sobie.

Jak wyglądał ten cesarz wojownik?

Sam Septimiusz wówczas jeszcze bynajmniej nie żegnał się z doczesnym światem. Słyszymy, że był człowiekiem mocnym, niskiego wzrostu i krzepkiej budowy; tylko nogi w późniejszych latach podcięła mu podagra. Umysł zaś miał niezmiennie ostry. Niemal bez przerwy był zajęty wojowaniem. Od roku 197 gromił słabnącą Partię. Łupił wielkie miasta wschodnie: stolicę partyjską Ktesifon, jak też Seleukeję i Babilon. Z północnej Mezopotamii zdołał wyciąć dla cesarstwa dwie nowe prowincje, sprawiając, że sięgnęło ono rzeki Tygrys. W roku 207 trzeba było spojrzeć na północ, bo podniosły bunt plemiona Brytanii, te na północ od Muru Hadriana. Chory już Septimiusz, aby dopilnować uśmierzenia rozruchów, podążył tam z dwoma synami, jakich mu urodziła żona, Julia Domna, pochodząca z Syrii: starszym Karakallą „Cezarem" i młodszym Getą.

Wolał jednak przebywać albo w Rzymie, albo na Wschodzie. Przyglądając się jego administracji, dzisiejsi historycy stwierdzają, że doradców czerpał głównie ze Wschodu, a Italczyków niezbyt lubił. Gromadził wokół siebie prowincjuszów, i to najchętniej wojskowych. Żołnierzom hojnie podwyższył żołd i pozwolił im na zawieranie prawowitych małżeństw.

Schyłek życia na twardej służbie

Umierał w roku 211 na twardej służbie, w Brytanii, tam gdzie dziś jest York. *Historia Augusta* (piórem Aeliusa Spartianusa) podaje w jego biografii (23, 3): „Pono takie były jego ostatnie słowa: «Państwo, kiedy je dostałem, było ze wszystkich stron udręczone, a zostawiam je spokojne, nawet tu w Brytanii. Stary teraz, na kalekich nogach, dwom moim Antoninom oddaję imperium, które będzie mocne, jeśli okażą się dobrzy, a słabe, jeśli okażą się źli»". Kasjusz Dio w *Romaike historia* (*epitome*, czyli skrót zaginionej księgi LXXVII 15, 2) przytacza, w wersji greckiej, inne słowa jako ostatnie (oświadczając nam, że są podane ściśle, nieupiększone), w tym samym duchu, lecz jeszcze bardziej rzeczowe, zwrócone do synów: *Homonoeite, tus stratiotas plutizete, ton allon panton kataphroneite* – „Żyjcie w zgodzie, wzbogacajcie żołnierzy, wszystkich innych ludzi miejcie za nic”.

Hasła cesarza

Historia Augusta potem jeszcze dodaje (23,4), że Septimiusz pamiętał, iż Pertinaks (którego on, jak pamiętamy, cenił) po objęciu władzy polecił takie słowo jako hasło przy zmianie warty (dyżurny oficer zawsze o to pytał): *militemus*, „bądźmy żołnierzami”. Septimiusz więc przed śmiercią nakazał hasło pokrewne: *laboremus*, „harujmy”. – Na stos, gdzie płonęło jego ciało, biegający dookoła żołnierze i synowie rzucali dary. W urnie z czerwonego kamienia (chyba z porfiru) złożono prochy w rzymskim grobowcu Hadriana obok innych Antoninów; uznano go za boskiego, *divus*.

Z potomstwem zaś były kłopoty. Starzejącego się cesarza niepokoił charakter starszego syna. Marcus Aurelius Antoninus (188–217) o przydomku Karakalla (od nazwy ulubionego jego odzienia, celtyckiego płaszcza z kapturem) otrzymał z woli ojca podczas jego pobytu w Brytanii towarzysza władzy, współcesa-

Po jego zgonie walka niecierpiących się spadkobierców

rza, młodszego brata, Luciusa Septimiusa Getę, bardziej lubianego przez różne kręgi społeczeństwa. Po zgonie Septimiusza obaj bracia wstąpili na tron. A śmiertelnie się nie cierpieli. Julia Domna robiła, co mogła, żeby imperium się nie rozpadło. W roku 212 Karakalla zamordował Getę, pono wycinając też dwadzieścia tysięcy jego stronników. Z łuku Septimiusza Sewera w Rzymie wyłupano imię Gety; do dziś można to zobaczyć.

KARAKALLA I POTEM

Trzeba dodać, że Karakallę lubiła armia, a panowanie tego dzikiego człowieka nie było całkiem niedorzeczne. Już w 213 roku wyruszył na Germanię i po raz pierwszy w rzymskiej historii najechano na Alemanów. Chyba też Karakalli zawdzięcza się umocnienie rzymskiego *limes* wzdłuż Górnej Germanii i Recji (w Alpach). Następnie walczył nad Dunajem. Idąc dalej na wschód, prowincję Osroene w Mezopotamii w roku 215 powiększył o miasto Edessę. Będzie próbował dalej wojować na Wschodzie, ale głównym jego tytułem do sławy pozostał edykt z roku 212, z początku panowania, udzielający rzymskiego obywatelstwa mieszkańcom cesarstwa (oprócz niewolników i niektórych wyzwoleńców; historycy jednak szepczą, że chodziło mu głównie o zwiększenie dochodu z podatków, zwłaszcza przy dziedziczeniu; wiemy, że trapiła go inflacja; zaczął nawet bić nową, słabszą monetę). Pieniądze wydawał na monumenty publiczne. Do dziś podziwiamy w Rzymie olbrzymie Termy Karakalli.

Sukcesy Karakalli w Germanii i w Mezopotamii

Rozszerzenie dostępu do obywatelstwa rzymskiego

Po zajęciu Edessy i bezskutecznym natarciu na Armenię najechał w roku 216 Medię i roił sobie wielki zabór w imperium partyjskim, lecz w kwietniu roku 217 w pobliżu upamiętnionych dawną klęską rzymską Karrów (Carrhae) w Mezopotamii Marcus Opelius Macrinus, desygnowany przez niego samego prefekt pretorianów, zamordował go i został przez swoje oddziały powitany jako nowy cesarz. Kiedy jednak Macrinus niesławnie zakończył wojnę z Partią, a żołnierzom nie płacił żołdu, rychło pożałowali oni Karakalli. Julia Maesa, siostra Julii Domny, przedstawiła swojego wnuka (rodem, jak one obie, z syryjskiej Emesy), syna jej córki, Julii Soaemias, Variusa Avitusa Basianusa (202–222), wówczas piętnastoletniego chłopca, jako naturalnego syna Karakalli. Pretendentowi chytrze nadano miana: Marek Aureliusz Antoninus. Część armii od razu uznała go za cesarza. W roku 218 rozgromiono pod Antiochią zastępy Macrinusa, którego pochwycono i zabito.

Zamordowanie Karakalli podczas najazdu na Partię

Nowy Marek Aureliusz Antoninus, przedstawiony przez swoją babkę jako naturalny syn Karakalli

Nowy Marek Aureliusz Antoninus był cesarzem od roku 218 do 222. Przybył do Rzymu dopiero w 219 roku. Ociągał się w Nikomedii, ulubionej przez niektórych bogatych Rzymian stolicy Bitynii. Bardziej bowiem niż do purpury cesarskiej lgnął do kultu wschodniego bóstwa słońca o imieniu Elah-Gabal, czczonego w Emesie. Chłopiec był jego dziedzicznym kapłanem, o czym dobrze wiedział. Znany jest on potomności pod imieniem będącym zgrecyzowaną i zlatynizowaną formą miana jego bóstwa: Elagabalus, u nas najczęściej Heliogabal, w czym dźwięczy greckie *helios*, „słońce". Ze sprawowania zaś urzędu cesarskiego robił bluźnierczą dla rzymskich oczu parodię. Nawet jeśli część wieści uznamy za wzniecone jego dziwactwami plotki, to jednak choćby ułamek tego, co podaje Aelius Lampridius w biografii (28–29) należącej do *Historia Augusta*, wystarczyłby, aby wyzuć kogokolwiek z cierpliwości (na przykład zaprzęganie do rydwanu, w którym jechał, lwów albo pięknych kobiet; zapraszanie na ucztę ośmiu łysych, ośmiu jednookich, ośmiu kulawych, ośmiu głuchych, ośmiu czarnoskórych, ośmiu wysokich i ośmiu grubasów, aby się z nich wyśmiewać).

Heliogabal; z urzędu cesarskiego chyba szydzi; wariactwa w pałacu; zamordowanie Heliogabala

Julia Maesa, niepokojąc się o własną pozycję na dworze i o interesy dynastii Sewerów, skłoniła Heliogabala do adoptowania syna drugiej jej córki, Julii Mamaei, Aleksjanusa, jako Cezara, co stało się w roku 221. Jak podejrzewają historycy, pieniądze wciśnięte pretorianom przez Mamaeę skłoniły ich z kolei w roku 222 do zamordowania Heliogabala i jego matki, Julii Soaemias. Po tych przeraźliwych wydarzeniach Aleksjanus

Nowy cesarz z tego samego kręgu rodzinnego, Aleksander, będzie rządził przez trzynaście lat; nie bez zasług: obroni Mezopotamię

(208/9–235), czyli Marek Aureliusz Sewerus Aleksander, jako trzynastoletni chłopiec posiadł w roku 222 purpurę cesarską. To, że zachował ją przez następne trzynaście lat, pokazuje, jak społeczeństwo ceniło dynastię Sewerów.

Trzeba jednak też zauważyć, że Aleksander starał się o dobre stosunki z senatem i (w jakiejś mierze przynajmniej) o wzmacnianie tendencji humanitarnych w prawodawstwie. Zależał od armii. Nie uratował wielkiego prawnika Domitiusa Ulpianusa przed śmiercią z rąk pretorianów i ledwie ocalił historyka Diona Kasjusza (często tu przez nas przywoływanego) przed takim losem. W ciężkim boju w roku 232 zdołał obronić Mezopotamię przed perskim królem Artakserksesem I, założycielem dynastii Sassanidów, i odprawił w następnym roku *triumphus* w Rzymie. Lecz zaraz potem niepokoje w Germanii ściągnęły go nad Ren. Miał dużą armię, w niej legie z Syrii, które szczególnie nagradzał. Ale gdy zaczął pertraktacje z Germanami, żołnierze, także ci ze Wschodu, uznali to za tchórzostwo i zdradę. Oni chcieli walczyć. Na nowego wodza wybrali sobie w roku 235 trackiego wieśniaka, który się zwał Maksyminus. Aleksander zaś i towarzysząca mu matka, Julia Mamaea, padli pod ciosami własnych żołnierzy. Tak się skończyła dynastia Sewerów, a według jej własnej terminologii: Antoninów.

Nad Renem ginie z rąk żołnierzy, którzy wybrali Maksymina

CIEMNE DZIESIĘCIOLECIA

Wzmagają się potęgi sąsiadujące z cesarstwem: strefa germańska oraz nowe państwo, imperium Sassanidów

W przyćmionym świetle niewielu dokumentów inaczej niż zazwyczaj kroczymy przez rzymskie dzieje, wchodzimy w rozciągające się teraz dziesięciolecia. Widzimy w tym świetle, jak wzmagają się potęgi sąsiadujące z rzymskim cesarstwem: strefa germańska, którą już znamy, oraz nowe państwo perskie na Wschodzie, imperium Sassanidów, które zastąpiło Partię. Ono właśnie dopiero co powstało jako nowe imperium perskie, które przetrwa dosyć długo, do roku 636. Rządząca nim dynastia wywodziła swoje miano od Sassana, dziadka Artakserksesa I, a w tradycji imperialnej odwoływała się do dziedzictwa Achemenidów, z którymi niegdyś Grecy się pod Maratonem i Salaminą zmagali, i Arsacydów. Artakserkses I (lata panowania: 211 albo 212 – 241), korzystając z osłabienia cesarstwa rzymskiego na Wschodzie, ukoronował się na króla Persepolis, a potem podbijał sąsiedzkie państewka jedno po drugim, aż zmierzył się z władcą Partii, Artabanosem V, pokonał go w boju i zajął partyjską stolicę Ktesifon w roku 224. Tradycyjnie od tej daty historycy liczą losy nowego imperium perskiego.

W pięćdziesięcioleciu, będącym środkiem III wieku po Chrystusie, co najmniej osiemnastu cesarzy, przeważnie mało nam znanych

Ciemne dziesięciolecia rzymskich dziejów trwały od początku władzy Maksymina (235) do inauguracji rządów Dioklecjana (284). Nie wiemy dokładnie, ilu w tym pięćdziesięcioleciu było kolejnych cesarzy. Na pewno co najmniej osiemnastu. Były to krótkie panowania. Pierwszego z owych cesarzy, właśnie Maksymina, tak opisuje grecki autor Herodian w skomponowanych około 240 roku, a więc rychło po wydarzeniach, *Dziejach następców Marka Aureliusza* (VI 8): „Pochodził z jakiejś wsi w głębokiej Tracji, z mieszanego małżeństwa barbarzyńskiego. W latach chłopięcych pasał bydło, a kiedy rozkwitła jego młodość, ze względu na potężny wzrost i siły zaciągnięto go do jazdy. Szczęście mu dopisało, prędko przeszedł przez wszystkie stopnie żołnierskie". Dalej czytamy: „Aleksander Sewerus ze względu na takie doświadczenia postawił go na czele całego zaciągu świeżych rekrutów". Następne zdarzenia już znamy.

Maksyminus odpiera Germanów

Z atakami Germanów Maksyminus dobrze sobie dawał radę. Trudniej mu było w Rzymie, gdzie w senacie było sporo zwolenników Sewerów, przeciwników Maksymina. Wykorzystali oni bunt patrycjuszów z afrykańskiego miasta Tysdros, oburzonych podatkami nałożonymi przez nowego cesarza. Ci chcieliby siedemdziesięciodziewięcioletniego Gordiana, namiestnika prowincji Afryki, posadzić na tronie cesarskim. Od razu skłębiła się gęstwina, bo byli też w cesarstwie zwolennicy Maksymina. W roku 238 przeciw wnukowi krótkotrwałego cesarza Gordiana I, Gordianowi III, intronizowanemu przez pretorianów trzynastoletniemu chłopcu, ruszył na bój Maksymin. Lecz okazało się, że zbyt dużo ofiarności wymagał od swoich żołnierzy. Zbuntowali się i jeszcze w tym samym roku zabili go.

Gordianus broni się przed armią sassanidzką

Antonius Gordianus był teraz jedynym cesarzem. Umiał dobrać sobie mocnych wodzów, z których najważniejszy był pochodzący z Azji Mniejszej Timesiteus. Trzeba było bronić jego stron i wszelkich obszarów pogranicznych, zwłaszcza napadanych przez armię sassanidzką miast u rubieży rzymskiego cesarstwa. Chłopięcy Gordian III okazał się sumiennym cesarzem. Całą siłą w roku 242 uderzył na Persów, mając u boku nieocenionego Gaiusa Furiusa Timesiteusa, którego już w roku 241 mianował prefektem pretorianów. Odnieśli niejedno zwycięstwo, lecz w zimie 243–244 Timesiteus poległ pod miastem Nisibis w Mezopotamii.

Na jego miejsce Gordian wyznaczył Araba o imieniu Filippus, który niebawem ujawnił swoje ambicje. Armii brakowało żywności, więc Filip przekonał żołnierzy, że powinien nimi rządzić mężczyzna, a nie chłopiec. Nie minął jeszcze rok 244, a Gordiana zamordowano w mieście Zaitha w Mezopotamii. Armia od razu uznała Filipa za nowego cesarza. Ten wyprowadził armię ze Wschodu, płacąc Persom duży okup. Musiał być gdzie indziej, sprostać najazdom germańskim na granicę nad Dunajem; po raz pierwszy pojawili się tu wielcy antagoniści Rzymu, Goci. Lecz z kolei Filip zniecierpliwił żołnierzy. Jednego z jego generałów, Decjusza, obwołali następnym cesarzem. Filip wyruszył przeciw następcy i w roku 249 poległ. W dwa lata później zaś, w roku 251, Decjusz padł w walce z Persami.

Filip wojuje nad Dunajem z Gotami; Decjusz pada w boju z Persami

Już niebawem zaczął się okres trochę spokojniejszych rządów w rzymskim cesarstwie, gdy stał na jego czele senator, patrycjusz wielkiego rodu, Publius Licinius Valerianus (lata panowania: 253–260) wraz z synem swoim, Galienem. Pragnął dać odpór najeźdźcom sassanidzkim, którzy w roku 253 (albo może 254) złupili Antiochię. Żarliwa jego walka skończyła się, gdy w roku 260 pod Edessą król sassanidzki Szapur I wziął go do niewoli (jest taka wersja, że stało się to zdradziecko podczas negocjacji). Słyszymy, że Szapur potem używał pojmanego cesarza jako stołka przy wsiadaniu na konia.

Walerian z synem, Galienem, odpiera Sassanidów

Pozostał Publius Licinius Egnatius Gallienus (lata panowania: 253–268). Runęła niebawem na niego lawina najazdów. W roku 260 obronił Mediolan przed Alemanami. W latach 259–260 inne plemiona germańskie niszczyły Galię, sięgając do Hiszpanii i Mauretanii. W roku 267 zwaliła się potworna klęska na jedno z najwspanialszych miejsc naszej Europy, na Ateny. Oto germański lud Herulów, wypędzony ze Skandynawii przez Duńczyków, powędrował po części nad Ren, po części nad Morze Czarne. Był to jeden z najdzikszych ludów germańskich, jeszcze w VI wieku będzie praktykował ofiary z ludzi. W Grecji Herulowie złupili Korynt, Spartę i Argos, lecz nade wszystko Ateny. Jeśli dziś w Atenach monumenty antyczne, urzekające, są tak skąpe, jedną z przyczyn tego jest dzika ręka Herulów.

Galien zmaga się z Germanami

Galienus ze wszystkich sił starał się bronić cesarstwa. W dookolnej katastrofie był cesarzem dzielnym. Od licznych poprzedników, jak jego ojciec, zamurowanych w starych pojęciach rzymskich, oddzielił się tym, że sprzeciwiał się prześladowaniu chrześcijan. Zreformował wojsko, pomnażając zastępy jazdy. Chronologia jego panowania nie jest dla nas jasna, lecz zdaje się, że już od roku 260 musiał znosić secesję wyznaczonego przez siebie jednego ze strażników granicy naddunajskiej. Marcus Cassianus Latinius Postumus, poparty przez swoje legie, uznał siebie za niezależnego cesarza w Galii; wkrótce Hiszpania i Brytania przyłączyły się do niego; historycy podejrzewają, że murem za nim stała arystokracja tych krajów, która w groźnych czasach chciała mieć obrońcę blisko, na miejscu, a nie daleko w Rzymie. Nie szedł na Rzym. Na kilka lat zdołał powściągnąć germańskie najazdy, a Galienus, chyba ceniąc tę skuteczność, zostawiał go, pomimo dziwaczności całej sytuacji, w spokoju. Postumus miał też buntowników przeciw sobie. Nie wiemy dokładnie, w którym roku, wydarłszy jednemu z nich nadreńską Moguncję, został zamordowany, jak słyszymy, przez własne oddziały, którym nie pozwolił na łupienie miasta. „Imperium galickie" pod następcami Postumusa przetrwa, jak się zdaje, aż do roku 274.

Bohaterstwo Galiena w bojach; życzliwość dla chrześcijan

Współżycie z „imperium galickim" Postumusa

A co się działo w ośrodku cesarstwa? W roku 268 Galienus padł pod ciosami oficerów własnego sztabu, którzy od razu

Gdy Galien pada zamordowany, nowy szereg zaczyna się od Klaudiusza II, z Ilirii, pogromcy Gotów

przedstawili jego następcę, nie wiemy, czy związanego z mordem. Marek Aureliusz Klaudiusz, jeden z głównych oficerów Galiena, pochodzący z Ilirii, został życzliwie powitany przez senat, niecierpiący Galiena, który powierzał był armię nie senatorom, lecz znawcom sztuki wojennej. Objął więc rządy Klaudiusz II (lata panowania: 268–270), którego nazwą potomni Gothicus, „Gockim", bo pobił tych groźnych najeźdźców w dwóch wielkich bitwach, potem zaś wciągnął wielu z nich do rzymskiego osadnictwa, a nawet do rzymskiej armii. W początkach roku 270 umarł od zarazy pustoszącej panońskie Sirmium. Został uznany za boskiego, *divus*.

Niektórzy historycy przypuszczają, że oficerowie sztabu zadali ciosy Galienowi dlatego, że byli oburzeni jego łagodnością wobec „imperium galickiego" i wobec uniezależnienia się Palmyry, wielkiego miasta handlowego u wschodniej rubieży imperium. Od roku 18 po Chrystusie należało ono do rzymskiej prowincji Syrii. Jeden z palmyreńskich arystokratów rangi konsularnej, Septimius Odaenathus, tak skutecznie bronił miasta przed wojskami sassanidzkimi, że Galienus pozwolił mu na dużą miarę samorządu. W latach 262–267, dowodząc za zgodą Galiena rzymską armią Wschodu, odzyskał dla cesarstwa Mezopotamię. W roku 267 jednak on i jego najstarszy syn zostali zamordowani. Jest dawne podejrzenie, że sprawiła to druga jego żona, piękna i bezwzględna Zenobia, która jako wdowa przypisała dziedzictwo męża dziecku, synowi, jakiego Odaenathowi urodziła, Waballathowi. Odtąd rządziła i wojowała w jego imieniu.

Epizod palmyreński: Odaenathus, Zenobia, Waballathus

A co się działo, zapytajmy jeszcze raz, w ośrodku cesarstwa? Po zgonie Klaudiusza II stają przed nami kolejni cesarze pochodzący z Bałkanów, a powoływani głównie przez armię. Zresztą lojalni w bronieniu interesów państwa i uznawani przez senat. Pierwszym z nich był Lucius Domitius Aurelianus (około 215–275), którego rodzina należała do niskiej warstwy społecznej w Dacji. Stał się jednym z możnych w rzymskiej historii cesarzy, jakby z dawniejszej epoki. Mianowany przez Klaudiusza II naczelnym dowódcą jazdy, gromił Gotów już za życia poprzednika. Obdarzony purpurą cesarską przez armię, może

Kolejny cesarz z Bałkanów: Aurelian, zmagający się z Germanami

w maju 270 roku, nadal zmagał się z najeźdźcami germańskimi. Odtrącił Wandalów od Panonii, a od Italii jeszcze groźniejszych Jutungów, których pognał aż na drugą stronę Dunaju.

Teraz nawiedził swoją Romę i w latach 271–275 otoczył ją troskliwie murem, słynnym Murem Aureliańskim, którego odłamy jeszcze dziś karmią nasz podziw. Nade wszystko jednak dokonał tego, co historyk rzymski z następnego stulecia, Eutropiusz Flawiusz, w swoim *Breviarium ab urbe condita* (IX 13) zdefiniuje: „Z różnym szczęściem tocząc wojny, przywrócił jednak granice państwa rzymskiego". Jest w tej definicji, ale tylko po części, przesada. Cesarstwo było, od wielu stron, grabione. Zenobia w imieniu syna zajęła Egipt oraz Azję Mniejszą aż po Bitynię. Bito monety, na których Waballathus widniał obok Aureliana. Cesarz przestał znosić uzurpację w roku 271, gdy Zenobia przedstawiła swojego syna jako Augusta. Aurelian ruszył z armią na Wschód. Po drodze wycofał wojsko i osadników z prowincji Dacji i założył jako Dację nową prowincję, gdzie ich teraz osiedlił, na południe od Dunaju.

Otoczył Romę Murem Aureliańskim

Krocząc z armią przeciw Zenobii, założył nową Dację; pojmał Zenobię, którą osiedli pod Rzymem

Główna armia palmyreńska zastąpiła mu drogę nad nurtem Orontesu, na północ od Antiochii. Tu i pod Emesą Aurelian pobił ją, a Zenobia uciekła do Palmyry. Dla ludności był łagodny, więc miejscowi stanęli po jego stronie, i łatwo włamał się do Palmyry. Zenobię pojmano, gdy uciekała ku Persji z prośbą o pomoc. Słyszymy, że Aurelian w Rzymie powiedzie ją i jej synów w pochodzie, który wspomnimy, a potem da jej pensję i willę w Tiburze pod Rzymem. Wracając na zachód, Aurelian pokonał germańskie plemię Karpów, które zastąpiło mu drogę nad Dunajem. Lecz bunt Palmyry przywołał go w roku 273 znowu na wschód. Cesarz zrzucił nowego króla, Antiocha, z tronu, a z Palmyry zrobił jakby wieś.

Spustoszenie Palmyry

Teraz Aurelian postanowił uporządkować Zachód. Tu Gaius Pius Esuvius Tetricus, zarządca Akwitanii, został w roku 270 „cesarzem galickim". Miotał się, nie dawał sobie rady, wreszcie zwrócił się do Aureliana o interwencję. Tetricus opuści swoją armię w bitwie stoczonej w Galii, tam gdzie dziś Châlons. Były to początki roku 274, kres „imperium galickiego". Zenobia i Tetricus będą w Rzymie kroczyli na czele jeńców ze wszyst-

Aurelian gromi Tetrikusa i kładzie kres „imperium galickiemu"

kich zwycięstw Aureliana, jako ozdoby równe wiezionym skarbom Palmyry, w pochodzie wspaniałego *triumphus* cesarza. Był to i jego kres. W początkach roku 274 wyruszył na Persję, lecz w Kainofrurim pod miastem Byzantion padł pod ciosami spisku militarnego uknutego przez jego sekretarza imieniem Eros. W cesarstwie był sławiony jako „odnowiciel świata", *restitutor orbis*. Przed śmiercią zamierzał poddać cesarstwo państwowemu kultowi „Słońca Niezwyciężonego", Sol Invictus. Chciał przywrócić wartość monecie. Po czterdziestu latach zamętu odnowił jedność imperium. Egipt, duża część Azji Mniejszej, Galia, Hiszpania, Brytania znowu były rzymskie. Cesarz bezlitośnie kontrolował rzetelność żołnierzy i urzędników. Po śmierci uznano go za boskiego, *divus*. *Historia Augusta* (*Boski Aurelianus*, L 5) piórem Flawiusza Wopiskusa z Syrakuz kończy opowieść o nim świetnym aforyzmem: *Populus eum Romanus amavit, senatus et timuit* – „Lud go rzymski kochał, senat nawet się go bał".

Wielki cesarz; nawet gdy padł pod ciosami spisku militarnego, będzie się go sławić

Bał się też wybrać następcę, chociaż armia apelowała o to do senatorów. Wreszcie w listopadzie 275 roku senat powołał niemłodego senatora. Marek Klaudiusz Tacitus dzielnie wypędził Gotów z Pontu, lecz niebawem znika nam z oczu (około czerwca 276 roku) z powodu zamordowania go (albo tylko groźby zamordowania) przez własne wojsko w Tyanie w Kapadocji. Początek władzy następnego cesarza jest nam mało znany, wiemy jednak, że musiał pokonać innych pretendentów, czego dokonał jesienią 276 roku. Marek Aureliusz Probus urodził się w roku 232 w panońskim Sirmium. Jako cesarz dzielnie gromił Alemanów, Franków i Burgundów, najeźdźców Galii, i umocnił granicę nadreńską. Wyruszywszy na wschód, umocnił rzymskie rządy nad Dunajem, w Pizydii w Azji Mniejszej oraz w Egipcie. Odprawił świetny *triumphus* w Rzymie w roku 281, a już w następnym roku, gdy bawił w swoim rodzinnym Sirmium, wojska stacjonujące w prowincji Recji (w Alpach wschodnich i nad górnym Dunajem) jako nowego cesarza proklamowały Karusa, prefekta pretorianów. Probus zaraz tam posłał swoje oddziały, lecz one przeszły na stronę Karusa. Probus padł w roku 282 pod ciosami własnego wojska.

Niemłody senator, Tacitus, zwycięzca Gotów; po nim Probus z Panonii mocuje się też z najeźdźcami; po zabiciu go przez wojsko purpura przypada Karusowi, prefektowi pretorianów

Marek Aureliusz Karus (lata panowania: 282–283) był pierwszym cesarzem, który nie zwrócił się do senatu o urzędową nominację na tron. Tylko powiadomił senat o swojej władzy i ustanowił dwóch swoich synów jako Cezarów, pełnomocników i następców. Starszemu, Karinusowi, powierzył Italię i prowincje zachodnie. Młodszy, Numerianus, towarzyszył ojcu w wyprawie na Wschód. Idąc na Persję, po drodze pobili Kwadów i Sarmatów nad Dunajem. Weszli do Persji, zajęli Ktesifon nad Tygrysem. Chcieli iść dalej, lecz Karus został w lipcu 283 roku skrycie zabity. Szeptano, że sprawił to prefekt gwardii pretoriańskiej, Lucjusz Aper. Odtąd Marek Aureliusz Numerianus mógł być zwany Augustus. Ale nie czując w sobie talentu wojennego, rozpoczął ze swoją armią odwrót z obszaru perskiego. Na drodze do bityńskiej Nikomedii znaleziono go w roku 284 martwego w lektyce. Pogłoska także tu wskazywała na działanie Lucjusza Apra, teścia Numeriana.

Ten jednemu synowi, Karinusowi, powierza Italię; z młodszym, Numerianem, kroczy na Wschód; ginie Karus, ginie Numerianus

DIOKLECJAN – Z NIEWOLNIKÓW?

W tej chwili oto pojawia się na scenie nowa wielka postać. Jest to urodzony może około roku 243 w dalmatyńskim mieście Solonie w pobliżu Splitu Diokles, na pewno z ubogiego rodu. Niektórzy świadkowie twierdzą nawet, że był to wyzwoleniec albo przynajmniej syn wyzwoleńca. Był dowódcą straży przybocznej cesarza Numeriana. Słyszymy, że armia powierzyła mu pomszczenie jego śmierci. Wezwano więc Apra w listopadzie 284 roku przed oblicze armii w Nikomedii i Diokles, upewniwszy się, że ma poparcie wojska, własną ręką zasztyletował go. Powitany jako Augustus, pomaszerował przeciw starszemu synowi cesarza Karusa, Karinusowi. Pobił go w początkach roku 285 pod Margum, twierdzą w Mezji, kraju położonym na północ od Tracji. Odtąd był najwyższym władcą w cesarstwie. Przyjął

Nowa wielka postać: Diokles z ubogiego rodu, dowódca straży przybocznej Numeriana; zasztyletował Apra, uważanego za mordercę Numeriana; pobił starszego syna cesarza Karusa, Karinusa;

znany nam jako Dioklecjan

imiona: Gaius Aurelius Valerius Diocletianus, jak my go nazywamy: Dioklecjan.

Głównym jego dziełem była reforma struktury władzy w cesarstwie. System współrządów miał już wzory (w Walerianie i Galienie, w tolerowaniu „imperium galickiego" przez jakiś czas), którym Dioklecjan postanowił nadać służący państwu ład. W roku 286 staremu przyjacielowi z Bałkanów, Maksymianusowi, nadał tytuł Augusta, wyraźnie drugorzędnego. W siedem lat później przydał sobie Galeriusza, a Maksymianusowi Konstancjusza Chlorusa, jako Cezarów i sukcesorów dwóch Augustów. Była to słynna Dioklecjanowa „tetrarchia", „rządy czterech". To połączenie czterech rodzin jawi się na ścianie Świętego Marka w Wenecji. Podzielono zadania. Dioklecjan miał się zajmować Wschodem, Maksymianus Italią i Afryką, Galeriusz prowincjami dunajskimi, Konstancjusz Galią i Brytanią. Dioklecjanowi chodziło o państwo rzymskie, a nie o sam Rzym, gdzie zbudował jednak olbrzymie Łaźnie, których centralną salę Michał Anioł Buonarotti przemieni w cudowny kościół Santa Maria degli Angeli. Troszczył się jednak, można mniemać, tak samo o wszystkie części państwa i o wszystkie jego potrzeby. „Tetrarchia" miała zapewnić nie tylko sprawne rządzenie cesarstwem, lecz także spokojną, wzniesioną ponad walki rodów, sukcesję władzy. Galeriusz na przykład był synem chłopa z Dacji.

Ustanowienie przezeń „tetrarchii"; społeczne rozszerzenie władzy

Po roku 290 uspokojono najeźdźców germańskich, jak też różnych lokalnych buntowników. W roku 297 jeden z Cezarów „tetrarchii", Gajus Galeriusz Waleriusz Maksymianus, został znad Dunaju przywołany przez Dioklecjana na Wschód, gdzie zadał Persom takie klęski, że odtąd będzie na wschodniej granicy państwa długo panował spokój. Budowano o wiele solidniejsze niż przedtem forty wzdłuż tej i innych rubieży cesarstwa. To była pierwsza troska Dioklecjana: obronność. Pilnował ścisłego rozdziału dwóch rodzajów władzy, cywilnej i militarnej, aby każda mogła działać skutecznie. Drugą troską, służącą zarówno pierwszej, jak i wszelkim innym potrzebom życia, były finanse państwowe. Cesarz ustabilizował pieniądz, opierając go na monetach z czystego złota i z czystego srebra jako miarach. Nie zwiększając podatków, egzekwowano je ściślej, zwłaszcza poda-

Troski Dioklecjana: obronność; rozdział władzy cywilnej i militarnej; finanse państwowe, stabilizacja pieniądza

tek od jednostek, *iuga*, powierzchni ziemi. Wreszcie państwo mogło planować swój budżet. I wreszcie cesarz swoje gospodarczo uporządkowane i wyposażone w dużo lepiej zorganizowaną armię (nad tym całe życie pracował) cesarstwo postanowił oddać w ręce potomnych. W roku 305 Dioklecjan abdykował i nakłonił niechętnego Maksymianusa do takiej samej abdykacji. Odszedł do pałacu w Splicie w Dalmacji.

Dioklecjan abdykuje, oddając państwo potomnym

Żegnając się z wielkim cesarzem, powróćmy myślą do tego, że wywodził się on może z niewolników, i pochylmy się jeszcze raz nad tą wielką częścią społeczeństwa w rzymskim cesarstwie. Różnie ocenia się ich ilość w społeczeństwie, lecz najczęściej uczeni mówią, że w Italii byli na przełomie er czterdziestoma procentami całej ludności. O wiele mniej było ich w zachodniej części imperium. Na Wschodzie procenty zależały od różnych tradycji wielu tamtejszych cywilizacji. O doli niewolniczej już niemało mówiliśmy w naszej książce. Różne cierpienia, takie jak rozdzielanie rodzin, przez szlachetniejszych właścicieli na pewno nigdy niepraktykowane, nie są sprawą, o której można by

Wywodził się może z niewolników, więc jeszcze raz pochylamy się nad niewolnictwem

myśleć i tak sobie zasnąć. To nie daje spać. Czy niewolnictwo, kto wie, może w każdej epoce obecne, jest przejawem przeraźliwości, czy raczej bezwładności świata?

Przewaga Rzymu nad innymi cywilizacjami polega na większej ruchomości społeczeństwa

Ale jest wielka różnica między społeczeństwem rzymskim a greckim i wieloma innymi, polegająca na tym, że to pierwsze było bardziej ruchome. To jedna z najwspanialszych, obok poczucia odpowiedzialności społecznej, cecha rzymska, która przetrwa w głowach i sercach najlepszych Europejczyków. Przyzwyczajenie do ruchomości wywodzi się z pojęć prawnych, według których niewolnik mógł być wyzwolony, a jego potomkowie mogli być pełnymi obywatelami. Koncepcja wyzwolenia, *manumissionis*, „wypuszczenia z ręki", sięga kodeksu Dwunastu Tablic z V wieku przed Chrystusem. Wyzwolić mógł niewolnika sam właściciel oświadczeniem przed obliczem urzędnika albo testamentem. Sam niewolnik mógł też kupić sobie wolność, jeśli właściciel godził się na to, by dał mu zapłatę ze swoich oszczędności.

Dzieci wyzwoleńców to już pełnoprawni obywatele

Istniały jednakże przepisy, określające, jaki procent niewolników z jednego domu, z jednej familii, może być wyzwolony. Wyzwoleńcy podlegali też ograniczeniom w wyborze współmałżonka. Z reguły zawierali związki z innymi wyzwoleńcami i wyzwolenicami. Ciążyły na nich także restrykcje w przekazywaniu własności. Ale dzieci wyzwoleńców miały już pełne prawa obywatelskie. Ich przeszłość zupełnie się nie liczyła. O ile wyzwoleńcy trzymali się swoich patronów nawet wtedy, gdy byli w mieście rzemieślnikami albo handlowcami, i często kładli się do ostatniego snu w ich grobach, synowie i córki wyzwoleńców to już były wolne osoby. Epiktet z frygijskiej Hierapolis był niewolnikiem faworyta Nerona, Epafrodyta, który go wyzwolił. Urodził się około roku 50 po Chrystusie, żył do roku 130. Jeśli około roku 95 musiał emigrować z Rzymu do epirskiej Nikopolis, to stało się nie dlatego, że był wyzwoleńcem, lecz z tego tylko powodu, że cesarz Domicjan, jak wspomnieliśmy, wypędzał z Italii filozofów, a on był stoickim filozofem. Ale o ileż swobodniej obracał się już wcześniej w społeczeństwie syn wyzwoleńca i zupełnie nieznanej nam matki, co prawda będący jednym

Horacy i Dioklecjan

z największych poetów Europy, Horacy (65–8 przed Chr.), jakiż przyjaciel Oktawiana Augusta; już to wspomnieliśmy. Dioklecjan może wszystkich tu przerósł, lecz trzeba pamiętać, że jego kariera była w początkach militarna, najlepszy w cesarstwie rzymskim rodzaj kariery, jeśli ktoś postanowił się wznieść nie tylko z przeszłości niewolniczej, lecz w ogóle z każdej niskiej kondycji społecznej.

PRZEMIANA W PAŃSTWIE

To ogarniające wiele krajów państwo rzymskie nie zawsze zadawało cierpienia chrześcijanom. Ale było im niechętne właśnie z powodu swojej tradycyjności. W jego wysokich sferach urzędniczych trwało przekonanie, że chrześcijanie rozłamują podstawę jedności państwowej i siły. Prześladowania wybuchały, uciszały się i niestety wracały.

Najwcześniejsze prześladowanie, Neronowe w roku 64, było, jak się zdaje, tylko wynikiem zrzucenia odpowiedzialności za pożar Rzymu na środowisko ludzi ze Wschodu, o których mało kto dbał. Dopiero potem, za Trajana, za Marka Aureliusza, urzędnicy interesowali się poglądami chrześcijan, przy czym główną sprawą było nie to, w co oni wierzą i jakie praktykują obrzędy, lecz to, w jakich obrzędach państwowych odmawiają udziału. Chodziło o oddawanie czci bogom uznawanym przez państwo, a także o rozwijający się kult, jakim otaczano osobę cesarza. Wysocy urzędnicy, a zwłaszcza sami cesarze, przeważnie pragnęli zadowolić się uzyskaniem od chrześcijan formalnego gestu uczestnictwa w obrzędach pogańskich, państwowych, a więc jednak wyrzeczenia się przez oskarżonych swojej wiary. Za odmowę takiego wyrzeczenia się trzeba było umrzeć. Prowadzono ludzi przed dzikie zwierzęta na arenie, a jeśli byli to obywatele rzymscy, ścinano im głowę.

Prześladowanie chrześcijan za odmowę udziału w obcych im kultach

Najszersze i najbardziej przeraźliwe prześladowania rozszalały się za Decjusza w latach 250–251 i na przełomie III i IV wie-

Za czasów Decjusza i Dioklecjana

ku po Chrystusie. Historyk chrześcijański piszący po grecku, Euzebiusz z Cezarei (około 268–338), w swojej *Historii kościelnej, Ekklesiastike historia* (VIII 2), tak powiada o tyranii Dioklecjanowej (podany tu rok 19 Dioklecjana to 303 po Chrystusie): „Było to w 19 roku panowania Dioklecjana w miesiącu Dystros, który u Rzymian nazywa się Martius (marzec). Właśnie około czasu, kiedy się zbliżała uroczystość, w której wspomina się mękę Zbawiciela, wszędzie rozwieszono rozporządzenia cesarskie, nakazujące kościoły zrównać z ziemią, a pisma święte spalić. Postanawiały też one, że ci, którzy piastowali jakiś zaszczytny urząd, mają go utracić, a ci, którzy zajmowali stanowiska podległe, mają stracić wolność, jeśliby trwali w przywiązaniu do chrześcijaństwa. Takie było pierwsze skierowane przeciwko nam rozporządzenie. Wkrótce potem pojawiły się inne dekrety, które postanawiały, że wszystkich naczelników gmin chrześcijańskich we wszystkich miejscowościach trzeba najpierw uwięzić, a następnie wszelkimi sposobami zmusić do złożenia ofiar".

„Po tych pierwszych rozporządzeniach – czytamy dalej u Euzebiusza (VIII 6) – przyszło dalsze, w którym był rozkaz uwolnienia tych uwięzionych, którzy by złożyli ofiary. Ci zaś, którzy się wzbraniali, mieli być zamęczeni niezliczonymi torturami. Któż by zdołał zliczyć rzesze męczenników w poszczególnych prowincjach, zwłaszcza w Afryce, Mauretanii, Tebaidzie i Egipcie?".

Chrześcijan jest coraz więcej i dzięki swojej wartości moralnej przenikają do coraz wyższych kręgów urzędniczych

Pomimo prześladowań, a może także z powodu owych potwornych cierpień, chrześcijan było w cesarstwie rzymskim coraz więcej. Wysoka wartość moralna tych ludzi sprawiała, że przenikali do coraz wyższych kręgów urzędniczych. Tak się działo zwłaszcza w wielkich miastach, jak Rzym, Aleksandria, Antiochia. Szeptano nawet, że żona Dioklecjana sprzyjała chrześcijanom. Sami też biskupi poza formalną hierarchią urzędniczą stawali się bardzo ważnymi kierownikami życia publicznego.

Chrześcijanie w opiece nad ubogimi i w armii

W bardzo wielkiej mierze uzupełniali działalność państwa, rozdzielając pomoc między ubogich i tworząc fundament godziwego życia. Coraz więcej też było chrześcijan tam, gdzie najbliżej obcowano ze śmiercią i gdzie można było heroicznie przezwyciężać okrucieństwo poświęceniem, czyli w armii.

Zbliżała się wielka przemiana w państwie. Sytuacja polityczna po abdykacji Dioklecjana i Maksymiana w roku 305 była, jak się zdawało, prosta, lecz niebawem okazała się zawiła. Dioklecjan mniemał, że „tetrarchia" zabezpiecza spokój w państwie. Według owej zasady mieli pilnować państwa czterej najwyżsi urzędnicy, mający w odwodzie oczywiście armię, ale już bez wielkiej roli odgrywanej niegdyś przez prefektów pretorianów; ci spadli teraz do pozycji funkcjonariuszy cywilnych. I oto dwóch dotychczasowych Cezarów, Konstancjusza i Galeriusza, proklamowano jako Augustów, Konstancjusza jako Augusta starszego. Lecz obu nowych Cezarów, jakich mieli wybrać, naprawdę wyznaczył Galeriusz (nie wiemy dobrze, dlaczego Konstancjusz się na to zgodził), oddanych sobie ludzi: przy nim miał być Maksyminus Daja, przy Konstancjuszu Sewerus.

Konstancjusz i jego towarzyszka życia, św. Helena

Konstancjusz, czyli Flawiusz Waleriusz Konstancjusz Chlorus („Blady", przydomek pojawiający się dopiero w źródłach bizantyjskich), pochodził z Ilirii; karierę społeczną osiągnął na drodze militarnej. Miał on syna, jakiego mu urodziła towarzyszka życia, czczona przez potomnych św. Helena, zanim ją odsunął, aby zawrzeć dynastyczne małżeństwo z pasierbicą Maksymiana, Teodorą. Oprócz innych sukcesów militarnych Konstancjusz wydarł też uzurpatorom Brytanię. W roku 306 wezwał tam do siebie syna swojego. Konstantyn przybył natychmiast. Pomógł ojcu w pokonaniu ludu Piktów i przyjął dziedzictwo władzy, gdy Konstancjusz umierał tam, gdzie dziś jest York. Wojska w Brytanii i w Galii okrzyknęły Konstantyna Augustem. Młodszy (wobec Konstancjusza) August, Galeriusz, przebywał głównie na Wschodzie, gdzie od roku 303 prześladował chrześcijan. Tymczasem w Rzymie syn Maksymiana, Maksencjusz, też wystąpił jako cesarz. W roku 308 siedmiu współzawodników pretendowało do cesarskiej purpury.

Konstancjusz przyzywa do Brytanii swojego syna, Konstantyna, którego okrzyknie armia Augustem; siedmiu współzawodników pretenduje do purpury

Teraz już w pełni widzimy Konstantyna. Flavius Valerius Constantinus (około 285–337), znana nam z rzeźby duża, jakby prostokątna twarz o bardzo wielkich, wypukłych oczach. Od najmłodszych lat wykazywał duży talent wojenny, u boku Galeriusza gromiąc Persów. W roku 312 był w Italii i szedł z wojskiem na Rzym, gdzie też zbrojnie Maksencjusz czekał. Marek Aureliusz Waleriusz Maksencjusz od roku 305 do 312 toczył zmagania o purpurę. Spotkali się nieco na północ od Rzymu, u Mulwijskiego (albo Milwijskiego) mostu (*Mulvius* albo *Milvius pons*), przez który biegła nad nurtem Tybru via Flaminia. Zastępy Konstantyna zepchnęły przeciwników nad Tyber ku wąskiemu mostowi, gdzie Maksencjusz i jego ludzie ginęli na ziemi albo tonęli w falach. Konstantynowi senatorowie niebawem uchwalili wzniesienie kamiennego Łuku, który do dziś stoi w pobliżu Koloseum. Wśród ozdób monumentu umieszczono fragmenty dawniej wyrzeźbionych scen z dziejów Trajana, Hadriana, Marka Aureliusza, aby wzmagały chwałę Konstantyna, który jest odtąd Wielkim, Constantinus Magnus, jak będą go nazywać potomne wieki. Legenda głosi, że przed rozstrzygającą bitwą zobaczył on na niebie świetlisty krzyż z napisem: *In hoc signo vinces*, „Pod tym znakiem zwyciężysz". Co zaś nie z legendy słyszymy, lecz do dziś widzimy, to jest blask bóstwa słońca wśród przedstawień na Łuku Konstantyna, *Solis Invicti*, „Słońca Niezwyciężonego", jak będziemy też czytać na bitych przez cesarza monetach. W tym samym zaś czasie Pan nieraz się jawił chrześcijanom jako bóstwo słońca w dwukonnym rydwanie.

Konstantyn nad nurtem Tybru gromi Maksencjusza

Legenda o wizji Konstantyna Wielkiego

O CRUX, AVE

Układy między pretendentami do władzy

Wśród nadmiaru pretendentów do purpury był Valerius Licinianus Licinius, wywodzący się z dackich chłopów, towarzysz broni Galeriusza. Na zjeździe w Karnuntum nad Dunajem w roku 308 powołano go na Augusta Zachodu zamiast Sewerusa, którego zabił Maksencjusz. Lecz rządził Licyniusz realnie tylko prowincjami iliryjskimi. Starszy pretendent, Galeriusz, w roku 311 ciężko się rozchorował i w cierpieniu odstąpił od prześladowania chrześcijan na Wschodzie, a nawet wydał edykt o częściowej tolerancji wobec Kościoła. Jeszcze w tym samym roku

umarł. Po jego zgonie Licyniusz zawarł z Maksyminusem układ dotyczący władania prowincjami wschodnimi (niektórymi jeden, innymi drugi), a w roku 312 ukuł ścisłe przymierze z Konstantynem, poślubiając jego siostrę, Konstancję. Gdy Konstantyn pokonał Maksencjusza, on pobił w 313 roku Maksymina, który jesienią umrze w Tarsie.

Konstantyn Wielki i jego matka

W dziejach Konstantyna Wielkiego, a także jego matki, św. Heleny, poszukiwaczki Świętego Krzyża, są elementy, które mogą poruszyć nas głęboko, zwłaszcza jeśli patrzymy na nie trzeźwo i realnie. Trudno odpowiedzieć na pytanie, w jakiej mierze czuł się chrześcijaninem. Chrzest odkładał, zresztą jak niejeden jego współczesny, przyjął go niedługo przed śmiercią, ufając, że taką przebiegłością zabezpiecza los swojej duszy. A jednak dokonał w roku 313 aktu, wciągając do niego również Licyniusza, jednego z kluczowych aktów w historii nie tylko Europy, lecz i świata.

Spotkanie dwóch Augustów

Po zwycięstwie u Mulwijskiego mostu Konstantyn uznawał Licyniusza za Augusta na Wschodzie. Sam był Augustem na Zachodzie cesarstwa. Dwaj Augustowie spotkali się w roku 313 w Mediolanie. Już związani z sobą jako szwagrowie, postanowili, że ich synowie będą Cezarami; były to ciągle wracające próby odnowienia zasady „tetrarchii". Donioślejsze było to, że Augustowie w owym 313 roku w Mediolanie ogłosili wspólne oświadczenie, które nazywamy „edyktem mediolańskim". Łaciński pisarz chrześcijański z przełomu III i IV wieku, Laktancjusz, cytuje tekst w swoim eseju *De mortibus persecutorum, O zgonach prześladowców* (48): „Skoro zeszliśmy się szczęśliwie w Mediolanie, tak ja cesarz Konstantyn, jak i ja cesarz Licyniusz, i debatowaliśmy o wszystkim, co dotyczy dobra publicznego i bezpieczeństwa, uznaliśmy za rzecz konieczną, pośród innych zarządzeń zdaniem naszym pożytecznych dla wielu ludzi, wydać w pierwszym rzędzie i to, które się odnosi do czci Bóstwa, a mianowicie, by chrześcijanom i wszystkim dać zupełną wolność wyznawania religii, jaką kto zechce. W ten sposób bowiem Bóstwo w niebieskiej siedzibie i dla nas, i dla wszystkich, którzy podlegają naszej władzy, będzie można zjednać i usposobić łaskawie. Przeto, kierując się zdrowym i trafnym rozsądkiem, uznaliśmy za konieczne powziąć postanowienie, że odtąd nikomu nie należy wzbraniać, czy kto odda duszę wyznaniu chrześcijańskiemu, czy też tej religii, którą uważa za najodpowiedniejszą dla siebie, a to dlatego, by najwyższe Bóstwo, któremu oddajemy cześć według swobodnego przekonania, mogło nam we wszelkich okolicznościach okazać znamienną dlań przychylność i życzliwość".

„Edykt mediolański"

Nie wolno wzbraniać wyznawania chrześcijaństwa

Dalej w tekście tym Augustowie zwracają się do wysokich urzędników cesarstwa: „Dlatego niechże przyjmie Twoja Dostojność do wiadomości, że po usunięciu wszystkich w ogóle zastrzeżeń, jakie w poprzednich pismach skierowanych do Twojego urzędu zdawały się dotyczyć chrześcijan, teraz otwarcie i wprost każdy z tych, którzy pragną wyznawać religię chrześcijańską, może to nadal robić, nie narażając się na żadne dochodzenia i przykrości. Uznaliśmy za niezbędne zlecić to najwyraźniej Twojej trosce, abyś wiedział, że daliśmy tym chrześcijanom zupełną i nieograniczoną swobodę wyznawania swojej religii. A skoro tym ludziom udzieliliśmy, jak widzisz, takiego zezwolenia, z pewnością pojmuje Twoja Dostojność, że w interesie pokoju w naszym wieku także innym zostawiliśmy nieograniczoną i pełną swobodę wyboru religii czy wyznania, by każdy mógł swobodnie czcić tę boskość, jaką wybrał, ponieważ nie chcemy żadnej religii czynić ze swej strony jakiejkolwiek ujmy".

Dokument do głębi europejski

Wielki to jest dokument z historii europejskiego liberalizmu. Czujemy pod tym tekstem obecność długiej pracy filozofów greckich, jak Sokrates, pisarzy łacińskich, jak Cycero. Jest przede wszystkim świadomość, esencjonalna dla Europy, że wiara metafizyczna jest wobec historii transcendentna. I jest poczucie konieczności społecznego ładu. Czy jest też ciepłe uczucie dla wiary chrześcijańskiej? Jeszcze nie minie dziesięć lat, a Licyniusz, poróżniwszy się z Konstantynem, wróci do prześladowania chrześcijan na Wschodzie. A Konstantyn? Zastanawiając się nad jego uczuciami, nie możemy pominąć jego zajmowania się Krzyżem jako symbolem. To może miał wspólne z matką. Do symboli przywiązywał w ogóle dużą wagę. We wcześniejszej (44) części eseju Laktancjusza czytamy, że przed bitwą u mostu Mulwijskiego „otrzymał Konstantyn we śnie zlecenie, aby umieścił na tarczach niebiański znak Boga i tak stoczył walkę. Posłuszny rozkazowi, wyposażył tarcze w monogram Chrystusa z przewróconej litery X, której górny koniec był zagięty w półkole". Powstał więc z niej znak P, czyli greckie R; a ponieważ X oznacza w greckim alfabecie CH, tedy razem było to: CHR – Chrystus.

Konstantyn Wielki wobec Krzyża

Cóż wiemy o duszy tak olbrzymiego człowieka?

Dzisiejsi historycy niekiedy powiadają, że Konstantyn był zabobonny. Ale cóż wiemy o uczuciach tak olbrzymiego człowieka? Wiemy, że usunął z greckiej penitencjarności karę ukrzyżowania, która aż do niego trwała, może aż do 314 roku. Od jego też czasów Krzyż wkracza do sztuki. Jeśli pomijamy takie sporne świadectwo, jak wyżłobiony w ścianie jednego z pokoi w Herkulaneum (w Casa del Bicentenario) kształt, który mógłby być Krzyżem, trzeba chyba uznać, że wcześniej symbol ten, intelektualnie przenikający myśl św. Pawła, a ponad wszelką miarę bolesny, przed przeminięciem niemal trzech stuleci nigdy nie został nawet dotknięty przez sztukę.

CIĘŻKIE PRÓBY
CESARSTWA

OD KONSTANTYNA DO TEODOZJUSZA

Konstantyn pokonuje Licyniusza

Pokój między Licyniuszem i Konstantynem rychło się rozpadł wskutek sporu o granice geograficzne ich rządów. Już w roku 324 Konstantyn ruszył na Wschód i rozbił siły Licyniusza na morzu i na lądzie. Zesłano go do Tesaloniki, gdzie niebawem odbyła się jego egzekucja. Teraz jedyny pozostały cesarz zajął się budowaniem nowej, drugiej obok Rzymu stolicy państwa. Wybrał miejsce na Wschodzie, przysparzającym szczególnej troski. Leżące nad Bosforem, u wrót do Morza Czarnego, prastare miasto greckie Byzantion wydało się cesarzowi przystanią najlepszą. Postanowił przemienić je w wielkie miasto swojego imienia, Konstantinopolis. Nie za daleko było stamtąd i do kresów naddunajskich, i do Eufratu. Umacniał drogi lądowe i ożywiał morskie, którymi miano zwozić do nowej metropolii zboże. Ściągał z wielu stron świata greckiego marmurowe kolumny i posągi. Ustanowił tu nawet pomocniczy senat; obok senatorów Rzymu, którzy chlubili się tytułem *clarissimi*, „najjaśniejsi", tutejsi ojcowie będą się nazywać *clari*, „jaśni".

Druga obok Rzymu stolica państwa

Budownictwo chrześcijańskie w Konstantynopolu, w Rzymie, w Palestynie, w całym cesarstwie

Właśnie w Konstantynopolu zaczęła się wielka budownicza działalność chrześcijańska. Przemożny bowiem patronat cesarski, jak rozpostarte od góry dłonie, wyciągnął ku niebu niemało pięknych budowli: kościoły chrześcijańskie (zresztą obok świątyń pogańskich), jak wielki kościół Świętych Apostołów, a obok niego mauzoleum, gdzie Konstantyn miał spocząć. Witał przybyszów olbrzymi posąg Konstantyna, z emanującymi promieniami słońca, na Forum. Cesarz chętnie i często przebywał w swoim budującym się mieście aż do śmierci w roku 337. Opiekował się jednak budownictwem chrześcijańskim także w starszej stolicy, w Rzymie, gdzie na miejscu pałacu cesarskiego na Lateranie rozkwitnie katedra św. Jana Laterańskiego, a również w Palestynie, gdzie w jego imieniu matka, św. Helena, zakłada w roku 326 fundamenty kościołów ku czci samego Pana w Betlejem i na Górze Oliwnej, cesarz zaś rozpocznie w Jerozolimie budowę kościoła Grobu Świętego. Ku czci świętych męczenników z wieków prześladowań dźwigały się kościoły w różnych miejscach cesarstwa. W Rzymie na Wzgórzu Watykańskim, wskazanym przez tradycję miejscu pogrzebania św. Piotra, Konstantyn ufunduje bazylikę (*basilike, basilica*, tak się nazywała w Grecji i w Rzymie wielka hala, zazwyczaj podzielona rzędami kolumn na trzy części), czyli obszerny kościół, w potomnych wiekach zakrywany nowymi formami aż do dzisiejszego San Pietro. Trzeba tu wspomnieć, że dwie bazyliki z V wieku Roma zachowała: Santa Maria Maggiore i Santa Sabina. W tej drugiej są cudnie rzeźbione cyprysowe odrzwia, na których widzimy jedno z najwcześniejszych znanych nam przedstawień Ukrzyżowania Pańskiego.

Trzej spadkobiercy Konstantyna: Konstantyn II, Konstancjusz, Konstans

Umierając w roku 337, Konstantyn Wielki zostawił kilku synów, trzech jako następców. Wszyscy byli chrześcijanami. Konstantyn II objął zachód cesarstwa, Konstancjusz wschód, a centralne prowincje: Afryka, Iliria i Italia, przypadły Konstansowi. Usunęli wielu bliskich krewnych, aby im nie przeszkodzili w sprawowaniu rządów. Ale pokój między nimi samymi nie trwał długo. W roku 340 Konstantyn, pragnąc powiększyć swój obszar, najechał Italię, lecz został pobity i poległ pod Akwileją. W roku 350 uzurpator Magnencjusz zamordował Konstansa i do następnego roku rządził Zachodem. W roku 351 Konstancjusz i Magnencjusz starli się z sobą w wielkiej bitwie pod panońską Mursą niedaleko od Dunaju. Po obu stronach poległy przemnogie zastępy. Pokonany Magnencjusz uciekł do Galii, gdzie odebrał sobie życie. Zachwiane cesarstwo niemal przyzywało napastników. Alemani, których zresztą sam Konstancjusz rozzuchwalił był rekrutowaniem do swojej armii, przekroczyli granicę i buszowali po Galii.

Państwo było już zbyt słabe, żeby bronić jednocześnie rubieży wschodniej i zachodniej. Doświadczył tego najwybitniejszy, trzeci syn Konstantyna Wielkiego, Flavius Julius Constantius (324–361), który będzie się niemal stale zmagał z uzurpatorami i odpierał najazdy perskie. Sassanidzki król Szapur II, ciągle atakując Mezopotamię, nie pozwalał mu na skuteczne bronienie Zachodu. Germańskie zagony niszczyły nie tylko wsie, lecz były już dosyć silne, aby się dobierać do miast. Galowie odetchnęli dopiero wtedy, gdy w roku 355 Konstancjusz młodego kuzyna, Julianusa, mianował swoim Cezarem i powierzył mu troskę o Galię. Ten okazał się mistrzem wojny. Frankom i Alemanom wymierzył ciosy, które ich uspokoiły. W roku 360 u bezpiecznej znów rubieży zachodniej stacjonowała rzymska armia.

Konstancjusz zmaga się z uzurpatorami i najazdami

Mianowanie Juliana Cezarem

Konstancjusz zaś nie wszystkie swoje siły poświęcał obronności państwa. Pomimo gorliwości i zatroskania armią oddawał też energię sporom teologicznym, które go głęboko obchodziły. Był zwolennikiem doktryny Ariusza, księdza aleksandryjskiego, który zaprzeczał boskości Jezusa Chrystusa. Było to w początkach IV wieku, jeszcze za Konstantyna Wielkiego. Ariusz głosił, że był taki czas, kiedy nie było Logosu; takim mianem według Ewangelii św. Jana określano Pana. Inni chrześcijanie odpowiadali formułą: „Zawsze Bóg, zawsze Syn”. Na soborze w bityńskiej Nikai w roku 325, pierwszym ekumenicznym soborze, obroniono przed arianizmem doktrynę Kościoła, czemu przysłuchiwał się obecny na obradach Konstantyn Wielki. Skazanie przez niego po soborze na banicję dwóch biskupów, którzy stali po stronie Ariusza, było pierwszym przykładem takiego wmieszania się państwa w sprawy wiary, nad jakim wielu najgorliwszych chrześcijan będzie ubolewało. Konstancjusz tamten spór teraz odziedziczył. Występował wśród arian, z którymi toczył polemikę wielki teolog chrześcijański, patriarcha Aleksandrii, św. Atanazy.

Konstancjusz arianin

A waliły się na cesarza Konstancjusza także zmartwienia natury bardziej politycznej. Mianowany przez niego namiestnik Galii, Flavius Claudius Julianus (332–363), syn Juliusza Konstancjusza, przyrodniego brata Konstantyna Wielkiego, wychowany w ustronnej twierdzy w Kapadocji, a od roku 351 studiujący grecką filozofię w Efezie u neoplatończyka Maksymusa, a potem w Atenach, oto w roku 361, tam gdzie dziś jest Paryż, zbuntował się przeciw władzy Konstancjusza. Albo może raczej (bo sprawa nie jest dla nas dosyć jasna) został do secesji popchnięty przez niektóre swoje legie, ogłaszające go Augustem. Konstancjusz gromadził siły, by go pokonać, lecz zanim opuścił Azję Mniejszą, umarł w listopadzie 364 roku w cylicyjskim mieście Mopsukrene. Julian teraz był jedynym cesarzem.

Nowy cesarz, Julian; wracający do dawnej religii

Od razu odsłonił swoje przywiązanie do dawnej religii. Przez pierwsze pięć miesięcy władzy nad państwem miał siedzibę w Konstantynopolu. Rzetelny historyk łaciński, przetłumaczony też na grekę, Eutropiusz, należący do jego świty, w swoim *Breviarium ab urbe condita* (X 16) pisze po jego zgonie: „Łaknął sławy i stąd był często nieumiarkowany. Religię chrześcijańską prześladował, wstrzymując się jednak od rozlewu krwi. Pod niejednym względem podobny był do Marka Aureliusza, z którym nawet usiłował współzawodniczyć”. Trzeba mu przyznać, że mało kto tak kochał dawną Grecję, jak on. Trudno więc byłoby myśleć o nim bez czułości. Ale nie możemy też zapomnieć, że nad morzem przeszłego męczeństwa chrześcijan chciał przejść suchą stopą.

Wyprawa na Wschód; Julian pada w bitwie; następca, Jowianus, pokonany przez Persów

Po pięciu miesiącach przeniósł swój sztab do Antiochii, skąd 5 marca 363 roku pomaszerował na Wschód. Pobił armię perską w pobliżu Ktesifontu, lecz nie szturmował miasta. Chciał się połączyć z tą częścią swojego wojska, którą drogą przez Armenię wysłał był do Asyrii. Persowie stale mu w tym przeszkadzali. W jednej z bitw z nimi, 26 czerwca 363 roku, padł śmiertelnie zraniony. Następcą Juliana był oficer armii, Jowianus, pochodzący z Bałkanów. Sassanidzkie wojsko zdołało go osaczyć na swoim obszarze i zmusić do poniżającej kapitulacji, obejmującej deklarację o wyrzeczeniu się części ziemi pogranicznej. Umarł w roku 364 w drodze powrotnej do Konstantynopola. Armia teraz, w lutym 364 roku w Nikai, wybrała na cesarza innego oficera armii, Walentyniana z Panonii, który w marcu tego samego roku w Konstantynopolu powierzy swojemu bratu, Walensowi, rządy na Wschodzie, podczas gdy sam podejmie się obrony Zachodu. Zarzucano mu okrucieństwo, ale też podziwiano niestrudzoną jego dzielność w pilnowaniu rubieży północnych, jak i to, że nie prześladował żadnej religii. W roku 367 na swojego na-

Nowy cesarz, Walentynian, powierza Wschód bratu, Walensowi, a sam podejmuje się rządzenia Zachodem;

stępcę w cesarskiej purpurze wyznaczył syna, Gracjana. Rządził cesarstwem do zgonu w roku 375 w panońskim Bregetium.

po jego zgonie syn, Gracjan, gorliwy chrześcijanin, ma rządzić obok wuja, Walensa

Słyszymy, że zabił go atak apopleksji, gdy pertraktował z przedstawicielami jakiegoś nieubłaganego ludu germańskiego. Następca, Flavius Gratianus, miał szesnaście lat, kiedy objął po nim władzę, stając do służby cesarskiej, coraz mozolniejszej wówczas, obok wuja, Walensa. Gorliwy chrześcijanin, znajdujący się pod wpływem wielkiego św. Ambrożego, wytrwale bronił państwa przed zniszczeniem. Groźby zaś były coraz większe. Kiedy Goci coraz śmielej pustoszyli Zachód, na Wschód cesarstwa naparł nowy lud, Hunowie. Ci koczownicy rasy mongolskiej ze swoich stepów w środkowej Azji rzucali się na stare cywilizacje. Niegdyś dręczyli Chiny. W IV wieku po Chrystusie zaczęli najeżdżać Europę. Byli też najeźdźcami najeźdźców: atakując Gotów, zmuszali ich do uciekania przez Dunaj na obszar cesarstwa.

Drudzy obok Gotów groźni najeźdźcy, Hunowie

Wielki historyk łaciński, Grek z Antiochii, urodzony około roku 330 po Chrystusie, Ammianus Marcellinus, opisuje ich w swoich *Rerum Gestarum Libri* (XXXI 2, 1–11): „W dzikości przekraczają oni wszelką miarę. Chłopcom zaraz po urodzeniu przecinają mieczem głęboko policzki, aby przez sfałdowanie twarzy nie dopuścić do rośnięcia z wiekiem zarostu. Niewielkiego są wzrostu, ale krępi, mają mocne członki i grube karki, a tak przeraźliwie wyglądają, że można by ich wziąć za dwunożne zwierzęta albo za takie grubo obrobione figury drewniane, jakie się stawia na obramieniach mostów (...). Na koniu każdy z nich spędza dzień i noc, kupuje i sprzedaje, je i pije, a nawet oparty o jego wąski kark zapada w sen tak głęboki, że wszelkie widzenia mu się jawią (...). Nikt u nich nie uprawia roli, nie dotyka pługa. Wszyscy żyją bez stałych siedzib, bez dachu nad głową, nie mając praw ani trwałych zwyczajów, jakby ciągle w ucieczce. Wędrują z miejsca na miejsce z wozami, które są ich mieszkaniem; w nich żony ich sporządzają nędzną odzież, rodzą dzieci i wychowują je".

Walens próbował osiedlać na swoich ziemiach uciekinierów gockich, lecz ich, jak słyszymy, obrażał złym traktowaniem. Zbuntowali się i zabrali się do pustoszenia Tracji. Walens z Kon-

Walens pada w boju z Germanami

stantynopola wyruszył zbrojnie przeciw nim i 9 sierpnia 378 roku pod Adrianopolem w Tracji został beznadziejnie pobity. Padł razem z dziesięcioma może tysiącami najlepszych swoich żołnierzy. Teraz Gracjan wybrał na następcę Walensa kogoś dla nas nieoczekiwanego. Wśród ogólnej niedoli umacniało się jednak pojmowanie władzy cesarskiej jako troski o państwo. Teodozjusz, którego nazwą potomni „Wielkim", był synem arystokraty Teodozjusza, bogatego właściciela ziemskiego w Hiszpanii. Nowy August rzymskiego cesarstwa urodził się około roku 346.

Gracjan powołuje Teodozjusza, arystokratę z Hiszpanii, na Augusta po Walensie

Niebawem Teodozjusz Wielki zawarł z Gotami układ, mocą którego mogli się osiedlać w cesarskiej Tracji w zamian za uczestnictwo w rzymskiej armii, pod własnymi jednak dowódcami. Przeciwko Gracjanowi zaś wystąpił uzurpator, Magnus Maksymus z Hiszpanii. Po wielkich zwycięstwach nad różnymi plemionami w Brytanii został on przez tamtejszą armię powołany na cesarza. Przeprawił się do Galii i pokonał Gracjana, którego następnie zamordowano w Lyonie w roku 383. Chrześcijanin, uznany za cesarza przez Teodozjusza Wielkiego, rządził w Galii,

Maksymus pokonuje Gracjana, a potem ulega armii Teodozjusza

Hiszpanii i Brytanii. Kiedy jednak zaczął wyprawiać się na Italię, Teodozjusz pogromił go w kilku bitwach. Nakazał jego egzekucję pod Akwileją w roku 388. Odtąd Teodozjusz będzie jedynym cesarzem do śmierci w roku 395.

Odtąd Teodozjusz Wielki jedynym cesarzem

Św. Ambroży, biskup Mediolanu w latach 374–397, autor cudownych hymnów, jak *Aeterne rerum Conditor* (zob.: *Literatura Greków i Rzymian*, s. 616–617), będący niegdyś mentorem Gracjana, teraz stał u boku Teodozjusza, pełniąc wzniosłą funkcję korektora władzy. Nie zawsze taka rola budzi nasze ciepłe uczucia. Kiedy w pochodzącym ze schyłku IV wieku rzymskim kościele św. Pudencjany Pan jest przedstawiony jako cesarz, a Jego Apostołowie jako senatorzy, czujemy się jednak nieswojo. Przeraża nas jeszcze o wiele bardziej to, że w roku 392 pod Aleksandrią przewrotni albo tylko bardzo prości fanatycy zniszczyli Serapeum, w którym chyba jeszcze i dziś chcielibyśmy pomedytować. Ale koniecznie przecież trzeba przypomnieć to, co najważniejsze: że kiedy Teodozjusz Wielki nakazał w Tesalonice masakrę manifestantów, którzy zabili jego generała, biskup Ambroży natychmiast go ekskomunikował i cesarz się ugiął.

Św. Ambroży gromi okrucieństwo Teodozjusza

Niedługo przed zgonem, w roku 394, Teodozjusz musiał sprostać uzurpatorowi w Galii, Flawiuszowi Eugeniuszowi, wspieranemu przez wielu senatorów. Cesarz starł się z nim i zmiażdżył go nad rzeką Frigidus w Alpach 6 września 394. Odszedł z tego świata w Mediolanie 17 stycznia następnego roku.

Ostatni bój i zgon Teodozjusza

WSCHÓD I ZACHÓD

Po śmierci Teodozjusza Wielkiego dwaj synowie jego, których przedstawiono światu jako współrządców cesarstwa, byli bardzo młodzi. Arkadiusz, cesarz Wschodu, miał osiemnaście lat, a władca Zachodu, Honoriusz, był chłopcem jedenastoletnim. Miejscem pogranicznym między dwiema częściami im-

Synowie Teodozjusza: Arkadiusz, cesarz Wschodu; Honoriusz, cesarz Zachodu

perium była Iliria, kraj położony na wschodnim wybrzeżu Morza Adriatyckiego. Na zachód od tego kraju głównym językiem administracji była łacina, na wschód od niego greka.

Można powiedzieć, że ze śmiercią Teodozjusza Wielkiego dzieje cesarstwa rzymskiego skończyły się. Teraz będą tylko dzieje jego rozpadania się. Muszą one jednak interesować nas, jeśli uważamy się za dziedziców tamtego wielkiego cesarstwa. Owo rozpadanie się bowiem to są pierwsze wieki konfrontacji naszego najcenniejszego w świecie doczesnym dziedzictwa z zamętem ludzkiej historii. Ludzkiej komedii? Tak.

Gnani przez Hunów, Wizygoci chronią się w cesarstwie, lecz chcą mieć własnego wodza

Już wspomnieliśmy o tym, że napór Hunów zmusił Gotów do szukania dla siebie miejsca w schyłkowym rzymskim cesarstwie. W roku 382 Teodozjusz przyznał im niejaki stopień niezależności w imperium. Wizygoci jednak, Goci zachodni, nie uważali takiego zabezpieczenia za wystarczające. Co się z nimi stanie po śmierci Teodozjusza? Postanowili skupić się wokół własnego wodza. Alaryk, urodzony około roku 370, naczelnik Wizygotów, w roku 396 spustoszył dużą część Grecji, a potem najechał Italię. W roku 407 jednak pokonał go pod Weroną świetny wódz armii, Stilichon, Wandal z pochodzenia, którego wysłał przeciw nim cesarz Honoriusz. Chcemy pytać, dlaczego Honoriusz, o którym mało wiemy, owemu wielkiemu obrońcy Italii kazał w roku 408 ściąć głowę. A sprawa była raczej zupełnie prosta. Jak się zdaje, od roku 395 do 408 Stilichon był realnym rządcą zachodniego cesarstwa. Może około roku 405 wreszcie uświadomił sobie, że mógłby posłużyć się Wizygotami do wzmożenia siły własnej armii. W roku 407 skłonił senat do przekupienia Alaryka złotem. Wszystkich tych działań Honoriusz zaczął się lękać po nagłym zgonie Arkadiusza w roku 408 właśnie.

Alaryk pobity przez Stilichona, któremu Honoriusz potem każe ściąć głowę

Osamotniony politycznie Alaryk postanowił teraz mocniej działać. Chciał, żeby senat skłonił Honoriusza do pertraktacji i ustępstw wobec Wizygotów. Lecz rzymskie uszy były w tej materii głuche. Poszedł więc Alaryk ze swoimi zastępami w roku 410 na Romę, aby ją łupić tak, jak nikt z Rzymian sobie nie wyobrażał, że stolica może być rabowana. Ludzie oniemieli z przerażenia. Alaryk zaś postanowił pożeglować do Afryki. W drodze na południe umarł. Przejął po nim władzę szwagier, Athaulf. Ten

Alaryk łupi Rzym straszniej, niż to miasto kiedykolwiek łupiono

powiódł Wizygotów na północ, do Galii, dokąd przechodzili po zamarzniętym Renie Wandalowie i Alemanowie z Germanii. Honoriusz przemógł się i w roku 409 uznał krótkotrwałego władcę Galii, nowego Konstantyna, za Augusta. Ale w roku 411 Honoriuszowy *magister militum*, Konstancjusz, pokonał i zabił uzurpatora. Wobec wyludnienia Italii i upadku własnej armii Rzymianie w coraz większej mierze rekrutowali wojska spośród różnych plemion germańskich, biorąc ludzi bardzo bitnych i przeważnie lojalnych; ich solidarność zaś z własnymi plemionami uciszali intrygami przeciwstawiającymi jedno plemię drugiemu.

Wyludnienie Italii

Najdzielniejszym zaś przywódcą ludu germańskiego był Genzeryk, władca Wandalów, którzy już w roku 409 razem ze Swebami osiedli w południowej Hiszpanii. Genzeryk w roku 429 przeprawił ich przez cieśninę do Afryki. Duża część północnej Afryki, krainy dorodnego zboża, stała się wandalska. Była to olbrzymia strata dla cesarstwa, gdzie niebawem, w roku 423, umarł Honoriusz. Wyjątkowo zawile skłębiły się w tym momencie sprawy dynastyczne. Cesarz Wschodu, Teodozjusz II, sprzeciwił się intronizowaniu kandydata armii i narzucił Zachodowi sześcioletniego Walentyniana I, którym rządziła matka, wnuczka Walentyniana III, Galla Placidia. Lecz w roku 433 nad nią zapanował *magister militum*, Aecjusz, który przez najbliższe dwudziestolecie będzie najważniejszą postacią w zachodniej części cesarstwa.

Genzeryk, przywódca Wandalów, zajmuje południe Hiszpanii i Afrykę

Nowym cesarzem zostaje sześcioletni Walentynian III, którym rządzi matka, Galla Placidia

Aecjusz kilka lat młodości przeżył jako zakładnik u znanych nam już Hunów. Tak ich sobie zjednał, że będzie mógł z nich rekrutować swoje zastępy. Najbardziej mu zależało na obronie Galii. Dzięki hunickim najemnikom powściągnął na zachodzie cesarstwa Wizygotów i Burgundów. Lecz w roku 445 Hunowie, jak to niegdyś się przydarzyło Wizygotom, dostali własnego wodza. Attyla, którego przerażeni uczestnicy śródziemnomorskiej cywilizacji nazwą „Biczem Bożym", w roku 447 pustoszył cesarstwo wschodnie. Cesarz Teodozjusz II trochę go powściągał okupami. Gdy zmarł w roku 450, następca jego już nie chciał płacić kontrybucji, lecz Hunowie w roku 451 ruszyli na Galię. Aecjusz przyzwał wtedy na pomoc plemiona germańskie, nawet

Aecjusz dzięki hunickim najemnikom gromi Germanów na Zachodzie

Na Wschodzie własny wódz Hunów, Attyla, sieje grozę; od Rzymu odtrąca Attylę bezbronna postać św. Leona I Wielkiego

swoich szczególnych wrogów, Wizygotów i Burgundów. Z nimi zadał Attyli jeszcze w roku 451 taką klęskę w bitwie na Polach Katalaunijskich w Szampanii, że Attyla wyrzekł się Galii. Ale już w następnym roku najechał i łupił północną Italię. Uląkł się, co zdumiewa, tylko bezbronnego św. Leona I Wielkiego (papieża w latach 440–461), który zastąpił mu drogę przed Rzymem. Romę najeźdźca oszczędził. Attyla w roku 453 zmarł nagle podczas swoich uroczystości ślubnych.

Egzekucja Aecjusza, może z ręki Walentyniana III, którego zabiją podwładni wodza

Okrutnie uznano, że polityka Aecjusza zupełnie zawiodła cesarstwo i nie zapewnia bezpieczeństwa nawet Italii. Przyzwano go przed oblicze cesarskie w Rawennie, gdzie może nawet ręka samego Walentyniana III zadała mu śmierć. Ale już sześć miesięcy później lojalni mu oficerowie pomścili jego śmierć, zabijając Walentyniana i kładąc kres dynastii założonej przez Walentyniana I przed dziewięćdziesięcioma laty. Nowy cesarz, Petroniusz Maksymus, ożenił swojego syna z córką Walentyniana III, Eudocją. Ponieważ niegdyś obiecano ją Genzerykowi, ten znowu poszedł na Rzym i złupił miasto w roku 455. Oprócz tej ekspedycji Rzymianie byli już świadkami rozpadania się imperium. Niemal każda prowincja ciągnięta była w inną stronę. Nowy *magister militum*, galicki arystokrata, Awitus, po śmierci Petroniusza Maksymusa obwołał siebie cesarzem w tym samym roku 455.

Genzeryk łupi Rzym; kukiełkowi cesarze i wódz Ricimer; ostatni cesarz, Romulus Augustulus

Lecz niebawem znalazł się inny kandydat. Germański przywódca, wywodzący się po części z plemienia Wizygotów, po części ze Swebów, Flawiusz Ricimer, tak świetnie rozgromił Wandalów w bitwie morskiej, że senatorowie wydobyli nowego kandydata do purpury, Majoriana, oficera armii, i razem z nim obalili Awitusa. Od roku 456 do 472 Ricimer rządził tym, co się ostało z zachodniego cesarstwa. Kukiełkowych cesarzy powoływano i zazwyczaj mordowano. Ricimer umarł w roku 472. Uważany zaś za ostatniego cesarza Zachodu (w latach 475–476) Romulus Augustulus, nieuznawany na Wschodzie, syn patrycjusza Orestesa, wychowany w Rawennie, został w roku 476 obalony, ale nie zabity (był bardzo młody, więc miano go osiedlić w Kampanii) przez Odoakra, germańskiego przywódcę, pierwszego barbarzyńskiego króla Italii (476–493). Cesarstwo Zachodu na razie przestało istnieć.

A cesarstwo Wschodu? Ono jeszcze długo przetrwa, lecz jako państwo mało podobne do rzymskiego cesarstwa. Konstantynopol stanie się ośrodkiem wspaniałej kultury bizantyjskiej. Jej wczesnymi, obezwładniającymi nas do dziś bezmiernym podziwem monumentami są dwa arcydzieła: kodeks praw wschodniego cesarza Justyniana Wielkiego (lata panowania: 527–565) oraz niewyobrażalnie cudowna, zbudowana w latach 532–537, bazylika Hagia Sofia.

Cesarstwo Wschodu

GORYCZ I PIĘKNO EUROPY

Przy całym podziwie, jaki się należy Wschodowi, jednak wyznaję, że nasza Europa to jest ten Zachód, który w tragicznej epoce rozpadł się, nie na zawsze. Wracam myślą do pierwszej z książek naszego cyklu, do *Mitologii Greków i Rzymian,* i do zawartego w niej mitu o Ikarze. Kiedy z ojcem Dedalem leciał na spojonych woskiem skrzydłach, zapomniał o ostrzeżeniu, żeby nie zbliżał się zanadto do słońca, bo wosk się roztopi i on runie. Ale promienność słoneczna jest tak piękna, chciał być jak najbliżej niej, jak najwyżej. I runął. Słoneczne piękno okazało się gorzkie.

Może podobnie jest w wielkim, tak żarliwym przez długie wieki wzniesieniu się greckim i rzymskim. Kończy się ono katastrofą tego dzieła, jednego z najświetniejszych dzieł ludzkich, jakim było rzymskie cesarstwo. Potem zresztą ta nasza Europa, w której od tysiąca lat żyjemy, ciągle na nowo się rozpadała. I ciągle może się rozpadać, roztrzaskiwać, jak dzban. Jest to dzban błogiego napoju, nieraz porażającego nas goryczą. Lecz właśnie wtedy, gdy nas poraża, rozpoznajemy smak trzeźwości i przenika do naszych serc świadomość, że cierpliwość, wytrwałość to też jest piękno, pełniejsze, dojrzalsze. Nie jakiś jeden zryw skrzydeł, lecz wracanie, po upadku dźwiganie się znowu w górę. Pozostaniemy w cesarstwie śródziemnomorskim, ono w nas żyje.

Wielkie ułomności Europy są ułomnościami człowieczeństwa, ludzkiej historii. Wspaniała osobliwość tradycji zachodniej polega na tym, że ona widzi swoje skazy ostrzej, niż swoje widzi jakakolwiek inna cywilizacja. I, jak ufamy, ona się nigdy z tymi skazami nie pogodzi.

wtorek, 21 stycznia roku 2003, g. 2.30 nad ranem

INDEKS OSÓB

Skróty imion rzymskich:

A. – Aulus
App. – Appius
C. – Caius, Gajus
Cn. – Cnaeus, Gnejus
L. – Lucius
M. – Marcus, Marek
M'. – Manius
P. – Publius
Q. – Quintus, Kwintus
S. – Sextus
Sep. – Septimius
Sp. – Spurius
Ti. – Tiberius
T. – Titus

SPIS TREŚCI

ZSTĄPIENIE W PRADAWNOŚĆ

DOŚWIADCZENIA GRECKIE

EPOPEJA HELLENISTYCZNA

KOLEJE REPUBLIKI RZYMSKIEJ

RZYMSKIE WOJNY DOMOWE

WIELKOŚĆ CESARSTWA